KASSEN / FAHNENSTICH

# Wohn- und Teilhabegesetz Nordrhein-Westfalen

4. Auflage



SV SAXONIA VERLAG für Recht, Wirtschaft und Kultur GmbH

SV SAXONIA VERLAG für Recht, Wirtschaft und Kultur GmbH
Ludwig-Hartmann-Straße 40, 01277 Dresden
Tel. (0351) 485260, Fax (0351) 4852661
E-Mail: office@saxonia-verlag.de
Internet: www.laenderrecht.de

Druck: PRINT GROUP Sp. z o. o., ul. Księcia Witolda 7, 71-063 Szczecin (Polen)

ISBN: 978-3-949409-39-4
*(ISBN Vorauflage: 978-3-946374-91-6)*

# Inhaltsverzeichnis

# Vorwort zur 4. Auflage

Die 4. Auflage bringt das Handbuch auf den aktuellen Stand und berücksichtigt insbesondere die zahlreichen Änderungen durch das Gesetz vom 13. April 2022 (GV. NRW. S. 711) und die Verordnung vom 08. August 2023 (GV. NRW. S. 490), die zuletzt durch Artikel 2 der Verordnung vom 14. Mai 2024 (GV. NRW. S. 262, 494) geändert worden ist). Darüber hinaus wurde die seit der Vorauflage ergangene Rechtsprechung – soweit ersichtlich – vollständig berücksichtigt.

Konzeption und Zielsetzung des Werkes bleiben unverändert.

Dirk Kassen Jürgen Fahnenstich

# Vorwort zur Vorauflage

Die Föderalismusreform von 2006 hat die Kompetenz zur Regelung der öffentlichen Fürsorge, soweit sie das Heimrecht betrifft, auf die Länder übertragen. Damit stand das Heimrecht, das bisher im Heimgesetz, der Heimpersonalverordnung, der Heimmindestbauverordnung, der Heimmitwirkungsverordnung und der Heimsicherungsverordnung geregelt war, einer umfassenden Neuregelung durch die Länder offen.

Nordrhein-Westfalen hat von dieser Kompetenz erstmalig am 10. Dezember 2008 Gebrauch gemacht: Da sind das erste Wohn- und Teilhabgesetz (WTG) – damals noch unter der Langbezeichnung „Gesetz über das Wohnen mit Assistenz und Pflege" – und die Durchführungsverordnung dazu (WTG-DVO) in Kraft getreten. Das Heimgesetz und die darauf beruhenden Verordnungen sind damit seit dem 10.12.2008 in Nordrhein-Westfalen nicht mehr anwendbar.

Wegen der in der Praxis festgestellten Schwierigkeiten gerade im Hinblick auf die so genannten „Neuen Wohnformen" hat sich das Land Nordrhein-Westfalen zu einer grundständigen Überarbeitung des Wohn- und Teilhabegesetzes entschlossen. Das neue, gerade in seinem Anwendungsbereich, aber auch in den Anforderungen sehr ausdifferenzierte Wohn- und Teilhabgesetz ist am 16.10.2014 in Kraft getreten; die neue Durchführungsverordnung folgte am 10.11.2014.

Dieses Handbuch will mit diesen neuen Regelungen des WTG 2014 und der WTG-DVO 2014 vertraut machen. Es entspricht der Zielsetzung der Reihe, dass sich das Werk vornehmlich an Praktiker wendet: an Einrichtungsleitungen, Beschäftigte in den zuständigen Behörden, auf diesem Gebiet tätige Rechtsanwälte, ehrenamtlich Tätige oder sonst interessierte Bürgerinnen und Bürger–nicht zuletzt sollen auch die Nutzerinnen und Nutzer der Angebote nach dem Wohn- und Teilhabgesetz sollen das Handbuch nutzen können. Daher wurde auf den sonst für Juristinnen und Juristen üblichen wissenschaftlichen Apparat verzichtet. Es wird lediglich auf einige wichtige Gerichtsentscheidungen Bezug genommen, die sich die Benutzerinnen und Benutzer dieses Handbuches bei Interesse leicht, häufig schon über das Internet, beschaffen können.

Gerade im „Heimrecht" gibt es dennoch viele Fragen, die noch nicht in Rechtsprechung und Wissenschaft geklärt sind. Die Verfasser haben daher Wert darauf gelegt, auch zu diesen offenen Rechtsfragen eine Position zu beziehen und diese zu begründen, um den Nutzerinnen und Nutzern die Möglichkeit zugeben, auch in kontroversen Fragen ihre Ansichten zu begründen. Die Zukunft wird zeigen, inwieweit sich die Gerichte diesen Auffassungen anschließen können.

Die Autoren dieses Handbuches waren und sind in unterschiedlicher Weise mit dem Heimrecht befasst: Die Verfasser *Esmeier* und *Fahnenstich* sind als Rechtsanwälte seit Jahren mit der Materie vertraut und haben das Gesetzgebungsverfahren zum WTG begleitet; der Verfasser *Dr. Kassen* war als Referent im Ministerium für Gesundheit, Emanzipation, Pflege und Alter des Landes Nordrhein-Westfalen für das WTG zuständig und hat maßgeblich am Gesetzentwurf mitgearbeitet.

Dirk Kassen Hans-Jörg Esmeier Jürgen Fahnenstich

# 1. Abschnitt: Zweck des Gesetzes

## I. Allgemeiner Gesetzeszweck

Der allgemeine Zweck des WTG[1] wird in der Generalklausel des § 1 WTG beschrieben. Die Vorschrift ist in den wesentlichen Regelungen aus dem WTG 2008 übernommen, aber in bedeutsamen Aspekten, insbesondere in den Absätzen 2 und 3, erweitert worden. Nach der Gesetzesbegründung handelt es sich nicht um symbolische Bekundungen, sondern um konstitutive Regelungen, die zum wesentlichen Kernbestand des Gesetzes gehören und bei der Auslegung von Vorschriften heranzuziehen sind. Eingriffsbefugnisse allerdings lassen sich aus Absatz 1 nicht ableiten. 1

Zweck des Gesetzes ist der umfassende Schutz der Würde, der Interessen und Bedürfnisse der Menschen, die Wohn- und Betreuungsangebote für ältere oder pflegebedürftige Menschen und Menschen mit Behinderung sowie Angebote zur Teilhabe an Arbeit nutzen (das Gesetz spricht hier von Nutzerinnen und Nutzern bzw. Werkstattbeschäftigten, vgl. § 3 Abs. 3 und 3a WTG). Ihre Interessen und Bedürfnisse sind sowohl materielle wie immaterielle Bedürfnisse, wie insbesondere aus § 1 Abs. 4 WTG ersichtlich wird. Der beabsichtigte Schutz von Würde, Rechten, Interessen und Bedürfnissen der Nutzerinnen[2] macht deutlich, dass diese Menschen keine Objekte der Betreuung sind, die lediglich „untergebracht" sind und „versorgt" werden. Es geht vielmehr um den Status der Menschen als Rechtspersönlichkeiten und ihre Teilhabemöglichkeiten. Den Nutzern muss die Möglichkeit gegeben werden, ihre Persönlichkeit zu entfalten und am Leben in der Gesellschaft teilzuhaben. 2

Gleichzeitig macht die Vorschrift klar, dass alle Behörden verpflichtet sind, sich bei der Rechtsanwendung von der Lebenswirklichkeit der älteren, pflegebedürftigen oder behinderten Menschen leiten zu lassen: Die Menschen sollen auch in Wohn- und Betreuungsangeboten leben können wie zu Hause, vgl. dazu auch § 12 Abs. 1 WTG, Rn. 801 ff. Durch die Verwendung des Plurals („Behörden") wird deutlich, dass die zuständigen Behörden nicht nur die zur Durchführung des WTG zuständigen Behörden sind, vgl. § 43 WTG, sondern alle Behörden im Rahmen ihres jeweiligen 3

1 Soweit nur von WTG gesprochen wird, ist das hier maßgebliche Wohn- und Teilhabegesetz vom 02.10.2014 (GV. NRW. S. 625) gemeint, das am 16.10.2014 in Kraft getreten und zuletzt durch Gesetz vom 13. April 2022 geändert worden ist. Die Vorgängerregelung vom 18.11.2008 (GV. NRW. S. 738) wird demgegenüber als WTG 2008 bezeichnet. Gleiches gilt für die Durchführungsverordnungen zum WTG (WTG-DVO vom 23.10.2014, zuletzt geändert durch Verordnung vom 09.05.2019 (GV. NRW. S. 235) und WTG-DVO 2008 vom 18.11.2008).

2 Aus Gründen der Geschlechtergerechtigkeit müssten jeweils beide Geschlechter genannt werden, was die Lesbarkeit des Textes jedoch erheblich beeinträchtigen würde. Aus diesem Grunde wird jeweils beliebig das männliche oder das weibliche Geschlecht benannt, das jeweils andere Geschlecht ist immer mitgemeint.

Zuständigkeitsbereiches, soweit von der Rechtsanwendung das Leben in den Wohn- und Betreuungsangeboten betroffen ist.

4 Zweck des Gesetzes ist auch, die Rahmenbedingungen für Pflege- und Betreuungskräfte positiv zu gestalten, § 1 Abs. 1 Satz 1 WTG. Es dürfte sicher einen Zusammenhang zwischen den Arbeitsbedingungen und dem Betriebsklima einerseits und der Pflege- und Betreuungsqualität andererseits geben. Insofern ist verständlich, dass der Gesetzgeber auch Wert auf gute Rahmenbedingungen der Tätigkeit der Betreuungskräfte legt. Diese Rahmenbedingungen werden jedoch im Wesentlichen durch das Arbeitsrecht und das Arbeitsschutzrecht bestimmt, die regelmäßig auf bundesgesetzlichen Grundlagen beruhen. Die Überwachung dieser Vorschriften obliegt der Arbeitsschutzverwaltung; die Durchsetzung der Rechte erfolgt vor den Arbeitsgerichten. Eine konkrete Anordnungsbefugnis wird man auf die Regelung des § 1 Abs. 1 Satz 1 WTG wohl nicht stützen können. Allenfalls lässt sich daraus die Befugnis der nach dem WTG zuständigen Behörden herleiten, im Rahmen der Sachverhaltsermittlung auch zu den Rahmenbedingungen der Pflege- und Betreuungskräfte Feststellungen zu treffen; die Durchsetzung arbeitsschutzrechtlicher Vorschriften muss aber den Arbeitsschutzbehörden, die Durchsetzung arbeitsrechtlicher Ansprüche den Arbeitsgerichten überlassen bleiben.

## II. Kultursensibilität und Genderorientierung

5 § 1 Abs. 2 WTG nennt als Gesetzeszweck auch die angemessene Berücksichtigung der kulturellen und religiösen Belange, der sexuellen Orientierung und der geschlechtlichen Identität sowie den Schutz vor Gewalt und Missbrauch. Im Grunde handelt es sich um eine Spezifizierung der schon in § 1 Abs. 1 WTG genannte Belange (Würde, Rechte, Interessen und Bedürfnisse). Eine weitere Konkretisierung erfolgt im weiteren Gesetzestext, z. B. hinsichtlich des Gewaltschutzes nach § 8 WTG (vgl. dazu Rn. 217 ff.).

## III. Förderung der Teilhabe

6 Gesetzeszweck ist nach § 1 Abs. 3 WTG auch die Teilhabeförderung. Dies ist im Hinblick auf den Namen des Gesetzes auch konsequent. Die konkreten Anforderungen an die Förderung der Teilhabe sind in § 5 WTG genannt.

## IV. Bezugnahme auf die „Charta der Rechte hilfe- und pflegebedürftiger Menschen"

Wie bisher schon im WTG 2008 und im Unterschied zum Heimgesetz[3] werden die Interessen und Bedürfnisse der Nutzerinnen und Nutzer explizit benannt. § 1 Abs. 2 Nrn. 1 bis 9 WTG nehmen Bezug auf die „Charta der Rechte hilfe- und pflegebedürftiger Menschen" des im Jahre 2003 vom Bundesministerium für Familie, Senioren, Frauen und Jugend ins Leben gerufenen „Runden Tisches Pflege" und sind mit geringen redaktionellen Anpassungen übernommen worden. Die Erläuterungen zu dieser „Charta" sollten damit auch zur Auslegung der Bestimmungen des WTG herangezogen werden. Gesetzestechnisch dient die Bezugnahme auf die Inhalte der „Charta" der Präzisierung der Interessen und Bedürfnisse der Nutzer von Betreuungseinrichtungen, deren Schutz schon in der Vergangenheit in einer sehr allgemeinen Formulierung in §§ 2 Abs. 1 Nr. 1, 11 Abs. 1 Nr. 1 Heimgesetz als Zweck des Gesetzes definiert wurde. 7

Neue subjektiv-öffentliche Rechte werden durch die Bezugnahme auf die Inhalte der Charta nicht geschaffen. Nach der Begründung zum Gesetzesentwurf *„handelt es sich lediglich um die textliche Zusammenfassung von (Grund-) Rechten, die anderweitig bereits begründet sind. Die vor allem im Grundgesetz und in der Europäischen Sozialcharta begründeten Rechte verpflichten zwar unmittelbar nur den Staat. Ihn trifft jedoch die Verpflichtung, der möglichen Beeinträchtigung dieser Rechte durch Dritte entgegen zu treten. In Wahrnehmung des staatlichen Fürsorgeauftrages wird den Leistungsanbieterinnen und Leistungsanbietern die Beachtung der Charta durch dieses Gesetz auferlegt. Die Beachtung dieser Rechte durch den Leistungsanbieter unterliegt der ordnungsrechtlichen Kontrolle. Der Staat kommt damit seinem Schutzauftrag nach.".*[4] 8

Es ist in jedem Fall aber danach zu unterscheiden, was durch Auslegung aus den grundrechtlichen Bestimmungen und den einfachgesetzlichen Regelungen zu extrahieren ist und was darüber hinausgeht. Spätere Änderungen in der „Charta" bleiben unberücksichtigt, vorbehaltlich einer nachfolgenden Änderung des Gesetzes. Denn grundsätzlich bestimmt der Wortlaut die Grenze der Gesetzesauslegung. Es gilt der Vorbehalt des Gesetzes. 9

### 1. Selbstbestimmtes Leben und Unterstützung in der Wahrnehmung der Selbstverantwortung

Nach § 1 Abs. 4 Nr. 1 und 2 WTG sollen die Nutzer ein möglichst selbstbestimmtes Leben führen und in der Wahrnehmung ihrer Selbstverantwortung unterstützt werden. Zur Selbstbestimmung der Nutzer gehört, dass diese in ihren eigenen tatsächlichen 10

3 Heimgesetz des Bundes vom 07.08.1974 (BGBl I S. 1873) in der Fassung der Bekanntmachung vom 05.11.2001 (BGBl I S. 2970), zuletzt geändert durch OLG-Vertretungsänderungsgesetz vom 23.07.2002 (BGBl I 2850, 2861)

4 Vgl. Begründung zum Entwurf des GEPA, LT-Drs. 16/3388, S. 113

und rechtlichen Angelegenheiten selbst entscheiden und ihnen nichts gegen ihren Willen aufgezwungen werden darf. Das gilt vor allem, soweit es sich um höchstpersönliche Angelegenheiten wie Körperpflege, medizinisch-pflegerische Behandlung oder die Gestaltung zwischenmenschlicher Beziehungen handelt. Grenzen findet die Selbstbestimmung dann, wenn Rechte anderer betroffen sind, eine einschlägige Vorsorgevollmacht vorliegt oder aber vom Betreuungsgericht (bis 30.09.2009 Vormundschaftsgericht) eine rechtliche Betreuung nach §§ 1814 ff. BGB angeordnet ist. Zu beachten ist in jedem Fall, ob die Bestellung eines rechtlichen Betreuers auch den entsprechenden Bereich abdeckt. Auch taucht des Öfteren das Problem widersprechender Erklärungen auf. Hier ist entscheidend, dass die Einrichtung einer Betreuung – Ausnahme: Betreuung mit Genehmigungsvorbehalt nach §1903 BGB – die Möglichkeit des Betreuten, eigene rechtsgeschäftliche Erklärungen abzugeben, nicht verdrängt. Wirksam ist die Erklärung des Betreuten sogar in dem Fall, dass die von ihm abgegebene Erklärung ihm weniger Nutzen bringt als diejenige des Betreuers. Unbeachtlich ist nur die Erklärung, die ein geschäftsunfähiger Betreuter abgibt: Nicht die Tatsache der Betreuung führt zur Unwirksamkeit einer Erklärung, sondern erst die Geschäftsunfähigkeit. Erklärungen geschäftsunfähiger Betreuter sind ebenso unbeachtlich wie Erklärungen von Angehörigen oder Freunden und Bekannten, sofern diese nicht eigens bevollmächtigt sind.

11 Bei medizinisch-pflegerischen Maßnahmen, wie z. B. Operationen, reicht die Einsichtsfähigkeit des Betreuten für die Auswirkungen seiner Erklärungen aus. Die Geschäftsfähigkeit ist in diesen Fällen nicht notwendig.

12 Zur Selbstverantwortung gehört, dass der Nutzer all das, was er alleine tun möchte, auch alleine tun kann, soweit er dazu tatsächlich in der Lage ist. In der Wahrnehmung dieser Selbstverantwortung soll er unterstützt werden.

## 2. Schutz vor Gefahren für Leib und Seele

13 § 1 Abs. 4 Nr. 3 WTG soll die Nutzerinnen und Nutzer vor Gefahren für Leib und Seele schützen. Damit sollen sie einerseits vor körperlicher Gewalt und unsachgemäßer Pflege und Betreuung geschützt werden. Ebenso sind mit dieser Vorschrift ungerechtfertigte freiheitsbeschränkende oder -entziehende Maßnahmen nicht vereinbar, vgl. dazu insbesondere § 8 WTG, Rn. 217 sowie die Regelungen zu freiheitsbeschränkenden Maßnahmen in § 1906 Abs. 1 und 4 BGB. Wie der Begriff „Seele“ deutlich macht, geht es nicht nur um den Schutz der körperlichen, sondern auch der seelischen/psychischen Integrität der Nutzer. Mit dem Schutzzweck der Vorschrift sind eine die Persönlichkeit nicht respektierende Behandlung, wie z. B. unberechtigtes Duzen, nicht vereinbar.

14 Freiheitseinschränkende oder -entziehende Maßnahmen können solche physischer und psychischer Art sein. Typische Beispiele physischer Art sind Fixierungen mit Bauchgurt, Bettgitter und auch das Schieben an einen Tisch und das Feststellen der Bremsen des Rollstuhls. Freiheitseinschränkende Maßnahme psychischer Natur

ist z. B. die Gabe von Psychopharmaka mit dem Ziel der Einschränkung der Bewegungsfreiheit, nicht allerdings, wenn sie zu anderen Zwecken verordnet werden und die Einschränkung des Bewegungsdrangs lediglich Nebenfolge ist. Freiheitseinschränkende oder -entziehende Maßnahmen liegen nicht vor, wenn der Betroffene diesen Maßnahmen zustimmt bzw. diese zu seiner eigenen Sicherheit sogar verlangt, sofern er im Sinne von Rn. 329 einwilligungsfähig ist. Ebenso liegt keine Freiheitsentziehung bei Personen vor, die aus Krankheitsgründen nicht in der Lage sind, ihren Willen zu betätigen, wie z. B. Wachkoma-Patienten oder Personen, die sich nicht zielgerichtet bewegen können. In anderen Fällen bedarf es zum Ergreifen freiheitseinschränkender oder -entziehender Maßnahmen einer betreuungsgerichtlichen Genehmigung. Dies gilt auch in den Fällen einer z. B. den „Heimaufenthalt" umfassenden Betreuung. Der Betreuer ist selber nicht in der Lage, aus eigener Rechtsmacht ohne Zustimmung des Betreuungsgerichtes entsprechende Weisungen mit Blick auf seinen Betreuten zu erteilen. In der Praxis kommt es zudem vor, dass Angehörige entsprechende Hinweise zur „besseren Versorgung" ihrer Angehörigen geben. Deren Äußerungen sind im Rechtssinne aber immer unbeachtlich. Schwierig sind die Situationen, in denen ohne sofortiges Einschreiten des Pflegepersonals dem Nutzer eine Gefahrensituation für Leib und gegebenenfalls sogar Leben entstehen kann. Folgender Fall: Das Pflegepersonal bemerkt einen ersichtlich verwirrten Nutzer, der in einer Winternacht nur mit Schlafanzug bekleidet das Gebäude verlassen möchte. Ein Handeln des Pflegepersonals, den Nutzer am Verlassen des Gebäudes zu hindern oder durch Täuschung oder im schlimmsten Fall durch Einsatz physischer Gewalt wieder in die Einrichtung zurückzuholen, ist in diesem Fall gerechtfertigt, auch wenn eine betreuungsgerichtliche Genehmigung nicht vorliegt. Sollte diese Situation wiederholt vorkommen, wäre daran zu denken, eine betreuungsgerichtliche Genehmigung für die Anwendung weiterer Maßnahmen einzuholen.

Für jeden der im vorangegangenen Absatz dargestellten Fälle gilt aber: Es sollte in 15
Zweifelsfällen eine betreuungsgerichtliche Entscheidung herbeigeführt werden.

## 3. Schutz der Privat- und Intimsphäre

Der Schutz der Privat- und Intimsphäre, § 1 Abs. 4 Nr. 4 WTG, bezieht sich einer- 16
seits auf den persönlichen Lebensbereich, andererseits auf die Würde der Nutzer. Die Vorschrift erfasst damit das grundsätzliche Recht jedes Nutzers, über seinen Umgang zu entscheiden und somit auch Besuch zu empfangen. Nutzer müssen auch die Möglichkeit haben, sich zurückzuziehen. Gerade in Zweibettzimmern ist durch eine geeignete Ausstattung dafür zu sorgen, dass ein Minimum an Privatsphäre möglich ist und erhalten bleibt.

Aus dem Schutz der Intimsphäre folgt zum Beispiel die Verpflichtung des Leistungs- 17
anbieters, seine organisatorischen Möglichkeiten auszuschöpfen, um eine gleichgeschlechtliche Pflege zu gewährleisten, sofern die Nutzerin dies wünscht (vgl. auch § 2 Abs. 2 Satz 3 SGB XI im Pflegeversicherungsrecht, der allerdings nur das Leistungsrecht betrifft).

## 4. Qualifizierte Betreuung

18 Nach § 1 Abs. 4 Nr. 5 WTG sollen die Nutzer eine am persönlichen Bedarf ausgerichtete, gesundheitsfördernde und qualifizierte Betreuung erhalten. Der Begriff der Betreuung ist in der umfassenden, in § 3 Abs. 1 WTG legaldefinierten Bedeutung zu verstehen. Hier besteht ein enger Zusammenhang mit der Verpflichtung des Leistungsanbieters, die personelle, sachliche, bauliche und organisatorische Ausstattung vorzuhalten, die nach dem jeweiligen anerkannten Stand der fachlichen und wissenschaftlichen Erkenntnisse zur Deckung des individuellen Bedarfes vorzuhalten ist. Dies setzt insbesondere ein zahlenmäßig ausreichendes und ausreichend qualifiziertes Personal, aber auch eine auf die Fähigkeiten der Nutzer abgestimmte bauliche Ausstattung voraus. Konkrete Einzelheiten regeln das WTG und die WTG-DVO jeweils differenziert nach Angebotsform.

19 Mit Blick auf den konkreten Pflege- und Betreuungsbedarf ist aus ordnungsrechtlicher Sicht zunächst einmal unbedeutend, ob der Nutzer in leistungsrechtlicher Hinsicht zutreffend oder überhaupt eingestuft ist. Denn nach § 8 Abs. 1 WBVG muss der Leistungsanbieter (Unternehmer) bei einer Änderung des Pflege- und Betreuungsbedarfes des Nutzers diesem eine entsprechende Anpassung der Leistungen anbieten. Erst wenn dieser die Annahme dieser Leistung ablehnt oder sie nur teilweise annimmt, ist der Leistungsanbieter (Unternehmer) partiell von seiner erhöhten Leistungsverpflichtung entbunden. Die Verpflichtung zur Anpassung kann nach § 8 Abs. 4 WBVG unter den dortigen Voraussetzungen ausgeschlossen werden. Dies setzt aber auf Seiten des Leistungsanbieters (Unternehmers) triftige Gründe voraus. In der Regel wird sich hier alleine aus praktischen Gründen eine einvernehmliche Lösung finden lassen.

## 5. Information

20 Nutzer sollen umfassend über Möglichkeiten und Angebote der Beratung, der Hilfe, der Pflege und der Behandlung informiert werden, § 1 Abs. 4 Nr. 6 WTG. Die Nutzer sollen alle von ihnen benötigten Informationen über das Leben in der Einrichtung erhalten. Dazu gehört vor allem die Information über die einzelnen Leistungen der Einrichtung. Dies muss verständlich, d. h. in einer den Fähigkeiten der Nutzer angepassten Art und Weise geschehen. Wie sich aus § 6 Abs. 1 Nr. 2 WTG ergibt, bezieht sich die Informationspflicht nicht nur auf Beratungsangebote im Wohn- und Betreuungsangebot, sondern auch auf externe Angebote im von den Nutzern zu erreichenden Umkreis, wie z. B. Pflegeberatungsstellen, Pflegestützpunkte, Seniorenbeiräte, Behindertenvereine etc., vgl. Rn. 275.

## 6. Wertschätzung

21 Nutzer sollen Wertschätzung erfahren, sich mit anderen Menschen austauschen und am gesellschaftlichen Leben teilhaben können, § 1 Abs. 4 Nr. 7 WTG. Die Nutzer sollen von den Beschäftigten des Leistungsanbieters stets mit Respekt und Höflichkeit

behandelt werden. Sie sollen die Möglichkeit haben, sich mit anderen Menschen innerhalb und außerhalb der Einrichtung austauschen zu können. Das beinhaltet nicht nur ein Eingehen der Beschäftigten auf eingeschränkte Kommunikationsmöglichkeiten der Nutzer; die Einrichtung muss auch die baulichen Voraussetzungen für einen Austausch zur Verfügung stellen, wie z. B. Gemeinschaftsräume, und die Bedürfnisse nach Austausch in der sozialen Betreuung berücksichtigen. Eine Konkretisierung hierzu bieten – angebotsbezogen – die jeweils einschlägigen Vorschriften des WTG und insbesondere der WTG-DVO. Die Teilhabe am gesellschaftlichen Leben bezieht sich nicht nur auf Betreuungseinrichtungen der Eingliederungshilfe, sondern auch auf Betreuungseinrichtungen der pflegerischen Betreuung.

## 7. Freiheit von Diskriminierung bei der Teilnahme am Arbeitsleben

Die neu eingefügte Regelung in § 1 Abs. 4 Nr. 7a WTG nennt als Ziel des Gesetzes 22
auch, dass Menschen frei von Diskriminierung am Arbeitsleben teilnehmen und ihr Recht auf sichere und gesunde Arbeitsbedingungen ausüben können, was auch den Schutz vor Gewalt und Belästigungen umfasst. Diese Regelung ist wegen der Erweiterung des Anwendungsbereiches des WTG auf die Werkstätten für Menschen mit Behinderungen aufgenommen worden. Mit der Einführung der behördlichen Aufsicht wird insbesondere Artikel 27 der UN-Behindertenrechtskonvention umgesetzt.

## 8. Berücksichtigung von Kultur und Weltanschauung

Nutzer sollen entsprechend ihrer Kultur und Weltanschauung leben und ihre Reli- 23
gion ausüben können, § 1 Abs. 4 Nr. 8 WTG. Kein Nutzer darf wegen seiner kulturellen und weltanschaulichen Vorstellungen, auch wenn sie nicht denen des Leistungsanbieters oder der Beschäftigten entsprechen, benachteiligt werden. Es muss dem Nutzer die Möglichkeit gegeben werden, religiöse Rituale auszuüben. Bei der Speiseplangestaltung ist möglichst auf religiöse Vorschriften Rücksicht zu nehmen, wobei dies unter Umständen mit den Vorstellungen anderer Nutzer kollidieren kann. Auch religiös oder weltanschaulich gebundene Leistungsanbieter müssen andere Glaubensüberzeugungen oder Weltanschauungen grundsätzlich respektieren. Die Verpflichtung geht nur dahin, dem Nutzer z. B. bei einem in der Einrichtung angebotenen Gottesdienst die Teilnahme zu ermöglichen und ihn keinesfalls daran zu hindern, seine religiösen Gepflogenheiten weiter auszuüben. Der Leistungsanbieter ist aber nicht verpflichtet, in seiner Einrichtung Gottesdienste zu veranstalten, wenn der Ortspfarrer nicht dazu zu bewegen ist, zusätzlich in der Einrichtung Gottesdienste durchzuführen. Dementsprechend unterliegt der Leistungsanbieter keiner ordnungsrechtlichen Pflicht, dem Nutzer die Teilnahme an externen Gottesdiensten zu ermöglichen.

## 9. Achtung der Würde und Begleitung im Sterben

Zu dem Recht der Achtung der Würde und der Begleitung im Sterben, § 1 Abs. 4 24
Nr. 9 WTG, gehört, dass die letzte Lebensphase weitestgehend nach den eigenen

Vorstellungen verläuft. Der Nutzer soll die medizinisch-pflegerische, soziale, psychologische und seelsorgerische Betreuung erhalten, die er wünscht. So ist der Leistungsanbieter sicherlich verpflichtet, den Ortspfarrer darüber zu informieren, dass der Nutzer die Krankensalbung wünscht oder noch einmal beichten möchte.

# 2. Abschnitt: Geltungsbereich

## I. Die fünf Formen der Wohn- und Betreuungsangebote und die Angebote zur Teilhabe von Menschen mit Behinderungen am Arbeitsleben

Im Gegensatz zum WTG 2008, das nur den einheitlichen Begriff der Betreuungseinrichtung kannte, nennt das WTG 2014 fünf Formen von Wohn- und Betreuungsangeboten. Das Gesetz ist damit wesentlich differenzierter als die Vorgängerregelung. Der Gesetzgeber verfolgte damit das Ziel, für die einzelnen Angebotstypen passgenaue Anforderungen zu stellen und insbesondere die so genannten neuen Wohnformen zu fördern (vgl. Gesetzesbegründung, LT-Ds 16/3888, S. 5). Der Begriff des Angebotes ist nicht im privatrechtlichen Sinne als Angebot zum Abschluss eines Vertrages gemeint. Stattdessen soll damit deutlich werden, dass es sich nicht bei allen vom WTG 2014 erfassten Wohn- und Betreuungsformen um Einrichtungen handelt, sondern um die Kombination von Wohnangeboten und Angeboten von Pflege und Betreuung, die eine durchaus unterschiedliche Gewichtung haben; bei den ambulanten Diensten fällt das Wohnangebot sogar vollständig weg; dennoch handelt es sich aufgrund der Legaldefinition um ein Wohn- und Betreuungsangebot. 25

### 1. Einrichtungen mit umfassendem Leistungsangebot

Das WTG nennt als ersten Angebotstyp die Einrichtungen mit umfassendem Leistungsangebot. Die Regelung des § 18 WTG orientiert sich weitgehend an der überlieferten Definition des Heimbegriffs (vgl. § 1 Heimgesetz), wie ihn auch das WTG 2008 und die anderen Landesheimgesetze übernommen haben. Eine Einrichtung mit umfassendem Leistungsangebot ist eine Einrichtung, die den Zweck hat, ältere Menschen, pflegebedürftige Menschen und Menschen mit Behinderungen aufzunehmen, ihnen also Wohnraum zu überlassen und ihnen Betreuungsleistungen anzubieten. Diese Betreuungsleistungen sind Pflege im Sinne des Pflegeversicherungsrechts, soziale Betreuung und umfassende hauswirtschaftliche Leistungen. Da das Gesetz nur davon spricht, dass diese Leistungen angeboten werden, ist es zur Erfüllung des Einrichtungsbegriffs nicht erforderlich, dass alle Bewohnerinnen der Einrichtung – die in der Terminologie des WTG 2014 jetzt Nutzerinnen und Nutzer heißen – die Leistungen tatsächlich in Anspruch nehmen. Wichtig ist nicht die Abnahme, sondern dass diese Leistungen den Nutzerinnen und Nutzern zur Verfügung gestellt werden. Regelmäßig handelt es sich bei den Einrichtungen mit umfassendem Leistungsangebot um die klassischen Heime, also stationäre Einrichtungen der Pflege und der Eingliederungshilfe. Dies ist jedoch nicht zwingend, da – wie schon nach dem WTG 2008 – die leistungsrechtliche Einordnung von der ordnungsrechtlichen, heimrechtlichen Einordnung – vgl. § 2 Abs. 4 WTG – unabhängig ist. Diese Erkenntnis ist auch in umgekehrter Blickrichtung ausgesprochen wichtig: Die Einordnung als Einrichtung mit umfassendem Leistungsangebot führt nicht zwangsläufig dazu, dass hierdurch die Möglichkeit zur Erbringung 26 ambulanter Pflegeleistungen nach § 36 SGB XI entfiele, so etwa bei bestimmten Formen des Betreuten Wohnens. Ebenso wenig führt die heimrechtliche Einordnung einer Einrichtung als solche mit umfassendem Leistungsangebot beispielsweise in baurechtlicher Hinsicht dazu, dass ohne Weiteres ein Heim vorläge. Maßgeblich ist für das WTG der objektiv zum Ausdruck kommende Zweck, Nutzerinnen und Nutzer aufzunehmen (also in einen von der Leistungsanbieterin oder dem Leistungsanbieter verantworteten Organisationsablauf einzugliedern, Einzelheiten vgl. Rn. 27 ff.), ihnen Wohnraum zu überlassen und ihnen Betreuungsleistungen sowie hauswirtschaftliche Versorgung anzubieten. Einrichtungen mit umfassendem Leistungsangebot sind also nach ihrem Zweck darauf ausgerichtet, Menschen eine umfassende Betreuung und Versorgung anzubieten, auch wenn nicht jede Nutzerin oder jeder Nutzer schon bei Einzug eine solche Betreuung und Versorgung benötigt.

### a) Legaldefinition

27 § 18 WTG enthält die Legaldefinition des Begriffs der Einrichtung mit umfassendem Leistungsangebot. Diese Legaldefinition ist aufgrund in der Praxis aufgetretener Abgrenzungsschwierigkeiten noch einmal geschärft worden. Maßgeblich für das Vorliegen einer Einrichtung ist, dass sie den Zweck hat,

1. ältere oder pflegebedürftige Menschen oder Menschen mit Behinderungen aufzunehmen, ihnen Wohnraum zu überlassen, Betreuungsleistungen zur Verfügung zu stellen und die eine umfassende Gesamtversorgung zwingend gewährleisten,
2. sie in ihrem Bestand vom Wechsel der Nutzerinnen und Nutzer unabhängig ist und
3. entgeltlich betrieben wird.

28 Darüber hinaus muss sie

- eine organisatorisch selbständige,
- an einem Standort befindliche und
- überschaubare Einheit,
- mit einer einheitlichen Leitungsstruktur und
- einer einheitlichen Personaleinsatzplanung

sein. Diese Merkmale sollen es ermöglichen, Einrichtungen von anbieterverantworteten Wohngemeinschaften und (unselbständigen) Außenwohngruppen abzugrenzen.

29 Unter einer organisatorisch selbständigen Einheit kann zunächst die Zusammenfassung von Personal und Sachmitteln verstanden werden, die zur Erreichung eines Ziels, nämlich der Aufnahme des beschriebenen Personenkreises und zu seiner Betreuung vorgehalten wird. Zur weiteren Auslegung kann auf einen allgemeinen Einrichtungsbegriff bzw. auf den Betriebsbegriff des Betriebsverfassungsgesetzes zurückgegriffen werden. Danach sind weitere Kennzeichen einer Einrichtung:

- Einheitlich gesteuerte Planung, Beschaffung, Nutzung und Einsatz gemeinsamer Sachmittel (z. B. Pflegemittel, Rufanlage, Fahrzeuge),
- zentrale Organisation der Verpflegung der Nutzerinnen,
- ein einheitlicher Wirtschaftskreislauf,

- die Gesamtverantwortung eines Rechtsträgers für die Betreuung der Nutzer und
- eine einheitliche Adresse und Firmierung.

Diese Kriterien, die betriebsverfassungsrechtlichen Ursprungs sind und dort eine andere Zielsetzung verfolgen, sind lediglich entsprechend zur Bestimmung einer Einrichtung anzuwenden. Das heißt: Es ist in jedem (streitigen) Einzelfall zu prüfen, welche Kriterien aus dem Gesamtbild der tatsächlichen Verhältnisse bei wertender Betrachtung den Ausschlag geben. 30

Zum Beispiel setzt ein einheitlicher Leitungsapparat nicht voraus, dass die Einrichtungsleitung alle Entscheidungen trifft, da Entscheidungsbefugnisse auch delegiert werden können. Maßgebliches Kriterium ist, dass die wesentlichen Entscheidungen (z. B. Aufnahme von Nutzern, ggf. Kündigung von Wohn- und Betreuungsverträgen (früher „Heimverträge"; der Begriff wird im Nachfolgenden der Eindeutigkeit halber weiterverwandt), Einstellung und ggf. Entlassung von Beschäftigten, Erstellung von Konzepten, Durchführung von baulichen Maßnahmen etc.) von einem einheitlichen Leitungsapparat getroffen werden. Das kann die Einrichtungsleitung sein oder der hinter ihr stehende Rechtsträger (die Leistungsanbieterin/der Leistungsanbieter). 31

Nicht erforderlich ist, dass sich die Einrichtung zwingend in einem Gebäude befindet. Sie muss sich aber an einem **überschaubaren** Standort befinden. 32

Aus der Begründung zum Gesetzentwurf: *„Streitig ist unter anderem oft die Frage, ob die (Außen-) Wohngruppe als eigenständige Einrichtung oder lediglich als Bestandteil einer übergeordneten Einrichtung zu werten ist. Durch die Ergänzung des Absatzes 2 soll klargestellt werden, dass sich Einrichtungen der Eingliederungshilfe auch auf mehrere Standorte erstrecken können, aber dabei der Grundsatz der Überschaubarkeit gewahrt bleiben muss. So soll sichergestellt werden, dass große überregional tätige Träger nicht den Anspruch erheben (wie in der Vergangenheit geschehen), ganze Einrichtungsverbünde als eine Einrichtung definieren zu wollen (mit nur einer Einrichtungsleitung, verantwortlichen Fachkraft etc.). Die Heterogenität der Landschaft der Einrichtungen der Eingliederungshilfe macht es jedoch unmöglich, einen eigenen Einrichtungsbegriff für die Eingliederungshilfe zu definieren. Die vorgeschlagene Regelung ermöglicht es aber nunmehr, individuelle Lösungen und Zuschnitte vor Ort zu entwickeln und als WTG-konform anzuerkennen. Die „Überschaubarkeit" einer Einrichtung macht sich zunächst an ihrer Platzzahl fest. Gemäß § 20 Absatz 2 WTG sollen Einrichtungen nicht mehr als 80 Plätze umfassen. Ausnahmen von diesem Erfordernis sind gem. § 6 Abs. 1 WTG DVO möglich, sofern unter anderem der Grundsatz der Überschaubarkeit gewahrt ist. Einrichtungen mit 80 Plätzen sind daher grundsätzlich als überschaubar im Sinne des Gesetzes zu werten. Die Überschaubarkeit kann jedoch auch bei größeren Einrichtungen gewahrt sein. Die absolute Grenze sieht die WTG DVO für neu zu errichtende Einrichtungen bei 120 Plätzen.* 33

*Maßstab für die Beurteilung, ob eine Einrichtung noch „überschaubar" ist, sind jedoch insbesondere auch die räumlichen und baulichen Gegebenheiten. § 20 Absatz 3 WTG beschränkt die Anforderungen an die Wohnqualität im Zusammenhang mit der Umsetzung* 34 *der Einzelzimmerquote auf das Gebäude oder den räumlich verbundenen Gebäudekomplex. Auch hieraus können Rückschlüsse auf den Begriff der Überschaubarkeit gezogen werden. Als überschaubar können damit jedenfalls noch Einrichtungen angesehen werden, die in einem Gebäude oder in einem räumlich verbundenen Gebäudekomplex befindlich sind. Im Umkehrschluss ist die Voraussetzung der „Überschaubarkeit" nicht mehr erfüllt, wenn eine Einrichtung über mehrere Gebäude verteilt ist, die räumlich nicht miteinander verbunden sind. Hier sind grundsätzlich mehrere Einrichtungen im Sinne von § 18 WTG anzunehmen. Diese Bewertung ist auch mit Blick auf den Schutz der Nutzerinnen und Nutzer gerechtfertigt, da es bei auseinanderliegenden Gebäuden sowohl für die Einrichtungsleitung, insbesondere aber für die Pflegedienstleitung zunehmend schwieriger wird, die Kontrolle über die betreuungsfachlichen Prozesse zu wahren und die Verantwortung hierfür zu übernehmen. In Einrichtungen der Eingliederungshilfe kann der Grundsatz der Überschaubarkeit im Einzelfall anders zu bewerten sein. Grundsätzlich sind auch hier die vorgenannten Kriterien anzuwenden, insbesondere im Hinblick auf die zulässige Platzzahl. Die Überschaubarkeit kann jedoch auch bei Einrichtungen mit zur Einrichtung gehörenden Außenwohngruppen gewahrt sein, wenn diese durch die Einrichtungsleitung und die verantwortliche Fachkraft in angemessener Zeit und mit vertretbarem Aufwand erreichbar sind. Überregionale Einrichtungsverbünde können vor diesem Hintergrund nicht mehr als überschaubar angesehen werden"* (vgl. Gesetzentwurf der Landesregierung LT-Drucksache 17/3777 S. 59).

35 Eine zuvor beschriebene organisatorisch selbständige Einrichtung kann also auch bei mehreren Gebäuden vorliegen, die sich auch nicht unbedingt in unmittelbarer Nähe zueinander befinden müssen (Zentrale und Außenwohngruppen). Maßgeblich ist aber immer die Gesamtplatzzahl, die bei Haupthaus und Außenwohngruppen 120 nicht überschreiten darf. Die Höchstplatzzahl von 120 sieht § 6 Absatz 1 der WTG-DVO für neu zu errichtende Einrichtungen vor. Umgekehrt liegen zumindest zwei Einrichtungen bei benachbarten oder sogar unmittelbar beieinanderliegenden Gebäuden vor, wenn die Betreiber unterschiedliche Rechtsträger sind, auch wenn dieselben (angestellten) Personen Leitungsfunktionen ausüben (z. B. Regionsleitung, identischer Geschäftsführer).

36 Ein weiterer Anhaltspunkt für die Entscheidung, ob eine oder mehrere Betreuungseinrichtungen vorliegen, ist der mit den einzelnen Nutzern abgeschlossene „Heimvertrag": Regelmäßig wird der Sitz der Einrichtung, in die der Nutzer aufgenommen wird und in der sich auch die Verwaltung befindet, mit der Anschrift genannt. Bei Einrichtungen mit mehreren Außenwohngruppen wird neben der Anschrift der Außenwohngruppe regelmäßig der Sitz der Zentrale genannt.

37 Letztlich ist in der wertenden Gesamtbetrachtung festzustellen, ob die Betreuung von Nutzerinnen organisatorisch so gefestigt ist, dass von einer selbständigen Einrichtung gesprochen werden kann. Ein Indiz dafür ist, dass die Einrichtung regelmäßig und im Wesentlichen ohne Personal oder sächliche Ressourcen anderer Einrichtungen auskommt. Das schließt nicht aus, dass sich eine Einrichtung in bestimmten Fällen, z. B. bei außergewöhnlich hohen Krankenständen oder erheblichen Qualitätsproblemen auch des Personals anderer Einrichtungen bedient.

Das bisher Gesagte kann anhand der folgenden Beispiele veranschaulicht werden: 38

Leistungsanbieterin A betreibt vier Einrichtungen in einer Größenordnung von 24 bis 30 Plätzen. Jede Einrichtung hat eine eigene Leitung. Die Beschäftigten sind üblicherweise nur in einem bestimmten Haus tätig.

Es handelt sich um vier Einrichtungen, da jedes Haus eine eigene Leitung hat und der Personaleinsatz sich im Wesentlichen nur auf ein bestimmtes Haus bezieht. Gelegentliche Vertretungen in anderen Häusern sind unerheblich.

Leistungsanbieter B betreibt ein Wohnhaus für Menschen mit geistigen Behinderungen. Das Gebäude bietet Platz für 23 Personen. Weitere 19 Personen leben in insgesamt fünf vom Betreiber angemieteten Wohnungen in Mehrfamilienhäusern bzw. Einfamilienhäusern. Mit den Nutzern wurde ein klassischer „Heimvertrag“ geschlossen. Die Betreuung erfolgt durch ein festes Team von Beschäftigten. Diese Beschäftigten haben ihr Büro im größten Gebäude; dort erfolgt die zentrale Einsatzplanung auch für die anderen Wohnungen. 39

Es handelt sich um eine Einrichtung mit fünf Außenwohngruppen. Es gibt eine einheitliche Leitung, die zentral den Einsatz des Personals im Hauptgebäude und in den Außenwohngruppen plant.

Leistungsanbieterin C ist Trägerin verschiedener Wohnformen für Menschen mit Behinderung. Ursprünglich lebten die Nutzer/innen auf einem Zentralgelände in verschiedenen Gebäuden. Diese unterteilten sich wiederum in Gruppen. Nach wie vor stehen auf dem Gelände fünf Gebäude, in denen wiederum in Gruppen Menschen mit körperlichen und geistigen Behinderungen wohnen. Zusätzlich wurden im Stadtgebiet und außerhalb des Geländes zwei weitere Gebäude errichtet und zwei Häuser (13 bzw. 2 Plätze) angemietet. Neben einer Einrichtungsleitung, die für alle Wohneinrichtungen des Betreibers im hiesigen Stadtgebiet die Verantwortung trägt, gibt es vier so genannte Bereichsleiter. Die einzelnen Gebäude (auch solche, die sich auf dem Kerngelände befinden) sind diesen zugeordnet. Die Personalverwaltung erfolgt einheitlich, die Personaleinsatzplanung des Tagdienstes erfolgt in den einzelnen Wohngruppen, die des Nachtdienstes erfolgt zentral. Für den Nachtdienst gibt es Springer, die bei Bedarf in allen Wohngruppen eingesetzt werden. 40

Es handelt sich um eine Einrichtung, da die Personalverwaltung einheitlich erfolgt, auch wenn die Personaleinsatzplanung teilweise dezentral erfolgt.

Leistungsanbieter D, dessen Wohnangebot ursprünglich auf ein Kerngelände beschränkt war, betreut im Stadtgebiet in insgesamt 30 Gebäuden Menschen mit Behinderung. Mit diesen Personen wurden „Heimverträge“ abgeschlossen. Es befinden sich 12 Gebäude auf dem Kerngelände. Zum Teil werden die Nutzer verschiedener Gebäude (2 bis 4 Nutzer) von den gleichen Beschäftigten betreut. Betreiberin ist eine gemeinnützige GmbH mit einer Geschäftsführung. Die Wohnhäuser sind insgesamt 41 sieben Abteilungsleitungen zugeordnet. Für alle Leistungstypen und Hilfebedarfsgruppen wurde unabhängig vom Gebäude, in dem die jeweiligen Nutzerinnen leben, eine einheitliche Wohn-, Maßnahmen- und Investitionskostenpauschale vereinbart. Für die gGmbH gibt es einen Wirtschaftsplan. Die Mittel werden über die Abteilungsleitungen an die einzelnen Gruppen verteilt. Das Personal wird zentral eingestellt. Die Arbeitsverträge haben einen Bezug zu einer oder mehrer Postleitzahlen, damit ein flexiblerer Einsatz möglich ist, z. B. wenn eine Wohngruppe umzieht. Grundsätzlich werden die Beschäftigten stets in der gleichen Gruppe eingesetzt.

Es handelt sich um eine Einrichtung, da alle Gebäude den sieben Abteilungsleitungen zugeordnet sind und eine einheitliche Wohn-, Maßnahmen- und Investitionskostenpauschale vereinbart wurde. An der Beurteilung ändert auch die Tatsache nichts, dass die Beschäftigten grundsätzlich in der gleichen Gruppe eingesetzt werden, da die Personalverwaltung und Planung zentral erfolgt.

42 Leistungsanbieterin E hat einen Versorgungsvertrag nach dem SGB XI geschlossen, der die Wohn- und Pflegeplätze in drei Etagen umfasst. Für die Plätze der vierten Etage wurde eine Leistungsvereinbarung mit dem Landschaftsverband getroffen, die Nutzer dieses Bereiches erhalten Leistungen der Eingliederungshilfe. Es besteht eine einheitliche Personalverwaltung; die Dienstplangestaltung erfolgt separat für den jeweiligen Bereich.

Es handelt sich um eine einzige Einrichtung mit zwei unterschiedlichen Schwerpunkten.

43 Leistungsanbieter F hat mit den psychisch behinderten Nutzern von zwei unmittelbar nebeneinanderliegenden Gebäuden einen „Heimvertrag" geschlossen. Es sind zwei Gruppen gebildet. Gemeinschafts- und Therapieräume befinden sich im größeren Gebäude und werden gemeinschaftlich genutzt. Es gibt eine Einrichtungsleitung, die Beschäftigten unterstützen alle Nutzerinnen. Zwischenzeitlich wurden außerdem zwei Wohnungen angemietet, in denen jeweils eine Nutzerin lebt. Personell sind die Wohnungen an das Haupthaus angebunden.

Es handelt sich insgesamt um eine Einrichtung.

### b) Regelung in einem oder mehreren Verträgen

44 Außerdem stellt § 18 Abs. 1 Satz 3 WTG klar, dass es nicht darauf ankommt, ob die einzelnen Leistungsangebote in einem oder mehreren Verträgen geregelt sind oder von einem oder mehreren Leistungsanbieterinnen und Leistungsanbietern erbracht werden. Bei den klassischen stationären Einrichtungen im Sinne des Pflegeversicherungsrechtes und des Sozialhilferechts wird es sich regelmäßig um einen einheitlichen Vertrag handeln, der die Wohnraumüberlassung, die Pflege und/oder soziale Betreuung und die hauswirtschaftlichen Leistungen regelt, für die ein Gesamtentgelt entrichtet wird. Diese Leistungen beruhen dann auch auf den entsprechenden

Rahmenverträgen nach den §§ 75 ff. SGB XI oder §§ 79 ff. SGB XII. Auch wenn die leistungsrechtliche und die ordnungsrechtliche Einordnung unabhängig voneinander sind (vgl. Rn. 174 ff.), kann im Regelfall davon ausgegangen werden, dass eine stationäre Einrichtung im Sinne des SGB XI oder SGB XII auch eine Einrichtung im Sinne des § 18 WTG ist. Umgekehrt ist dies nicht regelmäßig der Fall: Ein Wohn- und Betreuungsangebot im Sinne des WTG ist nicht zwingend eine stationäre Einrichtung im Sinne des Leistungsrechts, § 2 Abs. 4 WTG.

Die Regelung des § 18 Abs. 1 Satz 3 WTG übernimmt die Rechtsprechung, wonach 45
es maßgeblich nur auf den objektiven Zweck ankommt und nicht auf die konkrete Vertragsgestaltung und die Vertragspartnerinnen und Vertragspartner (vgl. zuletzt OVG Niedersachen, 25. Mai 2011, Az. 4 LA 306/08 m. w. N.).

Im deutlichen Gegensatz zum bisherigen Recht (§ 2 Abs. 1 WTG 2008) und auch 46
im Gegensatz zur Regelung über die anbieterverantwortete Wohngemeinschaft mit Betreuungsleistungen (§ 24 Abs. 2 WTG) stellt der Einrichtungsbegriff nicht mehr darauf ab, ob es eine rechtliche Verpflichtung der Nutzerinnen und Nutzer zur Abnahme der einzelnen Leistungen gibt bzw. ob die Leistungsanbieterinnen und Leistungsanbieter rechtlich miteinander verbunden sind.

Nach dem Wortlaut des Gesetzes sind die rechtlichen Konstellationen der Vertrags- 47
beziehungen (mehrere Verträge) und der Vertragspartner ohne Belang. Das Abstellen auf den Begriff der Einrichtung bedeutet zunächst eine Erfassung des Sachverhaltes nach dem Gesamtbild der tatsächlichen Verhältnisse.

Allerdings kann nach dem Zweck des Gesetzes nicht jedes unverbindliche Angebot 48
von Wohnraumüberlassung und Betreuungsleistungen den Geltungsbereich des Gesetzes eröffnen.

Ausgehend vom tradierten Zweck des Heimrechts, ältere, pflegebedürftige und be- 49
hinderte Menschen zu schützen, die sich in einer durch die Strukturen bedingten (erhöhten) Abhängigkeit von Leistungsanbieterinnen und Leistungsanbietern befinden, erstreckt sich das WTG nur auf solche Lebenssituationen, bei denen von dieser strukturellen Abhängigkeit auszugehen ist (zum Begriff der strukturellen Abhängigkeit vgl. OVG NRW vom 09.07.2013 – 12 A 2623/12). Das kann immer nur dann der Fall sein, wenn die Überlassung von Wohnraum verpflichtend mit dem Angebot von Betreuungsleistungen verbunden ist, eine rechtliche Verbundenheit der Anbieter oder eine tatsächliche Abhängigkeit bei Inanspruchnahme von Wohnraum- und Betreuungsleistungen aus „einer Hand" vorliegt (vgl. VG Münster, Urteil vom 31. Mai 2016 – 6 K 304/16 –, juris Rn. 32.). Wohnformen, bei denen die Nutzerinnen selbstverantwortlich Wohnraum und Betreuungsleistungen organisieren (unabhängig davon, ob die Verträge rechtlich getrennt sind) unterfallen demzufolge schon nach der Systematik des Gesetzes nicht seiner Anwendung.

50 Das VG Münster hat dazu entschieden: „*Insofern kann aus der Streichung des § 2 Abs. 2 und 3 WTG NRW 2008 nicht geschlossen werden, dass für das Vorliegen der Voraussetzung der Angebotstypen des Wohn- und Teilhabgesetzes NRW 2014 die strukturelle Abhängigkeit keine Rolle mehr spielt. Im Gegenteil: Nach der vorgenommenen Auslegung kommt es bei der Einordnung eines Angebots in die verschiedenen Wohn- und Betreuungsformen des Wohn- und Teilhabgesetzes NRW 2014 darauf an, inwieweit der Schutzzweck des Wohn- und Teilhabegesetzes NRW 2014, nämlich der Schutz vor struktureller Abhängigkeit, tangiert ist.*" (VG Münster, Urteil vom 31. Mai 2016 – 6 K 304/16 –, juris, Rn. 46).Insoweit ist – bei aller Vorsicht – die frühere Rechtslage nach den §§ 2 Abs. 1 bis 3, 4 Abs. 2 und 3 WTG 2008 zumindest ein Indiz dafür, dass eine Einrichtung auch nach § 18 WTG 2014 vorliegt, sofern es sich nicht um eine anbieterverantwortete Wohngemeinschaft handelt (vgl. dazu die Begründung zum Gesetzentwurf, LT-Ds. 16/3388, S. 95 und folgend Rn. 53 ff.).

51 Die Entscheidung des Verwaltungsgerichts Münster vom 31.05.2016 – 6 K 304/16 – ignoriert die seit 2014 und auch nach der jüngsten Reform unverändert geltende Fassung des WTG, wonach ein Servicewohnen dann ausgeschlossen ist, wenn die Wahlfreiheit der Bewohnerschaft hinsichtlich der Pflegeleistungen rechtlich (so die aktuelle Fassung des § 31 WTG), und nicht mehr wie in der Vergangenheit tatsächlich – was immer dies bedeuten mag – ausgeschlossen ist. Auch vor dem Hintergrund der geänderten aktuellen Fassung des § 18 Abs. 1 Nr. 1 WTG a. E., der die Definition für Einrichtungen mit umfassendem Leistungsangebot enthält, wird die Entscheidung nicht mehr anzuwenden sein: Eine Einrichtung mit umfassendem Leistungsangebot liegt danach erst dann vor, wenn eine „umfassende Gesamtversorgung zwingend gewährleistet" wird. Das Leistungsgeschehen im Servicewohnen wird gerade nicht von einer „zwingenden umfassenden Gesamtversorgung", sondern vom Einzelleistungsbezug geprägt, so dass die Anwendung der Regelungen für Einrichtungen mit umfassendem Leistungsangebot quasi als Auffangtatbestand nicht mehr möglich ist.

52 Vergleichbares gilt im Hinblick auf die Entscheidung des OVG NRW vom 07.10.2016 – 4 B 777/16. Dort war das bloße Vorliegen einer umfassenden hauswirtschaftlichen Versorgung als ausreichend angesehen worden, von einer heimmäßigen Versorgung – allerdings bei einer Wohngemeinschaft – zu sprechen. Auch dies lässt sich mit der aktuellen Fassung des § 18 Abs. 1 Nr. 1 WTG, der von einer „zwingenden umfassenden Gesamtversorgung" spricht, nicht mehr in Einklang bringen.

#### aa) Rechtliche Verpflichtung zur Abnahme der Leistungen

53 Eine solche gilt zunächst für die klassischen „Heime" im Sinne des bisherigen § 1 Heimgesetz bzw. für Einrichtungen, die im Sozialgesetzbuch als stationäre Einrichtungen der Pflege oder der Eingliederungshilfe bezeichnet werden. Ein umfassendes Leistungsangebot im Sinne des § 18 WTG ist immer dann anzunehmen, wenn entweder ein einheitlicher Vertrag über die Überlassung von Wohnraum und die Betreuung und Pflege abgeschlossen wird, so dass die Nutzerin oder der Nutzer

verpflichtet ist, diese Leistungen – regelmäßig in einem Gesamtentgelt – zu bezahlen, auch wenn es ihr oder ihm natürlich freisteht, diese Leistungen tatsächlich in Anspruch zu nehmen.

Ob die Betreuung tatsächlich geleistet oder vom Nutzer abgefordert wird, ist nicht von Belang. Ausschlaggebend ist, dass die Leistungen so organisiert sind, dass der Nutzer sie ohne Weiteres abrufen kann. 54

Regelmäßig werden die Leistungen von einem Leistungsanbieter in einer einzigen Vertragsurkunde, dem nach dem Wohn- und Betreuungsvertragsgesetz abzuschließenden und üblicherweise „Heimvertrag" genannten Vertrag angeboten. Im Gegensatz zum bisherigen Recht stellt jetzt § 18 WTG ausdrücklich klar, dass es nicht erforderlich ist, alle Leistungen in einer Vertragsurkunde zu regeln: Möglich ist auch eine Klausel in einem Mietvertrag, die die Mieterin verpflichtet, im Bedarfsfall Betreuungs- oder Pflegeleistungen von einem bestimmten Leistungsanbieter (Vermieter oder einem von ihm benannten Dritten) abzunehmen. In diesem Fall kann es Abgrenzungsprobleme geben zu der anbieterverantworteten Wohngemeinschaft mit Betreuungsleistungen (vgl. dazu Rn. 121 ff.) oder zum Servicewohnen. 55

### bb) Tatsächliche Abhängigkeit

Wie im bisherigen WTG auch, kann auch eine Einrichtung vorliegen, wenn die Wohnraumüberlassung und die Betreuung von einer Leistungsanbieterin in mehreren Verträgen angeboten werden. Wie bereits ausgeführt (vgl. Rn. 45), ist nach dem Wortlaut des § 18 Abs. 1 Satz 3 WTG nicht Voraussetzung, dass die einzelnen Leistungen rechtlich voneinander abhängig sind. Der systematische Vergleich mit § 24 ergibt, dass bei rechtlich nicht voneinander abhängenden Leistungen maßgeblich ist, dass in tatsächlicher Hinsicht die freie Wählbarkeit der Leistungen und der Leistungsanbieter eingeschränkt ist. Insofern können auch Wohn- und Betreuungsangebote, die bisher unter den Begriff der Wohngemeinschaft nach § 2 Abs. 3 WTG 2008 gefallen sind, Einrichtungen im Sinne des § 18 WTG sein. Es gelten dann allerdings Übergangsregelungen, vgl. VII, Rn. 179 ff. In Wohn- und Betreuungsangeboten mit höchstens 12 Plätzen bzw. in mehreren Angeboten mit höchstens 24 Plätzen in einem Gebäude wird es hier aber wieder auf die Abgrenzung zur Wohngemeinschaft ankommen, in größeren Angeboten gilt ohnehin das Recht der Einrichtungen mit umfassendem Leistungsangebot, § 26 Abs. 6 WTG. 56

Bei der Frage, ob bei Identität von Wohnungsvermieter und Pflegedienst/Betreuungsdienst sowie formal getrennten Verträgen der Geltungsbereich des § 18 WTG eröffnet ist, ist der Zweck des Gesetzes zu beachten: Die Sicherung der Selbstbestimmung und der Teilhabemöglichkeiten der Nutzerinnen und Nutzer. Daher kann nicht jede rechtliche Trennung von Wohnraumüberlassung und Betreuung zu einem Wegfall des Schutzbedürfnisses führen. Auch bei einer rechtlichen Unabhängigkeit der Leistungen, die durch eine entsprechende Vertragsgestaltung herstellbar ist, kann 57 die tatsächliche Wählbarkeit des Anbieters der Leistungen dennoch eingeschränkt sein.

58 Dies wird regelmäßig dann der Fall sein, wenn ein Anbieter faktisch eine dominierende, die Wahlfreiheit ausschließende Stellung einnimmt. Für das Schutzbedürfnis der Nutzerinnen und Nutzer ist es dabei gleichgültig, worauf die faktisch dominierende Stellung des Anbieters beruht, etwa auf einer günstigen Preiskalkulation oder einer überzeugenden Leistungserbringung, da das Verhalten des Anbieters nicht sanktioniert werden soll. Die Einschränkung der tatsächlichen Wählbarkeit führt jedoch zu einer „heimmäßigen" Versorgung, die die grundsätzliche Einbeziehung in den Geltungsbereich des Gesetzes erforderlich macht.

59 Problematisch wird diese Abgrenzung insbesondere dort, wo Einrichtungen des bisher so genannten Betreuten Wohnens zu beurteilen sind. Vielfach sind diese durch eine einheitliche Versorgung der Bewohnerschaft durch einen in gleicher Trägerschaft befindlichen ambulanten Dienst geprägt. Eine derartige Konstellation würde dann trotz Vorliegens der Voraussetzungen nach § 31 WTG (Servicewohnen) dem Anwendungsbereich des § 18 WTG unterworfen, da nach § 31 WTG zwar die freie Wählbarkeit insbesondere von Pflegeleistungen genügen soll, eine faktische Dominanz des Anbieters jedoch wieder in den Anwendungsbereich des § 18 WTG führt. Abhilfe wird hier – wie schon zu Zeiten des Heimgesetzes – die Erbringung pflegerischer Leistungen durch einen rechtlich selbständigen Träger schaffen.

60 Im Gegensatz zu der bisherigen Regelung kann aber nicht mehr auf eine widerlegliche Vermutung zurückgegriffen werden, wie sie die Regelung des § 2 Abs. 3 Satz 2 WTG 2008 enthielt. Vielmehr muss positiv festgestellt werden, dass es sich um eine Einrichtung nach § 18 WTG handelt, wobei sicher die Kriterien aus § 24 Abs. 2 WTG entsprechend herangezogen werden können.

61 Ein Aspekt kann aus dem bisherigen Recht wohl ebenfalls berücksichtigt werden. Das ist die Regelung des § 2 Abs. 3 Satz 3 WTG 2008, wonach nicht von einer Betreuungseinrichtung auszugehen war, wenn ein unabhängiger Dritter die Nutzerinnen und Nutzer darin unterstützt, ihre rechtlich bestehende freie Wahlmöglichkeit auch tatsächlich auszuüben. Dieser unabhängige Dritte wird vom WTG jetzt zwar nicht mehr gefordert, ist er jedoch vorhanden und stellt er die Wahlfreiheit sicher, ist auch davon auszugehen, dass es sich bei dem Wohn- und Betreuungsangebot nicht um eine Einrichtung nach § 18 WTG (und auch nicht um eine anbieterverantwortete Wohngemeinschaft) handelt.

62 Im Hinblick auf die Unterstützung der Ausübung der Wahlfreiheit – diese umfasst nicht nur den erstmaligen Abschluss des Pflegevertrages, sondern auch die sich immer wieder stellende Entscheidung, den Pflegevertrag nicht zu kündigen oder den Anbieter zu wechseln – wird eine nur gelegentliche Anwesenheit in der Einrichtung nicht genügen. Es muss vielmehr ein regelmäßiger, wenn auch nicht zwingend täglicher, Kontakt mit den Nutzern und auch den Anbietern der Leistungen bestehen. Die

dritte Person oder Organisation muss außerdem die Interessen der betreuten Menschen in diesem Gebäude tatsächlich wahrnehmen. Es genügt daher nicht, dass nur gelegentlich rechtliche Betreuer in der Einrichtung erscheinen und sich ausschließlich um die Belange der von ihnen betreuten Person kümmern. In jedem Fall ist aber zu beachten, dass die dritte Person und ihre Tätigkeit als solche nicht dem WTG unterliegen; in der Art und Weise der Amtsführung ist diese Person also grundsätzlich frei. Als dritte Personen oder Organisationen kommen neben Angehörigen oder Betreuern der Nutzerinnen daher vor allem ehrenamtlich tätige Personen oder Organisationen, die die Interessen von Pflegebedürftigen oder von behinderten Menschen vertreten, in Betracht. Das können zum Beispiel Mitglieder des örtlichen Seniorenbeirates, eines Vereins der Behindertenhilfe, eine aktiv die Nutzerin unterstützende Angehörigen- oder Betreuervertretung oder unter Umständen ein Pfarrer sein, die regelmäßig in der Einrichtung sind, sich von der Leistung des Pflegedienstes überzeugen und die Nutzerin bei ggf. auftauchenden Mängeln beraten.

Da sich diese Situation ändern kann, kann und sollte die Behörde die Prüfung in regelmäßigen Abständen oder dann wiederholen, wenn objektive Anhaltspunkte bestehen, dass eine Einschränkung der Wahlfreiheit zwischenzeitlich eingetreten ist. 63

### cc) Rechtliche Verbundenheit der Leistungsanbieterinnen

Das WTG 2008 galt auch dann, wenn Wohnraum und Betreuungsleistungen von verschiedenen natürlichen oder juristischen Personen zur Verfügung gestellt oder vorgehalten wurden und diese Personen rechtlich miteinander verbunden waren. § 18 Abs. 1 Satz 3 WTG 2014 nennt den Begriff der rechtlichen Verbundenheit nicht mehr explizit, spricht aber davon, dass es unerheblich ist, ob die Leistungen von mehreren Leistungsanbieterinnen oder Leistungsanbietern erbracht werden. Regelungen über die rechtliche Verbundenheit der Leistungsanbieterinnen und Leistungsanbieter enthält das WTG 2014 bewusst nicht. Nach dem oben Gesagten kann es jedoch zur Annahme einer Einrichtung nicht schon ausreichen, wenn nur eine wie auch immer geartete Zusammenarbeit verschiedener Leistungsanbieterinnen vorliegt. Die Bestimmung des Satzes 3 ist im Zusammenhang mit den Sätzen 1 und 2 des § 18 WTG, aber auch in Verbindung mit der Bestimmung des § 3 Abs. 2 WTG zu sehen. Sie bedeutet zunächst negativ, dass eine Einrichtung nicht dadurch ihren Einrichtungscharakter verliert, dass die Leistungen nicht nur von einer Anbieterin, sondern von mehreren Anbietern erbracht werden. Daher spricht auch die Legaldefinition in § 3 Abs. 2 WTG von einer „Leistungsanbieterin", wenn diese allein oder gemeinschaftlich mit einer anderen natürlichen oder juristischen Person Wohn- oder Betreuungsleistungen anbietet. 64

Wie sich aus der Regelung des § 24 Abs. 2 WTG ergibt, wollte der Gesetzgeber Formen des selbstverantworteten gemeinsamen Lebens von älteren, pflegebedürftigen und behinderten Menschen nicht regeln. Zur Annahme einer Einrichtung im Sinne des § 18 WTG ist daher zusätzlich positiv festzustellen, dass das gemeinschaftliche Angebot von Wohn- und Betreuungsleistungen durch mehrere Leistungsanbieterinnen 65 nur dann anzunehmen ist, wenn die Wahlfreiheit der Menschen rechtlich oder tatsächlich eingeschränkt ist. Die Einschränkung der rechtlichen Wahlfreiheit ergibt sich aus der vertraglichen Gestaltung. Die Einschränkung der tatsächlichen Wahlfreiheit kann sich aus der Zusammenarbeit verschiedener Leistungsanbieter ergeben, wenn diese dazu führt, dass die rechtliche Wahlfreiheit tatsächlich nicht ausgeübt werden kann. Dies gilt auch dann, wenn das gemeinschaftliche Angebot mehrerer Leistungsanbieter darauf ausgerichtet ist, die Wahlfreiheit nicht mehr auszuüben.

66 Entscheidend ist dabei jedoch immer die Feststellung, dass die Wahlfreiheit tatsächlich eingeschränkt ist, wie das im Regelfall der klassischen stationären Einrichtung gegeben ist. Das Oberverwaltungsgericht Nordrhein-Westfalen hat zur Regelung der §§ 2 Abs. 2, 4 Abs. 3 WTG 2008 entschieden, dass von einer rechtlichen Verbundenheit auszugehen ist, wenn die Angebote über Wohnraum und Betreuungsleistungen zeitgleich angeboten werden und sich die Leistungsanbieter über das zeitgleiche Angebot einig sind (OVG NW, Urteil vom 09.07.2013 – 12 A 2623/12, Rn. 71). Dabei hat sich das Oberverwaltungsgericht auch auf den Entwurf der Regelung des § 24 Abs. 2 WTG mit den Kriterien zur Abgrenzung von Selbstverantwortung und Anbieterverantwortung bezogen und ausgeführt, dass nicht erkennbar sei, dass der Gesetzgeber vorher andere Kriterien für maßgeblich erachtet hätte (OVG NW, Urteil vom 09.07.2013 – 12 A 2623/12, Rn. 77). Allerdings bezieht sich diese Rechtsprechung erkennbar auf die Frage der Abgrenzung zwischen Wohngemeinschaften und Heimen und ist nicht ohne Weiteres auf weitere Betreuungsformen, insbesondere das Servicewohnen, auszudehnen. Zu beachten ist, dass der Gesetzgeber bewusst von den Vermutungstatbeständen der §§ 2 Abs. 2 und 3, 4 Abs. 3 WTG 2008 Abstand genommen hat.

67 Es bedarf daher der positiven Feststellung, dass ein gemeinschaftliches Angebot im Sinne der §§ 18, 3 Abs. 2 WTG vorliegt. Das setzt voraus, dass mehrere Leistungsanbieter eine Vereinbarung abgeschlossen haben, die nach ihrem Inhalt und ihrem Zweck **rechtlich oder tatsächlich keine weiteren Leistungsanbieter mehr zulässt**, so dass die Nutzerinnen ihren Betreuungs- oder Pflegedienst tatsächlich nicht mehr wechseln können, ohne dass sie ihr Wohnraummietverhältnis gefährden.

68 Diese Vereinbarung kann schriftlich abgeschlossen werden, muss sie jedoch nicht. Bei Angehörigen, insbesondere bei Ehegatten, reicht wie bisher die Angehörigeneigenschaft aber alleine nicht aus, um eine gemeinschaftliche Aufnahme im Sinne des § 3 Abs. 2 WTG zu begründen. Dies gilt schon wegen Art. 6 GG, der Ehe und Familie unter den besonderen Schutz des Staates stellt und Benachteiligungen, die alleine an Ehe oder Familie anknüpfen, verbietet. Daher ist auch hier eine gemeinschaftliche, auf faktischen Ausschluss anderer Leistungsanbieter gerichtete Leistungserbringung gegenüber denselben Menschen erforderlich.

69 Anhaltspunkte für ein gemeinschaftliches Angebot im Sinne der §§ 3 Abs. 2, 18 Satz 3 WTG sind: eine gemeinsame Werbung; Hinweis auf die Leistungen des jeweils anderen Anbieters; Abstimmung der baulichen Gestaltung der zu vermietenden

Wohnungen oder Zimmer mit dem Betreuungsdienstleister; der Betreuungsdienstleister stellt den Interessenten Mustermietverträge zur Verfügung; in der Wohnanlage/Wohnung/Wohngemeinschaft ist ein Dienstzimmer für den Betreuungsdienstleister vorhanden; die Abstimmung mit den zuständigen Behörden erfolgt gemeinsam oder bei der Abstimmung tritt ein Anbieter auch für den jeweils anderen auf bzw. nimmt dessen Interessen wahr. Es reicht allerdings nicht aus, wenn der Betreuungsdienstleister seiner Konzeption lediglich die bauliche Gestaltung des Wohnungsvermieters zugrunde legt, ohne diese zuvor abgestimmt zu haben, denn eine Anpassung der eigenen Konzeption an die vorhandenen baulichen Voraussetzungen ist selbstverständlich. Es genügt auch nicht, wenn der Betreuungsdienstleister lediglich ein Büro in dem Gebäudekomplex innehat, in dem der Vermieter Wohnungen oder Zimmer an den betroffenen Personenkreis vermietet, wie insbesondere dann, wenn die Vermietung bereits stattfindet und erst später ein gegebenenfalls zuvor in einem Gebäude vorhandenes Ladenlokal nunmehr an den Anbieter von Betreuungsleistungen oder ambulanten Pflegeleistungen vermietet wird. In diesen Fällen müssen weitere Gesichtspunkte hinzutreten, um ein kooperatives oder in sonstiger Form abgestimmtes Handeln zwischen Wohnungsvermieter und Betreuungsdienstleister annehmen zu können.

Zu beachten ist, dass gerade nach der Regelung zum Servicewohnen in § 31 WTG 70
eine obligatorische Verknüpfung zwischen der Wohnraumüberlassung und den Basisleistungen des Betreuten Wohnens zulässig ist. In einem solchen Falle besteht selbstverständlich ein abgestimmtes Zusammenwirken und Auftreten der Leistungsanbieter im Sinne dieses Abschnitts. Dies kann dann allerdings nicht für die weiteren Leistungen, nämlich die eigentlichen Pflegeleistungen, Indizwirkung entfalten. Um hier eine Einrichtung anzunehmen, muss das Zusammenwirken so gestaltet sein, dass auch hinsichtlich der Pflege die Nutzerinnen keine Wahl mehr haben.

Ein gemeinschaftliches Angebot kann beendet und ein Kooperationsvertrag wieder 71
gekündigt werden. Die bloß formelle Kündigung einer schriftlichen Vereinbarung reicht dafür jedoch nicht aus, wenn die gemeinschaftliche Aufnahme und Betreuung tatsächlich fortgesetzt wird. Ob im Rechtssinne die Kündigung dabei als Scheingeschäft (§ 117 BGB) oder deswegen als nichtig angesehen werden muss, weil der Mangel der Ernstlichkeit dem Erklärungsempfänger bekannt ist (§ 118 BGB) kann dahinstehen. Genauso die Frage, ob bei wirksamer Kündigung und in der Folgezeit kooperativer Zusammenarbeit eine Bestätigung eines nichtigen Rechtsgeschäftes und damit die Neubegründung eines Vertragsverhältnisses angenommen werden kann. In allen Fällen ist das Ergebnis dasselbe, nämlich die Fortsetzung des gemeinschaftlichen Angebotes von Vermieter und Anbieter der Betreuungsleistungen.

Tatsächliche Indizien für die Beendigung der Kooperation sind demgegenüber z. B., 72
dass Vermieter und Betreuungsdienstleister nicht mehr gemeinsam werben oder auf die Leistungen des jeweils anderen nicht mehr hinweisen, dass der Betreuungsdienstleister nicht mehr in die Akquisition der Mieter oder der Vermieter nicht mehr in die Akquisition der Kunden des Betreuungsdienstleisters eingebunden ist. Ein

Zeichen für die Beendigung der Kooperation ist, dass nicht mehr ausschließlich ein Betreuungsdienstleister in der Einrichtung tätig ist oder das Dienstzimmer, sofern vorhanden, von mehreren Diensten gemeinschaftlich genutzt wird.

73 In den Fällen eines gemeinsamen Betriebs einer Einrichtung nach §§ 3 Abs. 2, 18 Satz 3 WTG sind alle rechtlich miteinander verbundenen Leistungsanbieterinnen für die Erfüllung der gesetzlichen Anforderungen gesamtverantwortlich, vgl. § 19 Abs. 3 WTG. Soweit Anordnungen zu erteilen sind, hat die zuständige Behörde – wie auch sonst im Ordnungsrecht – ein Auswahlermessen, gegen wen sie die Anordnungen richten wird. Dieses Auswahlermessen kann nach § 15 Abs. 8 WTG jedoch eingeschränkt sein. Danach soll eine behördliche Anordnung gegenüber demjenigen erfolgen, der einen Mangel zu vertreten hat oder in dessen Verantwortungsbereich die nicht erfüllte Anforderung fällt. Die Regelung des § 19 Abs. 3 WTG mit der Gesamtverantwortung aller Leistungsanbieter für alle Anforderungen unterscheidet sich von der Regelung für Wohngemeinschaften, in der nach § 26 Abs. 2 und 3 WTG geregelt sein muss, wer für welche Bereiche verantwortlich ist. Danach kann die Anordnung gegen jeden der gemeinschaftlich handelnden Leistungsanbieter gerichtet werden. Die Behörde hat aber die Möglichkeit, entweder auf das „Vertretenmüssen" oder auf den „Verantwortungsbereich" abzustellen. Zu vertreten sind nach der allgemeinen Regelung des § 276 Abs. 1 BGB grundsätzlich Vorsatz und Fahrlässigkeit. Sofern also tatsächlich ein Leistungsanbieter einen Mangel zu vertreten hat, dürfte es regelmäßig geboten zu sein, die Anordnung auch an diesen Leistungsanbieter zu richten. Das Gleiche gilt, wenn ein Mangel in dessen Verantwortungsbereich liegt, wenn also dieser Leistungsanbieter auch die Möglichkeit hat, diesen Mangel zu beseitigen. Allerdings ist zu beachten, dass beispielsweise der Heimträger für das gesamte Leistungsgeschehen auch dann verantwortlich bleibt, wenn er die Leistungen externer Dienstleister (Catering, Wäscheservice etc.) beizieht. Treten dort Mängel auf, bleibt der Heimträger der potenzielle Adressat für eine heimrechtliche Maßnahme.

74 Die Vorschriften der §§ 3 Abs. 2, 18 Satz 3 WTG sind nicht dispositiv. Der Geltungsbereich des WTG kann daher nicht eingeschränkt werden. Eine Vereinbarung zwischen zwei Leistungsanbieterinnen mit dem Inhalt, sie seien sich darüber einig, dass sie nicht gemeinschaftlich ihre Leistungen anbieten würden, ist unbeachtlich.

## 2. Wohngemeinschaften mit Betreuungsleistungen

75 Als neue Angebotsform werden nunmehr auch Wohngemeinschaften mit Betreuungsleistungen ausdrücklich vom Gesetz erfasst. Die Geltung des WTG für Wohngemeinschaften ist jedoch nicht neu. Je nach konkreter Ausgestaltung waren sie bereits vom WTG 2008 erfasst, fielen dort jedoch unter den einheitlichen Begriff der Betreuungseinrichtungen. Auch die Geltung des Heimgesetzes wurde für Wohngemeinschaften schon angenommen (zuletzt OVG Lüneburg vom 25.05.2011 – 4 LA 306/08).

### a) Begriff der Wohngemeinschaft

Wohngemeinschaften mit Betreuungsleistungen zeichnen sich nach § 24 Absatz 1 durch ein Zusammenleben mehrerer auf professionelle Unterstützung und/oder Pflege angewiesener Menschen in einer Wohnung mit gemeinsamem Hausstand aus, in der zugleich Betreuungsleistungen im Sinne dieses Gesetzes erbracht werden. 76

Damit erfolgt in Abgrenzung zu den klassischen stationären Einrichtungen nunmehr erstmals eine genaue Beschreibung einer immer mehr an Bedeutung gewinnenden Wohnform. 77

Wesentliches Abgrenzungskriterium insbesondere zu den Einrichtungen mit umfassendem Leistungsangebot, insbesondere aber auch zum Servicewohnen, ist, dass die Nutzerinnen und Nutzer gemeinschaftlich in einem gemeinsamen „Hausstand" leben und gemeinsam den Haushalt führen. Den „gemeinsamen Hausstand" zeichnen insbesondere eine gemeinsame Versorgung, „Küche", Einkaufsplanung, Haushaltskasse etc. aus. § 24 WTG verwendet den Begriff der Wohnung. Die Wohnung wird in der Landesbauordnung gesetzlich definiert, § 49 LBauO NRW. Danach muss eine Wohnung neben den zum eigentlichen Wohnen genutzten Räumen über eine Küche und Sanitäreinrichtungen verfügen und außerdem baulich abgeschlossen sein. Weitere besondere bauliche Anforderungen werden nicht gestellt. Üblicherweise haben alle Nutzerinnen der Wohngemeinschaft ein eigenes Zimmer (was für anbieterverantwortete Wohngemeinschaften nach dem WTG auch Voraussetzung ist, vgl. unten Rn. 727 ff.). Nach der gesetzlichen Regelung fallen somit sowohl Wohngemeinschaften unter das WTG, die sich in vormals als Familienwohnungen oder -häusern genutzten Gebäuden befinden, als auch Wohngemeinschaften, die in eigens dafür errichteten Immobilien entstehen sollen. Eine Wohngemeinschaft kann also auch in Gebäuden bestehen, die z. B. über zwölf Einzelzimmer und mehrere Badezimmer und ggf. auch Küchen verfügen, auch wenn dies sicher nicht der gewöhnlichen Architektur einer Familienwohnung oder eines Einfamilienhauses entspricht. Sind allerdings sämtliche privaten Räumlichkeiten mit eigenen Badezimmern und Küchen ausgestattet, so ist eher an ein Servicewohnen nach § 31 WTG zu denken. 78

Unter „Haushalt" ist dabei der Ort der privaten Lebens- und Wirtschaftsführung zu verstehen. Eine vollständige Versorgung der Nutzerinnen und Nutzern muss aus der Wohnung selbst heraus möglich sein (vgl. Begründung zum Gesetzentwurf der Landesregierung LT-Ds. 16/3388, S. 158 f.). 79

Dies umfasst die Möglichkeit, die im Haushalt üblicherweise anfallenden Verrichtungen, wie z. B. Kochen und Waschen selbst durchzuführen. Dabei ist nicht erforderlich, dass die Nutzerinnen und Nutzer diese Aufgaben tatsächlich selbst erledigen. Die Hilfe anderer kann insoweit in Anspruch genommen werden. Gewährleistet sein muss jedoch, dass die Nutzerinnen und Nutzer oder ihre gesetzlichen oder durch Rechtsgeschäft bevollmächtigten Vertreterinnen und Vertreter auf die Haushaltsführung Einfluss nehmen können. 80

### b) Ausnahme für Partnerschaften

81 Nach § 24 Abs. 1 Satz 2 WTG fällt das reine familiäre Zusammenwohnen nicht in den Geltungsbereich des Gesetzes. Sinn des Gesetzes ist es nicht, Partnerschaften und Familien aus Pflegebedürftigen oder Menschen mit Behinderungen dem Wohn- und Teilhaberecht zu unterstellen. Damit ist der Geltungsbereich des Gesetzes nicht eröffnet, wenn lediglich in einer Partnerschaft lebende Personen oder Personen, die miteinander verwandt sind, in einem gemeinsamen Haushalt leben und dort gepflegt oder betreut werden. Nicht vom Geltungsbereich erfasst werden damit nicht nur die in einem gemeinsamen Haushalt lebenden Ehepaare, sondern auch alle anderen in einer festen Partnerschaft lebenden Personen. Das Gesetz verwendet den Begriff der Partnerschaft, nicht nur den der Lebenspartnerschaft. Der Begriff der Partnerschaft bezieht sich daher nicht nur auf gleichgeschlechtliche Lebenspartner, die nach dem Lebenspartnerschaftsgesetz „verpartnert" sind. Damit liegt eine Partnerschaft auch bei Menschen vor, die zusammenleben, ohne verheiratet oder verpartnert zu sein (so genannte nichteheliche Lebensgemeinschaft). Aus Achtung vor der Privatsphäre der Menschen wird das Vorliegen einer Partnerschaft alleine durch die entsprechende Erklärung bestätigt werden können; weitere Möglichkeiten der Sachaufklärung hat die Behörde nicht. Die Ausnahme vom Anwendungsbereich gilt auch für nach § 1589 BGB miteinander verwandte Personen, also für das Zusammenleben der Eltern mit ihren Kindern oder der Geschwister. In all diesen Fällen handelt es sich also nicht um eine Wohngemeinschaft im Sinne des WTG. Eine weitere Sachaufklärung ist nicht notwendig.

### c) Selbstverantwortete Wohngemeinschaft

82 Das Gesetz unterscheidet zwischen selbstverantworteten und anbieterverantworteten Wohngemeinschaften. Die Unterscheidung ist von erheblicher Bedeutung: An selbstverantwortete Wohngemeinschaften werden als selbstbestimmte und selbstorganisierte Wohnform keine Anforderungen nach dem WTG gestellt. Es gelten nur die allgemeinen gesetzlichen Regelungen. In Betracht kommen hier besonders baurechtliche Regelungen nach der Landesbauordnung und hygienerechtliche Regelungen nach dem Infektionsschutzgesetz. Wichtig ist, dass die Voraussetzungen für die Anwendung anderer Gesetze sich ausschließlich nach diesen Gesetzen richten. Das macht § 25 Abs. 1 WTG noch einmal klar („…vorbehaltlich anderer gesetzlicher Regelungen…"). Ob an eine Wohngemeinschaft besondere Hygieneanforderungen zu stellen sind oder ob besondere brandschutztechnische Anforderungen zu stellen sind, richtet sich nicht nach dem WTG. Die Geltung oder der Nichtgeltung des WTG entfaltet auch keine Indizwirkung für die Geltung anderer Gesetze.

#### aa) Rechtliche Unabhängigkeit

83 Im Gegensatz zum bisherigen Recht, das die Anwendung des WTG auch von einer rechtlichen Verbundenheit der Leistungsanbieterinnen und Leistungsanbieter abhängig gemacht hat, werden im jetzigen WTG die Kriterien für eine selbstverantwortete

Wohngemeinschaft ausdrücklich genannt. Gleichzeitig legt das Gesetz fest, dass von einer anbieterverantworteten Wohngemeinschaft auszugehen ist, wenn die Kriterien der Selbstverantwortung nicht erfüllt sind.

Nach § 24 Abs. 2 Satz 1 Nr. 1 WTG ist zunächst Voraussetzung für die Selbstverant- 84
wortung, dass die Ansprüche auf Wohnraumüberlassung und Betreuungsleistungen rechtlich voneinander unabhängig sind. Das bedeutet, dass die Überlassung des Wohnraums nicht von der Erbringung der Betreuungsleistungen abhängig gemacht werden darf und umgekehrt. Vertragliche Konstruktionen, wonach ein Zimmer nur vermietet wird, wenn die Nutzerin einen Pflege- oder Betreuungsvertrag abschließt oder mit einem bestimmten Anbieter abschließt, führen zum Ausschluss der Selbstverantwortung. Das Gleiche gilt, wenn die Fortsetzung des Mietverhältnisses vom Abschluss oder dem Fortbestand eines Pflege- oder Betreuungsvertrages abhängig gemacht wird. Eine Klausel im Mietvertrag, wonach die Vermieterin berechtigt ist, das Mietverhältnis zu kündigen, wenn die Mieterin den Pflegevertrag kündigt, führt damit zu einer rechtlichen Abhängigkeit. Aufgrund des Schutzzwecks des Gesetzes kann es keine Rolle spielen, ob diese rechtliche Abhängigkeit der Leistungen auch zivilrechtlich wirksam ist. Die Frage der zivilrechtlichen Wirksamkeit kann von der Nutzerin und auch von der nach dem WTG zuständigen Behörde nicht (verbindlich) beurteilt werden. Diese Frage könnte erst in einem zivilgerichtlichen Verfahren geklärt werden. Ebenso spielt es keine Rolle, ob diese rechtliche Abhängigkeit in einem oder mehreren Verträgen bzw. Vertragsurkunden hergestellt wird. Auch solche Konstruktionen fallen unter das WTG, in denen z. B. ein Mietvertrag, ein Pflege-/Betreuungsvertrag und ein Wohngemeinschaftsvertrag so miteinander verbunden werden, dass sie alle nur gleichzeitig abgeschlossen oder wieder aufgelöst werden können. In diesem Zusammenhang ist auf die Rechtsprechung des Oberverwaltungsgerichtes hinzuweisen: Wenn es schon nach den von den Beteiligten getroffenen vertraglichen Vereinbarungen an den notwendigen Voraussetzungen für eine selbstverantwortete Wohngemeinschaft fehlt, ist dies ein gewichtiges Indiz für eine auch tatsächlich nicht bestehende Selbstverantwortung (vgl. OVG NRW, Beschluss vom 21.12.2017 – 4 B 1184/17 – Rn. 16).

### bb) Tatsächliche Unabhängigkeit

Weitere Voraussetzung für die Annahme der Selbstverantwortung ist, dass diese 85
rechtliche Unabhängigkeit der Ansprüche auch tatsächlich gelebt werden kann. Dies ergab sich nach bisherigem Recht aus der durch § 24 Absatz 2 Satz 1 Nr. 2 Buchstaben a) bis e) konkretisierten weiteren Voraussetzung des Vorliegens einer selbstverantworteten Wohngemeinschaft; diese Auslegung wurde auch durch das Oberverwaltungsgericht bestätigt (vgl. OVG NRW, Beschluss vom 21.12.2017 – 4 B 1184/17 –). Die in § 24 Abs. 2 WTG für eine selbstverantwortete Wohngemeinschaft vorausgesetzten Entscheidungs- und Gestaltungsmöglichkeiten müssen den Nutzern tatsächlich zustehen. Selbstverantwortung „nur auf dem Papier" genügt nicht (vgl. OVG NRW, Beschluss vom 21.12.2017 – 4 B 1184/17 – Rn. 16). Nun ist durch die Änderung des § 24 Absatz 3 Nummer 1 die nicht nur rechtliche, sondern auch tatsächliche

Unabhängigkeit von Wohnraumüberlassung und Betreuung als selbständiges Tatbestandsmerkmal ausgestaltet worden. In der Praxis gibt es durchaus die Konstellation, dass Ansprüche auf Wohnraumüberlassung und Betreuungsleistungen zwar rechtlich voneinander unabhängig sind, der Einfluss der Leistungsanbieter aber so groß ist, dass diese Unabhängigkeit tatsächlich nicht gegeben ist. Das WTG 2008 hatte diese Konstellationen in den Vorschriften über die rechtliche Verbundenheit bzw. die Einschränkung der tatsächlichen Wählbarkeit bei der Identität von Leistungsanbietern nach § 2 Abs. 3 WTG 2008 erfasst. Im Gegensatz dazu werden jetzt in § 24 Abs. 2 Satz 1 Nr. 1 und 2 WTG 2014 die Kriterien positiv benannt, die für die das Vorliegen einer selbstverantworteten Wohngemeinschaft Voraussetzung sind. Aus der Formulierung insbesondere in Buchstabe d) („…und…") ergibt sich, dass es sich um eine kumulative Aufzählung handelt. Es müssen daher alle Voraussetzungen des § 24 Abs. 2 WTG erfüllt sein, damit an die Wohngemeinschaft als selbstverantwortete keine Anforderungen nach dem WTG gestellt werden. Sofern auch nur eine Anforderung nicht erfüllt wird, handelt es sich bei der Wohngemeinschaft nicht mehr um eine selbstverantwortete, sondern um eine anbieterverantwortete Wohngemeinschaft, vgl. § 24 Abs. 3 WTG. Das Gesetz spricht in § 24 Abs. 2 Satz 1 Nr. 2 WTG davon, dass mindestens die Voraussetzungen nach den Buchstaben a) bis e) erfüllt sein müssen. Darüber hinaus muss die Anforderung nach § 24 Abs. 2 Satz 2 WTG (gemeinsames, nicht aber individuelles Vetorecht der Nutzerinnen und Nutzer) erfüllt werden. Weder dem Gesetzestext noch der Begründung lassen sich aber Anhaltspunkte für weitere Voraussetzungen entnehmen. Angesichts der umfassenden Kriterien in § 24 Abs. 2 Sätze 1 und 2 WTG wird man daher davon ausgehen können, dass diese, sofern sie erfüllt sind, auch die hinreichende Voraussetzung für die Annahme der Selbstverantwortung sind.

86 Die Kriterien für die Annahme einer selbstverantworteten Wohngemeinschaft sind im Einzelnen in § 24 Abs. 2 WTG genannt.

87 **aaa)** Von erheblicher Bedeutung ist die freie Wahl der Leistungsanbieter. Da die freie Wahl des Vermieters nur durch einen Auszug aus der Wohngemeinschaft zu realisieren ist, kann es sich bei den hier genannten Leistungsanbietern nur um die Anbieter der Betreuungs- und Pflegeleistungen handeln. Üblicherweise werden zumindest von Pflegediensten auch die hauswirtschaftlichen Leistungen übernommen, so dass nur ein Leistungsanbieter in der Wohngemeinschaft tätig ist. Es können aber selbstverständlich auch mehrere Leistungsanbieter tätig werden; gerade in einer selbstverantworteten Wohngemeinschaft kann es vorkommen, dass auch mehrere Pflegedienste/Betreuungsdienste beauftragt werden. Darüber hinaus ist es auch möglich, dass gerade hauswirtschaftliche Leistungen von anderen als Pflegediensten oder Diensten der Eingliederungshilfe erbracht werden.

88 Die Nutzer müssen in der Wahl der Leistungsanbieter frei sein. Hier handelt es sich um die tatsächliche Wahlfreiheit, denn die rechtliche Wahlfreiheit wird bereits von § 24 Abs. 2 Satz 1 Nr. 1 WTG gefordert. Tatsächliche Wahlfreiheit bedeutet, dass die Wahl der Anbieter des Pflege- oder Betreuungsdienstes in keiner Weise von einem

anderen Leistungsanbieter, auch nicht vom Vermieter, eingeschränkt werden darf. Davon ist immer auszugehen, wenn tatsächliche Vorgaben zur Wahl des Pflege- oder Betreuungsdienstes gemacht und der Bestand oder Fortbestand des Mietverhältnisses von der Wahl eines bestimmten Dienstes abhängig gemacht werden. Die Nutzerin muss dann befürchten, ihren Platz in der Wohngemeinschaft zu verlieren, wenn sie sich nicht für den empfohlenen Dienst entscheidet. Das gilt nicht nur dann, wenn der Mietvertrag schon abgeschlossen ist, sondern auch und erst recht, wenn schon der Abschluss des Mietvertrages von der Wahl eines bestimmten Pflegedienstes/Betreuungsdienstes abhängig gemacht wird. Sofern mehrere Dienste in der Wohngemeinschaft tätig sind, muss die tatsächliche Wahlfreiheit bei allen Leistungsanbietern gegeben sein, da das Gesetz nicht von der Wahl des Leistungsanbieters, sondern der Leistungsanbieterinnen und Leistungsanbieter spricht, also die Mehrzahl verwendet, § 24 Abs. 2 Satz 3 WTG.

Die Nutzerinnen können sich in einer so genannten Auftraggebergemeinschaft zusammenschließen. 89 Das ist dann eine Gemeinschaft, die aus den Mietern der Wohngemeinschaft bzw. ihren rechtlichen Vertretern besteht und die alle wesentlichen, in § 24 Abs. 2 Satz 1 Nr. 2 genannten Entscheidungen trifft und die Interessen der Mieter gegenüber den Leistungsanbietern und dem Vermieter vertritt. In der Praxis ist es nicht unüblich, dass sich diese Auftraggebergemeinschaften eine Gemeinschaftsordnung, Verfassung, Satzung oder Ähnliches geben, in der genau geregelt ist, wie der Willensbildungs- und Entscheidungsprozess abläuft. Häufig wird darin dann auch eine Sprecherin, Vorsitzende etc. bestimmt. Häufig sehen diese Gemeinschaftsordnungen auch vor, dass über die Wahl des Pflegedienstes durch Mehrheit entschieden wird, was bedeutet, dass Einzelne – sofern sie in der Wohngemeinschaft bleiben wollen – ggf. auch einen Pflegedienst akzeptieren müssen, der nicht ihren Vorstellungen entspricht. Das Gesetz stellt jedoch in § 24 Abs. 2 Satz 3 WTG klar, dass diese Einschränkung des individuellen Wahlrechtes nichts am Charakter einer selbstverantworteten Wohngemeinschaft ändert, sofern die Wahlfreiheit durch die Mehrheit der Nutzerinnen und Nutzer ausgeübt wird.

**bbb)** Die Nutzerinnen müssen das Hausrecht ausüben. Das Hausrecht folgt aus 90 dem Besitzrecht und bedeutet, dass die Nutzer darüber entscheiden, wer die Wohngemeinschaft betreten darf. Die Vermieter dürfen die Räumlichkeiten nur nach Maßgabe der mietrechtlichen Regelungen betreten (regelmäßig daher nur nach Absprache und bei dringenden Gefahren). Die Beschäftigten der Pflege-/Betreuungsdienste dürfen die Räume der Wohngemeinschaften nur mit Einverständnis der Nutzer betreten; das Einverständnis des Vermieters reicht dazu nicht aus. Sobald Beschäftigte des Pflegedienstes darüber entscheiden, wer die Wohngemeinschaft betreten darf, wird das Hausrecht nicht mehr von den Nutzerinnen ausgeübt. Hieran ändert es nichts, wenn Pflegedienste für Notfälle über Schlüssel zu den individuellen Räumlichkeiten bzw. zu der Wohngemeinschaft insgesamt verfügen. Besteht in der Wohngemeinschaft ein Dienstzimmer oder ein räumlich abgegrenzter Bereich, der ausschließlich Beschäftigten des Pflege- oder Betreuungsdienstes vorbehalten ist, ist dies ein deutliches Indiz dafür, dass das Hausrecht nicht von den Nutzern ausgeübt wird. Das Gleiche gilt, wenn ein Gemeinschaftsraum in erheblichem Maße durch Beschäftigte des Dienstes in Anspruch genommen wird und die Nutzerinnen dadurch in ihrer Lebensführung beeinträchtigt werden. Andererseits dürfte es unschädlich sein, wenn der Pflege- oder Betreuungsdienst in geringem Umfang täglich benötigte Gegenstände in einem Schrank etc. aufbewahrt.

91 **ccc)** Die Nutzerinnen müssen die Gemeinschaftsräume selbst gestalten können. Das bedeutet, dass nur die Nutzerinnen und Nutzer über die Ausstattung der Gemeinschaftsräume mit Möbeln entscheiden. Vorgaben des Vermieters sind unzulässig; selbstverständlich kann mietvertraglich vereinbart werden, dass Zimmer möbliert vermietet werden. Das bedeutet jedoch nur, dass der Vermieter verpflichtet ist, die Möbel zur Verfügung zu stellen. Die Nutzerinnen sind nicht verpflichtet, diese zu nutzen. Die Möglichkeit der Nutzung eigener Möbel muss in einer selbstverantworteten Wohngemeinschaft gegeben sein.

92 **ddd)** Die Nutzer müssen die gemeinschaftlichen Finanzmittel selbst verwalten. Regelmäßig wird in Wohngemeinschaften eine Haushaltskasse eingerichtet, in die die Mitglieder der Wohngemeinschaft einen bestimmten Festbetrag, auf den sie sich vorher geeinigt haben, einzahlen und aus dem die laufenden Ausgaben, insbesondere für die Verpflegung, bestritten werden. Die Entscheidung darüber, wie diese Mittel verwendet werden, muss bei den Nutzern bzw. den rechtlichen Vertretern liegen. Das bedeutet nicht, dass die Einkäufe zwingend von den Nutzern selbst erledigt werden müssen. Der Begriff des „selbst Verwaltens“ ist so zu verstehen, dass die Entscheidung über die gemeinschaftlichen Finanzmittel bei den Nutzerinnen und Nutzern liegen muss. Nach den allgemeinen Regeln ist es jedoch zulässig, andere mit konkreten Aufgaben zu beauftragen. Daher ist es zulässig, dass Beschäftigte des Pflege- oder Betreuungsdienstes mit der Führung der Haushaltskassen und mit der Besorgung der Einkäufe beauftragt werden, sofern diese an die Vorgaben der Nutzerinnen gebunden sind. Da es möglicherweise unpraktisch wäre, wenn jede einzelne Ausgabe einzeln genehmigt werden müsste, ist es unschädlich, dem Pflege- oder Betreuungsdienst eine allgemeine Erlaubnis für Ausgaben in bestimmter Höhe einzuräumen. Allerdings sollten Ausgaben, die eine gewisse Höhe überschreiten, immer von den Nutzerinnen und Nutzern genehmigt werden müssen. Ebenso sollte eine Prüfung der Ausgaben des Dienstes durch die Nutzerinnen und Nutzer (eine „Rechnungs- oder Kassenprüfung“) erfolgen (vgl. VG Gelsenkirchen vom 15.01.2014 – 10 K 2661/12, nachfolgend in Rn. 101 ff. auszugsweise wiedergegeben). Sofern der Pflege- oder Betreuungsdienst alleine über die Verwendung der Finanzmittel entscheidet und auch nicht in seiner Rechnungsführung überprüft wird, führt dies zum Ausschluss der Selbstverantwortung.

93 Die Forderung, dass die gemeinschaftlichen Finanzmittel selbst verwaltet werden müssen, bedeutet nicht, dass zwingend eine gemeinsame Haushaltskasse vorhanden sein muss. Selbstverständlich ist es auch möglich, dass auf eine gemeinsame Haushaltskasse verzichtet wird und jeder Nutzer selbst seine Ausgaben tätigt.

**eee)** Nutzerinnen und Nutzer müssen die Lebens- und Haushaltsführung sowie das Alltagsleben selbstbestimmt gemeinschaftlich gestalten. Das bedeutet, dass die Mitglieder der Wohngemeinschaft selbst über alles entscheiden, was das Leben in der Wohngemeinschaft betrifft. Dazu gehören einerseits die Fragen der Haushaltsführung, also die Entscheidung darüber, was eingekauft und gegessen wird, wer für die Wohnungsreinigung verantwortlich ist etc. Andererseits entscheiden die Nutzerinnen und Nutzer über ihre Freizeitgestaltung und auch darüber, wie die Gemeinschaftsräume genutzt werden. Eine ständige Belegung z. B. eines Gemeinschaftsraumes durch Beschäftigte des Pflege- oder Betreuungsdienstes ist mit einer selbstverantworteten Wohngemeinschaft unvereinbar. 94

Selbstbestimmt gemeinschaftliche Gestaltung bedeutet, dass dem Pflege- oder Betreuungsdienst hier keine Bestimmungsrechte zukommen. Selbstverständlich ist nicht verlangt, dass Lebens- und Haushaltsführung sowie das Alltagsleben ausschließlich gemeinschaftlich gestaltet werden müssen. Jede Nutzerin und jeder Nutzer entscheidet zunächst einmal selbst über die eigene Lebensführung und ist nicht verpflichtet, das eigene Leben gemeinschaftlich mit den anderen Mitgliedern der Wohngemeinschaft zu gestalten. Das wäre mit dem Zweck des WTG, der Sicherung der Selbstbestimmung, nicht zu vereinbaren. Die Regelung bedeutet, dass die Lebensführung der Nutzerinnen und Nutzer, wenn sie sie gemeinschaftlich gestalten wollen, nicht von den Leistungsanbietern bestimmt werden darf. Dass die Lebensführung einzelner Nutzer nicht beeinträchtigt werden darf, ergibt sich schon aus dem Zweck des Gesetzes, vgl. § 1 Abs. 4 Nr. 1 und 2 WTG. Andererseits führt nicht bereits die Unterstützung auch bei alltäglichen Fragen der Lebensgestaltung durch den Pflegedienst dazu, die Selbstbestimmung auszuschließen. Typischerweise finden sich in Wohngemeinschaften Menschen zusammen, die bereits Einschränkungen in ihrer Fähigkeit, das Alltagsleben zu gestalten, hinnehmen müssen. Diese Situation erfordert notwendigerweise die Unterstützung durch dritte Personen. Überdies kann die Selbstbestimmung der Bewohnerschaft selbstverständlich auch durch Betreuer ausgeübt werden, sofern die entsprechenden Geschäftskreise im Betreuungsbeschluss festgelegt sind. Wäre dies anders, hätten solche Personen, die auf die Unterstützung durch einen Betreuer angewiesen sind, keine Möglichkeit, in einer selbstbestimmten Wohngemeinschaft zu leben – dies sogar unter Umständen bei einem erst nachträglich eintretenden Betreuungsbedarf. 95

**fff)** Die Mitglieder der Wohngemeinschaft müssen über die Aufnahme neuer Mieterinnen und Mieter mitentscheiden können. Das heißt zwar regelmäßig nicht, dass sie alleine darüber entscheiden können, denn die Entscheidung darüber muss nach der Regelung des § 540 BGB der Vermieter treffen. Andererseits würde es der Selbstbestimmung widersprechen, wenn der Vermieter gegen den Willen der Mieterinnen und Mieter jemanden in die Wohngemeinschaft aufnehmen könnte. Die Regelung des § 24 Abs. 2 Satz 2 WTG gibt den Nutzerinnen daher ein Vetorecht: Die Vermieterin entscheidet darüber, ob sie einen Mietvertrag abschließen möchte. Sie muss aber vorher die Mitglieder der Wohngemeinschaft anhören. Sprechen diese sich gegen den Interessenten aus, kann die Vermieterin nicht entsprechend vermieten, ohne 96 dass dies Konsequenzen auf die Frage der Selbstverantwortung hätte. Andererseits verbleibt die Entscheidung über den Abschluss des Mietvertrages bei der Vermieterin. Die Mitglieder der Wohngemeinschaft können daher auch nicht gegen den Willen der Vermieterin die Aufnahme eines Interessenten erzwingen.

97 Nach der Formulierung des § 24 Abs. 2 Satz 1 Nr. 2 WTG müssen alle Kriterien der Selbstverantwortung vorliegen (vgl. die Formulierung „...und..." in Buchst. d). Sofern nur ein Kriterium nicht erfüllt ist, handelt es sich um eine anbieterverantworte Wohngemeinschaft, § 24 Abs. 3 WTG. Leistungsanbieterinnen und Leistungsanbieter dürfen auf die Entscheidungen der Nutzerinnen und Nutzer bzw. ihrer rechtlichen Vertreter keinen bestimmenden Einfluss haben. Es ist daher nicht jeder Einfluss auf die Entscheidungsfindung der Nutzerinnen unzulässig. Nur ein bestimmender Einfluss führt zum Ausschluss der Selbstverantwortung. Dies festzustellen dürfte in der Praxis die größte Schwierigkeit sein. Hier wird man auch auf Indizien abstellen müssen: Sofern alle oder die meisten Entscheidungen von den Leistungsanbietern vorbereitet, also z. B. schriftlich vorformuliert wurden und die Nutzerinnen keinen Einfluss auf den Inhalt der Entscheidung haben, sondern diese nur pro forma bestätigen sollen, ist nicht von Selbstverantwortung auszugehen. Das Gleiche gilt auch, wenn Beschäftigte der Leistungsanbieter an Versammlungen der Nutzerinnen teilnehmen und den Inhalt der Versammlungen maßgeblich bestreiten. Sofern lediglich das Protokoll geführt wird oder die Nutzer die Teilnahme verlangt haben, dürfte dies aber unbeachtlich sein.

98 Letztlich wird sich die zuständige Behörde durch persönliche Gespräche mit den Nutzerinnen und deren Angehörigen bzw. Vertretern davon überzeugen müssen, dass diese tatsächlich selbstverantwortet entscheiden.

99 Mit der Frage der tatsächlichen Wahlfreiheit hat sich das Verwaltungsgericht Gelsenkirchen ausführlich befasst (Urteil vom 15.01.2014 – Az 10 K 2661/12, abrufbar unter http://www.justiz.nrw.de/nrwe/ovgs/vg_gelsenkirchen/j2014/10_K_2661_12_Urteil_20140115.html). Es hat zwar auf der Grundlage des WTG 2008 entschieden, jedoch zur Frage der Selbstverantwortung bereits auf die Kriterien des § 24 Abs. 2 WTG abgestellt, da es mit der Rechtsprechung des Oberverwaltungsgerichtes für das Land Nordrhein-Westfalen (vgl. OVG NRW vom 09.07.2013 – 12 A 2623/12) davon ausging, dass diese Kriterien schon nach dem WTG 2008 dieselben waren.

100 Zur Frage der Selbstverantwortung hat das Verwaltungsgericht Gelsenkirchen a. a. O. in Rn. 50 ff. ausgeführt:

101 *Für die Beurteilung der Frage, ob eine Wohngemeinschaft als selbstorganisiert und selbstbestimmt bzw. selbstverantwortet zu qualifizieren ist, können die Kriterien des Gesetzentwurfs zu dem Gesetz zur Entwicklung und Stärkung einer demographiefesten, teilhabeorientierten Infrastruktur und zur Weiterentwicklung und Sicherung der Qualität von Wohn- und Betreuungsangeboten für ältere Menschen, pflegebedürftige Menschen, Menschen mit Behinderung und ihre Angehörigen, LT-Drs. 16/3388 vom 26. Juni 2013 herangezogen werden.*

*Hier hat der Gesetzgeber erstmals positiv definiert, wann – bei gleichzeitigem Fehlen eines bestimmenden Einflusses der Anbieter bei den Entscheidungen – eine selbstverantwortete Wohngemeinschaft mit Betreuungsleistungen gegeben ist.*

....

*Ausweislich der Gesetzesbegründung zu Art. 2 § 24 Abs. 2 des vorgenannten Gesetzentwurfs (S. 101, 102) ist wesentlich, dass die Bewohner gemeinschaftlich in einer gemeinsamen „Wohnung" leben und gemeinsam den Haushalt führen. Aus der Wohnung selbst muss eine vollständige Versorgung der Bewohner möglich sein. Dies umfasst die Möglichkeit, die im Haushalt üblicherweise anfallenden Verrichtungen, wie z.B. Kochen und Waschen, selbst durchführen zu können. Dabei ist nicht erforderlich, dass die Bewohner diese Aufgaben tatsächlich selbst erledigen. Die Hilfe anderer kann insoweit in Anspruch genommen werden. Entscheidend ist weiter, dass die Bewohner alle Angelegenheiten des Wohnens, der Betreuung sowie des Zusammenlebens in der Wohngemeinschaft selbst organisieren und verantworten. Die in Art. 2 § 24 Abs. 2 des Gesetzentwurfs genannten Entscheidungsbefugnisse müssen von den Bewohnern oder ihren Vertretern selbstverantwortet und ohne Einflussnahme Dritter ausgeübt oder gestaltet werden. Dazu gehört u.a. die Wahlfreiheit hinsichtlich Inhalt, Umfang und Wechsel von Pflege-, Betreuungs- oder anderen Dienstleistungen durch Dritte. Die Bewohner müssen die Dienstleistungen jederzeit innerhalb einer angemessenen Frist ohne Auswirkungen auf das Mietverhältnis kündigen können. Entscheidend ist auch die gemeinschaftliche Entscheidung über die Aufnahme neuer Bewohner sowie die Ausübung des Hausrechts. Die Dienstleistungsanbieter haben in einer selbstverantworteten Wohngemeinschaft nur Gaststatus. Das ist nicht mehr der Fall, wenn ein Leistungsanbieter auf das Leben und den Alltag in der Wohngemeinschaft bestimmenden Einfluss hat. Die Bewohner verwalten die gemeinschaftlichen Finanzmittel selbst und gestalten selbstbestimmt und gemeinschaftlich die Lebens- und Haushaltsführung sowie das Alltagsleben. Eine Beratung der Leistungsanbieter in der Gründungsphase führt grundsätzlich nicht dazu, eine Selbstverantwortung zu verneinen. Es muss jedoch sichergestellt werden, dass die Selbstverantwortung der Bewohner nach Abschluss der Gründungsphase nicht eingeschränkt ist.* 102

...

*Die Bewohner des E. . X. -Hauses bzw. ihre Vertreter haben sich zu einer Interessengemeinschaft zusammengeschlossen. Diese hat sich erstmals am 3. Februar 2010 getroffen; sodann erfolgten regelmäßige Treffen: 6. Mai 2010, 27. Januar und 24. Oktober 2011, 12. März, 23. April und 15. Oktober 2012, 7. März, 23. April und 29. Oktober 2013. Diese Interessengemeinschaft hat sich zudem eine Gemeinschaftsordnung gegeben; der entsprechende Beschluss wurde in der Versammlung am 23. April 2012 gefasst.* 103

*Die Ansprüche auf Wohnraumüberlassung und Betreuungsleistung sind rechtlich voneinander unabhängig. Zwar sieht § 5 Ziffer 3 der Mietverträge der Bewohner der Wohngemeinschaft E. . X. -Haus vor, dass der Vermieter berechtigt ist, den Mietvertrag unter Einhaltung einer Kündigungsfrist von drei Monaten zu kündigen, wenn der Mieter keinen Pflegevertrag mit dem für die Wohngemeinschaft zuständigen Pflegedienst schließt und sich nach Abmahnung weigert, einen solchen vorzulegen. Der ursprüngliche Zusatz im Vorwort zu den Mietverträgen, nach dem der Abschluss eines Mietvertrages davon abhängig war, dass der Mieter zugleich einen Pflegevertrag abschließt, wurde spätestens mit Nachträgen zu den Mietverträgen Ende April 2012, d.h. vor Erlass des streitgegenständlichen Bescheides, ausweislich der von den Klägern im Verfahren 10 K 2694/12 vorgelegten Mietverträge gestrichen; in diesen* 104

*Nachträgen wurde deutlich gemacht, dass aus dem Vorwort keine Verpflichtung des Mieters begründet wird, hauswirtschaftliche Versorgung oder Pflegeleistungen in Anspruch zu nehmen. Ausweislich Ziff. 1. lit. g. der Gemeinschaftsordnung regelt die Interessengemeinschaft gemeinsam die Beauftragung eines Pflegedienstes zur Durchführung von Pflege- und Betreuungsleistungen sowie hauswirtschaftlichen Dienstleistungen und ggfs. weiterer Hilfen; beauftragt werden kann danach nur ein Pflegedienst. Nach Ziff. 2. lit. h. der Gemeinschaftsordnung erfolgen die Beschlüsse der Versammlungen nach dem Mehrheitsprinzip. Nach der vorgenannten Gesetzesbegründung kann die geforderte Wahlfreiheit auch durch eine in einem – so wie hier – gemeinsamen Gremium gefundene Mehrheitsentscheidung der Bewohner oder ihrer rechtlichen Vertreter gewährleistet werden. Davon ausgehend sind die Ansprüche auf Wohnraumüberlassung und Betreuungsleistung – trotz des oben angeführten Kündigungsrechts rechtlich voneinander unabhängig. Die Regelung in § 5 Ziff. 3 der Mietverträge dient vielmehr dem Zweck, den Entscheidungen der Interessengemeinschaft entsprechend ihrer Gemeinschaftsordnung auch seitens des Vermieters Rechnung tragen zu können.*

105 *Darüber hinaus ist die Wohngemeinschaft aber auch auf der Grundlage der in Art. 2 § 24 Abs. 2 des vorgenannten Gesetzentwurfs genannten Entscheidungsbefugnisse als selbstorganisiert und selbstverantwortet zu bezeichnen. Dies folgt zunächst aus der von der Interessengemeinschaft beschlossenen Gemeinschaftsordnung. Nach Ziff. 1. lit. a. der Gemeinschaftsordnung regelt die Interessengemeinschaft insbesondere die Beteiligung beim Einzug neuer Mitglieder in Abstimmung mit dem Vermieter und ggfs. mit fachlicher Beratung sowie nach Ziff. 1. lit. c. die Sicherstellung von den Wohnraum betreffenden mieterseitig erforderlichen bzw. sinnvollen Versicherungen. Weiter trifft die Interessengemeinschaft Festlegungen in Bezug auf das Verfahren und die Art und den Umfang des gemeinsamen Einkaufs von Lebensmitteln, Verbrauchsgütern des täglichen Lebens, Ausstattungsgegenständen für gemeinschaftlich genutzte Räume, die Durchführung von Ausflügen, Veranstaltungen und sonstigen Feierlichkeiten (Ziff. 1. lit. d.) sowie in Bezug auf die Tagesgestaltung innerhalb der Wohngemeinschaft (Ziff. 1. lit. e.). Schließlich regelt die Interessengemeinschaft – wie oben bereits angeführt – gemeinsam die Beauftragung eines Pflegedienstes zur Durchführung von Pflege- und Betreuungsleistungen sowie hauswirtschaftlichen Dienstleistungen. Danach organisieren die Bewohner bzw. ihre Vertreter alle Angelegenheiten des Wohnens, der Betreuung sowie des Zusammenlebens in der Wohngemeinschaft selbst, insbesondere besteht Wahlfreiheit hinsichtlich Inhalt, Umfang und Wechsel von Pflege-, Betreuungs- oder anderen Dienstleistungen durch Dritte.*

*63*

106 *Auch nach den dem Gericht vorliegenden Protokollen der oben genannten Versammlungen der Interessengemeinschaft stellt sich die Wohngemeinschaft E. . X. -Haus als eine selbstorganisierte und selbstbestimmte Gemeinschaft dar. So hat die Interessengemeinschaft in ihrer Sitzung am 3. Februar 2010 und am 23. April 2012 beschlossen, die Klägerin als Pflegedienst – in der letztgenannten Sitzung bis auf Widerruf – zu beauftragen. In der Versammlung am 27. Januar 2011 wurde auch die – zum damaligen Zeitpunkt wohl beanstandete – personelle Situation der Klägerin in der Wohngemeinschaft diskutiert; die Klägerin stellte Lösungen in Aussicht. Aus den Protokollen geht hervor, dass den Beteiligten (Vertreter der Bewohner, Pflegedienst und Eigentümer) bewusst war, dass Hausschlüssel nicht bei der Klägerin und den Eigentümern ohne Grund verbleiben durften; die Schlüssel wurden von diesen sodann auch sukzessive zurückgegeben. Ausweislich der Protokolle existiert auch eine*

Haushaltskasse, die von den Bewohnern bzw. deren Vertretern regelmäßig geprüft wurde. Aus den Protokollen über die Versammlungen der Interessengemeinschaft ergibt sich zudem, dass die Bewohner bzw. ihre Vertreter die Lebens- und Haushaltsführung sowie das Alltagsleben selbstbestimmt gemeinschaftlich gestalten, z. B. wurde der Supermarkt für den Einkauf der Lebensmittel bestimmt, es wurde über Anschaffungen diskutiert und abgestimmt (Markise, Kühlschrank, Kaffemaschine), über Betreuungsangebote für die Bewohner am Vor- und Nachmittag diskutiert, es wurden Ideen für Veranstaltungen gesammelt und diese geplant (Tag der offenen Tür, Sommerfest, Weihnachtsfeier), ferner wurden Friseur und Fußpflege organisiert.

64

Neben der von der Gemeinschaftsordnung vorgesehenen Wahl eines Sprechers (vgl. Ziff. 4.) – 107
diese Wahl erfolgte in der ersten Versammlung der Interessengemeinschaft am 3. Februar 2010 – wählte diese ebenfalls in der vorgenannten Versammlung eine neutrale dritte Person, Frau G., die nach Auskunft der Geschäftsführerin der Klägerin, Frau C2., in der mündlichen Verhandlung ihr Amt ehrenamtlich ausübt; ein Angehöriger von Frau G. wohnt nicht in der Wohngemeinschaft E. . X. -Haus. Diese neutrale dritte Person rundet das sich aus der Gemeinschaftsordnung und den Protokollen der Versammlungen der Interessengemeinschaft ergebende Bild einer selbstorganisierten und selbstverantworteten Wohngemeinschaft ab.

....

So stellte Frau C2. in der mündlichen Verhandlung zunächst selbst klar, dass der Einfluss der 108
Klägerin auf die Wohn- und Interessengemeinschaft in ihrer Gründungsphase ein anderer, d. h. ein stärkerer gewesen sei. So hätte der Pflegedienst selbst noch zur ersten Versammlung im Februar 2010 eingeladen. Plausibel legte Frau C2. jedoch dar, dass dieser Einfluss nach und nach zurückgefahren worden sei. Deutlich wurde dies zunächst bzgl. der Organisation der Versammlungen der Interessengemeinschaft, aber auch hinsichtlich der Frage, wer einen Hausschlüssel für die Wohngemeinschaft besitzt. Frau C2. bestätigte, dass diese nach und nach – entsprechend den Ausführungen in den Protokollen – zurückgegeben worden seien. Hinsichtlich der Neuaufnahme von Bewohnern erklärte Frau C2. weiter, dass auch bei der Klägerin Anfragen von Interessenten eingingen und dass sie bei der Aufnahme neuer Bewohner insoweit beteiligt sei, als es um die Beurteilung von pflegerischen Aspekten ginge. Diesbezüglich ist anzumerken, dass die Interessengemeinschaft ausweislich des Protokolls in ihrer Versammlung am 15. Oktober 2012 beschlossen hat, dass Interessierte für einen Einzug in die Wohngemeinschaft auch über das Büro der Klägerin Anfragen stellen könnten. Letztendlich entscheiden die Bewohner bzw. ihre Vertreter über die Aufnahme neuer Bewohner.

67

Soweit der Beklagte in dem streitgegenständlichen Bescheid bemängelt, dass mit Frau C. eine 109
Mitarbeiterin der Klägerin bei der ersten Versammlung der Interessengemeinschaft als Protokollführerin eingesetzt war, führt dies nicht zu einer anderen Bewertung. Zunächst handelte es sich bei dieser Versammlung um die erste der Interessengemeinschaft. Wie oben bereits ausgeführt, ist es unschädlich, wenn der Einfluss eines Leistungsanbieters in der Gründungsphase stärker ist, wenn sichergestellt ist, dass die Selbstverantwortung der Bewohner nach Abschluss der Gründungsphase nicht eingeschränkt ist. Zudem gilt es in diesem Zusammenhang zu bedenken, dass die Schwiegermutter von Frau C. auch Bewohnerin der Wohngemeinschaft gewesen ist, wie Frau C2. in der mündlichen Verhandlung ausgeführt hat.

*68*

110 *Dieses Ergebnis der Selbstverantwortlichkeit und Selbstbestimmtheit der Wohngemeinschaft E. . X. -Haus wird schließlich durch die überzeugende Aussage der Zeugin Frau N. O. belegt. Frau O. war von Februar 2010 bis April 2013 Sprecherin der Interessengemeinschaft. Auch die Zeugin hat geschildert, dass der Einfluss der Klägerin zunächst, insbesondere in der ersten Sitzung im Februar 2010 stärker war als in der Folgezeit. Überzeugend legte die Zeugin O. auch dar, dass die Gemeinschaftsordnung zwar durch den Prozessbevollmächtigten der Kläger in dem Verfahren 10 K 2694/12 grundsätzlich erarbeitet worden sei, sie, d. h. die Interessengemeinschaft, habe diese jedoch dann auf sich „zurechtgeschnitten". Frau O. machte weiter Ausführungen zu der Haushaltskasse: Danach wurden im Monat von jedem Bewohner 250,00 € eingezahlt. Kontoinhaberin war ihres Wissens nach die Klägerin. Diese habe lediglich Lebensmittel ohne eine weitere Erlaubnis davon bezahlen können. Darüber hinaus habe die Klägerin über Geld des Haushaltskontos nur verfügen können, wenn sie vorher die Zustimmung des Sprechers bzw. der Interessengemeinschaft eingeholt habe. .....*

*69*

111 *Nach Auswertung der Aussage der Zeugin O. ist davon auszugehen, dass die Klägerin bei der Auswahl neuer Bewohner beteiligt worden ist und auch das Haushaltskonto auf den Namen der Klägerin läuft. Dies führt jedoch nicht dazu, die Selbstverantwortung der Wohngemeinschaft E. . X. -Haus zu verneinen. Die Zeugin O. hat vielmehr plausibel und überzeugend dargelegt, dass die vorgenannten Umstände die Selbstorganisation und Selbstbestimmung nicht in Frage stellen. Es handelt sich hierbei um bewusste Entscheidungen der Interessengemeinschaft im Sinne der Bewohner der Wohngemeinschaft, um einen reibungslosen Ablauf des täglichen Lebens in der Wohngemeinschaft zu gewährleisten. So legte Frau O. dar, dass das Haushaltskonto und seine Führung in ihrer Zeit als Sprecherin niemals beanstandet worden sei. Auf die Nachfrage des Vertreters des Beklagten in der mündlichen Verhandlung erklärte sie, dass es für sie eine Erleichterung gewesen sei, dass die Kasse vor Ort von dem Pflegedienst geführt worden sei; sie hätte für eine eigene Führung der Kasse auch keine Notwendigkeit gesehen, da diese einwandfrei geführt worden sei. Auch ist für das Gericht nachvollziehbar, dass die Klägerin mit ihren fachlichen Erfahrungen bei dem Entscheidungsprozess hinsichtlich der Aufnahme neuer Bewohner mit einbezogen worden ist bzw. wird; diese Möglichkeit sieht im Übrigen auch die Gemeinschaftsordnung vor. Schließlich legte die Zeugin O. überzeugend dar, dass eine Selbstbestimmung nicht deshalb zu verneinen ist, weil die Klägerin von der Interessengemeinschaft wiederholt mit den Pflege- und Betreuungsleistungen beauftragt worden ist. Das Gericht verkennt nicht, dass die Tatsache, dass die bisherige Betreuung und Pflege durch die Klägerin erbracht worden ist, einen faktischen Einfluss auf die weitere Bestellung eines Pflegedienstes haben kann, insbesondere, wenn dieser die Arbeit zur Zufriedenheit aller erbringt. Allein hieraus ist jedoch noch nicht grundsätzlich eine Abhängigkeit und damit ein Schutzbedürfnis herzuleiten. Vielmehr hat die Zeugin O. in diesem Zusammenhang nachvollziehbar dargelegt, dass die Entscheidung, die Klägerin weiterhin mit der Pflege und Betreuung zu beauftragen, als eine reflektierte und damit selbstbestimmte Entscheidung zu qualifizieren ist und zwar in bewusster Anerkennung dessen, dass auch ein anderer Betreuungsdienstleister hätte beauftragt werden können. Da es keinen Bedarf für einen anderen Pflegedienst gegeben habe, so die Zeugin, sei auch kein anderer beauftragt worden.*

*70*
*Soweit der Beklagte in der mündlichen Verhandlung unter Hinweis auf seine am 9. Januar 2014 durchgeführte Regelbegehung – nach den hier vorliegenden Verwaltungsvorgängen des Beklagten handelt es sich um die erste Begehung nach Erlass des streitgegenständlichen Bescheides vom 2. Mai 2012 – das Vorliegen einer Selbstorganisation und Selbstverantwortung der Wohngemeinschaft E. . X. -Haus verneint, die Bewohner seien aufgrund ihres Alters und ihrer Erkrankungen schutzbedürftig und könnten deshalb kein selbstbestimmtes Leben führen, greift dieser Vortrag nicht durch. Es kommt bei der Beantwortung der Frage, ob eine Wohngemeinschaft als selbstorganisiert und selbstverantwortet zu qualifizieren ist, nicht darauf an, ob die Bewohner den Haushalt, das alltägliche Leben noch selbst führen können. Wie die oben zitierte Gesetzesbegründung zu Art. 2 § 24 des Gesetzentwurfes darlegt, ist es nicht erforderlich, dass die Bewohner die angeführten Tätigkeiten selbst ausführen; die Hilfe anderer kann in Anspruch genommen werden. Es muss jedoch gewährleistet sein, dass die Bewohner bzw. deren Vertreter – sowie hier – auf die Haushaltsführung Einfluss nehmen können. Schließlich ist dem Protokoll der Begehung am 9. Januar 2014 auch nicht etwa zu entnehmen, dass die Klägerin über ein eigenes Büro in der Wohngemeinschaft verfügt. Auch dies ist als Ausdruck eines selbstbestimmten Lebens in der Wohngemeinschaft E. . X. -Haus zu werten; damit wird deutlich, dass die Klägerin sich nicht etwa dauerhaft in der Wohngemeinschaft eingerichtet hat sondern dort nur Gaststatus genießt.* 112
….

Kritisch an der Entscheidung ist jedoch die Auffassung des Gerichtes zu sehen, dass das Kündigungsrecht des Vermieters für den Fall, dass nicht der für die Wohngemeinschaft „zuständige" Pflegedienst beauftragt wird, nicht zum Ausschluss der Selbstverantwortung führt. Es ist vielmehr daran festzuhalten, dass nach der Regelung des § 24 Abs. 2 WTG die Überlassung des Wohnraums und der Abschluss eines Pflege-/Betreuungsvertrages rechtlich und tatsächlich voneinander unabhängig sein müssen, um von einer selbstverantworteten Wohngemeinschaft zu sprechen. Allerdings ist die Geltung von Mehrheitsentscheidungen der Bewohnerschaft nach dem Willen des Gesetzgebers unschädlich mit Blick auf die Annahme einer selbstverantworteten Wohngemeinschaft, vgl. § 24 Abs. 2 Satz 3 WTG. 113

**ggg)** Ergänzende Regelungen zur Abgrenzung von Selbstverantwortung und Anbieterverantwortung

Da es in der Praxis immer wieder Schwierigkeiten in der Abgrenzung von selbst- und anbieterverantworteten Wohngemeinschaften – und teilweise auch Umgehungsversuche – gegeben hat, hat der Gesetzgeber in den Absätzen 4 und 5 des § 24 neue Regelungen getroffen. Nach Absatz 4 sind bei der Bewertung, ob eine Wohngemeinschaft anbieterverantwortet oder selbstverantwortet ist, die konzeptionelle Ausrichtung der Wohngemeinschaft, die tatsächliche Nutzerstruktur bei Einzug der Nutzerinnen und Nutzer sowie die Aussagen der Nutzerinnen und Nutzer sowie ihrer Vertreterinnen und Vertreter zu berücksichtigen. Das Konzept einer Wohngemeinschaft und die Gestaltung der Vereinbarungen müssen die Lebenswirklichkeit, den Hilfebedarf und die Bedürfnisse der Nutzerinnen und Nutzer widerspiegeln und realistisch 114 umsetzbar sein. Sind die Nutzerinnen und Nutzer aufgrund einer Verschlechterung ihres Gesundheitszustandes nicht mehr in der Lage, das Gemeinschaftsleben aufrecht zu erhalten, so bleibt diese Tatsache bei der Bewertung der Angebotsform unberücksichtigt, sofern die notwendigen Entscheidungen weiterhin von den Vertreterinnen und Vertretern gemeinschaftlich getroffen werden. Die Begründung im Gesetzentwurf der Landesregierung erläutert dazu: *„Ergänzend zu den bisher im WTG enthaltenen Maßstäben für die Abgrenzung von selbstverantworteten und anbieterverantworteten Wohngemeinschaften soll in Absatz 4 deutlicher als bisher herausgestellt werden, anhand welcher Kriterien die WTG-Behörde über den Status entscheidet. Elementar sind die tatsächliche Situation und die Gestaltung des Zusammenlebens in der Wohngemeinschaft. Insofern kommt den Aussagen der Bewohnerinnen und Bewohner und der Vertreterinnen und Vertreter eine besondere Bedeutung zu. Ebenfalls klarzustellen ist, dass eine Wohngemeinschaft ihren Status bspw. als selbstverantwortete WG nicht dadurch verlieren kann, dass die Bewohnerinnen und Bewohner älter werden und aufgrund ihres Gesundheitszustandes nicht mehr in der Lage sind, selbst das Gemeinschaftsleben in der erforderlichen Art und Weise aufrecht zu erhalten. Andernfalls müsste wohl jede Wohngemeinschaft irgendwann anbieterverantwortet werden. Insofern ist zwischen dem natürlichen Prozess des Alterns und der konzeptionellen Absicht, eine bestimmte Klientel von Nutzerinnen und Nutzern betreuen zu wollen, zu unterscheiden.* (vgl. Gesetzentwurf der Landesregierung, LT-Drucksache 17/3777, S. 62). Eine ursprünglich als selbstverantwortet gegründete Wohngemeinschaft bleibt also auch dann selbstverantwortet, wenn die ursprünglich selbstverantwortlich agierenden Nutzer nicht mehr in der Lage sind, weiterhin selbstverantwortet zu handeln, sondern dies von ihren rechtlichen Vertretern – Betreuerinnen oder Bevollmächtigten – übernommen wird.

115 Davon zu unterscheiden sind aber die Fälle, in denen eine Wohngemeinschaft von vorne herein darauf angelegt ist, Menschen zu betreuen, die schon bei Einzug in die Wohngemeinschaft gar nicht mehr in der Lage sind, allein zu agieren. Nach § 24 Absatz 5 WTG müssen daher Leistungsangebote, die nicht über einen Versorgungsvertrag nach § 72 des Elften Buches Sozialgesetzbuch verfügen und nach ihrem Konzept darauf ausgerichtet sind, ausschließlich oder weit überwiegend ältere oder pflegebedürftige Menschen oder Menschen mit Behinderung zu betreuen, die nicht in der Lage sind, gemeinschaftlich zu interagieren, die Anforderungen an anbieterverantwortete Wohngemeinschaften nach diesem Kapitel erfüllen. Der Gesetzgeber hat daher die **Fähigkeit, ein Gemeinschaftsleben zu führen bzw. gemeinschaftlich zu interagieren**, als Tatbestandsmerkmal aufgenommen, um Gesetzesumgehungen zu verhindern. Die gemeinschaftliche Interaktion setzt ein Mindestmaß an Kommunikationsfähigkeit voraus:

116 *„In den letzten Jahren wurde vermehrt versucht, Leistungsangebote für schwerstpflegebedürftige Menschen (Menschen im Wachkoma; beatmungspflichtige Patientinnen und Patienten o. ä.) als selbstverantwortete Wohngemeinschaft zu betreiben, um so dem Geltungsbereich des WTG und der Aufsicht der WTG-Behörden zu entgehen. Dies ist so lange unproblematisch, wie die Voraussetzungen für eine selbstverantwortete Wohngemeinschaft tatsächlich erfüllt und entsprechend des Wortlautes tatsächlich noch eine Gemeinschaft und eine Interaktion*

*zwischen den Bewohnern möglich ist. Entsprechende Entscheidungen aus den letzten Jahren bis hin zum OVG NRW liegen vor. Das Gemeinschaftsleben soll daher stärker als Kriterium für die Annahme einer Wohngemeinschaft herausgestellt werden. Aus ordnungsrechtlicher Sicht kommt es bei entsprechenden Wohn- und Betreuungsangeboten für Menschen im Wachkoma, beatmungspflichtige Patientinnen und Patienten sowie Intensivpflege-Patientinnen und Patienten entscheidend darauf an, dass sie sich nicht der Aufsicht durch die zuständige Behörde entziehen können. Der Schutz der Menschen in diesen Angeboten erfordert eine ordnungsbehördliche Aufsicht. Entsprechend sollen Leistungsangebote, die von ihrem Konzept her darauf ausgerichtet sind, ausschließlich oder weit überwiegend ältere oder pflegebedürftige Menschen oder Menschen mit Behinderung zu betreuen, die nicht in der Lage sind gemeinschaftlich zu interagieren, die Anforderungen an anbieterverantwortete Wohngemeinschaften nach dem Kapitel 2 des WTG erfüllen. Die gemeinschaftliche Interaktion setzt die Fähigkeit für ein Mindestmaß an Kommunikation voraus. Diese kann auch nonverbal erfolgen, solange die Nutzerinnen und Nutzer in irgendeiner Weise miteinander kommunizieren und interagieren. Von der Vorschrift erfasst werden damit vor allem Angebote, die nach ihrem Konzept ausschließlich für Menschen im Wachkoma, für schwerstpflegebedürftige Menschen, für beatmungspflichtige sowie Intensivpflege-Patientinnen und Patienten, die von ihrem Gesundheitszustand nicht mehr in der Lage sind, gemeinschaftlich zu interagieren, vorgesehen sind. Im Umkehrschluss werden von der Regelung nicht automatisch alle Angebote erfasst, die nach ihrem Konzept Intensivpflegepatientinnen und -patienten oder Patientinnen und Patienten ansprechen, die auf eine Beatmung angewiesen sind. Intensivpflege oder die Notwendigkeit einer Beatmung schließen die Fähigkeit zur Kommunikation und zur Interaktion nicht von vornherein aus. Auch werden sog. Demenz-WGs nicht von dieser Vorschrift erfasst. Entsprechende Angebote können folglich, soweit sie die gesetzlichen Voraussetzungen erfüllen, auch weiterhin als selbstverantwortete Wohngemeinschaften betrieben werden. Die Regelung bewirkt, dass Angebote, die bisher als Wohngemeinschaften für intensivbetreuungspflichtige Menschen betrieben wurden, die nicht mehr zur gemeinschaftlichen Interaktion fähig sind, auch weiterhin in den Wohnungen betrieben werden können. Sie unterstehen jedoch immer der ordnungsbehördlichen Aufsicht durch die zuständige Behörde. Die Regelung des § 24 Absatz 5 geht der Regelung des § 18 WTG als speziellere Regelung vor."* (vgl. Gesetzentwurf der Landesregierung, LT-Drucksache 17/3777, S. 62 f.).

Es handelt sich bei dieser Regelung also um eine gesetzliche Fiktion: Wohngemein- 117
schaften, die konzeptionell darauf ausgerichtet sind, Menschen aufzunehmen, die nicht mehr gemeinschaftlich interagieren können, müssen die Anforderungen an anbieterverantwortete Wohngemeinschaften erfüllen. Das gilt selbst dann, wenn sie eigentlich Tatbestandsmerkmale einer Einrichtung mit umfassendem Leistungsangebot erfüllen. Die neue Regelung des § 24 Absatz 5 erfüllt also zwei wichtige Funktionen: Zum einen sagt sie, dass bei einer bestimmten Klientel, nämlich nicht mehr interaktionsfähigen Menschen, die Annahme einer selbstverantworteten Wohngemeinschaft nicht mehr in Betracht kommt, zum anderen regelt sie, dass für solche Wohngemeinschaften die Vorschriften für anbieterverantwortete Wohngemeinschaften gelten, auch wenn eigentlich die Voraussetzungen des Einrichtungsrechts nach den §§ 18 ff. WTG vorliegen. Letzteres gilt aber nur, wenn sie nicht über einen Versorgungsvertrag nach § 72 SGB XI verfügen. Wenn sie das tun, sind sie leistungsrechtlich

eine vollstationäre Einrichtung und ordnungsrechtlich eine Einrichtung mit umfassendem Leistungsangebot nach § 18 WTG.

118 **hhh)** Das Gesetz geht davon aus, dass zumindest in der Gründungsphase diese Selbstverantwortung nicht vorliegen muss. Das heißt, in der Gründungsphase kann es durchaus einen bestimmenden Einfluss geben, ohne dass dies zu der Annahme einer anbieterverantworteten Wohngemeinschaft führen muss. Gerade die Gründung einer Wohngemeinschaft wird häufig von Leistungsanbietern wie z. B. Pflegediensten initiiert. Das kommt Nutzerinnen, Nutzern, Angehörigen und Betreuern durchaus entgegen, da diese mit der Gründung einer Wohngemeinschaft mangels Erfahrung häufig überfordert sein dürften. Gerade in der Anfangsphase wird sich daher ein bestimmender Einfluss der Leistungsanbieter in vielen Fällen gar nicht vermeiden lassen. Auf der anderen Seite haben Leistungsanbieter, vor allem die Pflege- und Betreuungsdienste, verständlicherweise ein Interesse daran, Pflege und Betreuung in der Wohngemeinschaft auf Dauer zu übernehmen. Der bestimmende Einfluss muss also nach Abschluss der Gründungsphase ausgeschlossen sein, damit von einer selbstverantworteten Wohngemeinschaft gesprochen werden kann. Das Gesetz enthält keine näheren Angaben darüber, wie lange die Gründungsphase dauern darf. Eine absolute zeitliche Grenze wird sich daher nicht nennen lassen. Auszugehen ist vom Zweck der Regelung, die Gründung einer Wohngemeinschaft zu erleichtern und in der Anfangsphase dafür auch einen bestimmenden Einfluss von Leistungsanbietern in Kauf zu nehmen. Daher kann die Gründungsphase noch nicht abgeschlossen sein, wenn nur die ersten Mieterinnen und Mieter eingezogen sind. Andererseits kann auch nicht gewartet werden, bis der letzte Platz – etwa in einer Wohngemeinschaft mit 12 Plätzen – besetzt ist. Maßgeblich muss vielmehr sein, dass die wesentlichen Verträge mit den Leistungserbringern abgeschlossen wurden und sich der Regelbetrieb der Betreuung eingespielt hat. Diese Phase darf auf der anderen Seite auch nicht zu lange dauern, da sich andernfalls der bestimmende Einfluss der Leistungsanbieter verfestigt. Daher sollte hier ein Zeitraum von mindestens drei und höchstens sechs Monaten angesetzt werden.

119 In der Praxis kann die zuständige Behörde die Gründung der Wohngemeinschaft beratend begleiten, aber zumindest in den ersten sechs Monaten von einer Regelprüfung absehen, da zu diesem Zeitpunkt noch nicht feststehen dürfte, ob die Wohngemeinschaft anbieter- oder selbstverantwortet ist. Anlassbezogene Prüfungen bei Beschwerden sind natürlich unabhängig von dieser rechtlichen Einordnung möglich, entweder nach § 30 Abs. 2 WTG oder nach §§ 25 Abs. 2, 35 Abs. 1 WTG.

120 Sollte die Behörde dann feststellen, dass es sich um eine anbieterverantwortete Wohngemeinschaft handelt, sollte sie wegen der Frist des § 47 Abs. 1 WTG eine Statusfeststellung treffen, da dann innerhalb von drei Monaten (bzw. höchstens zwölf Monaten) die Anforderungen an anbieterverantworte Wohngemeinschaften zu erfüllen sind.

### d) Abgrenzung zu den Einrichtungen mit umfassendem Leistungsangebot

Da sich die Abgrenzung zwischen Einrichtungen mit umfassendem Leistungsangebot und anbieterverantworteten Wohngemeinschaften in der Praxis als schwierig erwiesen hat, hat der Gesetzgeber die Legaldefinition in § 18 WTG noch einmal ausgeschärft. Diese Abgrenzung ist nicht erforderlich in den in § 26 Abs. 6 WTG geregelten Fällen: Wenn die Wohngemeinschaft mehr als 12 Plätze hat oder mehrere, vom selben Leistungsanbieter in einem Gebäude betriebene Wohngemeinschaften mehr als 24 Plätze haben, gilt auf jeden Fall Einrichtungsrecht. 121

Dann gibt es – denkbare – Fälle, in denen zwar eine anbieterverantwortete Wohngemeinschaft vorliegt, jedoch keine Einrichtung, weil die Anforderungen des Einrichtungsbegriffs nach § 18 Abs. 1 Satz 2 WTG nicht erfüllt sind. Zu denken ist hier etwa an Wohngemeinschaften, die von mehreren Leistungserbringern betreut werden, so dass keine einheitliche Leitungsstruktur vorliegt. Meistens dürfte es sich in der Praxis dann aber schon wegen der manifestierten Wahlfreiheit um selbstverantwortete Wohngemeinschaften handeln. 122

Werden mehrere anbieterverantwortete Wohngemeinschaften in unmittelbarer räumlicher Nähe betrieben, etwa innerhalb eines Gebäudes oder in mehreren unmittelbar benachbarten Gebäuden, ist im Rahmen einer Gesamtbetrachtung zu prüfen, ob es sich tatsächlich noch um mehrere selbständige Wohngemeinschaften oder trotz anderslautender Bezeichnung um eine Einrichtung mit umfassendem Leistungsangebot handelt. Dabei ist insbesondere zu prüfen, ob eine einheitliche Leitungsstruktur und eine einheitliche Personaleinsatzplanung vorliegen, vgl. § 18 Satz 2 WTG. 123

In den übrigen Fällen muss eine Abgrenzung von Einrichtungen mit umfassendem Leistungsangebot und anbieterverantworteten Wohngemeinschaften getroffen werden. Zum maßgeblichen Kriterium hat der Gesetzgeber nunmehr die zwingende Gewährleistung einer umfassenden Gesamtversorgung gemacht, vgl. § 18 Absatz 1 Satz 1 Nr. 1 WTG. In der Begründung des Gesetzentwurfes heißt es dazu: *„Der Unterschied im hauswirtschaftlichen Bereich zwischen Einrichtungen mit umfassendem Leistungsangebot und Wohngemeinschaften besteht darin, dass in einer Einrichtung mit umfassendem Leistungsangebot alle hauswirtschaftlichen Leistungen umfassend und in aller Regel obligatorisch im Leistungspaket des Anbieters enthalten sind. Durch den Leistungsanbieter erfolgt eine umfassende Gesamtversorgung, die zwingend und in der Regel untrennbar mit der Inanspruchnahme des Leistungsangebotes verbunden ist. In einer Wohngemeinschaft dagegen kann es obligatorische Leistungen, insbesondere im Bereich der Hauswirtschaft geben, aber grundsätzlich kein umfassendes Paket"* (vgl. Gesetzentwurf der Landesregierung, LT-Drucksache S. 58). 124

In einer Wohngemeinschaft ist dagegen maßgebliches Kriterium für diese Abgrenzung das Führen eines gemeinsamen Hausstandes, in dem die Nutzerinnen oder ihre Vertreter die hauswirtschaftliche Versorgung im Wesentlichen selbst und eigenverantwortlich wahrnehmen. Das ergibt sich aus einer an Wortlaut, Systematik, 125

Entstehungsgeschichte sowie Sinn und Zweck orientierten Auslegung der einschlägigen Bestimmungen (Oberverwaltungsgericht für das Land Nordrhein-Westfalen, Beschluss vom 07. Oktober 2016 – 4 B 777/16 –, juris Rn. 9).

126 Das OVG führt dazu aus: „*Die ausdrückliche Erwähnung der hauswirtschaftlichen Versorgung in § 18 Satz 1 Nr. 1 WTG einerseits und ihre Nichterwähnung in § 24 Abs. 1 Satz 1 WTG andererseits sind mithin Ausdruck einer bewussten, der Abgrenzung der beiden Angebotsformen dienenden gesetzgeberischen Entscheidung. Das zeigt sich auch darin, dass dem Tatbestandsmerkmal der „Leistungen der hauswirtschaftlichen Versorgung" in § 18 Satz 1 Nr. 1 WTG im Laufe des Gesetzgebungsverfahrens das Merkmal „umfassende" vorangestellt wurde, und zwar mit der erklärten Ziel einer „eindeutigeren Abgrenzbarkeit zwischen Einrichtungen mit umfassendem Leistungsangebot und Wohngemeinschaften"; „Wohngemeinschaften, die in gegebenenfalls geringem Umfang hauswirtschaftliche Leistungen anbieten, sollen nicht allein aufgrund dieses Angebotsbestandteils schon den Einrichtungsbegriff erfüllen" (Beschlussempfehlung und Bericht des Ausschusses für Arbeit, Gesundheit und Soziales, LT-Drs. 16/6873, S. 60, 137). Danach geht der Gesetzgeber davon aus, dass für die Qualifikation eines Wohn- und Betreuungsangebots entweder als Einrichtung mit umfassendem Leistungsangebot oder als Wohngemeinschaft mit Betreuungsleistungen wesentlich ist, ob und gegebenenfalls in welchem Umfang es auch Leistungen der hauswirtschaftlichen Versorgung einschließt. In Einrichtungen mit umfassendem Leistungsangebot ist die hauswirtschaftliche Versorgung der Nutzer Bestandteil des Angebots. Den Nutzern von Wohngemeinschaften hingegen obliegt die hauswirtschaftliche Versorgung im Grundsatz selbst, die allenfalls in – bezogen auf die Gesamtheit der insoweit anfallenden Verrichtungen – geringem Umfang von einem Leistungsanbieter erbracht bzw. vorgehalten wird. Das heißt insbesondere, dass die Nutzer oder ihre Vertreter auf die Haushaltsführung Einfluss nehmen können (vgl. LT-Drs. 16/3388, S. 101f.). …Vor diesem Hintergrund sind die – wie ausgeführt – unterschiedlich hohen gesetzlichen Anforderungen an Einrichtungen mit umfassendem Leistungsangebot einerseits und anbieterverantwortete Wohngemeinschaften andererseits Ausdruck und Konsequenz eines vom Gesetzgeber angenommenen unterschiedlichen Grades struktureller Abhängigkeit und Schutzbedürftigkeit der jeweiligen Nutzer. Das in Einrichtungen i. S. v. § 18 WTG vorgehaltene umfassende Leistungsangebot bringt ein besonders hohes Maß an Abhängigkeit von dem Leistungsanbieter bzw. den Leistungsanbietern mit sich, sodass an diese Angebotsform folgerichtig auch besonders hohe Anforderungen gestellt werden. Die im Vergleich dazu vorgesehenen Erleichterungen für anbieterverantwortete Wohngemeinschaften entsprechen der graduell verminderten Abhängigkeit und Schutzbedürftigkeit ihrer Nutzer, die zumindest ihre hauswirtschaftliche Versorgung im Wesentlichen selbst und in eigener Verantwortung wahrnehmen oder wenigstens wahrnehmen können.*" (vgl. Oberverwaltungsgericht für das Land Nordrhein-Westfalen, Beschluss vom 07. Oktober 2016 – 4 B 777/16 –, juris Rn. 10f.).

127 In der betreffenden Entscheidung ging es um eine von der Leistungsanbieterin so genannten Wohngemeinschaft von intensivpflegebedürftigen Menschen, die fast ausnahmslos im Wachkoma lagen: Bei dieser Personengruppe ist auch nicht erkennbar, wie sie – zumindest ohne maßgebliche Unterstützung durch Betreuer und

Angehörige – in einer Wohngemeinschaft einen gemeinsamen Hausstand führen können sollen.

Zu selbstverantworteten Wohngemeinschaften kann es kein Abgrenzungsproblem geben: Wenn Selbstverantwortung im Sinne des § 24 Abs. 2 WTG festgestellt werden kann, liegt niemals eine Einrichtung vor. 128

## 3. Servicewohnen

§ 31 enthält eine Begriffsbestimmung von Angeboten des Servicewohnens. In der Praxis handelt es sich dabei häufig um Fälle des „Betreuten Wohnens" in Wohnangeboten für ältere Menschen, die nicht oder noch nicht pflegebedürftig sind. Solche Angebote verfügen regelmäßig über ein entsprechendes Qualitätszertifikat, wenn sie die Anforderungen nach der DIN 77800 erfüllen. „Betreutes Wohnen" im Sinne der Eingliederungshilfe dagegen fällt typischerweise nicht unter den Begriff des Servicewohnens, sondern dort handelt es sich entweder um Wohngemeinschaften mit Betreuungsleistungen oder um die Fälle des so genannten „Betreuten Einzelwohnens". 129

Die Vorschrift verzichtet im Gegensatz zum WTG 2008 und zum Heimgesetz auf die Angabe von Wertgrenzen, ab deren Überschreitung eine Einrichtung im Sinne des Gesetzes anzunehmen war. Die neue Regelung greift vielmehr ein Regelungsmodell auf, das auch in anderen Landesgesetzen ähnlich geregelt ist. Danach spricht man dann von einem Angebot des Servicewohnens, wenn neben der Wohnraumüberlassung bestimmte Leistungen bezahlt werden müssen. Es handelt sich dabei um allgemeine Unterstützungsleistungen – im Gesetz auch Grundleistungen genannt –, die ältere Menschen, pflegebedürftige Menschen oder Menschen mit Behinderungen in ihrer Lebensführung unterstützen sollen. Voraussetzungen für die Anwendung der Regelungen sind: 130

- die Überlassung von Wohnraum in einer eigenen Wohnung,
- die rechtliche Verpflichtung zur Zahlung eines Entgeltes für die Grundleistungen,
- die freie Wählbarkeit der über die Grundleistungen hinausgehenden Leistungen.

Die Überlassung von Wohnraum geschieht typischerweise im Rahmen eines Mietvertrages. Nach dem Wortlaut der Norm sind jedoch auch die Fälle der Veräußerung von Wohnungseigentum erfasst. Es muss eine Wohnung überlassen werden. Der Begriff der Wohnung ist in § 47 der Landesbauordnung definiert. Danach besteht eine Wohnung zumindest aus Küche bzw. Kochnische, Bad und mindestens einem Wohn-/Schlafzimmer. Nicht erfasst ist der Fall, dass nur einzelne Zimmer überlassen werden. In solchen Fällen muss geprüft werden, ob es sich um eine selbst- oder anbieterverantwortete Wohngemeinschaft mit Betreuungsleistungen handelt. 131

Mit dem Vertrag über die Überlassung von Wohnraum kann die Verpflichtung verbunden werden, das Entgelt für die Grundleistungen zu zahlen. Grundleistungen sind allgemeine Unterstützungsleistungen. Das Gesetz nennt Leistungen der hauswirtschaftlichen Versorgung (Wohnungsreinigung, haustechnische Dienste, 132

Gartenpflege, Wäschereinigung, Mahlzeitenversorgung). Dazu gehören auch die Aufschaltung an eine Notrufanlage und die Vermittlung von Betreuungsleistungen. Aus dem Wortlaut des § 31 ergibt sich (…allgemeine Unterstützungsleistungen wie…), dass es sich nur eine exemplarische Aufzählung handelt.

133 Das Gesetz definiert die Begriffe der Betreuungsleistungen bzw. der über die Grundleistungen hinausgehenden Betreuungsleistungen und der allgemeinen Unterstützungsleistungen an dieser Stelle nicht weiter. Es muss daher auf die Legaldefinition in § 3 Abs. 1 zurückgegriffen werden. Betreuungsleistungen sind danach Pflege und soziale Betreuung im Sinne der Regelungen des SGB XI und der Eingliederungshilfe nach dem SGB XII. Allgemeine Unterstützungsleistungen sind solche, die nicht vorwiegend auf Grund eines durch hohes Alter, Pflegebedürftigkeit oder Behinderung bedingten Bedarfes erbracht werden. Eine Abgrenzung der allgemeinen Unterstützungsleistungen von Pflegeleistungen bietet daher keine Schwierigkeiten. Auch vorübergehende Behandlungspflege, die im Falle von Erkrankungen erbracht wird, ändert nichts am Charakter des Servicewohnens, da es sich nicht um Langzeitpflege handelt.

134 Im Bereich der sozialen Betreuung kann die Abgrenzung schwieriger sein. Unter allgemeine Unterstützungsleistungen können z. B. auch Angebote der Freizeitgestaltung fallen, die auch auf die Teilhabe der Nutzerinnen und Nutzer ausgerichtet sind. Hier kommt es wesentlich darauf an, ob es sich um Leistungen handelt, die von allen Menschen unabhängig vom Vorliegen einer Teilhabebeeinträchtigung in Anspruch genommen werden können oder ob es sich um Leistungen zur Förderung der Teilhabe im Sinne der Eingliederungshilfe handelt, die üblicherweise nach den Bestimmungen des SGB XII erbracht und vergütet werden.

135 Sind die angebotenen Leistungen der Pflege oder sozialen Betreuung im Sinne des § 3 Abs. 1 nicht frei wählbar, so sind die Bestimmungen über das Servicewohnen nicht anwendbar. Die freie Wählbarkeit muss sich auf den Umfang der Leistungen – also auch die Entscheidung, ob die Leistungen überhaupt in Anspruch genommen werden – und die Person der Leistungsanbieter beziehen. Eine Einschränkung der Wählbarkeit auch nur in einer Hinsicht (in der Praxis wird es sich häufig um die Verpflichtung zur Wahl eines bestimmten Leistungsanbieters handeln) führt zum Ausschluss der Regelungen über das Servicewohnen. Je nach konkreter Ausgestaltung kann es sich bei dem Angebot dann um eine Einrichtung mit umfassenden Leistungsangebot handeln.

136 Von der Definition werden nicht nur die Fälle des sogenannten „Betreuten Wohnens" für ältere Menschen erfasst, vielmehr ist der Geltungsbereich des Gesetzes auch bei allen anderen Wohn- und Betreuungsformen, bei denen diese Tatbestandsmerkmale vorliegen, z. B. auch im Bereich der Eingliederungshilfe, eröffnet.

137 Ein wesentliches Abgrenzungsmerkmal zu anbieterverantworteten Wohngemeinschaften ist entscheidend in dem Tatbestandsmerkmal der eigenen Wohnung zu

sehen. § 31 WTG setzt eine eigene Wohnung der Nutzerinnen voraus, während in einer Wohngemeinschaft mehrere Menschen in einer Wohnung zusammenleben und dort betreut werden. Der Begriff der Wohnung ist in § 49 der Landesbauordnung gesetzlich definiert. Sofern die Nutzerinnen also alleine – oder ggf. mit dem Ehe- oder Lebenspartner – in einer Wohnung leben und dort betreut werden, kann es sich nicht um eine Wohngemeinschaft im Sinne des § 24 WTG handeln. Darüber hinaus ist ein wesentlicher Unterschied, dass die Nutzerinnen in einem Angebot des Servicewohnens nur die Grundleistungen verpflichtend erhalten, wohingegen die Pflege- und Betreuungsleistungen im Unterscheid zu einer anbieterverantworteten Wohngemeinschaft frei wählbar sein müssen.

Eine theoretisch denkbare, in der Praxis aber eher seltene Abgrenzungsproblema- 138 tik könnte sich zwischen Angeboten des Servicewohnens und Einrichtungen mit umfassendem Leistungsangebot stellen. Das Problem stellt sich immer dann, wenn über die Grundleistungen hinaus Pflege- und Betreuungsleistungen angeboten werden und diese nicht mehr rechtlich oder tatsächlich frei wählbar sind. Dann wird es sich regelmäßig um eine Einrichtung des § 18 WTG handeln. Auch wenn einzelne abgeschlossene Wohnungen für Einrichtungen sicher nicht typisch sind, ist es vom Wortlaut des § 18 WTG auch nicht ausgeschlossen, dass eine Einrichtung mit dem Zweck einer umfassenden Betreuung über Wohnungen statt über Einzel- oder Doppelzimmer verfügt. Ein Wohn- und Betreuungsangebot, dessen Nutzerinnen und Nutzer neben den so genannten Grundleistungen Pflege- und Betreuungsleistungen ohne zumindest tatsächliche Wahlmöglichkeit in Anspruch nehmen, ist nach seiner Zwecksetzung auf ein umfassendes Leistungsangebot ausgerichtet. Damit sind dann auch die Anforderungen nach den §§ 18 ff. WTG verbunden. In der Praxis werden sich bei den Anforderungen an die Wohnqualität kaum Probleme stellen, da die Angebote des Servicewohnens regelmäßig höhere Anforderungen an die Wohnqualität erfüllen. Wichtig sind die Anforderungen an das Personal, vor allem die Fachkraftquote und die Sicherung der ausreichenden Personalausstattung. Die Anforderungen an die Mitbestimmung und Mitwirkung werden sich ohne große Schwierigkeiten umsetzen lassen.

## 4. Ambulante Dienste

Die Einbeziehung der ambulanten Dienste war im Erarbeitungsverfahren zu diesem 139 Gesetz umstritten. Der Gesetzgeber hat sie jedoch für erforderlich gehalten, da ambulante Dienste auch in den Angebotsformen der Wohngemeinschaften und des Servicewohnens die relevanten Pflege- und Betreuungsdienstleistungen erbringen. Um in diesen Wohnformen die erforderliche Betreuungs- und Pflegequalität sicherstellen zu können, war aus der Sicht des Gesetzgebers auch die Einbeziehung der ambulanten Dienste in den Geltungsbereich des Gesetzes erforderlich. Die Begründung des Regierungsentwurfes führt dazu aus:

*„Bei mangelhafter Pflege und Betreuung ist unerheblich, an welchem Ort sie erbracht* 140 *wird. Entscheidend ist allein, dass die betroffenen Personen den dann erforderlichen Schutz*

*bekommen. Daher ist es wichtig, dass auch von staatlicher Seite den betroffenen Personen bei Bedarf geholfen werden kann.*

141 *Zuvor bestand für die betroffenen Personen jedoch lediglich die Möglichkeit, sich an die Kostenträger zu wenden, die dann eine Überprüfung durch den MDK bzw. den Prüfdienst der privaten Krankenversicherung vornehmen konnten, oder die allgemeine Ordnungsbehörde einzuschalten. Allerdings können die Kostenträger bei festgestellten Mängeln durch eine Prüfung des MDK bzw. MDS lediglich die Versorgungsverträge kündigen. Weitergehende Maßnahmen zur Qualitätsverbesserung und Vermeidung von Gefahren sind nicht möglich. Mit der Einbeziehung in das Fach-Ordnungsrecht kann nunmehr auf solche Mängel schneller und effektiver reagiert werden"* (Entwurf des GEPA, LT-Ds. 16/3388, S. 173).

142 Umstritten sind bereits im stationären Bereich die Doppelprüfungen durch MDK und Heimaufsicht. Die Praxis mag zeigen, ob hier wirklich qualitative Verbesserungen durch die Einführung einer heimaufsichtlichen Prüfberechtigung eintreten. Die Einbeziehung ambulanter Dienste ist auch verfassungsrechtlich nicht unproblematisch, weil nach Art. 74 Abs. 1 Nr. 7 GG die ausschließliche Gesetzgebung der Länder sich lediglich auf das „Heimrecht" und nicht auf das Recht der ambulanten Versorgung bezieht. Der Landesgesetzgeber ging jedoch von seiner Gesetzgebungskompetenz aus (vgl. nichtamtliche Begründung zum Gesetzentwurf https://www.mags.nrw/sites/default/files/asset/document/wtg_nicht_amtlich_begruendung_0.pdf, S. 140 ff.).

143 Die gesetzliche Definition der ambulanten Dienste bezeichnet diese Dienste als mobile Pflege- und Betreuungsdienste, die entgeltlich Betreuungsleistungen im Sinne dieses Gesetzes erbringen, § 33 WTG. Betreuungsleistungen im Sinne des WTG sind in § 3 Abs. 1 WTG definiert. Danach fallen unter den Begriff der Betreuung und der Betreuungsleistungen die Pflege im Sinne der gesetzlichen Pflegeversicherung und die soziale Betreuung. Das SGB XI definiert den Begriff der Pflege nicht direkt, gibt aber in § 14 Abs. 1 SGB XI die Legaldefinition der Pflegebedürftigkeit. Danach ist ein Mensch pflegebedürftig, wenn er wegen einer körperlichen, geistigen oder seelischen Krankheit oder Behinderung für die gewöhnlichen und regelmäßig wiederkehrenden Verrichtungen im Ablauf des täglichen Lebens auf Dauer, voraussichtlich für mindestens sechs Monate, in erheblichem oder höherem Maße der Hilfe bedarf. Die Hilfe im Sinne des § 14 Abs. 1 SGB XI besteht in der Unterstützung, in der teilweisen oder vollständigen Übernahme der Verrichtungen im Ablauf des täglichen Lebens oder in der Beaufsichtigung oder Anleitung mit dem Ziel der eigenständigen Übernahme dieser Verrichtungen, § 14 Abs. 3 SGB XI. Pflege im Sinne des WTG besteht also in der Hilfe für pflegebedürftige Personen.

144 Es ist jedoch für den Anwendungsbereich der Vorschrift, wie auch sonst im WTG, nicht erforderlich, dass die Leistungen nach Maßgabe der gesetzlichen Pflegeversicherung erbracht werden. Auch Pflege (bzw. soziale Betreuung), die aufgrund privatrechtlicher Vorschriften geleistet wird (Private Pflegeversicherung) fällt in den Anwendungsbereich des WTG. Das ergibt sich vor allem aus § 2 Abs. 4 WTG,

wonach das Ordnungsrecht und anderes Recht, insbesondere Leistungsrecht voneinander unabhängig sind.

Der Begriff der sozialen Betreuung wird in § 3 Abs. 1 WTG definiert. Die Definition ist im Wesentlichen aus dem WTG 2008 übernommen worden. Der Begriff der sozialen Betreuung ist weit gefasst. Regelmäßig wird es sich bei der sozialen Betreuung um Leistungen der Eingliederungshilfe im Sinne der §§ 90 ff. SGB IX handeln, die ein einem engen Bezug zum Gesetzesweck nach § 1 Abs. 4 Nrn. 1, 2, 4 und 8 WTG steht. Wesentlich ist, dass die Nutzerinnen und Nutzer in ihrem sozialen Leben, der Strukturierung ihres Tagesablaufes sowie ihrer sozialen Beziehungen unterstützt werden. 145

Unter dem Tatbestandsmerkmal „mobil" in § 33 WTG ist zu verstehen, dass die Angehörigen dieser ambulanten Dienste die Nutzerinnen und Nutzer in ihrer eigenen Häuslichkeit aufsuchen, die nicht nur in der eigenen Wohnung oder dem eigenen Haus, sondern auch in einer Wohnung im Servicewohnen oder in einem Zimmer in einer Wohngemeinschaft bestehen kann. 146

Nicht unter den Begriff des mobilen Dienstes fallen daher Hausmeisterdienste, Hauswirtschaftsservice, Catering-Unternehmen oder ähnliche. 147

## 5. Gasteinrichtungen

In § 36 werden die zusammenfassend als Gasteinrichtungen bezeichneten besonderen Pflege- und Betreuungsangebote definiert, die dem Zweck dienen, ältere oder pflegebedürftige Menschen oder Menschen mit Behinderungen nur vorübergehend aufzunehmen und ihnen Betreuungsleistungen anzubieten. Zu diesen Angebotstypen gehören insbesondere die in Satz 2 aufgeführten Hospize, Einrichtungen der Tages- und Nachtpflege sowie Kurzzeiteinrichtungen. 148

Die einzelnen Formen dieser Gasteinrichtungen werden im WTG nicht weiter definiert, so dass auf die allgemeinen Begrifflichkeiten zurückgegriffen werden kann. 149

Hospize sind Einrichtungen, in denen Menschen palliativ-medizinisch und palliativ-pflegerisch betreut und im Sterben begleitet werden. Grundsätzlich handelt es sich um eine besondere Form von Einrichtungen mit umfassendem Leistungsangebot, für die auch die Regelungen über Einrichtungen gelten, § 37 Satz 2 WTG. Den Besonderheiten der Hospize wird durch einige besondere Vorschriften Rechnung getragen, vgl. §§ 38 ff. WTG, §§ 39 ff. WTG-DVO (vgl. dazu Rn. 778 ff.). 150

Einrichtungen der Tages- und Nachtpflege sind teilstationäre Pflegeeinrichtungen. Als Ergänzung zur häuslichen Pflege gibt es in der Pflegeversicherung die Möglichkeit der teilstationären Pflege in Form der Tagespflege oder der Nachtpflege, § 41 SGB XI. Dies dient insbesondere dazu, pflegende Angehörige zu entlasten oder die vollstationäre Pflege zu vermeiden. Die Nutzerinnen werden dann entweder tagsüber oder nachts in den Einrichtungen gepflegt. Da sie aber nach wie vor über eine 151 eigene Häuslichkeit verfügen, hat der Gesetzgeber nicht das gleiche Schutzbedürfnis gesehen wie bei den Nutzern der Einrichtungen mit umfassendem Leistungsangebot. Grundsätzlich sind daher für Tages- und Nachtpflegeeinrichtungen die Vorschriften über die ambulanten Dienste anwendbar, vgl. § 37 Satz 1 WTG. Allerdings sind Regelprüfungen durch die Heimaufsichten vorgesehen.

152 Kurzzeitpflegeeinrichtungen sind Einrichtungen, in denen sich pflegebedürftige Menschen nur für einen kürzeren Zeitraum aufhalten. Kann die häusliche Pflege zeitweise nicht, noch nicht oder nicht im erforderlichen Umfang erbracht werden und reicht auch teilstationäre Pflege nicht aus, besteht Anspruch auf Pflege in einer vollstationären Einrichtung. Dies gilt entweder für eine Übergangszeit im Anschluss an eine stationäre Behandlung des Pflegebedürftigen oder in sonstigen Krisensituationen, in denen vorübergehend häusliche oder teilstationäre Pflege nicht möglich oder nicht ausreichend ist, § 42 Abs. 2 SGB XI.

153 Kurzzeitpflegeeinrichtungen sind im Grunde auch Einrichtungen mit umfassendem Leistungsangebot, für die auch die Regelungen der §§ 18 ff. WTG gelten, vgl. § 37 Satz 2 WTG. Es gibt jedoch auch für sie einige besondere Vorschriften, §§ 38 ff. WTG, §§ 40, 42 WTG-DVO.

154 Auch Tageseinrichtungen für Menschen mit Behinderungen fallen in den Geltungsbereich des WTG. Diese sind zwar nicht ausdrücklich erwähnt, aber die Aufzählung in § 36 Satz 2 WTG ist nicht abschließend. Dies ist durch die Einfügung des Wortes „insbesondere“ in § 36 Satz 2 WTG noch einmal klargestellt worden. In der Begründung des Gesetzentwurfes heißt es dazu: *„Durch die Gesetzesänderung soll klargestellt werden, dass die Aufzählung in Satz 2 nicht abschließend ist und insbesondere Tageseinrichtungen für Menschen mit Behinderung, die von ihrem Sinn und Zweck und ihrer Struktur vergleichbar mit einer Tagespflegeeinrichtung sind, auch in den Geltungsbereich des WTG fallen (vgl. ausdrückliche Erwähnung der Menschen mit Behinderung in Satz 1 der Regelung). Die Vergleichbarkeit stellt im Wesentlichen auf das Schutzbedürfnis der Nutzerinnen und Nutzer aufgrund des Abhängigkeitsverhältnisses ab. Wie bei Tagespflegeeinrichtungen für ältere und pflegebedürftige Menschen, die den Verbleib in der eigenen Häuslichkeit zum Ziel haben und in denen eine regelmäßige Betreuung im Vordergrund steht, muss eine Tageseinrichtung für Menschen mit Behinderung, um unter das WTG zu fallen, regelmäßig an bestimmten Tagen für mehrere Stunden aufgesucht werden und ein regelmäßiger Betreuungsbedarf der Nutzerinnen und Nutzer vorhanden sein. Insofern können die Tagesstätten für psychisch behinderte Menschen (Leistungstyp 22) je nach Konzept, Ausgestaltung und Zielgruppe hiervon erfasst sein, müssen es aber nicht zwangsläufig. Erforderlich ist eine positive Feststellung der Vergleichbarkeit mit einer Tagespflegeeinrichtung hinsichtlich ihrer Struktur und des Schutzbedürfnisses der Nutzerinnen und Nutzer. Weiterhin nicht erfasst werden sollen bspw. Angebote zur Teilhabe am Arbeitsleben (sog. Werkstätten), einrichtungsinterne, tagesstrukturierende Maßnahmen für Erwachsene mit Behinderungen in eigenständigen Organisationseinheiten (Leistungstyp 24), offene Kontakt- und Beratungsstellen sowie sog. Treffs, die die Betroffenen selbstständig und aus eigenem Antrieb, meist nur stundenweise, aufsuchen“*. (vgl. Gesetzentwurf der Landesregierung, LT-Drucksache 17/3777, S. 64).

Nach der Begründung des Gesetzentwurfes fällt also nicht jede Tageseinrichtung für Menschen mit Behinderung in den Geltungsbereich des WTG. Erforderlich ist immer eine positive Statusfeststellung der Behörde, die auf der Grundlage eines – anderen Gasteinrichtungen vergleichbaren – Schutzbedürfnisses ergeht. 155

Da § 36 WTG von „Einrichtungen" spricht, gelten die Regelungen der §§ 37 ff. WTG nur für selbständige Wohn- und Betreuungsangebote, die den Einrichtungsbegriff erfüllen, nicht für so genannte „eingestreute" Plätze der Kurzzeit- oder Tages- und Pflege in Einrichtungen mit umfassendem Leistungsangebot. Für diese gelten die §§ 18 ff. WTG direkt. 156

### 6. Angebote zur Teilhabe von Menschen mit Behinderungen am Arbeitsleben

Ein Novum im klassischen Heimrechtsregime ist die Aufnahme der Werkstätten für behinderte Menschen in den Geltungsbereich des WTG. Ausweislich der Gesetzesbegründung sah der Gesetzgeber Handlungsbedarf auch beim Gewaltschutz für Menschen, die in Werkstätten für behinderte Menschen (WfbM) arbeiten. Der Gesetzentwurf der Landesregierung vom 24.09.2021 führt dazu aus: 157

*„Vorkommnisse in der Vergangenheit zeigen, dass das Zusammenleben von Menschen über weite Teile des Tages und über Jahre hinweg zu Verhaltensweisen führen kann, die nicht akzeptabel sind. Die Rahmenvereinbarung zur Qualitätssicherung und Gewaltprävention in nordrhein-westfälischen Werkstätten für Menschen mit Behinderung bietet bereits Eckpunkte und Mindestanforderungen in den Gewaltschutzkonzepten und betont u.a. die Notwendigkeit eines Interventionskonzeptes. Der Vereinbarung können sich Werkstätten, Werkstatträte und Frauenbeauftragte freiwillig anschließen. Ergänzend wird nun durch das WTG eine unabhängige, neutrale staatliche Aufsicht zum Schutz der Rechte von Menschen mit Behinderungen eingeführt, die sich insbesondere auf ordnungsrechtliche Belange erstreckt."* (LT-Ds. 17/15188, S. 1). 158

Demzufolge wurden die Angebote zur Teilhabe von Menschen mit Behinderungen am Arbeitsleben, die wegen Art oder Schwere der Behinderung nicht, noch nicht oder noch nicht wieder auf dem allgemeinen Arbeitsmarkt beschäftigt werden können, in § 2 Abs. 1a und Abs. 2 Nr. 6 WTG aufgenommen; § 2 Abs. 2 Nr. 6 WTG bezieht die Werkstätten für behinderte Menschen nach § 219 Abs. 1 Nr. 1 bis 4 SGB IX in der jeweils geltenden Fassung in den Geltungsbereich des WTG ein. Es handelt sich damit um das einzige Angebot, das nicht im WTG selbst definiert wird. 159

Werkstätten für behinderte Menschen nach § 219 Abs. 1 Nr. 1 bis 4 SGB IX sind Einrichtungen zur Teilhabe behinderter Menschen am Arbeitsleben und zur Eingliederung in das Arbeitsleben. Sie haben denjenigen behinderten Menschen, die wegen Art oder Schwere der Behinderung nicht, noch nicht oder noch nicht wieder auf dem allgemeinen Arbeitsmarkt beschäftigt werden können, eine angemessene berufliche Bildung und eine Beschäftigung zu einem ihrer Leistung angemessenen Arbeitsentgelt aus dem Arbeitsergebnis anzubieten und ihnen zu ermöglichen, ihre 160

Leistungs- oder Erwerbsfähigkeit zu erhalten, zu entwickeln, zu erhöhen oder wiederzugewinnen und dabei ihre Persönlichkeit weiterzuentwickeln. Werkstätten für behinderte Menschen stehen allen behinderten Menschen unabhängig von Art oder Schwere der Behinderung offen, sofern erwartet werden kann, dass sie spätestens nach Teilnahme an Maßnahmen im Berufsbildungsbereich wenigstens ein Mindestmaß wirtschaftlich verwertbarer Arbeitsleistung erbringen werden.

## II. Der Begriff der Betreuung und der Betreuungsleistungen

161 Der Begriff der Betreuung und der Betreuungsleistungen wird in § 3 Abs. 1 WTG definiert. Die grundsätzlichen Ausführungen dazu wurden bereits oben im Zusammenhang mit den Erläuterungen zu den ambulanten Diensten gemacht (vgl. Rn. 143).

162 Hier sei noch darauf verwiesen, dass soziale Betreuung nicht nur im Sinne der Eingliederungshilfe zu verstehen ist, sondern auch in Pflegeeinrichtungen zu erbringen ist, vgl. § 43 SGB XI, wonach nicht nur Grund- und Behandlungspflege, sondern auch soziale Betreuung geschuldet ist. Dies ist im Hinblick auf den weiten Behinderungsbegriff der UN-Behindertenrechtskonvention, der auch Pflegebedürftige umfasst, zweifellos geboten.

163 Die Begriffe der Betreuung und der Betreuungsleistungen werden synonym verwendet. An den meisten Stellen wird von Betreuung gesprochen. Ein rechtlich erheblicher Unterschied besteht nicht, zumal die Legaldefinition in § 3 Abs. 1 WTG die Begriffe Betreuung und Betreuungsleistungen dann näher als Pflege und als soziale Betreuung bestimmt.

164 Im Gegensatz zum WTG 2008 enthält das WTG jetzt nicht mehr den Begriff der allgemeinen Betreuung. Darunter wurde im WTG 2008 eine solche Betreuung verstanden, die nicht überwiegend auf einen alters-, behinderungs- oder pflegebedingten Hilfebedarf zurückzuführen ist. Dabei handelte es sich insbesondere um hauswirtschaftliche Dienste (Zimmer-/Wohnungsreinigung, Wäschedienst, Verpflegung) als auch um solche Leistungen, die jetzt zu den Grundleistungen im Sinne des § 31 WTG gehören, wie z. B. Hilfe beim Einkaufen, Erledigung von Besorgungen, Begleitung bei Behördengängen, Wartung haustechnischer Anlagen, Vornahme kleinerer Reparaturen, Pflege von Grünanlagen, Angebot eines Notrufdienstes, Organisation von Freizeitveranstaltungen etc. Der Verzicht auf die Legaldefinition der allgemeinen Betreuung ist insoweit konsequent, da an die Erbringung dieser Leistungen keine ordnungsrechtlichen Anforderungen gestellt werden – der Schutz der Nutzerinnen und Nutzer erfolgt insoweit nach dem allgemeinen Verbraucherschutzrecht, insbesondere nach den Vorschriften des Bürgerlichen Gesetzbuches.

## III. Der Begriff der Leistungsanbieterinnen und Leistungsanbieter

§ 3 Abs. 2 WTG definiert, wer Leistungsanbieter oder Leistungsanbieterin ist. Im Gegensatz zum WTG 2008 wird nicht mehr von Betreibern gesprochen, weil sich dieser Begriff auf Einrichtungen bezieht, das WTG jetzt aber nicht mehr nur Einrichtungen in seinen Geltungsbereich einbezieht. Insofern ist die Verwendung des weiteren Begriffs des Leistungsanbieters konsequent. Leistungsanbieter ist nach der Bestimmung des § 3 Abs. 2 WTG, wer Wohn- oder Betreuungsleistungen und Leistungen zur Teilhabe an Arbeit anbietet. Darunter fallen das Angebot der Wohnraumüberlassung durch Vermieter und das Angebot von Pflege und sozialer Betreuung. Unter Angebot ist dabei nicht nur das Angebot im zivilrechtlichen Sinne nach §§ 145 ff. BGB zu verstehen, sondern jedes tatsächliche Zur-Verfügung-Stellen von Pflege oder sozialer Betreuung (auch dann, wenn es sich zivilrechtlich erst um die Aufforderung zur Angebotsabgabe handelt). 165

Aus dem Wortlaut („...mit einer anderen natürlichen oder juristischen Person...") folgt, dass Leistungsanbieter sowohl natürliche als auch juristische Personen sein können. Leistungsanbieter sind damit z. B. private Vermieterinnen, Wohnungsbaugesellschaften, Träger stationärer Pflegeeinrichtungen oder Einrichtungen der Eingliederungshilfe, ambulante Pflegedienste, ambulante Dienste der Behindertenhilfe oder Wohnungsgenossenschaften, die das Servicewohnen (auch unter der Bezeichnung „Betreutes Wohnen") anbieten. 166

Wie bereits oben ausgeführt, können das Leistungsangebot und die Leistungserbringung nicht nur allein, sondern auch gemeinschaftlich erfolgen. Das kann z. B. in Einrichtungen oder in anbieterverantworteten Wohngemeinschaften der Fall sein (vgl. Rn. 44 ff. und 83 ff.). 167

Aus der Einordnung als Leistungsanbieter oder Leistungsanbieterin folgen noch keine konkreten Pflichten, da § 3 Abs. 2 WTG nur die gesetzliche Definition vornimmt und keine Aussagen über zu stellende Anforderungen macht. 168

## IV. Ausnahmen vom Geltungsbereich

Wie im WTG 2008 auch, sind Krankenhäuser und Internate der Berufsbildung und -förderung vom Geltungsbereich ausgenommen. 169

Ob Einrichtungen der Kinder- und Jugendhilfe vom Geltungsbereich des WTG 2008 ausgenommen waren, war gelegentlich zweifelhaft. Jetzt sind sie nach § 2 Abs. 3 WTG ausdrücklich ausgenommen, sofern sie der Erlaubnispflicht nach § 45 SGB VIII unterliegen. In diesen Fällen erfolgt die ordnungsrechtliche Aufsicht durch die Jugendämter, so dass eine Einbeziehung in den Geltungsbereich des WTG nicht erforderlich erscheint. Soweit diese Einrichtungen nicht nach § 45 SGB VIII erlaubnispflichtig 170 sind, unterliegen sie dem Geltungsbereich des WTG, sofern die übrigen Voraussetzungen insbesondere nach den §§ 18 ff. WTG erfüllt sind.

171 Neu ist die Regelung, dass Vorsorge- oder Reha-Einrichtungen nach § 107 SGB V und nach § 15 SGB VI nicht in den Geltungsbereich des WTG fallen. Damit wird eine Regelung übernommen, die schon in einigen anderen Bundesländern gilt. Der Gesetzgeber hat hier kein so großes Schutzinteresse gesehen, da sich die Rehabilitanden nur eine begrenzte Zeit in den Einrichtungen aufhalten.

## V. Freiwillige Unterstellung unter das WTG

172 Das WTG 2008 sah in § 2 Abs. 5 vor, dass ein Anbieter von Leistungen, der nicht Betreiber einer Einrichtung war, sich freiwillig dem Geltungsbereich des Gesetzes unterstellen konnte. Einzelheiten über Art, Umfang und Dauer der Geltung des Gesetzes mussten in einem öffentlich-rechtlichen Vertrag geregelt werden.

173 Diese Möglichkeit enthält das Gesetz jetzt nicht mehr. In der Praxis gibt es aber insbesondere im Bereich des Sozialhilferechts manchmal Vereinbarungen über Leistungen, Prüfungen und Qualität nach § 75 ff. SGB XII, die auch für Wohn- und Betreuungsangebote, die nicht in den Geltungsbereich des WTG fallen, eine entsprechende Anwendung von einzelnen Anforderungen nach dem WTG vorsehen und dem Sozialhilfeträger auch ein Prüfungsrecht in Anlehnung an die WTG-Vorschriften einräumen. Dies dürfte vor allem für selbstverantworte Wohngemeinschaften relevant sein. Diese Vereinbarungen sind nach wie vor zulässig.

## VI. Bedeutung für andere Rechtsgebiete

174 § 2 Abs. 4 WTG übernimmt die auch schon im WTG 2008 geltende Regelung, wonach die Feststellung, dass ein Wohn- und Betreuungsangebot dem Geltungsbereich des Gesetzes unterfällt, dessen Einordnung nach anderen Rechtsvorschriften unberührt lässt. Dies gilt insbesondere auch für leistungsrechtliche Regelungen.

175 Die Frage, ob jemand eine „häusliche Pflege“ im Sinne des § 36 SGB XI oder eine „vollstationäre Pflege“ nach § 43 SGB XI bzw. Eingliederungshilfe in einer „stationären Einrichtung“ nach §§ 90 ff. SGB IX erhält, ist anhand der einschlägigen Vorschriften des SGB zu klären. Die zuständigen Kostenträger entscheiden abhängig von der Art der Leistungserbringung nach bundesgesetzlich definierten Kriterien, ob sie die in den Wohn- und Betreuungsangeboten angebotenen Leistungen entweder als ambulante oder stationäre bestimmen und finanzieren. Da es sich zudem um Bundesgesetze handelt, kann das WTG als Landesgesetz nicht auf deren Anwendungsbereich Einfluss nehmen.

§§ 33, 36 Abs. 1 Nr. 1 des Infektionsschutzgesetzes (IfSG) verweisen noch auf Einrichtungen nach § 1 Abs. 1 bis 5 Heimgesetz. Das bedeutet, dass die Geltung des Bundesgesetzes IfSG noch anhand der Tatbestandsmerkmale des Heimgesetzes zu prüfen ist, auch wenn dieses in Nordrhein-Westfalen nicht mehr gilt. Die Anwendung des IfSG hängt daher davon ab, dass eine Einrichtung die Kriterien des Heimbegriffes nach dem Heimgesetz erfüllt. Das heißt aber nicht, dass diese Feststellung eine Bedeutung für das WTG hätte oder umgekehrt eine Feststellung nach dem WTG eine Bedeutung für das IfSG. Jedes Gesetz bestimmt seinen Geltungsbereich selbst. Es kann sein, dass eine Einrichtung sowohl unter den Begriff des „Heimes" fällt und damit der Geltungsbereich des § 36 Abs. 1 Nr. 1 IfSG i. V. m. § 1 Abs. 1 bis 5 HeimG eröffnet ist und gleichzeitig eine Einrichtung nach § 2 WTG gegeben ist. Das wird regelmäßig bei Einrichtungen mit umfassendem Leistungsangebot der Fall sein. Bei anbieterverantworteten Wohngemeinschaften muss dies nicht zwingend so sein. 176

Ebenso wenig hat das WTG eine die Anwendbarkeit auslösende Wirkung hinsichtlich anderer Vorschriften des Landesrechtes. Ob eine Einrichtung ein Sonderbau im Sinne des § 50 der Bauordnung NRW oder ein „Heim" im Sinne des § 17 Abs. 1 Nr. 1 des Gesetzes über den öffentlichen Gesundheitsdienst NRW ist, beurteilt sich ausschließlich nach den in diesen Gesetzen geregelten Voraussetzungen. Das WTG ordnet nicht die Geltung anderer Gesetze an. 177

Aus der Formulierung, dass eine Feststellung nach dem WTG keine Auswirkung auf andere Rechtsgebiete hat, wird gleichzeitig die Befugnis der Behörden zur so genannten Statusfeststellung deutlich (OVG NRW vom 09.07.2013 – 12 A 2623/12). 178

## VII. Übergangsregelung

Im Hinblick auf den Geltungsbereich ist eine wichtige Übergangsregelung in § 47 Abs. 1 WTG zu beachten. 179

§ 47 Abs. 1 WTG trifft eine Sonderregelung für den Fall, dass eine Änderung der tatsächlichen oder rechtlichen Verhältnisse zu einer anderen Bewertung nach dem WTG führt. In diesem Fall gelten die Anforderungen an das neue Wohn- und Betreuungsangebot erst nach einem Zeitraum von drei Monaten, wobei die Behörde nach ihrem Ermessen diesen Zeitraum auf bis zu ein Jahr verlängern kann. In der Praxis kann das relevant werden, wenn z. B. eine selbstverantwortete Wohngemeinschaft aufgrund einer Einschränkung der tatsächlichen Wahlfreiheit oder aufgrund einer Änderung der vertraglichen Regelungen zu einer anbieterverantworteten Wohngemeinschaft wird. Denkbar ist auch die Erweiterung einer anbieterverantworteten Wohngemeinschaft auf mehr als 12 Plätze, was dann die Anwendung des Einrichtungsrechts zur Folge hat. 180

181 Die Möglichkeit der Verlängerung des Übergangszeitraums auf ein Jahr kommt vor allem für die nicht kurzfristig zu erfüllenden Anforderungen an die Wohnqualität in Betracht.

182 Im umgekehrten Fall, dass aufgrund einer Änderung der tatsächlichen oder rechtlichen Verhältnisse Anforderungen entfallen, entfallen diese sofort. Das entspricht dem Zweck der Regelung, da die Einräumung einer Übergangsfrist nur dann Sinn macht, wenn die neuen Anforderungen höher sind als die bisherigen Anforderungen. Wenn eine anbieterverantwortete Wohngemeinschaft zu einer selbstverantworteten Wohngemeinschaft wird, sind die bisherigen Anforderungen ab sofort nicht mehr zu erfüllen.

183 § 47 Abs. 1 S. 3 WTG enthält noch einen Verweis auf den früheren Absatz 1 Satz 3. Dieser Verweis geht jetzt ins Leere. Die Regelung des jetzigen Absatzes 1 war früher in Absatz 2 enthalten; der Verweis bezog sich auf den alten Absatz 1 Satz 3, wonach die Behörde Abweichungen von den Anforderungen an die Wohnqualität zulassen konnte, wenn dies mit den Interessen der Nutzerinnen vereinbar war. Dass der Verweis jetzt ins Leere geht, schadet aber nicht, da die Möglichkeit der Zulassung von Abweichungen ohnehin nach § 13 WTG besteht.

184 Grundsätzlich ist die Notwendigkeit einer Statusfeststellung zweifelhaft, da sie sich immer nur auf den Zeitpunkt der Behördenentscheidung bezieht und sich die Verhältnisse wieder ändern können (vgl. dazu OVG NRW vom 09.07.2013 – 12 A 2623/12). Im Fall des § 47 Abs. 1 WTG ist eine Statusfeststellung durch die Behörde aber zwingend erforderlich, da nur eine solche die Drei-Monats-Frist in Gang setzt.

# 3. Abschnitt: Die einzelnen Wohn- und Betreuungsangebote

# 1. Unterabschnitt: Einrichtungen mit umfassendem Leistungsangebot

## A. Allgemeine Anforderungen

Die allgemeinen Anforderungen an die Leistungsanbieterinnen von Wohn- und Betreuungsangeboten sind in den §§ 4 bis 10 WTG sowie den §§ 1 bis 5 der Durchführungsverordnung geregelt. Nachfolgend werden diese Pflichten im Hinblick auf die Einrichtungen mit umfassendem Leistungsangebot dargestellt; auf die Besonderheiten wird bei den Ausführungen zu den anderen Wohn- und Betreuungsangeboten eingegangen. 185

### I. Allgemeine Pflichten

#### 1. Personelle, sächliche, bauliche und organisatorische Voraussetzungen einer fachgerechten Leistungserbringung

§ 4 Abs. 1 WTG stellt zunächst die Anforderung auf, dass Angebote und Leistungen dem jeweiligen Stand der fachlichen und wissenschaftlichen Erkenntnisse entsprechen müssen. 186

Wichtig ist, dass diese Anforderungen nur angebotsbezogen gelten. Die allgemeinen Anforderungen sind daher spezifisch für das jeweilige Wohn- und Betreuungsangebot zu sehen: Während im Bereich der pflegerischen Angebotsteile vor allem pflegefachliche Standards angebotsprägend sind, kommt im Bereich der Eingliederungshilfe den am Inklusionsgedanken orientierten Standards (Teilhabe in der Gesellschaft, Vermeidung von Sonderwelten etc.) eine besondere Bedeutung zu. Auch müssen ambulante Dienste keine Anforderungen an die Wohnqualität erfüllen (vgl. nicht-amtliche Begründung, http://www.mgepa-nrw.de/mediapool/pdf/pflege/WTG_nicht_amtlich_Begruendung.pdf, S. 71 f.). 187

Maßgeblich für die Gestaltung der Leistungserbringung sind die Bedarfe der Nutzerinnen. Die Regelung bezieht sich auf den vertraglich vereinbarten Leistungsumfang. Die Verpflichtung des Leistungsanbieters oder der Leistungsanbieterin kann nur soweit greifen, wie sie durch den vertraglichen Leistungsumfang abgedeckt ist (vgl. nicht-amtliche Begründung, http://www.mgepa-nrw.de/mediapool/pdf/pflege/WTG_nicht_amtlich_Begruendung.pdf, S. 71 f.). 188

## 2. Verpflichtungen aus leistungsrechtlichen Vereinbarungen

189 Nach § 4 Abs. 1 Satz 3 WTG sind Leistungsanbieterinnen verpflichtet, ihre Verpflichtungen aus sämtlichen leistungsrechtlichen Vereinbarungen einschließlich der Vereinbarungen zu Wohnraumüberlassung und Betreuung zu erbringen. Damit sind einerseits die Leistungen aus den Rahmenverträgen zwischen Leistungsanbieterinnen bzw. deren Verbänden und den Leistungsträgern nach §§ 75 SGB XI, 123 ff. SGB IX, 75 ff. SGB XII zu verstehen. Die nicht-amtliche Begründung zum Entwurf des WTG führt dazu aus:

190 *„Die Aufnahme der Verpflichtungen aus den leistungsrechtlichen Vereinbarungen in Satz 2 stellt eine ausdrückliche inhaltliche Erweiterung dar und erhält den bisherigen Rechtsstand. Im WTG von 2008 war die Regelung enthalten, dass die Erbringung der vertraglichen Leistungen zu den von einer Einrichtung zu erfüllenden Anforderungen gehörte, § 7 Abs. 1 Nr. 3 WTG 2008. Im Hinblick auf die zwischenzeitlich ergangene Rechtsprechung insbesondere des VGH Mannheim, wonach wegen der Bundesgesetzgebungskompetenz für das Heimvertragsrecht keine landesrechtliche Befugnis zur Regelung der Überprüfung der Heimverträge mehr gegeben ist, war diese Anforderung im Gesetzentwurf entfallen. Der Gesetzentwurf sieht in Umsetzung der genannten Rechtsprechung insoweit eine klare Trennung zwischen Vertrags- und Ordnungsrecht vor. Das Bundesverwaltungsgericht hat sich aber in einer aktuellen Entscheidung der Auffassung der Untergerichte nicht angeschlossen, sondern hält daran fest, dass die Aufsichtsbehörden zumindest das Recht haben, die leistungsrechtlichen Vereinbarungen nach dem SGB zu überprüfen und die Rechte daraus durchzusetzen (BVerwG vom 28.05.2014 – 8 B 71.13). Damit eröffnet das Gericht den Ländern weiterhin eine Möglichkeit, im Sinn der Bewohnerinnen und Bewohner die Prüfkompetenz der zuständigen Ordnungsbehörden auszuweiten. Hiervon sollte auch Gebrauch gemacht werden, weil die zivilrechtlichen Schutzmöglichkeiten (nach dem WBVG) für die Betroffenen in einer ohnehin oft belastenden Lebenssituation zusätzliche zeitliche, finanzielle und emotionale Belastungen darstellen und der Rechtsschutz angesichts der oft kurzen Verweildauer in einer Einrichtung oft zu spät kommen dürfte. Demgegenüber erscheint das eher präventiv ausgelegte Vorgehen der Aufsichtsbehörden effektiver. Die vorgeschlagene Formulierung erhöht somit den Schutzstandard zugunsten der Nutzerinnen und Nutzer. Auch bei der Prüfung durch die zuständigen WTG-Behörden können aufgrund der Ergänzung insbesondere die Vorgaben nach § 113 SGB XI (Maßstäbe und Grundsätze zur Sicherung und Weiterentwicklung der Pflegequalität) berücksichtigt werden."* (Nichtamtliche Begründung zum WTG NRW, S. 71, abrufbar unter https://www.mags.nrw/sites/default/files/asset/document/wtg_nicht_amtlich_begruendung_0.pdf).

191 Das WTG stellt auch noch auf die individuellen, zivilrechtlichen Verträge nach dem Wohn- und Betreuungsvertragsgesetz („Heimverträge") ab. Nach dem bisher geltenden Wortlaut des § 4 Abs. 1 S. 3 WTG war fraglich, ob die WTG-Behörden auch das Recht haben, die Erfüllung nicht nur der Leistungspflichten nach dem SGB, sondern auch der vertraglichen Pflichten nach dem Wohn- und Betreuungsvertragsgesetz (WBVG) zu überprüfen. Diese Frage ist durch die letzte Änderung des Wortlautes jetzt entschieden. Aus der Begründung zum Gesetzentwurf: *„Durch die Änderung*

*wird klargestellt, dass alle leistungsrechtlichen Vereinbarungen, einschließlich der Vereinbarungen zu Unterbringung und Betreuung, auf ihre Erfüllung hin überprüft und bei Verstößen durchgesetzt werden können. Dies umfasst ausdrücklich auch die Investitionskosten. Das war Ziel des Gesetzes von Beginn an, um für die Bewohnerinnen und Bewohner den größtmöglichen Verbraucherschutz erzielen zu können. Die Erfahrung mit der Praxis hatte jedoch gezeigt, dass unter den WTG-Behörden Unsicherheit herrschte, ob beim Vorgehen gegen Einrichtungsträger unter den Begriff der leistungsrechtlichen Pflichten sämtliche Leistungspflichten zum Beispiel nach dem WBVG im Zusammenhang mit der Unterbringung und Betreuung in der Einrichtung oder lediglich die Leistungspflichten nach dem SGB XI gemeint seien."* (LT-Ds. 17/15188 S. 67). Damit ist die bisher klare Trennung von Vertragsrecht und Ordnungsrecht im Sinne eines umfassenden Schutzes der Nutzerinnen aufgehoben, was nach der oben erwähnten Entscheidung des Bundesverwaltungsgerichtes auch zulässig ist (BVerwG vom 28.05.2014 – 8 B 71.13). In der Praxis dürfte der Unterschied jedoch nicht so groß sein, da sich auch die zivilrechtlichen Verträge zur Konkretisierung der Leistungspflichten regelmäßig auf die leistungsrechtlichen Vereinbarungen beziehen. Es ist allerdings zu beachten, dass zum einen die Frage der gesondert berechenbaren investiven Aufwendungen ebenfalls dem Regelkreis des SGB XI entstammt, zum anderen in Nordrhein-Westfalen die weit überwiegende Anzahl der Einrichtungen investive Aufwendungen nur nach einem aufwändigen Nachweisverfahren und Genehmigung durch die Landschaftsverbände abrechnen dürfen. Hier wird es darauf ankommen, im Sinne der Einheitlichkeit der Rechtsordnung bereits behördlich genehmigte Entgelte nicht wieder in Frage zu stellen.

Andererseits ist durch die gesetzliche Regelung (und die Entscheidung des Bundes- 192
verwaltungsgerichtes) nunmehr klargestellt, dass alle Verpflichtungen aus vertraglichen Vereinbarungen zugunsten der Nutzerinnen erforderlichenfalls auch durch einen Verwaltungsakt durchgesetzt werden können. Das betrifft vor allem die Verpflichtungen zur Erbringung der Pflegeleistungen, Behandlungspflege, sozialen Betreuung, Unterkunft und Verpflegung, wie sie im Einzelnen in den Rahmenverträgen beschrieben sind. Nach Auffassung des Oberverwaltungsgerichtes für das Land Nordrhein-Westfalen sind die Behörden weiterhin berechtigt, auf der Grundlage des § 15 Absatz 2 Satz 1 WTG Anordnungen zu erlassen, wenn sie einen Mangel in der Erfüllung von Verpflichtungen aus dem Wohn- und Betreuungsvertragsgesetz (wie z. B. die Erhebung nicht wirksam vereinbarter Zusatzentgelte) festgestellt haben (vgl. OVG NRW, Beschluss vom 09.05.2017 – 4 A 2069/14 – Rn. 25 ff.).

Ungelöst allerdings bleibt das Problem widerstreitender Entscheidungen durch 193
Heimaufsichtsbehörden auf der einen und Zivilgerichte auf der anderen Seite, da grundsätzlich die Entscheidung über vertragliche Fragen den ordentlichen Gerichten zugewiesen ist. Aus diesem Grunde sollten die zuständigen Behörden von ihren Befugnissen zurückhaltend Gebrauch machen, zumal auch die Möglichkeit besteht, die Fachgerichte im Wege des einstweiligen Rechtschutzes mit eilbedürftigen Fragen zu betrauen.

194 Im Rahmen von Sachverhaltsfeststellungen (vor allem zur Abgrenzung Wohngemeinschaft/Einrichtung) konnten sich die WTG-Behörden aber ohnehin schon Verträge vorlegen lassen (§§ 9 Abs. 1, 14 Abs. 3 Satz 2 WTG), da es in diesem Fall nicht um die Durchsetzung zivilrechtlicher Ansprüche geht, sondern um die Ermittlung des Sachverhaltes, der einer Entscheidung nach öffentlichem Recht zugrunde gelegt werden muss. So muss z. B. zur Feststellung, ob eine Wohngemeinschaft mit Betreuungsleistungen anbieter- oder selbstverantwortet ist, zwingend Einsicht in die Vertragsmuster genommen werden, da nur so festgestellt werden kann, ob die Ansprüche auf Wohnraumüberlassung und Betreuungsleistungen rechtlich voneinander unabhängig sind (vgl. § 24 Abs. 1 Satz 1 Nr. 1 WTG).

### 3. Positive Gestaltung der Rahmenbedingungen

195 Erstmals in einem heimrechtlichen Gesetz nimmt § 1 Abs. 1 Satz 1 WTG die positive Gestaltung der Rahmenbedingungen der Betreuungs- und Pflegekräfte als Gesetzeszweck auf und erlegt den Leistungsanbieterinnen damit eine in dieser Vorschrift nicht näher definierte Aufgabe auf. Bei den konkreten Anforderungen in §§ 4 bis 10 WTG wird diese Aufgabe allgemein nicht genannt, so dass sich konkrete Verpflichtungen daraus auch nicht herleiten lassen.

196 Die Tätigkeit der WTG-Aufsichtsbehörden in diesem Zusammenhang beschränkt sich darauf, bei vermuteten oder vorgetragenen Verstößen gegen arbeitsschutzrechtliche Vorschriften auf die hierfür jeweils zuständige Stelle (regelmäßig die Bezirksregierung) zu verweisen.

### 4. Personaleinsatzplanung

197 § 4 Absatz 9 WTG sieht jetzt vor, dass die Personaleinsatzplanung so gestaltet werden muss, dass die Beschäftigten regelmäßig nur im Rahmen ihrer vertraglich geregelten Arbeitszeit eingesetzt werden. Der Gesetzgeber will damit verhindern, dass eine Einrichtung dauerhaft mit einer strukturellen personellen Unterdeckung betrieben wird. Die Anordnung von Mehr- oder Überstunden darf in einer Einrichtung nicht zum Normalfall werden.

198 *„Dienstpläne werden zunehmend auf der Basis von Mehr- und Überstunden erstellt. Um eine solche strukturelle personelle Unterdeckung zulasten der übrigen Beschäftigten zu vermeiden, soll festgelegt werden, dass Überstunden/Mehrarbeit unter den Voraussetzungen der arbeitsvertraglichen, allgemeinen arbeitsrechtlichen, tarifvertraglichen, arbeitszeitrechtlichen und personalvertretungsrechtlichen Regelungen selbstverständlich zum Abfangen von Spitzen zulässig sind. Eine dauerhafte personelle Unterdeckung darf jedoch nicht zu einer regelmäßigen oder dauerhaften Anordnung von Überstunden/Mehrarbeit führen. Dies gefährdet auf Dauer die Gesundheit, die Arbeitszufriedenheit und damit auch die Betreuungsqualität. Die Personaleinsatzplanung soll daher so gestaltet werden, dass die Betreuungskräfte regelmäßig nur im Rahmen ihrer vertraglich geregelten Arbeitszeit eingesetzt werden. Maßgeblich ist der Jahresdurchschnitt der Arbeitsstunden, mit dem die Beschäftigten eingeplant werden.*

*Die Betreuungskräfte können auf diese Weise gleichwohl mit Überstunden/Mehrarbeit eingeplant werden, um Spitzen aufzufangen, solange im Jahresdurchschnitt ein angemessener Ausgleich erfolgt. Neue Arbeitszeitmodelle, wie beispielsweise Lebensarbeitszeitkonten, stehen dieser Regelung nicht entgegen. Die Klarstellung trägt damit zum Schutz der Beschäftigten und zur Attraktivität des Berufsbildes bei."* (vgl. Gesetzentwurf der Landesregierung, LT-Drucksache 17/3777, S. 54).

Da die Abhilfe angesichts allgemeiner Personalknappheit meist in der Arbeitnehmer- 199
überlassung (Leiharbeit) liegen wird, ist überdies abzuwägen, ob mit ordnungsbehördlichen Eingriffen hier wirklich eine Verbesserung der Versorgung zu erwarten ist.

Es handelt sich bei dieser Regelung jedoch nicht um eine Klarstellung, wie in der 200
Begründung ausgeführt, sondern durchaus um eine Rechtsänderung. Bisher reichte es aus, dass genügend Personal vorhanden war, um den Pflege- und Betreuungsbedarf der Nutzer zu erfüllen, vgl. § 21 Abs. 3 WTG. Ob dies auch durch Mehr- oder Überstunden geschah, war nach bisher geltender Rechtslage gleich; künftig ist es das nicht mehr. Die Intention des Gesetzgebers ist nachvollziehbar. Die Qualität der Betreuung der Nutzerinnen hängt natürlich auch von der Zufriedenheit der Pflege- und Betreuungskräfte ab; deren Arbeitszufriedenheit wird ganz wesentlich von den Arbeitsbedingungen bestimmt. Eine dauerhafte Überlastung durch Mehr- oder Überstunden wird sich auf die Betreuungsqualität auswirken. Für die Prüfbehörde wird sich in der Praxis gleichwohl die Frage stellen, wie lange und in welchem Umfang vorübergehende Mehr- oder Überstunden hinzunehmen sind.

## 5. Notwendige Zuverlässigkeit

Nach § 4 Abs. 2 WTG ist Voraussetzung für den Betrieb einer Einrichtung, dass die 201
Leistungsanbieterin die notwendige Zuverlässigkeit besitzt. Diese muss sich nicht nur, aber insbesondere auch auf die allgemeine gewerberechtliche Anforderung der wirtschaftlichen Leistungsfähigkeit beziehen. Im Gegensatz zum alten Recht enthält das WTG mittlerweile die Vermutung, dass von der wirtschaftlichen Zuverlässigkeit auszugehen ist, sofern eine Vereinbarung der Versorgung nach dem XI. oder dem XII. Buch des Sozialgesetzbuches vorliegt, da Pflegekassen und Sozialhilfeträger ihrerseits den Abschluss von Versorgungsverträgen u. a. von der wirtschaftlichen Zuverlässigkeit abhängig machen. Eine Doppelprüfung soll damit vermieden werden. Dabei wird es sich um die klassischen stationären Einrichtungen der Altenpflege bzw. der Eingliederungshilfe handeln. In anderen Einrichtungen muss die wirtschaftliche Zuverlässigkeit geprüft werden. Dies gilt auch für Einrichtungen, die im Rahmen des sog. ambulant betreuten Wohnens lediglich eine Vereinbarung nach dem SGB V haben. Häufig haben diese Einrichtungen jedoch gleichzeitig noch eine Vereinbarung mit den Sozialhilfeträgern nach dem SGB XII, sodass auch insoweit von der wirtschaftlichen Zuverlässigkeit auszugehen ist.

202 Im Übrigen sind im Hinblick auf das Grundrecht der Leistungsanbieter aus Artikel 12 Grundgesetz an den Nachweis der mangelnden wirtschaftlichen Zuverlässigkeit hohe Anforderungen zu stellen. In diesem Zusammenhang ist hinzuweisen auf die Regelung in § 9 Abs. 4 WTG, wonach die Leistungsanbieterin verpflichtet ist, unverzüglich anzuzeigen, wenn sie nicht mehr in der Lage ist, die Anforderungen an den Betrieb der Einrichtung zu erfüllen. Dazu gehören nicht nur wirtschaftliche Gründe, sondern auch alle anderen Gründe. Es mangelt z.B. auch an der Zuverlässigkeit, wenn ein Betreiber trotz bestehender wirtschaftlicher Leistungsfähigkeit wegen einer sehr hohen Personalfluktuation nicht über genügend Personal verfügt. Eine andere Frage ist, welche Folgen sich hieraus ergeben, insbesondere mit Blick auf die Handlungsmöglichkeiten und -notwendigkeiten aus Sicht der zuständigen Behörde. Keinesfalls kann allein eine hohe Personalfluktuation ordnungsrechtliche Maßnahmen rechtfertigen. Bei der Ausübung von Ermessensentscheidung ist die Frage, inwieweit der Träger diese Personalfluktuation zu verantworten hat und überhaupt Einflussmöglichkeiten hat oder nicht, zu berücksichtigen.

203 Eine wirtschaftliche Leistungsfähigkeit wird im Gegensatz zu der früheren Regelung im WTG 2008 nicht mehr explizit gefordert. Jedoch ist schon nach der allgemeinen gewerberechtlichen Regelung des § 35 GewO die wirtschaftliche Leistungsfähigkeit Bestandteil der allgemeinen Zuverlässigkeit, so dass es sich daher nach wie vor um eine Anforderung des Gesetzes handelt. Rechtsgrundlage für entsprechende Sachverhaltsfeststellungen der Behörden bzw. korrespondierende Auskunftspflichten ist § 9 Abs. 1 letzter Satz (weitere Angaben zur zweckgerichteten Aufgabenerfüllung). Ob darauf eine regelmäßige Prüfung gestützt werden kann, ist zweifelhaft, wenn keine Anhaltspunkte für eine mangelnde wirtschaftliche Leistungsfähigkeit vorliegen. Eine anlassbezogene Prüfung, z.B. bei der erstmaligen Betriebsaufnahme oder einem Trägerwechsel durch Vorlage einer Unbedenklichkeitsbescheinigung des Finanzamts bzw. (bei gewerblichen Leistungsanbietern) eines Auszugs aus dem Gewerbezentralregister, ist aber möglich.

## 6. Qualitätsmanagement

204 Nach § 4 Abs. 3 WTG haben Betreiber und Einrichtungsleitungen ein Qualitätsmanagement zu betreiben.

205 Diese Verpflichtung wurde aus dem bisherigen Recht übernommen, wird jedoch in der Vorschrift konkretisiert. Ein Qualitätsmanagement setzt zwingend ein Betreuungskonzept voraus, in dem beschrieben wird, wie die Leistungsanbieterin die individuellen Bedürfnisse der Bewohner hinsichtlich des Wohnens und der allgemeinen sozialen und pflegerischen Betreuung erfüllen möchte. Unter Qualität ist dabei eine Definition der Soll-Eigenschaften zu verstehen. Das im Rahmen des Qualitätsmanagements zu entwickelnde Betreuungskonzept muss dabei die Ziele angeben und die Mittel, die zur Erreichung dieser Ziele eingesetzt werden sollen.

Wie sich aus § 19 Abs. 1 Satz 2 WTG ergibt, ist ein solches Qualitätsmanagementkonzept (im Text heißt es „fachliche Konzeption") ein wichtiger Bestandteil der ordnungsrechtlichen Anforderungen nach dem Gesetz. Nach der Regelung des § 4 Abs. 3 WTG ist unter einem Qualitätsmanagement das Grundkonzept einer Einrichtung zu verstehen. In ihm definiert die Leistungsanbieterin die betriebsbezogenen Leistungsbereiche des Unternehmens, das Leitbild der Einrichtung, die Qualität der zu erbringenden Dienstleistungen sowie die Prinzipien und möglichen Maßnahmen zur Erreichung von Qualitätszielen. Die einzelnen Leistungsbereiche (z. B. hauswirtschaftliche Versorgung, Speisen- und Getränkeangebote, Wohnqualität und Ausstattung der Einrichtung bzw. der Bewohnerzimmer, Gestaltung des Gemeinschaftslebens und des Alltags der Bewohner, Aussagen zur personellen Ausstattung, Personalführung, Weiterbildungskonzeptionen, Leistungen und Umsetzung von pflegerischer und sozialer Betreuung, Wahrung von Bewohnerrechten und Kundeninformation) sind im Sinne des WTG als einzelne Konzeptbausteine den Leistungsbereichen zu hinterlegen. Durch ein Qualitätsmanagement und nachvollziehbare, mit konkreten Maßnahmen der praktischen Umsetzung hinterlegte Konzepte zu den Leistungsbereichen werden die einzelnen Leistungen und die Art und Weise der Leistungserbringung unter Berücksichtigung der jeweiligen Unternehmensphilosophie des Betreibers einer Einrichtung nach innen und außen transparent. Ein Qualitätsmanagement muss schriftlich vorliegen und jederzeit einsehbar sein, denn es dient den zuständigen Behörden im Rahmen der Kontrolle von Einrichtungen als Maßstab für den Abgleich der vom Betreiber vorgegebenen Ansprüche an die Qualität seiner Dienstleistung und der tatsächlichen Situation in einer Einrichtung bei einer Kontrolle. Es ist der zuständigen Behörde sowie den Trägern der Eingliederungshilfe auf Verlangen vorzulegen. Es ist empfehlenswert, die zuständige Behörde vorab über die wesentlichen Inhalte des umgesetzten Qualitätsmanagements, insbesondere die beabsichtigten Maßnahmen zur Umsetzung der Qualitätsziele, zu informieren und die entsprechenden aktuellen Vorgabedokumente, wie Leistungsbeschreibungen, Verfahrens- und Arbeitsanweisungen oder angewandte Standards, zur Verfügung zu stellen. 206

## 7. Infektionsschutz und Hygieneanforderungen

§ 4 Abs. 4 WTG enthält die Anforderung, dass bei der Leistungserbringung ein ausreichender Schutz vor Infektionen gewährleistet sein muss und die Beschäftigten die Hygieneanforderungen nach dem anerkannten Stand der fachlichen Erkenntnisse einhalten. Eine nähere Bestimmung der konkreten Infektionsschutzanforderungen enthält das Gesetz nicht. Zur Konkretisierung muss daher auf die fachlichen Einschätzungen zum Infektionsschutz, wie z. B. die des Robert-Koch-Institutes, zurückgegriffen werden. Dabei ist jedoch zu beachten, dass wegen des „Normalitätsprinzips" in § 12 Abs. 1 WTG, des Maßstabs der privaten Häuslichkeit, die insbesondere für Krankenhäuser geltenden Anforderungen nicht in vollem Umfang übernommen werden können. Das gilt schon für Einrichtungen, erst recht aber für die noch mehr auf „privates Wohnen" ausgerichteten Wohngemeinschaften. 207

208 Im Gegensatz zum WTG 2008, ist die Einhaltung von Hygieneanforderungen nunmehr wieder eine Anforderung nach dem WTG (wie schon früher nach dem Heimgesetz). Das bedeutet, dass ein Verstoß gegen die Regelung des § 4 Abs. 4 WTG einen Mangel im Sinne des § 15 Abs. 1 Satz 1 WTG darstellt, auf den mit einer Beratung und ggf. auch Anordnung reagiert werden kann. Die Regelung ist damit unabhängig von möglichen Konsequenzen nach dem Gesetz über den öffentlichen Gesundheitsdienst (ÖGDG NRW). Da die mit der behördlichen Qualitätssicherung nach dem WTG betrauten Personen jedoch nicht durchgängig über die erforderlichen Infektionsschutzkenntnisse verfügen dürften, ist eine Kooperation mit dem Gesundheitsamt in den meisten Fällen unumgänglich. Beim Anschein von Hygienemängeln in einer Einrichtung sollte daher zunächst das Gesundheitsamt informiert werden. Auf der Grundlage von dessen fachlicher Einschätzung kann dann, falls erforderlich, eine Anordnung nach dem WTG erfolgen.

209 Zur Konkretisierung hygienerechtlicher Anforderungen könnte durch das zuständige Ministerium eine Rechtsverordnung erlassen werden, da § 45 Abs. 1 Nr. 8 WTG eine entsprechende Ermächtigung einräumt. Bisher wurde von dieser Ermächtigung noch kein Gebrauch gemacht.

## 8. Palliativversorgung

210 Da insbesondere in Pflegeeinrichtungen auch Menschen sterben, ist eine angemessene Palliativversorgung selbstverständlich; die entsprechenden pflegefachlichen Maßnahmen sind daher schon nach dem Erfordernis der Leistungserbringung auf dem jeweiligen Stand der fachlichen Erkenntnisse (vgl. § 4 Abs. 1 Satz 1 WTG) verpflichtend. Dennoch hat der Gesetzgeber erstmals eigene Regelungen in das WTG aufgenommen. Nach § 4 Abs. 5 WTG haben die Leistungserbringerinnen sterbenden Nutzerinnen eine Palliativversorgung auf dem Niveau der „Spezialisierten ambulanten Palliativversorgung (SAPV)" anzubieten. Dies können sie entweder durch eigene Beschäftigte oder durch eine Kooperation mit den entsprechenden Angeboten ermöglichen. Die Krankenkassen haben dazu eigene sogenannte SAPV-Teams gebildet. Der entsprechende Leistungsanspruch gegenüber der gesetzlichen Krankenkasse bleibt von dieser Regelung unberührt.

## 9. Teilhabeförderung

211 Nach § 5 WTG haben Leistungsanbieter die gleichberechtigte Teilhabe der Nutzerinnen am Leben in der Gesellschaft zu unterstützen und zu fördern. Diese Vorschrift ist neu; nur in Hamburg gibt es eine vergleichbare Regelung.

212 Absatz 1 nennt die allgemeine Verpflichtung zur Zusammenarbeit mit Nutzerinnen und Nutzern, deren Mitwirkungsgremien und Vertrauenspersonen, Angehörigen, sonstigen Vertrauenspersonen, bürgerschaftlich Engagierten und Institutionen der Gemeinde, des Sozialwesens, der Kultur und des Sports. Absatz 2 nennt – lediglich beispielhaft – konkrete Anforderungen der Teilhabeförderung. Die

Gesetzesbegründung führt dazu aus: *„Die Vorschrift steht – wie andere Vorschriften des WTG auch – im Spannungsverhältnis zwischen ordnungsrechtlichem Schutz der Rechte der Nutzerinnen und Nutzer und der Rücksicht auf mögliche leistungsrechtliche Restriktionen der Leistungsanbieterinnen und Leistungsanbieter...... Die Vorschrift des § 5 trägt dieser Situation dadurch Rechnung, dass sie hinsichtlich der Teilhabeförderung auf die konkreten Leistungsvereinbarungen abstellt, wobei davon auch die Vereinbarungen zum persönlichen Budget umfasst werden. Es wird ... grundsätzlich nicht mehr verlangt, als leistungsrechtlich vereinbart wurde. Die teilhabeorientierte Umsetzung der Vereinbarungen aber wird einer ordnungsrechtlichen Aufsicht unterworfen. ...Die Vorschrift nennt beispielhaft Bereiche der Teilhabeförderung. Nr. 1 betont dabei die Bedeutung der Kooperation mit Angehörigen etc. innerhalb der jeweiligen Angebote. Diese Kooperation wird naturgemäß in Wohn- und Pflegeangeboten anders ausgeprägt sein als in ambulanten Angeboten. Nach Nr. 2 soll das Grundbedürfnis betreuungsbedürftiger Menschen nach einer sinnvollen Beschäftigung und der Einbindung in die Gemeinschaft gefördert werden. Dies bezieht sich auf alltägliche Verrichtungen, wie z.B. hauswirtschaftliche Arbeiten. Maßgeblich sind die individuellen Erfahrungen, Wünsche und Fähigkeiten, die z.B. im Rahmen der Biographiearbeit ermittelt werden. Nach Nr. 3 ist über Veranstaltungen und Aktivitäten im Stadtteil, die für die Nutzerinnen und Nutzer von Interesse sind, zu informieren. Wie dies geschieht, obliegt grundsätzlich der Entscheidung der Leistungsanbieterin oder des Leistungsanbieters, muss sich aber an den Fähigkeiten der Nutzerinnen und Nutzer ausrichten. Aus der Verpflichtung zur Unterstützung und Förderung folgt beispielsweise auch die Verpflichtung, einen Fahrdienst und erforderlichenfalls Begleitpersonal zu organisieren. Dies gilt auch für die Wahrnehmung auswärtiger Termine nach Nr. 4. Solche Termine sind insbesondere Familienfeiern oder Feiern im Freundeskreis, Besuche bei Ärztinnen und Ärzten und bei Behörden."* (Vgl. nicht amtliche Begründung des Gesetzentwurfs, S. 78f., abrufbar unter https://www.mags.nrw/sites/default/files/asset/document/wtg_nicht_amtlich_begruendung_0.pdf). Die Leistungsanbieterinnen und Leistungsanbieter haben dies angebotsbezogen in Textform in einem Teilhabekonzept zu konkretisieren, vgl. § 5 Abs. 2 S. 2 WTG.

Wichtig sind also zwei Punkte: Zum einen kann nur gefordert werden, was leistungsrechtlich vereinbart wurde. Zum anderen unterliegt die Umsetzung der leistungsrechtlichen Vereinbarungen auch einer ordnungsrechtlichen Überwachung und kann ordnungsrechtlich durchgesetzt werden. 213

Bei den Qualitätsprüfungen nach § 114 SGB XI werden dabei folgende Orientierungs-/Anhaltspunkte zugrunde gelegt: 214
- 3–5 Angebote zur sozialen Betreuung an 5 Tagen (morgens und abends)
- Angebote an Wochenenden und Feiertagen
- Angebote für alle Nutzerinnen, je nach Teilhabebeeinträchtigung (Angebote für bettlägerige, sinnesbeeinträchtigte Menschen etc.)
- Angebot von Angehörigenabenden, -kreisen etc.
- Angebote zur Kooperation mit Ehrenamtlern und Vereinen
- Unterstützung und Förderung der Wahrnehmung auswärtiger Termine: Organisation, nicht zwingend Begleitung durch eigenes Personal. Das Thema der Begleitung zum Arzt wird später gesondert behandelt (vgl. Rn. 259ff.).

215 Dies kann somit unter Beachtung des oben Gesagten bei der Prüfung der Anforderungen zugrunde gelegt werden. Der Gesetzgeber hat leider nicht festgelegt, was unter einem Endgerät zu verstehen sein soll. Nach allgemeinem Sprachgebrauch, wie er etwa in den entsprechenden Wikipedia-Artikel Eingang gefunden hat, ist hierunter ein Gerät zu verstehen, das an ein öffentliches Netz angeschlossen wird, also ein Router. Dies bedeutet dann aber, dass ein Router nicht von der Verpflichtung des Trägers erfasst sein kann. Ohne einen solchen Router lässt sich ein WLAN-Netz allerdings auch nicht betreiben. Folgerichtig geht die Gesetzesbegründung auch lediglich davon aus, es „sollte" ein WLAN-Netz zur Verfügung gestellt werden. Verpflichtend ist dies demnach nicht, sicherlich aber wünschenswert und zweckmäßig.

216 Neu aufgenommen ist jetzt die Regelung, dass alle Individual- und Gemeinschaftsbereiche über die technischen Voraussetzungen für einen Internetzugang verfügen müssen. *„Auch ältere Menschen nutzen zunehmend die Möglichkeiten des Internets, verstärkt auch über mobile Empfangsgeräte (Notebook, Tablet, Smartphone). Die digitale Entwicklung macht es daher erforderlich, dass auch die Wohn- und Betreuungsangebote nach dem WTG über entsprechende Nutzungsmöglichkeiten verfügen. Der Teilhabeanspruch der Nutzerinnen und Nutzer sollte möglichst durch Bereitstellung eines entsprechenden WLAN-Netzes, das in ausreichender und möglichst gleicher Qualität sowohl die Individual- als auch die Gemeinschaftsbereiche abdeckt, erfüllt werden. Die Anforderung ist begrenzt auf die Schaffung und Bereitstellung der technischen Voraussetzungen für den Zugang; die Bereitstellung von entsprechenden Endgeräten ist nicht umfasst. Die technische Umsetzung ist folglich mit überschaubaren Kosten für die Einrichtungsträger verbunden."* (vgl. Gesetzentwurf der Landesregierung, LT-Drucksache 17/3777, S. 54).

## 10. Gewaltschutz, freiheitsentziehende und -beschränkende Maßnahmen

### a) Allgemeines

217 Das WTG enthielt in § 8 bisher schon Regelungen zu Gewaltschutz und zu freiheitsentziehenden bzw. – beschränkenden Maßnahmen. Diese Regelungen sind in den neuen §§ 8 bis 8b jetzt umfassend neuformuliert und teilweise neugestaltet worden. Teilweise werden auch die Anforderungen aus der Rechtsprechung des Bundesverfassungsgerichtes umgesetzt.

218 Es bleibt bei der bisherigen Verpflichtung aus § 8 Abs. 1, geeignete Maßnahmen zum Schutz der Nutzerinnen und Nutzer vor jeder Form der Ausbeutung, Gewalt und Missbrauch, einschließlich ihrer geschlechtsspezifischen Aspekte zu treffen. Neu aufgenommen wurde die Regelung, dass zum Gewaltschutz mindestens in Textform Konzepte zu entwickeln sind, die Präventionsstrategien und Interventionskonzepte enthalten. Es geht also einerseits um Maßnahmen, die Gewaltsituationen verhindern sollen, andererseits sollen geeignete Maßnahmen dargestellt werden, um in Gewaltsituationen angemessen intervenieren zu können, um den Schaden für die Betroffenen möglichst gering zu halten. Die inhaltliche Ausgestaltung des Konzeptes obliegt der Leistungsanbieterin, allerdings unter Beteiligung der Mitbestimmungsorgane

Beirat bzw. Werkstattrat und der Frauenbeauftragten und in angemessener barrierearmer Form. Diese Konzepte sind den Beschäftigten zu vermitteln. Aus der Begründung zum Gesetzentwurf: *„Zu diesen Maßnahmen zählen zum Beispiel Schulungen der Leitungskräfte und Beschäftigten, die Information, Aufklärung und Sensibilisierung der Nutzenden und Werkstattbeschäftigten und der Betreuenden. Das Gesetz ermöglicht hier in seiner weiten Fassung über bekannte Maßnahmen hinaus bewusst Innovationen. Die Inhalte und deren praktische Umsetzung sind den Beschäftigten so regelmäßig zu vermitteln, dass diese in der täglichen Arbeit den Beschäftigten präsent sind und entsprechende Anwendung finden."* (LT-Ds. 17/15188 S. 68).

Die Regelung des § 37a SGB IX, die ebenfalls Gewaltschutzkonzepte zu Gunsten von 219
Menschen mit Behinderung oder drohender Behinderung vorschreibt, bleibt von der Regelung im WTG unberührt. Da die WTG-Regelung jedoch deutlich umfassender und konkreter ist als § 37a SGB IX, dürfte es in der Praxis ohnehin keine Konflikte zwischen den Anforderungen aus diesen Vorschriften geben.

Nicht grundsätzlich neu ist die Bestimmung in § 8 Abs. 2, wonach Einrichtungen, 220
die freiheitsentziehende Unterbringungen oder freiheitsbeschränkende und freiheitsentziehende Maßnahmen (nachfolgend: FEM) durchgeführt haben, zusätzlich ein Konzept zur Vermeidung von solchen Maßnahmen vorlegen müssen. Darin muss auch die Trennung zwischen Anordnung, Durchführung und Überwachung der Maßnahmen geregelt sowie eine verantwortliche Person für die Anordnung und Überwachung der Durchführung der Maßnahme benannt werden. Dieses 4-Augen-Prinzip soll die permanente sachgerechte Anwendung der Maßnahme sicherstellen; es ist jedoch nicht in jedem Fall eine persönliche Anwesenheit der überwachenden Fachkraft notwendig. Dies gilt jedoch für die Durchführung von so genannten 5- und 7- Punkt Fixierungen (vollständige Einschränkung der Bewegungsfreiheit durch Fixierung sämtlicher Gliedmaßen): Diese erfordern die ständige Präsenz einer Fachkraft vor Ort (LT-Ds. 17/15188 S. 69 unter Bezug auf die Entscheidung des Bundesverfassungsgerichtes vom 24.7.2018 – Az 2 BvR 309/15 und 2 BvR 502/16).

Die Beschäftigten sind mit Alternativen zu FEM vertraut zu machen und regelmäßig 221
zu schulen. Gegenüber der bisherigen Regelung in § 8 Abs. 2 S. 4 WTG 2019 enthält die Regelung einen sprachlichen Unterschied. Nach der bisherigen Regelung war Voraussetzung, dass FEM umgesetzt werden; nun ist Voraussetzung, dass eine Einrichtung FEM umgesetzt hat. Bei wörtlicher Auslegung kann man zu dem Ergebnis kommen, dass Einrichtungen, die bisher noch nie FEM angewandt haben, auch nicht zur Erstellung eines Konzeptes zur Durchführung und zu Alternativen verpflichtet sind. Es gibt sicher solche Einrichtungen, in denen FEM niemals angewandt werden und die auch deshalb nicht zur Erstellung eines Konzeptes zur Vermeidung von FEM verpflichtet sind (es sind aber häufig solche, die bereits ein solches Konzept erfolgreich umsetzen). Spätestens nach der ersten durchgeführten FEM müsste jedoch ein Konzept erstellt werden.

222 Die Beteiligung der Mitwirkungsgremien war bisher schon in § 12 Abs. 1 Nr. 10 WTG-DVO 2014 geregelt. Diese Verpflichtung wird jetzt im neuen § 8 Abs. 3 wieder aufgenommen und um die Verpflichtung zur Evaluation und zur Beteiligung der Gremien bei der Evaluation ergänzt.

223 Die Verpflichtung des Absatzes 1 zum Gewaltschutz ist weitgefasst. Die zur Erreichung des Schutzzieles erforderlichen Maßnahmen werden dabei nicht weiter konkretisiert. Gefordert werden nur „geeignete Maßnahmen". Daher werden den Leistungsanbietern durchaus Spielräume eingeräumt, im Rahmen ihres allgemeinen Konzeptes über die von ihnen zu ergreifenden Maßnahmen zu entscheiden (so wie sie auch ein Qualitätsmanagement-Konzept haben und umsetzen müssen, jedoch ein bestimmtes Konzept nicht vorgeschrieben wird). Allgemein wird man den Nachweis fordern müssen, dass der Schutz vor Ausbeutung, Gewalt und Missbrauch überhaupt thematisiert wird (Dienstbesprechungen, Fallbesprechungen, Ethik-Kommissionen, Schulungen etc.) und dass konkrete Maßnahmen beschrieben werden, wie mit festgestellten Verstößen, jenseits möglicher arbeitsrechtlicher, zivilrechtlicher oder gar strafrechtlicher Konsequenzen umgegangen wird.

### b) Vermeidung, Durchführung und Dokumentation von FEM

224 Vermeidung, Durchführung und Dokumentation von FEM sind jetzt in der eigenen Vorschrift des § 8a geregelt.

225 Alle diese Regelungen beziehen sich auf freiheitsentziehende Unterbringungen (in geschlossenen Einrichtungen oder geschlossenen Abteilungen von Einrichtungen) und auf freiheitsbeschränkende und freiheitsentziehende Maßnahmen (in offenen Einrichtungen und Angeboten). Zur Erläuterung dieser Begriffe verweist die Begründung auf die Rechtsprechung: „Das Bundesverfassungsgericht definiert in seiner Entscheidung vom 24.07.2018 – 2 BvR 309/15, 2 BvR 502/16 – die Begriffe „Freiheitsentziehung" und „Freiheitsbeschränkung": *„Der Schutzbereich von Art. 2 Abs. 2 Satz 2 GG umfasst sowohl freiheitsbeschränkende (Art. 104 Abs. 1 GG) als auch freiheitsentziehende Maßnahmen (Art. 104 Abs. 2 GG), die das Bundesverfassungsgericht nach der Intensität des Eingriffs voneinander abgrenzt (vgl. BVerfGE 105, 239 ). Eine Freiheitsbeschränkung liegt vor, wenn jemand durch die öffentliche Gewalt gegen seinen Willen daran gehindert wird, einen Ort aufzusuchen oder sich dort aufzuhalten, der ihm an sich (tatsächlich und rechtlich) zugänglich wäre (vgl. BVerfGE 94, 166; 105, 239). Die Freiheitsentziehung als schwerste Form der Freiheitsbeschränkung (vgl. BVerfGE 10, 302) liegt dann vor, wenn die – tatsächlich und rechtlich an sich gegebene – Bewegungsfreiheit nach jeder Richtung hin aufgehoben wird (vgl. BVerfGE 94, 166; 105, 239). Sie setzt eine besondere Eingriffsintensität und eine nicht nur kurzfristige Dauer der Maßnahme voraus (vgl. BVerfGE 105, 239; BVerfG, Beschluss der 3. Kammer des Zweiten Senats vom 21. Mai 2004 – 2 BvR 715/04 –, juris, Rn. 20; Beschluss der 1. Kammer des Ersten Senats vom 8. März 2011 – 1 BvR 47/05 –, juris, Rn. 26; Radtke, in: Epping/Hillgruber, Beck'scher Online-Kommentar GG, 37. Edition, Art. 104 Rn. 3; Jarass, in: Jarass/Pieroth, GG Kommentar, 14. Aufl. 2016,*

*Art. 104 Rn. 11f.; Degenhart, in: Sachs, GG Kommentar, 8. Aufl. 2018, Art. 104 Rn. 5a".* (LT-Ds. 17/15188 S. 69).

Die weiteren Anforderungen der §§ 8a und 8b differenzieren jedoch grundsätzlich nicht zwischen freiheitsentziehender Unterbringung, freiheitsentziehenden oder freiheitsbeschränkenden Maßnahmen. Alle gesetzlichen Anforderungen gelten für alle Maßnahmen, wobei sich das Ausmaß der Anforderungen natürlich nach der Intensität des Eingriffs in die Freiheit der Nutzerin richtet; so werden insbesondere an die Bewegungsfreiheit vollständig aufhebende Fixierungen sehr hohe Anforderungen gestellt. 226

Grundsätzlich sind FEM zu vermeiden und immer nur im Rahmen der Erforderlichkeit zulässig. Die bisherige Regelung des § 8 Absatz 2 WTG 2014 wurde um die freiheitsentziehende Unterbringung ergänzt, da es dem Gesetzgeber geboten schien, auch diese Form der Gewaltanwendung in geschlossen Einrichtungen unter den Schutz des WTG zu stellen. § 8a Absatz 1 WTG benennt ausdrücklich die – auch schon vorher geltenden – allgemeinen Voraussetzungen für die Zulässigkeit, nämlich entweder die Einwilligung des einwilligungsfähigen Nutzers, bei einwilligungsunfähigen Nutzern die Zustimmung der Bevollmächtigten oder Betreuerin und die vorherige Genehmigung des Betreuungsgerichtes, im Eilfall die einstweilige Anordnung des Betreuungsgerichtes oder Gefahr im Verzug mit umgehender Nachholung der erforderlichen Genehmigungen. 227

§ 8a Absatz 2 Satz 1 Nr. 1 bis 4 WTG beschränkt die nach Absatz 1 Satz 2 zulässigen Maßnahmen zeitlich und in ihrem Umfang. Es handelt sich dabei um ausformulierte Regelungen des allgemeinen Grundsatzes, dass Eingriffe in die Freiheit eines Nutzers oder Werkstattbeschäftigten nur soweit zulässig sind, als sie zur Vermeidung einer Gefahr unbedingt erforderlich sind. Dazu gehört eine adressatengerechte, also an die Einsichtsfähigkeit der Nutzerin angepasste Aufklärung über die beabsichtigte Maßnahme, die der Nutzerin die Abwägung erlaubt, ob der voraussichtliche Nutzen die voraussichtlichen Beeinträchtigungen überwiegt. Bei der Beurteilung, ob eine Maßnahme weniger eingreifend im Sinne des Absatz 2 Satz 2 Nummer 3 ist, ist im Einzelfall die Perspektive der Nutzerin zu berücksichtigen (LT-Ds. 17/15188 S. 69). Konsequenterweise sind FEM, die nicht mehr erforderlich sind, sofort zu beenden. 228

Die Regelung in § 8a Absatz 3 WTG ist zwar neu im WTG, es handelt sich jedoch nicht um neues materielles Recht. Dazu führt die Begründung des Gesetzentwurfes aus: „Die Formulierung in Absatz 3 schafft keine Neuerungen, sondern gibt die nach § 31 BVerfGG Verfassungsorgane, Gerichte und Behörden bindende Rechtsprechung des Bundesverfassungsgerichtes wieder (BVerfG, NJW 2018, 2621 ff., 2623, Rn. 83). Die Dokumentation kann auch in Textform oder geeigneter digitaler Form erfolgen. Dabei können im Maßnahmenplan wiederkehrende Abläufe einmal nachvollziehbar dargestellt werden. Zur Beschreibung, wann die Bewegungsfähigkeit aufgehoben ist, wird auf die einschlägige Rechtsprechung des Bundesverfassungsgerichts zu 5- und 7- Punkt Fixierungen hingewiesen (vgl. Bundesverfassungsgericht vom 229

24.7.2018 – Az 2 BvR 309/15 und 2 BvR 502/16). Sicherzustellen ist eine regelmäßige ärztliche Überprüfung. Die Bezugsbegleitung selbst kann durch einen Arzt auf geeignetes Fachpersonal delegiert werden. Wegen der gesundheitlichen Gefahren, die von einer Fixierung ausgehen, muss eine ärztliche Überwachung sichergestellt sein. (LT-Ds. 17/15188 S. 69).

230 Die Regelungen zur lückenlosen Dokumentation im Zusammenhang mit FEM begründen keine neuen Anforderungen. Neu ist jedoch das in Absatz 5 eingefügte verpflichtende Angebot einer Nachbesprechung. Dies soll den Nutzerinnen die Möglichkeit geben, sich die getroffene Maßnahme verständlich und angemessenen erläutern zu lassen und ihre Wahrnehmungen zu schildern, die bei der Suche nach Alternativen zu berücksichtigen sind. Dieses Gespräch ist freilich schon nach Absatz 2 Satz 2 Nr. 2 zu führen, wonach der Nutzer vor Anwendung der Maßnahme über deren Notwendigkeit adressatengerecht aufzuklären ist. Bei der Nachbesprechung kann es daher eher um Alternativen für künftige, mögliche Situationen gehen.

231 Neu aufgenommen wurde die Regelung in § 8a Absatz 6 WTG, wonach der Nutzer oder die Werkstattbeschäftigte nach Durchführung einer FEM die Ombudsperson nach § 16 WTG einschalten oder sich an das Betreuungsgericht wenden können. Die Entscheidung, an wen sich die Nutzerin wendet, liegt in ihrem freien Ermessen. Dazu ist die Information über diese Rechte jedoch wesentliche Voraussetzung. Daher sind die Nutzer spätestens nach Beendigung der Maßnahmen auf diese Möglichkeiten hinzuweisen. Das Betreuungsgericht wird freilich schon im Rahmen der nach § 319 FamFG durchzuführenden persönlichen Anhörung mit der Nutzerin gesprochen haben. Die Einrichtung – also jedes Wohn- und Betreuungsangebot bzw. Teilhabeangebot – ist außerdem verpflichtet, der Ombudsperson einmal jährlich eine Aufstellung über Art, Anzahl und Dauer der FEM vorzulegen. Diese Verpflichtung zur jährlichen Information der Ombudsperson über die getroffenen Maßnahmen stellt sicher, dass die Ombudsperson transparent und vollständig informiert wird. Nicht ausdrücklich geregelt ist die Befugnis von Bevollmächtigten, Angehörigen oder Betreuerinnen, sich an die Ombudsperson oder an das Betreuungsgericht zu wenden; allerdings wird man dieses Recht angesichts fehlender, etwas anderes regelnder Verfahrensvorschriften auch ihnen zugestehen müssen.

232 Nach § 8a Absatz 7 WTG gelten für freiheitsbeschränkende Maßnahmen, die keinem gerichtlichen Genehmigungsvorbehalt unterliegen, die Regelungen für Maßnahmen nach § 8a Absatz 1 Satz 1 entsprechend. Die Begründung des Gesetzentwurfes führt dazu aus: *„Nicht der gerichtlichen Genehmigung unterliegen solche Maßnahmen, die im Sinne des § 1906 Absatz 4 BGB weder regelmäßig noch über einen längeren Zeitraum durchgeführt werden. Regelmäßigkeit liegt vor, wenn eine freiheitsbeschränkende Maßnahme entweder stets zur selben Zeit oder aus wiederkehrendem Anlass, z. B. beim Essen oder Schlafen, erfolgt. Werden Maßnahmen eben nicht regelmäßig, sondern nur ab und zu vorgenommen, unterliegen diese nicht der Genehmigungspflicht. Für sie gilt dann aber das Legitimationserfordernis, also auch Einwilligung des Betroffenen oder der gesetzlichen Vertretung."* (LT-Ds. 17/588 S. 70).

Freiheitsentziehende Maßnahmen oder freiheitsentziehende Unterbringungen unterliegen immer der Genehmigungspflicht des Betreuungsgerichtes. 233

### c) Einwilligung in FEM

Die Fragen der wirksamen Einwilligung der Nutzerinnen, Werkstattbeschäftigten und Betreuer wird in § 8b WTG jetzt in einer eigenen Vorschrift geregelt. 234

Bei der Einwilligungsfähigkeit handelt es sich um die tatsächliche Möglichkeit, die Tragweite der Entscheidung zu erkennen; sie hat nichts mit der Geschäftsfähigkeit im Sinne des § 105 BGB zu tun. 235

Wesentliche Voraussetzung ist, dass die Maßnahme, ihre Art und ihre mögliche Dauer sowie der erstrebte Nutzen und mögliche Nachteile gemeinsam mit der Nutzerin vorab erarbeitet, besprochen und schriftlich festgehalten wurde. Dies muss mit ausreichend Zeit und ohne Ausübung von unzulässigem Druck geschehen. Die Frage, wo die Grenze zwischen zulässigem und unzulässigem Druck besteht, wird in der Praxis manchmal schwer zu entscheiden sein. Maßgeblich dürfte sein, dass der Nutzer vollständig über die beabsichtigte Maßnahme aufgeklärt wird und sich letztlich frei gegen die FEM entscheiden kann, wenn es der Einrichtung nicht gelingt, ihn von der Sinnhaftigkeit der Maßnahme zu überzeugen. Es liegt sicher auch im Sinne des Leistungsanbieters, dies genau schriftlich zu dokumentieren. Rechtsgrundlage für die FEM ist in diesem Falle also eine Vereinbarung mit dem einwilligungsfähigen Nutzer. 236

Ergeben sich im Gespräch Anhaltspunkte für eine Einwilligungsunfähigkeit der Nutzerin oder der Werkstattbeschäftigten, muss ein Arzt hinzugezogen werden, der feststellt, ob eine Einwilligungsunfähigkeit im Hinblick auf die konkrete Maßnahme vorliegt. Einer sinnvollen, die Feststellungen eines betreuungsgerichtlichen Beschlusses und des behandelnden Arztes aufgreifenden Vorgehensweise durch das pflegerische Leitungspersonal wird man in der Praxis kaum entgegentreten können. 237

Sofern der Nutzer oder die Werkstattbeschäftigte unter rechtlicher Betreuung steht, ist die Betreuerin zwingend bei der Planung und Umsetzung einer FEM zu beteiligen. Der Nutzer kann dieser Beteiligung widersprechen. 238

Der Nutzer hat die Möglichkeit, die Einwilligung in die FEM zu widerrufen. Auf diese Möglichkeit ist er hinzuweisen. Dieser Widerruf setzt keine Einwilligungsfähigkeit voraus. Eine ursprünglich einwilligungsfähige Nutzerin kann also auch nach Wegfall der Einwilligungsfähigkeit ihre Einwilligung widerrufen. Dies kann auch durch schlüssiges („konkludentes") Verhalten erfolgen, setzt also keine mündliche oder gar schriftliche Erklärung voraus. Bei Widerruf der Einwilligung eines einwilligungsfähigen Nutzers ist die Maßnahme grundsätzlich sofort zu beenden. 239

240 Ist die Nutzerin einwilligungsunfähig, kann die Maßnahme nur mit Einwilligung des Betreuers oder Bevollmächtigten und der Genehmigung des Betreuungsgerichtes fortgesetzt werden.

241 Neu ist die Regelung, dass in regelmäßigen Abständen durch ein Gespräch mit den Betroffenen eine Überprüfung der getroffenen Vereinbarung nach Absatz 1 und der Einwilligungsfähigkeit erfolgen muss. Die Begründung führt dazu aus: *„Eine Überprüfung, ob die Vereinbarung unverändert fortgelten soll und ob Anhaltspunkte für eine Einwilligungsunfähigkeit vorliegen, soll eine Fortgeltung der Willensbekundung, entgegen der Grundsatzentscheidung des BGH vom 17.03.2003 (NJW 2003, Seite 1588, 1589) in den Fällen, in denen nach erteilter Einwilligung zu einer ärztlichen Maßnahme oder einer freiheitsentziehenden Maßnahme zwischenzeitlich eine Einwilligungsunfähigkeit eingetreten ist, ausschließen."* (LT-Ds. 17/15188 S. 70 f.)

242 Aus den Regelungen § 8 Abs. 1, § 10, § 19, § 24 Abs. 1 WTG kann geschlossen werden, dass ein solches Gewaltschutzkonzept in seinen wesentlichen Grundzügen auch schriftlich vorliegen muss, auch wenn dies im Gegensatz zum Konzept zur Vermeidung freiheitsentziehender Maßnahmen nach § 8 Absatz 2 WTG nicht ausdrücklich gefordert wird.

243 Aus dem Zweck des WTG kann außerdem geschlossen werden, dass sich die Verpflichtung nach § 8 ausschließlich auf den Gewaltschutz von Nutzerinnen und Nutzern bezieht; damit sind sowohl Formen von Gewalt von Beschäftigten gegenüber Nutzerinnen gemeint als auch Gewaltformen von Nutzern gegenüber anderen Nutzern.

244 Nicht erfasst von § 8 WTG wird die in der Praxis bisweilen auch vorkommende Gewalt von Nutzern gegenüber Beschäftigten, insbesondere Pflegekräften. Hier gelten die Fürsorgepflicht des Arbeitgebers bzw. die allgemeinen arbeitsschutzrechtlichen Vorschriften.

245 § 8 Abs. 2 WTG bezieht sich auf einen speziellen Bereich des Gewaltschutzes, nämlich den Schutz vor nicht erforderlichen freiheitsentziehenden Maßnahmen (FEM). Die besondere Bedeutung, die der Gesetzgeber auf diesen Aspekt legt, wird auch daraus deutlich, dass die Zulassung rechtswidriger FEM durch eine Einrichtungsleitung, eine Pflegedienstleitung oder eine verantwortliche Fachkraft in einer anbieterverantworteten Wohngemeinschaft als Ordnungswidrigkeit ausgestaltet ist, § 42 Abs. 1 Nr. 7 WTG.

246 FEM können im Einzelfall notwendig sein, um Menschen vor Selbstverletzungen oder -gefährdungen zu schützen. Dennoch gibt es mittlerweile viele Einrichtungen, die gänzlich oder fast gänzlich ohne FEM auskommen, was zeigt, dass der Verzicht auf FEM häufig nur davon abhängt, dass in der Einrichtung entsprechende Überlegungen angestellt und umgesetzt wurden und die Pflegekräfte entsprechend geschult sind.

Genau dies wird jetzt von § 8 Abs. 2 WTG gefordert, wobei es auch wieder den Einrichtungen überlassen bleibt, welches Konzept sie im Einzelnen verfolgen, sofern nur die von § 8 Abs. 2 WTG genannten Ziele erreicht werden. 247

Allerdings wird man FEM, die mit einem bestandskräftigen Beschluss des Betreuungsgerichtes zugelassen worden sind, nicht als schlechthin unzulässig qualifizieren dürfen. Betreuungsbeschlüsse pflegen unter Einbeziehung medizinischer Gutachten sowie ggf. von Ergänzungsbetreuern in einem förmlichen Verfahren zustande zu kommen. Liegen die in dem Beschluss genannten Voraussetzungen vor, so ist eine Fixierung nicht rechtswidrig. Es darf hierbei zwar nicht verkannt werden, dass der Betreuungsbeschluss keine Verpflichtung zur Fixierung enthält; allerdings vermögen unterlassene Fixierungen durchaus Haftungsrisiken mit Blick zum Beispiel auf Sturzereignisse zu bergen, vgl. OLG Düsseldorf, Urteil vom 16.12.2014 –I-24 U 77/16. In der Entscheidung ging es um die Haftung eines Heimträgers für die Folgen einer nicht wirksamen Fixierung. Derartige Gesichtspunkte pflegen insbesondere Krankenkassen, die etwaige Schadensersatzansprüche gemäß § 116 SGB X auf sich überleiten können, aufzugreifen. In diesem Zusammenhang ist jedoch eine neuere Entscheidung des OLG Düsseldorf interessant: Es entschied in einem Fall, in dem sich die Betreuerin einer sturzgefährdeten Nutzerin gegen eine Fixierung aussprach, keinen Fixierungsbeschluss beantragte und die Einrichtung infolgedessen auch von der Fixierung absah, dass der Einrichtung kein Vorwurf gemacht werden könne: *„Die Abwägung, ob in die Freiheit eines Heimbewohners einzugreifen ist oder gesundheitliche Gefahren in Kauf genommen werden sollen, obliegt grundsätzlich dem rechtlichen Vertreter. Allenfalls bei einer nicht vertretbaren Entscheidung kann das Heim gehalten sein, auf eine Abänderung hinzuwirken, indem es den Betreuer in begründeter Weise zu anderem rät oder sogar das die Aufsicht über den Betreuer führende Vormundschaftsgericht verständigt (vgl. OLG Köln, a.a.O., Rz. 7). Zu einer derartigen Vorgehensweise hatte die Beklagte jedoch keinen Anlass. Der bei der Geschädigten in hohem Maße vorhandenen Sturzgefahr hätte letztlich – da eine ununterbrochene Beaufsichtigung und Hilfeleistung nicht geschuldet war (s. o.) – nur durch eine genehmigungsbedürftige Fixierung vorgebeugt werden können. Dies hätte jedoch, insbesondere bei dem vorhandenen Bewegungsdrang der Geschädigten, deren Lebensqualität erheblich beeinträchtigt und zu gesundheitlichen Nachteilen, wie der Verschlechterung des Allgemeinbefindens und der Rückbildung der Muskulatur geführt. Sieht man folglich von einer regelmäßigen Fixierung ab, so bestand für die Geschädigte aufgrund ihrer Sturzneigung ohnehin ein erhöhtes Verletzungsrisiko, welches die Betreuerin und die Beklagte letztlich bewusst in Kauf nahmen und durch das Anlegen von Hüftprotektoren in seinen Folgen abzumildern versuchten. Diese Entscheidung war nicht pflichtwidrig, sondern das Ergebnis einer Abwägung der oben genannten Umstände und von der Klägerin als Krankenversicherung hinzunehmen.* 248

*Vergleichbar damit ist die Situation, dass ein Versicherter eine Risikosportart ausübt und sich dadurch einem erhöhten Verletzungsrisiko aussetzt. Auch dies muss die Klägerin hinnehmen, denn derartige Entscheidungen der persönlichen Lebensführung sind vom Recht auf freie Entfaltung der Persönlichkeit gedeckt und beruhen regelmäßig auf einer „Risiko-/Nutzenabwägung“ des Versicherten selbst, die dieser eigenverantwortlich* 249 *treffen kann. In gleicher Weise konnte die hier für die Geschädigte verantwortliche Betreuerin entscheiden, dass sie zu Gunsten einer freien Mobilität ein erhöhtes Verletzungsrisiko in Kauf zu nehmen bereit ist. Mit dem bedauerlichen Sturz der Geschädigten realisierte sich somit lediglich ein allgemeines Lebensrisiko, wie es auch vom Landgericht zutreffend festgestellt worden war."* (OLG Düsseldorf, Beschluss vom 18.05.2016 – I-24 U 7/16).

250 Damit deutet sich eine Kehrtwende in der Rechtsprechung an, die die Freiheit eines Nutzers gegenüber dem Schutz vor möglichen Verletzungen höher gewichtet.

251 Allgemein sind zur Vermeidung von FEM zu fordern:
- Ein Nachweis über Schulungen zu Alternativen,
- ein Konzept mit Benennung von Alternativen,
- eine ordnungsmäße Anwendung und Dokumentation der FEM und die
- Beachtung des Fachkraftvorbehalts nach § 4 Abs. 11 WTG.

252 In diesem Zusammenhang soll noch darauf hingewiesen werden, dass zu den freiheitsentziehenden und freiheitsbeschränkenden Maßnahmen auch die wirkungsgleiche Gabe sedierender Medikamente zählt. Dabei ist auf den Zweck der Behandlung abzustellen. Die pharmakologische Beeinflussung des Bewegungsdranges (bzw. der entsprechenden Willensbildung) etwa durch sedierende Medikamente ist nur dann als physisches Mittel zur Freiheitsbeschränkung zu werten, wenn die Behandlung auch die Unterbindung des Bewegungsdrangs bezweckt, nicht aber, wenn die Dämpfung des Bewegungsdranges nur eine unvermeidliche Nebenwirkung bei der Verfolgung eines anderen therapeutischen Zieles darstellt. Dies sollte sich aus den Einzelheiten der ärztlichen Anordnung, aber auch aus der Dokumentation gem. § 10 Abs. 1 WTG ergeben (vgl. nicht-amtliche Begründung, https://www.mags.nrw/sites/default/files/asset/document/wtg_nicht_amtlich_begruendung_0.pdf, S. 83). Ein Abweichen von der ärztlichen Verordnung kann allerdings nicht empfohlen werden, so dass sich die vorangegangenen Ausführungen ausschließlich auf Bedarfsmedikationen beziehen.

253 Da sich in der Praxis manchmal das Problem stellt, dass ein Nutzer nicht mehr einwilligungsfähig ist und daher die Einwilligung des rechtlichen Betreuers zur Anwendung einer FEM der Genehmigung des Betreuungsgerichts bedarf, diese aber nicht sofort zu erlangen ist, hat der Gesetzgeber jetzt in § 8 Absatz 2 Satz 2 WTG Kriterien aufgestellt, die bei der Entscheidung über FEM beachtet werden müssen. Danach sind FEM nur zulässig, wenn eine weniger eingreifende Maßnahme aussichtslos ist, aus Sicht des Nutzers der zu erwartende Nutzen die zu erwartenden Beeinträchtigungen deutlich überwiegt, der ernsthafte, mit dem nötigen Zeitaufwand und ohne Ausübung unzulässigen Drucks unternommene Versuch vorausgegangen ist, die auf Vertrauen gegründete Zustimmung des Nutzers zu erreichen und die Maßnahme der Wiederherstellung der freien Selbstbestimmung dient, soweit dies möglich ist. Die Begründung führt dazu aus: *„Dadurch (durch die Kriterien) wird die Schwelle für die Zulässigkeit entsprechender Maßnahmen angehoben. Das Gesetz verlangt nun ausdrücklich,*

*in Anlehnung an die Regelungen aus dem PsychKG NRW, dass sich die Verantwortlichen noch mehr als bereits zuvor vor jeder Anwendung entsprechender Maßnahmen darüber Gedanken machen, ob weniger eingreifende Maßnahmen ergriffen werden können und ob aus Sicht der Nutzerin oder des Nutzers der zu erwartende Nutzen die zu erwartenden Beeinträchtigungen deutlich überwiegt. Auch muss zuvor versucht worden sein, die Zustimmung der Nutzerin oder des Nutzers zu der Maßnahme zu erhalten."* (vgl. Gesetzentwurf der Landesregierung, LT-Drucksache 17/3777, S. 55).

Die Änderung ist begrüßenswert, da sie den bisherigen Grundsatz der Anwendung 254
von FEM als „letztem Mittel und nur zum Schutz der Nutzerinnen" in handhabbare Kriterien umsetzt.

Viele fachliche Informationen finden sich in einer Leitlinie FEM im Internet unter 255
http://www.leitlinie-fem.de/.

## 11. Angemessene Qualität der Betreuung

### a) Allgemeines

Nach § 19 Abs. 1 Nr. 2 WTG hat die Leistungsanbieterin durch die Umsetzung von 256
Pflegeplanung (im Pflegebereich) und Förder- und Hilfeplänen (im Bereich der Behindertenhilfe) eine angemessene Qualität der Betreuung der Bewohner nach dem allgemein anerkannten Stand fachlicher Erkenntnisse zu sichern. Die Vorschrift nimmt Bezug auf § 4 Abs. 1 WTG, wonach die Leistungsanbieterin verpflichtet ist, die personelle, sachliche und bauliche Ausstattung vorzuhalten, die nach den Bestimmungen dieses Gesetzes und dem jeweiligen Stand der fachlichen und wissenschaftlichen Erkenntnisse zur Deckung des individuellen Bedarfs der Bewohner erforderlich ist. Daraus folgt, dass die pflegerische und die soziale Betreuung der Bewohner die bestmögliche sein muss. Sofern es Expertenstandards gibt, die nach den Vorschriften des Sozialgesetzbuches, insbesondere SGB XI, bestehen, sind diese einzuhalten; der Maßstab ist damit nach dem Wohn- und Teilhabegesetz und nach dem SGB XI derselbe. Aktuell gibt es einen Expertenstandard nach § 113a SGB XI, nämlich den Standard zur Erhaltung und Förderung der Mobilität in der Pflege. Diese Expertenstandards sind im Übrigen zu unterscheiden von den sieben Expertenstandards, die im Auftrag der Bundesregierung von einem Fachgremium entwickelt worden sind. Denn diese sind nur insoweit umzusetzen, als sie dem allgemein anerkannten Stand medizinisch-pflegerischer Erkenntnisse im Sinne von § 11 Abs. 1 S. 1 SGB XI entsprechen, was in der Praxis immerhin umstritten ist. Zumindest die erst jüngst entwickelten diesbezüglichen Expertenstandards haben den Stand der allgemeinen Anerkennung in der Praxis zurzeit noch nicht erreicht. Sofern es Standards in diesem Sinne (noch) nicht gibt, ist die nach dem allgemein anerkannten Stand fachlicher Erkenntnisse pflegerische und soziale Betreuung zu leisten. Der anerkannte Stand der fachlichen Erkenntnisse schließt die Pflicht zu einer humanen und aktivierenden Pflege und einer sozial- und heilpädagogischen Förderung ein. Außerdem muss die Leistungsanbieterin die ordnungsgemäße Versorgung mit Arzneimitteln und die

haus- und fachärztliche Betreuung sicherstellen. Auch insoweit stellt sich die Frage, wie weit die Verpflichtung eines Einrichtungsbetreibers geht, weil nach entsprechenden Erhebungen nicht nur die hausärztliche, sondern insbesondere auch die fachärztliche Versorgung von Bewohnern in Heimeinrichtungen nicht im ausreichenden Maße gewährleistet ist. Da die ärztlichen Leistungen selbst nicht Gegenstand der Betreuung durch den Betreiber sind, erstreckt sich seine Verpflichtung darauf, im Versorgungsgebiet sämtliche Haus- und Fachärzte abzutelefonieren, um einen behandlungsbereiten Arzt zu finden. Sollte auch dieses nicht ausreichen, ist daran zu denken, die zuständige Krankenkasse, kassenärztliche oder kassenzahnärztliche Vereinigungen zu kontaktieren, um über diese eine Sicherstellung der Versorgung des Bewohners zu erreichen; vgl. zum Sicherstellungsauftrag zur vertragsärztlichen und vertragszahnärztlichen Versorgung § 72 SGB V.

#### b) Beteiligung bei der Pflege- und Betreuungsplanung

257 Zur Stärkung des Selbstbestimmungsrechts gibt § 4 Abs. 13 WTG NRW den Nutzern einen Anspruch auf Beteiligung bei der Planung und Durchführung von Pflege- und Betreuungsprozessen. Wenn Nutzer krankheitsbedingt, wie z. B. bei einer Demenz, nicht mehr in der Lage sind, diese Rechte selbst wahrzunehmen, sind diese von einer Betreuerin oder Bevollmächtigten wahrzunehmen (vgl. AG Mettmann, Urteil vom 20.02.2017, 22 C 181/16). Selbstverständlich können Pflege- und Betreuungsmaßnahmen nur mit dem Einverständnis der Betreffenden erfolgen. Hieraus ergibt sich umgekehrt aber nicht die Pflicht, immer den Vorgaben der Nutzerin oder ihrer Betreuerin zu folgen, da den Leistungsanbieter die Verantwortung für die Beachtung fachlicher Standards trifft. Die Mitwirkungsrechte sind vielmehr als Mitsprachemöglichkeit und als Möglichkeit zur Teilhabe zu verstehen (vgl. AG Mettmann, Urteil vom 20.02.2017, 22 C 181/16).

#### c) Umgang mit Arzneimitteln

258 Die Änderung des § 19 Abs. 1 Satz 1 Nr. 3 WTG stellt klar, dass **alle** in der Pflege und Betreuung tätigen Beschäftigten über den Umgang mit Arzneimittel beraten werden müssen. Ausweislich der Begründung des Gesetzentwurfes der Landesregierung haben schätzungsweise 30 bis 40 % aller Pflegefachkräfte an solch einer Schulung in den letzten zwei Jahren vor Inkrafttreten der Änderung überhaupt nicht teilgenommen (insbesondere Nachtdienste und geringfügig Beschäftigte, vgl. Gesetzentwurf der Landesregierung, LT-Drucksache 17/3777 S. 60).

#### d) Begleitung zum Arzt

259 § 19 Abs. 1 Nr. 1 WTG erlegt den Leistungsanbieterinnen die Verpflichtung auf, die ärztliche und gesundheitliche Betreuung zu organisieren und die Wahrnehmung von hierzu erforderlichen auswärtigen Terminen, also insbesondere den Besuch in der Arztpraxis, zu unterstützen und zu fördern. Dazu gehören unzweifelhaft die Terminorganisation mit der Praxis und die Organisation der erforderlichen Begleitung

bei den Nutzern, die zum selbständigen Aufsuchen der Praxis nicht mehr in der Lage sind. Sehr strittig ist jedoch die Frage, ob die Leistungsanbieterin dazu verpflichtet ist, eine ggf. erforderliche Begleitung durch eigenes Personal im Rahmen der Regelversorgung (also dann auch durch die Regelpflegesätze abgegolten) zur Verfügung zu stellen. Es handelt sich zunächst um eine Frage der Rahmenverträge nach § 75 SGB XI, die in den Bundesländern grundsätzlich gleichlautend vereinbart sind.

Für Baden-Württemberg hatte der VGH Mannheim in seinem Urteil vom 09.07.2012 – 260
6 S 377/11 zunächst entschieden, dass eine Verpflichtung zur Begleitung im Rahmen der Regelversorgung dem Vertragstext nicht entnommen werden könne. Dann könne die „Heimaufsichtsbehörde" aber auch nicht verbindlich über die Auslegung der Rahmenvereinbarung entscheiden und ihre Auslegung durch Verwaltungsakt durchsetzen. Demgegenüber hat der hessische Verwaltungsgerichtshof mit Urteil vom 24.03.2015 – 10 A 272/14 zum – ebenfalls mit dem NRW-Rahmenvertrag insoweit wortgleichen – hessischen Rahmenvertrag entschieden, dass die notwendige Begleitung zu Arztbesuchen eine Regelleistung ist, die durch die Ordnungsbehörde durchgesetzt werden kann.

Es ist nicht zu verkennen, dass hinter dieser Frage ein erhebliches Problem steckt: 261
Auch wenn viele Angehörige selbst ihre pflegebedürftigen Verwandten zu Arztbesuchen begleiten, stehen nicht immer Angehörige zur Verfügung. In der Praxis verfahren viele Einrichtungen so, dass sie Auszubildende, Praktikantinnen und Praktikanten oder auch so genannte § 43b-Kräfte (Alltagsbegleiterinnen nach § 43b SGB XI) und manchmal auch Pflegefachkräfte einsetzen; dieses Personal fehlt aber dann in den Einrichtungen. Es wäre wünschenswert, wenn sich die Partner der Rahmenverträge nach § 75 SGB XI auf eine klare und eindeutige Regelung verständigen könnten.

Angesichts der divergierenden obergerichtlichen Rechtsprechung sind sicher beide 262
Auffassungen vertretbar.

**e) Barbetragsverwaltung**

Die Verwaltung der baren Geldmittel eines jeden Bewohners (sogenannte Barbetrags- 263
verwaltung) ist eine der sozialen Betreuung i.S.d. § 3 Abs. 1 Satz 1 WTG zuzuordnende Unterstützungsleistung, weil sie mit derjenigen typischerweise vergleichbar ist, die einem hilfe- bzw. unterstützungsbedürftigen Bewohner außerhalb einer Einrichtung bei der Verwaltung seines „Taschengeldes" von Familienangehörigen oder sonst nahestehenden Personen zuteilwerden würde (vgl. VG Minden, Beschluss vom 13.03.2019 – 6 L 1550/18 –). Zu ihr ist die Einrichtung verpflichtet.

Diese Pflicht bezieht sich jedoch nur auf kleinere Beträge („Taschengeldbeträge") 264
Nach Auffassung des VG Minden beschränkt sich die Barbetragsverwaltung: *„...auf Verwaltungsmaßnahmen, die üblicherweise im Zusammenhang mit solchen „kleineren" Beträgen anfallen, also die Entgegennahme von baren und unbaren Einzahlungen zu diesem Zweck, die sichere Verwahrung des eingezahlten Geldes, jederzeit mögliche Auszahlungen an*

*jeden Bewohner aus seinem Barbetragsguthaben und die Führung individueller Kontolisten (Kontosalden), die jedem Bewohner den Überblick über seinen ihm aktuell zur Verfügung stehenden verwalteten Barbetrag ermöglichen (zu Letzterem vgl. § 10 Abs. 1 Satz 3 a.E. WTG, § 24 Nr. 7 WTG DVO). Darüber hinausgehende speziellere Geldgeschäfte, die üblicherweise von Geldinstituten (Banken, Sparkassen) erledigt werden, gehören hingegen nicht zu der einer Betreuungseinrichtung obliegenden Barbetragsverwaltung und sind nicht Teil der von der Einrichtung zu leistenden sozialen Betreuung, weil derartige Geldgeschäfte nicht notwendig sind, um die Bewohner einer Betreuungseinrichtung bei der Erfüllung ihrer sozialen und kognitiven Bedürfnisse zu unterstützen, ihre unabhängige Lebensführung zu fördern und sie weiterhin am Leben in der Gesellschaft teilhaben zu lassen. Deshalb umfasst die soziale Betreuung in Gestalt der Barbetragsverwaltung nicht die Verwahrung und Verwaltung hoher Geldbeträge im vierstelligen oder gar noch höheren Euro-Bereich – insoweit würde es sich um Vermögensverwaltung handeln – und entgegen der Auffassung des Antragsgegners insbesondere auch nicht die Erledigung etwaiger Überweisungsaufträge von Bewohnern. Eine Betreuungseinrichtung ist kein Geldinstitut. Bewohner einer Einrichtung, die derartige Geldgeschäfte vornehmen lassen möchten, müssen sich, ggf. mit Hilfe von Betreuern oder sonstigen rechtlichen Vertretern, insoweit an die üblichen Geldinstitute wenden"* (vgl. VG Minden, Beschluss vom 13.03.2019 – 6 L 1550/18 – Rn. 24). Für den Bewohner ergibt sich allerdings bei der Barbetragsverwaltung durch den Heimträger der Nachteil, dass mit Übergang der fraglichen Beträge auf ein Konto des Heimträgers auch der Pfändungsschutz, wie er mit Sozialleistungen verbunden zu sein pflegt, verloren geht. Eine Abhilfe mag darin liegen, dass Angehörige oder Betreuer die Barbetragsverwaltung selbst übernehmen (Schoch, Handbuch Barbetrag im Sozialhilferecht, 2. Auflage, Seite 184).

## 12. Hauswirtschaftliche Versorgung und angemessene Qualität des Wohnens

265 Nach § 19 Abs. 1 Nr. 4 WTG haben Betreiber und Einrichtungsleitungen die hauswirtschaftliche Versorgung sowie eine angemessene Qualität des Wohnens zu erbringen. Unter dem Begriff der hauswirtschaftlichen Versorgung wird ein großer Teil der allgemeinen Betreuung verstanden. Dazu gehören die Verpflegung, die Reinigung der Zimmer und die Reinigung der Wäsche. Der Umfang ergibt sich grundsätzlich aus dem mit dem Bewohner geschlossenen Vertrag. Sollte in diesem auf einen Rahmenvertrag nach SGB XI oder SGB XII verwiesen sein, gilt das dort zum Umfang der hauswirtschaftlichen Versorgung Ausgeführte. Soweit es auch dort an Einzelangaben mangelt, ist im Übrigen darauf abzustellen, was nach allgemeiner Auffassung zu einer angemessenen hauswirtschaftlichen Versorgung gehört. Soweit es Expertenstandards gibt (z. B. Expertenstandard zur oralen Versorgung), sind diese aber zu beachten, vgl. § 4 Abs. 1 Satz 1 WTG.

266 Die Wäschekennzeichnung mit Namensschildern ist nach einem Urteil des Hessischen VGH vom 8.8.2013 (AZ 10 A 902/13) eine Regelleistung und kann nicht gesondert von der Einrichtung berechnet werden.

Betreiber und Einrichtungsleitung sind außerdem verpflichtet, eine angemessene Qualität des Wohnens zu erbringen. Dies bedeutet neben der Erfüllung der Anforderung an die Wohnqualität nach § 20 WTG auch eine entsprechende Gestaltung der Bewohnerzimmer und der Gemeinschaftseinrichtungen mit einem Mobiliar, das den persönlichen Bedürfnissen der Bewohner entspricht. 267

## 13. Besuchsverbot

Die Regelung zu den Voraussetzungen, unter denen ein Haus- bzw. Besuchsverbot ausgesprochen werden kann, war bisher nicht ausdrücklich normiert. Sie ergeben sich grundsätzlich aus den eigentums- bzw. besitzrechtlichen Regelungen des Bürgerlichen Gesetzbuches, bei deren Auslegung die Grundrechte der Bewohner, der Besucher und die Grundrechte des Betreibers im Sinne einer Konkordanz berücksichtigt werden mussten. Aus Gründen der Rechtssicherheit sind sie nun in § 19 Abs. 2 WTG gesetzlich bestimmt, wobei insbesondere dem Kommunikationsrecht der Bewohner eine hohe Bedeutung beigemessen wird. (s. a. den Formulierungsvorschlag von *Höfling* im Gutachten „Hausrecht in Heimen. Zur Regulierung der Außenkontakte von Heimbewohnern", herausgegeben vom Bundesministerium für Familie, Senioren, Frauen und Jugend, 2004). 268

Grundsätzlich haben die Bewohner einen Anspruch darauf, Besuche in der Einrichtung zu empfangen. Dies gehört zu ihren essenziellen Kommunikationsrechten. Dennoch kann es durchaus ein gerechtfertigtes Interesse der Einrichtung geben, entweder zur Aufrechterhaltung ihres Betriebes oder zum Schutz der Bewohner (des besuchten Bewohners und der anderen Bewohner) ein Besuchsverbot auszusprechen. Die Regelung bezieht sich nur auf Besuchsverbote, die von dem Betreiber oder der Einrichtungsleitung ausgesprochen werden. Entsprechend muss die Regelung angewandt werden, wenn ausnahmsweise andere Beschäftigte des Betreibers außer der Einrichtungsleitung berechtigt sind, Besuchsverbote auszusprechen. Die Maßnahme wird grundsätzlich dem Betreiber zugerechnet, auch wenn der Beschäftigte außerhalb seines Zuständigkeitsbereiches und daher in rechtlicher Hinsicht nicht wirksam gehandelt hat. Dies gilt ausnahmsweise nicht, wenn offensichtlich ohne Vertretungsberechtigung gehandelt wurde. Nicht anwendbar ist die Vorschrift, wenn ein rechtlicher Betreuer ein Besuchsverbot im Rahmen seines vom Amtsgericht festgelegten Aufgabenkreises festlegt und die Einrichtung dieses Besuchsverbot nur durchführt. Die Rechtsgrundlage für die Umsetzung des Besuchsverbotes ergibt sich dann aus dem Beschluss des Betreuungsgerichtes. 269

Ein Besuchsverbot setzt voraus, dass eine unzumutbare Beeinträchtigung der Interessen der Nutzerin oder des Betriebes der Einrichtung abgewandt werden muss. Es handelt sich dabei um mehrere unbestimmte Rechtsbegriffe. Wenn die zuständige Behörde der Ansicht ist, dass die Voraussetzungen zum Ausspruch eines Besuchsverbotes durch den Einrichtungsbetreiber nicht erfüllt waren, kann die Behörde zunächst Entsprechendes feststellen und dies den Beteiligten mitteilen. Auch eine Anordnung an den Betreiber, den Ausspruch des Besuchsverbotes umgehend rückgängig zu 270 machen, wäre möglich. Im Klageverfahren unterliegt die behördliche Feststellung/ Anordnung der uneingeschränkten Überprüfung durch das Verwaltungsgericht.

271 Bei der Abwägung, ob die Interessen der Nutzerin unzumutbar beeinträchtigt werden, ist dem Schutzzweck des Gesetzes, das die Interessen der Nutzerin gerade sichern will, besonderes Augenmerk zu widmen. Die Verhängung eines Besuchsverbotes ist der zuständigen Behörde anzuzeigen. Die Anzeigepflicht trifft zuvörderst denjenigen (Betreiber oder Einrichtungsleitung), der das Besuchsverbot ausgesprochen hat. Sollte dieser seiner Mitteilungspflicht nicht nachkommen, ist der jeweils subsidiär Verantwortliche (Einrichtungsleitung oder Leistungsanbieter) hierzu verpflichtet. Die Anzeige gegenüber der zuständigen Behörde muss unverzüglich erfolgen. Der Verstoß gegen diese Verpflichtung ist eine Ordnungswidrigkeit (vgl. § 42 Abs. 1 Nr. 1 WTG).

## 14. Informationspflichten und Beschwerdeverfahren

### a) Leistungstransparenz

272 § 6 Abs. 1 Nr. 1 WTG verlangt zunächst, dass der Leistungsanbieter sein Leistungsangebot nach Art, Umfang und Preis allen Interessierten zugänglich macht. Der Kreis der Interessierten ist dabei weit zu fassen: Darunter fallen Nutzerinnen, Bewerber um einen Platz in der Einrichtung sowie die Angehörigen und rechtlichen Betreuer von Nutzerinnen. Im Hinblick auf den Schutzzweck des Gesetzes fallen darunter jedoch nicht andere Betreiber von konkurrierenden Einrichtungen. Unter Zugänglich-Machen ist zu verstehen, dass der Leistungsanbieter sein Leistungsangebot entweder im Internet oder an einer gut sichtbaren Stelle in der Einrichtung öffentlich aushängt oder in anderer geeigneter Art und Weise bekannt macht (z. B. Zeitungsanzeigen, Hausprospekte, Info-Flyer). Dabei ist nicht notwendig, dass alle Informationen auf ein und dieselbe Art und Weise zugänglich gemacht werden. Es dürfte ausreichen, wenn z. B. in Zeitungsanzeigen auf das grundsätzliche Leistungsangebot einer stationären Pflegeeinrichtung verwiesen wird, ohne dies im Einzelnen darzulegen, wenn zugleich der Hinweis erfolgt, wo das vollständige Leistungsangebot dargestellt ist (z. B. Internet-Seite) oder eingesehen werden kann. Die Entscheidung darüber, wie er sein Leistungsangebot zugänglich macht, obliegt jedoch dem Leistungsanbieter.

273 Der Leistungsanbieter muss sein Leistungsangebot nach Art, Umfang und Preis zugänglich machen: Das heißt, er muss Einzelpreise für die einzelnen Leistungen nennen, möglichst genau darstellen, welche einzelnen Leistungen er anbietet und was diese kosten. Das umfasst mindestens die Leistungen und die Preise für Betreuung, Pflege, Unterkunft, Verpflegung und ggf. anfallende Investitionskosten sowie Preise für Zusatzleistungen. Die Mitteilung muss so detailliert sein, wie nach SGB XI oder SGB XII abgeschlossene Vergütungsvereinbarungen dies ermöglichen oder mit Blick auf Zusatzleistungen nach § 88 SGB XI dies aus einer entsprechenden Leistungs- und Preisliste hervorgeht. Im Hinblick auf die Verpflichtung zu einer umfassenden Transparenz ist es unzulässig, sog. Paketpreise zu bilden.

Die nach § 5 Abs. 1 Nr. 2 WTG 2008 bestehende Verpflichtung, einmal im Jahr die Nutzerinnen über die Gewinn- oder Verlustsituation in allgemein verständlicher Weise zu informieren, ist ersatzlos entfallen. 274

### b) Beratungs- und Beschwerdestellen

Nach § 6 Abs. 1 Nr. 2 WTG ist der Leistungsanbieter verpflichtet, die Nutzerin schriftlich über vorhandene Beratungs- und Beschwerdestellen zu informieren. Die Verpflichtung bezieht sich auf Pflegestützpunkte, Pflegeberatungsstellen, die zuständige Behörde zur Durchführung des WTG, Sozialhilfeträger, Seniorenvertretungen und die Verbraucherzentrale. Der Leistungsanbieter muss allerdings nur über die Beratungs- und Beschwerdestellen informieren, die in der Nähe der Einrichtung vorhanden sind und die die Nutzer in einem angemessenen Zeitraum auch tatsächlich erreichen können. Da die Verpflichtung des Leistungsanbieters nicht als einmalige Verpflichtung besteht, muss der Leistungsanbieter auch über Änderungen informieren. Mit Beschwerdestellen im Sinne des § 6 Abs. 1 Nr. 2 WTG sind nur die externen Beschwerdestellen gemeint; das interne Beschwerdeverfahren richtet sich nach § 6 Abs. 2 WTG. 275

### c) Auslage der Prüfberichte

Nach § 6 Abs. 1 Nr. 3 WTG müssen die aktuellen Prüfberichte über Regelprüfungen an gut sichtbarer Stelle ausgehängt oder ausgelegt werden. Der Begriff des Prüfberichtes ist in § 14 Abs. 9 WTG definiert. Danach handelt es sich um den Bericht, in dem die Ergebnisse der Prüfung schriftlich festgehalten werden. Der Prüfbericht unterscheidet sich von dem Ergebnisbericht nach § 14 Abs. 10 und 11 WTG u. a. dadurch, dass der Ergebnisbericht sich auf die wesentlichen Prüfergebnisse beschränkt, jedoch im Internet veröffentlicht werden muss. Der Prüfbericht ist demgegenüber wesentlich umfassender (vgl. dazu Rn. 948 ff.). Nach dem klaren Wortlaut des § 6 Abs. 1 Nr. 3 WTG reicht es daher nicht aus, bloß den Ergebnisbericht auszulegen, sondern es muss der umfassende Prüfbericht ausgehängt oder ausgelegt werden. Soweit dieser personenbezogenen Daten enthält, sind diese selbstverständlich zu anonymisieren. 276

Außerdem müssen die Prüfberichte der letzten drei Jahre den gegenwärtigen oder künftigen Nutzerinnen zur Einsichtnahme vorgelegt werden. Diese Verpflichtung gilt auch für von den Nutzerinnen beauftragte Personen. Bei den künftigen Nutzern kann sich das Problem stellen, dass zum Zeitpunkt der Einsichtnahme häufig noch gar nicht feststeht, dass eine Interessentin tatsächlich in die Einrichtung zieht und damit auch eine künftige Nutzerin wird. Für ein Recht auf Einsichtnahme wird man ein ernsthaftes Interesse fordern müssen; andererseits besteht auch für Interessentinnen die Möglichkeit, den aktuellen Prüfbericht, der ja an gut sichtbarer (und damit allgemein zugänglicher) Stelle ausgelegt werden muss, einzusehen. 277

278 Aus dem Wortlaut folgt auch, dass nur Prüfberichte über Regelprüfungen ausgelegt werden müssen. Die Verpflichtung gilt nicht für Prüfberichte über anlassbezogene Prüfungen.

### d) Aushändigung der Prüfberichte

279 Nach § 6 Abs. 1 Nr. 4 WTG muss der aktuelle Prüfbericht über Regelprüfungen gegenwärtigen sowie künftigen Nutzern in Kopie ausgehändigt werden. Hier stellt sich noch schärfer das Problem, wann aus einem bloßen Interessenten ein künftiger Nutzer wird, der Anspruch auf Aushändigung einer Kopie des Prüfberichtes hat. Sicher ist er künftiger Nutzer, wenn er den Vertrag nach dem Wohn- und Betreuungsvertragsgesetz bereits abgeschlossen hat, aber noch nicht in die Einrichtung gezogen ist. Häufig ist der Zeitraum zwischen Vertragsschluss und Einzug jedoch sehr kurz (manchmal erfolgt auch beides an einem Tag); wenn der Vertrag schon unterschrieben ist, helfen die Informationen des Prüfberichtes dem künftigen Nutzer möglicherweise auch nicht mehr. Insgesamt erscheint die Regelung, soweit sie künftige Nutzer betrifft, als wenig praxisgerecht.

### e) Einsichtnahme in die Dokumentation

280 Nach § 6 Abs. 1 Nr. 5 WTG haben Nutzerinnen und ihre Vertreter das Recht auf Einsichtnahme in die Dokumentation der Betreuungsleistungen. Vertreter der Nutzerinnen sind nur rechtliche Vertreter, wobei die Vertretungsmacht entweder auf einer Vollmacht oder der Bestellung zum Betreuer beruhen kann. Die Vertretungsmacht muss sich konkret auf die Wahrnehmung von Gesundheitsangelegenheiten beziehen. Ein schriftlicher Nachweis der Vertretungsbefugnis wird zwar vom Gesetz nicht ausdrücklich gefordert, es wäre aber sicher nicht rechtsmissbräuchlich, wenn ein Leistungsanbieter im Hinblick auf die Sensibilität der Nutzerdaten einen schriftlichen Nachweis verlangte, sofern die Einsichtnahme nicht ohnehin im Beisein der Nutzerin selbst erfolgt. Unverständlich bleibt neben der Frage der landesrechtlichen Gesetzgebungskompetenz, warum hier Pflegeeinrichtungen gegenüber Ärzten und Krankenhäusern, vgl. § 630 g BGB, schlechtergestellt werden.

281 Die Befugnisse von Betreuern enden bekanntlich mit dem Ableben des Pflegebedürftigen. Auch Vorsorgebevollmächtigte werden nicht in jedem Falle nach dem Ableben des Pflegebedürftigen berechtigt sein, in dessen Dokumentationsunterlagen Einsicht zu nehmen. Das Recht geht auch nicht ohne Weiteres auf Erben über, da es sich um ein höchstpersönliches Recht handelt. Etwas anderes gilt nur dann, wenn von einem mutmaßlichen Einverständnis des Verstorbenen, etwa bei einem konkret vorliegenden Verdacht auf einen pflegerischen Haftungsfall, ausgegangen werden kann. Eine Überprüfung der Dokumentation etwa aus dem Grunde, die Testierfähigkeit des Verstorbenen anzuzweifeln, kann nicht beansprucht werden.

282 Das Recht auf Einsichtnahme nach § 6 Abs. 1 Nr. 5 WTG besteht unabhängig von entsprechenden zivilrechtlichen Ansprüchen.

Nutzerinnen oder ihren Vertretern sind Kopien der im Einzelfall erforderlichen Teile der Dokumentation unentgeltlich zu überlassen. Nach der Begründung zum Gesetzentwurf 2014 ist der Anspruch eng begrenzt auf Fälle, in denen eine intensive Prüfung erforderlich ist (vgl. nicht-amtliche Begründung, https://www.mags.nrw/sites/default/files/asset/document/wtg_nicht_amtlich_begruendung_0.pdf, S. 80). Der Anspruch beschränkt sich auf die relevanten Teile der Dokumentation. Wegen des Zwecks der Regelung, eine größtmögliche Transparenz herzustellen, muss es für die Frage der Erforderlichkeit auf die Sicht der Nutzerin ankommen. 283

Da es in der Vergangenheit häufiger zu Streitigkeiten zwischen Bewohnern bzw. ihren Angehörigen und den Einrichtungen über die Einsichtnahme in die Dokumentation und darüber kam, wer für erforderliche Kopien die Kosten zu tragen hat, hat der Gesetzgeber jetzt explizit geregelt, dass Kopien unentgeltlich zu überlassen sind. Alternativ kann auch auf die kostengünstige Möglichkeit zurückgegriffen werden, die entsprechenden Auszüge auf einem geeigneten Speichermedium (z. B. USB-Stick, Speicherkarte) zur Verfügung zu stellen (vgl. Gesetzentwurf der Landesregierung, LT-Drucksache 17/3777, S. 55). Gerade bei einer sehr umfangreichen Dokumentation wird man es der Einrichtung unter dem Gesichtspunkt der Verhältnismäßigkeit kaum verwehren können, die Überlassung auf einem Speichermedium anzubieten. 284

### f) Beschwerdeverfahren

§ 6 Abs. 2 WTG enthält auch Vorschriften über ein Beschwerdemanagement. Die Regelung ist mit geringfügigen redaktionellen Änderungen aus dem WTG 2008 übernommen worden. Es handelt es sich um ein reines hausinternes Beschwerdeverfahren, Beschwerdemöglichkeiten bei externen Beratungsstellen sind über § 6 Abs. 1 Nr. 2 WTG erfasst. 285

Der Leistungsanbieter ist verpflichtet, ein wirksames Beschwerdeverfahren sicherzustellen: Die Nutzerin müssen auf ihr Beschwerderecht hingewiesen werden, auch auf die Möglichkeiten der Erreichbarkeit der zuständigen Überwachungsbehörde (Nr. 1). Ferner muss der Leistungsanbieter eine für die Bearbeitung der Beschwerden verantwortliche Person benennen (Nr. 2) und gleichzeitig eine angemessene Bearbeitungsfrist bestimmen (Nr. 3). Die Beschwerden und die Art ihrer Erledigung müssen dokumentiert werden; diese Dokumentation gehört zu den Unterlagen, die der zuständigen Beratungs- und Prüfbehörde vorzulegen sind (Nr. 4). 286

Das Gesetz nennt keine Frist für die Bearbeitung der Beschwerden, sondern fordert lediglich, dass diese Frist angemessen sein müsse. Die Bestimmung der konkreten Frist obliegt daher dem Leistungsanbieter, der sie jedoch nicht im Einzelfall bestimmen darf, sondern eine allgemeine Frist für die Bearbeitung der Beschwerden bestimmen muss. Für den Regelfall ist davon auszugehen, dass Fristen bis zu vier Wochen bzw. einem Monat als noch akzeptabel angesehen werden müssen. Es kann allerdings sein, dass unabhängig von dieser generellen Regelung im Einzelfall die Bearbeitung einer Beschwerde innerhalb wesentlich kürzerer Frist zu erfolgen hat. 287

Dies ist der Fall, wenn aus zeitlichen Gründen ansonsten die Rechte der Nutzerin nicht mehr verwirklicht werden könnten. Ein solcher Fall ist beispielsweise gegeben, wenn einer Nutzerin trotz geäußertem Wunsch die Teilnahme an einer auf einen bestimmten Zeitpunkt terminierten Veranstaltung (z. B. Ausflug) nicht ermöglicht wird. In diesem Fall muss eine rechtzeitig zuvor eingelegte Beschwerde möglichst so bearbeitet werden, dass gegebenenfalls die ablehnende Entscheidung noch rechtzeitig zuvor revidiert werden kann.

288 Davon zu unterscheiden sind die Fristen für die Bearbeitung von Beschwerden des Beirates. Sie müssen nach § 13 Abs. 2 WTG-DVO spätestens nach zwei Wochen beantwortet werden.

289 Das Gesetz schreibt vor, dass sowohl die Beschwerden als auch die Art ihrer Erledigung dokumentiert werden müssen; es ist nicht gesetzlich vorgeschrieben, dass der Leistungsanbieter die Beschwerden einer Nutzerin schriftlich beantwortet. Dies kann im Einzelfall angemessen sein und wird dann die sachgemäße Beschwerdebearbeitung darstellen, wenn der Beschwerdeführer eine solche Bearbeitungsweise verlangt oder zum Ausdruck bringt.

290 Die Dokumentation über die Beschwerden und deren Erledigung gehört zu den der Behörde vorzulegenden Unterlagen. Es ist jedoch nicht vorgesehen, dass die Dokumentation auch für alle Nutzerin einsehbar ist. Dies ist im Hinblick auf möglicherweise schützenswerte Daten des beschwerdeführenden Nutzers auch nicht generell anzuraten. Im Einzelfall kann es aber sinnvoll sein, die Erledigung von Beschwerden, die von allgemeinem Interesse sind, auch anderen Nutzerinnen zugänglich zu machen, allerdings dann in anonymisierter Form.

291 Da es zu den Verpflichtungen des Leistungsanbieters gehört, ein wirksames Beschwerdeverfahren sicherzustellen, muss er nicht nur regeln, wer die „für die Bearbeitung der Beschwerde verantwortliche Person" ist, sondern auch, wer diese im Falle ihrer Abwesenheit vertritt.

## 15. Anzeige- und Dokumentationspflichten

292 Die §§ 9 und 10 WTG regeln die Anzeige-, Aufbewahrungs- und Dokumentationspflichten grundsätzlich in Übernahme des bisherigen Rechts. Gleichzeitig räumt § 45 Abs. 1 Nr. 5 WTG die Ermächtigung ein, die Einzelheiten durch Verordnung zu regeln, um praktischen Erfordernissen rascher Rechnung tragen zu können; je nach Wohn- und Betreuungsangebot können auch längere Anzeigefristen geregelt werden. Von der Verordnungsermächtigung wurde in den §§ 23 und 24 WTG-DVO bereits Gebrauch gemacht.

## a) Allgemeine Anzeigepflicht

§ 9 Abs. 1 WTG erlegt dem zukünftigen Leistungsanbieter die Verpflichtung auf, anzuzeigen, wie er die Anforderungen nach dem Gesetz und der Durchführungsverordnung zu erfüllen beabsichtigt. Dies beinhaltet eine Darstellung der entsprechenden Konzepte, insbesondere des Qualitätsmanagementkonzeptes, des Beschwerdeverfahrens und des Konzeptes über die Betreuung nach § 4 Abs. 10 WTG (s. dort). Zur Erfüllung der Anzeigepflichten ist die elektronische Datenbank PfAD.wtg zu verwenden, vgl. § 5 Absatz 1 WTG DVO. 293

Nach § 9 Abs. 1 WTG muss die beabsichtigte Aufnahme des Betriebs eines Wohn- und Betreuungsangebotes i. S. d. § 2 WTG spätestens zwei Monate vor der vorgesehenen Inbetriebnahme der zuständigen Behörde angezeigt werden. Die Inbetriebnahme beginnt mit der Betreuung des ersten Nutzers, unabhängig von der Größe des Angebotes und von der Zahl der Nutzerinnen, deren Aufnahme beabsichtigt ist. Die Frist von zwei Monaten ist als Mindestfrist zu verstehen, um der zuständigen Behörde auch die notwendige Zeit für eine Prüfung zu geben. Dennoch tauchen in der Praxis immer wieder Fälle auf, in denen die Frist nicht eingehalten werden kann. Ein praktisches Beispiel ist der Tod eines Leistungsanbieters, der sein Angebot als Einzelfirma betrieben hatte. Die Anzeige ist durch die gegebenenfalls bestehende Erbengemeinschaft dann umgehend zu stellen. Ein anderes Beispiel ist die Übernahme des Betriebes einer Einrichtung durch einen vom Gericht eingesetzten Insolvenzverwalter oder im weiterlaufenden Insolvenzverfahren der kurzfristige Erwerb der Einrichtung durch einen Dritten. In allen diesen Fällen muss die Anzeigepflicht nach § 9 WTG unverzüglich erfüllt werden, ohne dass sich wegen der Besonderheiten des Einzelfalles aus der Unterschreitung der 2-Monats-Frist an sich weitere Konsequenzen ergeben dürfen; in diesen Fällen liegt auch keine Ordnungswidrigkeit vor (vgl. § 45 Abs. 1 Nr. 3 WTG-DVO, wenn die notwendige Anzeige unverzüglich nachgeholt wird. 294

Die einzelnen Anzeigepflichten werden in § 23 WTG-DVO konkretisiert. Der Leistungsanbieter hat prospektiv darzulegen, wie er die Pflichten, die an ihn auf Grund des Gesetzes und der Rechtsverordnung gestellt werden, zu erfüllen beabsichtigt. 295

Die zuständige Behörde kann weitere Angaben fordern, soweit diese nach ihrer Auffassung zur zweckgerichteten Aufgabenerfüllung erforderlich sind. Eine Begrenzung ergibt sich insoweit nur aus dem Verhältnismäßigkeitsprinzip. Im Unterschied zur Regelung in § 14 Abs. 2 WTG, der den Leistungsanbieter und die verantwortlichen Beschäftigten verpflichtet, während des laufenden Betriebs der Einrichtung die für die Durchführung des Gesetzes und der Rechtsverordnung erforderlichen mündlichen und schriftlichen Auskünfte auf Verlangen und unentgeltlich zu erteilen, trifft die Verpflichtung nach § 9 Abs. 1 WTG nur den Leistungsanbieter. Dies erklärt sich ohne Weiteres daraus, dass zu dem Zeitpunkt zwei Monate vor Inbetriebnahme der Einrichtung die betreffenden Stellen der Pflegedienstleitung und der Einrichtungsleitung oder anderer verantwortlicher Beschäftigter möglicherweise noch 296 gar nicht besetzt sind. Entsprechende Angaben sind dann unverzüglich – spätestens vor Wohnraumüberlassung und Aufnahme der Betreuung – nachzuholen, wie sich aus § 23 Abs. 2 WTG-DVO ergibt. Dies betrifft selbstverständlich auch Änderungen, die sich innerhalb des benannten Zeitraumes von drei Monaten ergeben (vgl. § 23 Abs. 3 WTG-DVO).

### b) Konkrete Anzeigepflichten

297 § 23 WTG-DVO konkretisiert die in § 9 WTG angelegte allgemeine Anzeigepflicht. Sie übernimmt – teilweise in redaktioneller Vereinfachung – die frühere bundesrechtliche Regelung und die bisherige Regelung im WTG 2008, verzichtet aber im Sinne der Entbürokratisierung auf die Unterlagen zur Investitionsförderung und auf Satzungen bzw. Gesellschaftsverträge. Die wirtschaftliche Leistungsfähigkeit von Einrichtungen, deren Nutzerin Leistungen nach dem SGB XI oder XII beziehen, wird ohnehin von den Pflegekassen bzw. Sozialhilfeträgern überprüft; Satzungen sind regelmäßig im Handelsregister einsehbar und Gesellschaftsverträge für Personengesellschaften müssen nicht zwingend schriftlich abgeschlossen sein. Ebenso wenig müssen Angaben über die bauliche Ausstattung gemacht werden; es reicht, dass diese später dokumentiert werden. Außerdem wird auf die Angabe der Namen und der beruflichen Ausbildung der Betreuungskräfte verzichtet; diese Verpflichtung besteht nur noch bei Einrichtungsleitung und Pflegedienstleitung. Ob die Personalausstattung ausreicht, kann die zuständige Behörde im Rahmen der Dokumentation überprüfen. § 23 Abs. 1 Nr. 8 WTG-DVO erfasst die jeweiligen Vereinbarungen nach dem Fünften, Elften und Zwölften Buch des Sozialgesetzbuches. Bei der Vorlage der vorgesehenen Hausordnung kann es sich nur um eine vorläufige handeln, da die endgültige Hausordnung der Mitbestimmung des Beirats unterliegt, § 11 Satz 1 Nr. 3 WTG-DVO.

298 Ebenso besteht die Verpflichtung, die Konzepte für das vorgesehene Beschwerdeverfahren, die Qualitätssicherung und die Gewaltprävention vorzulegen.

299 Die Verpflichtung zur Angabe der Beschäftigten sowie deren Stellenumfang und Qualifikation bezieht sich auf die Angabe der geplanten Anzahl von Beschäftigten im Sinne des § 3 Abs. 4 WTG. Deshalb muss der Leistungsanbieter, sofern er beabsichtigt, bestimmte Tätigkeiten durch „Leih-Arbeitnehmerinnen" durchführen zu lassen, auch diese angeben, damit die zuständige Behörde prüfen kann, ob die erforderliche Zahl von Beschäftigten im Sinne des § 21 Abs. 2 WTG vorgehalten wird (vgl. zum Begriff des Beschäftigten § 3 Abs. 4 WTG Rn. 465 ff.). Die Beschäftigung von Ehrenamtlichen und Zivildienstleistenden braucht nicht angegeben werden, da es sich nicht um Beschäftigte des Leistungsanbieters handelt. Zur Durchführung der Prüfung ist die Behörde auch auf die Kenntnis der Zahl der künftigen Nutzerinnen und Nutzer angewiesen. Auch diese – zum Zeitpunkt der Anzeige vorgesehene – Zahl muss daher angegeben werden.

Nach § 23 Abs. 3 WTG-DVO sind Änderungen, die Angaben nach § 23 Abs. 1 WTG-DVO betreffen, der zuständigen Behörde unverzüglich anzuzeigen. Unter „unverzüglich" ist nach dem üblichen juristischen Sprachgebrauch ein Handeln ohne schuldhaftes Zögern zu verstehen (vgl. § 121 Abs. 1 S. 1 BGB). Unter Berücksichtigung moderner Kommunikationsmittel sollten dies allenfalls drei Werktage sein. 300

Von der Verpflichtung zur unverzüglichen Anzeige macht § 23 Abs. 3 Satz 2 bis 4 WTG-DVO eine wichtige Ausnahme. Grundsätzlich ist sowohl jede Veränderung der Zahl der Nutzerinnen als auch der Stellenzahl der Beschäftigten (Einstellung, Kündigung, Arbeitszeitreduzierung oder -erhöhung etc.) mitzuteilen. Anzuzeigen sind aber nur Maßnahmen, die eine Veränderung der Stellenzahl bewirken, also auf die Menge des eingesetzten Personals (nach Vollzeitstellen) Auswirkungen haben. Lediglich der Ersatz eines gekündigten oder aufgrund Verrentung wegfallenden Mitarbeiters durch einen neuen Mitarbeiter ohne Auswirkungen auf das Stellen-Soll nach den Vollzeitäquivalenten ist dagegen nicht anzeigepflichtig. 301

Die Anzeigeverpflichtung steht unter zwei weiteren Voraussetzungen: Zum einen entsteht sie nur, wenn sich die Zahl der Nutzerinnen oder die Zahl der Beschäftigten um mehr als 10 Prozent verändern. Mit dieser Regelung soll verhindert werden, dass schon jede personelle Fluktuation zu einer Anzeigeverpflichtung führt. Zum anderen reicht eine quartalsweise Meldung aus. In der Praxis muss die Einrichtung daher nur einmal im Quartal prüfen, ob sich in die Zahl der Belegschaft oder die Zahl der Bewohnerschaft um mehr als 10 Prozent gegenüber dem vorherigen Quartal geändert hat. Ob die Änderung nach oben oder unten erfolgt, spielt nach dem Wortlaut keine Rolle. Die Anzeigeverpflichtung wird aber auch schon ausgelöst, wenn sich nur eine der beiden Zahlen ändert (vgl. das Wort „oder" in § 23 Abs. 3 Satz 2 WTG-DVO). 302

Unabhängig davon besteht die Anzeigeverpflichtung nach § 9 Abs. 4 WTG, wenn die Einrichtung nicht mehr über das notwendige Personal verfügt, um die Betreuung der Nutzer im notwendigen Umfang aufrecht erhalten zu können. Denkbar sind Fälle, in denen gleichzeitig mehrere Mitarbeiter einer Einrichtung arbeitsunfähig erkranken, wie dies insbesondere in Zeiten der Vogel- und Schweinegrippe befürchtet wurde und wird, oder mehrere Mitarbeiterinnen einer Einrichtung zugleich ihr Arbeitsverhältnis durch Kündigung beenden. In diesen Fällen kommt die Anzeigepflicht nur dann nicht zum Tragen, wenn der Leistungsanbieter in der Lage ist, den krankheitsbedingten Ausfall der Mitarbeiterinnen durch Einsatz anderer Mitarbeiter zu kompensieren oder er für die gekündigt habenden Beschäftigten rechtzeitig bis zum Auslaufen der Kündigungsfrist Ersatzpersonal einsetzen kann. 303

Unter Konzeption ist die Angabe des vom Leistungsanbieter aufzunehmenden Personenkreises und die Beschreibung des Betreuungskonzeptes, die insbesondere das Qualitätsmanagementkonzept und das Konzept zur Delegation betreuender Tätigkeiten nach § 4 Abs. 3 und Abs. 10 WTG umfasst (vgl. Rn. 204 ff. und 439 ff.), zu verstehen. Die typischerweise auftretenden Teilhabebeeinträchtigungen der Menschen, 304 deren Aufnahme beabsichtigt ist, sind auch für die Anforderungen an die Wohnqualität bedeutsam (vgl. Rn. 499).

305 Die Versorgungs- und Vergütungsvereinbarungen nach dem Sozialgesetzbuch meinen alle Verträge, die nach dem SGB V, XI oder XII abgeschlossen werden. In den so genannten „ambulant betreuten Wohngemeinschaften", in denen je nach vertraglicher und konzeptioneller Ausgestaltung die Nutzerin in einer strukturellen Abhängigkeit vom Leistungsanbieter leben und die deshalb unter das WTG fallen können, sind daher auch Verträge nach dem SGB V anzuzeigen. Sofern der Leistungsanbieter solche Verträge noch nicht abgeschlossen hat, muss er auch nicht die Absicht ihres Abschlusses mitteilen.

306 Neu aufgenommen wurde die Verpflichtung der Leistungsanbieterinnen von Pflegeeinrichtungen, der zuständigen Behörde die Zahl freier und belegbarer Plätze tagesaktuell über die Datenbank nach § 5 WTG (also der Datenbank PfAD.wtg) zu übermitteln. Einrichtungen der Eingliederungshilfe sind von dieser Pflicht ausgenommen. Damit erhält die Behörde einen Überblick über die Zahl der offenen Plätze. Um auch die Allgemeinheit bzw. Interessentinnen zu informieren, darf die Behörde die Zahl der freien und belegbaren Plätze unter Angabe des Namens, der Anschrift und der Kontaktdaten der Einrichtung sowie der Leistungsanbieterin im Internet veröffentlichen.

#### c) Nachholen von Anzeigen

307 Wegen der Wichtigkeit für den Betrieb der Einrichtung müssen die Angaben zur Einrichtungsleitung und zur Pflegedienstleitung spätestens vor Aufnahme des Betriebes vorliegen (vgl. § 23 Abs. 2 WTG-DVO).

#### d) Beabsichtigte Betriebseinstellung

308 Beabsichtigt der Leistungsanbieter, den Betrieb vollständig oder teilweise einzustellen, muss er dies unverzüglich anzeigen, § 9 Abs. 3 WTG. Unter dem Gesichtspunkt des Schutzes der Nutzer wird vom Leistungsanbieter also verlangt, dass er sich bei einer von ihm geplanten vollständigen oder teilweisen Einstellung des Betriebes der Einrichtung um die anderweitige Betreuung der Menschen kümmert. Er muss nachweisen, dass und wo die Nutzer zukünftig betreut werden können, wobei auf die individuellen Wünsche der Nutzer Rücksicht genommen werden muss. Er kann dabei die Beratung der zuständigen Behörde in Anspruch nehmen. Die Verpflichtung gilt nicht, wenn der Betrieb von der zuständigen Behörde untersagt oder – im Hinblick auf nur einige Bereiche – teilweise untersagt wird.

#### e) Überschuldung oder Zahlungsunfähigkeit

309 Nach § 9 Abs. 4 WTG hat der Leistungsanbieter eine bereits eingetretene Überschuldung oder eine drohende Zahlungsunfähigkeit oder eine sonstige Unfähigkeit, die

Anforderungen an den Betrieb der Einrichtung zu erfüllen, unverzüglich der zuständigen Behörde anzuzeigen. Diese Vorschrift legt dem Leistungsanbieter also die Verpflichtung zu einer frühestmöglichen Kontaktaufnahme zur zuständigen Behörde auf, damit diese die ggf. erforderlichen Maßnahmen ergreifen kann, um eine Gefährdung der Nutzer zu vermeiden und ggf. mit dafür zu sorgen, dass die Nutzer in eine andere Einrichtung wechseln können. Die Verpflichtung des Leistungsanbieters tritt bei einer Überschuldung oder aber bei einer drohenden Zahlungsunfähigkeit ein. Die Begriffe der Überschuldung und Zahlungsunfähigkeit sind dabei wegen der gleichartigen Interessenlage im Sinne des Insolvenzrechtes (vgl. §§ 17 bis 19 InsO) zu verstehen. Hier wie dort ist danach eine Zahlungsunfähigkeit zu bejahen, wenn der Schuldner nicht in der Lage ist, die fälligen Zahlungspflichten zu erfüllen oder bereits seine Zahlungen eingestellt hat. Nach der Rechtsprechung des BGH zum Insolvenzrecht ist für die Frage der Zahlungsunfähigkeit entscheidend, ob innerhalb eines Zeitraumes von drei Wochen die fällig gewordenen Verbindlichkeiten nicht ausgeglichen werden können und die Liquiditätslücke mehr als 10 % beträgt bzw. absehbar mehr als 10 % betragen wird (BGH, Urteil vom 12.10.2006, Az. IX ZR 228/03, Rn. 27). Fällige Forderungen, hinsichtlich deren der Leistungsanbieter eine Stundung oder eine Ratenzahlung in diesem Zeitraum vereinbaren kann, werden dabei wegen der Stundung nicht oder wegen der Ratenzahlung nur i. H. der fälligen Rate berücksichtigt. Eine drohende Zahlungsunfähigkeit ist anzunehmen, wenn die Leistungsanbieterin voraussichtlich nicht in der Lage sein wird, die bestehenden Zahlungspflichten im Zeitpunkt der Fälligkeit zu erfüllen.

Eine Überschuldung liegt vor, wenn das Vermögen der Leistungsanbieterin die be- 310
stehenden Verbindlichkeiten nicht mehr deckt. Bei Prüfung dieser Frage ist nicht eine etwaige Überschuldung nach der Handelsbilanz von Bedeutung. Vielmehr ist in Übereinstimmung mit der zivilrechtlichen Rechtsprechung auf einen Insolvenzstatus abzustellen. In diesem sind dann auch Vermögensgegenstände aufzunehmen, die handelsbilanziell nicht zu erfassen sind, wie z. B. selbst geschaffene immaterielle Vermögensgegenstände und ein etwaiger Firmenwert. Es sind daher sowohl Schulden als auch aktive Vermögensgegenstände mit ihrem wirklichen Wert anzusetzen. Bei der Bewertung ist zu unterscheiden danach, ob das Unternehmen eine positive Fortführungsprognose hat. In diesem Fall sind sämtliche Vermögensgegenstände mit ihren Fortsetzungswerten in den Überschuldungsstatus einzustellen, während im Fall einer negativen Fortführungsprognose die Liquidationswerte entscheidend sind.

In Abweichung von der insolvenzrechtlichen Rechtslage, wonach eine Überschul- 311
dung nur bei juristischen Personen von Bedeutung ist, ist gemäß WTG die Überschuldung auch bei natürlichen Personen und bei Gesellschaften ohne eigene Rechtspersönlichkeit (OHG, KG, Partnerschaftsgesellschaft und GbR) Grund für die Begründung der Anzeigepflicht. Diese andere Sicht der Dinge rechtfertigt sich unter dem Blickwinkel des Schutzzweckes, den das WTG verfolgt. Insoweit ergeben sich für die Situation der Nutzer einer Einrichtung keine Unterschiede, ob eine GmbH überschuldet ist oder z. B. eine GmbH & Co. KG. Der vom Gesetzgeber bezweckte besondere Schutz der Nutzer ist auch der Grund, weshalb es für die Begründung

der Anzeigepflichten nicht auf die Insolvenzfähigkeit einer Leistungsanbieterin ankommt; daher besteht auch eine Anzeigepflicht bei einer ansonsten nicht insolvenzfähigen Leistungsanbieterin (wie z. B. Kommunen oder Kirchen als Körperschaften des öffentlichen Rechts).

#### f) Rechtsfolgen bei Verletzung von Anzeigepflichten

312 Die Verletzung der Anzeigepflichten kann nach §§ 9 Abs. 1, 3 und 4, 42 Abs. 1 Nr. 1 und 8 WTG, 45 Abs. 1 Nr. 3 WTG-DVO als Ordnungswidrigkeit verfolgt werden. Voraussetzung für die Ahndung als Ordnungswidrigkeit ist allerdings ein Verschulden, das bei rechtlicher oder tatsächlicher Unmöglichkeit der Abgabe der Anzeige entfallen kann. Die fortgesetzte und hartnäckige Verletzung dieser Pflichten begründet außerdem die Feststellung der Unzuverlässigkeit der Leistungsanbieterin. Nach § 15 Abs. 3 Nr. 1 WTG kann der Betrieb auch untersagt werden, wenn der Leistungsanbieter die Anzeige unterlassen oder unvollständige Angaben gemacht hat, vgl. Rn. 928 ff.

### 16. Dokumentationspflichten

#### a) Ort der Dokumentation

313 § 10 WTG regelt die Dokumentationspflichten. Der Leistungsanbieter hat zu dokumentieren, dass und wie er die Anforderungen des Gesetzes und der Verordnungen erfüllt; diese Verpflichtung ist in § 24 WTG-DVO konkretisiert.

314 Häufiger Gegenstand von Auseinandersetzungen ist weniger die Frage, was dokumentiert wird, sondern vielmehr die Frage nach dem wie, also der Aufmachung der Dokumentation. Hierzu ist darauf hinzuweisen, dass die konkrete Gestaltung der Dokumentation (EDV-gestützt, auf Papier, auf Formularvordrucken oder sonst in irgendeiner Form) Sache des Trägers bleibt, sofern er hiermit den gesetzlichen Rahmen der Dokumentationspflichten einhält.

315 Die für die Leistungserbringung erforderlichen nutzerinnenbezogene Dokumentation muss, so wie es § 10 Abs. 2 Satz 1 WTG regelt, am Ort der Leistungserbringung vorgehalten werden. Darunter ist in erster Linie die Dokumentation über Pflegeplanung und -durchführung sowie in der Eingliederungshilfe die individuelle Hilfeplanung zu verstehen. Bei Einrichtungen mit Außenwohngruppen muss diese Dokumentation daher auch in den Außenwohngruppen vorgehalten werden. Die Dokumentation muss dort so aufbewahrt werden können, dass Dritte keinen Zugriff darauf haben.

316 Nach § 10 Abs. 2 Satz 2 WTG können die anderen Teile der Dokumentation auch am Ort der Verwaltung vorgehalten werden. Unter den anderen Teilen der Dokumentation ist nach dem Sinn der Vorschrift diejenige zu verstehen, die mit der Betreuung und Pflege der Nutzerinnen unmittelbar nichts zu tun hat. Die Begründung spricht

hier auch von der strukturbezogenen Dokumentation. Darunter fallen z. B. die Erfüllung der personellen Anforderungen und der Anforderung an die Wohnqualität.

Es reicht aus, wenn diese Dokumentation in der Verwaltung geprüft werden kann. 317
Unter Verwaltung ist nicht der Sitz im gesellschaftsrechtlichen Sinn zu verstehen, dieser könnte durchaus in einem anderen Bundesland oder im Ausland sein, was eine Prüfung durch die zuständige Behörde unmöglich machen würde; dies würde dem Gesetzeszweck zuwiderlaufen. Daher führt die Begründung auch aus, dass unter Verwaltung der Ort zu verstehen ist, von dem aus die Betreuung und Pflege organisiert wird (vgl. nicht-amtliche Begründung https://www.mags.nrw/sites/default/files/asset/document/wtg_nicht_amtlich_begruendung_0.pdf S. 86 f.). Unter Verwaltung im Sinne des § 10 Abs. 2 WTG ist z. B. das Haupthaus bei Einrichtungen mit Außenwohngruppen zu verstehen.

Nach § 10 Abs. 1 Satz 2 WTG muss die zuständige Behörde Nachweise, die die Leis- 318
tungsanbieterin für andere Behörden angefertigt hat und die geeignet sind, darzulegen, dass die Anforderungen an den Betrieb der Einrichtung erfüllt sind, grundsätzlich auch akzeptieren, sofern diese Nachweise nicht älter als ein Jahr sind. Dies gilt insbesondere für Nachweise, die die Leistungsanbieterin auf Verlangen anderer Teile der zuständigen Behörde, z. B. Bauordnungsämter, Gesundheitsämter oder Feuerwehr, angefertigt hat. Das Ermessen der zuständigen Behörde, vom Betreiber, der Einrichtungsleitung oder der Pflegedienstleitung, zusätzliche mündliche oder schriftliche Auskünfte zu verlangen, ist insoweit eingeschränkt.

Wenn nicht ausnahmsweise besondere Gründe dies erfordern, wird die zuständige 319
Behörde daher auch die für eine andere Behörde angefertigten Unterlagen übernehmen müssen. Auch dies gebietet daher eine möglichst frühe Abstimmung mit den anderen Prüfbehörden.

### b) Einzelne Dokumentationspflichten

Die Einzelheiten der Dokumentationsverpflichtung werden in § 24 WTG-DVO 320
geregelt.

Die Vorschrift des § 24 WTG-DVO orientiert sich an der bisherigen Bundesregelung, 321
nimmt jedoch im Sinne der Entbürokratisierung Vereinfachungen vor.

§ 24 Nr. 1 WTG-DVO ermöglicht der zuständigen Behörde einen Überblick über die 322
Erfüllung der Anforderungen an die Wohnqualität.

In § 24 Nr. 2 WTG-DVO wird auf Geburtsdatum und Anschrift der Beschäftigten 323
verzichtet, außerdem wird jetzt nur die quartalsweise (Vormonat, laufender Monat, künftiger Monat) ermittelbare Arbeitszeit verlangt. Nicht notwendig ist, dass die Leistungsanbieterin die gesamte Arbeitszeit ermittelt, sie muss jedoch aus den Unterlagen ermittelbar sein.

324 Hierbei ist zu beachten, dass Beschäftige im Sinne des Gesetzes auch solche Personen sein können, die nicht Arbeitnehmer des Betreibers sind. Für Personen, die nicht in einem Beschäftigungsverhältnis zur Leistungsanbieterin stehen, gilt dies nur, wenn sie betreuende Tätigkeiten erbringen, vgl. § 3 Abs. 4 WTG. Dies gilt dann vor allem für Pflege- und Betreuungskräfte, die im Rahmen der Arbeitnehmerüberlassung tätig werden (so genannte „Leih-Arbeitnehmer"); in diesen Fällen besteht ein Überprüfungsbedürfnis seitens der zuständigen Behörde, so dass die Aufzeichnungen erforderlich sind.

325 Die zuständige Behörde muss sich ein Bild darüber verschaffen können, ob das eingesetzte Personal insgesamt in der Lage ist, seine Betreuungsaufgaben zu erfüllen. Da sowohl die Zahl der Beschäftigten als auch die der Nutzer und auch deren Betreuungsbedarf Schwankungen unterliegt, ist eine nur punktuelle Betrachtung nicht angebracht; vielmehr muss zur Ermittlung der Angaben auf einen größeren Zeitraum abgestellt werden. Daher fordert § 24 Nr. 3 auch nur die quartalsweise Dokumentation des Pflege- und Betreuungsbedarfes. Gleiches gilt für den Betreuungs- und Pflegebedarf der Nutzer, der nach Pflegestufen und Hilfebedarf differenziert und insoweit nicht mehr bestimmten Personen zugeordnet werden muss. Soweit es um die Erfüllung der Anforderungen nach § 19 Abs. 1 Nr. 2 WTG (Qualität der Betreuung) geht, muss jedoch die Umsetzung der individuellen Pflegeplanung bzw. Hilfeplanung anhand der Dokumentation nachvollziehbar sein.

326 Aus der Dokumentation muss ersichtlich werden, dass die Leistungsanbieterin eine dem anerkannten Standard fachlicher Erkenntnisse entsprechende Pflege leistet. Dies setzt eine individuelle Pflegeplanung voraus, die die individuellen Wünsche und Bedürfnisse des Nutzers berücksichtigt, die im erforderlichen Maße aktualisiert wird und deren Umsetzung nachvollziehbar dokumentiert werden muss, § 24 Nr. 4 WTG-DVO.

327 In Einrichtungen der Eingliederungshilfe muss die Betreuung, insbesondere soziale Betreuung, je nach Bedarf auch allgemeine und pflegerische Betreuung, in individuellen Förder- und Hilfeplänen dargelegt und dokumentiert werden. Die Vorschrift nimmt Bezug auf das Gesamtplanverfahren nach §§ 53, 54 SGB XII. Ein individueller Gesamtplan muss beinhalten: Die Art der Behinderung und die Gründe für die Notwendigkeit der Eingliederungsmaßnahmen, das Ziel der vorgesehenen Maßnahmen und Leistungen, den Beginn, den Ort und die voraussichtliche Dauer der vorgesehenen Maßnahmen und Leistungen, die beteiligten Träger und Stellen und die Ergebnisse bereits durchgeführter Maßnahmen (vgl. Bieritz-Harder LPK-SGB XII 7. Auflage 2005, § 58 Rn. 1).

328 Für die zuständige Behörde muss jederzeit erkennbar sein, ob die rechtsstaatlichen Anforderungen an freiheitseinschränkende Maßnahmen erfüllt sind, ob also insbesondere die erforderliche richterliche Genehmigung vorliegt, § 24 Nr. 5 WTG-DVO. Nachzuweisen sind Art, Umfang und Grund freiheitsbeschränkender und

freiheitsentziehender Maßnahmen. Was unter diesen Maßnahmen zu verstehen ist, ergibt sich aus § 1906 Abs. 1, 4 BGB:

Eine Freiheitsentziehung ist gegeben, wenn jemand gegen seinen Willen oder bei 329 Willenlosigkeit ohne seinen Willen in einem räumlich abgegrenzten Bereich in einem geschlossenen Teil einer Einrichtung für eine gewisse Dauer festgehalten, sein Aufenthalt ständig überwacht und seine Kontaktaufnahme mit anderen Menschen eingeschränkt wird (vgl. *Plantholz* in: LPK-Heimgesetz, 2. A. 2006, § 13 Rn. 16 m. w. N.). Eine Freiheitsentziehung liegt allerdings nicht vor, wenn wie z. B. bei Wachkoma-Patienten diese zu einer willentlichen Äußerung nicht in der Lage sind. Freiheitsbeschränkende oder -entziehende Maßnahmen sind ferner nicht gegeben, wenn der Nutzer beim Verlassen des Gebäudes lediglich einen Signalton auslöst oder Ähnliches. Der Nutzer wird hierbei nicht am Verlassen des Gebäudes gehindert, sondern das System sorgt lediglich dafür, dass dies eine zuständige Kraft bemerken kann, um eventuell drohende Gefahren für den Nutzer außerhalb der Einrichtung abwenden zu können. Wenn diese Systeme allerdings so ausgebaut werden, dass mittels eines Arm- oder Fußbandes Nutzer bei der Annäherung an die jeweilige Tür einen Mechanismus auslösen, der die Tür für sie verschließt, liegt selbstverständlich eine freiheitsbeschränkende Maßnahme vor.

Freiheitsbeschränkende Maßnahmen im Sinne des § 1906 Abs. 4 BGB liegen immer 330 dann vor, wenn durch mechanische Vorrichtungen oder Medikationen die Bewegungsfreiheit beschränkt wird: Bettgitter, Gurte, Verabreichung sedierender Medikamente oder komplizierte Türschließmechanismen, die von den Nutzern aufgrund der vorhandenen Beeinträchtigungen nicht bedient werden können.

Da die Vorschrift nur auf die Durchführung der Maßnahmen abstellt, ist die Ver- 331 pflichtung zur Dokumentation unabhängig davon, ob sie einer richterlichen Genehmigung bedürfen. Auch wenn der Nutzer mit der Maßnahme einverstanden ist, ist sie zu dokumentieren.

Da viele Nutzer nicht mehr in der Lage sind, ihr Bargeld und ihre Wertsachen selbst 332 zu verwalten, muss die Einrichtung, sofern sie die Verwaltung übernimmt, diese lückenlos dokumentieren können, § 24 Nr. 7 WTG-DVO. Die Regelung in § 28 Nr. 7 WTG-DVO verpflichtet den Betreiber dabei nicht zur Übernahme der Verwaltung – diese ergibt sich unter Umständen aus dem Sozialleistungsrecht des Sozialgesetzbuches –, sondern stellt nur formale Anforderungen für die Fälle auf, in denen die Einrichtung die Bargeldverwaltung übernommen hat.

Entfallen ist die nach dem Heimgesetz noch bestehende Verpflichtung zur Do- 333 kumentation der wirtschaftlichen und finanziellen Lage der Einrichtung, da die Leistungsanbieterin nach § 9 Abs. 4 WTG verpflichtet ist, eine – insbesondere wirtschaftliche – Unfähigkeit unverzüglich der zuständigen Behörde mitzuteilen. Entfallen ist ebenfalls die Verpflichtung zur Dokumentation der Maßnahmen zur

Qualitätsentwicklung und Qualitätssicherung, da die Leistungsanbieterin verpflichtet ist, ein Qualitätsmanagement zu betreiben und allein dies zu dokumentieren.

334 Aus § 24 Nr. 6 WTG-DVO ergeben sich die Dokumentationspflichten über den sachgerechten Umgang, insbesondere die Aufbewahrung und Verabreichung von Arzneimitteln.

335 Die Versorgung der Nutzer mit Medikamenten und die Schulung der Beschäftigten müssen sich aus der Dokumentation ergeben. Die materiell-rechtliche Anforderung an eine ordnungsgemäße Aufbewahrung und Verabreichung der Medikamente ergibt sich aus § 19 Abs. 1 Nr. 2 WTG („… und gesundheitliche Betreuung sichern"). Zu den Anforderungen gehört grundsätzlich eine Nutzerbezogene Aufbewahrung der Medikamente, die sicherstellt, dass die Medikamente tatsächlich nur dem Nutzer und in der Dosierung verabreicht werden, wie es ärztlich verordnet wurde bzw. in den Fällen, in denen eine ärztliche Verordnung nicht erforderlich ist, wie es den Angaben im Beipackzettel entspricht.

336 Es ist umstritten, ob die Vergabe von Medikamenten mit dem Richten von Tages- und Wochendispensern auch von Nichtfachkräften erledigt werden darf. Dies ist mit der überwiegenden Auffassung zu bejahen (vgl. *Plantholz* in: LPK-Heimgesetz, 2. Aufl. 2006, § 11 Rn. 23 m. w. N.). In diesem Zusammenhang ist jedoch zu beachten, dass sich dazu Regelungen in dem vom Betreiber vorzulegenden Personalkonzept nach § 12 Abs. 2 finden müssen, die auch die Qualifizierung der Nichtfachkraft und deren Kontrolle behandeln (vgl. Rn. 439 ff.).

337 Neu hinzugekommen gegenüber dem bisherigen Recht sind die Dokumentationspflichten über bestehende Kooperationen mit Ärzten und besondere Angebote der Palliativversorgung sowie über die Konzepte zur Sicherung der Betreuungsqualität und der Teilhabe (vor allem im Hinblick auf § 5 WTG) und zur Gewaltprävention nach § 8 WTG.

## 17. Annahme von zusätzlichen Leistungen

### a) Grundsätzliches Verbot

338 § 7 Abs. 1 WTG statuiert zunächst den Grundsatz, dass es den Leistungsanbietern und deren Beschäftigten untersagt ist, sich von oder zugunsten von gegenwärtigen oder künftigen Nutzerinnen Geld oder geldwerte Leistungen über das vertraglich vereinbarte Entgelt hinaus versprechen oder gewähren zu lassen. Die Regelung soll verhindern, dass ein Nutzer im Zusammenhang mit der Annahme einer solchen Leistung günstiger behandelt wird als eine andere Person in einer vergleichbaren Situation. Damit soll das Verbot auch das friedliche Zusammenleben in der Einrichtung sichern. Das Verbot des § 7 Abs. 1 WTG erfasst nach seinem Wortlaut nicht nur Zuwendungen durch den Nutzer selbst, sondern auch Zuwendungen durch Dritte für einen Nutzer. Damit sind z. B. auch die Fälle erfasst, in denen Eltern ein

behindertes Kind in einer Einrichtung untergebracht haben und an den Betreiber durch Verfügung von Todes wegen eine Zuwendung erbringen.

Die Vorschrift erfasst grundsätzlich alle Zuwendungen, die einen Vermögenswert haben, gleichgültig in welcher Form: Schenkungen (unter Lebenden oder auf den Todesfall), Einsetzung als Erbe (auch Nacherbe oder Schlusserbe) oder als Vermächtnisnehmer, Verzicht auf Forderungen, Darlehensgewährungen oder Kaufverträge zu Bedingungen, die vom Marktüblichen deutlich abweichen (besonders günstiger Zinssatz oder Kaufpreis). Ein Verstoß liegt insbesondere dann vor, wenn die Einrichtung die Aufnahme eines Nutzers von einer Geld- oder geldwerten Leistung abhängig macht oder sich im Zusammenhang mit der Aufnahme eine solche Leistung versprechen lässt, die über das vertraglich vereinbarte Entgelt hinausgeht (z. B. durch Erheben einer nicht vereinbarten Bearbeitungsgebühr o. Ä.). Ein Verstoß liegt auch dann vor, wenn ein Nutzer im Zusammenhang mit der Annahme einer solchen Leistung günstiger behandelt wird als eine andere Person in einer vergleichbaren Situation. 339

Kein Verstoß gegen das Verbot liegt allerdings dann vor, wenn die Zuwendung etwa durch ein Testament geschieht, von dem der Zuwendungsempfänger – sei es als Erbe oder Vermächtnisnehmer – keinerlei Kenntnis hatte. In einem solchen Falle fehlt es sowohl daran, dass der Zuwendende sich einen Vorteil gewähren lässt als auch an der Gefahr einer infolge der Zuwendung eintretenden Besserstellung des Zuwendenden. 340

### b) Geringfügige Leistungen

Das Verbot gilt nicht bei geringwertigen Aufmerksamkeiten, wie sich aus § 7 Abs. 1 a. E. WTG ergibt. Geringwertige Aufmerksamkeiten sind solche, die aus Gründen der Höflichkeit gegeben werden und die abzulehnen allgemein als unhöflich angesehen würde, wie z. B. Blumen, Süßigkeiten, Trinkgelder. Bei solchen geringfügigen Leistungen wird eine Gefährdung des friedlichen Zusammenlebens in der Einrichtung regelmäßig nicht vorliegen. Als geringfügig kann ein Betrag bis zu einem Wert von 25 € angesehen werden. Zwar kommt es auf den Wert der einzelnen Leistung an; dennoch versteht es sich von selbst, dass bei einem einheitlichen Vorgang das Verbot nicht dadurch umgangen werden kann, dass die Zuwendungen in kurz aufeinander folgenden Teilbeträgen erfolgen, die für sich gesehen den Wert von 25,00 € pro einzelner Zuwendung nicht überschreiten. 341

### c) Finanzierungsbeiträge/Nutzerdarlehen

Die Leistungsanbieterin darf Leistungen im Hinblick auf die Überlassung eines Platzes in der Einrichtung annehmen, wenn diese Leistungen Investitionszwecken dienen, § 7 Abs. 2 WTG. Diese Vorschrift ist aus dem bisherigen Recht übernommen worden. Zulässig sind Leistungen in Form von Darlehen im Hinblick auf die Überlassung eines Platzes in der Einrichtung oder der Erwerb von Genossenschaftsanteilen. 342

Die Rückzahlung eines Darlehens muss angemessen gesichert sein. Genauere Angaben über die angemessene Sicherung enthält die Regelung nicht.

343 Die Vereinbarung einer Sicherheitsleistung für die vom Nutzer geschuldeten Entgelte im Sinne von § 14 WBVG ist nicht gleichzusetzen mit Finanzierungsbeiträgen oder Nutzerdarlehen im Sinne des WTG. Denn für die Gewährung von Finanzierungsbeiträgen und Nutzerdarlehen wird eine Gegenleistung vom Betreiber geschuldet. Bei der Vereinbarung einer Sicherheitsleistung fehlt es hingegen an dieser Gegenleistung, weil die Sicherheitsleistung lediglich die Erfüllung der bereits (anderweitig) vereinbarten Zahlpflichten des Nutzers sichern soll. Wegen der eingeschränkten Zulässigkeit des Verlangens nach Sicherheitsleistungen in den Fällen, in denen der Nutzer Leistungen nach SGB XI oder SGB XII erhält, darf auf § 14 Abs. 4 WBVG verwiesen werden.

### d) Versprechen oder Gewährenlassen einer Leistung

344 Der Begriff des „sich versprechen oder gewähren lassen“ wird in der überwiegenden Rechtsprechung so verstanden, dass es ein Einvernehmen zwischen dem Versprechenden (Nutzer, Eltern oder andere Angehörige eines Nutzers) und dem Empfänger der Leistung geben muss. Es handelt sich dabei nicht zwingend um Willenserklärungen, da es auf Seiten des Versprechenden nicht regelmäßig einen Rechtsbindungswillen geben wird. Davon abgesehen müssen sich Versprechender und Versprechensempfänger darüber einig sein, dass der Versprechende beabsichtigt, dem Versprechensempfänger eine geldwerte Leistung zukommen zu lassen und dass der Versprechensempfänger diese Leistung dann auch annimmt. Im Fall einer letztwilligen Verfügung nimmt die h. M. kein Einvernehmen an, wenn die letztwillige Verfügung bis zum Tod des Erblassers dem Betreiber (oder ggf. Beschäftigten etc.) nicht bekannt wird (*Kunz* in: Kunz/Butz/Wiedemann, Heimgesetz, 10. Auflage 2004, § 14 Rn. 24 m. w. N.). In diesen Fällen fehlt es an dem spezifischen, den Gesetzesregelungen zugrundeliegenden Interessenkonflikt. Wenn die Leistungsanbieterin oder Beschäftigte von der zukünftigen Zuwendung nichts weiß, kann er den betroffenen Nutzer gegenüber anderen Nutzern aus diesem Grunde nicht besser oder sonst wie bevorzugt behandeln.

345 Das OLG München hat dies in einer – soweit ersichtlich – bisher vereinzelt gebliebenen Entscheidung anders gesehen (Urteil vom 20.06.2006 – 33 Wx 119/06). Unter Berücksichtigung des Schutzzwecks des § 14 Abs. 1 HeimG (kein Druck auf die Entschließungsfreiheit einer Nutzerin, keine Störung des Friedens in der Einrichtung durch Ungleichbehandlung) hat es ein Verbot der Leistungsannahme – und damit eine Unwirksamkeit der letztwilligen Verfügung (§ 134 BGB) angenommen, wenn der Nutzerin nach dem Tod des Erblassers noch in der Einrichtung lebt, wie es der Fall ist bei der Einsetzung eines Nutzers als Vorerben und der Einsetzung des Betreibers als Nacherben (häufig in Fällen eines so genannten „Behindertentestamentes“). Das OLG München sah in diesem Fall durchaus die Gefahr einer Ungleichbehandlung bzw. der Möglichkeit einer Einflussnahme auf die Nutzerin. Auch wenn diese

Bedenken zwar nachvollziehbar sind, sind sie mit dem Wortlaut der Regelung im WTG nicht vereinbar, da ausdrücklich ein „versprechen oder gewähren lassen" gefordert wird, was eine Verständigung zwischen Zuwendenden und Leistungsempfänger zu Lebzeiten des Erblassers, eben ein Einvernehmen, voraussetzt. Mit der h. M. ist also davon auszugehen, dass ein Einvernehmen nicht vorliegt, wenn der Leistungsempfänger zu Lebzeiten des Erblassers nichts von der beabsichtigten Leistung erfährt. So hat es nunmehr auch der Bundesgerichtshof entschieden (vgl. BGH, Beschluss vom 26.10.2011 – IV ZB 33/10).

### e) Annahme von Spenden

Liegt ein Einvernehmen über die Leistungsgewährung vor, gilt grundsätzlich das 346 Verbot des § 7 Abs. 1 WTG. Davon trifft § 7 Abs. 3 WTG eine wichtige Ausnahme: Hiernach gilt das Verbot des Absatzes 1 nicht, wenn ein gemeinnütziger Leistungsanbieter Spenden annimmt und nachweist, dass er in Bezug auf die Spende die Spenderin oder ihre Angehörigen keine günstigere oder weniger günstige Behandlung zukommen lässt oder hat zukommen lassen als jeder anderen Person in einer vergleichbaren Situation. Die Leistungsanbieterin darf mit anderen Worten niemanden aus einem sachlich nicht gerechtfertigten Grund bevorzugen oder benachteiligen. Er muss daher nachweisen, wie die Spende letztlich verwendet wurde und welche Kriterien er dabei zugrunde gelegt hat.

Spenden an einen (gemeinnützigen) Förderverein, der unabhängig vom Leistungs- 347 anbieter ist und allenfalls diesem selber spendet, werden von § 7 WTG nicht erfasst, da dem Förderverein der Leistungsanbieterstatus fehlt.

§ 7 Abs. 3 Satz 3 WTG bestimmt den Begriff der Spende als Verfügung zu Lebzeiten 348 und als Verfügung von Todes wegen. Sowohl die Übereignung eines Geldbetrages als auch die Einsetzung im Testament als Erbe oder Vermächtnisnehmer ist also eine Spende im Sinne dieser Regelung. Vom Schutzzweck her besteht kein Unterschied zwischen lebzeitigen Zuwendungen und Zuwendungen durch Verfügung von Todes wegen. Es kommt nämlich für die Zulässigkeit der Spende allein darauf an, ob damit eine Bevorteilung oder eine Benachteiligung eines Nutzers verbunden oder beabsichtigt ist bzw. ob der Friede in der Einrichtung gestört wird.

Die Erfüllung der Ausnahmeregelung des § 7 Abs. 3 WTG setzt Folgendes voraus: 349

aa) Zunächst muss es sich um eine Spende handeln. Der Begriff der Spende ist über die Regelung des Absatzes 3 Satz 3 nicht weiter definiert (im Steuerrecht spricht man von Zuwendungen, § 10 b Abs. 1 Satz 1 Einkommensteuergesetz). Nach dem allgemeinen Verständnis ist eine Spende eine freiwillige, nicht mit einer Gegenleistung verbundene Mehrung fremden Vermögens, die zur Verfolgung eines allgemeinen oder eines im Einzelfall bestimmten Zweckes erfolgt.

bb) Eine Spende setzt aber voraus, dass ein Bezug zur Einrichtung und zum Betrieb der Einrichtung gegeben ist. Eine Leistungsgewährung, die der

Leistungsanbieter für die private Lebensführung verwendet, ist keine Spende und unterliegt dem Verbot nach § 7 Abs. 1 WTG.

cc) Die Spende muss an den Leistungsanbieter gerichtet sein. Spenden an Beschäftigte werden von der Ausnahmeregelung des § 7 Abs. 3 WTG nicht erfasst.

dd) Der Leistungsanbieter muss gemeinnützig sein. Die Gemeinnützigkeit richtet sich nach §§ 54 ff. der Abgabenordnung. Leistungen an nicht-gemeinnützige Leistungsanbieter sind nur nach Maßgabe des § 7 Abs. 1 und 2 WTG zulässig.

ee) Die Spende muss diskriminierungsfrei verwendet werden. Die Leistungsanbieterin muss nachweisen, dass er in Bezug auf die Spende einem Nutzer oder einem Bewerber um einen Platz in der Einrichtung keine günstigere oder weniger günstige Behandlung zukommen lässt oder hat zukommen lassen als einer anderen Person in einer vergleichbaren Situation. Die Regelung ist dem Allgemeinen Gleichbehandlungsgesetz nachgebildet. Die Gleichbehandlung hat die Leistungsanbieterin nicht nur glaubhaft zu machen, sondern geeignete Tatsachen vorzutragen, die im Sinne des Nachweises Zweifel endgültig ausräumen. Dies ist z. B. der Fall, wenn nachgewiesen wird, dass durch eine Geldspende allen Nutzern zukommende bauliche Verbesserungen in der Einrichtung finanziert werden. Bei einer Verfügung von Todes wegen, die dem Betreiber erst nach dem Tode des Nutzers bekannt wird, sind keine Nachweispflichten mehr zu erfüllen, da die Leistungsanbieterin mangels Kenntnis der zugedachten Verfügung keine Bevorzugung des Nutzers vornehmen konnte.

#### f) Dokumentationspflichten

350 § 7 Abs. 3 Satz 5 WTG verpflichtet den Betreiber, das Verfahren zur Spendenannahme vorher anzuzeigen und die Einnahme zu dokumentieren. Die Leistungsanbieterin ist daher nicht verpflichtet, jede einzelne Spende vor der Annahme anzuzeigen. Das Tatbestandsmerkmal „vorher" bezieht sich auf den Zeitpunkt vor der Annahme der ersten Spende. Mindestanforderung für das anzuzeigende Verfahren ist, dass die Leistungsanbieterin darlegt, wie zukünftige Spenden verwendet werden sollen (besondere Maßnahmen oder Bedarfe, die nicht über die allgemeine Finanzierung gedeckt werden können), wer und ggf. in welchem Verfahren über die Verwendung der Spenden entscheiden wird, wie die Verwendung der Spenden nachgewiesen werden soll und wie verhindert wird, dass in Bezug auf die Spende einzelne Nutzer bevorzugt oder benachteiligt werden (z. B. durch ein anonymisiertes Spendenannahmeverfahren, bei dem nur ein Mitarbeiter und sein Stellvertreter, die gegenüber allen anderen Mitarbeitern zur Verschwiegenheit verpflichtet sind, die Identität der Spender kennen). Die Einnahme der Spende und ihre nicht-diskriminierende Verwendung muss jedoch im Einzelfall dokumentiert werden (Angabe des Spenders, ggf. dessen Zweckbestimmung, Verwendungsnachweise).

#### g) Zusammenfassung:

351 Insgesamt erfasst das Verbot des § 7 Abs. 1 WTG also folgende Fälle:

- Einvernehmliche Leistungsgewährungen nicht geringwertiger Art an Leistungsanbieter oder an deren Beschäftigte,
- einvernehmliche Leistungsgewährungen nicht geringwertiger Art an Leistungsanbieter, die keine Spenden sind, weil sie zur privaten Lebensführung verwendet werden,
- einvernehmliche Spendengewährungen an Leistungsanbieter, die diskriminierend verwendet werden.

Es ergibt sich für § 7 Abs. 3 WTG folgendes Prüfschema: 352
- Liegt ein Einvernehmen über die Leistungsgewährung vor?
- Wenn nein, dann kein Verstoß gegen § 7 Abs. 1 WTG.
- Wenn ja, ist zu prüfen:
  - Liegt eine Spende vor?
  - An einen gemeinnützigen Leistungsanbieter?
  - Ist diese diskriminierungsfrei verwendet worden? (Nachweispflicht grundsätzlich beim Leistungsanbieter).

**Ein Beispiel:**

Eine Einrichtung wird von einem Förderverein, der als gemeinnützig anerkannt ist, 353
unterstützt. Die 1. Vorsitzende des Vereins ist die Tochter einer Nutzerin. Da dem Betreiber nicht die Erleichterung nach § 10 Abs. 4 Satz 2 WTG zugute kommt – er betreibt kein Hospiz – muss er zunächst darlegen und ggfs. nachweisen, dass er die Spenden diskriminierungsfrei verwendet.

Dass die 1. Vorsitzende die Tochter einer Nutzerin ist, bedeutet jedoch nicht notwen- 354
digerweise, dass die Entscheidungen des Vereins zu einer Begünstigung der Mutter der 1. Vorsitzenden führen. Der Verein hat einen mehrköpfigen Vorstand, der als vertretungsberechtigtes Organ für den Verein entscheidet und gegenüber der Mitgliederversammlung rechenschaftspflichtig ist. Sofern die 1. Vorsitzende regelmäßig nicht allein über die Vergabe von Spenden entscheidet, sondern durch die anderen Vorstandsmitglieder überstimmt werden kann, lassen sich aus der Angehörigeneigenschaft allein keine Bedenken gegen die Annahme der Spenden herleiten. Etwas anderes könnte aber gelten, wenn sowohl der Vorstand als auch die Vereinsmitglieder überwiegend oder ausschließlich aus Angehörigen von Nutzern bestehen, die durch die Vergabe von Spenden eine Begünstigung ihrer eigenen Angehörigen erreichen wollen. Abweichend wäre der Fall zu beurteilen, in dem im Vorstand/ Verein überwiegend Angehörige von ehemaligen Nutzern ehrenamtlich wirken. Hier wird man eine Diskriminierungsabsicht nicht annehmen können. Bei der Beurteilung spielt auch eine Rolle, ob der Verein die Spenden von außerhalb einwirbt oder die Spenden ausschließlich aus dem Kreis der Vereinsmitglieder stammen.

Entscheidend ist jedoch vor allem, dass die Leistungsanbieterin nachweist, wie sie 355
die Spende verwenden möchte. Sofern die Spende nicht einer bestimmten Nutzerin oder einem bestimmten Nutzer zukommt, ist die Annahme unbedenklich. Das wird

zum Beispiel der Fall sein bei einer Sachspende, die der Allgemeinheit der Nutzer zugutekommt. Gleiches gilt für eine Geldspende, mit der z. B. allen Nutzern zugutekommende bauliche Verbesserungen in der Einrichtung finanziert werden sollen.

356 Erst wenn ein konkreter Bezug zu einer bestimmten Nutzerin oder einem bestimmten Nutzer hergestellt werden kann, ist es Aufgabe des Betreibers darzulegen und ggfls. nachzuweisen, dass er diese Nutzerin nicht besser behandelt.

#### h) Zulassung weiterer Ausnahmen

357 Nach § 7 Abs. 4 WTG kann die Behörde weitere Ausnahmen zulassen, wenn die Leistung noch nicht gewährt wurde und das Verbot zur Sicherung des Schutzes der Nutzerinnen nicht erforderlich ist. Aufgrund des grundrechtlichen Schutzes des Eigentums und der Testierfreiheit muss im Einzelfall die Möglichkeit bestehen, auch weitere Ausnahmen vom grundsätzlichen Verbot zuzulassen, wenn der Zweck des Gesetzes nicht gefährdet wird. Ausnahmen werden bei letztwilligen Verfügungen zugunsten solcher Mitarbeiter einer Pflegeeinrichtung in Betracht kommen, die mit dem Nutzer verwandt oder eng befreundet sind. Eine Versagung von Ausnahmen tangiert immer die Testierfreiheit und damit das Eigentumsrecht des Bewohners.

#### i) Rechtsfolgen eines Verstoßes

358 Ein Verstoß gegen § 7 WTG hat einerseits ordnungsrechtliche Konsequenzen: Er kann ein Grund für eine Betriebsuntersagung sein, § 15 Abs. 3 Nr. 3, 2. Var. WTG, und ist eine Ordnungswidrigkeit, § 42 Abs. 1 Nr. 5 WTG.

359 Andererseits handelt es sich bei § 7 WTG um ein Schutzgesetz. Ein Verstoß führt zivilrechtlich zur Unwirksamkeit der Rechtsgeschäfte, die der Leistungsgewährung zugrunde liegen, vgl. § 134 BGB (z. B. Schenkung und Übereignung).

## II. Möglichkeiten der begründeten Abweichung von Anforderungen

360 Wie schon bisher das Heimgesetz und das WTG 2008, lässt auch das WTG 2014 zu, Anforderungen nicht erfüllen zu müssen. Das bisherige Recht sprach von „Befreiungen“, nach der neuen Diktion ist jetzt von „Abweichungen“ die Rede. Es bleibt jedoch dabei, dass über die Zulässigkeit von Abweichungen durch die zuständige Behörde gesondert entschieden werden muss.

361 Geregelt sind die zulässigen Abweichungen in § 13 WTG. Überwiegend handelt es sich um die Übernahme bisheriger Regelungen. Neu sind Verfahrensregelungen, die in § 13 Abs. 4 WTG geregelt sind.

## 1. Umsetzung eines besonderen Betreuungskonzeptes nach § 13 Abs. 1 Satz 1 Nr. 1 WTG

Nach § 13 Abs. 1 Satz 1 Nr. 1 WTG kann von Anforderungen abgewichen werden, wenn dadurch der Zweck des Gesetzes nicht gefährdet wird und ohne die Abweichung ein besonderes Betreuungskonzept nicht umgesetzt werden kann. Die Regelung entspricht § 7 Abs. 5 WTG 2008. 362

**a)** Im Gegensatz zum früheren Heimrecht kann die zuständige Behörde dem Betreiber grundsätzlich Abweichungen von jeder Anforderung – gleich ob allgemeine oder besondere Anforderung – zulassen, die sich aus dem Gesetz und aus den Verordnungen auf Grund des Gesetzes ergibt. Die Abweichung kann jedoch nur „teilweise“ erfolgen. Das heißt: eine Abweichung von den wesentlichen Anforderungen des Gesetzes ist nicht möglich. Zu den wesentlichen Anforderungen gehört die Einhaltung der Zwecke des Gesetzes, die in § 1 WTG beschrieben sind. Aus der Zweckbindung der Abweichungsvorschrift folgt damit zwingend, dass eine Abweichung, die dazu führt, dass der Zweck des Gesetzes nicht mehr erfüllt werden kann, gar nicht, auch nicht einmal teilweise, zulässig ist. Um überhaupt die Erreichung des Gesetzeszwecks nachverfolgen zu können, ist eine entsprechende Dokumentation zwingend erforderlich. Eine generelle Abweichung von der Dokumentationspflicht – wie auch von der Anzeigepflicht – ist daher ausgeschlossen. 363

**b)** Zur Begründung des Abweichungsantrages ist ein konzeptionell begründeter Abweichungsantrag erforderlich (Konzept): Es ist erforderlich, dass die Leistungsanbieterin darlegt, welche Ziele sie mit seinem Betreuungskonzept erreichen will und warum nach ihrer Auffassung die Erfüllung einer bestimmten Anforderung nicht oder nicht in dem vom Gesetz vorgesehenen Umfang erforderlich ist, ohne den vorrangigen Zweck des Gesetzes zu gefährden. Dies ist gemeint, wenn der Gesetzgeber eine Abweichung von einem „besonderen“ Betreuungskonzept abhängig macht. Diese Darlegungspflicht erschöpft sich nicht darin, ein Betreuungsangebot lediglich allgemein etwa einer „Pflege-Oase“ zuzuordnen und mit diesem Hinweis eine Abweichung zu beantragen. Die Antragstellende muss darlegen, wie sie auch prospektiv – nach einer Abweichung von einer gesetzlichen Anforderung – sich mit einem etwaig ändernden Betreuungsbedarf der Bewohnerschaft auseinander zu setzen gedenkt. Andernfalls kommt der Abweichung „auf Zeit“ eine besondere Bedeutung zu. 364

**Beispiel:**

Abweichung von der Anforderung des § 21 Abs. 3 Satz 1 WTG bei Einrichtungen mit externer hauswirtschaftlicher Versorgung 365

Die Einrichtung hat vor Jahren den Betrieb der hauseigenen Küche aus wirtschaftlichen Gründen eingestellt. Die hauswirtschaftliche Versorgung der Nutzerinnen wird nun durch ein Catering-Unternehmen des gleichen Leistungsanbieters sichergestellt. 366

367 Allein die Tatsache, dass hauswirtschaftlichen Leistungen an ein Unternehmen außerhalb der Einrichtung verlagert sind, begründet „per se“ keinen besonders gelagerten Fall, in dem generell eine hauswirtschaftliche Fachkraft nicht vorgehalten werden müsste. Wenn die Leistungsanbieterin allerdings konkret darlegt, wie und mit welchen Maßnahmen sie eine wirkungsvolle und verbindliche Beteiligung der Bewohnerschaft gewährleistet, wie sie diese Maßnahmen dokumentiert und insbesondere nachweist, dass auch auf der Seite des „Externen“ für die hauswirtschaftliche Versorgung eine Fachkraft für die Einrichtung zur Verfügung steht, kann eine Abweichung (Ermessensausübung der zuständigen Behörde) zugelassen werden.

368 **Weitere Fallbeispiele für die Umsetzung besonderer Betreuungskonzepte**

- Verpflichtung zur Erbringung der hauswirtschaftlichen Versorgung nach § 19 Abs. 1 Nr. 4 WTG:
  Die Leistungsanbieterin ist grundsätzlich verpflichtet, die hauswirtschaftliche Versorgung sicherzustellen. Dies umfasst im Wesentlichen die Verpflegung der Nutzer, die Reinigung der Räume, der Wäscheversorgung und Reinigung der Bekleidung. Es kann zum Konzept der Einrichtung gehören, dass diese Tätigkeiten teilweise oder vollständig – unter Anleitung einer Betreuungskraft – von den Nutzern selbst erledigt werden können oder sollen, gerade wenn dies zur Stärkung der Alltagskompetenzen gehört, wie es häufig in Einrichtungen der Eingliederungshilfe der Fall sein kann. In Betracht kann dies auch in Einrichtungen der Pflege kommen, insbesondere, wenn es sich um eine Nutzerin mit demenziell bedingten Teilhabeeinschränkungen handelt.

- Verpflichtung zur Beschäftigung einer Fachkraft für Hauswirtschaft nach § 21 Abs. 5 Satz 1 WTG:
  Von dieser Anforderung kann insbesondere in den eben genannten Fällen abgewichen werden, wenn sich die Nutzerinnen, dem Eingliederungshilfekonzept entsprechend, selbst verpflegen bzw. hauswirtschaftlich versorgen. Es muss jedoch sichergestellt sein, dass zumindest eine Grundbetreuung der Nutzerinnen im Rahmen der Betreuung durch eine dafür vorgesehene Fachkraft für pflegerische oder soziale Betreuung stattfindet, die anleitet und unterweist, damit eine den Bedürfnissen der Nutzerinnen Rechnung tragende und ernährungsphysiologisch ausgewogene Verpflegung bereitgestellt wird. Außerdem ist auch der Anspruch der Nutzerinnen zu erfüllen, ihr Mitbestimmungsrecht über die Grundsätze der Verpflegungsplanung nach § 22 Abs. 2 Satz 3 WTG wirkungsvoll ausüben zu können.

- Verpflichtung zur ständigen Anwesenheit mindestens einer geeigneten Fachkraft in der Nacht und am Wochenende nach § 21 Abs. 3 Satz 2 WTG:
  Diese Verpflichtung kann entfallen, wenn feststeht, dass zumindest nicht typischerweise damit zu rechnen ist, dass nachts oder am Wochenende grund- und/oder behandlungspflegerische Maßnahmen oder sonstige Betreuungsmaßnahmen durchgeführt werden müssen, die eine Fachkraft erfordern. Dies wird z.B. regelmäßig in Einrichtungen für Rollstuhlfahrer der Fall sein, die zwar

ausnahmslos in Pflegestufe I eingestuft, jedoch abgesehen von ihrer Mobilitätseinschränkung so selbständig sind, dass sie nicht regelmäßig auf eine Begleitung durch eine Pflegefachkraft in der Nacht angewiesen sind. In diesem Fall kann je nach Betreuungsbedarf die ständige Anwesenheit einer erfahrenen Nichtfachkraft mit einer Pflegefachkraft in Rufbereitschaft ausreichen.
Der Leistungsanbieter hat in jedem Fall sicher zu stellen, dass eine Fachkraft rechtzeitig vor Ort ist. Ggf. kommt auch nur eine auf bestimmte Zeiträume beschränkte Abweichung von der Verpflichtung zur Anwesenheit in Betracht. Ausschlaggebend für die Abweichung sind der Betreuungsbedarf und das Betreuungskonzept. Der Zweck des Gesetzes muss erfüllt werden können.

## 2. Neue Betreuungs- oder Wohnformen nach § 13 Abs. 1 Satz 1 Nr. 2 WTG

Nach § 13 Abs. 1 Satz 1 Nr. 2 WTG kann von Anforderungen abgewichen werden, 369 wenn dadurch der Zweck des Gesetzes nicht gefährdet wird und die Abweichung im Sinne neuer Betreuungs- oder Wohnformen geboten ist. Unter neuen Wohnformen werden im allgemeinen Wohngemeinschaften als Alternativen zur stationären Versorgung verstanden, wie für die es aber im WTG eigene Regelungen in den §§ 24 ff. gibt. Dennoch kann es auch in stationären Einrichtungen ggf. neue Betreuungsformen geben, die eine Abweichung von Anforderungen geboten scheinen lassen. Aus dem Begriff „neue" Betreuungsformen folgt, dass es sich dabei um eine wesentliche Innovation gegenüber herkömmlichen Betreuungsformen handeln muss; hier reicht es für eine Abweichung dann aber schon aus, dass diese geboten ist. Eine zwingende Erforderlichkeit, wie bei der Umsetzung besonderer Betreuungsformen, ist nicht erforderlich. Bei den besonderen Betreuungsformen muss es sich dafür aber nicht um neue Betreuungsformen handeln.

## 3. Geringe Größe der Einrichtung und geringe Zahl von Nutzerinnen nach § 13 Abs. 1 Satz 1 Nr. 3 WTG

Neu aufgenommen wurde die Möglichkeit, nach § 13 Abs. 1 Satz 1 Nr. 3 WTG Ab- 370 weichungen auf Grund einer geringen Größe und einer geringen Zahl von Nutzerinnen zuzulassen. Die Begründung gibt keine näheren Anhaltspunkte dafür, wie die Begriffe der „geringen Größe" und der „geringen Zahl der Nutzerinnen" auszulegen sind. Die bauliche Größe einer Einrichtung ist durch die infrastrukturellen Vorgaben, insbesondere die Anforderung einer Mindestgröße pro Platz von 45 m², vorgegeben, vgl. § 6 Ab. 3 WTG-DVO. Sofern von dieser Größe zulässigerweise abgewichen wurde (vor allem nach § 13 Abs. 2 WTG), kommt theoretisch auch nach § 13 Abs. 1 Satz 1 Nr. 3 WTG eine weitere Abweichung von anderen Anforderungen in Betracht, obwohl es dafür in der Praxis kaum Anwendungsfälle geben dürfte. Anderes gilt sicher für eine geringe Zahl von Nutzerinnen. Hier sind sowohl Abweichungen von personellen als auch baulichen Anforderungen denkbar, wenn es sich um eine Einrichtung mit einer sehr kleinen Nutzerzahl handelt. Bei Einrichtungen könnte man an 12 Plätze denken: Dies entspricht der Maximalgröße einer Wohngemeinschaft. Wenn die stationäre Einrichtung nicht mehr Nutzerinnen hat als eine Wohngemeinschaft, wird man die Rahmenbedingungen auch in Anlehnung an Wohngemeinschaften gestalten und entsprechende Abweichungen zulassen können.

371 Bei Wohngemeinschaften erlaubt die geringe Zahl von 5–6 Nutzerinnen vielleicht Abweichungen, die ein eher familiäres Leben ermöglichen. Das Gleiche gilt für Außenwohngruppen in Einrichtungen der Eingliederungshilfe. Auch wenn diese Außenwohngruppen zur Einrichtung gehören, ähneln sie doch eher dem Leben in Wohngemeinschaften oder Familien, so dass entsprechende Abweichungen zugelassen werden können.

## 4. Rechtliche Unmöglichkeit oder wirtschaftliche Unzumutbarkeit nach § 13 Abs. 2 WTG

372 Nach § 13 Abs. 2 WTG können Abweichungen von der Wohnqualität zugelassen werden, wenn die Erfüllung im vorhandenen Gebäudebestand technisch oder denkmalschutzrechtlich nicht möglich oder aus wirtschaftlichen Gründen nicht zumutbar ist und die Abweichung mit dem Alltag eines häuslichen Lebens, der Sicherung der Privatsphäre und den Interessen und Bedürfnissen der Nutzerinnen vereinbar ist.

373 **a)** Eine technische Unmöglichkeit wird nur in wenigen Fällen vorliegen. Hierunter sind z. B. Fälle zu subsumieren, in denen aus statischen Gründen die notwendige Erweiterung oder der notwendige Umbau nicht vollzogen werden können.

374 **b)** In denkmalgeschützten Gebäuden kann natürlich der Fall eintreten, dass eine bauliche Anforderung aus denkmalschutzrechtlichen Gründen nicht umgesetzt werden kann. Dann kann eine Abweichung zugelassen werden. Der Denkmalschutz steht aber nicht über dem Zweck des Gesetzes. Es ist daher erforderlich, dass die Abweichung mit dem Alltag eines häuslichen Lebens, der Sicherung der Privatsphäre und den Interessen und Bedürfnissen der Nutzerinnen vereinbar ist.

375 **c)** Auch wenn die rechtliche Unmöglichkeit nicht erwähnt ist, besteht in diesen Fällen immer ein Abweichungsanspruch, da niemand zu etwas rechtlich Unmöglichem verpflichtet werden kann. Hierzu gehören insbesondere auch solche Fälle, in denen ein notwendiger Um- und Ausbau an bauordnungsrechtlichen Restriktionen scheitert, weil z. B. die maximale Grundflächenzahl gemäß Bebauungsplan bereits erreicht ist, Bebauungsgrenzen nicht überschritten werden können und auch ein baurechtlicher Dispens ausscheidet und seine Erteilung durch die Bauaufsicht abgelehnt wird.

376 **d)** Nach § 20 Abs. 2 WTG soll eine Einrichtung höchstens 80 Plätze haben (eine neue Einrichtung, für Altgebäude gilt grundsätzlich Bestandschutz, vgl. dazu Rn. 975 ff.). Bei einer Überschreitung dieser Höchstplatzzahl besteht die Möglichkeit der Zulassung einer geringfügigen Überschreitung unmittelbar aus § 20 Abs. 2 WTG, da es sich um eine „Sollvorschrift" handelt. Hier könnten dann z. B. bei bestehenden Baukörpern, für die aufgrund von wesentlichen Umbauarbeiten der Bestandsschutz

verloren gegangen ist, ggf. sehr geringfügige Überschreitungen von 1–2 Plätzen zugelassen werden. Bei der Gestattung von Abweichungen muss immer auch der Zweck des Gesetzes mitgedacht werden, so dass hier eine feste Grenze nicht gezogen werden kann. Bei Neubauten ist jedoch zu beachten, dass eine Begrenzung auf 80 Plätze von vorneherein durchaus planbar sein müsste. Hier wird eine Überschreitung alleine auf der Grundlage des § 20 Abs. 2 WTG selten in Betracht kommen.

**e)** In der Praxis kann der Fall der wirtschaftlichen Unzumutbarkeit eintreten. 377
Absolute Werte für den Fall der wirtschaftlichen Unzumutbarkeit gibt es nicht. Die Prüfung dieser Frage kann nur im Einzelfall erfolgen. Regelmäßig ist keine Unzumutbarkeit bei Neubauten anzunehmen, dort kann entsprechend geplant und kalkuliert werden. Bei einer ersten Betriebsaufnahme in Bestandbauten gibt es vielleicht im Einzelfall etwas mehr Spielraum hinsichtlich der wirtschaftlichen Unzumutbarkeit, aber auch hier ist zu beachten, dass sich ein Leistungsanbieter nicht dadurch baulichen Anforderungen entzieht, dass er den Betrieb einer neuen Einrichtung in einem bereits bestehenden Gebäude aufnimmt. Hier wird nur im absoluten Einzelfall eine wirtschaftliche Unzumutbarkeit vorliegen.

Dabei ist zu bedenken, ob und wieweit für den Betreiber die Möglichkeit besteht, 378
die Kosten zu refinanzieren. Soweit die Leistungsanbieterin die Möglichkeit hat, die Kosten einer (Um-) Baumaßnahme auf die Nutzerin umzulegen, wird regelmäßig keine wirtschaftliche Unzumutbarkeit bestehen. Allerdings muss die Abweichung von Anforderungen auch mit den Interessen und Bedürfnissen der Nutzerinnen vereinbar sein. Insofern kann auch in den Fällen, in denen letztlich die Nutzerinnen die Kosten tragen müssten, es geboten sein, im Rahmen einer Interessenabwägung von bestimmten Anforderungen zu befreien.

Bei einer Existenzgefährdung der Einrichtung ist regelmäßig von einer wirtschaftli- 379
chen Unzumutbarkeit auszugehen.

Eine weitere Voraussetzung für die Zulassung von Abweichungen von baulichen 380
Anforderungen ist, dass diese Abweichung mit dem Alltag eines häuslichen Lebens vereinbar ist. Es muss als objektiver Maßstab hinzutreten, dass die Abweichung noch mit den Maßstäben eines häuslichen Lebens vereinbar ist. Damit scheiden nicht nur eklatante Fälle wie die Unterbringung in Kellerräumen aus oder in Räumen, die schlecht isoliert oder zugig sind oder aus denen man nicht einmal in Sitzhöhe nach draußen schauen kann. Auch eine unvollständige oder durch die Nutzerin nicht nutzbare Ausstattung ist danach unzulässig.

## 5. Allgemeine Abweichungsmöglichkeit

Die Abweichungsmöglichkeiten nach § 13 Absätze 1 und 2 WTG enthalten bestimm- 381
te Voraussetzungen. Da sich in der Praxis aber gezeigt hat, dass die in den Absätzen 1 und 2 enthaltenen Ausnahmetatbestände nicht alle Fallkonstellationen abdecken, hat sich der Gesetzgeber entschlossen, mit dem neuen Absatz 3 einen allgemeinen

Ausnahmetatbestand zu schaffen. Voraussetzungen sind jetzt nur ein wichtiger Grund und die Abwägung, dass die Ausnahme mit den Interessen und Bedürfnissen der Nutzerinnen und Nutzer vereinbar ist. Erforderlich ist aber in jedem Fall ein Einvernehmen mit der Aufsichtsbehörde, also der örtlich zuständigen Bezirksregierung. Die Begründung erläutert dazu: *„Mit den Interessen und Bedürfnissen der Nutzerinnen und Nutzer grundsätzlich nicht vereinbar und geboten erscheinen Ausnahmen von den personellen Anforderungen des Gesetzes. Denkbar sind jedoch im Einzelfall über Absatz 2 hinausgehende Ausnahmen von der Wohnqualität, soweit der Zweck des Gesetzes nicht gefährdet wird. Die Entscheidungen bedürfen der Zustimmung durch die jeweilige Bezirksregierung. Auf diesem Wege wird es künftig auch leichter, besonders innovative und förderungswürdige Konzepte in den Angeboten zu erproben und umzusetzen."* (vgl. Gesetzentwurf der Landesregierung, LT-Drucksache 17/3777, S. 56).

382 Durch die weitgehende Fassung des Absatzes 3 werden nun die Ausnahmetatbestände der Absätze 1 und 2 zumindest in den Fällen, in denen die Bezirksregierung zustimmt, weitgehend obsolet werden, denn die grundlegende Voraussetzung der Vereinbarkeit mit den Interessen und Bedürfnissen ist immer Voraussetzung für die Zulassung einer Abweichung.

## 6. Verfahren

383 **a)** Nach der Regelung des § 13 Abs. 4 Satz 1 WTG soll die zuständige Behörde binnen 6 Wochen nach Eingang des Antrags auf Zulassung von Abweichungen entscheiden. Voraussetzung für die Entscheidung ist, dass der Antrag im Wesentlichen in „Entscheidungsreife" vorliegt, da die Behörde über einen unvollständigen Antrag nicht entscheiden kann. Ein einfacher „Zweizeiler" reicht als Antrag nicht aus, um die 6-Wochen-Bearbeitungsfrist in Gang zu setzen. Andererseits folgt aus §§ 10 Satz 2, 24 Abs. 1 Satz 1 VwVfG, wonach das Verfahren zügig durchzuführen ist und die Behörde den Sachverhalt von Amts wegen ermittelt, dass die Behörde bei fehlenden Unterlagen unabhängig von der 6-Wochen-Frist gehalten ist, diese Unterlagen möglichst schnell bei der Leistungsanbieterin anzufordern.

384 **b)** Nach § 13 Abs. 4 Satz 2 WTG ist die Leistungsanbieterin nach Ablauf der sechswöchigen Entscheidungsfrist von der Verpflichtung zur Einhaltung der Anforderungen, von denen die Abweichung beantragt wird, vorläufig befreit. Die Regelung gilt für alle – auch personelle – Anforderungen, ist aber vor allem sinnvoll im Hinblick auf bauliche Anforderungen. Sie bewahrt die Leistungsanbieterin davor, eine u. U. kostenintensive Angleichung an die Anforderungen vorzunehmen, auch wenn sie diese letztlich gar nicht vornehmen müsste.

385 Auch diese zweite Wirkung des Antrags spricht dafür, dass der Antrag im Wesentlichen entscheidungsreif eingereicht werden muss, da ansonsten ein unbegründeter Antrag „ins Blaue hinein" gestellt werden und mit der Zulassung von Abweichungen von ordnungsrechtlichen Anforderungen sehr weitreichende Konsequenzen haben könnte.

**c)** Die zuständige Behörde hat aber nach § 13 Abs. 4 Satz 3 WTG das Recht anzuordnen, dass die betroffenen Anforderungen bis zur abschließenden Entscheidung umzusetzen sind. Diese Anordnung muss innerhalb der sechswöchigen Entscheidungsfrist erfolgen. Damit kann die Behörde reagieren, wenn aus ihrer Sicht die auch nur vorübergehende Zulassung von Abweichungen nicht mit dem Zweck des Gesetzes und insbesondere mit dem Schutz der Nutzer nicht vereinbar wäre. In der Praxis wird dies vor allem bei der beantragten Abweichung von personellen Anforderungen zu prüfen sein. Auch wenn dies im Wortlaut nicht unbedingt zum Ausdruck kommt, handelt es sich bei dieser Anordnung, wie auch sonst bei Anordnungen der Behörde, um eine Ermessensentscheidung. 386

**d)** Die vorläufige Zulassung von Abweichungen endet mit der Entscheidung der Behörde. Nach dem Wortlaut und auch dem Zweck der Norm gilt das für jede Entscheidung. Wenn die Abweichung zugelassen wird, besteht kein Bedarf mehr an einer vorläufigen Regelung, der Antrag ist im Sinne der Leistungsanbieterin entschieden. Wird der Antrag abgelehnt, hat die Behörde ihn rechtlich und tatsächlich geprüft und darüber entschieden; will die Leistungsanbieterin ihren Antrag noch weiterverfolgen, muss sie durch Rechtsmittel dagegen vorgehen. Eine vorläufige Regelung kann sie dann nur über den einstweiligen Rechtsschutz vor dem Verwaltungsgericht erreichen. 387

**e)** Die Abweichung von Anforderungen steht im Ermessen der zuständigen Behörde. Bei ihrer Entscheidung hat sie aber insbesondere das „Normalitätsprinzip" nach § 12 Abs. 1 WTG zu beachten. Dies ermöglicht auch im Einzelfall flexible Lösungen zur Umsetzung besonderer Betreuungskonzepte. 388

Bei Entscheidungen über Abweichungsanträge sind ggf. die Nutzerin am Verwaltungsverfahren nach § 13 Abs. 2 VwVfG zu beteiligen. 389

Für den Nachweis der Funktionalität eines besonderen Betreuungskonzeptes ist keine bestimmte Form vorgeschrieben. Bei Abweichungen von anerkannten fachlichen Standards wird man jedoch regelmäßig eine wissenschaftliche Evaluation fordern müssen. Die Beweislast für den Nachweis trägt die Leistungsanbieterin. 390

Wenn sich die dem Konzept zu Grunde gelegten Tatsachen ändern oder aber wenn das Konzept aufgegeben wird, kann die Entscheidung über die Abweichung widerrufen werden. Dafür gelten die Vorschriften des Verwaltungsverfahrensgesetzes über die Rücknahme von (Dauer-)Verwaltungsakten (insbesondere § 49 VwVfG NW). 391

# B. Personelle Anforderungen

392 Die allgemeinen personellen Anforderungen sind in §§ 4 Abs. 8 bis 13 WTG, 1 bis 3 WTG-DVO enthalten; der § 21 WTG regelt die besonderen Anforderungen an das Personal in Einrichtungen mit umfassendem Leistungsangebot. Die Grundsätze für die personellen Anforderungen hat der Gesetzgeber – nicht disponibel – im WTG selbst festgelegt.

393 Die Regelung des § 21 WTG ist ein weiterer „Baustein" dafür, um den Teilhabegedanken, an dem sich das gesamte Gesetz orientiert, auch hinsichtlich der personellen Anforderungen zur Geltung zu bringen. In der Begründung zur Vorgängerregelung des § 12 im Regierungsentwurf zum WTG 2008 heißt es dazu (LT-Drs. 14/6972 S. 59 f):

394 *„Das negative Bild eines „klassischen Heims" im Sinne eines krankenhausähnlichen Gebäudes, in dem nur die existentiell notwendigen Grundbedürfnisse der Bewohnerinnen und Bewohner befriedigt werden, entspricht allenfalls noch in Ausnahmefällen der Praxis. Das Wohnen in einer Betreuungseinrichtung hat sich mehr als 30 Jahre nach Inkrafttreten des Bundesheimgesetzes erheblich verändert. Die Versorgungsformen sowohl in der Behindertenhilfe als auch in der Altenpflege sind vielfältiger geworden. Unterstützungsplanung wird immer individueller und bedarfsorientierter. Die unterschiedlichen Entwicklungen und Konzepte im Bereich der Alten- und der Behindertenhilfe tragen dazu bei, dass sich Betreuungseinrichtungen vorrangig zu einem Lebensort für die Bewohnerinnen und Bewohner entfaltet haben, in dem sie einen Anspruch auf Selbstbestimmung und auf Teilhabe am gesellschaftlichen Leben haben. Die logische Konsequenz eines auf Teilhabe und Selbstbestimmung ausgerichteten Betreuungskonzeptes ist, dass dafür das gesamte Spektrum und Fachwissen der verschiedenen Berufsgruppen im Bereich Pflege und Betreuung ausgeschöpft wird. Neben professionellen Pflegekräften finden sich in Betreuungseinrichtungen selbstverständlich auch Fachkräfte anderer Heilberufe, sozialer und hauswirtschaftlicher Dienstleistungsberufe. Die individuellen Bedürfnisse der Bewohnerinnen und Bewohner und der jeweilige Bedarf an Betreuungsunterstützung, in Anhängigkeit vom Betreuungskonzept, sind dabei Maßstab dafür, welche Berufsfelder zur Gewährleistung von Teilhabe und Selbstbestimmung in einer Betreuungseinrichtung unabdingbar sind und wie das Betreuungskonzept durch die Beschäftigten optimal umgesetzt werden kann. In einer Betreuungseinrichtung, die sich vorwiegend auf die Versorgung demenziell erkrankter Menschen spezialisiert hat, werden möglicherweise mehr Fachkräfte für die soziale Betreuung notwendig sein, als in einem Hospiz, in dem die pflegerische und palliative Versorgung von größerer Bedeutung ist."*

395 Diese Aussagen gelten uneingeschränkt auch für § 21 WTG, der gegenüber § 12 WTG 2008 zwar modifiziert, in seinen wesentlichen Regelungen aber übernommen wurde.

## I. Erfordernis der persönlichen und fachlichen Eignung

396 Das Gesetz unterscheidet zunächst zwischen der persönlichen Eignung und der fachlichen Eignung der Beschäftigten, § 4 Abs. 8 WTG. Die Anforderungen an die

persönliche Eignung sind in § 2 WTG-DVO geregelt. Die fachliche Eignung ist in § 4 Abs. 10 bis 12 WTG näher bestimmt. Persönliche und fachliche Eignung müssen bei allen Beschäftigten vorhanden sein, die betreuende Tätigkeiten ausüben. Der Begriff der betreuenden Tätigkeiten ist dabei derselbe wie in § 3 Abs. 1 des Gesetzes. Unter betreuenden Tätigkeiten sind somit Pflege und soziale Betreuung zu verstehen, die im WTG 2008 so genannte allgemeine Betreuung, die nicht aufgrund eines durch hohes Alter, Pflegebedürftigkeit oder Behinderung begründeten Unterstützungsbedarfes erbracht wird, ist keine Betreuung mehr im Sinne des WTG.

## 1. Persönliche Eignung

Die persönliche Eignung ist nach § 2 WTG-DVO zu prüfen. Die Vorschrift nennt die persönlichen Ausschlussgründe, die es regelmäßig verbieten, jemanden in einer Einrichtung zu beschäftigen. Im Gegensatz zum früheren Heimrecht, aber im Einklang mit dem WTG 2008, beziehen sich die persönlichen Ausschlussgründe nicht mehr nur auf die Einrichtungsleitung und die Pflegedienstleitung, sondern auf alle Beschäftigten. Die Begründung zum Entwurf des § 4 WTG-DVO 2008 führt dazu aus (LT-Ds. 14/6972 S. 72 f): 397

*„Die enge persönliche Beziehung der Beschäftigten zu den Bewohnern, die häufig von ihrer Hilfe abhängig sind, erfordert ein hohes Maß an persönlicher Zuverlässigkeit. Um die Prüfung der persönlichen Eignung zu erleichtern, nennt Abs. 1 Satz 2 im Rahmen einer unwiderleglichen Vermutung, wer persönlich nicht geeignet ist. Abs. 1 Satz 2 differenziert hierbei jedoch zwischen der Einrichtungsleitung und den übrigen Beschäftigten. Bei den übrigen Beschäftigten werden regelmäßig Straftaten gegen die Person zu einer mangelnden Eignung führen, während bei der Einrichtungsleitung zusätzlich noch Vermögensstraftaten die mangelnde Eignung unwiderleglich vermuten lassen. Aus Gründen der Verhältnismäßigkeit gilt dies jedoch nur so lange, als die Tilgung im Zentralregister noch nicht erledigt ist. Absatz 1 Satz 2 ist aus dem geltenden Bundesrecht übernommen. Gleiches gilt für den Absatz 2, der zumindest hinsichtlich der sonstigen Beschäftigten aus rechtsstaatlichen Gründen aufgenommen werden muss. Soweit diese Verfehlungen vor Inkrafttreten dieser Verordnung begangen wurden, würde die Nebenfolge der Annahme einer mangelnden Eignung rückwirkend auf Verstöße ausgedehnt, für die eine solche Regelung zur Tatzeit noch nicht bestand. Hinsichtlich der Einrichtungsleitung und der Pflegedienstleitung ist dies anders zu beurteilen, da insoweit auf eine bereits bestehende Regelung in der Heimpersonalverordnung zurückgegriffen werden kann. Sollte sich ein Beschäftigter allerdings wegen einer der in dieser Vorschrift genannten Straftaten strafbar gemacht haben, ist seine persönliche Eignung nach Absatz 1 Satz 1 dieser Vorschrift zu prüfen.“* 398

Es war unter den besonderen Bedingungen der COVID-Pandemie in einem Fall von einer mangelnden persönlichen Eignung auszugehen, in dem eine Leitungskraft beständig gegen Anordnungen des Gesundheitsamtes über das Tragen von Dienstkleidung oder die Einhaltung von Quarantäneregelungen verstieß. Ein beharrlicher Verstoß gegen diese Verpflichtung rechtfertigte nach einer Eilentscheidung des Oberverwaltungsgerichtes vom 25. März 2021 die Verhängung eines 399

Beschäftigungsverbotes gegen eine Einrichtungsleitung: *„…Die Beigeladene, die derzeit als Heimleitung tätig ist, dürfte persönlich ungeeignet für diese Position sein. Gemäß § 21 Abs. 1 Satz 1 WTG NRW muss die Einrichtung unter der Leitung einer persönlich geeigneten Person (Einrichtungsleitung) stehen. Nach der Gesetzesbegründung obliegt der Einrichtungsleitung sowohl die Steuerung und Verantwortung für die wirtschaftliche Betriebsführung als auch die Pflege-und Betreuungsprozesse. Sie soll lediglich den Inhabern oder den Aufsichtsgremien des Trägers gegenüber weisungsabhängig sein. Den Leitungskräften kommt dementsprechend eine besondere Bedeutung zu, vgl. LT-Drucks. 16/3388, S. 96. Die damit verbundene Vorbildfunktion hat die Beigeladene im hier zu betrachtenden Zeitraum offensichtlich nicht wahrgenommen, dem Leitbild ist sie nicht gerecht geworden. Sie hat wiederholt gegen die im Zusammenhang mit dem akuten Ausbruch des Infektionsgeschehens (COVID-19) vom Gesundheitsamt getroffenen Anordnungen zum Tragen von Dienstkleidung … verstoßen … Damit zeigt die Beigeladene, dass sie ihre eigenen Regeln über die vom Antragsgegner zur Pandemiebekämpfung für notwendig gehaltenen Anordnungen des zuständigen Gesundheitsamtes setzt, was allein sie für die Leitungstätigkeit persönlich ungeeignet erscheinen lässt. Es ist ihrer eidesstattlichen Erklärung auch nicht ansatzweise zu entnehmen, dass sie etwa in Zukunft ihr Verhalten ändern wird. So hat sie ihr Verhalten selbst nach Erlass der hier angefochtenen Verfügung nicht geändert, wie der Antragsgegner bei der erneuten Begehung der Einrichtung am 29. Januar 2021 festgestellt hat. Erschwerend kommt hinzu, dass die Beigeladene nicht nur verwaltende Tätigkeiten ausübt, sondern auch als Pflegefachkraft in der Einrichtung tätig ist. Sie stellt sich damit als offenbar einzige Person gegen die für alle geltenden Regeln der Einrichtung, die das Tragen von Dienstkleidung selbst vorgegeben hat."* (Vgl. Oberverwaltungsgericht für das Land Nordrhein-Westfalen, Beschluss vom 25. März 2021 – 12 B 198/21 –, juris).

400 Zu dieser konkreten Entscheidung ist darauf hinzuweisen, dass sie unter den besonderen Bedingungen der COVID-Pandemie ging, da Beschäftigungsverbote wegen der Verweigerung des Tragens von Dienstkleidung sonst wohl unangemessen wären. Bemerkenswert ist auch, dass das OVG zur Begründung seiner Auffassung auf die Verantwortung der Einrichtungsleitung auch für Pflege- und Betreuungsprozesse abgestellt hat; dies dürfte mit der Regelung in § 21 Abs. 2 Satz 2 WTG, wonach diese Prozesse von der Pflegedienstleitung weisungsfrei verantwortet werden, so nicht vereinbar sein.

401 Als Quintessenz dürfte allgemein aber festzuhalten sein, dass der beharrliche Verstoß einer Einrichtungsleitung gegen rechtmäßige behördliche Anordnungen den Mangel der persönlichen Eignung begründet.

402 Der Verordnungsgeber der WTG-DVO 2014 hat die Regelungen aus der WTG-DVO 2008 im Wesentlichen übernommen, so dass die obigen Ausführungen auch für § 2 WTG-DVO gelten.

403 Lediglich zum Nachweis der persönlichen Eignung hat der Verordnungsgeber in § 2 Abs. 3 WTG-DVO eine neue Regelung getroffen. Grundsätzlich muss sich die Leistungsanbieterin bei der Einstellung aller Beschäftigter ein amtliches Führungszeugnis

vorlegen lassen. Für den in § 4 Abs. 9 WTG bestimmten Kreis der Leitungskräfte, nämlich Einrichtungsleitung, Pflegedienstleitung und verantwortliche Fachkräfte ist darüber hinaus in regelmäßigen Abständen die Vorlage des Führungszeugnisses verpflichtend. Der regelmäßige Abstand ist in der DVO und auch in der Begründung nicht näher erläutert. Im Hinblick auf die Tatsache, dass die zuständige Behörde im Rahmen der Mitteilungen für Strafsachen (MiStra) ohnehin informiert wird und dann prüft, ob sie Maßnahmen ergreifen muss, sollte die Frist entsprechend großzügig ausgelegt werden. Im Regelfall wird daher ein Zeitraum von fünf Jahren genügen. Diese Verpflichtung bezieht sich nur auf die genannten Leitungskräfte; für andere Leitungskräfte wie stellvertretende Einrichtungs- und Pflegedienstleitungen, Stations- und Wohnbereichsleitungen etc. gilt diese Regelung nicht.

Für die anderen Beschäftigten trifft § 2 Abs. 3 Satz 4 WTG-DVO die Aussage, dass 404
andere begründete Verfahrensweisen zur Sicherstellung der Beschäftigteneignung möglich sind. Diese sind der Behörde auf Verlangen darzulegen. Hier kommt insbesondere die regelmäßige Angabe der Beschäftigten in Frage, wonach sie sich nicht wegen einer Straftat nach § 2 Abs. 1 WTG-DVO strafbar gemacht haben. Eine falsche Angabe des Beschäftigten gegenüber der Leistungsanbieterin kann neben den ordnungsrechtlichen Konsequenzen nach dem WTG (ggf. Beschäftigungsverbot) unter Umständen auch arbeitsrechtliche Folgen haben.

Für den Zeitraum dürfte das Gleiche gelten wie für die Vorlage von Führungs- 405
zeugnissen.

Da es sich bei den Katalogstraftaten in § 2 Abs. 1 Satz 2 WTG-DVO nicht um eine 406
abschließende Aufzählung handelt (vgl. „insbesondere"), bedarf es nach § 2 Abs. 1 Satz 1 WTG-DVO zur Beurteilung der fehlenden persönlichen Eignung des Vorliegens konkreter Tatsachen mit Bezug auf die jeweilige Person, wenn Straftaten bzw. Ordnungswidrigkeiten im Sinne des § 2 WTG-DVO nicht vorliegen. Es müssen hiernach greifbare Vorkommnisse vorliegen, für die dann allerdings ein Verschulden des Betroffenen nicht erforderlich ist. Immerhin werden derartige Vorkommnisse aber vom Gewicht her den in § 2 Abs. 1 Satz 2 WTG-DVO bezeichneten Straftaten und Ordnungswidrigkeiten nahekommen müssen. Angesichts der einem Berufsverbot vergleichbaren Wirkung eines aufgrund fehlender persönlicher Eignung ausgesprochenen Beschäftigungsverbotes ist hier ein strenger Maßstab anzulegen.

## 2. Fachliche Eignung

Zur fachlichen Eignung trifft das Gesetz in § 4 Abs. 10 WTG die grundsätzliche Aus- 407
sage, dass betreuende Tätigkeiten nur durch Fachkräfte oder – dann durch Nichtfachkräfte – unter angemessener Beteiligung von Fachkräften durchgeführt werden dürfen.

Die fachliche Eignung ergibt sich daher grundsätzlich entweder daraus, dass ein 408
Beschäftigter eine Fachkraftausbildung abgeschlossen hat, § 3 Abs. 5 WTG, (vgl.

Rn. 409 ff.), oder aber als Nichtfachkraft seine Tätigkeit im Rahmen eines Delegationskonzeptes unter angemessener Beteiligung einer Fachkraft ausübt, § 4 Abs. 10 WTG, (vgl. Rn. 439 ff.). Trotz Erfüllung dieser formalen Anforderungen können dennoch ganz konkrete Tatsachen die Annahme begründen, dass jemand nicht geeignet ist, etwa, weil er fortgesetzt erforderliche Standards nicht beachtet. Wurde allerdings eine Fachkraftausbildung absolviert, so belegt diese zunächst einmal die fachliche Eignung des Beschäftigten, so dass zur Begründung der fehlenden Eignung besonders gewichtige Umstände vorliegen müssen. Die zuständige Behörde kann auch in diesen Fällen ein Beschäftigungsverbot aussprechen, § 19 Abs. 4 WTG, (vgl. Rn. 913 ff.).

## II. Fachkräfte

409 Nach § 3 Abs. 5 WTG müssen Fachkräfte eine mindestens dreijährige Ausbildung oder ein Studium abgeschlossen haben, um ihre betreuenden Tätigkeiten unter Beachtung des jeweils aktuellen Standes der fachlichen Erkenntnisse auszuüben. Nicht erforderlich ist, dass die Ausbildung zu einer vollkommen selbständigen Tätigkeit befähigt, da bestimmte Aufgaben wie z. B. die Behandlungspflege auch unter ärztlicher Anleitung oder auf ärztliche Anordnung ausgeführt wird.

410 Aus diesem Grund wird eine Mindestausbildungsdauer von drei Jahren gefordert, die der üblichen Dauer in einem Ausbildungsberuf entspricht. Ausbildungen in den so genannten Helferberufen sind damit wie bisher keine Fachkraftausbildungen.

411 Bei der mindestens dreijährigen Ausbildung muss es sich um eine institutionalisierte Ausbildung handeln, die also mit einer staatlichen oder staatlich anerkannten Prüfung abgeschlossen wird. Es ist dabei gleichgültig, um welche Art von Prüfung es sich handelt, wenn sie nur staatlich anerkannt ist (Prüfung vor der Industrie- und Handelskammer, Prüfung nach Abschluss eines Altenpflegeseminars, Studium an einer Fachhochschule oder Universität, Ausbildung an einem Berufskolleg oder einer anderen Fachschule).

412 Bei der Berechnung der dreijährigen Ausbildungsdauer können ggf. mehrere Ausbildungen auch zusammengerechnet werden. Dies gilt jedoch nur dann, wenn sie aufeinander aufbauen, wie es bei modularen Ausbildungen der Fall ist, oder wenn sie sich sinnvoll ergänzen. Davon ist immer dann auszugehen, wenn bestimmte Ausbildungen Voraussetzungen dafür sind, weiterführende Ausbildungen aufzunehmen. Dies gilt in Nordrhein-Westfalen z. B. für die Ausbildungen zu staatlich anerkannten Heilerziehungspflegerinnen oder staatlich anerkannten Familienpflegerinnen an den Berufskollegs, die zwar kürzer als drei Jahre sein können, aber ihrerseits eine bereits abgeschlossene Erstausbildung voraussetzen. Nicht zusammengerechnet werden können Helferausbildungen oder Ausbildungen, die in keinem sachlichen Zusammenhang zueinander stehen.

Für die in der Praxis wichtigsten Berufe regelt § 1 WTG-DVO, welche Berufe als Fach- 413
kräfte in der Pflege und sozialen Betreuung anzuerkennen sind. Für den Bereich der Pflege und sozialen Betreuung sind es die drei klassischen Pflegeberufe Altenpflege, Krankenpflege und Kinderkrankenpflege und – allerdings nur in Einrichtungen der Eingliederungshilfe – der Heilerziehungspflege. Unter die Regelung wird künftig, wenn sie dann so umgesetzt wird, auch die generalistische Pflegeausbildung fallen.

Für die soziale Betreuung sind im Wesentlichen die akademischen und nicht-akade- 414
mischen Berufe aus den Bereichen Sozialarbeit, Pädagogik, Psychologie, Sozialmanagement als Fachkraftberufe anerkannt. Wie sich aus dem Wortlaut des § 1 Abs. 2 Nr. 3 WTG-DVO ergibt, sind auch gleichwertige Berufe anzuerkennen, so dass die Aufzählung in § 1 Abs. 2 WTG-DVO nicht abschließend ist.

Gleiches gilt aber auch für die Aufzählung in § 1 Abs. 1 WTG-DVO, da die grund- 415
legende Regelung in § 3 Abs. 5 WTG getroffen ist: Eine Ausbildung, die nach dieser Vorschrift Fachkraftausbildung ist, ist auch als solche anzuerkennen, auch wenn sie nicht in der WTG-DVO oder Anlage aufgeführt ist, da die Regelungen der WTG-DVO die gesetzliche Regelung nicht einschränken können.

§ 3 Abs. 3 WTG-DVO trifft für Fachkräfte, die beatmungspflichtige Nutzerinnen be- 416
treuen, eine besondere Regelung: Diese sollen entweder über eine Weiterbildung in Anästhesie oder Intensivpflege verfügen oder aber geeignete Fortbildungen besucht haben. Als Maßstab für die fachlichen Anforderungen kann man hier die Ausführungen in der so genannten S -Leitlinie Beatmungspflege der Deutschen Gesellschaft für Beatmungsmedizin heranziehen, da es sich dabei um den aktuellen fachlichen Standard handeln dürfte.

Aus der Regelung des § 3 Abs. 5 WTG folgt, dass es einen sachlichen Zusammen- 417
hang zwischen der Fachkraftausbildung und der konkret ausgeübten betreuenden Tätigkeit geben muss, da andernfalls die vom Gesetz geforderte Fachlichkeit, vgl. § 4 Abs. 1 WTG, nicht gewährleistet werden könnte. Eine Beschäftigte mit einer Fachkraftausbildung, die fachfremd eingesetzt wird, ist daher keine Fachkraft im Sinne des § 3 Abs. 5 WTG. Nicht erforderlich ist, dass eine Beschäftigte in ihrem „klassischen" Arbeitsbereich eingesetzt wird: So ist etwa eine Krankenschwester, die aus persönlichen Gründen nicht in der eigentlichen Grund- und Behandlungspflege eingesetzt wird, sondern als so genannte § 87b SGB XI-Kraft, dennoch eine Fachkraft im Sinne der §§ 3 Abs. 5, 4 Abs. 10 WTG, muss also nicht unter Anleitung einer anderen Fachkraft arbeiten. Bei der Berechnung der Fachkraftquote spielt sie dennoch keine Rolle, da die § 87 b SGB XI-Kräfte nicht in die Fachkraftquote einbezogen werden, vgl. dazu Rn. 470.

Zu beachten ist, dass es für die Berücksichtigung als Fachkraft eine Bestandsschutz- 418
regelung in § 48 Abs. 1 WTG gibt. Sie ist im Wesentlichen aus § 22 WTG übernommen worden. Danach werden Beschäftigte, die in der Vergangenheit bei der Ermittlung der Fachkraftquote berücksichtigt wurden, auch weiterhin berücksichtigt, sofern

ihre Tätigkeit nicht Anlass zu ordnungsbehördlichen Beanstandungen gibt. Aus dem Zweck des Gesetzes ist zu fordern, dass eine entsprechende Anordnung der WTG-Behörde sich auf Mängel in der fachlichen Tätigkeit beziehen muss. Der Bestandsschutz ist personengebunden, so dass er auch beim Wechsel der Einrichtung erhalten bleibt. Dies betrifft vor allem die Ausbildungen zum Altenpfleger nach altem Recht: Nach den Alt-Regelungen konnten Altenpfleger die staatliche Anerkennung erlangen, wenn sie nach einer Ausbildung von zunächst einem Jahr, später zwei Jahren ein praktisches Anerkennungsjahr ableisteten. Diese Altenpfleger nach altem Recht werden nach wie vor als Fachkräfte anerkannt.

419 Für Beschäftigte mit einer Ausbildung im Ausland, gelten die entsprechenden ausbildungsrechtlichen Anerkennungsvorschriften bzw. ggf. die Regelungen der EU.

420 Für Familienpflegerinnen und Hauswirtschaftskräfte stellt sich hier ein besonderes Problem: Mit einer dreijährigen Ausbildung wurden sie nach dem WTG 2008 als Fachkräfte für die allgemeine Betreuung anerkannt und bei der Ermittlung der Fachkraftquote berücksichtigt. Das WTG 2014 stellt Fachkraftanforderungen nur noch für die Pflege und die soziale Betreuung, nicht mehr für die allgemeine Betreuung. Da die als Fachkräfte anerkannten Familienpflegerinnen und Hauswirtschaftskräfte Bestandsschutz genießen, müssen sie jetzt grundsätzlich als Fachkräfte im Bereich der sozialen Betreuung eingesetzt werden. Möglich bleibt auch der Einsatz als Hauswirtschaftsfachkraft nach § 21 Abs. 3 Satz 1 WTG, aber da fordert das Gesetz nur eine Fachkraft als Mindestanforderung. Sind in einer Einrichtung mehrere Familienpflegerinnen und Hauswirtschaftskräfte beschäftigt, müssen die anderen dann in der sozialen Betreuung eingesetzt werden.

## III. Fort- und Weiterbildung

421 Die Vorschrift des § 3 WTG-DVO enthält im Wesentlichen eine Übernahme des bisher geltenden Rechtes. Die Beschäftigten sollen ihr fachliches Wissen den veränderten Erkenntnissen und Erfahrungen anpassen können, zum anderen soll ihnen Gelegenheit gegeben werden, sich beruflich zu verbessern. Den Betreiber trifft auf Grund dieser Vorschrift jedoch keine Verpflichtung, die Kosten einer Bildungsmaßnahme zu übernehmen. Er ist aber verpflichtet, ggf. durch organisatorische Vorkehrungen den Weiterbildungswünschen der Beschäftigten Rechnung zu tragen. Neu aufgenommen ist die Verpflichtung der Leistungsanbieterin, den Beschäftigten die Gelegenheit zu geben, Fort- und Weiterbildungsmaßnahmen zu besuchen, die es ihnen einerseits erlauben, auf dem aktuellen Stand der fachlichen Erkenntnisse zu bleiben, andererseits Kenntnisse über die UN-Behindertenrechtskonvention zu erwerben.

422 Neu aufgenommen wurde die Verpflichtung, die Beschäftigten regelmäßig in den einrichtungsindividuellen Teilhabe-, Gewaltschutz-, Hygiene- und Infektionsschutzkonzepten zu schulen, § 13a WTG. Diese Schulungen, die vermittelten Inhalte und die Teilnehmenden sind zu dokumentieren. Es handelt sich im Grunde genommen

nicht um eine neue Regelung, sondern eine textliche Zusammenfassung bereits andernorts statuierter Verpflichtungen, namentlich der Anforderungen aus §§ 4 Abs. 1 und 4, 5 und 8 WTG.

Aus dem bisherigen Recht (schon aus dem Heimgesetz) übernommen hat der Gesetzgeber die Verpflichtung, mehrjährig Beschäftigten, die keine Fachkräfte sind, die Gelegenheit zur Nachqualifizierung zu geben. Genauere Vorgaben enthält die Regelung nicht, aber häufig wird es gerade im Interesse der Einrichtung sein, geeigneten Nichtfachkräften die Weiterbildung zur Fachkraft zu ermöglichen. 423

## IV. Einrichtungs- und Pflegedienstleitung, verantwortliche Fachkraft

**Die** Anforderungen an Leitungskräfte werden in §§ 4 Absatz 9 Satz 2 und 3 und 21 Absatz 1 und 2 WTG geregelt. Leitungskräfte im Sinne des WTG sind Einrichtungsleitungen, Pflegedienstleitungen und verantwortliche Fachkräfte in Einrichtungen der Eingliederungshilfe und in anbieterverantworteten Wohngemeinschaften. 424

Zu unterscheiden sind die Anforderungen an Einrichtungsleitungen einerseits und an Pflegedienstleitungen und verantwortliche Fachkräfte andererseits. 425

**a)** Die Anforderungen an Einrichtungsleitungen sind durch die letzte Änderung des WTG deutlich herabgesetzt worden. § 21 Absatz 1 WTG verlangt jetzt nur noch, dass es sich bei der Einrichtungsleitung um eine persönlich geeignete Person handeln muss. Die früheren Anforderungen an die Qualifikation sind vollständig entfallen. Dies begründet der Gesetzgeber damit, dass die Leitung einer Einrichtung in der Verantwortung des Trägers steht (vgl. Gesetzentwurf der Landesregierung, LT-Drucksache 17/3777 S. 60); der Träger muss also ein eigenes Interesse daran haben, dass die von ihm eingesetzte Leitungskraft die an sie gestellten Anforderungen erfüllt. Die Einrichtungsleitung soll nach § 21 Absatz 1 Satz 2 WTG über eine mindestens zweijährige Leitungserfahrung verfügen. Eine zweijährige Leitungserfahrung ist daher nicht zwingend erforderlich, sollte aber, da es sich um eine „Soll-Bestimmung" handelt, im Regelfall vorhanden sein. Das Gesetz trifft weder weitere Bestimmungen über den Inhalt der Leitungserfahrung noch über deren Umfang. Im Gegensatz zum bisherigen Recht wird nun ausdrücklich nur noch eine persönliche, nicht jedoch mehr eine fachliche Eignung gefordert. Andererseits wird über die Soll-Anforderung der mindestens zweijährigen Leitungserfahrung doch wieder eine fachliche Anforderung gestellt; eine Leitungserfahrung in einem vollkommen fachfremden Bereich würde offensichtlich nichts dazu beitragen, den Zweck des WTG zu erreichen und wäre daher als Anforderung überflüssig. Im Hinblick auf den Zweck des Gesetzes und die Verpflichtung des Leistungsanbieters insbesondere aus § 4 Absatz 1 WTG, den individuellen Bedürfnissen der Nutzerinnen Rechnung zu tragen, sollte die Leitungserfahrung daher zumindest „einschlägig" sein, wie dies § 4 Absatz 9 WTG für Pflegefachkräfte und verantwortliche Fachkräfte fordert. Die 426

Leitungserfahrung sollte sich daher auf verantwortliche Positionen in der Führung einer Pflegeeinrichtung oder Einrichtung der Eingliederungshilfe beziehen, etwa als stellvertretende Einrichtungsleitung, als Verwaltungsleitung, Pflegedienstleitung, Leitung des sozialen Dienstes o. ä. Im Gegensatz zu Pflegefachkräften und verantwortlichen Fachkräften wird eine hauptberufliche Tätigkeit nicht gefordert; es genügt daher eine Teilzeittätigkeit.

**b)** Pflegedienstleitungen und verantwortliche Fachkräfte

427 Pflegedienstleitungen und verantwortliche Fachkräfte müssen nach § 4 Absatz 9 WTG Fachkräfte sein und über eine mindestens zweijährige einschlägige hauptberufliche Berufserfahrung verfügen.

428 „Einschlägig" bedeutet in diesem Zusammenhang eine Berufserfahrung in der Pflege oder sozialen Betreuung von pflegebedürftigen oder älteren Menschen oder Menschen mit Behinderung. Gerade für die Einrichtungsleitung ist allerdings keine unmittelbare Erfahrung in der Betreuung erforderlich, sondern es reichen Erfahrungen mit Leitungsaufgaben in Einrichtungen, die solche Betreuung anbieten, wie z. B. als Verwaltungsleitung oder stellvertretende Einrichtungsleitung.

429 Es zählt grundsätzlich die hauptberufliche Tätigkeit. Bei Teilzeittätigkeiten ist die erforderliche Zeit der Berufserfahrung entsprechend zu verlängern, wobei § 4 Abs. 9 Satz 3 und 4 WTG besondere Regelungen treffen: Zeiten mit mindestens der Hälfte der regelmäßigen Arbeitszeit zählen in vollem Umfang. Zeiten mit weniger als der Hälfte zählen nur im Verhältnis zur hälftigen Beschäftigung; bei einer Leitungskraft mit 25% der regelmäßigen Arbeitszeit wird also nur die Hälfte der Zeit berücksichtigt, so dass sie insgesamt 4 Jahre Berufserfahrung sammeln muss.

430 Sofern es bei einer Bewerberin oder einem Bewerber noch an der einschlägigen zweijährigen hauptberuflichen Erfahrung fehlt, kann aber ggf. die Funktion für einen Überganszeitraum auch in Personalunion wahrgenommen werden. Nach dem WTG ist es grundsätzlich zulässig, dass die Funktionen der Einrichtungs- und Pflegedienstleitung in einer Person wahrgenommen werden oder eine Person zwei Einrichtungen leitet. Dabei kommt es auf die Größe der jeweiligen Einrichtungen an. Entscheidend ist, dass eine Person durch die Wahrnehmung beider Funktionen nicht überfordert ist. Entsprechend hat auch das Bundessozialgericht (Urteil vom 22.04.2009 – B 3 P 14/07 R –, dort Textziffer 23) entschieden. Hiernach ist die Personalunion zwischen Einrichtungs- und Pflegedienstleitung keineswegs schlechthin unzulässig, sondern vielmehr dann möglich, wenn etwa die Pflegedienstleitung durch konzeptionelle Vorkehrungen dergestalt von ihren Verpflichtungen entlastet wird, dass die zusätzliche Arbeitsaufgabe als Einrichtungsleitung nachvollziehbar zu erfüllen ist.

431 **c)** Einrichtungsleitung und Pflegedienstleitung sind wie bisher verpflichtet, sich auch in Fragen der Personalführung, Organisationsentwicklung und

Qualitätssicherung regelmäßig fortzubilden. Es handelt sich hier um für Leitungstätigkeiten zentrale Bereiche. § 3 Abs. 1 WTG-DVO hat diese Verpflichtung erweitert auf interkulturelle, kultur- und geschlechtersensible Kompetenzen sowie Möglichkeiten der Vermeidung von Gewalt, Zwang und freiheitsentziehenden Maßnahmen. Diese Fortbildungsverpflichtung greift damit die erweiterte Zweckbestimmung des Gesetzes, § 2 Abs. 2 WTG und die besondere Verantwortung dieser Leitungskräfte zur Vermeidung freiheitsentziehender Maßnahmen auf, § 8 WTG.

**d)** Regelmäßig muss eine natürliche Person zur Einrichtungsleitung bestellt werden. (vgl. Oberverwaltungsgericht für das Land Nordrhein-Westfalen, Beschluss vom 25. September 2019 – 12 B 1664/18 – Rn. 7, juris). 432

**Es** ist zwar nicht ausgeschlossen, dass ein Kollegialorgan die Funktion der Einrichtungsleitung wahrnimmt. Dann müssen aber entweder alle Mitglieder sämtliche fachlichen und persönlichen Anforderungen erfüllen oder es muss sichergestellt sein, dass innerhalb des Kollegialorgans nur die Mitglieder entscheiden, die für den Bereich, in dem sie entscheiden, die entsprechenden fachlichen Anforderungen erfüllen (Pflege- und Betreuungsprozesse bzw. wirtschaftliche Betriebsführung, vgl. Oberverwaltungsgericht für das Land Nordrhein-Westfalen, Beschluss vom 25. September 2019 – 12 B 1664/18 – Rn. 7, juris – auch hier geht offenbar das OVG im Widerspruch zu der Regelung des § 21 Abs. 2 Satz 2 WTG davon aus, dass die Pflege von der Einrichtungsleitung letztlich verantwortet wird, vgl. dazu schon oben Rn #). Auf jeden Fall setzt das eine Gleichrangigkeit der einzelnen Mitglieder und ihre Unabhängigkeit in den von ihnen verantworteten Entscheidungsbereichen voraus. (vgl. Oberverwaltungsgericht für das Land Nordrhein-Westfalen, Beschluss vom 25. September 2019 – 12 B 1664/18 – Rn. 9, juris). 433

## V. Fachliche Weisungsfreiheit von Pflegedienstleitungen und verantwortlichen Fachkräften

Nach § 21 Absatz 2 WTG müssen Pflegeeinrichtungen über eine verantwortliche Pflegefachkraft (Pflegedienstleitung) und Einrichtungen der Eingliederungshilfe über eine verantwortliche Fachkraft verfügen. Diese sind in pflege- und betreuungsfachlichen Entscheidungen nicht weisungsgebunden; auch durch anderweitige vertragliche Anreize darf ihre **fachliche** Unabhängigkeit nicht beeinträchtigt werden. Der Gesetzgeber begründet diese Neuregelung wie folgt: *„Im Gegenzug zur Reduzierung der Qualifikationsanforderungen für Einrichtungsleitungen wird die Position der Pflegedienstleitung gestärkt. Sie soll künftig bei allen betreuungsfachlichen Entscheidungen im Sinne von § 3 Absatz 1 WTG weisungsunabhängig sein. Die Regelung ist in Anlehnung an die Vorschriften zur Weisungsunabhängigkeit des Abteilungsarztes im Krankenhaus gem. § 31 Krankenhausgestaltunggesetz (KHGG NRW) formuliert worden. Die Regelungen sollen auch für die verantwortliche Fachkraft in Einrichtungen der Eingliederungshilfe gelten.* 434

435 *Die Pflegedienstleitungen und verantwortlichen Fachkräfte sind ausschließlich in betreuungsfachlichen Entscheidungen von den Weisungen der Einrichtungsleitung und des Leistungsanbieters unabhängig. Die Weisungsunabhängigkeit steht dem sozialversicherungspflichtigen Arbeitsverhältnis nicht entgegen, da u. a. Ort und Zeit der Arbeitsleistung weiterhin durch den Arbeitgeber bestimmt werden. Die Pflegedienstleitungen und verantwortlichen Fachkräfte sollen folglich nicht selbstständig tätig sein.*

436 *Die Aufgaben der Pflegedienstleitung ergeben sich aus den Maßstäben und Grundsätzen für die Qualität und Qualitätssicherung sowie für die Entwicklung eines einrichtungsinternen Qualitätsmanagements nach § 113 SGB XI in der vollstationären Pflege. Danach ist die Pflegedienstleitung insbesondere verantwortlich für*
- *die Anwendung der beschriebenen Qualitätsmaßstäbe im Pflegebereich,*
- *die Umsetzung des Pflegekonzeptes,*
- *die Planung, Durchführung und Evaluation der Pflege,*
- *die fachgerechte Führung der Pflegedokumentation,*
- *die an dem Pflegebedarf orientierte Dienstplanung der Pflegekräfte,*
- *die regelmäßige Durchführung der Dienstbesprechungen innerhalb des Pflegebereichs."*
  (vgl. Gesetzentwurf der Landesregierung, LT-Drucksache 17/3777 S. 60, 61).

437 Diese neue Vorschrift verbietet daher dem Leistungsanbieter, der Pflegedienstleitung oder der verantwortlichen Fachkraft fachliche Weisungen zu erteilen bzw. vertragliche Anreize zu schaffen, die die fachliche Entscheidungsfreiheit beeinträchtigen.

438 Es steht zu befürchten, dass die Neuregelung die Praxis mit erheblichen Umsetzungsschwierigkeiten konfrontieren wird. Unklar ist die konkrete Reichweite des Kreises der arbeitsrechtlichen Weisungsfreiheit (übrigens entgegen der bundesgesetzlichen Regelung des § 106 GewO), die je nach Lesart praktisch die gesamte dienstliche Tätigkeit der Pflegedienstleitung erfassen mag. Letztlich wird dem Träger dann auch keine zivilrechtliche Haftung für das pflegerische Geschehen, auf das er keinen Zugriff mehr hat, zugewiesen werden können. Greift aber die Haftungszuweisung über die Rechtsinstitute des Verrichtungs- und Erfüllungsgehilfen nicht mehr, so stellt sich die Frage, wer neben den Pflegekräften und der Pflegedienstleitung noch haftet – und wer diese Verantwortung zu tragen bereit ist. Schließlich überzeugt die Parallele zu den Vorschriften zur Weisungsunabhängigkeit des Abteilungsarztes im Krankenhaus gem. § 31 Krankenhausgestaltunggesetz (KHGG NRW) nur eingeschränkt, geht es doch dort um punktuelle medizinische Entscheidungen und nicht umfassend um das gesamte, auf Dauer angelegte pflegerische Versorgungsgeschehen. Unglücklich ist die geschaffene arbeitsrechtliche Konfliktlage; zu begrüßen wäre ein wenig mehr Vertrauen in das Verantwortungsbewusstsein der Träger.

## VI. Delegationsmöglichkeit und Betreuungskonzept

439 Wie bisher, lässt es das WTG in § 4 Abs. 10 weiterhin ordnungsrechtlich zu, betreuende Tätigkeiten auch auf Nicht-Fachkräfte zu delegieren. Dies setzt eine angemessene

Beteiligung der Fachkräfte voraus. Im Gegensatz zum bisherigen Recht präzisiert die Vorschrift nunmehr die Voraussetzungen einer Delegation von betreuenden Tätigkeiten auf Nicht-Fachkräfte. Die Vorschrift gilt damit zunächst nur für die Delegation auf Nicht-Fachkräfte. Sie ist entbehrlich in den Fällen, in denen die Fachkraftquote 100 % beträgt. Dies wird in der Praxis so gut wie gar nicht vorkommen. Gefordert wird eine schriftliche Aussage darüber, welche betreuenden Tätigkeiten von welchen Beschäftigten ausgeübt werden, wie diese Beschäftigten dafür qualifiziert wurden, welche Standards sie dabei zu beachten haben und wie diese Nichtfachkräfte bei der Ausübung ihrer Tätigkeit überwacht werden.

Bei den in § 4 Abs. 10 Satz 2 Nr. 2 WTG genannten fachlichen Standards handelt es 440
sich beispielsweise, soweit vorhanden, um die anerkannten Expertenstandards, wie z. B. zur Dekubitus-Prophylaxe, zur Sturzprävention oder zur Palliativ-Medizin. Ungeachtet des Umstandes, dass die bisherigen Expertenstandards im Sinne des § 113 a SGB XI noch keine allgemeine, normative Verbindlichkeit für sich beanspruchen können, sind sie gleichwohl geeignet, Anhaltspunkte für den jeweils einzuhaltenden Standard nach § 4 Abs. 10 Satz 2 Nr. 2 WTG zu liefern. Es sind allerdings auch andere Standards geeignet im Sinne dieser Vorschrift, sofern sie nur dem allgemein anerkannten Stand der medizinisch-pflegerischen Erkenntnisse entsprechen.

Unter Qualifizierung ist dabei jede Art von Qualifizierung zu verstehen; es muss sich 441
nicht notwendigerweise um eine institutionalisierte Fortbildung handeln (Anleitung, Schulung, Einweisung in die Tätigkeit). Dies muss nachvollziehbar dokumentiert werden. Im Hinblick darauf, dass sich fachliche Standards bisweilen ändern, müssen die Qualifikationsmaßnahmen in regelmäßigen Abständen wiederholt werden.

## VII. Vorbehaltsaufgaben

Neu aufgenommen wurden Vorbehaltsaufgaben für Fachkräfte, § 4 Abs. 11 und 12 442
WTG. Das Gesetz nennt drei Arten von Aufgaben, die auf jeden Fall von Fachkräften durchgeführt werden müssen und nicht delegiert werden dürfen. Da ist zum einen die Planung, Steuerung und Überwachung der Pflegeprozesse, die Kontrolle und Auswertung der Pflege- und Betreuungsqualität sowie die Abstimmung mit anderen Leistungserbringern der medizinischen Versorgung (Ärztinnen, Apotheker, Reha-Praxen, Krankenhäusern etc.). Zum anderen gehört dazu die Beratung der Nutzerinnen über Maßnahmen zur Sicherung ihrer Versorgung sowie die Mitwirkung bei deren Entscheidungen. Gerade in den grundlegenden Planungs- und Beratungsprozessen soll also eine Fachlichkeit auf Fachkraftniveau sichergestellt sein, wobei unter Mitwirkung bei Entscheidungen der Nutzerinnen sicher nicht eine echte Mitwirkung bzw. Mitbestimmung gemeint ist, sondern nur die Verpflichtung zur Beratung über fachlich gebotene oder sinnvolle Maßnahmen, über die dann aber die Nutzerin bzw. erforderlichenfalls auch ein Betreuer selbst entscheidet.

443 Wegen der auch an anderen Stellen des Gesetzes zum Ausdruck gekommenen Wichtigkeit, die der Gesetzgeber der Vermeidung freiheitsentziehender Maßnahmen einräumt (vor allem § 8 WTG), bestimmt § 4 Abs. 11 Nr. 3 WTG auch, dass die Überprüfung der Erforderlichkeit und Angemessenheit sowie die Überwachung der Durchführung freiheitsentziehender Maßnahmen ebenfalls Fachkräften vorbehalten ist. Das schließt nicht aus, dass Nichtfachkräfte an der Durchführung mitwirken, z. B. nach Maßnahmen der Grundpflege ein Bettgitter wieder hochziehen; die Verantwortung dafür tragen jedoch ausschließlich Fachkräfte.

## VIII. Ermittlung der ausreichenden Personalmenge

### 1. Personalschlüssel, Vereinbarungen nach dem SGB

444 § 21 Abs. 3 WTG nimmt zunächst die erforderliche Anzahl an Personal in den Blick. Absatz 3 Satz 1 nennt den abstrakten Grundsatz, dass die Zahl der Beschäftigten zur Erfüllung des Pflege- und Betreuungsbedarfes ausreichen muss. Was zu leisten ist, ergibt sich aus den allgemeinen Anforderungen, nämlich eine Betreuung der Nutzer nach dem anerkannten Stand der fachlichen Erkenntnisse. § 21 Absatz 3 Satz 2 nimmt – den schon in § 12 WTG 2008 vorhandenen – Bezug auf ein Personalbemessungssystem wieder auf. Im Gegensatz zur Rechtslage in 2008 und den Folgejahren ist ein solches System jetzt – nur für Pflegeeinrichtungen – im Pflegeversicherungsrecht eingeführt worden.

445 Für stationäre Pflegeeinrichtungen, die im Sinne des WTG regelmäßig Einrichtungen mit umfassendem Leistungsangebot sind, ist in diesem Zusammenhang die seit dem 01. Juli 2023 geltende Regelung des § 113c SGB XI zu beachten. Die Regelung setzt die Ergebnisse eines Projektes „zur Entwicklung und Erprobung eines wissenschaftlich fundierten Verfahrens zur einheitlichen Bemessung des Personalbedarfs in Pflegeeinrichtungen nach qualitativen und quantitativen Maßstäben" (Prof. Dr. Heinz Rothgang u. a., Universität Bremen) um. In § 113c Abs. 1 SGB XI werden bundeseinheitliche Stellenschlüssel als Personalanhaltswerte für die Ausstattung vollstationärer Pflegeeinrichtungen mit Pflege- und Betreuungspersonal festgelegt. Diese werden je nach Qualifikationsstufen der Pflege- und Betreuungskräfte (1 für Hilfskraftpersonal ohne Ausbildung, 2 für Hilfskraftpersonal mit landesrechtlich geregelter Helfer- oder Assistenzausbildung in der Pflege mit einer Ausbildungsdauer von mindestens einem Jahr und 3 für Fachkräfte) und nach Pflegegrad der Nutzerinnen differenziert dargestellt. Es handelt sich dabei um **Obergrenzen**, die in Pflegesatzvereinbarungen grundsätzlich geregelt werden können, wobei auch unter bestimmten Voraussetzungen Überschreitungen der Obergrenzen zulässig sind, vgl. § 113c Abs. 2 und 3 SGB XI.

446 Die personelle Ausstattung, die bisher nach Landesrahmenverträgen nach § 75 SGB XI vereinbart werden konnte, stellt nach § 113c Abs. 5 SGB XI die **Untergrenze** für die Personalausstattung dar. Es wird damit ein Korridor geschaffen, innerhalb

dessen die vereinbarte Personalausstattung schrittweise an die bundeseinheitlichen Personalanhaltswerte angeglichen werden kann (so genannte Konvergenzphase, vgl. Bericht des Ausschusses für Gesundheit, BT-Ds. 19/30560, S. 78).

Bei der Anwendung des § 21 WTG auf diese – sehr komplexe – Regelung ist Folgendes zu beachten: Zunächst ist von dem Grundsatz des § 21 Abs. 3 S. 1 WTG auszugehen, dass die Gesamtzahl der Beschäftigten und ihre Qualifikation ausreichen müssen, um den Pflege- beziehungsweise Betreuungsbedarf der Nutzerinnen und Nutzer zu erfüllen. Dies ist nach § 21 Abs. 3 S. 2 WTG der Fall, wenn Zahl und Qualifikation der Beschäftigten dem in einem allgemein anerkannten und wissenschaftlichen Anforderungen entsprechenden Personalbemessungssystem ermittelten Bedarf entsprechen. Da die Personalanhaltswerte nach § 113c Abs. 1 SGB XI auf einem wissenschaftlich fundierten Personalbemessungssystem beruhen, müssten diese Zahlen eigentlich auch den ordnungsrechtlichen Bedarf nach dem WTG abbilden. Dies gilt umso mehr, als die Leistungen der Pflegeversicherung sich einerseits am Pflege- und Betreuungsbedarf orientieren müssen, § 4 Abs. 1 SGB XI, und andererseits wirtschaftlich erbracht werden müssen, § 4 Abs. 3 SGB XI. Damit stellen die Personalanhaltswerte des § 113c Abs. 1 SGB XI grundsätzlich auch den Maßstab für § 21 Abs. 3 Satz 2 WTG dar. 447

Andererseits ist zu beachten, dass § 113c Abs. 5 SGB XI es zulässt, dass innerhalb der o. g. Konvergenzphase Untergrenzen für die Personalausstattung nach § 75 Abs. 3 Satz 1 SGB XI vereinbart werden können. Nach § 21 Abs. 3 Satz 3 WTG wird vermutet, dass die Zahl der Beschäftigten und ihre Qualifikation ausreichen, wenn mindestens das Personal eingesetzt wird, das nach Zahl und Qualifikation der Beschäftigten in Verträgen nach dem Fünften, Neunten, Elften oder Zwölften Buch Sozialgesetzbuch vereinbart ist. Voraussetzung für die Anwendung dieser Vermutungsregelung ist, dass ein Personalbemessungssystem „nicht vorliegt". Nun liegt dem § 113c Abs. 1 SGB XI ein wissenschaftliches Personalbemessungssystem zu Grunde. Nach dem Sinn der Regelung des § 21 Abs. 3 WTG kann es allerdings nicht ausreichen, dass es irgendein Personalbemessungssystem gibt, sondern es muss sich um eines handeln, dessen Anwendung verbindlich vorgegeben ist. Andernfalls könnten mehrere Personalbemessungssysteme zu durchaus unterschiedlichen Ergebnissen führen. Ohne eine verbindliche Regelung, welches dann gelten soll, könnte die Frage der ausreichenden Personalausstattung dann nicht beantwortet werden. Das Tatbestandsmerkmal in § 21 Abs. 3 S. 3 WTG „Liegt ein solches (Personalbemessungssystem – d. V.) nicht vor…" ist also zu verstehen, dass es zunächst ein Personalbemessungssystem geben muss und dann seine Anwendung auch verbindlich ist. Eine verbindliche Regelung liegt sicher vor, wenn Personalmengen und Qualifikationen als **Untergrenzen** nach § 75 SGB XI vereinbart sind. Für die Obergrenzen nach § 113c Abs. 1 SGB XI gilt dies (zumindest derzeit) nicht, da die Regelung die Vereinbarung der Personalanhaltszahlen nur ermöglicht, aber nicht verbindlich vorschreibt. Eine andere Auslegung – Personalanhaltswerte nach § 113c Abs. 1 SGB XI als sofort und ordnungsrechtlich verbindlich im Sinne des § 21 Abs. 3 S. 2 WTG – wäre mit der 448 differenzierten pflegeversicherungsrechtlichen Regelung des § 113c SGB XI, die als Bundesrecht dem Landesrecht auch vorgeht, nicht vereinbar.

449 Andererseits ist davon auszugehen, dass mittlerweile Verträge nach § 75 SGB XI vorliegen, die die nach der Regelung des § 113c Abs. 5 SGB XI verbindlichen Bestimmungen über die **mindestens** zu vereinbarende personelle Ausstattung, besondere Personalbedarfe und die erforderlichen Qualifikationen für das Pflege- und Betreuungspersonal, das von der Pflegeeinrichtung vorzuhalten ist, enthalten. Der nach § 22 des aktuellen Rahmenvertrages gebildete Grundsatzausschuss Kurzzeitpflege und Langzeitpflege in Nordrhein-Westfalen hat am 30.08.2023 beschlossen, dass die Mindestpersonalmenge an Pflege- und Betreuungspersonal im Sinne der Rahmenverträge nach § 75 SGB XI 80% der maximalen Personalmenge nach §113c SGB XI betragen soll.

450 Innerhalb dieser vorstehend genannten Anhaltszahlen bzw. Richtwerte wird die konkrete Personalausstattung der Einrichtungen in Verträgen nach §§ 84, 85 SGB XI („Leistungs- und Qualitätsvereinbarungen“) geregelt.

451 Für die Anwendung des § 21 Abs. 3 Satz 2 WTG bedeutet das, dass diese vereinbarte Personalausstattung die Vermutung der ausreichenden Personalausstattung begründet. Wird einrichtungsindividuell eine höhere Personalausstattung vereinbart, ist diese Grundlage der Vermutung. Wird diese vereinbarte Personalmenge tatsächlich unterschritten, greift die gesetzliche Vermutungsregelung nicht ein.

452 Das Zusammenspiel der Regelungen des § 113c SGB XI und des § 21 Abs. 3 WTG lässt sich zusammenfassend also wie folgt darstellen:

1. Die konkrete Personalausstattung in einer Einrichtung wird in einer „Leistungs- und Qualitätsvereinbarung“ nach §§ 84, 85 SGB XI geregelt. Diese orientiert sich **mindestens an der Untergrenze** von § 113c Abs. 5 SGB XI i. V. m. § 75 Abs. 3 SGB XI. Nach der Entscheidung des Grundsatzausschusses sollen das 80% der maximalen Personalmenge nach §113c SGB XI sein. Soweit diese Personalausstattung tatsächlich vorgehalten wird, löst dies die Vermutungswirkung der ausreichenden Personalausstattung nach § 21 Abs. 3 WTG aus.
2. Wenn in einer Einrichtung individuell eine über die Untergrenze hinausgehende Personalausstattung vereinbart wird, ist diese auch nach § 21 Abs. 3 WTG maßgeblich.
3. Eine darüber hinaus gehende Personalausstattung bis zur Obergrenze des § 113c Abs. 1 SGB XI ist ordnungsrechtlich ohne Bedeutung, sofern diese Personalausstattung nicht konkret für die Einrichtung vereinbart wird.
4. Wird die nach der „Leistungs- und Qualitätsvereinbarung“ geregelte Personalausstattung nicht tatsächlich vorgehalten, hat dies – wie bisher – die Folge, dass die Vermutung des § 21 Abs. 3 WTG **nicht gilt**.

453 Vereinzelten Bedenken, die Regelung über die Vermutungswirkung sei verfassungswidrig, weil den an den Pflegesatzvereinbarungen beteiligten Trägern eine

Rechtssetzungsbefugnis eingeräumt werde, ist das Oberverwaltungsgericht Nordrhein-Westfalen entgegengetreten: *„Das Vorhandensein einer Vereinbarung im Sinne des § 21 Abs. 2 Satz 2 WTG a. F. (Anm. der Verf.: jetzt § 21 Abs. 3 WTG) über Zahl und Qualifikation des in einer Einrichtung einzusetzenden Personals ist nicht mehr als eine tatsächliche Voraussetzung, an welche das Gesetz den Eintritt der wiederum auf Tatsachen bezogenen Vermutungswirkung knüpft. Durch das Zustandekommen einer solchen Vereinbarung wird kein Recht im normativen Sinne geschaffen."* (vgl. Oberverwaltungsgericht für das Land Nordrhein-Westfalen, Beschluss vom 14. April 2020 – 12 B 330/19 – Rn. 15 ff., juris).

Die Einbeziehung von Vereinbarungen nach dem SGB V in die Vermutungsregelung des § 21 Abs. 3 Satz 3 erklärt sich daraus, dass auch Angebote in den Geltungsbereich des WTG fallen, die keinen Versorgungsvertrag nach SGB XI oder SGB XII haben (Wohngemeinschaften mit Betreuungsleistungen). 454

Voraussetzung für die Anwendung dieser Vermutungsregelung ist jedoch, dass das in der Vereinbarung genannte Personal auch tatsächlich beschäftigt wird. Solange die Voraussetzungen der Vermutungsregelung vorliegen, verbleibt im Rahmen dieser Vermutung grundsätzlich kein Raum für darüberhinausgehende Anforderungen an das einzusetzende Personal. Die Vermutung kann widerlegt werden, wenn Mängel in der Betreuung vorhanden sind und diese Mängel kausal auf die zu geringe Zahl oder die mangelnde Qualifikation der Beschäftigten zurückgeführt werden kann. 455

Wenn die Vermutungswirkung erschüttert wird, z. B. wegen konkreter Mängel in der Pflege oder Betreuung, besteht für die WTG-Behörde jedoch die Möglichkeit, den Einsatz zusätzlichen Personals anzuordnen. (vgl. Oberverwaltungsgericht für das Land Nordrhein-Westfalen, Beschluss vom 14. April 2020 – 12 B 330/19 – Rn. 6, 14, juris). 456

Insgesamt wird die Regelung des § 21 Abs. 3 Satz 3 WTG die Überprüfung eines ausreichenden Personalvorbehalts durch die zuständige Behörde in der Praxis wesentlich erleichtern. Immer aber wird zu berücksichtigen sein, dass nicht jede Abweichung von Personalschlüsseln im Einzelfall einen Mangel im heimrechtlichen Sinne darstellt, der ohne Weiteres eine Anordnung rechtfertigt. Überdies ist die Verteilung des notwendigen Personals auf einzelne Schichten primär der Leitungsentscheidung des Heimträgers vorbehalten und nicht Angelegenheit der zuständigen Behörde. Diese prüft die Rechtmäßigkeit des Verhaltens, jedoch die Zweckmäßigkeit nur, wenn tatsächliche Anhaltspunkte für Versorgungsmängel bestehen. 457

Der notwendige Personaleinsatz für eine bedarfsgerechte Versorgung kann sich auch aus einem Rahmendienstplan ergeben, den der Einrichtungsbetreiber in Reaktion auf eine behördliche Beanstandung der bisherigen Personaleinsatzplanung vorgelegt hat. Wenn der tatsächliche Personaleinsatz dann nicht der Planung entspricht, handelt es sich um einen eine Anordnung rechtfertigenden Mangel. Das hat das Oberverwaltungsgericht NRW noch unter der Geltung des WTG 2008 entschieden (vgl. Beschluss vom 29.11.2016 – 4 A 172/14 –). Die Aussage gilt aber auch für die jetzige, 458 insoweit nicht geänderte Regelung des § 21 Absatz 3 WTG. Das OVG begründet dies wie folgt: *„Eine bedarfsgerechte Betreuung der Bewohner durch ausreichend Personal muss voraussehbar und verlässlich sichergestellt sein. Diesem Zweck dienen Dienstpläne. Sind diese nicht bedarfsgerecht ausgestaltet, ist eine voraussehbare und verlässliche Betreuung der Bewohner auch dann nicht gewährleistet, wenn sich im Nachhinein herausstellen sollte, dass in dem betreffenden Zeitraum – abweichend von den jeweiligen Dienstplänen – tatsächlich ausreichend Personal zum Einsatz gekommen ist. Ein solcher letztlich zufälliger und unkoordinierter Personaleinsatz führt nicht zur Unverhältnismäßigkeit eines Aufnahmestopps als Reaktion auf eine nicht bedarfsgerechte Personaleinsatzplanung.“* (vgl. OVG NRW, Beschluss vom 29.11.2016 – 4 A 172/14 – Rn. 19).

## 2. Mindestfachkraftquote

### a) Ausreichende Gesamtzahl von Beschäftigen/Berechnung der Quote

459 Nach § 21 Abs. 3 Satz 1 WTG haben der Leistungsanbieter und die Einrichtungsleitung sicherzustellen, dass die Gesamtzahl der Beschäftigten und ihre Qualifikation zur Erfüllung des Pflege- und Betreuungsbedarfes ausreichen. Zu dieser von ihnen zu leistenden Tätigkeit gehört u. a. die Sicherung einer angemessenen Qualität der Betreuung der Nutzer nach dem anerkannten Stand der fachlichen Erkenntnisse, § 4 Abs. 1 WTG.

460 Grundsätzlich ist nach § 21 Abs. 4 Satz 1 WTG in jedem Fall sicherzustellen, dass insgesamt mindestens die Hälfte der mit betreuenden Tätigkeiten beauftragten Beschäftigten Fachkräfte sind. Nach dem Wortlaut der Vorschrift („Sofern kein Personalbemessungssystem …vorliegt…“) gilt dies jedoch nur, solange die Zahl der erforderlichen Pflege- und Betreuungskräfte **nicht** in einem Personalbemessungssystem ermittelt wird.

461 Nach der oben dargestellten Regelung des § 21 Abs. 3 kann bei einem nicht (verbindlich) vorliegenden Personalbemessungssystem der Vermutungstatbestand einer vereinbarten Personalmenge eingreifen. Konsequenterweise bestimmt § 21 Abs. 4 Satz 2, dass auch die Berechnung der Fachkraftquote, soweit vorhanden, auf der Grundlage der konkret nach §§ 84, 85 SGB XI vereinbarten Personalmengen erfolgt. Der Fachkraftanteil richtet sich in diesem Fall nicht mehr nach der starren 50 %-Quote, sondern nach der konkreten Vereinbarung, die sich abhängig von der Zahl der Pflegebedürftigen und deren Pflegegrad an den in § 113c SGB XI genannten Personalanhaltswerten orientiert. Da es sich hierbei aber nur um eine vereinbarte Personalmenge und noch nicht die Umsetzung eines verbindlichen Personalbemessungssystems handelt, begründet die Beschäftigung der vereinbarten Fachkraftzahl auch nur die **Vermutung** der ausreichenden Personalmenge.

462 Die Umsetzung dieser Personalanhaltswerte wird häufig dazu führen, dass die qualifizierten Assistenzberufe im Vergleich zu den Pflegefachkräften ein etwas stärkeres Gewicht erhalten und die bisherige starre 50 %-Fachkraftquote nicht mehr erreicht wird.

Dass die Fachkraftquote für über das vereinbarte Personal hinaus eingesetzte Personal nicht gilt, ergibt sich aus § 21 Abs. 4 S. 4 WTG. 463

Die Berechnung erfolgt nach Vollzeit-Äquivalenten. In die Bemessungsbasis sind alle Beschäftigten mit betreuenden Tätigkeiten einzurechnen und anschließend die Zahl der Fachkräfte nach ihren entsprechenden Vollzeit-Anteilen zu berücksichtigen. Bereits nach bisher geltendem Recht (Heimgesetz bzw. Heimpersonalverordnung/WTG 2008) war es demgegenüber nicht statthaft, das Erfordernis einer 50 %igen Fachkraftquote so auszulegen, dass zu jeder denkbaren Tages- oder Nachtzeit immer 50 % Fachkräfte anwesend sein müssen. Die Berechnung nach Vollzeitäquivalenten gestattet es vielmehr dem Betreiber, zu bestimmten Zeiten (morgendliche Grundpflege) eine wesentlich höhere Fachkraftquote vorzuhalten, diese allerdings während weniger betreuungsintensiver Zeiten (z. B. nachmittags) erheblich abzusenken (OVG NRW, Urteil vom 21.06.2004 – 4 A 151/01). 464

### b) Der Begriff des Beschäftigten

Der Begriff des Beschäftigten ist in § 3 Abs. 4 WTG legaldefiniert: Beschäftigte sind alle Personen, derer sich der Leistungsanbieter zur Erbringung seiner Leistungen bedient, unabhängig davon, ob diese zu ihm in einem Beschäftigungsverhältnis stehen. Letztere gelten aber nur dann als Beschäftigte, wenn sie betreuende Tätigkeiten ausüben. 465

Damit gehören alle Personen zu den Beschäftigten des Betreibers, die vom Betreiber in die vertraglich geschuldete Leistungserbringung gegenüber den Nutzern einbezogen werden. Neben den Personen, die in einem Arbeitsverhältnis zum Betreiber stehen, sind dies insbesondere Personen, die beispielsweise im Rahmen einer Arbeitnehmerüberlassung dem Betreiber tatsächlich zur Verfügung gestellt werden („Leiharbeitnehmer" oder Fälle des so genannten „Outsourcing"). Solche Personen sind also in die Bemessungsgrundlage für die Ermittlung der Fachkraftquote einzubeziehen. 466

### c) Bemessungsgrundlage zur Ermittlung der Fachkraftquote

Es werden allerdings nicht alle Beschäftigten des Betreibers der Bemessung zu Grunde gelegt, sondern nur die Beschäftigten, die soziale oder pflegerische betreuende Tätigkeiten ausüben. Der Begriff der Betreuung ist in § 3 Abs. 1 WTG mit seinen verschiedenen Arten definiert. Im Unterschied zum WTG 2008 fällt die so genannte allgemeine Betreuung, die nicht auf einen alters-, pflege- oder behinderungsbedingten Bedarf abzielt, nicht mehr unter die Regelung des § 21 WTG. 467

Neu ist gegenüber der Regelung des WTG 2008 auch, dass die Fachkraftquote jeweils im Hinblick auf die soziale und die pflegerische Betreuung zu erfüllen ist. Nach bisherigem Recht war es zulässig, die Fachkraftquote „über alles" zu ermitteln und damit etwa eine Unterschreitung im Bereich der Pflege durch eine Überschreitung in der sozialen Betreuung zu kompensieren oder umgekehrt. Dies ist jetzt nicht mehr 468 möglich; sowohl im Bereich der Pflege als auch im Bereich der sozialen Betreuung müssen jetzt mindestens 50% der Beschäftigten Fachkräfte sein.

469 Das Gesetz stellt jetzt aber in § 21 Abs. 4 Satz 2 WTG klar, dass in die Bemessungsgrundlage nur die betreuenden Beschäftigten einzubeziehen sind, die in Vereinbarungen als Personalmenge festgesetzt wurden.

470 Nicht einzubeziehen sind:

a) Beschäftigte, die ausschließlich in der Verwaltung tätig sind, weil diese nicht mit der Betreuung der Nutzer beauftragt sind, sondern nur intern tätig werden (sofern Beschäftigte, die Nutzerinnen betreuen, auch Verwaltungsaufgaben übernehmen, werden sie in die Bemessungsgrundlage einbezogen),
b) Auszubildende, weil diese zum Zweck ihrer Ausbildung beschäftigt werden und nicht, um die vertraglich geschuldeten Leistungen gegenüber den Nutzerinnen zu erbringen (auch wenn sie – unter Anleitung und Aufsicht – betreuend tätig werden),
c) Praktikanten aus den gleichen Erwägungen wie die Auszubildenden,
d) ehrenamtlich tätige Personen; diese nehmen zwar insbesondere Aufgaben der sozialen Betreuung wahr, sind dazu jedoch weder verpflichtet noch unterstehen sie dem Direktionsrecht des Betreibers bzw. der Einrichtungsleitung, so dass sich diese ihrer nicht zur Erfüllung der vertraglichen Verpflichtungen bedienen,
e) Dienstleistende im Bundesfreiwilligendienst; diese werden zwar mit betreuenden Tätigkeiten betraut, stehen jedoch in einem öffentlich-rechtlichen Dienstverhältnis und sind damit keine Beschäftigten des Betreibers,
f) Beschäftigte mit hauswirtschaftlichen Tätigkeiten. Diese nehmen Aufgaben wahr, die die Nutzerinnen, wenn sie in einer eigenen Häuslichkeit lebten, selbst ausführen müssten. Daher zielt die Tätigkeit der Hauswirtschaftskräfte somit auf Befriedigung eines nicht überwiegend alters-, pflege- oder behinderungsbedingten Hilfebedarfes und ist daher keine Betreuung im Sinne des § 3 Abs. 1 WTG. Damit sind Köche und Hauswirtschafterinnen sowie Angehörige vergleichbarer Berufe nicht in die Bemessungsgrundlage einzubeziehen.
g) Nicht einzubeziehen sind Beschäftigte, die über die in den Vereinbarungen nach dem SGB XI festgesetzten Personalmengen hinaus eingesetzt werden (z. B. zusätzliche Assistenzkräfte). Nach der Regelung des § 21 Abs. 4 Satz 4 WTG, der eine Neuerung gegenüber dem bisherigen Recht darstellt, bleiben diese zusätzlichen Beschäftigten bei der Fachkraftquote außer Betracht. Es ist jedoch darzulegen, wie diese zusätzlichen Kräfte angeleitet und beaufsichtigt werden; ihre Tätigkeit muss daher auch Gegenstand des Delegationskonzeptes nach § 4 Abs. 10 WTG sein. Das Gleiche gilt auch für andere Hilfskräfte, die über die vereinbarte Personalmenge hinaus beschäftigt werden.

471 In die Berechnung einzubeziehen sind jedoch Pflegedienstleitungen selbst dann, wenn sie weitestgehend außerhalb des konkreten Pflegegeschehens arbeiten und etwa mit Pflegevisiten, Steuerung des Pflegeprozesses, Dienstplanung etc. beschäftigt sind (OVG NRW, Urteil vom 21.06.2004 – 4 A 151/01).

Das Gesetz schreibt jedoch wie bereits angesprochen nicht vor, dass jederzeit die Fachkraftquote eingehalten wird. Es ist daher zulässig und im pflegerischen Interesse gegebenenfalls sogar geboten, dass zu bestimmten Zeiten, insbesondere in der Nacht oder am Wochenende, die Fachkraftquote unterschritten wird. Dabei ist aber in jedem Fall die Regelung des § 4 Abs. 10 WTG beachten: Es muss jederzeit sichergestellt sein, dass eine angemessene Beteiligung der Fachkräfte, insbesondere, wenn der Fachkraftanteil in bestimmten Schichten unter 50 % liegt, sichergestellt ist. 472

### d) Vorübergehende Unterschreitung der Fachkraftquote

Der Gesetzgeber hat in § 21 Absatz 4 Satz 5 jetzt die Möglichkeit geschaffen, für einen Zeitraum von drei Monaten eine geringfügige Unterschreitung der Fachkraftquote zu dulden, solange keine Mängel auftreten, die auf eine unzureichende Fachkraftpräsenz zurückzuführen sein können und die fachliche Anleitung, Beratung und Aufsicht der Beschäftigten gewährleistet ist. Die Begründung des Gesetzentwurfs der Landesregierung führt dazu aus: *„Neu aufgenommen wird eine Ermächtigung für die WTG-Behörden, geringfügige Unterschreitungen der Fachkraftquote für einen Zeitraum von 3 Monaten zu dulden, sofern keine Mängel festgestellt werden, die auf den geringeren Fachkräfteanteil zurückzuführen sind. Die Geringfügigkeit kann nicht an einem prozentualen Wert festgemacht werden, da das Ergebnis je nach Größe der Einrichtung variieren würde. Die Geringfügigkeit macht sich vielmehr an den Ursachen der Unterschreitung und an ihren Auswirkungen für Nutzerinnen und Nutzer fest. Die Unterschreitung ist bspw. als geringfügig anzusehen, wenn in einer 80 Plätze umfassenden Einrichtung die Fachkraftquote durch das plötzliche, unvorhersehbare Ausscheiden einer Fachkraft unterschritten wird und der Leistungsanbieter bzw. die Einrichtungsleitung unverzüglich alle erforderlichen Maßnahmen einleitet, um die Stelle schnellstmöglich wiederzubesetzen. In diesen Fällen soll die Zeit bis zur Wiederbesetzung einer Stelle, längstens aber für einen Zeitraum von drei Monaten, ohne Verhängung eines Wiederbelegungsstopps überbrückt werden können."* (vgl. Gesetzentwurf der Landesregierung, LT-Drucksache 17/3777, S. 61). 473

Aus dem Wortlaut der Regelung („…kann dulden…") folgt, dass es sich um eine Ermessensentscheidung der Behörde handelt, auf die grundsätzlich kein Rechtsanspruch besteht; Ausnahmen können sich allenfalls aus dem Grundsatz der Ermessensbindung und der Gleichbehandlung ergeben. 474

### e) Fachkraft im hauswirtschaftlichen Bereich

Aus dem WTG 2008 wurde die Regelung übernommen, dass nach § 21 Abs. 5 Satz 1 WTG mindestens eine Fachkraft aus dem Bereich der Hauswirtschaft vorhanden sein muss. Diese ist in § 3 Abs. 5 Satz 2 WTG legaldefiniert. Auch sie brauchen eine dreijährige Ausbildung oder ein Studium, um die hauswirtschaftliche Versorgung der Nutzer sicherzustellen. Das Gesetz spricht in einem Klammerzusatz von Ernährung, Verpflegung, Reinigung, Wäscheversorgung. Fraglich ist, ob die Hauswirtschaftsfachkraft alle diese Bereiche abdecken können muss. Dann wäre der nach früherem Recht häufig eingesetzte Koch keine hauswirtschaftliche Fachkraft mehr, da er sich 475 nicht um Reinigung und Wäscheservice kümmern muss. Auch das WTG 2008 sah in § 12 Abs. 3 a.F. eine hauswirtschaftliche Fachkraft vor und verstand darunter z.B. auch eine Köchin. Es lässt sich aber weder dem Gesetzestext noch der Begründung mit hinreichender Klarheit entnehmen, dass eine Abkehr von der bisherigen Regelung beabsichtigt war; die Übernahme des Wortlauts (ohne den Klammerzusatz) spricht eher dagegen. Es ist daher davon auszugehen, dass auch eine Köchin Hauswirtschaftsfachkraft ist.

476 Die hauswirtschaftliche Fachkraft ist im Mindestmaß mit einem Stellenanteil zu beschäftigen, der den Bestimmungen in den Vergütungsvereinbarungen nach dem SGB XI bzw. SGB XII entspricht. Auch in Einrichtungen, die den Bereich der Hauswirtschaft, insbesondere den der Küche, vollständig ausgelagert haben, muss der Leistungsanbieter darlegen, dass er seiner Verpflichtung nach § 19 Abs. 1 Nr. 4 WTG, nämlich eine angemessene hauswirtschaftliche Versorgung zu gewährleisten, nachkommt. Konkret bedeutet das, dass er nachweisen muss, dass in dem Unternehmen, dessen er sich bedient, mindestens eine entsprechende Fachkraft beschäftigt wird. Dies hat er durch entsprechende Verträge auch sicherzustellen und zu belegen.

477 In kleineren Einrichtungen kommt eine Befreiung von dieser Vorschrift gem. § 13 Abs. 1 Nr. 3 WTG insbesondere dann in Betracht, wenn die Nutzerinnen unter Anleitung von Betreuern selbständig kochen. Dort kann von einem Betreiber schon aus wirtschaftlichen Gründen nicht verlangt werden, eine zusätzliche Hauswirtschaftsfachkraft einzustellen, wenn es gerade zu dem Konzept der Einrichtung gehört, wie z.B. in Einrichtungen der Eingliederungshilfe, dass die Nutzerinnen hauswirtschaftliche Tätigkeiten unter Anleitung von Betreuern selbständig erledigen.

#### f) Konkreter Personaleinsatz

478 Für die Frage, wie das Personal in den einzelnen Schichten konkret eingesetzt wird, d.h. insbesondere wie viele Mitarbeiter zugleich in welchen Wohnbereichen eingesetzt werden, ist die Regelung in § 21 Abs. 5 Sätze 1 bis 6 WTG NRW maßgeblich. Auch wenn die Organisation der Schichten natürlich Aufgabe der Einrichtungs— bzw. Pflegedienstleitung ist, sind Anordnungen der WTG-Behörde nicht ausgeschlossen. Mit dieser Frage hat sich das Verwaltungsgericht Düsseldorf näher beschäftigt: *„Für diese Fragestellung gibt § 21 Abs. 5 Satz 2 WTG als Mindeststandard vor, dass jederzeit mindestens eine Fachkraft anwesend sein muss. Die konkrete Besetzung richtet sich nach den in Satz 4 der Vorschrift näher bestimmten konkreten Gegebenheiten der Einrichtung. § 21 Abs. 5 Satz 3 WTG räumt der zuständigen Behörde ausdrücklich die Befugnis ein, bei entsprechendem Bedarf über den Mindeststandard hinausgehende Anforderungen festzulegen. Auf dieser Regelung beruht die angegriffene Ordnungsverfügung. Die Auffassung der Antragstellerin, nach dem vorstehend zitierten Beschluss des Oberverwaltungsgerichts für das Land Nordrhein-Westfalen lasse die Vermutungsregelung keinen Spielraum für die Anordnung einer spezifischen Besetzung von Schichten und Wohnbereichen, beruht auf einem Missverständnis der Entscheidung. ….Die Anordnung des Einsatzes von mindestens einer Pflegefachkraft und mindestens zwei Pflegehilfskräften pro Wohnbereich im Früh- und*

*Spätdienst dürfte der geforderten Personalstärke nach erforderlich sein. Die Antragstellerin erklärt sich im Ergebnis selbst bereit, in den Wohnbereichen im ersten und zweiten Obergeschoss im Früh- und Spätdienst jeweils eine Pflegefachkraft und zwei Pflegeassistenten einzusetzen (vgl. Antragsschrift, Seite 12). Soweit sie der Auffassung ist, für den Wohnbereich im Erdgeschoss genüge eine geringere Besetzung, kann im Rahmen des vorläufigen Rechtsschutzes nicht festgestellt werden, dass die Anordnung des Antragsgegners, die er mit den oben wiedergegebenen Erwägungen begründet hat, fachlich nicht gerechtfertigt ist. Die Verfügung ist auch hinsichtlich der gesetzten Frist von fünf Tagen ab Zustellung der Verfügung verhältnismäßig. Einerseits war zur Wiederherstellung der ordnungsgemäßen Versorgung und zur Vermeidung weiterer Beeinträchtigungen der Bewohner der Einrichtung Eile geboten und andererseits wurde nicht die Einstellung neuen Personals, sondern lediglich die bedarfsgerechte Planung des vorhandenen Personals angeordnet. Die Antragstellerin macht selbst geltend, über das gemäß § 21 Abs. 3, 4 Sätze 1 und 2 WTG erforderliche Personal zu verfügen. Es ist nicht ersichtlich, dass dieser Personalstamm zur Umsetzung der Anordnung nicht ausreicht. Ebenso wenig bestehen Anhaltspunkte dafür, dass der Antragstellerin die Umsetzung der Anordnung – ggf. unter Einbeziehung von Mitarbeitern aus Schwestereinrichtungen – innerhalb der gesetzten Frist nicht möglich war.* (Vgl. VG Düsseldorf, Beschluss vom 24. November 2021 – 26 L 2307/21 – Rn. 25 ff., juris)

## IX. Nachtdienst

Nach § 21 Abs. 5 WTG muss in allen Einrichtungen jederzeit, auch nachts und am 479
Wochenende, immer mindestens eine zur Leistung des konkreten Betreuungsbedarfes geeignete Fachkraft anwesend sein. Der Begriff „Nacht" ist nach allgemeiner Auffassung so zu verstehen, dass er die Zeiten von 21.00 Uhr bis 06.00 Uhr (vgl. z. B. § 758a Abs. 4 Satz 2 ZPO) umfasst.

Die bisherige Regelung, wonach bei Bedarf höhere Anforderungen gestellt werden 480
können, ist nun deutlich konkretisiert worden. Die konkrete Besetzung hat sich nach der Zahl der pflegebedürftigen Menschen und deren Pflege- und Betreuungsbedarf in der jeweiligen Einrichtung unter Berücksichtigung der Größe der Einrichtung, ihrer baulichen Struktur und Überschaubarkeit zu richten. In jedem Einzelfall ist durch ein Betreuungskonzept unter Einbeziehung weiterer Kräfte sicherzustellen, dass Bereiche, die aus baulichen Gründen nicht gleichzeitig von einer Person betreut werden können, so überwacht werden, dass Notsituationen umgehend erkannt und eine Fachkraft schnell hinzugezogen werden kann. Dabei kann das Betreuungskonzept technische Möglichkeiten unter strikter Beachtung der Persönlichkeitsrechte der betreuten Menschen einschließen. Das bedeutet, dass z. B. auch die Möglichkeit der Videobeobachtung genutzt werden kann. Da es sich dabei aber um eine Form der Datenerhebung handelt, muss eine entsprechende Rechtfertigung nach der Datenschutz-Grundverordnung vorliegen. Die Erfüllung des Vertrages zwischen Leistungsanbieter und Nutzerin allein wird dazu regelmäßig nicht in Betracht kommen, da eine ständige Videobeobachtung einen erheblichen Eingriff in das Persönlichkeitsrecht darstellt und zur Erfüllung des Vertrages nicht erforderlich ist. Man

wird daher für eine Videobeobachtung immer das ausdrückliche Einverständnis der Nutzer oder ihrer rechtlichen Vertreter fordern müssen. Da das Gesetz ein Betreuungskonzept – also zunächst die Betreuung durch Personal – fordert, das technische Möglichkeiten einschließt, jedoch nicht durch technische Möglichkeiten ersetzt werden kann, kann eine Videobeobachtung niemals der Regelfall sein, sondern immer nur eine technische Hilfsmöglichkeit darstellen.

481 Im Gegensatz zur bisherigen Regelung nach dem WTG 2008, die auf eine überwiegend pflegerische Betreuung abgestellt hatte, ist nach der jetzigen Regelung auch mindestens eine Fachkraft zur sozialen Betreuung erforderlich. Das bedeutet, dass im Grundsatz auch in Einrichtungen der Eingliederungshilfe immer mindestens eine Fachkraft anwesend sein muss. Ein solches Anwesenheitserfordernis wird, je nach dem Grad der Selbständigkeit der Nutzerinnen, in der Eingliederungshilfe jedoch nicht immer erforderlich sein. Neben der Möglichkeit der Zulassung einer Abweichung, etwa nach § 13 Abs. 1 WTG, besteht auch die Möglichkeit, einen Verzicht auf die ständige Anwesenheit nachts und ggf. am Wochenende direkt auf den Wortlaut des § 21 Abs. 5 Satz 2 WTG zu stützen. Danach ist die ständige Anwesenheit einer Fachkraft erforderlich, wenn ein entsprechender Betreuungsbedarf vorhanden ist. Wenn ein solcher Bedarf nicht vorhanden ist – dies muss dann von dem Leistungsanbieter schlüssig dargelegt werden können – kann auch die Rufbereitschaft einer Fachkraft bei Anwesenheit einer Nichtfachkraft genügen. In diesen Fällen ist durch geeignete organisatorische Regelungen sicherzustellen, dass nachts im Bedarfsfall kurzfristig eine Fachkraft zur Verfügung steht.

482 Bei der Anforderung, dass mindestens eine Fachkraft anwesend sein muss, handelt es sich um eine absolute Mindestanforderung. Tatsächlich kann die Anforderung wesentlich höher sein, da nach der Grundregel des § 21 Abs. 3 Satz 1 WTG immer die dem Betreuungsbedarf entsprechende erforderliche Zahl von Beschäftigten vorgehalten werden muss. In größeren Einrichtungen kann dies dementsprechend bedeuten, dass auch mehrere Fachkräfte nachts zur Verfügung stehen müssen. Dies kann nach § 21 Abs. 5 Satz 3 WTG von der zuständigen Behörde angeordnet werden. Hierzu kann wieder gem. § 21 Abs. 3 Satz 2 WTG auf die Vereinbarung mit den Kostenträgern, insbesondere auf Vergütungsvereinbarungen, zurückgegriffen werden, sofern diese etwas für die Personalbemessung während der Nachtstunden hergeben. Ansonsten ist ein Rückgriff auf die im Rahmen der Pflegesatzkalkulation angewendeten Anhaltswerte statthaft.

# C. Anforderungen an die Wohnqualität

Die Vorschrift des § 20 Abs. 1 WTG regelt die Grundsätze über die Anforderungen an die Wohnqualität in einer Einrichtung mit umfassendem Leistungsangebot. Einzelheiten sind in den §§ 4 Abs. 6, 20 Abs. 2 bis 5 WTG und §§ 6 bis 8 WTG-DVO bestimmt. Mit der Verortung von grundsätzlichen Anforderungen an die Wohnqualität im Gesetz selbst unterstreicht der Gesetzgeber die Bedeutung, die er den infrastrukturellen Rahmenbedingungen für den Lebensalltag in einer Einrichtung zumisst. Dies wird im Weiteren noch an einer Reihe von anderen Regelungen deutlich, die früher lediglich Verordnungsrang besaßen. 483

## I. Grundsätzliche Anforderungen

§ 20 Abs. 1 WTG definiert allgemeine Anforderungen, die sich an den Bedürfnissen der Nutzerinnen ausrichten müssen. Die baulichen Gegebenheiten müssen es insbesondere ermöglichen, dass die Einrichtungen von den Nutzern möglichst selbständig genutzt werden können. Sie dienen damit auch dem in § 1 WTG genannten Zweck. 484

Im Gegensatz zur bis 2008 geltenden Heimmindestbauverordnung spricht das Gesetz von den „Anforderungen an die Wohnqualität", um sie von den ordnungsrechtlichen Anforderungen der Landesbauordnung zu unterscheiden (es gibt dort jedoch auch Überschneidungen, wie z. B. bei der Barrierefreiheit). 485

Die Vorschrift nennt zunächst allgemeine Anforderungen, wie insbesondere Wohnlichkeit, Raumangebot, Sicherheit, Möglichkeiten der Orientierung und das Recht auf Privatsphäre in der Einrichtung und fordert die Ausrichtung auf eine gleichberechtigte gesellschaftliche Teilhabe und die Maßstäbe des Alltags eines häuslichen Lebens in kleinen Gruppen. Damit steht die Regelung in einem engen Zusammenhang mit der Zweckbestimmung des Gesetzes (vgl. § 1 Abs. 4 Nr. 1, 3, 4 und 7 WTG). Darüber hinaus ist in diesem Zusammenhang die Vorschrift des § 4 Abs. 1 Satz 1 WTG zu beachten, wonach Angebote und Leistungen dem Stand der fachlichen und wissenschaftlichen Erkenntnisse <u>einschließlich der Barrierefreiheit</u> entsprechen müssen. 486

Maßgeblicher Grundsatz bei den Anforderungen an die Wohnqualität ist, dass sich die Nutzerinnen möglichst ohne fremde Hilfe bewegen und die Einrichtungen selbständig nutzen können. Unter Einrichtungen ist dabei nicht nur die Einrichtung als bauliche Anlage an sich gemeint, sondern der Begriff umfasst alle Räumlichkeiten und Anlagen, die der Benutzung durch die Nutzerinnen zugänglich sein sollen bzw. nach ihren Bedürfnissen auch zugänglich sein müssen. Dazu gehören neben den Privatzimmern und Gemeinschaftseinrichtungen ggf. auch sämtliche Außenanlagen. Nicht darunter fallen Räume, die ausschließlich von Beschäftigten des Betreibers genutzt werden (z. B. Verwaltungsräume, Haustechnik, Sozial- und Lagerräume). Sieht das Betreuungskonzept vor (z. B. in Einrichtungen der Eingliederungshilfe), 487 dass Nutzerinnen selbst Mahlzeiten zubereiten bzw. an der Zubereitung mitwirken, müssen auch die Kücheneinrichtungen von den Nutzerinnen nutzbar sein.

488 Die Erfordernisse beschränken sich dabei nicht ausschließlich auf die bauliche Situation, sondern erfassen auch die zur Nutzung durch die Nutzerinnen bestimmten Ausstattungsgegenstände. Neben einer angepassten Möblierung müssen somit auch die zur Nutzung durch die Nutzerinnen freigegebenen Wohngruppenküchen eine selbständige Nutzung ermöglichen.

489 Da sich auch die Ausstattung der Einrichtungen nach den Bedürfnissen der Nutzerinnen an Wohnlichkeit zu richten hat, muss zumindest die Möglichkeit bestehen, in den Privatzimmern der Nutzerinnen auch eigene Möbel unterzubringen, sofern dies aufgrund der vorhandenen baulichen Struktur machbar ist und keine Umbaumaßnahmen erforderlich sind. Dies gilt unabhängig davon, ob die Leistungsanbieterin die Möblierung mit Möbeln des Nutzers für unzweckmäßig hält oder vorhandene Möbel ggf. anderswo einlagern muss. Entscheidend sind nicht die Vorstellungen des Betreibers von einer angemessenen Möblierung, sondern ist die Sicht des Nutzers. Hieraus ergibt sich aber kein Anspruch des Nutzers, das von ihm genutzte Zimmer beispielsweise so mit eigenen Möbeln zuzustellen, dass in dem Zimmer eine ordnungsgemäße Versorgung seiner Person nicht mehr sichergestellt ist (z. B. wenn der Nutzer mit seinem Rollstuhl das Bett nicht mehr erreicht). Hier sollte auf beiden Seiten mit Augenmaß gehandelt werden, was eine Berücksichtigung sämtlicher relevanter Gesichtspunkte im Einzelfall bedeutet.

490 Dieser einzelfallbezogenen Betrachtung ist auch geschuldet, dass sowohl das Gesetz als auch zum Teil die WTG-DVO weitgehend auf konkrete Vorgaben verzichten und viele Anforderungen als „Soll"-Vorgaben aufstellen. Hingegen sind dem Gesetz und der DVO nur wenige zwingende Anforderungen zu entnehmen, die dann allerdings grundsätzlichen Charakter haben, wie insbesondere die Größe des Nutzerinnenzimmers und der Umfang des insgesamt zu Gunsten der Nutzer vorgehaltenen Platzangebotes (vgl. § 7 Abs. 2 WTG-DVO). Dies berücksichtigt auch, dass gerade bei Einrichtungen, die zum Zeitpunkt des Inkrafttretens des Gesetzes bereits bestanden haben, die wünschenswerten Anforderungen des Gesetzgebers an die Wohnqualität teilweise aus statischen, bautechnischen oder wirtschaftlichen Gründen nicht umgesetzt werden können. Neben den vom Gesetzgeber insoweit geschaffenen den Bestand schützenden Regelungen (vgl. § 47 Abs. 6, 7 WTG) und zumindest zeitlich sich auswirkenden Übergangsregelungen (vgl. § 47 Abs. 1 bis 5 WTG) ist daher in jedem Einzelfall eine Abwägung zwischen den vom Nutzer geäußerten Wünschen und der Nutzbarkeit der Einrichtung anzustellen. Ein in diesem Zusammenhang zu berücksichtigendes Kriterium ist die Nutzernähe. Räumlichkeiten, die ausschließlich oder weit überwiegend von einer bestimmten Nutzerin genutzt werden, sollten danach individueller gestaltet werden können als Räumlichkeiten, die einer größeren Anzahl von Nutzerinnen zugänglich sind und von ihnen genutzt werden können.

## II. Besondere Anforderungen

### 1. Barrierefreiheit

Nach § 4 Abs. 1 Satz 1 WTG müssen Angebote und Leistungen dem Stand der fachlichen und wissenschaftlichen Erkenntnisse entsprechen und barrierefrei sein. Im Gegensatz zum WTG 2008 verzichtet die Regelung zwar auf eine Definition der Barrierefreiheit, bestimmt sie jedoch nach wie vor als Anforderung. 491

Eine Definition findet sich im – ohnehin geltenden – § 4 des Behindertengleichstellungsgesetzes, auf den auch die Gesetzesbegründung verweist (vgl. Gesetzentwurf der Landesregierung, LT-Drucksache 17/3777, S. 53): 492

*Barrierefreiheit ist die Auffindbarkeit, Zugänglichkeit und Nutzbarkeit der gestalteten Lebensbereiche für alle Menschen. Der Zugang und die Nutzung müssen für Menschen mit Behinderung in der allgemein üblichen Weise, ohne besondere Erschwernis und grundsätzlich ohne fremde Hilfe möglich sein; hierbei ist die Nutzung persönlicher Hilfsmittel zulässig. Zu den gestalteten Lebensbereichen gehören insbesondere bauliche und sonstige Anlagen, die Verkehrsinfrastruktur, Beförderungsmittel im Personennahverkehr, technische Gebrauchsgegenstände, Systeme der Informationsverarbeitung, akustische und visuelle Informationsquellen sowie Kommunikationseinrichtungen.* 493

Die aktuelle Änderung des WTG sieht in § 4 Absatz 1 Satz 2 nunmehr ergänzend vor, dass den individuellen Bedürfnissen der Nutzer, insbesondere, wenn sie körperliche, seelische, geistige oder Sinnesbeeinträchtigungen haben, durch angemessene Vorkehrungen Rechnung zu tragen ist. Die Begründung des Gesetzentwurfs führt dazu aus: *„Satz 2 neu enthält die Klarstellung, dass alle Leistungsangebote sowohl baulich als auch personell den Bedürfnissen der Menschen mit Behinderung entsprechend ihrer Beeinträchtigungen durch angemessene Vorkehrungen Rechnung tragen müssen. Unter „angemessenen Vorkehrungen" versteht die UN-BRK „notwendige und geeignete Änderungen und Anpassungen, die keine unverhältnismäßige oder unbillige Belastung darstellen und die, wenn sie in einem bestimmten Fall erforderlich sind, vorgenommen werden, um zu gewährleisten, dass Menschen mit Behinderungen gleichberechtigt mit anderen alle Menschenrechte und Grundfreiheiten genießen oder ausüben können"* (Art. 2 Unterabsatz 4 UN-BRK)." (vgl. Gesetzentwurf der Landesregierung, LT-Drucksache 17/3777, S. 53). 494

Eine materiell-rechtliche Änderung ist mit dieser Neuregelung nicht verbunden; auch in der Begründung des Gesetzentwurfes wird ausdrücklich nur von Klarstellung gesprochen. Die UN-BRK ist ohnehin geltendes Bundesrecht. Es ist nicht ersichtlich, dass die „angemessenen Vorkehrungen" im Sinne der UN-BRK sich von den Anforderungen an die Barrierefreiheit nach dem anerkannten Stand der fachlichen Erkenntnisse unterscheiden würden. 495

Der anerkannte Stand der fachlichen Erkenntnisse, der nach § 4 Abs. 1 Satz 1 WTG zu beachten ist, findet sich in den jeweils aktuellen DIN-Vorschriften. Dies sind derzeit 496 die Regelungen aus der DIN 18040 Teil 2. Diese unterscheidet zwischen allgemeinen Anforderungen an die Barrierefreiheit und speziellen Anforderungen an die Barrierefreiheit für Rollstuhlfahrer, letztere sind mit dem Buchstaben **R** gekennzeichnet und fordern in der Regel eine größere Bewegungsfläche (z. B. 150 cm x 150 cm statt 120 cm x 120 cm im Sanitärbereich).

497 Es stellt sich die Frage, inwieweit eine Einrichtung mit rollstuhlgeeigneten Zimmern bzw. Anlagen ausgestattet sein muss, um den Anforderungen an die Barrierefreiheit nach § 4 Abs. 1 Satz 1 WTG zu genügen.

498 Allgemein lässt sich der Vorschrift entnehmen, dass Einrichtungen im Sinne des WTG in ihrer Gesamtheit und in den Individualbereichen so beschaffen und ausgestattet sein müssen, dass sich die dort lebenden Menschen, deren Teilhabemöglichkeiten aufgrund von Behinderung oder Pflegebedürftigkeit eingeschränkt sind, möglichst selbständig bewegen und die Einrichtung, ggf. mit Hilfsmitteln wie Rollatoren oder Rollstühlen, selbständig nutzen können.

499 Da zum Zeitpunkt der Planung und Ausführung des Baus einer Einrichtung jedoch noch nicht abschließend feststeht, welche Nutzer mit welchen Teilhabebeeinträchtigungen letztlich in der Einrichtung wohnen werden, kommt es darauf an, welche Zielgruppe die Leistungsanbieterin einer Einrichtung nach ihrer Konzeption aufzunehmen beabsichtigt. Die Verpflichtung zu einer vollständig rollstuhlgerechten Ausstattung ist damit nicht verbunden (so auch der Gesetzentwurf der Landesregierung, LT-Drucksache 17/3777, S. 53). An Einrichtungen, die der Betreuung von geistig behinderten Menschen dienen, sind andere Anforderungen zu stellen als an Einrichtungen für Sinnesbehinderte oder Einrichtungen, die ihren Schwerpunkt in der pflegerischen Betreuung haben werden.

500 Tritt in einer Einrichtung bei einzelnen Nutzern im Laufe des Lebens eine Beeinträchtigung ein, die zu einem in der ursprünglichen Konzeption nicht berücksichtigten Betreuungsbedarf führt (z. B. ein Mensch mit einer geistigen Behinderung ist auf die Benutzung eines Rollstuhles angewiesen), wird eine Änderung der baulichen Gegebenheiten in der Regel wirtschaftlich nicht zumutbar sein, § 13 Abs. 2 WTG.

501 Bei Pflegeeinrichtungen ist nach der Lebenserfahrung davon auszugehen, dass es zumindest im weiteren Krankheitsverlauf von Nutzern häufig zu einer Mobilitätseinschränkung kommt, die die Benutzung eines Rollstuhles erforderlich macht, so dass unter dem fachlichen Standard der Barrierefreiheit die Einhaltung auch der mit dem Buchstaben **R** gekennzeichneten Anforderungen zu verstehen ist. Allein dieses zeigt, dass auch planerisch eine Prognose des zukünftigen Betreuungsbedarfs erfasst werden muss. Sie folgt allein schon der unternehmerischen Überlegung, dass ein Angebot der zukünftigen Nachfrage Rechnung tragen sollte.

502 Dabei ist aber zu beachten, dass die Einhaltung dieser Standards bei der Errichtung einer Einrichtung nicht vorgeschrieben werden kann. Vorgeschrieben werden kann

barrierefreies Bauen nur nach Maßgabe des § 49 der Landesbauordnung NRW. Es bleibt dem Betreiber nach seiner Konzeption unbenommen, die Einrichtung auch unter Beachtung nur der DIN 18040 Teil 2 zu errichten. Die Nichtbeachtung der **R**-Anforderungen führt dann jedoch grundsätzlich dazu, dass einem Nutzer, der aufgrund einer zwischenzeitlich eingetretenen Mobilitätseinschränkung auf einen Rollstuhl angewiesen ist, ein anderes, den Maßstäben der **R**-Anforderungen genügendes Zimmer angeboten werden muss. Besteht zum entsprechenden Zeitpunkt keine solche Möglichkeit, so bleibt dennoch die Verpflichtung des Betreibers aufrechterhalten. Er hat dem Nutzer zum frühestmöglichen Zeitpunkt ein Zimmer anzubieten, das den vorstehend genannten Anforderungen genügt.

## 2. Bauliche Strukturvorgaben

Die §§ 4 Abs. 6, 20 Abs. 2 bis 5 WTG und §§ 6 bis 8 WTG-DVO beinhalten die wesentlichen Vorgaben für die baulich-strukturellen Anforderungen an die Wohnqualität. Die Vorschriften übernehmen die zentralen infrastrukturellen Vorgaben aus der WTG-DVO 2008 und der Allgemeinen Förderpflegeverordnung, deren Anforderungen über den Verweis in § 3 WTG-DVO 2008 galten und die in dieser Hinsicht förderrechtliche Voraussetzungen für stationäre Pflegeeinrichtungen im Landespflegegesetz benannte und sie als bauliche Mindeststandards für alle Einrichtungen im Sinne des WTG fortschrieb. Nun gelten umgekehrt die Anforderungen nach dem WTG und der WTG-DVO als Fördervoraussetzungen nach dem Alten- und Pflegegesetz (vgl. § 11 Abs. 3 APG NRW). 503

Diese Vorgaben sind nach wie vor quantitativ deutlich geringer als der breit ausdifferenzierte Regelungskatalog der früheren Heimmindestbauverordnung. Qualitativ nehmen die Anforderungen jedoch eine Anpassung der noch aus den 1970-er Jahren stammenden infrastrukturellen Vorgaben der Heimmindestbauverordnung vor. Da auch das WTG 2014 weiterhin nicht nach unterschiedlichen Zielgruppen differenziert, gibt es zudem die nach der früheren Heimmindestbauverordnung vorgesehene Unterscheidung von Altenheimen, Altenwohnheimen, Altenpflegeheimen und Einrichtungen für Menschen mit Behinderungen nicht mehr. 504

Die Forderung nach einer räumlichen Anbindung an Wohnsiedlungen (§ 4 Abs. 6 WTG) ist Ausdruck des Teilhabegedankens des Gesetzes (vgl. § 5 WTG). Unter einer räumlichen Anbindung ist dabei ein Standort zu verstehen, der eine gewisse und für die Nutzer ohne große Mühe zu erreichende Anbindung an Geschäfte, Ärzte, Freizeitmöglichkeiten etc. bietet. Es handelt sich um Soll-Anforderungen, die daher, sofern nicht ein dringender Grund gegeben ist, grundsätzlich einzuhalten sind. Gerade bei der Standortwahl kann es jedoch sein, dass es für den Betreiber nicht immer möglich ist, die vorgesehene Anbindung zu erreichen. Ein solcher Fall ist auch dann gegeben, wenn bei der Ausweisung eines Baugebietes zwar in räumlicher Nähe zur Einrichtung entsprechende Einkaufs- und Freizeitmöglichkeiten vorgesehen sind, es zum Zeitpunkt der beabsichtigten Errichtung der Einrichtung jedoch noch nicht abzusehen ist, wann diese planerischen Ziele vor Ort umgesetzt werden. Dass in diesem Fall mehr 505 oder minder zufällig die Pflegeeinrichtung nun das erste Projekt an einem Wohnstandort darstellt, dem in zeitlicher Hinsicht die anderen Bestandteile folgen sollen, steht der Erfüllung der Voraussetzungen des § 4 Abs. 6 WTG daher nicht entgegen.

506 Die Forderung nach einer überschaubaren baulich-räumlichen Struktur und der Vermeidung langer Flure (§ 6 Abs. 2 WTG-DVO) dient wieder der erleichterten Orientierung der Nutzer und der Förderung ihrer Teilhabemöglichkeiten; außerdem soll der mit langen Fluren häufig verbundene Eindruck eines krankenhausähnlichen Charakters der Einrichtung vermieden werden. Zur Anforderung an die Überschaubarkeit gehört grundsätzlich auch die Beschränkung auf höchstens 80 Plätze in einer Pflegeeinrichtung, vgl. § 20 Absatz 2 WTG. Einrichtungen der Eingliederungshilfe beschränken sich nach Maßgabe der entsprechenden Vereinbarungen nach dem SGB XII regelmäßig auf 24 Plätze. Diese Vereinbarungen bleiben von § 20 Absatz 2 WTG unberührt. Bestehende Einrichtungen genießen jedoch Bestandsschutz, § 47 Absatz 6 WTG. Verfassungsrechtliche Bedenken gegen die Begrenzung auf maximal 80 Plätze bestehen nicht, wie das VG Aachen in seinem Urteil vom 09.03.2017 – 2 K 596/15 – sehr ausführlich dargelegt hat.

507 § 6 Absatz 1 WTG-DVO lässt es aber zu, dass von der Begrenzung auf maximal 80 Plätze abgewichen werden kann, wenn mit jedem die 80 Plätze überschreitenden Platz ein weiterer gesonderter separater Kurzzeitpflegeplatz im selben Gebäude oder im selben räumlich verbundenen Gebäudekomplex errichtet wird und dabei die Gesamtplatzzahl 120 nicht überschritten wird. Das bedeutet, dass für jeden über 80 Plätze hinausgehenden **Dauerpflege**platz ein **Kurzzeitpflege**platz eingerichtet wird. Die Leistungsanbieterin muss ein besonderes, auf Dauer angelegtes Kurzzeitpflegekonzept vorhalten. Diese Kurzzeitpflegeplätze dürfen ausschließlich für die Kurzzeitpflege genutzt werden. Da es sich um eine Abweichung von Anforderungen an die Wohnqualität handelt, muss diese nach § 13 WTG zugelassen werden.

## 3. Einzelzimmeranteil, Doppelzimmer, Verbot der Mehrbettzimmer,

508 Zu einem selbst bestimmten Leben gehört insbesondere die Möglichkeit, sich räumlich zurückziehen zu können. Daher sind nach § 20 Abs. 4 WTG Zimmer für mehr als zwei Personen unzulässig. Diese Anforderung war nach der WTG-DVO 2008 in allen Einrichtungen – sowohl der Eingliederungshilfe als auch der Altenpflege – bis zum Ablauf einer Übergangsfrist am 10. Dezember 2011 umzusetzen. Nach Ablauf dieser Frist sind in allen Einrichtungen Zimmer für mehr als zwei Personen unzulässig.

### a) Einzelzimmer

509 Nach § 20 Abs. 3 Satz 1 und 2 WTG ist Nutzerinnen auf deren Wunsch ein Einzelzimmer zur Verfügung zu stellen. Um dies zu gewährleisten, muss der Anteil der Einzelzimmer innerhalb eines Gebäudes oder eines räumlich verbundenen Gebäudekomplexes mindestens 80 % betragen. Wie sich aus § 20 Abs. 3 Satz 3 WTG ergibt,

gilt diese Regelung nur für Bestandseinrichtungen. In neuen Einrichtungen sind ausschließlich Einzelzimmer zulässig.

Wie nach bisherigem Recht haben schon bestehende Einrichtungen nach § 47 Abs. 3 Satz 1 WTG die Anforderungen der 80%-Einzelzimmerquote bis zum 31.07.2018 umzusetzen. Nach der Rechtsprechung des Oberverwaltungsgerichtes ist es allerdings zweifelhaft, ob dies für bestehende Pflegeeinrichtungen auch ordnungsrechtlich gilt (Förderrechtlich gilt es uneingeschränkt. Einrichtungen, die die Einzelzimmerquote nicht bis zum 31.07.2018 umgesetzt haben, erhalten seit dem 01.08.2018 kein Pflegewohngeld mehr.). Die ordnungsrechtliche Verpflichtung zur Umsetzung der Einzelzimmerquote ist erst durch § 20 Absatz 3 Satz 2 WTG am 16. Oktober 2014 in Kraft getreten. Vorher bestand nach Auffassung des Oberverwaltungsgerichtes für vor dem 10.12.2008 bestehende Pflegeeinrichtungen keine ordnungsrechtliche Verpflichtung, da § 3 WTG-DVO 2008 auf § 4 Abs. 1 der allgemeinen Förderpflegeverordnung verwies, der nur für Neubauten, Umbau- oder Modernisierungsmaßnahmen galt (vgl. OVG NRW, Beschluss vom 01.04.2019 – 12 B 1435/18 – Rn. 11 ff.). Das Oberverwaltungsgericht bezweifelt, ob für (vor dem 10.12.2008 bestehende) Pflegeeinrichtungen die knapp vierjährige Übergangszeit vom 16.10.2014 bis zum 31.07.2018 den rechtsstaatlichen Anforderungen aus dem Verhältnismäßigkeitsprinzip genügt (vgl. OVG NRW, Beschluss vom 01.04.2019 – 12 B 1435/18 – Rn. 23), musste dies in dem hier zitierten Rechtsstreit jedoch nicht entscheiden. 510

Soweit diese Frage jetzt überhaupt noch virulent werden sollte, könnte auch folgende Vorgehensweise in Betracht kommen. Es ist aber fraglich, ob diese der Bedeutung des sehr grundsätzlich gefassten Beschlusses des OVG gerecht wird: Wenn eine Pflegeeinrichtung auf die Förderung mit Pflegewohngeld nach den Bestimmungen des APG NRW verzichtet, kann nach § 47 Absatz 2 Satz 3 WTG die Frist zur Erreichung der Einzelzimmerquote bis längstens zum 31.07.2023 verlängert werden. Die ordnungsrechtliche Durchsetzung der Einzelzimmerquote ist im Rahmen eines Wiederbelegungsverbotes möglich. Im Rahmen der erforderlichen Anhörung vor Erlass des Wiederbelegungsverbotes muss der Leistungsanbieter auf die Möglichkeit des Antrags nach § 47 Abs. 2 Satz 3 WTG hingewiesen werden. Stellt der Leistungsanbieter den Antrag auf Fristverlängerung, ist darüber nach Ermessen zu entscheiden, wobei einerseits die Zweifel des OVG NRW bei der Frage der Verhältnismäßigkeit zu berücksichtigen sind, andererseits über Art. 3 Abs. 1 GG eine Ermessensbindung hinsichtlich bereits anderweitig getroffener Entscheidungen eintritt. Im Regelfall wird der Antrag daher zu genehmigen sein. Wenn der Leistungsanbieter aber keinen Antrag stellt, wird er sich kaum mit Erfolg auf eine Unverhältnismäßigkeit der Anordnung berufen können, da er es selbst in der Hand hatte, das Wiederbelegungsverbot abzuwenden. 511

Eine Verlängerung der Frist bis zum 31.07.2023 hat nicht nur ordnungsrechtliche, sondern auch förderrechtliche Konsequenzen, da eine Förderung nach dem APG dann nicht mehr in Betracht kommt. Es handelt sich bei der Gewährung von Pflegewohngeld zwar um eine Unterstützung pflegebedürftiger Personen, deren anrechenbares 512

Einkommen und Vermögen nicht zur Zahlung der anerkennungsfähigen Investitionsaufwendungen ausreicht, § 14 Abs. 1 APG, dennoch gilt die Gewährung von Pflegewohngeld als öffentliche Förderung der Einrichtung, § 11 Abs. 4 APG. Vor diesem Hintergrund kann die Einrichtung einen echten Verzicht auf die Förderung mit Pflegewohngeld zwar nicht erklären, da ihr der Anspruch darauf gar nicht zusteht. Sie kann aber insoweit auf die Förderung „verzichten", als sie nur Nutzer aufnimmt, die die Investitionskosten in voller Höhe selbst bezahlen. In diesem Fall kann die Übergangsfrist im Einzelfall verlängert werden. Wie sich aus dem Wort „kann" ergibt, handelt es sich um eine Ermessensentscheidung der zuständigen Behörde, die vom Verwaltungsgericht nur auf Ermessensfehler überprüft werden kann, § 114 VwGO.

513 Für Einrichtungen der Eingliederungshilfe kommt diese Verlängerungsmöglichkeit nicht in Betracht, da sie nicht nach dem APG NRW gefördert werden.

514 Spätestens ab dem 01.08.2023 müssen dann aber alle Einrichtungen die Einzelzimmerquote von 80 % erfüllen, sofern sie nicht als Neubauten ohnehin nur Einzelzimmer haben. Nach § 47 Abs. 2 S. 1 WTG können aber Einrichtungen, die vor Ablauf des 15. Oktober 2014 in Betrieb genommen worden sind, Doppelzimmer, die oberhalb der gemäß § 20 Absatz 3 Satz 2 vorgeschriebenen Quote liegen, ausschließlich für die Kurzzeitpflege im Sinne des § 42 des Elften Buches Sozialgesetzbuch nutzen. In der Sache handelt es sich um eine Spezialregelung zu dem allgemeinen Grundsatz der Einzelzimmerquote, vgl. dazu näher Rn. 967 (hier Verweis auf die Ausführungen zum 7. Abschnitt I. 2.).

515 Eine Besonderheit ist bei Einrichtungen mit Außenwohngruppen zu beachten: In den Fällen, in denen das Haupthaus nicht mit den Außenwohngruppen verbunden ist, kam es nach WTG 2008 immer auf die ganze Einrichtung an. Durch die Änderung des Gesetzestextes in § 20 Abs. 3 Satz 1 WTG ist nunmehr eine getrennte Betrachtung von Haupthaus und Außenwohngruppen erforderlich, da kein räumlich verbundener Gebäudekomplex vorliegt. Die Einzelzimmerquote ist daher nicht mehr auf die gesamte Einrichtung (also Haupthaus und Außenwohngruppen) zu beziehen, sondern ist auf die einzelnen, nicht miteinander verbundenen Gebäude anzuwenden. Eine Unterschreitung der Einzelzimmerquote im Haupthaus kann daher nicht durch eine entsprechend höhere Quote in den Außenwohngruppen kompensiert werden.

516 Wenn die Einzelzimmerquote nicht erfüllt sein sollte, handelt es sich um einen ordnungsrechtlichen Mangel nach § 15 WTG, auf den die zuständige Behörde reagieren kann. Eine Betriebsuntersagung dürfte jedoch regelmäßig unverhältnismäßig sein. In Betracht kommt aber nach Ablauf der Übergangsfrist ein partielles Wiederbelegungsverbot: Doppelzimmer dürfen dann nur noch mit einer Nutzerin belegt werden.

517 In der Praxis dürfte dabei wie folgt zu verfahren sein: Wenn im Übergangszeitraum ein Nutzer aus dem Doppelzimmer umzieht oder verstirbt, kann der frei werdende Platz nach dem eingangs genannten Grundsatz nicht mehr neu belegt werden. Ggf. kann auch schon vor Ablauf der Übergangsfrist den Nutzern das Angebot

unterbreitet werden, auf einen freien oder freiwerdenden Platz in einem anderen leeren Zimmer umzuziehen. Auf freiwilliger Basis können die Nutzer dieses Angebot annehmen und umziehen. Diese Vorgehensweise ist vorrangig vor der Aufnahme neuer Nutzer, solange in der Einrichtung die Erreichung der Einzelzimmerquote noch nicht abgeschlossen ist.

Wenn keiner der Nutzer aufgrund des Angebotes bereit ist, seinen Platz im Doppelzimmer zu räumen, kommt eine zwangsweise Durchsetzung gegen ihren erklärten Willen zu Lasten des Betreibers durch aufsichtsrechtliche Anordnungen nicht in Betracht. Die gesetzliche Anforderung der Einzelzimmerquote richtet sich an den Einrichtungsbetreiber, aber sie gibt diesem nicht die Möglichkeit, den Heimvertrag oder die Heimverträge mit Nutzern zu kündigen, nur um die Quote zu erreichen. 518

Zusammenfassend ergeben sich folgende Regelungen hinsichtlich des Einzelzimmeranteils: 519

| Art der Einrichtung | Einzelzimmerquote | Anpassungsfrist | Rechtliche Grundlage |
|---|---|---|---|
| Eingliederungshilfe, neue Einrichtung | 100 % | sofort | § 20 Abs. 3 Satz 3 WTG |
| Eingliederungshilfe, Bestandseinrichtung: | 80 % | 31.07.2018 | §§ 20 Abs. 3 Satz 1 und 2 |
| Pflegeeinrichtung, neue Einrichtung | 100 % | sofort | § 20 Abs. 3 Satz 3 WTG |
| Pflegeeinrichtung, nach APG geförderte Bestandseinrichtung | 80 % | 31.07.2018 | §§ 20 Abs. 3 Satz 1 und 2 |
| Pflegeeinrichtung, Bestandseinrichtung, Verzicht auf Förderung nach APG | 80 % | spätestens 31.07.2023 nach Ermessen der Behörde | §§ 20 Abs. 3 Satz 1 und 2, 47 Abs. 2 Satz 3 |
| Pflegeeinrichtung, Bestandseinrichtung | 80 %, bei Nichterreichung Belegung der überzähligen Zimmer nur mit Kurzzeitpflege | Keine Frist | § 47 Abs. 2 S. 1 WTG |

### b) Mehrbettzimmer

Eine Ausnahme vom Mehrbettzimmerverbot des § 20 Abs. 4 WTG kann nach § 13 Abs. 1 Nr. 1 WTG erteilt werden, wenn die Leistungsanbieterin ein besonderes Betreuungskonzept vorlegt. In der Praxis ist dies insbesondere bei so genannten Pflegeoasen für demenziell erkrankte Nutzer vorgekommen. Eine allgemeine Regelung, wonach bei Pflegeoasen immer eine Befreiung vom Mehrbettzimmerverbot 520 in Betracht kommt, kann nicht angenommen werden. Es ist in jedem Einzelfall zu prüfen, ob der Unterbringung der Nutzer in einem Mehrbettzimmer ein entsprechendes Pflegekonzept zugrunde liegt und dieses mit den Zwecken dieses Gesetzes übereinstimmt (§ 13 Abs. 1 Nr. 1 WTG). Das Verwaltungsgericht Köln hatte sich mit einem Antrag auf Befreiung von dem Verbot der Mehrbettzimmer zu befassen. Beantragt war das Wohnen von demenzkranken Nutzerinnen in 4-Bett-Zimmern mit der Begründung, nur in diesen 4-Bett-Zimmern sei eine angemessene Betreuung durch entsprechende Stimulation von Reizen möglich. Der Entscheidung lag die der Regelung des § 20 Abs. 4 WTG entsprechende Vorschrift des § 2 Abs. 3 WTG-DVO 2008 zugrunde.

521 Das VG Köln entschied: *„…(dass) sie (die Kammer) für den Fall der Erteilung der begehrten Befreiung und fortgesetzten Unterbringung der schwerst dementen Bewohner in Vierbettzimmern den Zweck des Gesetzes als durchaus gefährdet ansieht. Gemäß § 1 Abs. 1 Satz 1 WTG hat dieses Gesetz den Zweck, die Würde, die Interessen und die Bedürfnisse der Bürgerinnen und Bürger in Betreuungseinrichtungen vor Beeinträchtigung zu schützen und die Einhaltung der dem Betreiber ihnen gegenüber obliegenden Pflichten und ihre Rechte zu sichern. Ausdrücklich sollen die Bürgerinnen und Bürger in Betreuungseinrichtungen nach § 1 Abs. 2 Nr. 3 WTG in ihrer Privat- und Intimsphäre geschützt werden. ….Entgegen der Argumentation des Antragstellers geht die Kammer davon aus, dass auch schwerst demente Bewohner von Betreuungseinrichtungen ohne Einschränkung in ihrer Würde und vor Verletzungen ihrer Intimsphäre zu schützen sind und ihre diesbezüglichen Interessen gegenüber denen anderer Heimbewohner in keiner Weise zurückstehen. Im Gegenteil: Aufgrund ihrer Hilflosigkeit bedürfen Schwerstdemente besonderen Schutz, da sie sich gegen Verletzungen ihrer Intimsphäre nicht mehr zur Wehr setzen können. Und eine Beeinträchtigung ihrer Menschenwürde, die bei ihnen quasi Ausdruck des übriggebliebenen Restes oder Kerns ihrer ehemaligen Persönlichkeit ist, wiegt eher schwerer als bei anderen Bewohnern, die außer dem Wunsch nach Respektierung ihrer Würde noch andere Interessen und Wünsche aktiv artikulieren können. Eine Unterbringung, bei der die Würde und Intimsphäre weniger geschützt ist als bei anderen Bewohnern, kommt für Schwerstdemente damit nicht in Betracht. Vor diesem Hintergrund geht die Kammer davon aus, dass der Antragsgegner den vom Antragsteller geforderten Perspektivwechsel – weniger Augenmerk auf den Schutz der Menschenwürde der Schwerstdementen und mehr Augenmerk auf Ansprache und Reizstimulation dieser Gruppe, um Vereinsamung und Angst vorzubeugen – zu Recht nicht vollzogen hat. Eine Förderung des (unterstellten) Interesses von Schwerstdementen an Stimulation und Gesellschaft auf Kosten des Schutzes ihrer Würde und Intimsphäre entspricht nicht dem Zweck des WTG. Wenn man denn ein Interesse dieser Personengruppe an Stimulation und Gesellschaft bejaht, so kann dieses nach den bisherigen Ausführungen nur unter größtmöglicher Wahrung ihrer Würde und Intimsphäre geschehen. Dies wäre auch ohne weiteres möglich, da Stimulation und Teilnahme am Gemeinschaftsleben wie bei allen anderen Heimbewohnern auch in Gemeinschaftsräumen stattfinden kann, während dem Interesse der Schwerstdementen an Wahrung ihrer Würde und Intimsphäre wie bei allen anderen Heimbewohnern auch durch Unterbringung in Einzel- oder Zweibettzimmern entsprochen werden kann.* (vgl. VG Köln, Beschluss vom 04. Mai 2012 – 22 L 13/12 –, juris, Rn. 18 ff.).

Eine Befreiung von der Anforderung nach § 13 Abs. 2 WTG wegen wirtschaftlicher Unzumutbarkeit wird für die Einzelzimmerquote bzw. das Mehrbettzimmerverbot nur in völlig atypischen Ausnahmefällen möglich sein. Diese müssen überzeugend begründet werden, da die entsprechenden Regelungen bereits im WTG 2008 und im Landespflegerecht enthalten waren und hinreichend lange Übergangsfristen vorsahen. 522

### c) Umwandlung von Einzel- zu Doppelzimmern

Nach § 20 Abs. 3 Satz 3 WTG „kann" Personen, die in einer Partnerschaft leben, auf Wunsch die Zusammenlegung von zwei Zimmern zu einer Nutzungseinheit ermöglicht werden. Das ist nicht so zu verstehen, dass es diesen Personen erlaubt ist, in einem Zimmer zusammenzuwohnen. Das kann ihnen selbstverständlich nicht verboten werden. Die Regelung bedeutet nur, dass in diesen Fällen vom ordnungsrechtlichen Einzelzimmererfordernis abgewichen werden darf. Der Begriff der Partnerschaft ist dabei umfassend zu verstehen. Es kann sich also um hetero- oder homosexuelle Paare handeln, unabhängig davon, ob sie verheiratet oder nach dem Lebenspartnerschaftsgesetz verpartnert sind oder nichtehelich zusammenleben. 523

Die Umsetzung kann in der Praxis jedoch schwierig werden. Die Vorschrift gibt der Einrichtung nicht das Recht von einem Nutzer, der zwischen zwei leeren Zimmern wohnt, zu verlangen, dass er umzieht, damit die leeren Zimmer für die beiden Partner zusammengelegt werden können. 524

### d) Unterbringung in Doppelzimmern

Nach § 20 Abs. 5 Satz 3 WTG haben Nutzerinnen und Nutzer bei der Belegung eines freien Platzes in ihrem Doppelzimmer ein Mitspracherecht. Es handelt sich nicht um ein echtes Mitentscheidungsrecht, da das Gesetz nur den Begriff „Mitsprache" gebraucht. Allerdings muss die Einrichtung vor der Belegung des Zimmers fragen. Wird der Nutzerin nicht gefolgt, sollte dies von der Einrichtung begründet werden können. 525

Für die Mitsprache ist der tatsächliche Wille maßgeblich, da die Mitsprache kein Rechtsgeschäft ist. Nur wenn ein Nutzer auch keinen tatsächlichen Willen mehr äußern kann, ist die Betreuerin – eine Betreuung wird in diesen Fällen regelmäßig vorliegen – einzubeziehen. 526

Das Verwaltungsgericht Düsseldorf hat mit Urteil vom 9.9.2014, Az. 26 K 6758/12 zum WTG 2008 entschieden, dass die gemeinsame Unterbringung von Langzeitpflegenutzern und Kurzzeitpflegegästen in einem Zweibettzimmer im Wege der sogenannten eingestreuten Kurzzeitpflege nicht generell gegen Anforderungen des WTG verstößt. Es sei aber unzulässig, wenn gegen den Willen eines Langzeitnutzers der zweite Platz im Doppelzimmer mit Kurzeitpflegenutzern belegt wird oder ein Langzeitnutzer ohne einen entsprechenden ausdrücklichen Wunsch ständig oder 527 überdurchschnittlich häufig zusammen mit Kurzeitpflegenutzerinnen zusammengelegt werden. Dieses Urteil des VG Düsseldorf ist auf das WTG 2014 übertragbar, da ein entgegenstehender Wille des Gesetzgebers des WTG 2014 nicht erkennbar ist.

## 4. Flächengrößen

528 § 7 Abs. 2 WTG-DVO übernimmt die Mindestgrößen für die Nutzerzimmer (14 qm für Einzelzimmer/24 qm für Doppelzimmer) aus dem bisherigen Recht.

529 Dagegen ist die nach dem WTG 2008 differenzierte Regelung zur Gesamtnettogrundfläche entfallen; nach § 6 Abs. 3 WTG-DVO darf eine Nettogrundfläche von 45 qm pro Person nicht unterschritten werden. Damit liegt die ordnungsrechtliche Flächenvorgabe deutlich unterhalb der geförderten Nettogrundfläche von 53 qm, für die die erforderlichen Aufwendungen nach dem Alten- und Pflegegesetz anerkennungsfähig sind, vgl. § 2 Abs. 3 Nr. 1 APG DVO.

## 5. Angepasste Innentemperatur

530 Zu einer angepassten Innentemperatur, § 6 Abs. 4 WTG-DVO, gehören nicht nur eine ausreichende Beheizung in der kalten Jahreszeit, sondern auch Maßnahmen zur Verhinderung einer zu hohen Temperatur. Die Vorschrift zieht die Konsequenzen aus in jüngster Vergangenheit vorgekommenen Fällen, dass Nutzer aufgrund zu hoher Innentemperaturen gesundheitliche Schäden davongetragen haben. Der Begriff der angepassten Innentemperatur muss sich dabei, abweichend von den sonstigen, auf die individuellen Bedürfnisse abgestellten Anforderungen, nach einem objektiven Maßstab richten, da er andernfalls, schon gar nicht in den Gemeinschaftsräumlichkeiten, umsetzbar wäre.

531 Was nun als eine den klimatischen Verhältnissen angepasste Innentemperatur anzusehen ist, hängt von verschiedenen Umständen ab. Dabei kann nicht ausschließlich auf den arbeitsschutzrechtlichen Sollwert von 26° C abgestellt werden. Denn dieser Wert stellt auf die Rahmenbedingungen eines Arbeitsplatzes mit körperlichem Einsatz ab. Ferner würde eine allgemeine Innentemperatur, die unabhängig von der Jahreszeit immer gleichbleibt, auch der gesetzlichen Anforderung einer den klimatischen Verhältnissen angepassten Innentemperatur widersprechen. Dies gilt ebenso, wenn ausschließlich auf die Temperatur ohne Berücksichtigung der relativen Luftfeuchtigkeit abgestellt wird. Trockene Wärme ist für Nutzerinnen und Arbeitnehmer eher zu ertragen als gegebenenfalls auch geringere Temperaturen bei jedoch höherer Luftfeuchtigkeit. Auch Temperaturunterschiede zwischen Außen- und Innenbereichen sollten nicht zu groß sein, weil sich plötzliche Temperaturänderungen bekanntlich auf den Gesundheitszustand gerade von gesundheitlich beeinträchtigten Nutzerinnen negativ auswirken können. Danach bietet die Entscheidung des OLG Hamm (Urteil vom 28.02.2007 – 30 U 131/06), die für die Vermietung von gewerblich vermieteten Räumen erging, eine Orientierung: Bei Außentemperaturen von bis zu 32° C darf die Innentemperatur regelmäßig (kurzfristige Schwankungen sind zulässig)

26° C nicht übersteigen; bei höheren Außentemperaturen hat die Innentemperatur 6° C unter der Außentemperatur zu liegen. Dies ist nicht als Mindestwert zu verstehen, sondern gemäß der vom OLG im dortigen Fall angewandten DIN-Norm als Regelwert einer Unterschreitung anzustreben.

Wie die Leistungsanbieterin diese Anforderung umsetzt, verbleibt ihrer Entschei- 532
dung. Der Verzicht auf konkrete Vorgaben erlaubt allerdings flexible Lösungen: Es ist nicht zwingend eine Klimatisierung erforderlich – wegen der damit verbundenen Gefahr von Erkältungskrankheiten möglicherweise auch nicht sinnvoll –; es können z. B. Rollläden, Innenjalousien oder Fenster mit Thermoverglasung ausreichen. Bei der Planung eines Gebäudes kann man Verwaltungs- und Wirtschaftsräume oder Gemeinschaftseinrichtungen eher in Obergeschosse oder in Südlage vorsehen.

## 6. Tandembäder

Tandembäder sind Bäder, die sich zwei Personen teilen. Anders als nach bisherigem 533
Recht sind nach § 7 Abs. 1 WTG-DVO Tandembäder in Neubauten nur ausnahmsweise zulässig, grundsätzlich soll jedem Zimmer ein eigenes Duschbad zugeordnet werden. Dieses Regel- Ausnahmeverhältnis ist allerdings angesichts der gesetzlichen Regelung in § 20 Abs. 3 Satz 4 WTG, der beide Formen gleichwertig behandelt, zweifelhaft. Rechtsverordnungen sind dazu bestimmt, gesetzliche Anordnungen zu konkretisieren, nicht hingegen zu ändern. Die Betrachtung des Tandembades als nur ausnahmsweise zulässige Lösung widerspricht dem Grundsatz des Vorranges des Gesetzes. Unter dieser Maßgabe sind die nachfolgenden Ausführungen zu verstehen. Zur Rechtfertigung einer ausnahmsweisen Zulässigkeit von Tandembädern kann sicher nicht das das Argument der wirtschaftlichen Belastung vorgebracht werden, da zwei Bäder bei gleicher Ausstattung immer teurer sind als eines. Eine ausnahmsweise Zulässigkeit kann ggf. bei baulichen Gründen in Betracht kommen, wenn z. B. der Grundstückszuschnitt eine Ausstattung nur mit Einzelbädern nicht zulässt.

Das Erfordernis einer unmittelbaren Zugänglichkeit der Bäder aus den Bewohner- 534
zimmern ist als Soll-Vorschrift ausgestaltet. Dies sollte dem Umstand Rechnung tragen, dass viele Bestandseinrichtungen zwar über ausreichende Bäder, nicht aber über entsprechende direkte Zugänge verfügen. Sofern die Bäder nur individuell zugewiesen sind und sich in der Nähe der Zimmer befinden, kann angesichts der Ausgestaltung als Soll-Vorschrift auf den unmittelbaren Zugang aus dem Zimmer verzichtet werden. Verwunderlicherweise gelten die Regelungen zu Einzel- oder Tandembädern ab August 2018 nicht im Bereich der Eingliederungshilfe, wiewohl die gesetzliche Fassung durch die UN-Behindertenrechtskonvention motiviert ist.

## 7. Pflegebäder

Unter einem Pflegebad (§ 8 Abs. 3 Satz 1 WTG-DVO) ist ein Wannenbad zu verste- 535
hen, das von drei Seiten – beiden Längsseiten und einer Stirnseite – für das Pflegepersonal zugänglich sein sollte. In allen Einrichtungen, die konzeptionell auf die

Betreuung pflegebedürftiger Menschen ausgerichtet sind, muss mindestens ein Pflegebad vorhanden sein. Dies gilt nicht nur in Pflegeeinrichtungen, sondern auch in Einrichtungen der Eingliederungshilfe, sofern dort in größerem Umfang pflegebedürftige Menschen leben.

536 Soweit die Möglichkeit besteht, pflegebedürftige Nutzerinnen auch in ihrem individuellen Sanitärbereich zu baden, ist die Vorhaltung von Pflegebädern nicht erforderlich. Dafür reicht je nach Pflegebedarf auch eine Dusche, die dann bei Nutzerinnen mit erheblichen Mobilitätsseinschränkungen allerdings mit einer Sitzmöglichkeit ausgestattet sein sollte. Da die Möglichkeit des Duschens/Badens bei jedem pflegebedürftigen Menschen gegeben sein muss, ist ein Pflegebad nur dann entbehrlich, wenn für alle Nutzerinnen einer Einrichtung eine entsprechend geeignete Dusch-/Bademöglichkeit im Individualbereich besteht. Bei der Auslegung des Begriffs „entsprechend geeignete" ist auch das Erfordernis zu berücksichtigen, dass entsprechende therapeutische Anwendungen in einer Einrichtung mit überwiegend pflegebedürftigen Menschen möglich sein müssen. Existiert diese individuelle Dusch- oder Bademöglichkeit allerdings für einige Nutzerinnen nicht, ist mindestens ein Pflegebad vorzuhalten.

537 Sofern es der konkrete Bedarf erfordert, kann die zuständige Behörde nach ihrem Ermessen auch weitere Pflegebäder verlangen, jedoch maximal eines für je 20 Pflegebedürftige, § 8 Abs. 3 Satz 2 WTG-DVO.

538 Sind in einer Einrichtung aufgrund von Vorschriften der Heimmindestbauverordnung noch mehr Pflegebäder vorhanden als jetzt nach der WTG-DVO erforderlich sind, ist der Rückbau oder die anderweitige Nutzung dieser Bäder möglich.

## 8. Krisenzimmer

539 Nach § 8 Abs. 4 WTG-DVO muss in jeder Einrichtung für je 30 Nutzerinnen, die in Doppelzimmern leben, ein freizuhaltendes Einzelzimmer vorhanden sein, um auf Krisenfälle angemessen reagieren und auch um die nötigen Rahmenbedingungen für eine würdevolle Sterbebegleitung bieten zu können. Krisenzimmer müssen die Anforderungen an ein Einzelzimmer erfüllen.

### a) Zahl der Krisenzimmer

540 Krisenzimmer müssen nur für Nutzer in Doppelzimmern vorgehalten werden. In einer Einrichtung mit ausschließlich Einzelzimmern besteht die Anforderung nicht.

541 Da in Neubauten nach § 20 Abs. 3 Satz 3 WTG nur noch Einzelzimmer zulässig sind, hat § 8 Abs. 4 WTG-DVO für Neubauten keine Bedeutung. Nur in Bestandseinrichtungen sind Doppelzimmer noch zulässig.

Die Bestandsschutzregelung nach § 47 WTG greift in diesem Fall nicht, da es sich nicht um eine neue Anforderung handelt. Schon nach § 2 Abs. 7 WTG-DVO 2008 musste eine ausreichende Zahl von Krisenzimmern vorhanden sein; § 8 Abs. 4 WTG-DVO 2014 konkretisiert diese Altregelung lediglich. Wollte man die Vorschrift so verstehen, dass sie nur für neue Einrichtungen gelten sollte, würde sie wegen des Einzelzimmererfordernisses bei Neubauten ins Leere laufen. 542

Für eine Einrichtung mit 80 Plätzen (schon nach bisherigem Recht Soll-Platzobergrenze) ergeben sich keine Probleme: Zur Erreichung der Einzelzimmerquote muss die Einrichtung ab dem 01.08.2018 über mindestens 54 Einzelzimmer und maximal 13 Doppelzimmer verfügen. Dafür genügt dann nach der Regelung des § 8 Abs. 4 WTG-DVO auch ein Krisenzimmer. Lediglich für größere Einrichtungen ergibt sich durch die Konkretisierung eine Erhöhung (z. B. bei 250 Plätzen 168 EZ und 41 DZ, also für 82 Nutzerinneninnen und Nutzerinnen 3 Krisenzimmer). 543

Die Formulierung „mindestens ein Krisenzimmer" gibt der Behörde einen – allerdings gerichtlich nachprüfbaren – Beurteilungsspielraum. So wird in einem geschlossenen Bereich in einer Pflegeeinrichtung mit Doppelzimmern ggf. auch ein weiteres Krisenzimmer gefordert werden können. 544

### b) Nutzung der Krisenzimmer 545

Sinn des Krisenzimmers ist es, den Nutzerinnen, die in einem Doppelzimmer leben, eine Möglichkeit zu schaffen, in ein Einzelzimmer umzuziehen, wenn dies aufgrund einer akuten persönlichen oder sonstigen Krise erforderlich ist. Dies kann insbesondere auch bei einer akuten gesundheitlichen Krise (gerade auch am Lebensende) der Fall sein. 546

Es ist fraglich, ob ein Krisenzimmer auch als „Quarantänezimmer" genutzt werden kann. Da die Notwendigkeit einer Quarantäne – z. B. bei einer Besiedlung mit MRSA- oder ESBL-Keimen – oft für einen langen Zeitraum besteht, könnte das Krisenzimmer für akute Krisen auch für längere Zeit nicht genutzt werden. Nach der Definition des Duden ist eine Krise „eine schwierige Lage, Situation oder Zeit, die den Höhe- und Wendepunkt einer gefährlichen Entwicklung darstellt". Der Befall mit Keimen stellt zwar ein Risiko für andere Nutzer der Einrichtung dar, die die Ergreifung besonderer hygienischer Maßnahmen verlangt, ist jedoch kein Höhe- oder Wendepunkt einer gefährlichen Entwicklung. Eine regelhafte Nutzung als Quarantänezimmer dürfte damit nicht in Betracht kommen, eine Ausnahme mag bei absehbarer Kurzfristigkeit der Nutzung zur Quarantäne in Betracht kommen. 547

Unter einem Krisenfall ist jedoch nur ein solcher in der Einrichtung zu verstehen. Für außerhalb entstandene Krisenfälle ist das Krisenzimmer grundsätzlich nicht vorgesehen. 548

### 9. Raucherzimmer

549 Nach § 8 Absatz 8 WTG-DVO muss immer dann, wenn in den Individualbereichen, also den Bewohnerzimmern, das Rauchen nicht gestattet ist, ein Gemeinschaftsraum zur Verfügung gestellt werden, in dem geraucht werden darf. Die Leistungsanbieter müssen geeignete Vorkehrungen treffen, um die Rauchfreiheit und den gesundheitlichen Schutz der übrigen sich in der Einrichtung aufhaltenden Personen so weit wie möglich zu gewährleisten. Wenn ausschließlich Einzelzimmer zur Verfügung stehen, ist ein Rauchverbot in diesen Räumen fraglich, da auch das Rauchen grundrechtlich geschützt ist, vgl. Art. 2 Abs. 1 GG. Die Zulässigkeit eines Rauchverbotes wird dann grundsätzlich genauso wie im Rahmen eines Mietverhältnisses zu beurteilen sein, das heißt, nur bei unzumutbarer Belastung anderer Nutzer oder Pflegekräfte oder bei Gefahr einer Brandverursachung durch Nutzerinnen, die aufgrund kognitiver Einschränkungen nicht mehr in der Lage sind, die mit dem Rauchen verbundenen Gefahren zu beherrschen.

550 Soziale Betreuung sollte im Raucherzimmer nicht mehr angeboten werden, um andere Nutzer und Beschäftigte zu schützen.

551 Problematisch jedoch ist hier die Regelung des § 3 Abs. 2 Satz 3 i. V. m. § 2 Nr. 2 Nichtraucherschutzgesetz NRW, die als formelle Gesetzesvorschrift Vorrang vor einer bloßen Verordnung wie der WTG DVO genießt. Dort ist ausdrücklich das Rauchen in Pflegeeinrichtungen untersagt. Hierbei differenziert die Regelungssystematik des Nichtraucherschutzgesetzes auch nicht zwischen Gemeinschaftsbereichen und Individualzimmern, wie aus § 2 Nr. 2 des Gesetzes hervorgeht. Insbesondere ist die – vorrangige – Vorschrift des § 3 Abs. 2 Satz 4 Nichtraucherschutzgesetz, wonach unmissverständlich ein Anspruch auf die Einrichtung von Raucherräumen ausgeschlossen ist, zu beachten. Vor dem Hintergrund dieser unbefriedigenden Rechtslage ist zumindest die Feststellung eines Mangels aufgrund § 8 Absatz 8 WTG-DVO ausgeschlossen.

## III. Befreiungsmöglichkeiten

552 § 13 Abs. 2 WTG soll den Fällen Rechnung tragen, in denen die Erfüllung einer Anforderung an die Wohnqualität entweder aus technischen oder denkmalschutzrechtlichen Gründen nicht möglich oder aus wirtschaftlichen Gründen nicht zumutbar ist.

553 Eine technische Unmöglichkeit wird nur in wenigen Fällen vorliegen. Hierunter sind Fälle zu subsumieren, in denen aus statischen Gründen die notwendige Erweiterung oder der notwendige Umbau nicht vollzogen werden können.

554 Häufiger kann der Fall der wirtschaftlichen Unzumutbarkeit eintreten. Die Prüfung dieser Frage kann nur im Einzelfall erfolgen. Bei der Erteilung von Ausnahmegenehmigungen ist zu prüfen, ob diese mit den Interessen und Bedürfnissen der

Nutzerinnen und mit den Maßstäben des Alltags eines häuslichen Lebens zu vereinbaren sind.

Dabei ist zu bedenken, ob und wieweit für den Betreiber die Möglichkeit besteht, 555 die Kosten zu refinanzieren. Soweit die Leistungsanbieterin die Möglichkeit hat, die Kosten einer (Um-) Baumaßnahme auf die Nutzerinnen umzulegen, wird regelmäßig keine wirtschaftliche Unzumutbarkeit bestehen. Allerdings muss die Befreiung von Anforderungen auch mit den Interessen und Bedürfnissen der Nutzerinnen vereinbar sein. Insofern kann auch in den Fällen, in denen letztlich die Nutzerinnen die Kosten tragen müssten, es geboten sein, im Rahmen einer Interessenabwägung von bestimmten Anforderungen zu befreien.

Zur Frage der Unzumutbarkeit aus wirtschaftlichen Gründen hat sich das Verwal- 556 tungsgericht Aachen geäußert: *„Der Klägerin ist es schließlich auch nicht gelungen, besondere wirtschaftliche Bedingungen im Sinne einer Unzumutbarkeit darzulegen. Wie seitens der Beklagten zu Recht ausgeführt, können allein wirtschaftliche Einbußen keine Ausnahme rechtfertigen. Vor dem Hintergrund, dass mit der – verfassungsrechtlich nicht zu beanstandenden Neuregelung in § 20 Abs. 2 WTG Einschränkungen des unternehmerischen Spielraums und damit grundsätzlich hinzunehmende wirtschaftliche Belastungen verbunden sind, kann die hier geprüfte Ausnahmevorschrift nicht bereits dann zur Anwendung kommen, wenn der Betreiber der Einrichtung solche typischerweise eintretenden wirtschaftlichen Belastungen anführt. Typischerweise treten in Folge der gesetzlichen Neuregelung Belastungen gerade dann ein, wenn der Betreiber einer lange bestehenden Einrichtung wie hier – den veralteten Bestand nicht mehr sinnvollerweise den (gesetzlichen) Anforderungen an die heute verlangte Wohnqualität der Bewohner anpassen kann, sondern neu bauen muss. Eine besondere wirtschaftliche Belastung, die eine Ausnahme von den Anforderungen des Gesetzes rechtfertigen könnte, kann daher allenfalls angenommen werden, wenn die Einrichtung selbst oder sogar die Trägergesellschaft zwingend in ihrer Existenz bedroht sind. Diese Betrachtungsweise wird auch durch den Vergleich mit der Vorschrift des § 13 WTG für bestehende Gebäude bestätigt. Gemäß der Begründung für § 13 Abs. 2 WTG soll eine Ausnahme erteilt werden, sofern die Erfüllung der Anforderungen an die Wohnqualität zu einer wirtschaftlichen Belastung führen würde, die das Angebot letztlich in seiner Existenz gefährden würde. Dabei sei grundsätzlich ein strenger Maßstab anzulegen"* (vgl. VG Aachen, Urteil vom 09.03.2017 – 2 K 596/15 – Rn. 112 ff.).

Von einer wirtschaftlichen Unzumutbarkeit ist daher grundsätzlich erst dann auszu- 557 gehen, wenn die Existenz der Einrichtung oder ihres Trägers gefährdet ist.

Auch wenn nur die denkmalschutzrechtliche Unmöglichkeit genannt wird, besteht 558 in allen Fällen einer rechtlichen Unmöglichkeit immer ein Befreiungsanspruch, da niemand zu etwas rechtlich Unmöglichem verpflichtet werden kann. Hierzu gehören insbesondere auch solche Fälle, in denen ein notwendiger Um- und Ausbau an bauordnungsrechtlichen Restriktionen scheitert, weil z. B. die maximale Grundflächenzahl gemäß Bebauungsplan bereits erreicht ist, Bebauungsgrenzen nicht überschritten werden können und auch ein baurechtlicher Dispens ausscheidet und seine Erteilung durch die Bauaufsicht abgelehnt wird.

559 Bei Entscheidungen über Befreiungsanträge sind ggf. die Nutzerinnen am Verwaltungsverfahren nach § 13 Abs. 2 VwVfG zu beteiligen.

# D. Die Mitbestimmung und Mitwirkung der Nutzerinnen und Nutzer

Die grundlegenden Vorschriften über die Mitwirkungsorgane und ihre Befugnisse finden sich in § 22 WTG, der Regelungselemente aus § 6 WTG 2008 und der WTG-DVO 2008 übernimmt. Gegenüber dem WTG 2008 haben sich Verschiebungen zwischen Gesetz und Durchführungsverordnung ergeben; es gibt jedoch nur wenige sachliche Änderungen. 560

Durch die Struktur ihrer Interessenvertretung „Beirat – dann Vertretungsgremium – dann Vertrauensperson" stellt der Gesetzgeber sicher, dass im „Vertretungsfall", wenn also kein Beirat nach den Vorschriften dieses Gesetzes und seiner Durchführungsverordnung gewählt werden kann, die Interessen der Bewohnerschaft durch Personen wahrgenommen werden können, die einen engen Bezug zur Einrichtung haben. Zugleich wird dem von den soeben genannten Vertretungsgremien der Nutzer deutlich zu unterscheidenden Beratungsgremium, einem vielfach im Bereich der Eingliederungshilfe anzutreffenden ehrenamtlichen Zusammenschluss von Eltern, Angehörigen und rechtlichen Betreuern, ein gesetzlicher Rang eingeräumt. Die Einzelheiten des Verfahrens der Interessenvertretung sowie die Möglichkeiten, Art, Umfang und Form der Mitbestimmung und Mitwirkung sind in §§ 10 bis 22 der WTG-DVO geregelt. Kennzeichnend für das Recht der Beteiligung der Nutzerinnen ist, dass die Errichtung der Vertretungsgremien nicht fakultativ, sondern verpflichtend ist; hierin und in der daraus folgenden Handlungsverpflichtung des Betreibers ist ein struktureller Unterschied zur betrieblichen Mitbestimmung zu erkennen. 561

## I. Grundsatz der Mitwirkung und Mitbestimmung

Die Bewohner sollen in den wesentlichen Angelegenheiten des Betriebs der Einrichtung mitwirken, § 22 Abs. 1 WTG. Neben der Möglichkeit der individuellen Mitwirkung, also der Möglichkeit, selbst auf die Rahmenbedingungen des Alltags in einer Einrichtung Einfluss zu nehmen, wird die Mitwirkung durch einen Beirat, der die kollektiven Interessen der Nutzerinnen vertreten soll, ausgeübt. Der Begriff der Mitwirkung wird als Oberbegriff gebraucht und umfasst die Mitwirkung im engeren Sinne und die Mitbestimmung. 562

Der bisherige Heimbeirat führt nun die Bezeichnung „Bewohnerinnen- und Bewohner-Beirat" und wird aus Gründen der sprachlichen Einfachheit nur noch als Beirat bezeichnet. 563

Der Begriff der „Mitwirkung <u>und</u> Mitbestimmung in Einrichtungen nach dem Wohn- und Teilhabegesetz" ist den Regelungen entliehen, die betriebliche Mitentscheidungsmöglichkeiten, wie zum Beispiel im Betriebsverfassungsgesetz, in den Personalvertretungsgesetzen oder in den Bestimmungen zur Mitarbeitervertretung, 564 vorsehen. Die Mitwirkungsrechte des Wohn- und Teilhabegesetzes müssen jedoch vor dem Hintergrund der besonderen rechtlichen Rahmenbedingungen für den Betrieb und den Lebensalltag in einer Einrichtung betrachtet werden.

565 Mitwirkungsrechte verleihen demjenigen, der sie ausüben darf, Einwirkungsmöglichkeiten, die in ihrer Wirkung im Gegensatz zu den echten Mitbestimmungsrechten allerdings begrenzt sind. Unter Mitwirkungsrechten nach dem WTG sind Informations-, Anhörungs- und Beratungsrechte zu verstehen. Quasi als zweite Stufe der Mitwirkung tritt die Mitbestimmung hinzu. Diese ist die intensivere Einwirkungsmöglichkeit, die es bisher in der Heimmitwirkungsverordnung nicht gab.

566 Die Beiräte erhalten demnach durch die gesetzlichen Regelungen zur Mitbestimmung (§ 22 Abs. 2 Satz 3 WTG) in einer Einrichtung in für das Alltagsleben zentralen Feldern ein hohes Maß an Entscheidungsbefugnis. Die Vorschrift regelt abschließend die Mitbestimmungstatbestände und ist gegenüber dem bisherigen Bundesheimrecht eine deutliche Erweiterung der politisch gewollten Berücksichtigung von Bewohnerinteressen durch wirksame Mitbestimmungsmöglichkeiten. Da die Mitbestimmung ein stärkeres Beteiligungsrecht ist als die Mitwirkung, gehören zum Mitbestimmungsrecht auch alle schwächeren Formen der Mitwirkung als Initiativ-, Informations- und Erörterungsrechte. Wirksam mitbestimmen zu können heißt also auch, vorher rechtzeitig informiert, angehört und beteiligt zu werden. Die nachfolgenden Ausführungen gelten also gleichermaßen für Mitwirkungs- und Mitbestimmungsrechte.

567 Da es zentrale Aufgabe des Beirates ist, die Interessen der Nutzerinnen zu vertreten, gibt ihnen § 13 Abs. 1 Satz 2 WTG-DVO den Anspruch, über alle wichtigen Angelegenheiten, die das Leben in der Einrichtung betreffen, informiert zu werden. Verpflichtet zur Information ist der Leistungsanbieter. Trotz des Wortlautes, wonach der Beirat über alle wichtigen Angelegenheiten zu informieren ist, kann nicht uneingeschränkt vom Betreiber verlangt werden, dass er jede Information initiativ an den Beirat heranträgt, da der Beirat selbst entscheiden muss, welche Informationen er für wichtig erachtet. Eine Initiativpflicht des Betreibers zur Information kann nur in den Fällen angenommen werden, die offensichtlich für den Beirat bzw. die Bewohner von Interesse sind. Das kann angenommen werden für Informationen, die die Einrichtung als Ganze betreffen bzw. die Lebensumstände der Nutzerinnen wesentlich betreffen, wie z. B. bei Entscheidungen über größere Baumaßnahmen, Fragen der Vergütung sowie sämtliche der Mitbestimmung im Sinne des § 11 WTG-DVO unterliegenden Gegenstände, da letztere sonst kaum durchsetzbar wären. Wünscht der Beirat eine Information, ist der Leistungsanbieter zur Auskunftserteilung verpflichtet, es sei denn, dies ist aus datenschutzrechtlichen Gründen unmöglich oder er kann sich zulässigerweise auf ein Betriebs- oder Geschäftsgeheimnis berufen.

568 Gegenstand der Mitwirkung sind alle Angelegenheiten, die die Bewohner selbst betreffen. Die Kernbereiche unternehmerisch-betriebswirtschaftlicher Führung der Einrichtung bleiben – wie bisher auch – unberührt. Eine Ausnahme gilt für die

Einstellung von Einrichtungsleitung und Pflegedienstleitung, vgl. dazu Rn. 644. Die Mitbestimmungs- und Mitwirkungsrechte und die mit ihnen verbundenen Konsequenzen sollen den Träger nur innerhalb der ihm für die jeweiligen Bereiche zur Verfügung stehenden Budgets verpflichten. Dies muss letztendlich auch für den Stichentscheid der zuständigen Behörde gem. § 13 Abs. 4 Satz 2 WTG-DVO gelten.

Der Mitwirkung unterliegen die für die Bewohner zentralen Bereiche des Lebens in 569 einer Einrichtung. Was genau darunter fällt, ist in den § 12 WTG-DVO beschrieben (vgl. Rn. 632 ff.).

Die zuständige Behörde ist verpflichtet, die Unterrichtung der Nutzerinnen und der 570 Mitglieder von Beiräten über die Befugnisse des Beirates zu fördern, § 22 Abs. 6 WTG. Dies setzt im Gegensatz zu einer Beratung nach § 11 Abs. 1 WTG, die nur auf Wunsch geleistet wird, ein aktives Bemühen der Behörde voraus, die damit auch selbst initiativ werden muss. Hierbei wird die Behörde den in § 13 Abs. 1 Satz 1 WTG-DVO niedergelegten Grundsatz einer vertrauens- und verständnisvollen Zusammenarbeit zwischen Betreiber und Beirat zu beachten haben. Die Grenzen dieses Bemühens werden in der Praxis wohl dann erreicht, wenn die Bewohner kein Interesse an der Bildung des Beirates haben.

## II. Die Stufen der Beteiligung: Beirat – Vertretungsgremium – Vertrauensperson

§ 22 Abs. 7 WTG regelt die Abstufung für die Interessenvertretung der Nutzerinnen: 571 An erster Stelle steht, einen Beirat zu bilden. Ist das nicht möglich, weil sich keine Bewohner dazu bereit erklären oder ihr Gesundheitszustand oder ihre Behinderung dies nicht zulassen, wird ein Vertretungsgremium gebildet, das aus Angehörigen oder Betreuerinnen und Betreuern besteht. Weil auch sie in den Beirat als „externe Kandidaten" gewählt werden können, kommt die Einrichtung eines Vertretungsgremiums erst dann in Betracht, wenn gar keine Bewohner zur Wahl bereit sind. Die Bezeichnung „Vertretungsgremium" unterstreicht, dass dieses Organ nur dann zu bestellen ist, wenn ein Beirat nicht gewählt werden kann. Kann auch kein Vertretungsgremium bestellt werden, hat die zuständige Behörde im Benehmen mit der Bewohnermehrheit eine Vertrauensperson zu bestellen. Die Vertrauensperson tritt an die Stelle des bisherigen Heimfürsprechers, der im Benehmen mit der Heimleitung zu bestellen war. In Einrichtungen, die unmittelbar von rechtsfähigen Religionsgemeinschaften betrieben werden, ist die Besetzung der Position einer Vertrauensperson zudem vom Einvernehmen des Betreibers abhängig.

Die vom Gesetz vorgegebene Reihenfolge ist zwingend. Wegen der hohen Bedeu- 572 tung, die der Vertretung der Nutzerinnen vom Gesetz beigemessen wird, sind Abweichungen davon, auch nach § 13 WTG grundsätzlich unzulässig.

# III. Der Beirat

## 1. Allgemeine Pflichten des Betreibers

### a) Handlungspflichten

573 Nach § 22 Abs. 1 Satz 2 WTG wird ein Beirat gewählt. Es besteht also kein Ermessen der Einrichtung, eine solche Wahl zuzulassen. Sind die Nutzerinnen nicht mehr selbst in der Lage, die Wahl zu organisieren, ist der Leistungsanbieter insoweit zu einem aktiven Tun verpflichtet, um auf die Bildung des Beirates hinzuwirken, § 16 Abs. 3 WTG-DVO. Er hat daher, sofern es noch keinen Beirat gibt, der einen Wahlausschuss bestellen kann, eine Bewohnerversammlung einzuberufen und die Bewohner bei der Wahl des Beirates zu unterstützen. Es reicht nicht aus, dass er die Wahl nur duldet.

574 Der Wahlausschuss muss nach § 16 Abs. 2 WTG-DVO die Wahl möglichst früh ankündigen (vier Wochen vorher, jedoch „spätestens").

575 Um den zuständigen Behörden die Prüfung, ob und inwieweit ein Beirat gewählt wurde, zu ermöglichen, ist die Einrichtungsleitung verpflichtet, die Namen der Kandidatinnen sowie das Ergebnis der Wahl mitzuteilen, § 16 Abs. 4 WTG-DVO. Die Mitteilungspflicht gilt auch für den Fall, dass kein Beirat gewählt werden kann, § 16 Abs. 4 Satz 2 WTG-DVO.

### b) Kostentragungspflichten

576 Der Leistungsanbieter ist verpflichtet, die angemessenen Kosten für Schulungen der Mitglieder dieses Beirates übernehmen, § 22 Abs. 9 Satz 2 WTG. Er kann die Schulung auch durch eigene Beschäftigte durchführen lassen, die über die erforderliche Sachkunde verfügen. Die Schulung muss sich nur auf das WTG und die Regelungen über das Mitwirkungsverfahren beziehen; der Leistungsanbieter ist nicht verpflichtet, auch eine Schulung zum SGB XI oder XII oder zum Wohn- und Betreuungsvertragsgesetz anzubieten.

577 Eine einmalige Schulung reicht nicht immer aus. Im Hinblick auf den Wechsel von Beiratsmitgliedern oder eventuelle Rechtsänderungen muss der Leistungsanbieter auch Wiederholungsschulungen anbieten.

578 § 22 Abs. 9 Satz 1 WTG regelt die Verpflichtung des Betreibers, die angemessenen Kosten für den Beirat zu tragen, wozu u. a. auch die Bereitstellung der entsprechenden Räumlichkeiten und der Kommunikationsmöglichkeiten des Beirates mit den Bewohnern gehört. Der Beirat muss nicht unbedingt einen eigenen Raum haben. Es kann auch ein Raum ausreichen, der von anderen mitgenutzt wird. Der Beirat muss aber dann die Möglichkeit haben, diesen Raum zumindest kurzfristig und – auf Wunsch – allein zu nutzen. Außerdem muss die Möglichkeit bestehen, eigene

Unterlagen so aufzubewahren, dass Dritte sie nicht einsehen können. Die Kosten für die Büromittel und Kommunikationsmöglichkeiten muss die Leistungsanbieterin in einem angemessenen Rahmen übernehmen. Dazu gehören nicht nur die Betriebskosten, sondern auch die Anschaffungskosten.

Angemessen ist, was nach gegenwärtigem Stand in einer Verwaltung üblich ist und 579 der Größe der Einrichtung sowie dem Umfang der tatsächlich angefallenen und erledigten Arbeiten entspricht. Vielfach wird es möglich sein, bereits zur Verfügung stehende Einrichtungen (Kopierer, Telefon, Telefax, Computer, Drucker) des Betreibers (mit) zu nutzen. Aus der Verpflichtung des Betreibers, die Beiratsarbeit zu unterstützen, wird vielfach auch folgen, dass im Einzelfall erforderliche Schreib- oder Kopierarbeiten durch Personal des Betreibers erledigt werden. Bei Differenzen über die Angemessenheit der Kosten wird die zuständige Behörde versuchen zu vermitteln; ggf. muss sie durch Anordnung entscheiden, bei der Abwägung allerdings im Blick haben, dass es dabei um eine wirksame Interessenvertretung der Nutzerinnen geht.

## 2. Die Wahl des Beirates

### a) Wahlrecht

Das aktive Wahlrecht, § 22 Abs. 3 Satz 1 WTG, haben ausschließlich die Bewohner, 580 unabhängig davon, ob sie geschäftsfähig sind. Es kann somit nicht von den Betreuerinnen oder Betreuern oder Angehörigen ausgeübt werden bzw. auf sie delegiert werden. Das Wahlrecht ist auch unabhängig von ggf. vorliegenden Mängeln des Vertrages: Maßgeblich ist nur, dass die Nutzerin am Wahltag tatsächlich in der Einrichtung lebt. Dass sie die Einrichtung kurzfristig verlassen hat, weil sie sich zum Beispiel einige Tage bei einem Verwandten aufhält oder sich einer Krankenhausbehandlung unterziehen muss, spielt ebenfalls keine Rolle. Nötigenfalls muss ihr Briefwahl ermöglicht werden.

§ 22 Abs. 3 Satz 2 und 3 WTG übernehmen das bisherige Recht. Passiv wählbar sind 581 neben den Bewohnern damit auch deren Angehörige oder rechtliche Betreuerinnen und Betreuer, Mitglieder von örtlichen Seniorenvertretungen oder Behindertenorganisationen. Der Begriff der sonstigen Vertrauensperson, die auch gewählt werden kann, ist weit auszulegen. Ein Bedürfnis für eine einschränkende Auslegung besteht nicht, da ausschließlich die Bewohner den Beirat wählen und damit durch die Wahl entscheiden, wem sie ihr Vertrauen geben. Damit können auch ehemalige Bewohner, die die Einrichtung mittlerweile verlassen haben, als sonstige Vertrauenspersonen wählbar sein. Hiermit ist im Gegensatz zur Mitwirkung nach der Heimmitwirkungsverordnung faktisch keinerlei Eingrenzung des wählbaren Personenkreises mehr vorgesehen – ausgeschlossen sind nurmehr Mitarbeiter der Einrichtung und der zuständigen Behörde. Ob dies letztlich der Verwirklichung der Selbstbestimmungsrechte der Bewohnerschaft dient, mag kritisch diskutiert werden, findet im Gesetz jedoch keinen Widerhall.

582 Der Begriff der sonstigen Vertrauensperson als gewähltes Mitglied des Beirates ist streng zu unterscheiden von der durch die zuständige Behörde bestellten Vertrauensperson, die anstelle eines Beirates tätig wird. Erstere nimmt ausschließlich Bezug auf eine „Person des Vertrauens" des Bewohners.

583 Für die Frage der Wählbarkeit der Nutzer kommt es nicht auf deren Geschäftsfähigkeit oder das Vorhandensein einer rechtlichen Betreuung an. Diese Frage ist zwar nicht ausdrücklich geregelt, ergibt sich aber aus den folgenden Überlegungen:

584 Maßgeblich kann – trotz der damit in der Praxis möglicherweise verbundenen Schwierigkeiten – nur sein, dass der Nutzer, ggf. mit Unterstützung in der Lage ist, noch seinen Willen zu äußern. Dem Gesetzgeber muss angesichts des Regelungsgegenstandes des WTG bewusst gewesen sein, dass er in Einrichtungen mit einer zu einem erheblichen Anteil in ihrer Geschäftsfähigkeit beeinträchtigten Bewohnerschaft rechnen musste. Er hat dennoch keine Regelungen getroffen, so dass von einer bewussten Auslassung ausgegangen werden kann.

585 Die Wahlgesetze, zum Beispiel das Bundeswahlgesetz oder das Landeswahlgesetz Nordrhein-Westfalen, bieten demgegenüber hierfür keinen angemessenen Maßstab. Danach ist jemand vom Wahlrecht ausgeschlossen und nicht wählbar, wenn zur Besorgung aller seiner Angelegenheiten ein Betreuer nicht nur durch einstweilige Anordnung bestellt ist. Die Angelegenheiten des § 1896 Abs. 4 und § 1905 BGB müssen nicht zu dem Aufgabenkreis des Betreuers gehören. Diese Bestimmung kann nicht entsprechend herangezogen werden. Im Wahlrecht geht es um die Vorschriften zur Bildung eines Staatsorganes, das eine wesentliche – die legislative – Staatsgewalt ausüben soll. Im Mitwirkungsverfahren in einer Einrichtung geht es dagegen um den Lebensalltag der dort lebenden Menschen. Gegenstand der Mitwirkung und Mitbestimmung ist die Befriedigung der Bedürfnisse der in der Einrichtung betreuten Menschen. Das schließt eine Anwendung der Vorschriften für Parlamentswahlen aus.

586 § 22 Abs. 2 Satz 3 WTG-DVO übernimmt das bisherige Recht. Die Vorschrift soll ausschließen, dass es zu Pflichten- oder Interessenkollisionen kommt. Damit sind Beschäftigte des Betreibers im Sinne des § 3 Abs. 4 WTG, vgl. Rn. 465ff., 470, nicht wählbar. Bei juristischen Personen, die eine Einrichtung betreiben, gilt dies erst recht für ihre gesetzlichen Vertreter. Ehrenamtlich tätige Personen sind jedoch keine Beschäftigten des Betreibers, vgl. Rn. 465ff., 470, selbst wenn ihnen ggf. in gewissem Umfang Auslagen erstattet werden. Auch nicht wählbar sind die Beschäftigten der Kostenträger, also der Pflegekassen und Sozialhilfeträger und die Mitarbeiter der für die Überwachung der Einrichtung zuständigen Behörde.

587 Wählbar sind jedoch Bewohner, die gleichzeitig in einem geringfügigen Umfang – dieser muss nicht dem in § 8 SGB IV genannten Umfang entsprechen – beim Betreiber tätig sind. Gerade in Einrichtungen der Eingliederungshilfe kann es vorkommen, dass Bewohner leichtere Arbeiten in der Einrichtung übernehmen und dafür eine

Vergütung erhalten. Dies ist so lange unschädlich, als der Nutzer seinen Lebensunterhalt nicht wesentlich aus der Vergütung bestreitet, also zur Bestreitung seines Lebensunterhaltes nicht auf die geringfügige Vergütung angewiesen ist, was ihn von den „normalen" Beschäftigten in der Einrichtung unterscheidet.

### b) Mitgliederzahl

§ 14 WTG-DVO staffelt die Zahl der Mitglieder des Beirates in Abhängigkeit von der Zahl der Nutzer. Auf die Zahl der Plätze in der Einrichtung kommt es nicht an, da die Vorschrift ausdrücklich von der Zahl der Nutzer spricht. Maßgeblich ist die Zahl der Nutzer, die am Tag der Wahl in der Einrichtung leben. Da der Beirat nach § 17 Abs. 1 WTG-DVO eine feste Amtszeit hat und § 17 Abs. 2 WTG-DVO die Voraussetzungen einer Neuwahl während einer laufenden Amtszeit abschließend regelt, muss der Beirat nicht neu gewählt werden, wenn nach der Wahl Veränderungen in der Nutzerzahl eintreten. Weder Erhöhungen noch Verringerungen der Nutzerzahl haben während der Amtszeit des Beirates Einfluss auf die Zahl der Beiratsmitglieder. 588

Im Gegensatz zum WTG 2008 ist es nicht mehr zwingend erforderlich, dass die Nutzerinnen im Beirat die Mehrheit bilden sollen. Es ist auch nicht mehr erforderlich, dass mindestens eine Nutzerin Mitglied im Beirat ist, um einen ordnungsgemäßen Beirat zu bilden. Die dem jetzigen § 14 WTG-DVO korrespondierende Vorschrift, § 9 WTG-DVO 2008, ist in das neue Recht nicht übernommen worden. 589

Es kann damit zu einer Mehrheit von Nichtbewohnern oder sogar zu einem ausschließlich aus Nicht-Nutzern der Einrichtung bestehenden Beirat kommen, wenn sich nicht genügend Bewohner zur Wahl stellen. Andererseits entscheiden die Bewohner durch ihre Wahl über die Zusammensetzung des Beirates. Entscheiden sie sich für eine Mehrheit von Nichtbewohnern, ist dies als Ausdruck ihrer Willensentscheidung hinzunehmen. 590

Bei Stimmengleichheit zwischen internen und externen Bewerberinnen ist als Bewohnerbeiratsmitglied der Nutzer mit der höchsten Stimmenzahl gewählt, § 15 Abs. 3 WTG-DVO. 591

### c) Wahlgrundsätze

§ 15 WTG-DVO enthält die Wahlgrundsätze, die für jede demokratische Wahl gelten. 592

Der Beirat wird in gleicher, geheimer und unmittelbarer Wahl gewählt. Satz 1 spricht zwar nur von geheimer Wahl, das Erfordernis der gleichen und der unmittelbaren Wahl ergibt sich jedoch aus der Tatsache, dass jede Bewohnerin und jeder Nutzer die gleiche Zahl an Stimmen erhält und damit unmittelbar die Mitglieder des Beirates wählt. Eine Wahl durch Stellvertreter ist nicht zulässig, da es sich um ein höchstpersönliches Recht handelt, vgl. § 22 Abs. 3 Satz 1 WTG. Zulässig ist jedoch, dass sich die Bewohner bei der Wahl helfen lassen. Eine Wahl, die wenn auch nur mit Hilfe Dritter 593 bei der Stimmabgabe zustande kommt, entspricht der gesetzgeberischen Intention eher, als wenn die Wahl gar nicht stattfinden kann und stattdessen ein Vertretungsgremium oder eine Vertrauensperson bestellt werden muss. Um Interessenkollisionen oder eine Beeinflussung der Wahl zu vermeiden, sollte die Hilfe allerdings nicht von dem nach § 22 Abs. 3 Satz 3 WTG von der Wahl ausgeschlossenen Personenkreis erfolgen.

594 Im Gegensatz zum bisherigen Recht können nur noch Bewohner solche Kandidaten vorschlagen, die nicht in der Einrichtung wohnen. Wer als Nichtbewohner kandidieren will, muss also mindestens einen Bewohner finden, der ihn zur Wahl vorschlägt. Bewohner können sich auch selbst vorschlagen.

595 Jede Bewohnerin und jeder Bewohner hat so viele Stimmen, wie Mitglieder zum Beirat zu wählen sind. Es kann jeweils für jede Kandidatin und jeden Kandidaten nur eine Stimme abgegeben werden.

596 Im Fall der Stimmengleichheit bei einer Wahl ist zu unterscheiden: Grundsätzlich ist ein Bewohner gewählt, wenn er sich in Konkurrenz zu Nichtbewohnern mit gleicher Stimmenzahl befindet, § 15 Abs. 3 Satz 1 WTG-DVO. Haben mehrere Bewohner die gleiche Stimmenzahl, entscheidet das Los, § 15 Abs. 3 Satz 2 WTG-DVO, wobei das Losverfahren durch den Wahlausschuss durchgeführt werden muss, vgl. § 16 Abs. 1 WTG-DVO. Er kann dazu auch die Hilfe der Einrichtungsleitung in Anspruch nehmen, wenn dies erforderlich ist.

#### d) Neuwahl des Beirates

597 Der Beirat wählt spätestens acht Wochen vor Ablauf seiner Amtszeit drei Bewohner aus, die den Wahlausschuss für die Organisation des neuen Beirates bilden, § 16 Abs. 1 WTG-DVO. Es muss sich bei den Mitgliedern des Wahlausschusses um Bewohner handeln. Die Benennung von Angehörigen und rechtlichen Betreuern ist, obwohl diese in den Beirat gewählt werden können, nicht möglich. Die Vorbereitung der Wahl soll so weit wie möglich in der Hand der Nutzer liegen, die sich jedoch vom Beratungsgremium oder von der Einrichtungsleitung helfen lassen können. Da die Verordnung keine Vorgaben macht, liegt die Art und Weise der Auswahl der Mitglieder des Wahlausschusses und des Vorsitzenden im Ermessen des Beirates. Er kann auch Beiratsmitglieder, sofern sie Bewohner sind, benennen. Die Mitarbeit im Wahlausschuss hat keine Auswirkungen auf die Wählbarkeit. Auch die Ausschussmitglieder des Wahlausschusses können sich zur Wahl stellen und gewählt werden.

598 Auch wenn grundsätzlich drei Bewohner den Wahlausschuss bilden sollen, kann der Wahlausschuss auch nur aus zwei oder gar nur einem Bewohner bestehen. Das folgt aus § 16 Abs. 3 Satz 1 WTG-DVO („…oder steht keine Nutzerin oder kein Nutzer für den Wahlausschuss zur Verfügung…"), wonach ggf. die Einrichtungsleitung die Wahl durchführen muss, wenn kein einziger Bewohner für den Wahlausschuss bereitsteht.

### e) Unterstützung des Wahlausschusses durch die Einrichtung

Wie bisher auch muss die Einrichtungsleitung dem Wahlausschuss bei der Vorbereitung und der Durchführung der Wahl helfen, § 16 Abs. 1 Satz 2 WTG-DVO. Neu ist, dass die Einrichtungsleitung auch die zuständige Behörde über die bevorstehende Wahl zu informieren hat, § 16 Abs. 4 Satz 1 WTG-DVO. Diese muss nicht bei der Wahlhandlung anwesend sein; sie entscheidet nach pflichtgemäßem Ermessen, ob und wie sie die Wahl überwacht. 599

Die Wahlvorschläge müssen beim Wahlausschuss eingereicht werden. Dies muss nicht schriftlich geschehen. Es ist jedoch zu beachten, dass Nichtbewohner nur von Bewohnern, von deren rechtlichen Vertretern oder von Mitgliedern kommunaler Seniorenvertretungen vorgeschlagen werden können, vgl. § 15 Abs. 1 WTG-DVO. 600

### f) Rechte des Wahlausschusses

Der Wahlausschuss entscheidet nach seinem Ermessen darüber, ob in einer Wahlversammlung durch Handheben oder durch schriftliche Abgabe der Stimme gewählt wird, § 16 Abs. 2 WTG-DVO. Er muss dabei beurteilen, was im Hinblick auf die Situation in der Einrichtung und die vorhandenen Teilhabeeinschränkungen der Nutzer am sinnvollsten ist. In kleineren Einrichtungen kann eine Vollversammlung der Nutzer sinnvoll sein. Möglich ist auch eine Kombination aus beiden Wahlmöglichkeiten. Auf jeden Fall muss gewährleistet sein, dass auch solche Bewohner, die nicht an einer etwaigen Wahlversammlung teilzunehmen in der Lage sind, Gelegenheit erhalten, ihre Stimme abzugeben. Unter diesem Gesichtspunkt kann es sogar zwingend erforderlich sein, eine Kombination aus beiden Wahlmöglichkeiten durchzuführen. Bewohnern, die sich am Wahltag nicht in der Einrichtung aufhalten, ist zudem die Gelegenheit zur Briefwahl zu geben. 601

Sollte ein Wahlausschuss nicht gebildet werden können, muss die Wahl von der Einrichtungsleitung nach den Vorschriften der WTG-DVO durchgeführt werden. Die Einrichtungsleitung tritt damit an die Stelle des Wahlausschusses. Die Einrichtungsleitung kann diese Tätigkeit auch an jemanden delegieren, der über die nötige Sachkunde verfügt. Dies kann ggf. auch eine ehrenamtlich tätige Person oder ein Angehöriger sein. 602

### h) Amtszeit des Beirats

Die längere Amtszeit des Beirates in Einrichtungen der Behindertenhilfe, § 17 WTG-DVO, rechtfertigt sich aus der üblicherweise längeren Verweildauer der Nutzer gegenüber den Einrichtungen mit vorwiegend pflegerischer Betreuung. Ob es sich um eine Einrichtung der Eingliederungshilfe handelt, ist abhängig von der Konzeption: Der Charakter einer Einrichtung kann sich im Laufe der Zeit ändern. Wird aus einer Einrichtung der Eingliederungshilfe eine Einrichtung mit pflegerischer Betreuung, ändert sich noch nichts an der Amtszeit des gewählten Beirates. Für die Neuwahl des 603 nächsten Beirates gilt dann die kürzere Frist. Die zuständige Behörde kann auch in Einrichtungen der Eingliederungshilfe die Amtszeit des Beirates auf zwei Jahre verkürzen, wenn sich die längere Amtszeit nicht als umsetzbar erwiesen hat. Es handelt sich um eine Ermessensentscheidung der Behörde.

#### i) Beendigung der Mitgliedschaft

604 Da der Beirat demokratisch gewählt wurde, wird seine Legitimation fragwürdig, wenn die Anzahl der Mitglieder um mehr als die Hälfte gesunken ist. Daher ordnet § 17 Abs. 2 WTG-DVO für diesem Fall eine Verpflichtung zur Neuwahl an. Auf den Grund des Ausscheidens kommt es grundsätzlich nicht an. Es ist jedoch zu beachten, dass ggf. Ersatzmitglieder nachrücken können. Ein Nachrücken kommt nicht in Betracht, wenn mehr als die Hälfte der Beiratsmitglieder von ihrem Amt zurückgetreten ist. Aus § 17 Abs. 2 WTG-DVO folgt, dass das Ausscheiden einzelner Mitglieder für den Fortbestand des Beirates ohne Belang ist, solange noch eine hinreichende Anzahl an Ersatzmitgliedern zur Verfügung steht. Sinkt allerdings die Mitgliederzahl trotz der Möglichkeit des Nachrückens auf weniger als die Hälfte der erforderlichen Mitglieder, so ist eine Neuwahl durchzuführen.

605 § 18 WTG-DVO, Ende der Mitgliedschaft im Beirat, übernimmt weitgehend die Regelungen aus dem bisherigen Recht. Schon im WTG 2008 war der Erlöschensgrund „Feststellung der zuständigen Behörde, dass ein Mitglied seinen Pflichten nicht mehr nachkommt oder nicht mehr nachkommen kann“, der in der Heimmitwirkungsverordnung noch enthalten war, nicht mehr aufgenommen. Diese Regelung hat der Verordnungsgeber mangels Praxisrelevanz entfallen lassen. Da es auf eine Geschäftsfähigkeit des Bewohners nicht ankommt, kommt eine Feststellung, dass ein Beiratsmitglied seinen Pflichten nicht mehr nachkommt oder nachkommen kann, regelmäßig nicht in Betracht. Mit dem Ausscheiden eines Beiratsmitgliedes ist auch dessen Tod gemeint.

606 Im Unterschied zur WTG-DVO 2008 führt das Ausscheiden eines Bewohners nicht mehr zum Ende der Mitgliedschaft seines Angehörigen oder seines rechtlichen Betreuers. Diese bleiben bis zum Ablauf der Amtszeit des Beirates in Kraft, § 18 Abs. 2 WTG-DVO. Diese Regelung trägt dem Umstand Rechnung, dass sich häufig Angehörige engagiert in die Beiratsarbeit eingebracht haben und eine Beendigung dieser Arbeit während der laufenden Amtszeit nicht sinnvoll wäre. Nach Ablauf der Amtszeit dürfen sich diese Angehörigen zur Wiederwahl stellen, wobei sie als „sonstige Vertrauenspersonen“ nach § 22 Abs. 3 Satz 2 WTG gewählt werden können.

### 3. Die Arbeit im Beirat

#### a) Allgemeine Hinweise

607 Zu Erleichterung der Beiratsarbeit, § 19 WTG-DVO, wurden die Anforderungen an die Niederschrift wesentlich verringert. Im Protokoll, § 19 Abs. 5 WTG-DVO, müssen die wesentlichen Ergebnisse der Sitzungen festgehalten sein. Die in der Praxis häufig

schon freiwillige Übung, bei der Abfassung des Protokolls zu helfen, besteht jetzt als rechtliche Verpflichtung der Einrichtungsleitung.

Im Gegensatz zum bisherigen Recht kann der Beirat wählen, § 22 Abs. 4 WTG, ob 608
er die Bewohnerversammlung einmal im Amtsjahr oder im Kalenderjahr abhalten möchte. Das Amtsjahr beginnt unabhängig von einer möglichen Anfechtung mit der Wahl des Beirates. Zur Erleichterung seiner Tätigkeit entfällt die Verpflichtung, den Tätigkeitsbericht schriftlich abzufassen.

Die Bewohner können Personen ihres Vertrauens hinzuziehen. Dabei kann es sich 609
auch um Beschäftigte der Einrichtung handeln. Da es sich bei der Nutzerversammlung nicht um eine Tätigkeit handelt, bei der der Beirat unterstützt werden muss, besteht für diese Personen kein Anspruch auf Erstattung ihrer Auslagen. Sofern Bewohner Beschäftigte, zu denen sie ein besonderes Vertrauensverhältnis haben, mitnehmen wollen, muss die Leistungsanbieterin bzw. die Einrichtungsleitung dies hinnehmen.

Wie bisher auch kann der Beirat verlangen, dass die Einrichtungsleitung an der Ver- 610
sammlung teilnimmt, § 19 Abs. 2 WTG-DVO. Da die Versammlung aber grundsätzlich nur aus Bewohnern besteht und die Meinungsäußerung und Willensbildung dort unbeeinflusst vom Betreiber und der Einrichtungsleitung erfolgen können soll, besteht für diese kein Anspruch auf Anwesenheit. Ein entsprechendes Begehren der Einrichtungsleitung kann der Beirat daher ablehnen.

### b) Vorsitz

Die Vorsitzende oder der Vorsitzende, § 19 Abs. 1 WTG-DVO, ist kein Willensver- 611
treter, sondern lediglich Wissensvertreter des Beirates. Sind Erklärungen gegenüber dem Beirat abzugeben oder ist der Beirat über bestimmte Mitwirkungstatbestände zu informieren, so geschieht dies wirksam nur gegenüber dem Vorsitzenden. Er führt weiterhin die Beschlüsse des Beirates aus und nimmt Erklärungen entgegen, trifft aber nicht selbst Entscheidungen. Dazu kann er aber vom Beirat im Einzelfall ermächtigt werden. Eine generelle Ermächtigung des Vorsitzenden, Entscheidungen für den Beirat zu treffen, ist unzulässig, weil dies mit dem Wesen der Mitwirkung – Interessenvertretung durch ein Gremium – nicht vereinbar wäre.

Die Vorschrift übernimmt das bisherige Recht. Da die oder der Vorsitzende in der 612
Einrichtung leben soll, ist deren oder dessen ausschlaggebende Funktion bei Stimmengleichheit sachgerecht.

### c) Ladungsfristen

Im Gegensatz zur WTG-DVO 2008 wird auf Ladungsfristen verzichtet. § 19 Abs. 2 613
WTG-DVO bestimmt lediglich, dass der Vorsitzende zur Sitzung einladen und die Tagesordnung festlegen muss. Damit ist es auch möglich, kurzfristig zu den

Sitzungen einzuladen, was den Interessen der Nutzer entgegenkommen wird. Die Einrichtungsleitung muss so rechtzeitig informiert werden, dass sie sich ggf. auf die Sitzung vorbereiten und die erforderlichen Unterlagen zur Verfügung halten kann. Bei der Ladung zur Sitzung muss jedoch ggf. auf die Bedürfnisse der nicht in der Einrichtung lebenden Beiratsmitglieder Rücksicht genommen werden, was im Regelfall die Einberufung einer „Ad-hoc-Sitzung" verhindert. Die Berufstätigkeit von Beiratsmitgliedern – Angehörigen oder rechtlichen Betreuern oder Nutzerinnen, die in Werkstätten für behinderte Menschen arbeiten – kann es erforderlich machen, die Sitzung in die Abendstunden zu verlegen.

### d) Hinzuziehung von Fachleuten

614 Der Beirat kann zu Sitzungen auch Fachleute oder andere Personen hinzuziehen, § 19 Abs. 3 WTG-DVO. Der Beirat entscheidet, welche Personen er hinzuzieht und schätzt selbst ein, ob die von ihm gewählten Personen über die erforderliche Fachkunde verfügen. Ob solche Personen Beschäftigte des Betreibers sind oder etwa einem Verband oder einer Seniorenvertretung angehören, ist Sache des Beirates.

615 Hinzugezogene Personen haben Anspruch auf Erstattung ihrer Auslagen und – im Gegensatz zum bisherigen Recht – auch auf ein angemessenes Honorar (vgl. § 19 Abs. 3 Satz 3 WTG-DVO). Die Auslagen müssen angemessen, also bei Anlegung eines verständigen Maßstabes aus Sicht des Beirates erforderlich sein. Die Auslagen umfassen alle Vermögensaufwendungen, die verständigerweise für erforderlich gehalten werden durften. Neben Fahrtkosten, Porti und Telekommunikationsentgelten ist dies auch ein nach Lage der Dinge nicht zu vermeidender Verdienstausfall.

616 Im Gegensatz zur WTG-DVO 2008 ist, wie bereits angesprochen, nunmehr auch ein angemessenes Honorar von externen Beratern durch den Träger zu erstatten; dies war in der bisher geltenden Fassung ausdrücklich ausgeschlossen. Hiermit führt der Verordnungsgeber einen der konfliktträchtigsten Punkte aus dem Bereich der Betriebsverfassung in die Heimmitbestimmung ein. Man wird aus dem Bereich der Betriebsverfassung übernehmen müssen, dass die Beauftragung externer Berater tatsächlich notwendig sein muss. Werden Berufsträger wie Rechtsanwälte, Steuerberater oder Wirtschaftsprüfer beauftragt, so gilt – wiederum entsprechend der Rechtsprechung zum Betriebsverfassungsrecht – deren gesetzlich vorgesehene Vergütung als angemessen. Sollen höhere Vergütungen, beispielsweise Stundensätze, abgerechnet werden, bedarf es einer Zustimmung des Trägers zu einer solchen Vereinbarung.

617 Die Mitglieder des Beirates erhalten keine Vergütung, sie arbeiten unentgeltlich und ehrenamtlich, § 22 Abs. 8 Satz 1 WTG. Da die Leistungsanbieterin aber die angemessenen Kosten für die Beiratsarbeit trägt, § 22 Abs. 9 Satz 1 WTG, sind nach dieser Regelung ggf. auch erforderliche Fahrtkosten der Beiratsmitglieder zu erstatten.

#### e) Benachteiligungsverbot

Die Tätigkeit im Beirat, gleichgültig ob einer Bewohnerin, eines Bewohners, einer oder eines Angehörigen, einer Betreuerin, eines Betreuers oder einer sonstigen Vertrauensperson, die Tätigkeit im Beratungs- oder Vertretungsgremium oder die Tätigkeit als Vertrauensperson darf weder unmittelbar noch mittelbar zu einer Benachteiligung oder Begünstigung eines Bewohners oder einer Bewohnerin führen, § 22 Abs. 8 Satz 2 WTG. Aus der Verpflichtung des Betreibers, mit dem Beirat vertrauensvoll zusammenzuarbeiten, vgl. § 13 Abs. 1 WTG-DVO, folgt auch das Verbot jeglicher Behinderung der Beiratstätigkeit. 618

Der Verstoß gegen dieses Diskriminierungsverbot ist bußgeldbewehrt, vgl. § 42 Abs. 1 Nr. 6 WTG. Es handelt sich hier ausnahmsweise um eine Vorschrift, die sich an alle richtet. Adressat der Verpflichtung ist also jeder, der in irgendeiner Weise die Beiratsmitglieder wegen ihrer Tätigkeit im Beirat benachteiligt oder bevorzugt. Damit kann dann ggf. auch gegen Beschäftigte oder sogar ehrenamtlich tätige Personen ein Bußgeld verhängt werden. 619

## 4. Befugnisse des Beirates

#### a) Allgemeine Aufgaben

Der Beirat soll mindestens einmal im Jahr zu einer Bewohnerversammlung einladen, vgl. § 22 Abs. 4 WTG. Nach seinem Ermessen kann er dies auch öfter tun. Den Beirat dazu zu verpflichten, kann jedoch nicht durchgesetzt werden; Anordnungen oder Ordnungswidrigkeitenverfahren sind mangels Rechtsgrundlage weder gegen den Beirat noch gegen das Vertretungsgremium oder die Vertrauensperson zulässig. Auch eine Amtsenthebung ist im Gegensatz zum bisherigen Recht nicht mehr zulässig. 620

Jeder Bewohner kann zu der Nutzerversammlung eine andere Person hinzuziehen, um sich in der Versammlung ggf. helfen zu lassen. Diese andere Person kann auch ein Beschäftigter des Betreibers sein, zu dem der Nutzer ein Vertrauensverhältnis hat. 621

#### b) Mitbestimmung

#### aa) Gegenstände

Erstmalig wird ein Mitbestimmungsrecht im Sinne eines Mitentscheidungsrechtes eingeführt. Die für den Alltag der Nutzer wesentlichen Fragen der Verpflegung, der Freizeitgestaltung und der Hausordnung unterliegen danach nicht nur der Mitwirkung, sondern der Mitbestimmung, § 22 Abs. 2 Satz 2 WTG. Die Vorschrift regelt abschließend die Mitbestimmungstatbestände und bietet gegenüber dem bisherigen Recht eine Erweiterung. Sie soll den Bewohnern über die bisherige Mitwirkung hinaus in diesen für das tägliche Leben in der Einrichtung zentralen Fragen eine 622 echte Mitbestimmungsmöglichkeit geben. Da die Mitbestimmung ein stärkeres Beteiligungsrecht gibt als die bloße Mitwirkung, gehören zum Mitbestimmungsrecht auch alle schwächeren Formen der Mitwirkung: Initiativ-, Informations- und Erörterungsrechte. Die Bewohner sollen über die Grundsätze der Verpflegungsplanung, z.B. über die zeitliche Lage der Mahlzeiten, Mahlzeitenangebote oder die Berücksichtigung regionaler oder saisonaler Besonderheiten, mitbestimmen können. Grenzen sind dieser Mitbestimmung jedoch durch die einzelvertraglich bzw. nach SGB XI oder XII im Rahmen der Vergütungsvereinbarungen vereinbarten Verpflegungsbudgets gezogen (vgl. Rn. 215). Unter den Begriff der Grundsätze fallen alle Regelungen von allgemeiner Bedeutung, die über den Einzelfall, also den konkreten Inhalt des einzelnen Speiseplans, hinausgehen. Der Mitbestimmung unterliegen also die allgemeinen Fragen der Essensplanung, also z. B. der Zeitpunkt der Mahlzeiteneinnahme, das Angebot vegetarischer Mahlzeiten oder die Frage, inwieweit regionale oder saisonale Besonderheiten bei der Essensplanung berücksichtigt werden müssen. Dem Beirat ist es allerdings nicht gestattet, den Betreiber zu Maßnahmen entgegen seiner unternehmerischen Grundentscheidungen zu zwingen, so etwa die Speisenversorgung durch einen Caterer einzustellen und wieder in Eigenregie zu übernehmen.

623 Die Veranstaltungen zur Freizeitgestaltung sind dabei nur solche, die von der Einrichtungsleitung angeboten werden und damit potentiell allen Bewohnern der Einrichtung offenstehen (gemeinsame Ausflüge, Weihnachtsfeiern, Einrichtung von Bastelgruppen etc.).

624 In der Hausordnung werden die allgemeinen Fragen des Zusammenlebens in der Einrichtung geregelt. Dabei kann es auch um die Frage gehen, ob und inwieweit eigene Möbel mitgebracht oder kleinere Haustiere gehalten werden können. Zu beachten ist aber immer, dass neben der Beteiligung des Beirates die zivilrechtliche Wirksamkeit einer Hausordnung auch davon abhängt, ob überhaupt eine einseitige Regelung im Rahmen einer solchen Vorschrift möglich ist. So sind etwa Einschränkungen bei der Nutzbarkeit solcher Räumlichkeiten, die den Bewohnern nach dem Inhalt des „Heimvertrages" zur Verfügung stehen, nur sehr eingeschränkt möglich, da hiermit einseitig in vertraglich zugesicherte Rechtspositionen der Nutzer eingegriffen wird. Hierüber hilft auch eine Zustimmung des Beirates nicht hinweg.

625 Anders als im Arbeitsrecht folgt aus Verstößen gegen Mitbestimmungsrechte des Beirates nicht etwa, dass eine bestimmte Maßnahme in den Bereichen Freizeitgestaltung und Verpflegungsplanung zu unterbleiben hat. Eine derartige Rechtsfolge würde den Interessen und Bedürfnissen der Nutzerinnen zuwiderlaufen. Eine Verletzung der Mitwirkung bzw. der Mitbestimmung zu Fragen der Verpflegungsplanung und der Freizeitgestaltung hat die Erfüllung eines Bußgeldtatbestandes zur Rechtsfolge, § 45 Abs. 1 Nr. 2 WTG-DVO, mit der Konsequenz, dass bei fortgesetzten Verstößen die persönliche Eignung der Einrichtungsleitung und ggf. deren Abberufung in Frage steht. Angesichts der recht hohen Komplexität der verfahrensrechtlichen Vorschriften wird man jedoch zumindest dort, wo lediglich Formen und Fristen missachtet wurden, äußerst zurückhaltend mit einem derartigen Instrumentarium

umgehen müssen. Eine Verletzung der Mitbestimmung in Fragen der Hausordnung führt, wenn die Hausordnung Bestandteil des Vertrages werden soll, zur Unwirksamkeit. Die Vorschrift ist also insoweit ein Verbotsgesetz nach § 134 BGB. Allerdings sind Hausordnungen unterdessen in der Praxis nur noch wenig verbreitet. Dies liegt sicherlich auch daran, dass wirkliche relevante Regelungen – auch bei Zustimmung des Beirates – nicht getroffen werden können. Immer dort, wo es um die Nutzung der Einrichtung, ihrer Räumlichkeiten und Angebote geht, sind heimvertragsrelevante Fragen berührt. Diese können auch zusammen mit dem Heimbeirat nicht zum Nachteil der Bewohnerschaft geregelt werden.

### bb) Verfahren

Für das Mitbestimmungsverfahren gelten zunächst die gleichen Regelungen wie 626 für das Mitwirkungsverfahren, vgl. Rn. 632 ff. Davon abweichend muss, sofern der Beirat seine Zustimmung nicht erteilt, zunächst ein Erörterungsgespräch zwischen Einrichtungsleitung und Beirat stattfinden. Hiernach ist die Leistungsanbieterin verpflichtet, über die bloße Beantragung einer Zustimmung hinaus auch ein Erörterungsgespräch zu führen. Dass dies zwingend an einem zweiten Termin stattfinden muss, ist dem Gesetz nicht zu entnehmen. Bei einfachen Sachverhalten wird die Erörterung sogleich stattfinden können; bei komplexeren Sachverhalten kann die Leistungsanbieterin dem Beirat durchaus auch eine Bedenkzeit einräumen, bevor dann an einem gesonderten Termin ein Erörterungsgespräch durchgeführt wird. Neu gegenüber dem bisherigen Recht ist die Genehmigungsfiktion nach § 11 Satz 4 WTG-DVO: Sofern der Beirat nicht binnen vier Wochen nach Information der Einrichtungsleitung über die beabsichtigte Entscheidung seine Zustimmung oder Gründe für eine Verzögerung mitteilt, gilt die Zustimmung als erteilt. Dies könnte in der Praxis aber dazu führen, dass der Beirat seine Zustimmung schon deshalb verweigert, weil ihm die vier Wochen Bedenkzeit nicht ausreichen. In diesen Fällen ist ein klärendes Gespräch auch im Interesse der Einrichtungsleitung. Ihr steht es ohnehin frei, den Beirat jederzeit um eine Erörterung zu bitten. Erörtert allerdings der Beirat einen Sachverhalt nicht, etwa indem er keine Stellung in einer bestimmten Frage nimmt, hat die Einrichtungsleitung ihre Erörterungspflicht damit erfüllt, es tritt nach § 11 Satz 4 WTG-DVO nach Ablauf von vier Wochen die Zustimmungsfiktion ein.

Das gleiche Verfahren gilt für den umgekehrten Fall, dass der Beirat in einer Mit- 627 wirkungsangelegenheit initiativ wird und die Einrichtungsleitung dessen Anliegen nicht entsprochen hat, was schriftlich und binnen zwei Wochen, vgl. § 13 Abs. 2 WTG-DVO schriftlich begründet werden muss.

Kommt keine Einigung zustande, wird die zuständige Behörde versuchen, zu ver- 628 mitteln. Sowohl Einrichtungsleitung als auch der Beirat können sich jedoch schon im zweiten Erörterungsgespräch um die Mithilfe der zuständigen Behörde bemühen. Erst wenn auch dieser Vermittlungsversuch fruchtlos bleibt, trifft die Behörde eine abschließende Entscheidung. Maßstab für die Behörde und ggf. für eine verwaltungsgerichtliche Überprüfung ist die Berücksichtigung der beiderseitigen

Interessen nach billigem Ermessen. Die Regelung folgt daher dem Modell des § 315 BGB. Dabei sind die Interessen der Nutzerinnen insbesondere im Hinblick auf den Alltag eines häuslichen Lebens, § 12 Abs. 1 WTG und die Interessen des Betreibers, insbesondere dessen finanzielle Belastungen, gegeneinander abzuwägen. Grenze der Entscheidungsreichweite sind unternehmerische Grundentscheidungen sowie mit den Kostenträgern abgestimmte Budgets.

629 Dieses verkürzte Verfahren der abschließenden Entscheidung durch die zuständige Behörde ersetzt damit ein im Betriebsverfassungs- und Personalvertretungsrecht vorgesehenes Einigungsstellenverfahren, das dem Verordnungsgeber im Bereich der Mitbestimmung in einer Einrichtung zu aufwändig erschien. Die Entscheidung der Behörde ergeht, da sie eine auf Außenwirkung gerichtete Einzelfallentscheidung auf dem Gebiet des öffentlichen Rechts trifft, als Verwaltungsakt. Sie kann sowohl vom Betreiber als auch von den Mitgliedern des Beirates mit der Anfechtungs- oder ggf. Verpflichtungsklage angefochten werden. Ob der Beirat als solcher mangels Rechtsfähigkeit nicht klagebefugt ist, ist nicht ohne Weiteres zu beantworten. Beteiligtenfähig nach § 61 Nr. 2 VwGO sind auch Vereinigungen, soweit ihnen Rechte zustehen können. Angesichts der im WTG und in der WTG-DVO verankerten Rechtspositionen des Beirates wird man sich auf den Standpunkt stellen können, dass dieser – vergleichbar etwa den Personalräten – beteiligtenfähig mit Blick auf die ihm zustehenden Mitwirkungsrechte ist.

630 Das Verfahren im Bereich der Mitbestimmung stellt sich also zusammenfassend wie folgt dar:

- Anfrage der Einrichtungsleitung beim Beirat zur beabsichtigten Entscheidung, zweckmäßigerweise unter Erörterung der Sache.
- Zustimmung oder Ablehnung des Beirates,
- Falls sich der Beirat nicht binnen vier Wochen äußert, Zustimmungsfiktion.
- Bei Ablehnung des Beirats Gespräch zwischen Einrichtungsleitung und Beirat mit dem Ziel der Verständigung, sofern nicht schon im Zusammenhang mit der Anfrage durchgeführt,
- falls keine Einigung erzielt wird, Gespräch zwischen Einrichtungsleitung, Beirat und Behörde – diese Gespräche können auch im selben Termin stattfinden,
- falls sich Beirat und Einrichtungsleitung einigen, ist diese Einigung bindend, auch wenn die Behörde sie nicht für zweckmäßig hält.
- Wenn aber dennoch keine Einigung erzielt wird, Entscheidung der Behörde nach billigem Ermessen,
- ggf. Klage vor dem Verwaltungsgericht.

#### cc) Rechtsfolgen bei Verstoß

631 Verstößt der Leistungsanbieter gegen Mitwirkungsvorschriften (Information, Erörterung, Beschwerdebearbeitung und ggf. Mitbestimmung), so stellt dies eine Ordnungswidrigkeit nach § 45 Abs. 1 Nr. 1, 2 oder 4, Abs. 2 Nr. 1 und 2 WTG-DVO in Verbindung mit § 42 Abs. 1 Nr. 8 WTG dar. Die Tatbestände erfassen jeweils auch

lediglich fahrlässiges Verhalten, wobei angesichts der Komplexität der Regelungsmaterie mit dem Fahrlässigkeitsvorwurf zurückhaltend umzugehen sein wird. Hier wirkt im Übrigen auch der Beratungsauftrag der zuständigen Behörde. Darüber hinaus wird aus Verstößen gegen Mitwirkungspflichten regelmäßig kein Anspruch des Beirates auf Unterlassung einer bestimmten Maßnahme zu folgern sein.

### c) Mitwirkung

#### aa) Gegenstände

Die Vorschrift des § 12 WTG-DVO enthält eine abschließende Aufzählung der Mitwirkungsaufgaben des Beirates. Die Vorschrift hat unter redaktioneller Anpassung die bisherigen Regelungen übernommen. Entfallen sind die Tatbestände zur Hausordnung, zur Planung oder Durchführung von Veranstaltungen, zur Alltags- und Freizeitgestaltung und zur Verpflegung, weil diese als Mitbestimmungstatbestände ausgestaltet wurden. 632

Der Beirat hat das Recht, alle Maßnahmen, die nach seiner Einschätzung den Interessen der Nutzerinnen dienen, bei der Einrichtungsleitung zu beantragen. Wenn die Einrichtungsleitung diese Maßnahmen mangels eigener Befugnis nicht durchführen kann, ist sie verpflichtet, insoweit an den Betreiber heranzutreten und dessen Entscheidung herbeizuführen. Die Einrichtungsleitung ist auf jeden Fall verpflichtet, sich mit dem Antrag auseinanderzusetzen und dem Beirat in einer angemessenen Zeit zu antworten. Im Gegensatz zu den Gegenständen, die der Mitwirkung oder Mitbestimmung unterliegen, wo Anträge des Beirates nach spätestens zwei Wochen beschieden werden müssen, vgl. § 13 Abs. 2 WTG-DVO, gibt es hierfür keine feste Frist. 633

Zu den Mitwirkungsrechten gehören Initiativ-, Informations- und Erörterungsrechte: Der Beirat kann Anträge stellen, er hat das Recht, von der Einrichtungsleitung informiert zu werden und kann verlangen, dass die Einrichtungsleitung Maßnahmen, die sie beabsichtigt oder die der Beirat angeregt hat, mit ihm erörtert. 634

Über Maßnahmen zur Unfallverhütung, § 12 Abs. 1 Nr. 1 WTG-DVO, muss der Beirat informiert werden. Die Einrichtungsleitung ist jedoch nicht verpflichtet, solche Maßnahmen mit dem Ziel einer Verständigung mit dem Beirat zu erörtern, wenn sie ihm durch Gesetz, Rechtsverordnung, Unfallverhütungsvorschriften etc. auferlegt sind und er zur Umsetzung verpflichtet ist, ohne eigene Entscheidungen treffen zu können. 635

Die Kostensätze, § 12 Abs. 1 Nr. 2 WTG-DVO, umfassen alle in der Einrichtung anfallenden Entgelte: Entgelte für die Betreuungsleistungen, Pflegesätze, Entgelte für Unterkunft und Verpflegung, Investitionskosten, Entgelte für Zusatzleistungen. Die in der Vergangenheit in § 7 Abs. 4 und 5 HeimG hierzu geregelten Beteiligungsrechte des Heimbeirates werden nunmehr durch die nachfolgend dargestellten Mitwirkungsbefugnisse ersetzt. Entfallen ist insbesondere das Recht der Beiräte zur Teilnahme 636 an den Vergütungsverhandlungen und die Verpflichtung des Betreibers, eine Stellungnahme des Beirates einzuholen. Allerdings hat der Beirat selbstverständlich das Recht, Stellungnahmen abzugeben. Diese können dann im Pflegesatzverfahren in die Vergütungsverhandlungen mit der Kostenträgerseite eingeführt werden. Im Zuge der Entgelterhöhung darf auf keinen Fall der Fehler begangen werden, die Beteiligung des Beirates mit der erforderlichen Information jeder einzelnen Bewohnerin und jedes einzelnen Bewohners zu verwechseln. Diese nach § 9 WBVG erforderlichen Informationen müssen unabhängig vom WTG in jedem Falle nochmals gesondert und unter Einhaltung des dort geregelten Verfahrens erteilt werden.

637 Der Beirat ist jeweils vor der beabsichtigten Erhöhung der Entgelte oder der Antragstellung auf Neufestsetzung des Investitionskostensatzes zu beteiligen. Gemäß § 12 Abs. 1 Nr. 2 WTG-DVO wirkt der Beirat bei der Änderung der Kostensätze mit. Nach § 13 Abs. 1 Satz 2 WTG-DVO soll der Beirat „rechtzeitig" vom Betreiber über alle Angelegenheiten, die der Mitwirkung und Mitbestimmung unterliegen, informiert und beraten werden. Da es Sinn der Mitwirkung ist, die Interessen und die Meinungen der Nutzerinnen möglichst umfassend zu berücksichtigen, kann eine Information des Beirates über den beabsichtigten Antrag auf Feststellung der gesondert berechenbaren Investitionskosten nach § 82 Abs. 3 SGB XI sinnvollerweise nur vor der Antragstellung erfolgen, um sich mit möglichen Bedenken oder Einwänden des Beirates auseinandersetzen zu können. Dies folgt auch aus § 13 Abs. 1 Satz 1 WTG-DVO. Die Einrichtungsleitung soll sich mit dem Beirat zusammensetzen und ihre beabsichtigten Entscheidungen mit ihm erörtern. Zu diesen Entscheidungen gehört auch die Frage, ob die Feststellung der gesondert berechenbaren Investitionskosten beim Landschaftsverband beantragt wird.

638 Aus § 5 Abs. 1 Nr. 1 WTG folgt, dass der Leistungsanbieter nach Feststellung der gesondert berechenbaren Investitionskosten verpflichtet ist, alle Interessierten, also sowohl die Bewohner als auch den Beirat, über die Höhe des von den Bewohnern zu zahlenden Investitionskostenanteils zu informieren.

639 Das Mitwirkungsrecht umfasst das Recht auf Informationen, das Recht, Vorschläge zu unterbreiten und sich bei Diskussionen einzubringen. Die Einrichtungsleitung kann Vorschläge oder Meinungen des Beirates verwerfen. Sie muss sie jedoch in ihre Überlegungen mit einbeziehen. Das bedeutet, dass die Einrichtungsleitung eine Ablehnung gegenüber dem Beirat begründen muss.

640 Das Mitwirkungsrecht bei Fragen der Unterkunft und Betreuung, § 12 Abs. 1 Nr. 3 WTG-DVO kann sich nur auf allgemeine, eine Vielzahl von Bewohnern betreffende Fragen beziehen, da die tatsächliche individuelle Betreuung eines Bewohners nicht im kollektiven Interesse aller Bewohner liegt und auch aus praktischen Gründen nicht Gegenstand eines formellen Mitwirkungsverfahrens sein kann. Der Beirat kann jedoch auch Beschwerden eines einzelnen Bewohners über die Unterkunft oder Betreuung an die Einrichtungsleitung herantragen, § 10 Nr. 2 WTG-DVO.

Verschiedene Veränderungen des Betriebs der Einrichtung sind mitwirkungspflichtig: Dazu gehören bauliche Veränderungen, § 12 Abs. 1 WTG-DVO, wesentliche Veränderungen des Angebotes, § 12 Abs. 1 Nr. 5 WTG-DVO oder der Zusammenschluss mit einer anderen Einrichtung, § 12 Abs. 1 Nr. 6 WTG-DVO. 641

Abweichend vom bisherigen Recht gehört die Mitwirkung bei der erstmaligen Formulierung und späteren Änderung von Muster-Verträgen, also von Verträgen, die der Leistungsanbieter mit den Bewohnern unter Verwendung von allgemeinen Geschäftsbedingungen abschließt, nicht mehr zu den Rechten des Beirates. Nach Auffassung des Gesetz- und Verordnungsgebers handelt es sich um rein zivilrechtliche Angelegenheiten, die nicht im Ordnungsrecht geregelt werden können. 642

Gegenüber dem bisherigen Recht neu hinzugekommen sind die Mitwirkungstatbestände zu Maßnahmen der sozialen Betreuung und Teilhabe am Leben in der Gemeinschaft, bei der Einstellung der Einrichtungsleitung und der Pflegedienstleitung und bei der Erstellung und Evaluation von Konzepten zur Gewaltprävention sowie von Konzepten zur Vermeidung von freiheitsbeschränkenden und freiheitsentziehenden Maßnahmen. Wegen der Anforderungen an die Gewährleistung von Teilhabe nach § 5 WTG und zur Vermeidung von Gewalt nach § 8 WTG wird auf die dortigen Ausführungen verwiesen, Rn. 211 ff. und 217 ff. Nur am Rande sei erwähnt, dass die Durchführung freiheitsentziehender Maßnahmen im Einzelfall, soweit sie nicht zu vermeiden sind, natürlich nicht der Mitwirkung des Beirates unterliegen. Der Mitwirkung unterliegen nur Maßnahmen zur Vermeidung von Gewalt, also insbesondere die Erstellung des entsprechenden Konzeptes. 643

Der Beirat ist nach § 12 Abs. 1 Nr. 9 WTG-DVO zur Mitwirkung bei der Einstellung der Einrichtungsleitung und der Pflegdienstleitung berufen. Bei Wohngemeinschaften wirkt die Nutzerinnen-/Nutzerversammlung nach § 30 Abs. 1 Nr. 6 WTG-DVO bei der Einstellung der verantwortlichen Fachkraft mit. Mitwirkung ist nicht gleichzusetzen mit bloßer Unterrichtung, erfordert aber auch nicht die Zustimmung des Beirats. Vielmehr muss eine Gelegenheit zur Stellungnahme gegeben werden. Dies erfordert zumindest die Information über die wesentlichen Bewerbungsunterlagen wie Lebenslauf/Werdegang etc. der sich bewerbenden Person. Ausreichend ist im Gegensatz zur Situation in der Betriebsverfassung die Information nur über diejenige Person, die letztlich vom Träger einbestellt werden soll. Eine nochmalige Mitwirkung des Beirats nach Einstellung – aber vor Ablauf der Probezeit – ist nach dem Wortlaut der Vorschrift nicht gefordert. Die Mitwirkungsgelegenheit muss auch dann gewährt werden, wenn die Leitung der Einrichtung von einer Person übernommen wird, die bereits eine andere Einrichtung des Leistungsanbieters leitet (ohne dass hierdurch ein neues Arbeitsverhältnis begründet wird). Die Einstellung ohne vorherige Mitwirkung ist eine Ordnungswidrigkeit nach § 42 Abs. 1 Nr. 8 WTG i. V. m. § 12 Abs. 1 Nr. 9 WTG-DVO bzw. 30 Abs. 1 Nr. 6 WTG-DVO. Ausnahmsweise sind die Beiratsmitglieder in dieser Sache schweigepflichtig, § 12 Abs. 3 WTG-DVO. 644

645 Als Spezialfall der mitwirkungspflichtigen Betreuung sind wegen der besonderen Wichtigkeit Maßnahmen der sozialen Betreuung und der Teilhabe, § 12 Abs. 1 Nr. 8 WTG-DVO genannt. Hier ist zu beachten, dass Maßnahmen der Teilhabe auch Freizeitveranstaltungen sein können, die mitbestimmungspflichtig sind, vgl. § 11 Satz 1 Nr. 2 WTG-DVO.

646 Die Vorschrift des § 12 Abs. 2 WTG-DVO übernimmt die Regelung aus dem WTG 2008 und enthält gegenüber der früheren bundesrechtlichen Regelung erhebliche Vereinfachungen. Wenn ein Bewohner dem Betreiber ein Bewohnerdarlehen gegeben hat, § 7 Abs. 2 WTG, ist der Leistungsanbieter auf Verlangen des Beirates verpflichtet, die Verwendung dieses Darlehens zu erläutern. Wegen der Komplexität dieses Sachverhaltes schließt dies die Vorlage der entsprechenden Unterlagen notwendigerweise mit ein. In diesem Fall sind die Beiratsmitglieder im Hinblick auf die personenbezogenen Daten auch schweigepflichtig, § 12 Abs. 3 WTG-DVO.

647 Der Beirat kann auch in diesem Fall fachkundige Personen hinzuziehen, § 19 Abs. 3 Satz 1 WTG bzw. sich an die zuständige Behörde wenden, § 19 Abs. 4 Satz 4 WTG-DVO, vgl. Rn. 614 ff.

648 Von den beiden genannten Fällen abgesehen, gibt es jedoch im Gegensatz zum früheren Bundesrecht keine Schweigepflicht der Beiratsmitglieder mehr. Regelmäßig wird der Beirat mit Gegenständen befasst, die keiner Geheimhaltung bedürfen. Der Gesetzgeber hat daher ein sachliches Bedürfnis für eine Schweigepflicht nicht gesehen. In vielen Fällen wird es sich ohnehin um offenkundige, also jedermann bekannte oder erkennbare Tatsachen handeln. Kennzeichnet hingegen der Leistungsanbieter einen bestimmten Sachverhalt als vertraulich, so ist auch der Beirat hieran gebunden und darf Dritten mit Ausnahme hinzugezogener fachkundiger Personen die entsprechenden Tatsachen nicht offenbaren. Derartiges wird beispielsweise in Finanzierungsfragen, heiklen Personalangelegenheiten und solchen Fällen gelten, in denen Persönlichkeitsrechte von Mitbewohnern betroffen sind.

#### bb) Verfahren

649 Die Vorschrift des § 13 WTG-DVO regelt die wesentlichen Verfahrensanforderungen für die Zusammenarbeit zwischen Einrichtungsleitung und Beirat im Rahmen von Mitwirkung und Mitbestimmung. Der Absatz 3 der Vorschrift bezieht sich nur auf die Mitbestimmung.

650 Nach § 13 Abs. 1 WTG-DVO soll die Zusammenarbeit von Vertrauen geprägt sein. Einrichtungsleitung und Beirat sollen sich damit partnerschaftlich „auf Augenhöhe" begegnen. Gleichzeitig ist die Einrichtungsleitung verpflichtet, den Beirat mit allen für die Ausübung ihrer Mitwirkungs- und Mitbestimmungsrechte notwendigen Informationen zu versehen und ihn falls notwendig auch fachlich zu beraten. Dies schließt bereits dann die Vorlage von Unterlagen ein, wenn es sich um nicht ganz einfache Sachverhalte handelt. Die Informationen sind dem Beirat rechtzeitig zu geben,

dass dieser die Gelegenheit hat, sich so damit zu beschäftigen, dass er seine Interessen im Gespräch mit der Einrichtungsleitung vertreten kann. Dies dient auch der Einrichtungsleitung, die damit die Möglichkeit hat, den Beirat und mittelbar damit auch die Bewohner in Entscheidungsprozesse einzubeziehen, bei ihnen Verständnis für die Situation der Einrichtung zu wecken und ggf. auch einen Konsens zu finden. Aus der Verpflichtung zur rechtzeitigen Information folgt, dass diese grundsätzlich zu einem Zeitpunkt erfolgen muss, zu dem die Berücksichtigung der Stellungnahme des Beirates noch sinnvollerweise möglich ist.

Sofern die Einrichtungsleitung eine konkrete Entscheidung beabsichtigt, ist wesent- 651
lich für ein Gelingen der vertrauensvollen Zusammenarbeit eine gemeinsame Erörterung der beabsichtigten Entscheidung. Die Einrichtungsleitung wird dem Beirat daher, nachdem sie ihn vorher mit den nötigen Informationen versorgt hat, ein persönliches Gespräch anbieten müssen. Dies bietet ihr aber auch die Möglichkeit, den Einwänden des Beirates persönlich zu begegnen und sie ggf. auszuräumen. Dieses Erörterungsgespräch muss stattfinden, bevor die Einrichtungsleitung ihre Entscheidung trifft, da eine bloß nachholende Information über bereits getroffene Maßnahmen („vollendete Tatsachen") kaum der Verpflichtung zur vertrauensvollen Zusammenarbeit genügt. Nimmt der Beirat das Angebot zur Erörterung einer Angelegenheit nicht wahr oder nimmt er hierzu nicht Stellung, so hat bereits hiermit der Leistungsanbieter seine Verpflichtungen erfüllt. Derartige Angebote, aber auch der Inhalt von Gesprächen sollte im eigenen Interesse der Beteiligten protokolliert werden; eine Verpflichtung hierzu besteht allerdings nicht.

Anträge und Beschwerden müssen von der Einrichtungsleitung bzw. dem Betreiber 652
binnen zwei Wochen beantwortet werden. Im Interesse einer effektiveren Berücksichtigung der Nutzerinneninteressen wurde die bisherige Sechs-Wochen-Frist der Heimmindestbauverordnung gekürzt. Die nunmehr Zwei-Wochen-Frist gilt wegen der systematischen Stellung der Vorschrift jedoch nur für Anträge und Beschwerden, die sich auf Gegenstände der Mitwirkung und Mitbestimmung beziehen. Für allgemeine Anregungen und Beschwerden nach § 10 Nr. 2 WTG-DVO gilt sie nicht; diese müssen lediglich in einer angemessenen Zeit beantwortet werden. Für Beschwerden muss eine angemessene Frist im Beschwerdeverfahren bestimmt sein, § 6 Abs. 2 Nr. 3 WTG.

#### cc) Rechtsfolgen bei Verstoß

Vgl. dazu oben 4. b) cc) [Rn. 631 ff.].

### 5. Teil-Beiräte, Gesamt-Beiräte

Ein Beirat kann nach wie vor auch nur für einen Teil einer Einrichtung gebildet wer- 653
den, § 22 Abs. 1 Satz 3 WTG. Dies bietet sich in sehr großen Einrichtungen an. Es kann jedoch auch ein Beirat für mehrere Einrichtungen zusammen gebildet werden, wenn diese unter der Verantwortung desselben Betreibers stehen und die Wahl von

Beiräten in einzelnen Einrichtungen nicht möglich ist. Die Entscheidung darüber müssen – ggf. auf Initiative des Betreibers – die Bewohner treffen.

654 In kleineren Einrichtungen, die vom selben Betreiber betrieben werden, kann auch ein Beirat für mehrere Einrichtungen gewählt werden. Da die Wahl zu einem Beirat wegen des darin zum Ausdruck kommenden Bewohnerwillens den Vorrang gegenüber der Bestellung von Vertretungsgremien oder Vertrauenspersonen hat, ist diese Möglichkeit in kleineren Einrichtungen vorzugswürdig, sofern die Arbeit des Beirates trotz der Entfernung der verschiedenen Einrichtungen voneinander auch tatsächlich möglich ist.

### 6. Frauenbeauftragte

655 Nach § 22 Abs. 3 WTG kann der Beirat aus seiner Mitte eine Frauenbeauftragte bestellen. Diese ist Ansprechpartnerin und berät die Nutzerinnen insbesondere bei psychischer und körperlicher Gewalterfahrung oder sexueller Belästigung. Gesetzliche Voraussetzung sind also einerseits, dass die Frauenbeauftragte bereits Mitglied des Beirates sein muss und nicht zusätzlich gewählt wird („aus seiner Mitte") und dass sie andererseits vom Beirat „bestellt" wird. Eine Wahl in einem formellen Verfahren ist daher keine Voraussetzung, es genügt eine konsensuale oder Mehrheitsentscheidung der Beiratsmitglieder. Zwingend ist wegen des Wortlauts jedoch, dass es sich um eine Frau handeln muss.

## IV. Vertretungsgremium

656 Die Interessen der Nutzerinnen sollen nach Möglichkeit durch einen Beirat vertreten werden. Erst wenn kein Beirat gebildet werden kann, kann ein Vertretungsgremium bestellt werden; wenn kein Vertretungsgremium bestellt werden kann – regelmäßig, weil sich nicht genügend Interessenten finden – bestellt die zuständige Behörde eine Vertrauensperson, § 22 Abs. 7 WTG. Die Reihenfolge Beirat – Vertretungsgremium – Vertrauensperson ist damit zwingend vorgeschrieben. Anders als nach bisherigem Recht liegt es nicht mehr im Ermessen der zuständigen Behörde, ob sie ein anderes Gremium als Ersatzgremium anerkennt oder einen Heimfürsprecher bestellt. Die Bezeichnung als Vertretungsgremium soll klarstellen, dass es sich um ein Gremium handelt, das die Funktion des Beirates stellvertretend wahrnimmt. Im Gegensatz zum Beratungsgremium nach § 22 Abs. 5 WTG, das den Beirat beratend unterstützt, ist das Vertretungsgremium ein echtes Mitwirkungs- und Mitbestimmungsorgan, das die gleiche Rechtstellung hat wie der Beirat.

657 Das Beratungsgremium hingegen soll eine Einbindung aller übrigen Beteiligten ermöglichen und gibt Stellungnahmen, Vorschläge und Empfehlungen ab. Es übt somit seine unterstützende Funktion gegenüber dem Beirat, dem Vertretungsgremium oder der Vertrauensperson aus.

Voraussetzung für die Bestellung eines Vertretungsgremiums ist, dass ein Beirat nicht gewählt werden kann. Dies ist der Fall, wenn sich nicht genügend Kandidatinnen bewerben, um die gesetzlich vorgeschriebene Mitgliederzahl zu erreichen. Die Bildung eines Beirates ist gegenüber dem WTG 2008 aber insofern erleichtert, als nicht mehr zwingend eine Nutzerin Mitglied des Beirates sein muss. Ein Beirat kann auch vollständig aus Angehörigen oder Mitgliedern örtlicher Seniorenvertretungen bestehen. 658

Aus § 22 Abs. 7 Satz 1 WTG ergibt sich zwingend der Vorrang des Beirats gegenüber dem Vertretungsgremium und der Vertrauensperson. Im Gegensatz zum Beirat dürfen nach §§ 22 Abs. 7 Satz 1 WTG, 21 Abs. 1 Satz 1 WTG-DVO nur Angehörige und rechtliche Vertreter zu Mitgliedern des Vertretungsgremiums bestellt werden, die Bestellung von Mitgliedern örtlicher Seniorenvertretungen kommt nicht in Betracht. Bei Angehörigen ist mangels näherer Angaben auf den gesetzlichen Angehörigenbegriff nach § 20 Abs. 5 VwVfG abzustellen; rechtliche Vertreter sind Betreuerinnen und von den Pflegebedürftigen bevollmächtigte Personen. 659

Das Verfahren zur Bestellung ist in § 21 WTG-DVO geregelt. Der wichtigste Unterschied zwischen dem Beirat und einem Vertretungsgremium ist, dass der Beirat von den Nutzern gewählt wird, während das Vertretungsgremium von der Behörde bestellt wird. 660

Die zuständige Behörde muss zunächst die Angehörigen und rechtlichen Vertreterinnen durch einen öffentlichen Aushang in der Einrichtung auffordern, ihr Interesse an einer Mitarbeit im Vertretungsgremium zu bekunden. Es kann davon ausgegangen werden, dass die Angehörigen und Betreuer, die das genügende Engagement für eine Tätigkeit im Vertretungsgremium aufbringen, mindestens einmal im Monat die Einrichtung aufsuchen und somit von der Möglichkeit, im Vertretungsgremium tätig zu werden, erfahren. Angesprochen sind damit dann auch diejenigen, die bisher schon im Beratungsgremium tätig waren. Im Gegensatz zur WTG-DVO 2008 ist für die Interessenbekundung keine Frist mehr vorgeschrieben. Sobald der Behörde genügend Interessenten für die Bildung eines Vertretungsgremiums bekannt sind, kann sie die Bestellung des Vertretungsgremiums vornehmen. Im Interesse einer effektiven Mitwirkung wird die Behörde aber nicht beliebig lange warten können, ob sich genügend Interessentinnen melden, sondern nach einer angemessenen Zeit dann eine Vertrauensperson bestellen. Wie lange diese Zeit dauert, muss die Behörde im Einzelfall entscheiden, die frühere 4-Wochen-Frist kann dabei nur als Anhaltspunkt dienen. Wenn sich nach mehreren Wochen aber keine oder nicht genügend Interessenten gemeldet haben, muss die Behörde eine Vertrauensperson bestellen. 661

Entfallen ist die nach früherem Recht erforderliche Notwendigkeit der Interessenten, sich auf die Besetzung des Vertretungsgremiums zu einigen. Vielmehr bestimmt nach § 21 Abs. 1 Satz 2 WTG die Behörde nach pflichtgemäßem Ermessen die Mitglieder. Freilich wird sie eine eventuelle Einigung der Interessentinnen beachten, wenn nicht gewichtige Gründe dagegensprechen. 662

663 Für die Zahl der Mitglieder, die Amtszeit, die Rechte und Pflichten des Vertretungsgremiums gelten die Vorschriften für den Beirat, § 21 Abs. 1 Satz 3 WTG-DVO.

664 Immer wenn es Anhaltspunkte gibt, dass ein Beirat gewählt werden kann (Absichtsbekundungen von Bewohnern, durchgreifende Veränderungen in der Bewohnerschaft), muss eine Beiratswahl stattfinden. Die Einrichtungsleitung muss die Wahl, da es keinen Wahlausschuss gibt, entsprechend vorbereiten. Die Mitglieder des Vertretungsgremiums können sich, wenn sie von mindestens einem Bewohner vorgeschlagen werden, auch zur Wahl des neuen Beirates stellen. Die erfolgreiche Wahl führt kraft Gesetzes zum Erlöschen der Funktion des Vertretungsgremiums, § 21 Abs. 2 WTG-DVO. Der neu gewählte Beirat tritt mit allen Rechten und Pflichten auch in laufende Mitwirkungs- und Mitbestimmungsverfahren ein.

## V. Vertrauensperson

665 Die Bestellung einer Vertrauensperson, § 22 WTG-DVO, kommt erst dann in Betracht, wenn weder ein Beirat noch ein Vertretungsgremium gebildet werden können, § 22 Abs. 7 Satz 2 WTG. Der Begriff der Vertrauensperson ersetzt den veralteten Begriff des Heimfürsprechers nicht nur dem Wortlaut, sondern auch dem Inhalt nach. Bei rechtsfähigen Religionsgemeinschaften ist wegen ihrer besonderen staatskirchenrechtlichen Stellung jedoch das Einvernehmen mit dem Betreiber herzustellen, § 22 Abs. 7 Satz 3 WTG.

666 Die Auswahl der Vertrauensperson obliegt der Behörde nach billigem Ermessen, wobei sie jedoch etwaige Willensäußerungen in einer Beratung mit den Bewohnern berücksichtigen muss. Anders als nach dem WTG 2008 kann die zuständige Behörde auch mehrere Vertrauenspersonen bestellen, wie sich aus dem Begriff „mindestens" in § 22 Abs. 7 Satz 2 WTG ergibt. In größeren Einrichtungen kann dies sinnvoll sein. Eine Begrenzung ist zwar nicht ausdrücklich vorgeschrieben, jedoch wird die Zahl der Vertrauenspersonen kaum größer sein können als die Zahl der Mitglieder, die der Beirat hätte, wenn er denn gewählt worden wäre.

667 Für den Fall der Bestellung mehrerer Vertrauenspersonen enthalten aber weder Gesetz noch Durchführungsverordnung Verfahrensregelungen. Man wird daher die Verfahrensregelungen nach § 19 WTG-DVO entsprechend anwenden müssen (Wahl einer „vorsitzenden" Vertrauenspersonen, Ladung, Festlegung der Tagesordnung, Protokollierung, Beschlussfassung).

668 Die Vertrauensperson(en) hat/haben die gleiche Rechtstellung wie der Beirat, § 22 Abs. 5 WTG-DVO. Die Amtszeit der Vertrauensperson beträgt grundsätzlich zwei Jahre mit der unbegrenzten Möglichkeit der Wiederbestellung.

669 Es kann nur bestellt werden, wer nach seiner Persönlichkeit und nach seiner Fähigkeit geeignet ist. Für die persönliche Eignung gibt die Regelung des § 2 WTG-DVO

Hinweise, wenn sie auch nicht im Sinne einer analogen Anwendung herangezogen werden kann. Die Ansprüche an die fachliche Eignung sollten nicht überspannt werden. Sinnvoll ist ein Bezug zur Einrichtung, etwa als ehrenamtlich engagierte Person oder (ehemaliger) Angehöriger. Unabdingbare Voraussetzung ist die völlige Unabhängigkeit der Vertrauensperson vom Betreiber, den Pflegekassen und Sozialhilfeträgern und den zuständigen Behörden, § 22 Abs. 2 Satz 2 und 3 WTG-DVO. Die Bestellung muss die zuständige Behörde – selbstverständlich – der Vertrauensperson selbst und dem Betreiber mitteilen. Letzterer muss die Bestellung den Bewohnern bekannt geben, § 22 Abs. 4 WTG.

Die zuständige Behörde muss die Bestellung unter den in § 22 Abs. 3 und 4 WTG-DVO genannten Voraussetzungen aufheben. Grund für eine Aufhebung ist der nach der Bestellung eingetretene Mangel der persönlichen oder fachlichen Eignung, des Verstoßes gegen die Amtspflichten, der Niederlegung des Amtes oder die Wahl eines Beirates oder die Bestellung eines Vertretungsgremiums. 670

Auch bei einer Störung der vertrauensvollen Zusammenarbeit von Vertrauensperson und Bewohnern muss die zuständige Behörde die Bestellung der Vertrauensperson aufheben. Dazu reichen jedoch nicht Differenzen zwischen der Vertrauensperson und einzelnen Bewohnern, sondern es muss sich um die Mehrheit der Nutzerinnen handeln, da nur dann insgesamt die Akzeptanz der Vertrauensperson nicht mehr gegeben ist. 671

Für Einrichtungen, die von rechtsfähigen Religionsgemeinschaften betrieben werden, ist wegen ihrer besonderen verfassungsrechtlichen Stellung aus Art. 140 GG i. V. m. Art. 136 ff. der Weimarer Reichsverfassung bei der Bestellung einer Vertrauensperson das Einvernehmen herzustellen. Das bedeutet, dass in diesen Fällen eine Vertrauensperson nicht gegen den Willen des Betreibers bestellt werden kann. Derzeit betrifft die Regelung die Einrichtungen der Evangelischen Kirche, der Katholischen Kirche und der Jüdischen Gemeinden. 672

## VI. Beratungsgremium

Wie bisher auch, soll ein Beratungsgremium aus Vertreterinnen sowie sonstigen Vertrauenspersonen gebildet werden, das den von den Bewohnern gewählten Beirat und die Einrichtungsleitung in der Aufgabenwahrnehmung unterstützt, § 22 Abs. 5 WTG. Voraussetzung ist, dass der Beirat einen entsprechenden Wunsch geäußert hat. Es handelt sich jedoch nicht um ein zusätzliches Organ, dem eigene Mitbestimmungs- und Mitwirkungsrechte zugewiesen werden, sondern um eine gesetzlich definierte Plattform für ehrenamtliches Engagement von Eltern, Angehörigen und rechtlichen Betreuern, die eine Unterstützungsfunktion leisten wollen. Unbenommen bleibt es dem Beirat auch, sich der Beratungskompetenzen von Seniorenvertretungen und Behindertenorganisationen zu bedienen. Der Leistungsanbieter kann die Einrichtung eines solchen Beratungsgremiums nicht verweigern. Aus dem Begriff 673

„soll gebildet werden können" folgt der Wunsch des Gesetzgebers, ein solches Beratungsgremium einzurichten.

674 Anders als nach bisherigem Recht hat der Verordnungsgeber aber (wenige) Regelungen zur Bestellung und zur Amtszeit aufgenommen. Nach § 20 WTG-DVO soll das Beratungsgremium nicht mehr Mitglieder haben als der Beirat. Auch hier werden mögliche Interessentinnen wieder durch einen öffentlichen Aushang aufgefordert, sich zu melden. Die Durchführung dieses Interessensbekundungsverfahrens obliegt aber der Einrichtungsleitung. Da es hier einen Beirat gibt, ist eine Bestellung durch die Behörde nicht erforderlich, sondern die Auswahl der Mitglieder erfolgt durch den Beirat, § 20 Satz 4 WTG-DVO, ggf. durch Mehrheitsbeschluss nach § 19 Abs. 4 WTG-DVO.

675 Die Amtszeit des Beratungsgremiums entspricht der Amtszeit des Beirates, § 20 Satz 6 WTG-DVO. Dies ist so zu verstehen, dass die Amtszeit des Beratungsgremiums mit dem Ende der Amtszeit des Beirates endet. Der Beginn der Amtszeit des Beratungsgremiums hängt vom Wunsch des Beirates ab, § 20 Satz 1 WTG-DVO. Dieser kann den Wunsch jederzeit während seiner Amtszeit äußern, nicht notwendigerweise zu Beginn seiner eigenen Amtszeit.

676 Eine formale Mitwirkung des Beratungsgremiums ist nicht vorgesehen. Seine Stellung ist gegenüber allen Beteiligten gleich. Es muss nicht angehört werden, kann aber zu einzelnen Sachverhalten befragt werden oder von sich aus Stellungnahmen abgeben.

## VII. Abweichungen

677 Auf Antrag der Nutzermehrheit auf einer Bewohnerversammlung können Abweichungen von den Bestimmungen zur Mitwirkung zugelassen werden, § 22 Abs. 6 Satz 2 WTG. Der Antrag kann durchaus auch vom Betreiber oder der zuständigen Behörde initiiert werden. Damit soll besonderen Bedürfnissen der Bewohner in einer Einrichtung, die etwa der in einem streng reglementierten Verfahren geregelten Wahl eines Beirates entgegenstehen können, entsprochen werden. Von den Abweichungsmöglichkeiten kann die zuständige Behörde auf Antrag umfassend Gebrauch machen, um den individuellen Bedürfnissen Rechnung zu tragen.

678 Gemäß § 22 Abs. 6 Satz 2 WTG ist die zuständige Behörde befugt, auf Antrag der Mehrheit der Nutzerinnen Abweichungen von den Mitwirkungsvorschriften und hierbei insbesondere vom geregelten Wahlverfahren und der Zahl der Mitglieder zuzulassen, wenn dadurch die Interessenvertretung der Nutzerinnen unterstützt wird. Die Regelung ist entsprechenden betriebsverfassungsrechtlichen Vorschriften nachgebildet und gestattet Abweichungen von dem recht komplexen Wahlverfahren, wenn hierdurch die Vertretung der Nutzerinneninteressen erleichtert wird, etwa indem die Bereitschaft der Nutzerinnen zur Beteiligung an der Beiratswahl gesteigert

werden kann. Die Behörde muss zuvor den Betreiber anhören; die Grenze der Öffnungsbefugnisse wird dort zu ziehen sein, wo der Beiratswahl die demokratische Legitimation etwa durch Einschränkung der Teilnahmemöglichkeiten am Wahlvorgang verloren geht.

Gerade in Klein(st)einrichtungen kann beispielsweise die Zahl der Beiratsmitglieder 679 reduziert werden auf einen Ein-Personen-Beirat, der aber im Gegensatz zur Vertrauensperson ein Bewohner und von den Bewohnern gewählt sein muss. Andererseits kann in kleinen Einrichtungen ggf. auch die Gesamtheit der Nutzerinnen die Funktion des Beirates wahrnehmen, wenn die Gruppe selbstbestimmt über ihre Angelegenheiten entscheiden will. Wichtig ist, dass gerade bei Ein-Personen-Beiräten die Willensentscheidung der Nutzerinnen zum Ausdruck kommt. Voraussetzung ist, dass durch die Abweichungen von den eigentlich vorgesehenen Regelungen die Interessenvertretung der Nutzerinnen unterstützt wird. Die eigentlich geltenden Regelungen müssen sich daher in der besonderen Situation in der Einrichtung als weniger zielführend erweisen.

Über die Abweichung entscheidet die zuständige Behörde nach pflichtgemäßem 680 Ermessen. Der Leistungsanbieter hat, auch wenn er den Antrag initiiert hat, einen Anspruch, vorab gehört zu werden, § 22 Abs. 6 Satz 3 WTG.

## VIII. Gasteinrichtungen, insbesondere Kurzzeiteinrichtungen und Hospize

Da in Gasteinrichtungen, insbesondere in Kurzzeiteinrichtungen und Hospizen, die 681 Wahl eines Beirates oder Bestellung eines Vertretungsgremiums mit zwei- oder vierjähriger Dauer wegen des regelmäßig nur kurzen Verbleibens der Nutzerinnen in der Einrichtung nicht sinnvoll erscheint, sieht das Gesetz in § 40 WTG abweichend von den sonstigen Regelungen in diesen Einrichtungen keinen Beirat und auch kein Vertretungsgremium, sondern die Bestellung einer Vertrauensperson vor. Gasteinrichtungen sind nach der Legaldefinition des § 36 WTG solche, die nur der vorübergehenden Aufnahme dienen.

Die Bestellung einer Vertrauensperson anstelle eines Beirates ist jedoch die einzige 682 Ausnahme. Im Übrigen gelten alle anderen Regelungen über die Mitbestimmung und Mitwirkung, § 22 Abs. 5 WTG-DVO.

# 2. Unterabschnitt: Wohngemeinschaften mit Betreuungsleistungen

## I. Allgemeine Anforderungen

683 Für Wohngemeinschaften mit Betreuungsleistungen gelten zunächst die allgemeinen Anforderungen aus den §§ 4 bis 10 WTG. Darüber hinaus enthält die Regelung des § 26 WTG weitere grundsätzliche Anforderungen.

### 1. Integration in den Sozialraum

684 Bei der Integration in den Sozialraum nach § 26 Abs. 1 WTG handelt es sich um eine besondere Anforderung an die Wohnqualität, die in dem entsprechenden Kapitel behandelt ist, vgl. Rn. 716 ff.

### 2. Vereinbarung über die Aufgabenverteilung

685 Nach § 26 Abs. 2 Satz 1 WTG sollen mehrere Leistungsanbieter, die im Rahmen einer Wohngemeinschaft zusammenwirken, schriftlich festhalten, wer die Verantwortung und Abstimmung für welche Unterstützungsleistungen und Abläufe übernimmt. Die Vorschrift setzt daher zunächst voraus, dass mehrere Leistungsanbieter zusammenwirken; davon abzugrenzen ist nach § 26 Abs. 2 Satz 3 WTG der Fall, dass lediglich einzelvertraglich vereinbarte Leistungen erbracht werden. In diesem Fall genügt eine Abstimmung.

686 Die Sätze 1 und 3 des § 26 Abs. 2 WTG weisen damit folgende wesentliche Unterschiede auf: Nach Satz 1 muss eine Regelung getroffen werden („….so haben sie… festzuhalten…), während es nach Satz 3 genügt, dass sich die Leistungsanbieter „… abstimmen sollen….".

687 Dann muss die Vereinbarung nach Satz 1 schriftlich abgeschlossen werden, wohingegen es Satz 3 genügen lässt, dass eine Abstimmung – mangels Formerfordernisses – auch mündlich erfolgt.

688 Schließlich spricht Satz 3 von den für die Wohngemeinschaft verantwortlichen Leistungsanbieterinnen und Leistungsanbietern, mit denen sich die für die nur einzelvertraglich vereinbarten Leistungen zuständigen Leistungsanbieter abstimmen sollen. Damit können als die für die Wohngemeinschaft verantwortlichen Leistungsanbieter nur die nach Satz 1 gemeint sein. Die Regelung macht also einen Unterschied zwischen den verantwortlichen Leistungsanbietern und solchen, die nur einzelne Leistungen erbringen. Das Gesetz definiert diese nicht weiter. Wegen des Zwecks des Gesetzes können die verantwortlichen Leistungsanbieter aber nur diejenigen sein, die die maßgeblichen und das Leben in der Wohngemeinschaft wesentlich prägenden Leistungen anbieten bzw. erbringen. Dabei handelt es sich um die

Wohnraumüberlassung und die Betreuung, die nach § 3 WTG die Pflege und die soziale Betreuung umfasst (vgl. auch § 24 Abs. 2 Nr. 1 WTG). Für die Anbieterinnen dieser Leistungen besteht daher eine Verpflichtung, ihre Aufgaben und Verantwortungsbereiche in einer schriftlichen Vereinbarung festzuhalten.

Welchen Inhalt diese Vereinbarung haben muss, bestimmt das Gesetz weiterhin in § 26 Abs. 3 WTG. Die Vorschrift regelt damit zweierlei: Inhaltlich stellt sie Anforderungen an die Leistungsanbieter, die im Wesentlichen den Anforderungen in Einrichtungen mit umfassendem Leistungsangebot entsprechen, § 19 Abs. 1 Nrn. 1 bis 4 WTG. Dann bestimmt sie auch, dass mindestens diese Leistungen Gegenstand der Vereinbarung nach Absatz 2 sein müssen. Weitere Ansprüche an die Gestaltung der Regelung stellt das Gesetz nicht. Es bleibt daher den Leistungsanbieterinnen überlassen, im Rahmen des § 26 Abs. 2 und 3 WTG zu entscheiden, wer für welche Leistungen die Verantwortung übernimmt. 689

Diese Vereinbarung muss den Nutzerinnen und Nutzern der Wohngemeinschaft oder deren Vertretungen auch bekannt sein. Es empfiehlt sich in der Praxis, die Regelung als Anlage zu den Miet- bzw. Betreuungsverträgen zu nehmen. Bestandteil dieser Verträge kann die Regelung jedoch nicht werden, da es sich um eine Vereinbarung zwischen Leistungsanbietern untereinander handelt und nicht um eine Vereinbarung zwischen Leistungsanbietern und Nutzerinnen. 690

Bei den Leistungen nach § 26 Abs. 2 Satz 3 WTG kann es sich nur um die „nicht-wesentlichen" Leistungen handeln, also insbesondere hauswirtschaftliche Leistungen. Die Leistungsanbieterinnen sollen sich mit den anderen Leistungsanbietern abstimmen. Diese Abstimmung muss jedoch nicht schriftlich sein. Gleichwohl kann sich auch insoweit eine schriftliche Regelung anbieten. 691

Mit Ausnahme der Aufstellung und Umsetzung von Pflege-, Förder- und Hilfeplanungen können die Mitglieder einer Wohngemeinschaft Regelungen nach § 26 Abs. 2 Satz 1 WTG auch eigenverantwortlich treffen, § 26 Abs. 3 Satz 2 WTG. Damit soll der Tatsache Rechnung getragen werden, dass die Nutzerinnen einer Wohngemeinschaft häufig tatsächlich wesentlich selbständiger sind als Bewohnerinnen einer Einrichtung mit umfassendem Leistungsangebot. Diese Vorschrift dürfte in der Praxis vor allem in Wohngemeinschaften der Eingliederungshilfe oder in Wohngemeinschaften, in denen ältere, aber nicht pflegebedürftige Menschen leben, eine Rolle spielen. Wenn nur einzelne Nutzerinnen und Nutzer davon Gebrauch machen wollen, andere aber nicht, ist für diese eine Vereinbarung über die Aufgabenverteilung jedoch erforderlich. 692

Da § 26 Abs. 3 Satz 2 WTG keine anderweitige Regelung trifft, ist davon auszugehen, dass bereits für einen einzigen Fall die Regelung schriftlich festgehalten sein muss. 693

Falls das Leistungsangebot nur von einem Anbieter alleine erbracht wird, so müssen sich die nach § 26 Abs. 3 WTG erforderlichen Angaben aus einem schriftlichen 694

Konzept erkennen lassen, § 26 Abs. 4 WTG, das den Nutzerinnen und Nutzern ebenfalls bekannt gegeben werden muss.

695 Aus den oben dargelegten Gründen kann sich diese Vorschrift nur auf die wesentlichen Leistungen nach § 26 Abs. 2 Satz 1 WTG beziehen, also auf Wohnraumüberlassung, Pflege und Betreuung.

### 3. Leistungspflichten

696 Aus § 26 Abs. 3 folgen auch die Leistungspflichten der Leistungsanbieter. Die Vorschrift regelt zwar unmittelbar nur, dass die Aufgabenverteilung unter den Leistungsanbietern vereinbart werden muss, setzt damit aber mittelbar voraus, dass diese Verpflichtungen auch gegenüber den Nutzerinnen bestehen. Die allgemeine Verpflichtung der Pflege und Betreuung nach dem anerkannten Stand der fachlichen Erkenntnisse wird durch die Regelungen in Satz 1 Nrn. 1 bis 4 konkretisiert. Es handelt sich um die gleichen Verpflichtungen wie in den Einrichtungen mit umfassendem Leistungsangebot (vgl. § 19 Abs. 1 WTG), wenn auch nicht alle Pflichten übernommen werden. Im Gegensatz zu Einrichtungen ist es in Wohngemeinschaften nicht immer so, dass die Leistungsanbieterinnen auch die Verpflichtung zu hauswirtschaftlichen Leistungen vertraglich übernehmen. Daher regelt § 26 Abs. 3 Satz 1 Nr. 4 WTG, dass die Verpflichtung zur Regelung der Aufgabenverteilung insoweit nur besteht, als eine entsprechende vertragliche Verpflichtung überhaupt eingegangenen wurde. Die ordnungsrechtliche Verpflichtung (und damit die Möglichkeit der ordnungsrechtlichen Überwachung) folgen also der vertraglichen Verpflichtung.

697 Einzelheiten zu den Anforderungen sind bereits unter Rn. 185 ff. erörtert.

### 4. Notstromversorgung

698 Neu aufgenommen in die allgemeinen Leistungspflichten wurde die Verpflichtung des Leistungsanbieters, jederzeit eine Notstromversorgung zu gewährleisten soweit die Versorgung von Nutzerinnen und Nutzern mit intensiv-pflegerischem Betreuungsbedarf es erfordert. Dies ist nachvollziehbar, da die Qualität der Betreuung und ggf. sogar die Gesundheit oder das Leben der Nutzer eine verlässliche Stromversorgung der erforderlichen Geräte unabdingbar macht. Die Situation ist in solchen Wohngemeinschaften nicht anders zu beurteilen als in Einrichtungen mit umfassendem Leistungsangebot.

## II. Personal

699 Die allgemeinen Anforderungen an das Personal in Wohngemeinschaften mit Betreuungsleistungen ergeben sich aus § 4 Absatz 8 bis 13 WTG. Diese Anforderungen gelten auch für ambulante Dienste, die in Wohngemeinschaften tätig sind (vgl. dazu

Rn. 768 ff.). Für anbieterverantwortete Wohngemeinschaften gelten zusätzlich die personellen Anforderungen aus der Regelung des § 28 WTG.

## 1. Verantwortliche Fachkraft

Nach § 28 Abs. 1 WTG muss die Betreuung in der Wohngemeinschaft unter der Verantwortung einer Fachkraft stehen. Diese Fachkraft muss persönlich und fachlich geeignet sein. 700

### a) Verantwortung

Verantwortung bedeutet, dass die Betreuung – die soziale Betreuung und die Pflege – von einer Fachkraft geplant, gesteuert und überwacht wird. Die Fachkraft trifft die Verantwortung, dafür zu sorgen, dass die Pflege und Betreuung nach dem anerkannten Stand der fachlichen Erkenntnisse erbracht werden. Es muss daher sichergestellt sein, dass ein „prägender Einfluss“ (OVG NRW Urteil vom 21.06.2004, 12 A 151/01, Rn. 28) auf das Betreuungsgeschehen vorhanden ist. Das Ausmaß dieser Verantwortung hängt von der Qualifikation der übrigen Betreuungskräfte und von der Art der vorzunehmenden Pflege- oder Betreuungshandlungen ab. Sofern weitere Fachkräfte in der Wohngemeinschaft tätig sind, ist das Ausmaß der Steuerung und Überwachung geringer als beim Einsatz von Hilfskräften. In Wohngemeinschaften, in denen Pflegeleistungen erbracht werden, ist die verantwortliche Fachkraft daher mit der Pflegedienstleitung in einer stationären Einrichtung vergleichbar. 701

Das Gesetz fordert (nur), dass die Betreuung unter der Verantwortung der Fachkraft steht. Die Fachkraft ist daher auch nur für die Erfüllung der Anforderungen an Pflege und Betreuung fachlich verantwortlich, nicht für die übrigen Anforderungen, insbesondere die Anforderungen an die Wohnqualität. Diese Verpflichtung trifft den oder die Personen, die die Leistungen, ggf. gemeinsam, anbieten, vgl. § 3 Abs. 2 WTG (Diese Personen trifft natürlich auch die Verantwortung für die Betreuung). 702

Auch in Wohngemeinschaften mit Betreuungsleistungen müssen die grundlegenden personellen Anforderungen erfüllt werden. Es muss also ein Delegationskonzept vorhanden sein, § 4 Abs. 10 WTG (vgl. dazu Rn. 439 ff.). Die einer Fachkraft obliegenden Vorbehaltsaufgaben nach § 4 Abs. 11 WTG müssen jedoch nicht von der verantwortlichen Fachkraft wahrgenommen werden, es genügt auch, dass dies eine andere in der Wohngemeinschaft tätige Fachkraft macht. 703

### b) Persönliche Eignung

Die verantwortliche Fachkraft muss persönlich geeignet sein. Wie im bisherigen Recht auch, enthält das Gesetz keine weiteren Angaben zu den inhaltlichen Anforderungen, sondern überlässt dies der Durchführungsverordnung. Dort regelt § 2 die Gründe, die zum Ausschluss der persönlichen Eignung führen. Es handelt sich dabei um eine unwiderlegliche Vermutung. Das bedeutet, die Behörde muss nicht in 704 jedem Fall eigens feststellen, dass jemand persönlich ungeeignet ist, sondern kann bei Vorliegen der in § 2 Abs. 1 und 2 WTG-DVO genannten Gründe (Verurteilung zu einer Freiheitsstrafe von mindestens drei Monaten wegen einer der dort genannten Straftaten, vgl. dazu Rn. 406) von der mangelnden persönlichen Eignung ausgehen. Für verantwortliche Fachkräfte gilt außerdem die Regelung des § 2 Abs. 2 WTG-DVO, wonach auch bei einer mindestens dreimaligen rechtskräftigen Festsetzung einer Geldbuße wegen einer Ordnungswidrigkeit nach dem WTG die mangelnde persönliche Eignung unwiderleglich vermutet wird. Wegen der Einzelheiten wird auf Rn. 397 ff. verwiesen.

### c) Fachliche Eignung

705 Für die fachliche Eignung gilt die Regelung des § 4 Abs. 9 WTG. Die verantwortliche Fachkraft muss daher über eine Fachkraftausbildung oder über einen entsprechenden Studienabschluss verfügen. Darüber hinaus muss die verantwortliche Fachkraft über eine mindestens zweijährige einschlägige Berufserfahrung verfügen.

706 Die gesetzliche Definition der Fachkräfte ergibt sich aus § 3 Abs. 5 WTG (vgl. hierzu Rn. 407 ff.). Eine Fachkraft muss in einer mindestens dreijährigen Ausbildung oder einem Studium die erforderlichen Fähigkeiten und Kenntnisse erworben haben, um auf dem Gebiet der Pflege oder sozialen Betreuung Tätigkeiten unter Beachtung des jeweils aktuellen Standes der fachlichen Erkenntnisse auszuüben. Diese Regelung ist in § 1 Abs. 1 und 2 WTG-DVO näher ausgeführt: Pflegefachkräfte sind Altenpflegerinnen und Altenpfleger, (Kinder-) Krankenschwestern und Krankenpfleger. Diese Aufzählung dürfte abschließend sein. Das gilt jedoch nicht für die Fachkräfte der sozialen Betreuung. Hier gibt es wesentlich mehr Berufsbilder (Sozialarbeiterinnen und Sozialarbeiter, Sozial- und Heilpädagoginnen und -pädagogen etc.).

707 Wichtig ist weiter, dass sich die Fachkraftausbildung auf die Betreuungsbedarfe der Klientel in der Wohngemeinschaft beziehen muss. Das bedeutet, dass eine Wohngemeinschaft mit Pflegebedürftigen unter der Verantwortung einer Pflegefachkraft stehen muss. Eine Wohngemeinschaft der Eingliederungshilfe muss unter der Verantwortung einer Fachkraft der sozialen Betreuung stehen. Das ergibt sich daraus, dass Pflege und Betreuung nach dem anerkannten Stand der fachlichen Erkenntnisse zu erbringen sind und die Fachkraft diese Betreuung fachlich verantworten (und verantworten können) muss. In der Praxis kann dabei das Problem entstehen, dass in einer Wohngemeinschaft Menschen mit Behinderungen leben, die Leistungen der Eingliederungshilfe erhalten, aber auch pflegebedürftig sind oder werden. Auch in diesen Fällen muss eine bestimmte Fachlichkeit der Betreuung sichergestellt werden. Da § 28 Abs. 1 WTG aber davon spricht, dass die Betreuung unter der Verantwortung einer Fachkraft stehen muss, kann dies daher nicht bedeuten, dass eine Pflegefachkraft als zweite verantwortliche Fachkraft gefordert werden kann. Es muss daher in diesem Fall genügen, dass durch eine entsprechende Kooperation mit einem ambulanten Dienst die Pflegefachlichkeit sichergestellt wird.

### d) Ständige Anwesenheit

Aus § 28 Abs. 2 WTG ergibt sich, dass eine ständige Anwesenheit der verantwortlichen Fachkraft grundsätzlich nicht erforderlich ist. Nach Satz 1 kann die zuständige Behörde aber die ständige Anwesenheit einer Fachkraft oder einer anderen geeigneten Betreuungskraft eigens anordnen, wenn dies zur Betreuung erforderlich ist. Das bedeutet, dass eine Fachkraft oder eine andere geeignete Betreuungskraft nur dann erforderlich ist, wenn dies die Behörde ausdrücklich angeordnet hat. Da das Gesetz von einer anderen geeigneten Betreuungskraft spricht, kann es sich bei dieser nicht um eine Fachkraft handeln. Aber auch diese Nichtfachkraft – etwa eine so genannte Präsenzkraft – muss fachlich und persönlich geeignet. Im Hinblick auf die Aufgabe der Behörde, darüber zu wachen, dass der Zweck des Gesetzes erfüllt wird, wie er in § 1 WTG und dort insbesondere in der „Charta" des Abs. 4 zum Ausdruck kommt, wird man der Behörde einen gewissen Spielraum in der Einschätzung der Frage des Betreuungsbedarfes zubilligen müssen (Einschätzungsprärogative). Hierbei bleibt selbstverständlich die Behörde an Recht und Gesetz gebunden und ist verpflichtet, das Ermessen pflichtgemäß auszuüben. Zu beachten ist insbesondere, dass eine Wohngemeinschaft keine Einrichtung mit umfassendem Leistungsangebot ist und deren räumliche, wirtschaftliche und personelle Möglichkeiten in der Regel nicht teilt. Überdies ist der vom Gesetzgeber zugrunde gelegte Ausgangsfall derjenige einer Einrichtung, die keine dauernde Anwesenheit einer Fachkraft erfordert. 708

Aus dem Wortlaut des Absatzes 2, der von der Anordnung einer ständigen Anwesenheit einer Fachkraft spricht, folgt aber, dass die ständige Anwesenheit der verantwortlichen Fachkraft nicht angeordnet werden kann. 709

Ist die ständige Anwesenheit einer Fachkraft nicht erforderlich, muss durch organisatorische Vorkehrungen sichergestellt werden, dass jederzeit in angemessener Zeit eine Fachkraft zur Verfügung steht. In der Praxis bedeutet dies, dass eine ständige Rufbereitschaft einer Fachkraft bestehen muss, die in angemessener Zeit in der Wohngemeinschaft erscheinen kann. Der Begriff der angemessenen Zeit ist im Gesetz nicht weiter konkretisiert. Maßgeblich muss auch hier der Betreuungsbedarf der Klientel sein. Die Erreichbarkeit einer Fachkraft muss so organisiert sein, dass die außerhalb der Anwesenheitszeiten einer Fachkraft möglicherweise auftretenden Problemlagen angemessen behandelt werden können. Die örtlichen Gegebenheiten (z. B. lange Anfahrtswege) können wegen des vorrangig zu berücksichtigenden Betreuungsbedarfs nicht ausschlaggebend sein. Die Frage der Erreichbarkeit einer Fachkraft kann z. B. nicht davon abhängig gemacht werden, wie schnell notärztliche Hilfe verfügbar ist, da der Sinn des Fachkraftvorbehaltes ein anderer ist: Hier geht es immer um die regelhafte, den fachlichen Anforderungen genügende Betreuung. Notwendig ist jedoch immer eine Betrachtung des Einzelfalls. 710

#### e) Vertretung

711 Aus dem Wortlaut des § 28 Abs. 1 WTG („Die Betreuung muss unter der Verantwortung…einer Fachkraft stehen.“) folgt, dass im Verhinderungsfall eine Vertretung organisiert werden muss. Das Gesetz fordert ja nicht, dass eine Fachkraft ständig anwesend sein muss, dafür muss die Betreuung unter ihrer Verantwortung stehen. Da urlaubs- und krankheitsbedingte Abwesenheiten jeder Tätigkeit wesensimmanent sind, können für den Normalfall auch Fachkräfte, die noch nicht die Anforderungen des § 4 Abs. 9 WTG erfüllen, als Urlaubsvertretung eingesetzt werden. Längere urlaubs- oder krankheitsbedingte Abwesenheiten ohne eine Vertretungsregelung der verantwortlichen Fachkraft vertragen sich mit der Anforderung an eine verantwortliche Fachkraft jedoch nicht.

### 2. Fachkraftquote

712 Im Gegensatz zu Einrichtungen mit umfassendem Leistungsangebot wird für die Betreuung in einer Wohngemeinschaft nicht die Einhaltung einer Fachkraftquote verlangt. § 21 Abs. 2 WTG fordert für Einrichtungen explizit eine Fachkraftquote von 50 %, während § 28 WTG insoweit keine Regelung enthält. Der Gesetzgeber hat wegen der Besonderheiten (Leistungserbringung durch ambulante, also nicht dauerhaft anwesende Kräfte) der Wohngemeinschaften von einer Fachkraftquote abgesehen.

### 3. Mindestzahl

713 Auch eine Mindestzahl von Betreuungskräften ist für die Betreuung in einer Wohngemeinschaft angesichts des hauptsächlich ambulanten Leistungsgeschehens nicht ausdrücklich vorgesehen. Für Einrichtungen mit umfassendem Leistungsangebot fordert § 21 Abs. 2 WTG eine ausreichend und ausreichend qualifizierte Zahl von Betreuungskräften. Eine solche Regelung ist in § 28 WTG nicht enthalten. Das ändert aber nichts an der grundsätzlichen Verpflichtung, eine Betreuung nach dem anerkannten Stand der fachlichen Erkenntnisse sicherzustellen. Allerdings wird hier die Bestimmung der ausreichenden Personalzahl noch wesentlich schwieriger, da es nach wie vor an einem allgemein anerkannten Personalbemessungssystem fehlt. Darüber hinaus kann hier auch nicht auf die Vermutungsregel des § 21 Abs. 2 WTG zurückgegriffen werden, wonach von einer ausreichenden Personalausstattung auszugehen ist, wenn die in den Vereinbarungen mit den Kostenträgern nach dem SGB vereinbarten Personalzahlen eingehalten werden. Damit bleiben zunächst nur das Delegationskonzept und das Betreuungskonzept des Leistungsanbieters. Sollte die Behörde Mängel in der Pflege oder Betreuung feststellen, die auf einen Mangel an (qualifiziertem) Personal zurückzuführen sind, kann sie entsprechend eine Personalaufstockung anordnen.

### 4. Hauswirtschaftsfachkraft

In Wohngemeinschaften, in denen sich die Leistungsanbieterinnen und Leistungsanbieter auch zur Erbringung hauswirtschaftlicher Leistungen verpflichtet haben, muss diese Leistungserbringungen unter Beteiligung einer Hauwirtschaftsfachkraft erfolgen (zum Begriff vgl. Rn. 475 ff.). Vielfach handelt es sich dabei um Wohngemeinschaften, in denen die ambulanten Dienste eine Pauschalvereinbarung nach § 61 SGB XII mit dem Sozialhilfeträger abgeschlossen haben und in der sie auch die Mahlzeitenversorgung, die Wohnungsreinigung und die Wäschepflege übernehmen. Der ambulante Dienst muss in solchen Fällen keine eigene Hauswirtschaftsfachkraft einstellen. Es genügt, eine Hauswirtschaftsfachkraft in die Konzeption und in die Leistungserbringung einzubeziehen. Das bedeutet, dass z. B. eine Hauswirtschafterin oder ein Koch des Catering-Unternehmens die Planung der Mahlzeitenversorgung übernimmt und die ordnungsgemäße Leistungserbringung überwacht. Auch bei der Ausübung des Mitbestimmungsrechtes der Nutzerinnen- und Nutzerversammlung ist die Hauswirtschafsfachkraft zu beteiligen. Sofern das Catering-Unternehmen aber keine eigenen vertraglichen Beziehungen zu den Nutzerinnen und Nutzern unterhält und damit selbst Leistungsanbieter wird, trifft die ordnungsrechtliche Verantwortung jedoch die anderen Leistungsanbieter, also z. B. den ambulanten Dienst und das Wohnungsunternehmen. 714

Sofern sich der ambulante Dienst nicht zur Übernahme der Hauswirtschaft verpflichtet hat, trifft ihn die Verpflichtung nach § 28 Abs. 3 WTG nicht. Das ist häufig der Fall in Wohngemeinschaften der Eingliederungshilfe oder Wohngemeinschaften, in denen neben Pflegebedürftigen auch ältere, nicht-pflegebedürftige Menschen leben, die den Haushalt noch selbständig organisieren. 715

## III. Wohnqualität

### 1. Anbindung an den Sozialraum

Eine allgemeine Anforderung an die Wohnqualität für anbieterverantwortete Wohngemeinschaften mit Betreuungsleistungen enthält § 26 Abs. 1 WTG. Danach sollen Wohngemeinschaften in den Sozialraum integriert werden. Die Begründung des Gesetzentwurfs führt dazu aus: 716

*„Vor diesem Hintergrund betont Absatz 1 besonders, dass Wohngemeinschaften in den Sozialraum integriert werden sollen, damit eine umfassende Teilhabe ermöglicht wird. Für die Entscheidung für ein Leben in einer Wohngemeinschaft statt in einer Einrichtung mit umfassendem Leistungsangebot ist in der Regel besonders kennzeichnend, dass neben einem weitestgehend selbstorganisierten Leben mit unmittelbarem Anschluss an den Sozialraum auch eine Atmosphäre gewünscht wird, die sich sehr stark an dem gewohnten häuslichen Leben orientiert. Damit muss aber auch eine höhere ordnungsrechtliche Toleranz einhergehen, die* 717

*sich insbesondere in den von den betreuten Menschen mitgestalteten Rahmenbedingungen niederschlägt.*

718 *Zudem ist die Förderung der Teilhabe der Nutzerinnen und Nutzer am Leben in der örtlichen Gemeinschaft besonders zu berücksichtigen.*

719 *Wichtiges Kriterium für die Achtung der Würde des Menschen ist dessen Selbstbestimmung. Daher ist entscheidend, dass den Nutzerinnen und Nutzern auch die selbstbestimmte Teilhabe am Leben in der Gesellschaft ermöglicht wird.*

720 *Auch der auf Betreuung und/oder Pflege angewiesene Mensch muss mit seinen Fähigkeiten, Möglichkeiten und Wünschen als Ausdruck seiner Selbstbestimmung wahrgenommen und bei der Ausübung dieser Freiheiten dahingehend unterstützt werden, dass dies auch in dieser Lebenssituation verwirklicht werden kann."* (Begründung zum Gesetzentwurf der Landesregierung, LT-Ds. 16/3388, S. 163).

721 Die Regelung wiederholt damit für Wohngemeinschaften die allgemeine Regelung des § 4 Abs. 6 WTG, wonach Wohngemeinschaften in Anbindung an Wohnsiedlungen errichtet werden sollen – das Gesetz verwendet hierfür den im übrigen Gesetzestext nicht mehr verwendeten Begriff „Sozialraum" –, damit die Menschen, die in der Wohngemeinschaft leben, möglichst umfassende Teilhabemöglichkeiten haben. Es soll damit ausgeschlossen werden, dass Wohngemeinschaften weit außerhalb von Wohnsiedlungen errichtet werden. Gleichzeitig will der Gesetzgeber damit sein Vorhaben umsetzen, pflegebedürftigen und behinderten Menschen den Verbleib in ihrem angestammten Wohnumfeld zu ermöglichen. Entsprechende Wohn- und Betreuungsangebote sollen im „Quartier" entstehen.

722 Diese Regelung gilt jedoch nur für neue, nach dem Inkrafttreten des WTG errichtete Wohngemeinschaften. Für bestehende Wohngemeinschaften gilt die Regelung des § 47 Abs. 6 Satz 1 Nr. 2, Satz 2 WTG. Anbieterverantwortete Wohngemeinschaften sind regelmäßig schon Einrichtungen nach dem WTG 2008 gewesen (vgl. dazu Begründung zum Gesetzentwurf, LT-Ds. 16/3388, S 63). Insoweit ergibt sich grundsätzlich keine Änderung der Rechtslage, denn schon § 2 Abs. 1 WTG-DVO 2008 forderte die Errichtung an integrierten Wohnstandorten. Sofern Wohngemeinschaften außerhalb solcher Wohnstandorte errichtet wurden, war dies nur mit einer entsprechenden Befreiung nach § 11 Abs. 3 WTG 2008 oder ggf. § 7 Abs. 5 WTG 2008 möglich. Diese Befreiungen wirken als begünstigende Verwaltungsakte fort.

723 Sofern anbieterverantwortete Wohngemeinschaften – ausnahmsweise – nicht unter den Geltungsbereich des WTG 2008 fielen, müssen diese die Anforderungen nach dem WTG 2014 drei Monate nach der Feststellung, dass sie in den Geltungsbereich des WTG fallen, erfüllen, vgl. § 47 Abs. 1 Satz 1 WTG. Sofern eine Wohngemeinschaft nicht der Anforderung des § 26 Abs. 1 WTG entspricht – Anbindung an den Sozialraum –, wäre die Erfüllung nur durch Aufgabe der Wohngemeinschaft und Neuerrichtung möglich. In diesem Fall muss geprüft werden, ob eine Abweichung

von dieser besonderen Anforderung in Betracht kommt. Dazu kommt neben den allgemeinen Regelungen des § 13 Abs. 1 Nrn. 1 und 2 WTG, Abs. 2 WTG – einschlägig dürfte hier die Möglichkeit der Abweichung wegen wirtschaftlicher Unzumutbarkeit sein – die besondere Vorschrift des § 47 Abs. 1 Satz 3 WTG in Betracht. Danach soll in bestehenden Wohn- und Betreuungsangeboten, die bisher nicht in den Geltungsbereich des WTG 2008 fielen, eine Abweichung von Anforderungen an die Wohnqualität zugelassen werden, wenn dies mit den Interessen der Nutzerinnen und Nutzer vereinbar ist. Bei Inkrafttreten des WTG bereits bestehende Wohngemeinschaften, für die das WTG 2008 nicht galt, genießen also keinen umfassenden Bestandsschutz. Sofern Anforderungen nach Ablauf der Jahresfrist des § 47 Abs. 1 Satz 2 WTG nicht erfüllt werden, müssten Abweichungen zugelassen werden. Für die Anforderungen an die Wohnqualität gilt aber die besondere Regelung des § 47 Abs. 1 Satz 3 WTG, die als Spezialvorschrift der Regelung des § 13 WTG vorgeht. Im Gegensatz zu § 13 WTG ist das Ermessen der Behörde hier eingeschränkt: Sie soll Abweichungen zulassen, sofern das mit den Interessen der Nutzerinnen und Nutzer vereinbar ist. Danach ist die Abweichung immer zuzulassen, wenn nicht ausnahmsweise übergeordnete Interessen der Nutzerinnen und Nutzer dies verbieten. Für andere Anforderungen als die Wohnqualität, insbesondere für Anforderungen an das Personal und die Fachlichkeit der Leistungserbringung, bleibt es bei der allgemeinen Regelung des § 13 WTG.

Der Bestandsschutz nach § 47 Abs. 6 WTG kann sich nur auf bereits betriebene 724
Wohngemeinschaften in bestehenden Gebäuden beziehen. Sofern eine Wohngemeinschaft in einem bestehenden Gebäude neu errichtet werden soll, kann nichts anderes gelten, als wenn auch das Gebäude neu errichtet wird: Es gelten die neuen Anforderungen des WTG. Andernfalls könnten die Anforderungen leicht umgangen werden.

## 2. Bauliche Strukturvorgaben

§§ 25–27 WTG-DVO beinhalten die wesentlichen Vorgaben für die baulich- 725
strukturellen Anforderungen an die Wohnqualität einer Wohngemeinschaft.

### a) Innentemperatur

Ebenso wie für Einrichtungen gilt für Wohngemeinschaften die Anforderung einer 726
den klimatischen Verhältnissen angepassten Innentemperatur. Insoweit kann grundsätzlich auf die Ausführungen in Rn. 530 ff. verwiesen werden.

### b) Einzelzimmer

Nach § 27 Abs. 1 Satz 1 WTG sind in Wohngemeinschaften grundsätzlich nur Einzel- 727
zimmer zulässig. Allerdings lässt es § 27 Abs. 1 Satz 2 WTG zu, dass für Menschen, die in einer Partnerschaft leben, zwei Zimmer zusammengelegt werden können. Welcher Art die Partnerschaft ist – ob Ehe, gleichgeschlechtliche Lebenspartnerschaft oder eine nicht-eheliche Partnerschaft – ist gleich. Von Bedeutung ist nur, dass die

Menschen tatsächlich in einer Partnerschaft leben (wollen). Die Regelung kann nur eine Rolle spielen, wenn tatsächlich die baulichen Gegebenheiten für eine Zusammenlegung von Einzelzimmern bestehen.

728 § 27 Abs. 1 Satz 1 WTG erlaubt in diesem Fall eine Ausnahme vom Einzelzimmergebot; eine Verpflichtung der Leistungsanbieterin, bauliche Maßnahmen vorzunehmen, lässt sich dem Wortlaut der Regelung nicht entnehmen.

729 In diesem Zusammenhang ist auch die Übergangsvorschrift des § 47 Abs. 5 WTG zu beachten: In bestehenden Wohngemeinschaften sind noch Doppelzimmer zulässig, sie müssen aber bis spätestens zum 31.12.2023 in Einzelzimmer umgewandelt werden. Bis zum 31.07.2018 muss mindestens eine Einzelzimmerquote von 80% erreicht werden.

730 Zur praktischen Umsetzung dieser Anforderung kann auf die Ausführungen in Rn. 518 f. verwiesen werden.

#### c) Flächengrößen

731 Völlig neu gestaltet wurden die Anforderungen an die Flächengrößen. Damit soll den besonderen Anforderungen an Wohngemeinschaften, für die sich die bisherigen Flächenvorgaben des WTG 2008 und der WTG-DVO 2008 nicht als sachgerecht erwiesen haben, Rechnung getragen werden. Nach § 26 Abs. 2 WTG-DVO muss die Zimmerfläche für Einzelzimmer ohne Bad mindestens 14 qm betragen.

732 Die Vorschrift enthält keine Vorgaben für Doppelzimmer: Das ist konsequent, denn in neuen Wohngemeinschaften sind keine Doppelzimmer zulässig. Sofern noch Doppelzimmer in bestehenden Wohngemeinschaften bis zum Ablauf der Fristen 31.07.2018 bzw. 31.12.2023 zulässig sind, richtet sich die Flächenvorgabe von 24 qm nach § 2 Abs. 4 Satz 1 WTG-DVO 2008.

733 Es muss mindestens ein Raum für die gemeinschaftliche Nutzung der Mitglieder der Wohngemeinschaft vorhanden sein. Vorzusehen sind mindestens drei qm pro Person. Diese Zahl kann sich nur nach der Zahl der vorhandenen Plätze in der Wohngemeinschaft richten, nicht nach der Zahl der jeweils aktuellen Nutzerinnen und Nutzer, da ansonsten ggf. die Fläche erweitert werden müsste.

#### d) Küche

734 Außerdem muss die Wohngemeinschaft über eine Küche oder Wohnküche verfügen, die dem Bedarf der – höchstens – zwölf Mitglieder der Wohngemeinschaft gerecht wird, § 27 Abs. 3 WTG-DVO. Der Verordnungsgeber hat davon abgesehen, Vorgaben zur Flächengröße zu machen. Sofern die Küche aber in den Wohnraum integriert wird, muss der Gemeinschaftsraum entsprechend größer sein (d. h., die Fläche von 3 qm pro Person muss sichergestellt sein), § 27 Abs. 1 Satz 2 WTG-DVO.

### e) Zugang zu den Zimmern

Die Zimmer der Nutzerinnen und Nutzer dürfen keine Durchgangszimmer sein. Der Zugang zu diesen Räumen muss unmittelbar von Verkehrsflächen oder dem Gemeinschaftsraum möglich sein, § 26 Abs. 3 WTG-DVO. 735

### f) Rundfunk- und Fernsehempfang etc.

Die Regelungen über die baulich-technischen Voraussetzungen für Rundfunk- und Fernsehempfang etc., Blickbezüge zum Außenbereich und die Notrufanlage entsprechen den Anforderungen an Einrichtungen. Insofern wird auf die Ausführungen dort verwiesen, Rn. 503 ff. 736

### g) Dienstzimmer

Sofern die Betreuung auf die ständige Anwesenheit einer Betreuungskraft ausgerichtet ist, ist es nicht zulässig, dass diese organisatorischen Arbeiten im Gemeinschaftsraum verrichtet oder diesen Raum ggf. für sich selbst als Ruheraum nutzt und die Mitglieder der Wohngemeinschaft dort in ihrer Alltagsgestaltung stört. Es muss organisatorisch geregelt sein, dass die Mitglieder der Wohngemeinschaft ihre Gemeinschaftszimmer ohne Einschränkungen nutzen können, § 27 Abs. 1 Satz 4 WTG-DVO. In Betracht kommt in diesen Fällen z. B. ein eigenes Dienstzimmer (nicht zwingend), ein Paravent o. ä. 737

### h) Bad

Nach § 26 Abs. 1 WTG-DVO muss für jeweils höchstens vier Nutzerinnen und Nutzer ein Duschbad mit WC vorhanden sein. Der Verordnungsgeber orientiert sich insoweit an der Vorstellung, dass das Leben in einer Wohngemeinschaft eher dem Leben in einer Familie entspricht. Diese Regelung gilt jedoch nur für Wohngemeinschaften, deren Betrieb in bereits bestehenden Gebäuden aufgenommen wird. Für Neubauten sind mindestens Tandembäder vorzusehen. Abgesehen vom Wortlaut „Neubauten" zeigt der Vergleich zur Bestandsschutzregelung in § 47 Abs. 6 WTG, dass mit dem Begriff „Neubauten" in § 26 Abs. 1 Satz 2 WTG-DVO tatsächlich neue Gebäude und nicht nur neu errichtete Wohngemeinschaften in bestehenden Gebäuden gemeint sein können. Ansonsten würde die Regelung in § 26 Abs. 1 Satz 1 WTG-DVO keinen Sinn ergeben: Für bereits betriebene Wohngemeinschaften in bestehenden Gebäuden gilt die Bestandsschutzregelung nach § 47 Abs. 6 WTG. Die Regelung des § 26 Abs. 1 Satz 1 WTG-DVO kann sich daher nur auf nach dem Inkrafttreten des WTG 2014 neu errichtete Wohngemeinschaften in bestehenden Gebäuden beziehen. Dann muss sich die Regelung in § 26 Abs. 1 Satz 2 WTG-DVO auf nach Inkrafttreten der WTG-DVO 2014 errichtete oder zu errichtende Gebäude beziehen, zumal es für Wohngemeinschaften geeignete Immobilien mit Tandembädern im Bestand kaum geben dürfte. 738

### 3. Abweichungsmöglichkeiten

739 Neben den allgemeinen Abweichungsmöglichkeiten nach § 13 WTG, von denen insbesondere die Möglichkeit des Abs. 1 Satz 1 Nr. 3 einschlägig sein kann, erlauben die Regelungen der §§ 26 Abs. 2 Satz 2 und 27 Abs. 2 WTG-DVO, entweder von den Mindestflächen der Einzelzimmer zugunsten der Gemeinschaftsräume oder umgekehrt von den Mindestflächen der Gemeinschaftsräume zugunsten der Einzelzimmer abzuweichen. Absolute Mindestflächen werden nicht genannt. Bei einer Abweichung von den Einzelzimmergrößen muss aber sichergestellt sein, dass die Selbstbestimmung und Privatsphäre der Nutzerinnen und Nutzer nicht gefährdet wird, § 26 Abs. 2 Satz 2 a. E. WTG-DVO. Insoweit werden massive Abweichungen von den Flächenvorgaben kaum zulässig sein.

740 Bei Entscheidungen über Befreiungsanträge sind ggf. die Bewohner am Verwaltungsverfahren nach § 13 Abs. 2 VwVfG zu beteiligen.

## IV. Die Mitbestimmung und Mitwirkung der Nutzerinnen und Nutzer

741 Mitwirkungs- und Mitbestimmungsmöglichkeiten sind umfassend im 3. Abschnitt, 1. Unterabschnitt, Teil D zu den Einrichtungen mit umfassendem Leistungsangebot dargestellt. Insoweit können sich die Ausführungen hier auf die Abweichungen und Besonderheiten beschränken.

742 Die Regelungen zu den Mitwirkungs- und Mitbestimmungsmöglichkeiten finden sich in § 29 WTG und §§ 28 bis 32 WTG-DVO. Allgemein kann man sagen, dass die für die Einrichtungen geltenden Regelungen in modifizierter Form übernommen werden, jedoch die Mitbestimmungsrechte wesentlich stärker ausgeprägt sind.

### 1. Nutzerinnen- und Nutzerversammlung

743 Nach § 29 Abs. 1 WTG werden die Mitwirkungs- und Mitbestimmungsrechte durch eine Nutzerinnen- und Nutzerversammlung wahrgenommen. Mitglieder sind alle in der Wohngemeinschaft lebenden Nutzerinnen und Nutzer, vgl. § 29 Abs. 1 Satz 1 WTG. Im Gegensatz zu Einrichtungen ist also eine Wahl zu einem Beirat weder möglich noch erforderlich: Es handelt sich um eine Vollversammlung und nicht um ein repräsentatives Organ. Da weder Gesetz noch Verordnung insoweit eine Bestimmung enthalten, ist eine Mindestwohnzeit in der Wohngemeinschaft nicht erforderlich, so dass jede Nutzerin und jeder Nutzer vom ersten Tag ihre/seine Mitwirkungsrechte ausüben kann.

## 2. Ausübung der Mitbestimmungs-/Mitwirkungsbefugnisse

Im Unterschied zu Einrichtungen mit umfassendem Leistungsangebot sieht § 29 744 Abs. 1 WTG vor, dass in Wohngemeinschaften die Mitwirkungsrechte auch durch Vertreterinnen und Vertreter ausgeübt werden können, denen in diesem Fall auch Zutritt zu den gemeinschaftlich genutzten Räumen zu gewähren ist. Das Gesetz enthält keine Regelung darüber, ob eine Vertretung nur durch rechtliche Vertreterinnen und Vertreter erfolgt, wenn die Nutzerinnen und Nutzer nicht mehr in der Lage sind, ihre Mitbestimmungsrechte selbst auszuüben (also bei rechtlicher Betreuung oder einer so genannten Vorsorgevollmacht) oder ob jede Nutzerin frei darüber entscheiden kann, ob sie ihr Mitbestimmungsrecht durch eine Vertreterin wahrnehmen lässt. Im Hinblick auf den Zweck des Gesetzes, eine umfassende Selbstbestimmung der Menschen sicherzustellen, § 1 Abs. 1, Abs. 4 Nr. 1 WTG, wird es genügen müssen, dass ein Nutzer entscheidet, ob er sein Mitbestimmungsrecht selbst ausübt oder einer Angehörigen zur Ausübung überlässt, auch wenn er (noch) nicht unter rechtlicher Betreuung steht oder die Voraussetzungen einer Vorsorgevollmacht nicht vorliegen. In diesem Fall wird man aber eine ernsthafte und ausdrückliche Erklärung verlangen müssen, die jedoch, wie jede Bevollmächtigung, keiner besonderen Form bedarf.

Die Nutzerinnen- und Nutzerversammlung kommt mindestens einmal im Jahr zu- 745 sammen, § 29 Abs. 1 Satz 1 WTG. Die Vorschrift enthält, wie die Parallelvorschrift für Einrichtungen in § 22 Abs. 4 WTG, ausnahmsweise eine Verpflichtung der Nutzerinnen und Nutzer, die jedoch ihnen gegenüber heimaufsichtlich nicht durchgesetzt werden kann.

## 3. Gegenstand der Mitwirkung und Mitbestimmung

### a) Mitbestimmung

Der Gegenstand der Mitwirkung und Mitbestimmung wird abstrakt in § 29 Abs. 2 746 WTG beschrieben und in den §§ 28 f. WTG-DVO konkretisiert. Im Gegensatz zu den Einrichtungen unterliegen nicht nur die Grundsätze der Verpflegungsplanung, die Freizeitgestaltung und die Hausordnung der Mitbestimmung, sondern auch die Grundsätze der Unterkunft und Betreuung.

Ebenso wie beim Mitbestimmungsrecht in Einrichtungen kann es sich nur um Fra- 747 gen handeln, die die Gemeinschaft der Nutzerinnen und Nutzer betrifft, Fragen der individuellen Betreuung und der individuellen Unterkunft können nicht dem kollektiven Mitbestimmungsrecht unterliegen, vgl. Rn. 622 ff.

Aus dem Wortlaut des § 29 Abs. 2 Satz 2 WTG („…Grundsätze…sowie der Unter- 748 kunft und Betreuung….") folgt, dass nicht alle Entscheidungen zu Fragen der Unterkunft und Betreuung der Mitbestimmung unterliegen, sondern nur die Grundsätze, vgl. § 29 Satz 1 Nr. 3 WTG-DVO. Die Frage, was unter „Grundsätzen" zu verstehen ist, muss entsprechend beantwortet werden. Es kann sich nur um allgemeine Fragen handeln, deren Bedeutung über den Einzelfall hinausgeht und von denen zu erwarten ist, dass sie auch künftig im Gemeinschaftsleben der Wohngemeinschaft eine Rolle spielen werden. Zu denken ist etwa an allgemeine Fragen zu Art und Inhalt des Betreuungsangebotes.

### b) Einzelne Mitbestimmungstatbestände

749 Die einzelnen Mitbestimmungstatbestände nennt § 29 Satz 1 WTG-DVO. Die Nrn. 1, 2 und 6 entsprechen den Regelungen über die Mitbestimmung in Einrichtungen. Nr. 3 nennt die bereits erwähnten Grundsätze von Unterkunft und Betreuung. Bei Nr. 4 und Nr. 5 handelt es sich um Konkretisierungen der Grundsätze von Unterkunft (Ausstattung und Gestaltung der Gemeinschaftsräume) und der Betreuung (Soziale Betreuung und Teilhabe). Zur hauswirtschaftlichen Betreuung gehört auch die Verwendung gemeinsamer Mittel für die Haushaltsführung, § 29 Satz 1 Nr. 7 WTG-DVO. Dieser Mitbestimmungstatbestand greift aber nur ein, wenn sich die Leistungsanbieter auch zur Erbringung hauswirtschaftlicher Leistungen verpflichtet haben.

### c) Mitbestimmung und Selbstverantwortung

750 Die Regelungen der § 29 WTG und §§ 28 bis 32 WTG-DVO fordern eine Mitbestimmung der Nutzerinnen- und Nutzerversammlung in den dort genannten Bereichen. Andererseits setzt die Regelung des § 24 Abs. 3 WTG gerade voraus, dass die Nutzerinnen und Nutzer nicht selbstverantwortet in der Wohngemeinschaft leben, sondern die wesentlichen Entscheidungen von den Leistungsanbietern verantwortet werden. Die in den Mitbestimmungsregelungen geforderte Mitbestimmung kann daher nicht so weit gehen, dass sie zu einer umfassenden Selbstbestimmung der Menschen in der Wohngemeinschaft wird, da ansonsten von einer selbstverantworteten Wohngemeinschaft auszugehen wäre.

751 Relativ einfach ist die Prüfung immer dann, wenn die Wohnraumüberlassung und die Pflege bzw. Betreuung rechtlich voneinander abhängig gemacht werden. Dann liegt immer eine anbieterverantwortete Wohngemeinschaft vor. Daran ändert auch eine noch so ausgeprägte Mitbestimmung nichts mehr. Wenn Wohnraumüberlassung und Pflege bzw. Betreuung zwar rechtlich voneinander unabhängig sind, die tatsächliche Wahlfreiheit aber eingeschränkt ist, § 24 Abs. 3 Nr. 2 WTG, muss genau abgegrenzt werden, ob eine echte Selbstbestimmung im Sinne des § 24 Abs. 2 WTG vorliegt oder nur eine Mitbestimmung im Sinne des § 29 WTG.

752 Bei einigen Kriterien gibt es Überschneidungen: Die Gestaltung der Gemeinschaftsräume und die Verwaltung der gemeinsamen Finanzmittel sind sowohl Kriterien für die Prüfung der Selbstverantwortung nach § 24 Abs. 2 WTG als auch Gegenstände der Mitbestimmung nach § 29 WTG-DVO. Wichtig für die Abgrenzung ist, dass es bei der Mitbestimmung um eine „Mit"-bestimmung, also um eine Mitentscheidung

geht. Die eigentliche Entscheidung bzw. die Bestimmung treffen die Leistungsanbieter und die Nutzer entscheiden nur „mit".

Diese Frage wird in der Praxis möglicherweise nicht immer leicht zu prüfen sein. 753
Maßgeblich dürfte sein, dass die Auswahl der jeweiligen Leistungsanbieter durch die Nutzerinnen und Nutzer immer unabhängig von der Wohnraumüberlassung erfolgt. Ohnehin müssen die Kriterien zur Prüfung der Selbstverantwortung nach § 24 Abs. 2 WTG kumulativ erfüllt sein (vgl. Rn. 82 ff.); wenn schon die Auswahl der Anbieter der Pflege- oder Betreuungsleistungen rechtlich und tatsächlich nicht unabhängig erfolgen kann, liegt eine anbieterverantwortete Wohngemeinschaft vor, auch wenn hinsichtlich der anderen Kriterien eine weitgehende Entscheidungsfreiheit der Nutzerinnen und Nutzer gegeben ist.

#### d) Mitwirkung

Die Gegenstände der Mitwirkung nach § 30 WTG-DVO entsprechen grundsätzlich 754
den Mitwirkungstatbeständen, die nach § 12 WTG-DVO für Einrichtungen gelten. Ausgenommen sind die Tatbestände, die in anbieterverantworteten Wohngemeinschaften der Mitbestimmung unterliegen (vgl. einerseits Mitwirkung nach § 12 Abs. 1 Nrn. 3, 4 und 8 WTG-DVO, andererseits Mitbestimmung nach § 29 Satz 1 Nrn. 3, 4, 5 und 7 WTG-DVO).

Die Mitwirkung bei der Einstellung einer verantwortlichen Fachkraft kann sich nur 755
auf eine Einstellung nach Betriebsaufnahme der Wohngemeinschaft stellen. Die (erste) Einstellung der verantwortlichen Fachkraft bei der Gründung der Wohngemeinschaft – vor der Aufnahme der Betreuung der ersten Nutzerinnen und Nutzer – kann noch nicht mitwirkungspflichtig sein, weil es zu diesem Zeitpunkt noch keine Nutzerinnen- und Nutzerversammlung gibt. Bei der Konstituierung dieser Versammlung handelt es sich dann aber nicht mehr um eine „Einstellung" der verantwortlichen Fachkraft; im Übrigen wären die Folgen der Einstellung auch arbeitsrechtlich nicht mehr ohne Weiteres aufzuheben.

### 4. Verfahren

Für das Verfahren der Nutzerinnen- und Nutzerversammlung gelten die Regelun- 756
gen der §§ 31, 32 WTG-DVO. Für das Verfahren der Nutzerinnen- und Nutzerversammlung gelten die Regelungen der §§ 31, 32 WTG-DVO. Es gibt Regelungen zur vertrauensvollen Zusammenarbeit, zur Entscheidung bei Nichteinigung in Mitbestimmungsangelegenheiten, zur Beschlussfassung etc.

Die Bestimmungen entsprechen inhaltlich bzw. in weiten Teilen sogar wörtlich den 757
Bestimmungen für die Arbeit der Beiräte in den Einrichtungen. Insoweit kann auf die Ausführungen dort verwiesen werden, vgl. Rn. 607 ff.

# 3. Unterabschnitt: Servicewohnen

## I. Allgemeine Anforderungen

758 An das Servicewohnen werden mit Ausnahme der Anzeigepflicht keine Anforderungen gestellt, vgl. § 32 Abs. 1 WTG. Die nach dem WTG zuständigen Behörden können im Falle von Gefahren jedoch Maßnahmen nach dem Ordnungsbehördengesetz ergreifen, § 32 Abs. 2 WTG.

## II. Personal

759 In Angeboten des Servicewohnens werden keine Anforderungen an das Personal gestellt. Das folgt aus der Regelung des § 32 Abs. 1 WTG, wonach Angebote des Servicewohnens mit Ausnahme der Anzeigepflicht nicht den Anforderungen des WTG und der WTG-DVO unterfallen.

760 Eine Ausnahme ist nur für den Fall vorgesehen, dass von einer Person, derer sich z. B. das Wohnungsunternehmen zur Leistungserbringung bedient, eine Gefahr für die öffentliche Sicherheit ausgeht, die ein Eingreifen nach dem Ordnungsbehördengesetz erforderlich macht. In diesem Fall liegt die Zuständigkeit nach § 32 Abs. 2 WTG bei der nach dem WTG zuständigen Behörde, also beim Kreis oder der kreisfreien Stadt. Im Übrigen sind für die Durchführung des Ordnungsbehördengesetzes die kreisangehörigen Städte und Gemeinden zuständig, vgl. § 5 OBG. Der Fall dürfte in der Praxis eher selten sein.

## III. Wohnqualität

761 An Angebote des Servicewohnens werden keine Anforderungen an die Wohnqualität gestellt, § 32 Abs. 1 WTG.

## IV. Mitwirkung und Mitbestimmung

762 An Angebote des Servicewohnens werden keine Anforderungen an Mitwirkung und Mitbestimmung gestellt, vgl. § 32 Abs. 1 WTG.

# 4. Unterabschnitt: Ambulante Dienste

## I. Allgemeine Anforderungen

### 1. Anzeigepflichten für alle ambulanten Dienste

Nach § 34 Satz 2 WTG sind **alle** ambulanten Dienste verpflichtet, die in §§ 9 WTG, 36 Abs. 1 WTG-DVO genannten Gegenstände bei der zuständigen Behörde anzuzeigen. 763

§ 33 WTG nimmt keine Beschränkung des Begriffs der „ambulanten Dienste" auf bestimmte Orte der Leistungserbringung vor. Für die Frage, ob ein ambulanter Dienst dem Anwendungsbereich des WTG unterfällt, kommt es daher nicht darauf an, ob die Leistungen in einer Wohngemeinschaft oder in der eigenen Häuslichkeit der Nutzerin erbracht werden. Dies ergibt sich eindeutig aus § 34 Satz 2 WTG (vgl. OVG NRW, Beschluss vom 13.09.2018 – 12 A 2592/15 –). 764

Nach § 36 Absatz 1 Satz 2 WTG-DVO sind jedoch ambulante Dienste, die **ausschließlich** Angebote zur Unterstützung im Alltag erbringen, von der Anzeigepflicht ausgenommen. Angebote zur Unterstützung im Alltag sind Angebote nach den §§ 45a SGB XI ff. im Sinne der Anerkennungs- und Förderungsverordnung vom 23. Januar 2019 (AnFöVO NRW). Bei diesen Angeboten ist es aus Sicht des Gesetzgebers nicht erforderlich, dass diese der Behörde nach dem WTG bekannt sind. 765

Im Übrigen gelten für ambulante Dienste, die keine Nutzerinnen in Wohngemeinschaften pflegen oder betreuen, keine Anforderungen nach dem WTG. Eine zwischenzeitlich vom AG Köln als Nachlassgericht erwogene Anwendung des § 7 WTG (Verbot der Annahme von Leistungen) auf alle ambulanten Dienste hat das Oberlandesgericht Köln zutreffend verneint: *„Der Wortlaut des § 34 S. 1 WTG ist entgegen der Auffassung des Nachlassgerichts und des Beteiligten zu 2) auch nicht teleologisch insoweit zu reduzieren, als § 7 WTG von § 34 S. 1 WTG nicht erfasst wird. Eine teleologische Reduktion hat im Gegensatz zur Analogie, die den Anwendungsbereich einer Norm gegen ihren Wortlaut erweitern will, das Ziel, den Anwendungsbereich einer Norm gegen ihren Wortlaut einzuschränken. Ebenso wie die Analogie setzt die teleologische Reduktion allerdings eine planwidrige Regelungslücke voraus, wobei zu deren Feststellung von der in der Gesetzesbegründung niedergelegten gesetzgeberischen Absicht ausgegangen werden kann (BGH NJW 2014, 2646-2651; Palandt/Grüneberg, BGB, 78. Aufl. 2019, Einleitung vor § 1 Rn. 49, 55). Eine solche planwidrige Regelungslücke ist hier nicht ersichtlich. Gegen eine planwidrige Regelungslücke spricht schon der eindeutige Wortlaut von § 34 S. 1 WTG, der grundsätzlich keinen Raum für eine teleologische Reduktion lässt. Zudem ergibt sich aus dem Zusammenspiel von § 34 S. 1 WTG und § 34 S. 2 WTG, dass der Gesetzgeber in Bezug auf die Anwendbarkeit der Vorschriften des 2. Kapitels des WTG offensichtlich und eindeutig zwischen ambulanten Diensten, die Leistungen in Angeboten nach § 24 Abs. 1 WTG erbringen, und allen anderen ambulanten Diensten unterscheiden wollte. Während auf ambulante* 766

*Dienste, die Leistungen in Angeboten nach § 24 Abs. 1 WTG erbringen, alle Vorschriften des 2. Kapitels, d.h. auch § 7 WTG, keine Anwendung finden sollen, wird für alle anderen ambulanten Dienste eine Vorschrift des 2. Kapitels ausdrücklich ausgenommen, und zwar § 9 WTG. Diese eindeutige Unterscheidung zwischen den verschiedenen ambulanten Diensten und das Herausgreifen einer konkreten Vorschrift zeigt, dass der Gesetzgeber hier offenbar bewusst unterschieden und auch sämtliche Vorschriften des 2. Kapitels des WTG in den Blick genommen hat, so dass eine unbewusste Regelungslücke ausgeschlossen werden kann. Auch die Gesetzesbegründung lässt eine abweichende Schlussfolgerung nicht zu. Eine teleologische Reduktion von § 34 S. 1 WTG scheidet im vorliegenden Fall daher aus. Auf die Frage, ob eine Anwendung von § 7 WTG im vorliegenden Fall aus verschiedenen vom Nachlassgericht genannten Gründen sinnvoll sein könnte, kommt es nicht an. Schließlich es ist allein Sache des Gesetzgebers und nicht der Gerichte, die Vorschrift des § 34 WTG gegebenenfalls zu ändern. Denn eine Interpretation, die als richterliche Rechtsfortbildung den klaren Wortlaut des Gesetzes hintanstellt, also keinen Widerhall im Gesetz findet und vom Gesetzgeber nicht ausdrücklich oder stillschweigend gebilligt wird, ist mit der Bindung des Richters an das Gesetz unvereinbar (BVerfG NJW 2011, 836-841, Rn. 53 nach juris)* (vgl. OLG Köln, Beschlüsse vom 21.08.2019 – 2 Wx 216/19, 2 Wx 217/19 – Rn. 13).

767 Damit ist es einem Nutzer z.B. möglich, den Inhaber eines ambulanten Dienstes in einem Testament zu bedenken, ohne dass diese letztwillige Verfügung wegen eines Verstoßes gegen das WTG unwirksam wäre; in Betracht kommt je nach Einzelfall aber eine Unwirksamkeit wegen eines Verstoßes gegen die guten Sitten, § 138 BGB.

## 2. Grundsätzliche Anforderungen an ambulante Dienste, die ihre Leistungen in Wohngemeinschaften erbringen

768 Nur für ambulante Dienste, die Nutzerinnen und Nutzer in Wohngemeinschaften im Sinne des § 24 Abs. 1 WTG betreuen oder pflegen, gelten die grundsätzlichen Anforderungen, die in Kapitel 2 des Allgemeinen Teils, also in den §§ 4 bis 10 WTG, geregelt sind. Es gelten also die Anforderungen an Fachlichkeit (§ 4 Abs. 1 WTG), Zuverlässigkeit (§ 4 Abs. 2 WTG), Qualitätsmanagement (§ 4 Abs. 3 WTG), Infektionsschutz (§ 4 Abs. 4 WTG), persönliche und fachliche Eignung (§ 4 Abs. 8 WTG), notwendige Beteiligung von Fachkräften und Vorbehaltsaufgaben von Fachkräften (§ 4 Abs. 10 bis 12 WTG) und Berücksichtigung der Wünsche der Nutzerinnen und Nutzer (§ 4 Abs. 13 WTG).

769 Außerdem gelten die Regelungen zur Teilhabeförderung (§ 5 WTG), zu den Informations- und Beschwerdepflichten (§ 6 WTG), zum grundsätzlichen Verbot der Annahme über das vertraglich vereinbarte Entgelt hinausgehender Leistungen (§ 7 WTG), zur Gewaltprävention (§ 8 WTG) und zu den Anzeige- und Dokumentationspflichten (§§ 9, 10 WTG).

770 Dabei ist aber zu beachten, dass diese Verpflichtungen nur angebotsbezogen gelten, vgl. § 4 Abs. 1 Satz 2 WTG. Das bedeutet, dass diese Verpflichtungen nur insoweit bestehen, als sie zum Angebotsspektrum des ambulanten Dienstes gehören. Maßstab

dafür sind im Rahmen der vertraglich vereinbarten Leistungen die individuellen Bedarfe der Nutzerinnen und Nutzer, vgl. § 4 Abs. 3 Satz 3 WTG.

Das bedeutet, dass z. B. Anforderungen an die Wohnqualität wie in § 4 Abs. 6 und 7 771
WTG an ambulante Dienste nicht gestellt werden können. Palliativversorgung gehört nicht zwingend zum regelmäßigen Angebot eines ambulanten Dienstes, so dass die Verpflichtung zur Gewährleistung einer angemessenen Palliativversorgung für einen Pflegedienst, der sich regelmäßig auf die Grund- und Behandlungspflege von Pflegebedürftigen beschränkt, nicht gilt (erst recht nicht für Betreuungsdienste in der Eingliederungshilfe). Etwas anderes gilt aber, wenn der ambulante Dienst die Betreuung von Menschen mit eng begrenzter Lebenserwartung übernimmt. Dann müssen entweder eigene Pflegekräfte mit ausreichenden palliativpflegerischen Kenntnissen eingesetzt oder die Zusammenarbeit mit der spezialisierten ambulanten Palliativversorgung gesucht werden, vgl. § 4 Abs. 5 WTG.

Auch die Förderung der Teilhabe am Leben in der Gesellschaft ist nur sehr einge- 772
schränkt die Aufgabe der ambulanten Dienste. Im Gegensatz zu Einrichtungen mit umfassendem Leistungsangebot, die schon nach den einschlägigen Rahmenverträgen nach dem SGB XI oder XII zur sozialen Betreuung verpflichtet sind, gehört die Förderung der Teilhabe regelmäßig nicht zum Angebotsspektrum eines ambulanten Dienstes. Eine solche Verpflichtung lässt sich zwar annehmen für die Einbeziehung von Angehörigen und sonstigen Bezugspersonen (§ 5 Abs. 2 Nr. 1 WTG) und das Angebot zielgruppenbezogener Betätigungen, um die Fertigkeiten der Nutzerinnen und Nutzer in alltagsnahen und gewohnten Handlungen im Rahmen der Grundpflege zur Geltung zu bringen (§ 5 Abs. 2 Nr. 2 WTG), jedoch kaum für die Unterstützung und Förderung der Teilnahme an Veranstaltungen und auswärtigen Terminen (§ 5 Abs. 2 Nr. 3 und 4 WTG).

Hinsichtlich der Informationspflichten und der Beschwerdemöglichkeiten gilt nur 773
die Besonderheit, dass sich die Verpflichtung zum Aushang oder zur Auslage der Prüfberichte (§ 6 Abs. 1 Nr. 3 WTG) auf die Büro- oder Geschäftsräume des ambulanten Dienstes beziehen muss, da ein Aushang in der Häuslichkeit der Nutzerinnen und Nutzer selbstverständlich nicht in Betracht kommt.

## II. Personal

Für ambulante Dienste in Wohngemeinschaften gelten die allgemeinen personellen 774
Anforderungen aus dem Allgemeinen Teil des WTG, insbesondere die Regelungen aus § 4 Abs. 8 bis 13 WTG (vgl. Rn. 392 ff.). Die Anforderungen an Leitungskräfte nach § 4 Abs. 9 WTG, insbesondere über die Berufserfahrung, gelten für ambulante Dienste jedoch nicht, da weder eine Einrichtungsleitung noch eine Pflegedienstleitung oder eine verantwortliche Fachkraft in den einschlägigen Regelungen der §§ 33 ff. WTG vorgesehen sind. Entsprechende Regelungen sehen aber die Versorgungsverträge nach § 132 a SGB V sowie § 71 SGB XI vor. Es folgt jedoch aus den

Regelungen des § 4 Abs. 10 bis 13 WTG, dass überhaupt mindestens eine Fachkraft im ambulanten Dienst vorhanden sein muss, die die Vorbehaltsaufgaben nach § 4 Abs. 10 wahrnimmt. Dies entspricht der üblichen Organisation eines ambulanten Pflegedienstes.

775 An ambulante Dienste außerhalb von Wohngemeinschaften werden keine weiteren personellen Anforderungen gestellt. Aus § 35 Abs. 3 WTG ergibt sich jedoch die Möglichkeit der nach dem WTG zuständigen Behörde, bei einer Gefahr für die öffentliche Sicherheit gegen ungeeignetes Personal eines ambulanten Dienstes vorzugehen.

## III. Wohnqualität

776 An ambulante Dienste werden keine Anforderungen an die Wohnqualität gestellt. Die allgemeinen Anforderungen enthalten mit Ausnahme der Regelung in § 4 Abs. 6 WTG – Anbindung an Wohnsiedlungen –, die aber naturgemäß für ambulante Dienste nicht gelten kann, keine diesbezüglichen Anforderungen.

## IV. Mitwirkung und Mitbestimmung

777 An ambulante Dienste werden keine Anforderungen an Mitwirkung und Mitbestimmung gestellt. Das ergibt sich daraus, dass für ambulante Dienste nur die allgemeinen Anforderungen nach Kapitel 2 des Allgemeinen Teils (also die §§ 4 bis 10) gelten und auch dies nur, soweit Leistungen in Wohngemeinschaften erbracht werden.

# 5. Unterabschnitt: Gasteinrichtungen

## I. Allgemeine Anforderungen

Bei den Gasteinrichtungen differenziert das Gesetz in § 37 WTG wie folgt: Einrichtungen der Tages- und Nachtpflege müssen ebenso wie die ambulanten Dienste (nur) die Anforderungen nach den §§ 4 bis 10 WTG erfüllen. Auch hier gilt die Maßgabe, dass diese Verpflichtung nur angebotsbezogen besteht. Im Gegensatz zu den ambulanten Diensten sind in der Tages- und Nachtpflege aber auch die Anforderungen an die Wohnqualität zu beachten, insbesondere die Anbindung an eine Wohnsiedlung, vgl. § 4 Abs. 6 WTG. 778

Für Kurzzeitpflegeeinrichtungen und Hospize gelten grundsätzlich die Anforderungen, die für Einrichtungen mit umfassendem Leistungsangebot gelten. Das Gesetz enthält in den §§ 38 bis 40 WTG nur wenige Besonderheiten im Hinblick auf Wohnqualität, Personal, Mitwirkung und Mitbestimmung. 779

Alle Gasteinrichtungen unterliegen der jährlichen unangemeldeten Regelprüfung sowie der anlassbezogenen Prüfung, § 41 Absatz 1, Absatz 2 Satz 1. Unter der Voraussetzung, dass bei einer Prüfung keine wesentlichen Mängel festgestellt werden, kann der Abstand für die nächste Regelprüfung auf höchstens drei Jahre verlängert werden, § 41 Absatz 2 Satz 2 WTG. 780

## II. Personal

Für Hospize und Kurzzeitpflegeeinrichtungen gelten die personellen Anforderungen, die auch in Einrichtungen mit umfassendem Leistungsangebot gelten. In Hospizen müssen darüber hinaus palliativ-pflegerische Kompetenzen vorhanden sein, § 39 WTG. Für Einrichtungen der Tages- und Nachtpflege gelten die allgemeinen personellen Anforderungen aus § 4 Abs. 1 Satz 3, Abs. 8 bis 13 WTG, also insbesondere die Anforderungen an die Fachlichkeit und die ausreichende Personalausstattung. 781

## III. Wohnqualität

Für Gasteinrichtungen gibt es nur wenige Regelungen mit Anforderungen an die Wohnqualität. Auch hier sind die Bestandsschutzregelungen des § 47 Abs. 6, 7 WTG zu beachten. 782

### 1. Hospize

783 Für Hospize gelten grundsätzlich die gleichen Anforderungen an die Wohnqualität wie für Einrichtungen mit umfassendem Leistungsangebot, § 37 Satz 2 WTG. In Hospizen sind nur Einzelzimmer zulässig; die baulichen Gegebenheiten müssen die palliativ-medizinische und -pflegerische Versorgung gewährleisten, § 38 Abs. 1 und 2 WTG. Ergänzend dazu führt die WTG-DVO aus, dass sich Hospize auf ein Angebot von höchstens 16 Plätzen beschränken sollen und die Aufnahme von Besucherinnen und Besuchern möglich ist, damit diese die Nutzerinnen und Nutzer – in der Diktion der Hospizversorgung: Gäste – im Sterbeprozess begleiten können, § 39 WTG-DVO.

### 2. Kurzzeitbetreuung

784 Für Einrichtungen der Kurzzeitbetreuung gibt es keine besonderen Anforderungen. Für sie gelten grundsätzlich die Anforderungen nach den §§ 6 bis 8 WTG-DVO, § 40 WTG-DVO. Für Kurzzeit**pflege**einrichtungen, die spätestens zum 1. Juni 2018 in Betrieb genommen wurden, gelten die Einzelzimmerquote und die Forderung nach Tandembädern jedoch nicht, vgl. § 38 Absatz 4 WTG. Damit will der Gesetzgeber das Angebot an Kurzzeitpflegeplätzen stärken; diese Ausnahme gilt jedoch nur für Kurzzeitpflegeeinrichtungen mit einem Versorgungsvertrag nach § 42 SGB XI.

### 3. Tages- und Nachteinrichtungen

785 Für Einrichtungen der Tages- und Nachtpflege bzw. -betreuung gibt es nur sehr allgemeine Regelungen über die bauliche Gestaltung, §§ 38 Abs. 1 WTG, 38 WTG-DVO. Insbesondere ist eine Nettogrundfläche von 18 qm pro Betreuungsplatz vorzusehen, § 38 Abs. 2 WTG-DVO. Außerdem ist auch in Tages- und Nachteinrichtungen für eine den klimatischen Verhältnissen angepasste Innentemperatur zu sorgen.

## IV. Mitwirkung und Mitbestimmung

786 Für Hospize und Kurzzeitpflegeeinrichtungen gelten grundsätzlich die Bestimmungen, die für die Einrichtungen mit umfassendem Leistungsangebot gelten, § 37 Satz 2 WTG. Die einzige Ausnahme ist, dass kein Beirat gewählt bzw. kein Vertretungsgremium bestellt wird, sondern es wird von der zuständigen Behörde eine Vertrauensperson bestellt, die die Mitbestimmungs- und Mitwirkungsrechte im Interesse der Nutzerinnen und Nutzer (in den Gasteinrichtungen regelmäßig auch „Gäste" genannt) wahrnimmt, vgl. §§ 40 WTG, 42 WTG-DVO. Der Gegenstand der Mitbestimmungs- und Mitwirkungsrechte ergibt sich aus den entsprechenden Regelungen für die Einrichtungen.

787 Für die Einrichtungen der Tages- und Nachtpflege ist die Rechtslage nicht ganz so eindeutig. Einerseits spricht § 37 Satz 2 WTG davon, dass für diese Einrichtungen die Bestimmungen nach Kapitel 2 des Ersten Teils gelten. Ausweislich der Begründung

zum Gesetzentwurf der Landesregierung (LT-Drs. 16/3388, S. 177) sollen für die Tages- und Nachtpflegeeinrichtungen die gleichen Anforderungen gelten wie für die ambulanten Dienste. Die Vorschriften der §§ 4 bis 10 WTG enthalten jedoch keine Bestimmungen über Mitwirkung und Mitbestimmung. Andererseits regelt § 40 Satz 1 WTG, dass die zuständige Behörde in Gasteinrichtungen eine Vertrauensperson bestellt, ohne dass die in § 37 Satz 2 WTG vorgenommene Differenzierung zwischen Tages- und Nachtpflege einerseits und Hospizen und Kurzzeitpflege andererseits vorgenommen wird. Auch § 40 Satz 3 WTG nimmt diese Differenzierung nicht vor, sondern überträgt der Vertrauensperson die Interessensvertretung im Rahmen von Mitbestimmung und Mitwirkung. Im Hinblick auf die allgemeine Regelung in § 37 Satz 2 WTG ist davon auszugehen, dass es sich bei dem Begriff der Gasteinrichtungen in § 40 WTG um ein Redaktionsversehen handelt und nur für Hospize und Kurzzeitpflegeeinrichtungen eine Vertrauensperson bestellt werden soll. Wenn § 40 WTG ausnahmsweise auch für die Tages- und Nachtpflege eine Mitwirkung und sogar Mitbestimmung gefordert hätte, wäre dies im Gesetzeswortlaut sicher deutlicher zum Ausdruck gekommen, zumal auch der Gesetzesbegründung keine Hinweise entnommen werden können, dass der Gesetzgeber von der allgemeinen Regelung eine Ausnahme hätte machen wollen.

# 6. Unterabschnitt: Werkstätten für behinderte Menschen

## I. Allgemeine Anforderungen

788 Für Werkstätten für behinderte Menschen gelten nach § 17a WTG die Anforderungen aus dem Allgemeinen Teil nach den §§ 4, 6 bis 11, 13a und 16 entsprechend. Im Einzelnen handelt es sich um eine fachgerechte Leistungserbringung (vgl. dazu Rn. 181 ff.), die Einhaltung der vereinbarten Verpflichtungen (vgl. dazu Rn. 184 ff.), die positive Gestaltung der Rahmenbedingungen (vgl. dazu Rn. 190 f.), die Personaleinsatzplanung (vgl. dazu Rn. 192 ff.), die notwendige Zuverlässigkeit (vgl. dazu Rn. 196 ff.), Qualitätsmanagement (vgl. dazu Rn. 199 ff.), Infektionsschutz (vgl. dazu Rn. 202 ff.) Gewaltschutz (vgl. dazu Rn. 212 ff.), Informationspflichten und Beschwerdemanagement (vgl. dazu Rn. 244 ff.), Erfüllung von Anzeige- und Dokumentationspflichten (vgl. dazu Rn. 264 ff.) und das Verbot der Annahme zusätzlicher Leistungen (vgl. dazu Rn. 309 ff.). Wegen des weiteren Inhalts dieser Verpflichtungen wird auf die dort genannten Ausführungen verwiesen.

789 Außerdem trifft die Betreiber von Werkstätten für behinderte Menschen nach § 13a wie alle anderen Anbieterinnen und Anbieter von Leistungen nach dem WTG die Verpflichtung, ihre Beschäftigten regelmäßig hinsichtlich von Teilhabe-, Gewaltschutz-, Hygiene- und Infektionsschutzkonzepten zu schulen und diese Schulungen zu dokumentieren. Die Begründung des Gesetzentwurfes der Landesregierung führt dazu aus: „Diese Verpflichtung zur Schulung ist zur Sicherung der Umsetzung der einrichtungsindividuellen Teilhabe-, Gewaltschutz-, Hygiene- und Infektionsschutzkonzepte erforderlich. Die Dokumentation der vermittelten Inhalte und Teilnehmenden ermöglicht eine entsprechende interne Kontrolle der Leistungsanbieterinnen und Leistungsanbieter selbst und ermöglicht den zuständigen Behörden die Prüfung.“ (vgl. LT-Ds. 17/15188, S. 71). Vgl. dazu auch Rn. #.

790 Da eine Änderung der WTG-DVO im Hinblick auf die Werkstätten für behinderte Menschen bisher nicht vorgenommen wurde, gelten für diese nur die gesetzlichen Anforderungen, aber keine Bestimmungen der WTG-DVO.

## II. Besondere Anforderungen

791 Besondere Anforderungen an das Personal der Werkstätten für behinderte Menschen werden – mit Ausnahme der Vorschriften in § 4 Abs. 8 bis 13 – im WTG nicht gestellt; das gilt naturgemäß auch für Anforderungen an die Wohnqualität. Die Mitbestimmung und Mitwirkung der Werkstattbeschäftigten durch Werkstatträte ist in der Werkstätten-Mitwirkungsverordnung (WMVO) geregelt. Einer entsprechenden Anwendung der WTG-Regelungen bedarf es daher nicht.

# 4. Abschnitt: Verfahren und Zusammenarbeit der Behörden

## I. Zuständigkeit und Weisungsrecht

§ 43 WTG regelt die Zuständigkeit für die Durchführung dieses Gesetzes. Wie bisher auch, sind die Kreise und kreisfreien Städte für die Überwachung zuständig. Im Gegensatz zum früheren Recht wird der Aufgabenbereich der Behörden jetzt jedoch als Beratung und Prüfung beschrieben. Dies ist inhaltlich keine Neuerung, da die Behörden auch schon nach dem WTG 2008 nicht nur für die Überwachung, sondern auch für die Beratung zuständig waren. Jetzt stellt die Regelung diesen Auftrag jedoch schon in der Bezeichnung als Beratungs- und Prüfbehörde dar. 792

Soweit von der zuständigen Behörde die Rede ist, ist damit die oder der Hauptverwaltungsbeamte des Kreises oder der kreisfreien Stadt gemeint. 793

Der Gesetzgeber des WTG 2014 hat an seiner Auffassung festgehalten, dass diese Aufgabe nicht mehr als pflichtige Selbstverwaltungsaufgabe (wie früher die „Heimaufsicht"), sondern als Pflichtaufgabe zur Erfüllung nach Weisung wahrgenommen werden sollte, da auch alle anderen ordnungsbehördlichen Aufgaben in Nordrhein-Westfalen zur Erfüllung nach Weisung wahrgenommen werden. Insbesondere die zentrale Steuerung durch die oberste Fachaufsichtsbehörde soll die Einheitlichkeit der Anwendung dieses Gesetzes sicherstellen. 794

Eine nach bisherigem Recht strittige Frage wird durch § 43 Abs. 1 Satz 3 WTG jetzt geklärt: Bei Gefahr im Verzug können die WTG-Behörden an Stelle der örtlichen Ordnungsbehörden die Befugnisse nach dem Ordnungsbehördengesetz wahrnehmen. Damit haben die Beratungs- und Prüfbehörden nach dem WTG ausdrücklich den Status von Sonderordnungsbehörden, § 12 OBG. 795

In den Bezirksregierungen sind nach dem derzeit gültigen Geschäftsverteilungsplan die Dezernate 24 zuständig. 796

§ 43 Abs. 5 und 6 WTG enthält Bestimmungen über die Begrenzung des Weisungsrechtes. Eine solche Begrenzung ist nach Artikel 78 Abs. 3 der Landesverfassung geboten. Nach der Rechtsprechung des OVG NRW handelt es sich auch bei einer Pflichtaufgabe zur Erfüllung nach Weisung um eine kommunale Aufgabe. Soweit es um die Rechtmäßigkeit der Aufgabenerfüllung geht, kommen allgemeine oder besondere Weisungen in Betracht, § 43 Abs. 5 Satz 2 WTG. Dazu gehört dann auch die Auslegung von Vorschriften des WTG durch norminterpretierende Erlasse. Diese sind für die Bezirksregierungen, Kreise und kreisfreien Städte verbindlich, aber selbstverständlich nicht für die Gerichte. Da es sich dabei nur um die Auslegung des geltenden Rechts handelt, ist das allgemeine oder besondere Weisungsrecht der Aufsichtsbehörden unbeschränkt. 797

798 Soweit es um die zweckmäßige Aufgabenerfüllung geht – also immer dann, wenn den zuständigen Behörden ein Ermessen darüber eingeräumt ist, ob und wie sie handeln –, dürfen die Aufsichtsbehörden nur allgemeine ermessensleitende Weisungen erteilen, um die gleichmäßige Rechtsanwendung im Lande zu sichern. Ein wesentlicher Anwendungsfall ist zum Beispiel die Regelung des § 13 WTG über die Zulassung von Abweichungen. Allgemeine ermessensleitende Erlasse der obersten Landesbehörde sollen zuvor in der Landesarbeitsgemeinschaft nach § 17 WTG („AG 17") beraten werden, § 17 Abs. 2 Satz 2 Nr. 4 WTG, vgl. Rn. 826 ff. Die „AG 17" kann allerdings nur Empfehlungen aussprechen.

799 Die Aufsichtsbehörden dürfen nur dann Einzelweisungen erteilen, wenn dies im Einzelfall geboten erscheint, um den Zweck des Gesetzes zu sichern. Dies setzt voraus, dass ein Handeln oder Unterlassen der zuständigen Behörde zwar nicht rechtswidrig, aber zweckwidrig ist und die Verwirklichung des in § 1 genannten Gesetzeszwecks gefährdet. Die Beurteilung darüber, ob ein solcher Fall vorliegt, obliegt der Aufsichtsbehörde.

800 Die Einschränkungen des Weisungsrechts bestehen nur im Verhältnis der Aufsichtsbehörden zu den Kommunen. Gegenüber den Bezirksregierungen hat die oberste Landesbehörde fachlich ein uneingeschränktes Weisungsrecht.

## II. Abwägungsgebot und Normalitätsprinzip

801 Die Regelung des § 12 WTG stellt eine weitere zentrale Vorschrift des Gesetzes dar. Das Leben in einem Wohn-und Betreuungsangebot nach dem WTG soll so weit wie möglich dem Normalitätsprinzip folgen: Die Vorschrift soll sicherstellen, dass auch Menschen in einem Wohn-und Betreuungsangebot soweit wie möglich so leben können, wie sie es von zu Hause gewohnt sind. § 12 Abs. 1 WTG spricht zwar nur von Ermessensentscheidungen der Behörden, ohne die betroffenen Rechtsvorschriften zu nennen. Aus dem Vergleich mit der Regelung des Absatzes 2 und der Begründung folgt jedoch, dass nicht nur die Regelungen des WTG gemeint sind, sondern sich die Regelung auf alle Rechtsvorschriften erstreckt, die auf das Leben älterer, behinderter oder pflegebedürftiger Menschen in einer Einrichtung Auswirkungen haben. Für eine solche Auswirkung genügt ein tatsächliches Betroffensein der Lebensführung eines Nutzers; eine Veränderung der Rechtstellung ist nicht erforderlich. Es ist dabei gleichgültig, welchen Rechtscharakter die Vorschriften haben: Gesetze, Rechtsverordnungen oder ggf. Satzungen. Auch Verwaltungsvorschriften als Binnenrecht der Verwaltung, sofern sie ermessensleitenden Charakter und damit Außenwirkung haben, müssen sich am Normalitätsprinzip ausrichten.

802 Die Vorschrift des § 12 Abs. 1 WTG hat damit eine über das WTG hinausgehende Bedeutung.

Die Regelung verpflichtet die jeweils zuständigen Verwaltungsbehörden des Landes und der Kommunen – Bundesbehörden können durch die Regelung nicht verpflichtet werden – bei der Anwendung derjenigen Vorschriften, die ihnen einen Ermessensspielraum einräumen, den Gesichtspunkt der selbst bestimmten Teilhabe am Leben in der Gesellschaft zu berücksichtigen, sich bei ihren Entscheidungen von den Maßstäben des Alltags eines häuslichen Lebens leiten zu lassen und dies in ihren Entscheidungen auch zu begründen. Unter Beachtung des Normalitätsprinzips sollen bei der Rechtsanwendung die Maßstäbe angelegt werden, die ein verständiger Bewohner – auf die subjektiven Vorstellungen der Behörde kommt es nicht an – um der Wohnlichkeit willen eingehen würde. Die Ermessensentscheidung soll dadurch nicht determiniert werden; der Gesichtspunkt des „Alltags eines häuslichen Lebens" ist jedoch zwingend in die Entscheidung einzustellen. Die Vorschrift ist damit der planungsrechtlichen Regelung des § 1 Abs. 5 BauGB vergleichbar, wo die „gesunden Wohn- und Arbeitsverhältnisse", die „Wohnbedürfnisse" und die „sozialen und kulturellen Bedürfnisse" bei der Bauleitplanung zu berücksichtigen sind. 803

Erfasst werden nur Vorschriften, die Ermessen einräumen und damit der Behörde die Entscheidung überlassen, ob und welche Maßnahmen sie ergreift. Für die Auslegung von Vorschriften gilt die Regelung zwar nach ihrem Wortlaut nicht, allerdings können die in § 1 Abs. 4 WTG genannten Regelungen zur Auslegung herangezogen werden. Von § 12 WTG werden insbesondere Regelungen der Landesbauordnung, des Gesetzes über den Öffentlichen Gesundheitsdienst, des Ordnungsbehördengesetzes und des Feuerschutzhilfeleistungsgesetzes erfasst. 804

§ 12 Abs. 1 WTG richtet sich an alle jeweils zuständigen Behörden, nicht nur an die für die Durchführung des WTG zuständige Behörde. Sie richtet sich nicht an den Betreiber. 805

## III. Koordinierende Funktion der zuständigen Behörde

§ 12 Abs. 2 WTG hat erhebliche Bedeutung im Hinblick auf das auch mit diesem Gesetz angestrebte Ziel der Entbürokratisierung. Sie überträgt den Kommunen, die für die Durchführung dieses Gesetzes zuständig sind, die Funktion der Koordinierung aller Prüfungen, z. B. der Bauämter, Gesundheitsämter und allgemeinen Ordnungsämter. Der Begriff „Rechtsvorschriften" umfasst das gesamte Landesrecht; das Bundesrecht umfassen sie nur dann, wenn die Ausführung durch Landes- oder Kommunalbehörden erfolgt und insoweit ein Ermessensspielraum eingeräumt wird, der ohne die Verletzung von Bundesrecht genutzt werden kann. 806

Für den Fall des baurechtlichen Genehmigungsverfahrens ist § 72 Landesbauordnung die speziellere Vorschrift. 807

## IV. Wohn- und Betreuungsangebote in kommunaler Betreiberschaft

808 § 43 Abs. 3 Satz 2 WTG will insbesondere dem Umstand Rechnung tragen, dass es auch Angebote gibt, an denen die Kommunen rechtlich oder wirtschaftlich beteiligt sind und die auch von der kommunalen Behörde überwacht werden. Da nach einem allgemeinen Rechtsgrundsatz niemand amtlich in eigenen Angelegenheiten tätig werden soll, sollen in diesen Fällen die Bezirksregierungen als Aufsichtsbehörden sicherstellen, dass es nicht zu Interessenkollisionen kommt. Es kommt nicht darauf an, in welcher Rechtsform die Einrichtung betrieben wird – als Eigenbetrieb oder GmbH – und auch nicht darauf, wie groß oder gering die Beteiligung der Kommune ist. Im Gegensatz zum bisherigen Recht ist es nicht mehr erforderlich, die jeweiligen Prüfberichte zwingend vorzulegen. Die Norm überlässt vielmehr den Bezirksregierungen die Entscheidung, wie sie ihrem Sicherstellungsauftrag nachkommen. Nach § 43 Abs. 4 Satz 1 WTG können die Bezirksregierungen sich jedoch jederzeit über die Aufgabenwahrnehmung unterrichten. Damit können sie sich im Einzelfall durchaus Prüfberichte vorlegen lassen oder allgemeine Berichte anfordern.

809 Die Bezirksregierungen können allerdings keine eigenen Prüfungen durchführen. Sie können nur Schlüssigkeitsprüfungen bei den Berichten vornehmen und ggf. Einzelweisungen erteilen. Es besteht jedoch die Möglichkeit, dass Bedienstete der Bezirksregierungen an Prüfungen teilzunehmen, wenn der Leistungsanbieter damit einverstanden ist. Die Duldungspflicht des Betreibers nach § 14 Abs. 4 Satz 2 WTG bezieht sich nur auf von der zuständigen Behörde beauftragte Personen, wozu nicht die Angehörigen der Bezirksregierung gehören.

## V. Personelle Anforderungen an Beschäftigte der zuständigen Behörden

810 § 14 Abs. 12 Satz 1, 1. Alt. WTG übernimmt das bisher geltende Recht. Die Vorschrift soll sicherstellen, dass die Beschäftigten der Behörde sowohl fachlich als auch persönlich geeignet sind, die Prüfungs- und Beratungsaufgaben auszuüben. Das bedeutet, dass die zuständigen Behörden ggf. auch externen Sachverstand im Hinblick auf Pflege oder die Eingliederungshilfe hinzuziehen müssen, wenn der für eine Prüfung nach dem WTG erforderliche Sachverstand nicht vorhanden ist.

## VI. Tätigkeitsbericht der zuständigen Behörde

811 Wie bisher auch, sind die zuständigen Behörden verpflichtet, alle zwei Jahre einen Tätigkeitsbericht zu erstellen, aus dem sich Art und Umfang der durchgeführten Prüfungen, die Zahl der Angebote, die Zahl der Nutzer, die Anzahl der durchgeführten Beratungen und Maßnahmen sowie ein Überblick über die in der Praxis auftretenden Probleme in den Angeboten ergibt, § 14 Abs. 12 Satz 1, 2. Alt. WTG. Bei

der Veröffentlichung der Berichte sind die datenschutzrechtlichen Vorschriften zu beachten. Personenbezogene Daten dürfen in den Berichten nicht enthalten sein, § 14 Abs. 10 Satz 4 WTG. Die Art der Veröffentlichung ist nicht vorgeschrieben und bleibt daher den Kommunen überlassen. In Betracht kommt neben einer Veröffentlichung im Amtsblatt auch eine Veröffentlichung in allgemein verbreiteten Zeitungen oder auf der Internet-Homepage der Kommune.

Die Kommunen sind verpflichtet, diese Berichte auch ihren kommunalen Vertre- 812
tungsgremien zur Verfügung zu stellen, um damit eine Diskussion über die Situation der Nutzerinnen in Einrichtungen auf kommunaler Ebene zu ermöglichen. Die Verpflichtung wird erfüllt, wenn der Tätigkeitsbericht dem Rat der kreisfreien Stadt oder dem Kreistag zur Verfügung gestellt wird. Einer Bekanntgabe an Bezirksvertretungen bzw. an Vertretungen kreisangehöriger Gemeinden bedarf es nicht zwingend; sie kann jedoch sinnvoll sein.

Dieser Tätigkeitsbericht ist zu unterscheiden vom zu veröffentlichenden Prüfbericht 813
nach § 14 Abs. 9 und 10 WTG, der sich auf die einzelnen Angebote bezieht, vgl. dazu Rn. 276 ff.

## VII. Gebühren

Nach § 2 des Gebührengesetzes dürfen Kommunen bei Pflichtaufgaben zur Erfül- 814
lung nach Weisung Gebühren nach Maßgabe einer von der Landesregierung erlassenen Gebührenordnung erheben. Ziffer 10 a der Anlage zur Allgemeinen Verwaltungsgebührenverordnung, die zuletzt durch die Verordnung vom 14. Mai 2024 (GV. NRW. S.262) geändert wurde, sieht auch Gebührentatbestände für Amtshandlungen nach dem WTG vor. Diese Gebührenregelung ist im Anhang abgedruckt. Die konkrete Bemessung und Festsetzung der Gebühren richtet sich nach den Regelungen des Gebührengesetzes.

## VIII. Zusammenarbeit der Behörden

§ 44 Abs. 1 WTG verpflichtet alle Behörden, die für die Ausführung von in Wohn- 815
und Betreuungsangeboten anzuwendenden Rechtsvorschriften zuständig sind, eng zusammenzuarbeiten und sich gegenseitig zu informieren. Im Gegensatz zur bisherigen Regelung bezieht sich diese Zusammenarbeitsverpflichtung auf alle Behörden, die Rechtsvorschriften anwenden, die in Einrichtungen gelten. Dies korrespondiert mit der Regelung in § 12 Abs. 1 WTG, wonach alle Rechtsvorschriften, die auf die Lebenswirklichkeit älterer, behinderter und pflegebedürftiger volljähriger Menschen in Einrichtungen Auswirkungen haben, so angewandt werden sollen, dass sie sich an den Maßstäben des Alltags eines häuslichen Lebens orientieren.

816 Die Vorschrift gilt aber nicht nur für die Zusammenarbeit verschiedener Behörden, sondern erst recht für die Zusammenarbeit von Organisationseinheiten einer Behörde: Fachbereiche, Fachdienste, Ämter, Abteilungen etc. einer Kommune, die zuständig sind für die Durchführung des WTG, der Bauaufsicht, des Gesundheitswesens etc.

817 Die Informationen müssen regelmäßig oder ggf. anlassbezogen erfolgen.

818 Die Vorschrift schreibt jedoch ebensowenig wie § 12 Abs. 2 WTG, der bereits die Verpflichtung zur Koordinierung der Prüftätigkeit enthält, eine gemeinsame Durchführung von Prüfungen vor. Vorgeschrieben ist nur eine Abstimmung der einzelnen Prüfungen mit dem Ziel einer einerseits höchstmöglichen Effektivität des Prüfgeschehens und der Vermeidung von Doppelprüfungen sowie andererseits einer möglichst geringen Belastung von Bewohnern und Betreibern einer Einrichtung. Die Landesarbeitsgemeinschaft kann dazu Empfehlungen geben, vgl. Rn. 826.

819 Die Berechtigung zur Datenübermittlung ergibt sich aus den einschlägigen datenschutzrechtlichen Vorschriften, insbesondere aus § 35 SGB I i. V. m. §§ 67 ff. SGB X.

820 Die WTG-Behörden sind verpflichtet, Vereinbarungen mit den Verbänden der Pflegeversicherung über die Koordination ihrer Prüfungen und der Prüfungen der Medizinischen Dienste der Krankenkassen abzuschließen. Diese Vereinbarungen sollen insbesondere Doppelprüfungen verhindern und die zeitliche Abstimmung und die gegenseitige Information sicherstellen. Im Übrigen ist den Vereinbarungspartnern, schon im Hinblick auf ihren Selbstverwaltungscharakter, die inhaltliche Gestaltung der Vereinbarungen freigestellt. Jede der 53 WTG-Behörden muss eine solche Vereinbarung abschließen bzw. nunmehr abgeschlossen haben.

821 Gesetzlich in § 44 Abs. 1a WTG geregelt, aber vorher schon praktiziert sind die gemeinsamen Dienstbesprechungen zwischen Ministerium, Bezirksregierungen und kommunalen WTG-Behörden mit dem Ziel der Vereinheitlichung der Rechtsanwendung und der Qualitätssicherung. Die Bezirksregierungen haben mindestens zwei Dienstbesprechungen im Jahr mit den WTG-Behörden ihres Bezirkes zu führen und das Ministerium über die Ergebnisse zu unterrichten.

822 Eine weitere Neuerung enthält die Regelung des § 44 Abs. 4 WTG: Danach kann zwischen den Partnern einer Vereinbarung nach § 44 Abs. 3 WTG auch verabredet werden, dass Aufgaben befristet von anderen Stellen im Rahmen eines Modellvorhabens wahrgenommen werden. Das zuständige Ministerium kann insoweit die zuständige Behörde von ihren Verpflichtungen teilweise entbinden. Es handelt sich also um eine Experimentierklausel, die eine befristete Aufgabenverlagerung bzw. Neuverteilung der Aufgaben zwischen WTG-Behörden und MDK zulässt. Dieser Experimentierklausel sind Grenzen gesetzt: Das zuständige Ministerium kann die WTG-Behörde nur teilweise von ihren Aufgaben entbinden und dieses Recht steht ihm auch nur für die WTG-Behörden zu, nicht für die Pflegekassen und die MDK,

da eine landesgesetzliche Regelung nicht dazu ermächtigt, von Bundesvorschriften abzuweichen. Allerdings enthält § 114 Abs. 3 SGB XI eine ähnliche Regelung für die Zusammenarbeit bei Qualitätsprüfungen nach dem SGB XI.

## IX. Arbeitsgemeinschaft nach § 17 WTG

### 1. Bildung und Verfahren

823 Die Vorschrift des § 17 WTG übernimmt die bisherige Regelung aus dem WTG 2008, wonach eine Arbeitsgemeinschaft zur Förderung der Zusammenarbeit gebildet wird, die aus den Pflegekassen, Sozialhilfeträgern und den für das WTG zuständigen Behörden, Berufsverbänden, Sozialverbänden, der Landesbehinderten- und patientenbeauftragten, den Verbänden der freien, freigemeinnützigen, kommunalen und privaten Leistungsanbieterinnen und ihrer Spitzenverbände, dem Kuratorium Deutsche Altershilfe und der Architektenkammer besteht („AG 17"). Wegen der Erweiterung des Geltungsbereiches des WTG auf Werkstätten für behinderte Menschen sind neu hinzugekommen die Landesarbeitsgemeinschaft der Werkstatträte, die Landesarbeitsgemeinschaft der Werkstätten, die Interessenvertretung der Werkstattbeschäftigten, die Regionaldirektion der Bundesagentur für Arbeit in Nordrhein-Westfalen, die Deutsche Rentenversicherung und die Deutsche Gesetzliche Unfallversicherung. Auch wenn diese Erweiterung der Mitgliederzahl konsequent ist, ist nicht zu verkennen, dass bei der nunmehr erreichten Größe erhebliche Anforderungen an die Arbeitsfähigkeit der „AG 17" gestellt werden.

824 Die Auswahl und Berufung der Mitglieder dieser Arbeitsgemeinschaft obliegt dem zuständigen Ministerium. Hinsichtlich der Zahl der Mitglieder der Arbeitsgemeinschaft werden gesetzlich keine Vorgaben gemacht. Im Interesse der Arbeitsfähigkeit sollte die Zahl der Mitglieder überschaubar bleiben. Eine gewisse Flexibilität muss im Hinblick darauf, dass sich die Zahl der Verbände durchaus ändern kann, erhalten bleiben. Ein Recht der genannten Behörden oder Verbände auf Teilnahme bestimmter Mitglieder oder einer bestimmten Zahl von Mitgliedern besteht nicht. Erst recht kann bei Institutionen, die im Wesentlichen gleichgerichtete Interessen vertreten, verlangt werden, dass sie sich auf einen gemeinsamen Vertreter einigen. Die Entscheidung über die Berufung obliegt dem zuständigen Ministerium, das hierbei nur an das Willkürverbot gebunden ist.

825 Die „AG 17" soll mindestens zweimal jährlich tagen; im Übrigen gibt es keine weiteren Vorgaben für das Verfahren. In gewissen Fällen ist die Durchführung von Sitzungen sinnvoll, häufig wird jedoch eine Beteiligung im Umlaufverfahren, bei denen die Mitglieder der AG innerhalb einer angemessenen Frist ihre Empfehlungen abgeben können, durchaus ausreichen. Den Vorsitz und die Geschäfte führt das zuständige Ministerium. Eine Geschäftsordnung ist nicht zwingend vorgeschrieben. Mit diesen organisatorischen Regelungen weist die „AG 17" somit einen wesentlichen Unterschied zum Landesausschuss Alter und Pflege nach § 3 Abs. 3 APG NRW auf.

### 2. Aufgaben

826 Die Arbeitsgemeinschaft hat neben den allgemeinen Aufgaben des Erfahrungsaustausches und der gegenseitigen Information vornehmlich die Aufgabe, Empfehlungen zu erarbeiten, die vornehmlich folgende Bereiche betreffen:
- Verfahrensregeln zur Koordination der Prüftätigkeit,
- inhaltliche Ausgestaltung der Prüfungen im Rahmen der behördlichen Qualitätssicherung und des Gewaltschutzes,
- Vorgaben zur Anerkennung von Ausbildungsgängen als gleichwertige Ausbildung zur sozialen Betreuung,
- der Erlass von allgemeinen Verwaltungsvorschriften.

827 Aus dem vom Gesetz gebrauchten Begriff der Empfehlungen wird deutlich, dass eine Bindung der zuständigen Behörden, insbesondere der obersten Landesbehörde, an Beratungsergebnisse nicht gegeben ist. Die AG soll ihren Sachverstand in die Beratungen einbringen; die Entscheidung treffen ausschließlich die zuständigen Behörden. Das gilt selbst für den eher seltenen Fall eines konsensualen Beratungsergebnisses. Die Behörden trifft nur die Verpflichtung, sich mit diesen Ergebnissen sachlich auseinander zu setzen und bei ihren Überlegungen einzubeziehen. Aus dem Zweck der Beratungen der AG folgt auch, dass sich die Beteiligung beim Erlass von allgemeinen Verwaltungsvorschriften nur auf ermessensleitende Erlasse beziehen kann. Bei norminterpretierenden Erlassen handelt es sich ausschließlich nur um die Auslegung des geltenden Rechts, zu der es schon begrifflich keine Empfehlungen geben kann.

## X. Behördliche Qualitätssicherung

828 Die Vorschrift des § 14 WTG regelt im Einzelnen das Verfahren der Qualitätssicherung durch die zuständige Behörde. Sie orientiert sich dabei weitgehend an den bisherigen Vorschriften des WTG 2008, wo der Gesetzgeber einen Reformbedarf nicht erkennen konnte.

### 1. Wiederkehrende und anlassbezogene Prüfungen

829 Die zuständigen Behörden überwachen die Wohn- und Betreuungsangebote durch Prüfungen, die entweder regelmäßig erfolgen oder aber anlassbezogen sind. Regelmäßige Prüfungen sind nur für Einrichtungen, anbieterverantwortete Wohngemeinschaften, Gasteinrichtungen und Werkstätten für behinderte Menschen vorgesehen, §§ 23 Abs. 1, 30 Abs. 2, 41, 41a WTG. Die wiederkehrenden Prüfungen sollen grundsätzlich mindestens einmal im Jahr vorgenommen werden. Die Angabe „mindestens einmal im Jahr" drückt eine Verpflichtung der Behörden, jedoch keine Begrenzung der Prüfungsintervalle aus. Die genaue Zahl der Prüfungen kann höher sein; sie steht im Ermessen der zuständigen kommunalen Behörden.

Unterdessen sind ambulante Dienste in das WTG einbezogen. Diese Einbeziehung war politisch und verfassungsrechtlich umstritten; die Landesregierung hat in ihrem Gesetzentwurf ihre Auffassung von der verfassungsrechtlichen Zulässigkeit dargelegt (vgl. nicht-amtliche Begründung, http://www.mgepa-nrw.de/mediapool/pdf/pflege/WTG_nicht_amtlich_Begruendung.pdf, S. 141 ff.), dennoch steht eine abschließende gerichtliche Klärung noch aus. 830

Nach § 35 Abs. 1 Satz 1 werden derartige Dienste, sofern sie Leistungen in selbstverantworteten Wohngemeinschaften erbringen, nur anlassbezogen überprüft. Dies erfordert erstmals eine Abgrenzung zu Regelprüfungen, auf die es in der Vergangenheit aus rechtlicher Sicht nicht angekommen ist. Hierbei wird die zuständige Behörde bereits im Bereich des Entschließungsermessens zu überprüfen haben, ob – z. B. bei anonymen Anzeigen – ein hinreichender Anlass für eine Überprüfung überhaupt vorliegt. Ambulante Dienste, die keine Leistungen in Wohngemeinschaften erbringen, können durch die zuständige Behörde nur dann überprüft werden, wenn sie als Sonderordnungsbehörde anstelle des Ordnungsamtes eingesetzt wird. 831

Abweichend vom bisherigen Recht kann das einjährige Prüfintervall nach Ermessen der Behörden auf zwei Jahre verlängert werden, wenn die Behörde keine wesentlichen Mängel festgestellt hat. Die wesentlichen Mängel sind im Gesetz formal definiert als Mängel, die eine Anordnung erforderlich machen, §§ 23 Abs. 2, 30 Abs. 3, 41 Abs. 2, 41a Abs. 2 WTG. Es kommt also nicht darauf an, wie gravierend ein Mangel aus Sicht der Behörde erscheinen mag, sondern einzig darauf, dass die Behörde zu seiner Beseitigung eine Anordnung nach § 15 Abs. 2 WTG erlassen hat. Wenn ein Leistungsanbieter auch sehr gravierende Mängel abstellt, ohne dass eine Anordnung erforderlich ist, besteht damit die Möglichkeit einer Verlängerung des Prüfintervalls auf zwei Jahre. Es handelt sich dabei aber um eine Ermessensentscheidung der Behörde. Damit wird ihr die Möglichkeit gegeben, ihre eigenen Prüfressourcen auf eher „problematische" Angebote zu konzentrieren und im Wesentlichen mangelfreie Einrichtungen nur noch alle zwei Jahre zu prüfen. 832

Die Prüfungen <u>können</u> unangemeldet erfolgen, § 14 Abs. 3 WTG, für Einrichtungen („Heime") <u>müssen</u> sie unangemeldet erfolgen, § 23 Abs. 1 Satz 2 WTG. Der Gesetzgeber hat dies im Hinblick auf die Sicherung der Interessen der Nutzerinnen für erforderlich gehalten. Die wiederkehrenden Prüfungen werden grundsätzlich tagsüber stattfinden. 833

Dabei ist weitergehend zu beachten, dass nach § 14 Abs. 5 Satz 4 WTG die Träger berechtigt sind, Verbandsvertreter beizuziehen, „soweit dies die zeitgerechte Durchführung der Prüfung nicht behindert". Diese Einschränkung darf allerdings nicht dazu führen, die Beiziehung von Verbandsvertretern faktisch zu behindern. Hier wird der zuständigen Behörde ein gewisser Zeitraum des Zuwartens zuzumuten sein. Dies gilt insbesondere vor dem allgemeinen verfahrensrechtlichen Hintergrund, dass es dem Betroffenen zusteht, in jeder Phase des Verwaltungsverfahrens 834

Beistände und Vertreter, hierunter insbesondere Rechtsanwälte, aber auch Verbandsvertreter, hinzuzuziehen.

835 Prüfungen zur Nachtzeit sind, wie bisher auch, nur dann zulässig, wenn und soweit das Überwachungsziel zu anderen Zeiten nicht erreicht werden kann, etwa wenn ein besonderer Anlass besteht oder aber um die Betreuung während der Nachtzeit überprüfen zu können. Unter der Nachtzeit kann man vergleichbar § 758 a Abs. 4 Satz 2 ZPO die Zeit zwischen 21.00 Uhr und 06.00 Uhr verstehen. Zu bedenken ist aber, dass bereits vor 21.00 Uhr in den meisten Einrichtungen nunmehr der Nachtdienst anwesend sein wird und der Frühdienst selten vor 6.30 Uhr beginnt.

836 Auch die anlassbezogenen Prüfungen finden unangemeldet statt. Dies folgt aus dem Wesen der anlassbezogenen Prüfungen. Allenfalls bei Wiederholungsprüfungen, die feststellen sollen, ob der Leistungsanbieter einen Mangel fristgerecht beseitigt hat, kann abhängig vom Zweck der Prüfung ggf. eine Anmeldung erfolgen.

837 Da der Leistungsanbieter ohnehin verpflichtet ist, die Anforderungen an den Betrieb der Einrichtung sicherzustellen und dies auch zu dokumentieren, erfordert eine unangemeldete Prüfung keinen besonderen Vorbereitungsaufwand. Bedenken gegen eine unangemeldete Regelprüfung unter dem Gesichtspunkt der Verhältnismäßigkeit sind daher nicht zu erkennen.

838 Leistungsanbieter und ihre verantwortlichen Beschäftigten sind verpflichtet, die für die Durchführung dieses Gesetzes erforderlichen mündlichen und schriftlichen Auskünfte auf Verlangen und unentgeltlich zu erteilen, § 14 Abs. 3 Satz 3 WTG. Nach ihrem Ermessen kann daher die zuständige Behörde nicht nur an den Leistungsanbieter, sondern auch an die verantwortlichen Beschäftigten ihr Auskunftsverlangen richten. Bei den verantwortlichen Beschäftigten handelt es sich mindestens um Einrichtungsleitung und Pflegedienstleitung und ggf. weitere Leitungskräfte, die zur Auskunftserteilung in der Lage sind. Die Verletzung dieser Pflicht ist eine Ordnungswidrigkeit, vgl. § 42 Abs. 1 Nr. 2 WTG. Ungeachtet des Umstandes, dass die zuständige Behörde auch Beschäftigte und Nutzerinnen befragen und ggf. untersuchen kann, sind diese Personen im Gegensatz zu den verantwortlichen Beschäftigten nicht zur Auskunft verpflichtet.

839 Aus der Verpflichtung, die Auskünfte auch schriftlich und unentgeltlich zu erteilen, folgt auch das Recht der Behörde auf die unentgeltliche Überlassung von Fotokopien. Der Umfang dieses Auskunftsrechts und die Art und Weise der Auskunftserteilung liegen im – durch das Prinzip der Verhältnismäßigkeit begrenzten – Ermessen der Behörde. Zu beachten ist hierbei immer, dass das Auskunftsverlangen für den konkreten Prüfzweck erforderlich sein muss. Eine rein vorsorgliche Datensammlung zur Absicherung künftiger Prüfungszwecke ist nicht erforderlich und folglich auch nicht zulässig. Gleiches gilt, wenn dem Informationsbedürfnis im Rahmen einer laufenden Prüfung ohne Weiteres auch durch Einsichtnahme in Dokumentationsunterlagen genügt werden kann, ohne die Prüfung der zuständigen Behörde zu

erschweren. Schließlich ist zu beachten, dass die Auskunftserteilung sich auf einen konkreten Auskunftsgegenstand zu richten hat, so dass die Übergabe kompletter Kompendien von Unterlagen nicht in Betracht kommt.

Sofern sich die zur Auskunft verpflichteten Personen der Gefahr der Verfolgung wegen einer Straftat oder Ordnungswidrigkeit aussetzen würden, sind sie nicht zur Auskunft verpflichtet. Das ergibt sich aus §§ 55 StPO, 46 Abs. 1 OWiG. 840

## 2. Gegenstand der Prüfung

Gegenstand der Überprüfung gem. § 14 Abs. 1 WTG durch die zuständige Behörde ist die Erfüllung der allgemeinen und besonderen Anforderungen nach diesem Gesetz oder in Rechtsverordnungen auf Grund dieses Gesetzes. 841

Damit können alle im WTG und der WTG-DVO genannten Anforderungen Gegenstand einer Prüfung sein. Das Gesetz unterscheidet nicht zwischen so genannten Vollprüfungen oder Teilprüfungen, sondern geht grundsätzlich von der Vollprüfung aller Anforderungen aus. Gleichwohl kann die zuständige Behörde Schwerpunkte setzen und einzelne Anforderungen verstärkt prüfen, dafür andere Anforderungen ggf. als Stichprobe prüfen. 842

Durch die aktuelle Änderung des § 4 Abs. 1 Satz 3 WTG ist die Thematik des Wohn- und Betreuungsvertrages (des „Heimvertrages") wieder im WTG geregelt, so dass der von der Einrichtung benutzte „Heimvertrag" der – nicht nur – anlassbezogenen Überprüfung durch die zuständige Behörde unterfällt. Die vertraglichen Rechte der Nutzerinnen können daher nicht nur zivilrechtlich nach dem Wohn- und Betreuungsvertragsgesetz (WBVG) geltend gemacht werden, sondern unterliegen auch der ordnungsrechtlichen Kontrolle. Die WTG-Behörde ist befugt, etwa im Rahmen der Durchsetzung der dem Betreiber gegenüber den Nutzerinnen obliegenden Pflichten gem. § 4 Abs. 1 Satz 3 WTG, die im Zusammenhang mit dem konkreten Verfahren stehenden Vorschriften der vertraglichen Verpflichtungen einer Überprüfung zu unterziehen. Das verbessert auf der einen Seite die Position der Nutzer, die ihre Rechte möglicherweise aufgrund ihrer Pflegebedürftigkeit oder ihres Gesundheitszustandes tatsächlich nicht oder nur unter Mühen geltend machen können. Das Vorhandensein von zwei „Rechtswegen" schafft auf der anderen Seite aber ggf. auch Probleme; divergierende ordnungsbehördliche und zivilgerichtliche Entscheidungen sollten dabei vermieden werden. 843

Eine Einschränkung des Prüfungsumfanges sah das Gesetz bisher nur durch das Verbot der Doppelprüfung eines bereits anderweitig geprüften Sachverhaltes vor: Soweit ein Prüfbericht des MD, ein Prüfbericht des Sozialhilfeträgers oder geeignete Nachweise unabhängiger Sachverständiger über die Qualität der Betreuung vorliegen, die nicht älter als ein Jahr sind, ist der Umfang der Prüfung insoweit eingeschränkt, als dass dasjenige, was bereits geprüft wurde, nicht noch einmal geprüft werden darf, § 14 Abs. 4 Satz 1 und 2 WTG. Das gilt jedoch nur für den Sachverhalt, 844 also die Tatsachenfeststellungen. Die Befugnis, eigene rechtliche Konsequenzen aus einer anderweitigen Tatsachenfeststellung, etwa einer MD-Prüfung, zu ziehen, bleibt davon unberührt.

845 Da sich in der Praxis jedoch immer noch das Problem der „Doppelprüfungen" von WTG-Behörden und Medizinischen Diensten im Auftrag der Pflegeversicherung stellte, hat der Gesetzgeber nunmehr eine klare Regelung in § 14 Absatz 1 und 1a WTG getroffen. Danach beschränkt sich die Prüfung der WTG-Behörden in Pflegeeinrichtungen, in denen in den letzten zwölf Monaten eine Regelprüfung nach § 114 SGB XI durchgeführt wurde, ohne dass Mängel festgestellt wurden, auf die Struktur- und Prozessqualität und grundsätzlich nicht mehr auf die Ergebnisqualität.

846 Damit werden die im SGB XI genannten Begriffe der Struktur-, Prozess- und Ergebnisqualität erstmals in das WTG eingeführt: Der Gesetzentwurf der Landesregierung führt dazu aus: *„In der Praxis gelingt die Vermeidung von Doppelprüfungen noch immer nicht zufriedenstellend. Künftig sollen sich die Prüfinstitutionen besser auf ihre fachlichen Schwerpunkte konzentrieren. Die ordnungsrechtliche Überprüfung in Pflegeheimen soll verschlankt und entbürokratisiert werden. Die Prüfung der WTG-Behörden soll sich im Rahmen der Regelprüfungen grundsätzlich nur noch auf die Struktur- und Prozessqualität erstrecken, hingegen nicht mehr auf die Überprüfung der Ergebnisqualität. Diese bleibt den Prüfinstitutionen nach § 114 SGB XI vorbehalten, sofern diese die Ergebnisqualität in Abständen von weniger als einem Jahr prüfen und diese ohne Feststellung von Mängeln erfolgt ist.*

847 *Da die WTG-Behörden über wirksamere Mittel zur Abstellung von festgestellten oder drohenden Mängeln verfügen, ist in diesen Fällen eine Zusammenarbeit der Prüfinstitutionen nach § 114 SGB XI und der WTG-Behörden unerlässlich. Werden durch die Prüfinstitutionen nach § 114 SGB XI Mängel in der Ergebnisqualität festgestellt, können sie die zuständigen WTG-Behörden zu ihrer Prüfung hinzuziehen. Dies muss geschehen, wenn im Laufe der Prüfung eine Gefahr für Leib oder Leben festgestellt wird. In jedem Fall müssen die Feststellungen der Prüfinstitutionen nach § 114 SGB XI zur Ergebnisqualität hinreichend konkret sein, um Grundlage ordnungsrechtlicher Entscheidungen durch die WTG-Behörde werden zu können. Entsprechende Anforderungen sind in den neu zu schließenden Vereinbarungen nach § 44 Absatz 3 WTG zu regeln. Wird der Prüfabstand von einem Jahr von den Prüfinstitutionen nach § 114 SGB XI nicht eingehalten, sind die WTG-Behörden zum Schutz der Nutzerinnen und Nutzer weiterhin berechtigt, auch die Ergebnisqualität im Rahmen ihrer Regelprüfung zu überprüfen. Dies gilt ausnahmsweise auch, wenn zwar der Prüfabstand von den Prüfinstitutionen nach § 114 SGB XI eingehalten wird, der WTG-Behörde aber im Rahmen ihrer Regelprüfung Anhaltspunkte bekannt werden, die auf pflegerische Mängel schließen lassen.*

848 *Durch die getroffene Regelung werden künftig Doppelprüfungen in mangelfreien Einrichtungen von Gesetzes wegen ausgeschlossen. Gleichwohl ermöglicht sie es den zuständigen Behörden, die Ziele und Zwecke des Gesetzes hinreichend im Rahmen von Regel- und Anlassprüfungen zu überprüfen."* (vgl. Gesetzentwurf der Landesregierung, LT-Drucksache 17/3777, S. 56).

Die Begriffe der Struktur-, Prozess- und Ergebnisqualität stammen aus dem Leistungsrecht und sind dem Ordnungsrecht bisher fremd. Sie werden auch jetzt nicht im WTG definiert. Daher ist zu ihrer Auslegung auf die Begrifflichkeiten des § 114 Absatz 2 Satz 6 und 7 SGB XI abzustellen. Nach dieser Regelung werden unter Ergebnisqualität wesentliche Aspekte des Pflegezustandes und die Wirksamkeit der Pflege- und Betreuungsmaßnahmen verstanden, die Prozessqualität erstreckt sich demgegenüber auf den Ablauf, die Durchführung und die Evaluation der Leistungserbringung, während die Strukturqualität die unmittelbaren Rahmenbedingungen der Leistungserbringung erfasst. 849

Die im Auftrag der Pflegeversicherungen durchgeführten Prüfungen zur Ergebnisqualität beziehen sich nach den aktuellen Richtlinien des GKV-Spitzenverbandes für die Qualitätsprüfung in Pflegeeinrichtungen nach § 114 SGB XI (Vollstationäre Pflege) vom 17.12.2018 auf die Qualitätsbereiche Unterstützung bei der Mobilität und Selbstversorgung, Unterstützung bei der Bewältigung von krankheits- und therapiebedingten Anforderungen und Belastungen, Unterstützung bei der Gestaltung des Alltagslebens und der sozialen Kontakte und Unterstützung in besonderen Bedarfs- und Versorgungssituationen (Eingewöhnungsphase nach dem Einzug, Überleitung bei Krankenhausaufenthalten, Unterstützung von versorgten Personen mit herausfordernd erlebtem Verhalten und psychischen Problemlagen sowie freiheitsentziehende Maßnahmen). 850

Für Einrichtungen der Eingliederungshilfe hat die neue Vorschrift des § 14 Abs. 1b WTG eine den Prüfungen in Pflegeeinrichtungen entsprechende Regelung getroffen. Nach bisheriger Rechtslage konnte die WTG-Behörde beim Vorliegen eines mangelfreien Ergebnisses einer Prüfung durch die Träger der Eingliederungshilfe nicht von einer eigenen Prüfung absehen; möglich war nur die Verlängerung des Prüfungsintervalls bei Einrichtungen ohne wesentliche Mängel, § 23 Abs. 2 WTG. Nach der neuen Regelung des § 14 Abs. 1b WTG prüft die WTG-Behörde in der Eingliederungshilfe nur noch die Struktur- und Prozessqualität, nicht mehr die Ergebnisqualität, wenn die Träger der Eingliederungshilfe eine entsprechende Prüfung ohne Mängelfeststellung bereits durchgeführt haben. Ebenso wie der Medizinische Dienst bei Pflegeeinrichtungen kann der Träger der Eingliederungshilfe die WTG-Behörde hinzuziehen, wenn er Mängel feststellt; bei einer Gefahr für Leib und Leben der Nutzer muss er dies auch tun. 851

Ausgenommen von der Prüfung der WTG-Behörden sind danach – unter den Voraussetzungen des § 14 Absatz 1, 1a und 1b WTG – nur die Prüfungen von Pflege und Betreuung nach dem anerkannten Stand der fachlichen Erkenntnisse, vgl. § 4 Absatz 1 WTG. Uneingeschränkt geprüft werden insbesondere die Anforderungen an Personalausstattung, Qualifikation des Personals, Wohnqualität, Mitbestimmung und Mitwirkung, Teilhabeförderung, Informationspflichten, Verbot der Leistungsannahme und Gewaltprävention. 852

853 Die zuständige Behörde darf bei ihren Prüfungen wie bisher auch fach- und sachkundige Personen hinzuziehen. Hierunter sind Personen zu verstehen, die sich eine besondere Sachkunde auf einem bestimmten Gebiet erworben hat. Diese Personen müssen unabhängig sein. Das bedeutet, dass er nicht Beschäftigter des Betreibers, aber auch nicht eines unmittelbaren Konkurrenten des Betreibers sein darf. Dies soll durch die Neuregelung des § 14 Absatz 5 Satz 3 WTG jetzt klargestellt werden (vgl. Gesetzentwurf der Landesregierung, LT-Drucksache 17/3777 S. 57): *„In der Vergangenheit soll es in Einzelfällen vorgekommen sein, dass WTG-Behörden zur Prüfung die Pflegedienstleitung oder Qualitätsbeauftragte der im Wettbewerb stehenden Nachbareinrichtung hinzugezogen hätten. Dies soll mit der Gesetzesergänzung künftig vermieden werden"*. Bei Hinzuziehung solcher Personen, die ihrerseits ihren Lebensunterhalt mit Beratungsleistungen im Bereich der Qualitätssicherung von Einrichtungen bestreiten, darf es keine Interessenkollisionen geben. Ist der Sachverständige Mitarbeiter eines Institutes, darf der Leistungsanbieter am Institut auch nicht gesellschaftsrechtlich beteiligt sein. Die zuständige Behörde wird diese Gesichtspunkte zweckmäßigerweise recht genau überprüfen, da sie anderenfalls Gefahr läuft, wegen Befangenheit der Prüfperson im Sinne des § 21 VwVfG einen Anfechtungsgrund für spätere „heimaufsichtliche" Maßnahmen zu schaffen.

854 Ergeben sich bei der Prüfung Beanstandungen oder liegen unabhängig von dieser Prüfung Anhaltspunkte für eine Gefährdung der Nutzerinnen vor, ist die zuständige Behörde berechtigt, eine umfassende Prüfung durchzuführen. Anhaltspunkte können sich zum Beispiel ergeben aus Wahrnehmungen der zuständigen Behörde anlässlich der Begehung (z. B. Wahrnehmung von konkreten hygienischen Mängeln oder Beschwerden von Angehörigen oder Beschwerden von Bewohnern, die im Beschwerdemanagement erfasst sind). Gleiches gilt auch für unvollständige oder nicht plausible Pflegedokumentationen.

855 Die zuständige Behörde muss Prüfergebnisse anderer Behörden, die nicht älter als ein Jahr sind, der Prüfung zu Grunde legen. Diese Regelung korrespondiert mit der Regelung in § 10 Abs. 1 Satz 2 WTG, wonach Aufzeichnungen, die der Leistungsanbieter für andere Stellen als die zuständige Behörde erstellt hat, zum Nachweis der Erfüllung der Anforderungen verwendet werden können. Die Vorschrift gilt erst recht für den Fall, dass andere Organisationseinheiten der kommunalen Behörde eigene Sachverhaltsermittlungen angestellt oder aber Vorgaben für die Erfüllung von Anforderungen, zum Beispiel zur Führung von Dokumentationen, gemacht haben. Ein Ermessen der zuständigen Behörde besteht nicht.

856 Die WTG-Behörde muss ihre Prüfberichte spätestens drei Monate nach Abschluss der Prüfung an ihre Aufsichtsbehörde – also an die Bezirksregierung – übersenden, §§ 23 Abs. 3, 30 Abs. 4, 41 Abs. 3, 41a Abs. 3 WTG. Von einem Abschluss der Prüfung wird man ausgehen können, wenn die Behörde alle zur Ermittlung des entscheidungserheblichen Sachverhaltes erforderlichen Maßnahmen abgeschlossen hat.

## 3. Befugnisse der zuständigen Behörde

Da der Gesetzgeber einen Reformbedarf nicht erkennen konnte, hat er für den Umfang der Befugnisse der zuständigen Behörde insoweit die Regelung aus § 18 Abs. 3 und 4 WTG 2008 übernommen. Die Befugnisse werden nach wie vor in diesem Umfang für erforderlich gehalten. Die zuständige Behörde ist daher grundsätzlich berechtigt, die Wohn- und Betreuungsangebote zu betreten und dort Prüfungen und Besichtigungen vorzunehmen. 857

Das Betretungsrecht gilt uneingeschränkt nur für die Geschäftsräume und die öffentlich zugänglichen Gemeinschaftsräume. Nach mittlerweile praktisch einhelliger Auffassung ist entgegen der älteren Rechtsprechung von einem ggf. durch mehrere Bewohner gemeinschaftlich auszuübenden Hausrecht an den Bewohnerzimmern auszugehen. Die Zimmer der Nutzerinnen dürfen daher grundsätzlich nur mit deren Zustimmung betreten werden. Wenn zwei Bewohner in einem Zimmer leben, ist die Zustimmung beider Nutzerinnen erforderlich. Können Gemeinschaftsräume ausschließlich von Bewohnern betreten werden, wie dies zum Beispiel bei bestimmten Außenwohngruppen von Einrichtungen der Eingliederungshilfe oder bei so genannten „ambulant betreuten Wohngemeinschaften" der Fall ist, unterliegen auch diese einem Hausrecht der Nutzerinnen. Eine Besichtigung der Räume ist dann ohne Zustimmung nicht möglich. 858

Die zuständige Behörde kann Einsicht in alle Aufzeichnungen des Betreibers nehmen, die der Dokumentation der Erfüllung der Anforderungen an den Betrieb der Einrichtung dienen. Sie kann sich mit allen Bewohnern, dem Beirat, dem Vertretungsgremium oder der Vertrauensperson in Verbindung setzen. Wünschen die jeweiligen Gesprächspartner keine Vertraulichkeit, so steht dem Betreiber und seinen Angestellten und Beauftragten ein Teilnahme-, wenn auch kein Äußerungsrecht zu. Die Vorschrift des § 30 VwVfG über die Geheimhaltung von Verwaltungsvorgängen ist demgegenüber ausschließlich dazu bestimmt, das Geheimnis der am Verfahren Beteiligten zu schützen; sie kann nicht gegen am Verfahren Beteiligte gewendet werden. Zudem wird durch eine Teilnahme von Beschäftigten des Betreibers vielfach eine effektivere Sachverhaltsermittlung möglich sein und dem späteren Einwand einer unvollständigen Sachverhaltsermittlung entgegengewirkt werden können. 859

Die zuständige Behörde kann bei den Nutzerinnen mit deren Zustimmung den Pflegezustand und im Übrigen die Qualität der Betreuung bei allen Nutzerinnen vor Ort und den Betreuungszustand überprüfen. Da es bei der Duldung der Überprüfung des Pflege- bzw. Betreuungszustandes nicht um ein Rechtsgeschäft geht, reicht regelmäßig die tatsächliche Zustimmung des Bewohners aus, auch wenn das Gesetz in § 14 Abs. 8 jetzt von Einwilligung spricht. Nicht mehr zustimmen kann derjenige Bewohner, der nicht in der Lage ist, den Charakter und die Reichweite einer derartigen Zustimmung zu erfassen, wobei es auf die Geschäftsfähigkeit nicht ankommt. Nur wenn dieser die Zustimmung nicht mehr erklären kann, wird die Zustimmung des Betreuers erforderlich. Zu beachten ist hierbei allerdings, dass der Aufgabenkreis 860 des Betreuers auch derartige Dinge erfassen muss (insbesondere Gesundheitssorge). Um Zweifel an der Wirksamkeit einer Zustimmung zu beseitigen, hat der Gesetzgeber in § 14 Abs. 8 Satz 3 WTG die Möglichkeit geschaffen, die Zustimmung durch rechtliche Vertreterinnen, also Bevollmächtigte oder Betreuerinnen, auch mündlich zu erteilen und dies dann anschließend schriftlich zu dokumentieren. Damit soll der Tatsache Rechnung getragen werden, dass bei einer unangemeldeten Prüfung häufig ein Betreuer oder Bevollmächtigter nicht angetroffen wird. Da aber auch bei einer unangemeldeten Prüfung die Prüfung des Pflegezustandes einer nicht mehr zustimmungsfähigen Nutzerin ermöglicht werden soll, genügt nach § 14 Abs. 8 Satz 3 WTG nun die mündliche – also regelmäßig telefonische – Zustimmung des rechtlichen Vertreters. Entgegen der allgemeinen datenschutzrechtlichen Regelung verkehrt sich damit der Regelfall der schriftlichen Zustimmung – allerdings nur bei einwilligungsunfähigen Nutzerinnen – in sein Gegenteil: Nunmehr ist es zulässig, im Interesse der Durchführbarkeit einer unangemeldeten Prüfung von den hohen Anforderungen einer Zustimmung zu einer körperlichen Untersuchung des Pflegebedürftigen abzuweichen. Dies stellt eine im übrigen Gesundheitswesen einzigartige Regelung dar, ist jedoch für die Qualitätsprüfungen des MD nach § 114a Abs. 3a SGB XI auch entsprechend geregelt.

861 Ebenso kann sich die zuständige Behörde in Einrichtungen der Eingliederungshilfe durch Gespräche mit den Bewohnern nach der Umsetzung der individuellen Hilfepläne erkundigen und, wie bisher, die Beschäftigten befragen, die berechtigt sind, die Fragen wahrheitsgemäß zu beantworten, ohne arbeitsrechtliche Konsequenzen befürchten zu müssen. Letzteres gilt entsprechend auch für Einrichtungen mit pflegerischer Betreuung.

862 Die zuständige Behörde ist berechtigt, zur Verhütung einer dringenden Gefahr für die öffentliche Sicherheit und Ordnung auch die Räume, die einem Hausrecht der Nutzerinnen unterliegen, jederzeit zu betreten. Eine solche Gefahr liegt regelmäßig vor bei einer Gefährdung der Gesundheit oder der Freiheit eines Bewohners, z. B. bei einer nicht genehmigten freiheitseinschränkenden oder -entziehenden Maßnahme. Das Betretungsrecht bezieht sich auch auf Wohnräume der Auskunftspflichtigen. Dies sind nach dem Gesetz der Leistungsanbieter – bei juristischen Personen dessen Vertretungsberechtigte – und die Einrichtungs- und Pflegedienstleitung. Praktisch wird dies nur in Kleinsteinrichtungen werden, in denen Betreiber, Einrichtungsleitung und Pflegedienstleitung ebenfalls in der Einrichtung leben.

863 Mit der Anzeige der beabsichtigten Aufnahme des Betriebs der Einrichtung beginnt die Überwachung durch die zuständige Behörde. Ab diesem Zeitpunkt können ggf. Anordnungen erteilt oder Ordnungswidrigkeiten geahndet werden. Eine Beratung durch die zuständige Behörde kann bereits vorher erfolgen, vgl. Rn. 878 ff.

## 4. Rechte und Pflichten der Aufsichtsbehörden

Erstmals werden die Bezirksregierungen mit eigenen – begleitenden – Prüfzuständigkeiten ausgestattet; § 43a WTG. Danach haben sie jährlich stichprobenweise 5 % der Einrichtungen in ihrem Regierungsbezirk und zusätzlich 1 % der Einrichtungen in einem anderen Regierungsbezirk im Umfang einer Regelprüfung zu prüfen. Letztere Prüfungen sind in Absprache mit der obersten Aufsichtsbehörde – also dem für Pflege und Eingliederungshilfe zuständigen Ministerium – abzustimmen; sicherlich gilt dies auch für die Bezirksregierung des betreffenden Regierungsbezirkes. Die Begründung zum Gesetzentwurf führt dazu aus: *„Die Umsetzung der Vorgaben dieses Gesetzes, insbesondere jener zur Gewaltprävention, sind von den zuständigen Behörden zu überprüfen. Darüber hinaus sollen die staatlichen Prüfmechanismen verbessert werden, indem die Aufgaben der Bezirksregierung bei der Überprüfung der örtlichen WTG-Behörden präzisiert und die stichprobenmäßige Vor-Ort-Prüfung durch die Bezirksregierungen eingeführt wird. Um unabhängige Überprüfungen zu stärken und Routinen zu vermeiden, werden auch Prüfungen von Bezirksregierungen in anderen Zuständigkeitsbereichen festgelegt („Über-Kreuz-Prüfungen"). Diese Prüfungen sind nicht zwingend in einem Regierungsbezirk durchzuführen, sondern können auf mehrere Regierungsbezirke aufgeteilt werden. Sie tragen zu einer erforderlichen landesweit einheitlichen Rechtsanwendung bei."* (LT-Ds. 17/15188, S. 74) 864

§ 43a WTG verleiht den Bezirksregierungen also eine eigene Kompetenz zur Durchführung von Stichprobenprüfungen, verhält sich jedoch nicht zu den Befugnissen der Bezirksregierungen bei der Prüfung. Auch wenn die Regelung nicht auf § 14 WTG zur Durchführung der Prüfung verweist, muss man annehmen, dass diese Regelungen insbesondere hinsichtlich der Betretungs- und Befragungsrechte entsprechend gelten sollen, da ohne sie eine Prüfung gar nicht möglich wäre. Anders sieht es möglicherweise mit den Befugnissen nach § 15 WTG aus. Auch hier erfolgt kein Verweis aus § 43a WTG auf § 15 WTG. Man könnte die Auffassung vertreten, dass auch insoweit die Regelungen über die Mittel der Qualitätssicherung entsprechend gelten müssen, da die Aufsichtsbehörden andernfalls ihre Prüfungsfeststellungen gar nicht in Verwaltungshandeln umsetzen könnten. In der Praxis dürfte dieses Problem allerdings kaum auftauchen. Nach § 43a Abs. 1 S. 3 „sollten" die Prüfungen gemeinsam mit der „zuständigen" Behörde erfolgen. Damit regelt das Gesetz, dass die Prüfungen der Aufsichtsbehörden im Regelfall gleichzeitig mit der kommunalen WTG-Behörde erfolgen sollen (gebundenes Ermessen), was schon aus Gründen der Verwaltungspraktikabilität sinnvoll ist. Allenfalls in besonders gelagerten Ausnahmefällen mag eine alleinige Prüfung der Bezirksregierung zulässig sein. Aus der Nennung der „zuständigen Behörde" im Gesetzestext folgt aber auch, dass in den Fällen dieser Stichprobenprüfungen durch die Bezirksregierung die kommunale WTG-Behörde ihre Zuständigkeit nicht verliert. Die erforderliche Mittel der Qualitätssicherung können bei gemeinsamer Prüfung also dann von der weiterhin **auch** zuständigen kommunalen WTG-Behörde ergriffen werden; dies würde auch ggf. divergierende Entscheidungen verhindern. Einen völligen Gleichlauf der Entscheidungen könnte 865 die Bezirksregierung wegen ihres nach § 43 Abs. 5 S. 2, Abs. 5 WTG eingeschränkten Weisungsrechts gegenüber der Kommune auch nicht in jedem Fall sicherstellen.

866 Außerdem werden die Bezirksregierungen verpflichtet, sämtliche Prüfberichte auszuwerten und einmal jährlich dem Ministerium zu berichten. Bei wesentlichen Mängeln, die also eine Anordnung der WTG-Behörde erforderlich machten, ist unverzüglich zu berichten.

## 5. Keine aufschiebende Wirkung der Klage

867 Eine Klage gegen eine Maßnahme zur Durchführung der Qualitätssicherung und gegen eine Anordnung der zuständigen Behörde hat keine aufschiebende Wirkung. § 15 Abs. 9 WTG hat von der Möglichkeit nach § 80 Abs. 2 Nr. 3 VwGO Gebrauch gemacht, um die nach dem WTG getroffenen Maßnahmen effektiv durchzusetzen. Für das Widerspruchsverfahren musste eine entsprechende Regelung nicht aufgenommen werden, da dieses in Nordrhein-Westfalen durch das Zweite Bürokratieabbaugesetz weitestgehend abgeschafft wurde. In den wenigen Fällen, in denen ein Widerspruch dennoch zulässig ist, muss geprüft werden, ob eine Anordnung der sofortigen Vollziehung nach § 80 Abs. 2 Satz 1 Nr. 4 VwGO geboten ist.

## 6. Rechtsschutz im WTG

868 Das im WTG geregelte Landesheimrecht stellt als Bestandteil des Gewerberechtes einen Zweig des Ordnungsrechtes dar. Die heimrechtlich relevanten Ordnungsverfügungen sind die Anordnung, das Beschäftigungsverbot, der Aufnahmestopp und die Schließung. Hinzu kommt das Geltendmachen von Auskunftsansprüchen als Maßnahme der Qualitätssicherung im Sinne des § 15 WTG. Gegen diese Verwaltungsakte ist das Rechtsmittel des Widerspruchs nicht mehr gegeben, da es in Nordrhein-Westfalen mit dem bereits angesprochenen Zweiten Bürokratieabbaugesetz im Verwaltungsverfahren – anders im sozialrechtlichen Verfahren – weitgehend abgeschafft wurde. Als einzige Form des Rechtsschutzes verbleibt die Klageerhebung vor dem Verwaltungsgericht binnen Monatsfrist ab Bekanntgabe des Bescheides. Als weitere, nicht förmliche Rechtsbehelfe kommen die Fachaufsichtsbeschwerde und die Dienstaufsichtsbeschwerde in Betracht, die allerdings weder die Wirksamkeit eines Verwaltungsaktes zu hemmen geeignet sind, noch dem Bürger einen Anspruch auf eine bestimmte Art der Bescheidung gewähren.

869 Vor dem Hintergrund der Dauer eines verwaltungsgerichtlichen Verfahrens existiert die grundsätzliche Möglichkeit des einstweiligen Rechtsschutzes gegenüber „heimaufsichtlichen" Verfügungen. Allerdings ist im WTG der Grundsatz der aufschiebenden Wirkung einer Klageerhebung gem. § 80 Abs. 1 VwGO aufgegeben worden. Vielmehr ist für sämtliche der hier genannten „heimrechtlichen" Maßnahmen die aufschiebende Wirkung der Klageerhebung ausgeschlossen worden, vgl. §§ 15 Abs. 5 WTG in Verbindung mit 80 Abs. 2 Satz 1 Nr. 3 VwGO. Um dennoch zu verhindern, dass ein Verwaltungsakt ungeachtet eines hiergegen gerichteten Rechtsbehelfs

vollzogen wird, kommen zwei grundsätzliche Möglichkeiten nach § 80 Abs. 5 VwGO in Betracht. Zunächst ist es möglich, bei der zuständigen Behörde selbst die Anordnung der aufschiebenden Wirkung der Klageerhebung zu beantragen. Ebenso ist es möglich, einen derartigen Antrag unmittelbar beim Verwaltungsgericht zu stellen. Ein vorheriger Antrag bei der Behörde ist hierzu nicht notwendig; der Antrag auf Anordnung der aufschiebenden Wirkung setzt nach § 80 Abs. 5 Satz 2 VwGO noch nicht einmal die vorherige Klageerhebung voraus.

Das Gericht wird im Rahmen eines derartigen Eilverfahrens nur kursorisch, also 870
insbesondere nicht mit einer ebenso aufwändigen Sachverhaltsermittlung wie im Hauptsacheverfahren, die Streitsache überprüfen und eine Interessenabwägung zwischen den Interessen des Betroffenen auf der einen Seite und dem Vollzugsinteresse der Behörde auf der anderen Seite vornehmen. Hierbei ist im Rahmen des WTG die vom Gesetzgeber in den §§ 15 Abs. 9 WTG getroffene Grundentscheidung für die sofortige Vollziehung „heimrechtlicher" Verfügungen zu berücksichtigen. Im Übrigen wird die Interessenabwägung primär vor dem Hintergrund der absehbaren Erfolgsaussichten der Klage in der Hauptsache getroffen. Ist die „heimrechtliche" Verfügung offensichtlich rechtswidrig, so wird dies in der Regel für eine gerichtliche Aussetzungsentscheidung genügen. Ist die Verfügung offensichtlich rechtmäßig und tritt das Interesse des Betroffenen an einem effektiven Rechtsschutz hinter die Rechtsgüter zurück, die mit der angegriffenen Verfügung zu schützen waren, so wird die Interessenabwägung eher zugunsten der zuständigen Behörde ausfallen.

Während des laufenden Verfahrens nach § 80 Abs. 5 VwGO wird das Gericht regel- 871
mäßig die zuständige Behörde auffordern, zunächst keine Schritte in Richtung auf eine Vollziehung des Verwaltungsaktes durchzuführen. Diese Aufforderung ist zwar nicht verbindlich, ein Verstoß hiergegen wird allerdings vielfach die Prozessaussichten der Behörde beeinträchtigen.

## XI. Monitoring- und Beschwerdestelle, Ombudsperson

Die Regelung des § 16 WTG über die Ombudsperson wird um eine neue Regelung 872
zu einer Monitoring- und Beschwerdestelle erweitert. Nach § 16 Abs. 1 WTG richtet das für Pflege und Eingliederungshilfe zuständige Ministerium – das ist derzeit das Ministerium für Arbeit, Gesundheit und Soziales des Landes Nordrhein-Westfalen – eine zentrale Monitoring- und Beschwerdestelle zur Gewaltprävention, Beobachtung und Beratung im Zusammenhang mit der Durchführung von freiheitsentziehenden Unterbringungen und freiheitsbeschränkenden und freiheitsentziehenden Maßnahmen ein. Diese Stelle arbeitet unabhängig und ist fachlich nicht weisungsgebunden. Zu ihren Aufgaben gehören im Zusammenhang mit freiheitsentziehenden sowie freiheitsbeschränkenden Maßnahmen vor allem die Bereitstellung geeigneter Informationen zur Vermeidung und Anwendung solcher Maßnahmen, die Entgegennahme, Auswertung und Berichterstattung über solche Maßnahmen, der Informationsaustausch, die Beratung und Unterstützung der kommunalen Ombudspersonen und die Entgegennahme von Beschwerden.

873 Mit der Einführung dieser Monitoring- und Beschwerdestelle verfolgt der Gesetzgeber das Ziel, eine neutrale Möglichkeit zu schaffen, mit der Sachverhalte und Beobachtungen frei von Interessen der an den Einzelfällen Beteiligten nachgegangen werden kann. Aus der Begründung zum Gesetzentwurf: *„Freiheitsentziehende Unterbringungen, beginnend mit ihrer Vermeidung bis hin zur Durchführung und ordnungsgemäßen, transparenten Dokumentation sind nicht nur für die von der Unterbringung betroffenen Menschen sehr schwere und belastende Eingriffe. Auch für die Angehörigen oder Berufsgruppen, die Entscheidungen für diese Eingriffe und ihre Umsetzung verantworten müssen, fallen noch einmal eigene Belastungen an, die ge- und ertragen werden müssen. Mit der Errichtung einer Monitoringstelle mit Ombudsauftrag wird ein zusätzliches, eigenes Angebot für alle Beteiligten oder Betroffenen geschaffen, das außerhalb der an den Einzelfällen beteiligten Entscheidungs-, Kostenträger- und Leistungserbringerstrukturen begründet wird."* (vgl. LT-Ds. 17/15188 S. 72)

874 Wie schon bisher haben Ombudspersonen in Kreisen und kreisfreien Städten die Aufgabe, bei Streitigkeiten zwischen Leistungsanbieterinnen und Nutzern beziehungsweise deren Angehörigen zu vermitteln. Die Leistungsanbieter sind verpflichtet, die Wahrnehmung der Aufgaben der Ombudspersonen zu ermöglichen und ihnen zu den üblichen Geschäftszeiten – also tagsüber – den Zutritt zu den gemeinschaftlichen Räumen zu gewähren, § 16 Abs. 2 S. 3 und 4 WTG. Über den Zugang zu den individuellen Räumen der Nutzerinnen entscheiden diese selbst.

875 Neu ist, dass aus der bisherigen Kann-Vorschrift („Die Kreise und kreisfreien Städte können…bestellen") jetzt eine Soll-Vorschrift gemacht wurde, so dass die Kommunen im Regelfall zur Bestellung verpflichtet sind, vgl. § 16 Abs. 2 S. 1 WTG. Das gilt sicher in den Fällen, in denen eine vorschlagsberechtigte Organisation einen Vorschlag gemacht hat. Liegt ein solcher Vorschlag nicht vor – was in der Praxis eher selten sein dürfte – hat die Kommune aber nur begrenzte Möglichkeiten, eine geeignete Person zu finden.

876 Ombudspersonen kann eine Aufwandsentschädigung gezahlt werden. Mangels weiterer gesetzlicher Regelungen entscheidet die betreffende Kommune darüber, in welcher Höhe sie eine Aufwandsentschädigung zahlt.

877 Ob tatsächlich die Monitoring- und Beschwerdestelle als eine weitere, mit der Abarbeitung pflegerischer Problematiken betraute Stelle sinnvoll ist, ist fraglich. Bereits die Ombudsperson ist eine vereinzelte Erscheinung geblieben, wogegen nunmehr die in eine Soll-Vorschrift gekleidete Verpflichtung zur Bestellung einer solchen Person helfen soll. Nicht auszuschließen ist, dass die Schaffung immer weiterer Stellen zu einer Relativierung der vorhandenen Strukturen führt. Dies wäre in einer Evaluation der Regelung zu prüfen.

# 5. Abschnitt: Handlungsmöglichkeiten der zuständigen Behörde

## I. Beratung vor Anordnung

§ 15 WTG beschreibt die Mittel der zuständigen Behörde, wenn sie feststellt, dass 878 die Anforderungen nach diesem Gesetz oder auf Grund dieses Gesetzes nicht erfüllt werden. Es regelt dabei ein abgestuftes, dem Prinzip der Verhältnismäßigkeit folgendes Verfahren von der Beratung über verschiedene Sanktionen bis zur vollständigen Untersagung des Betriebes. Im Gegensatz zum bisherigen Recht werden alle Maßnahmen zur Verdeutlichung ihres inneren Zusammenhangs in einer Vorschrift zusammengefasst.

Die Vorschrift definiert in Absatz 1 zunächst einen Mangel als Nichterfüllung der 879 Anforderungen nach diesem Gesetz oder auf Grund dieses Gesetzes. Jede Nichterfüllung einer Anforderung ist daher, unabhängig von Umfang, Verursachung oder Verschulden, ein Mangel. Dies gilt auch, wenn Beschäftigte, deren Verhalten der Leistungsanbieterin zugerechnet wird und für das sie ordnungsrechtlich verantwortlich ist, Anforderungen nicht erfüllen. Der Begriff des Beschäftigten entspricht der Legaldefinition des § 3 Abs. 4 WTG. Die Leistungsanbieterin ist damit auch verantwortlich für Mängel, die von so genannten „Leih-Arbeitnehmern" verursacht wurden. Dies folgt aus dem Wesen der Leiharbeit, bei der zwar der Verleiher Arbeitgeber bleibt, die Ausübung der Arbeitgeberbefugnisse einschließlich des Direktionsrechtes aber Sache des Entleihers ist, der für die entliehenen Kräfte wie für eigene Arbeitnehmer einzustehen hat. Hiernach sind Leiharbeitnehmer Beschäftigte im Sinne des § 3 Abs. 4 WTG, vgl. dazu Rn. 465 ff.

Ehrenamtlich engagierte Personen sind keine Beschäftigten des Betreibers. Sie sind 880 jedoch sonstige im Wohn- und Betreuungsangebot tätige Personen im Sinne des § 15 Abs. 5 WTG, so dass dem Leistungsanbieter ggf. das Verbot auferlegt werden kann, die Tätigkeit dieser Ehrenamtler zuzulassen.

Die zuständige Behörde soll zunächst den Betreiber beraten, auf welche Art und Wei- 881 se er einen Mangel in einem angemessenen Zeitraum beseitigen kann. Zu der im Wesentlichen gleichlautenden Vorgängerregelung hat das Oberverwaltungsgericht für das Land Nordrhein-Westfalen einige grundsätzliche Ausführungen gemacht, die auch für die Regelung des § 15 Abs. 1 WTG gelten (Oberverwaltungsgericht für das Land Nordrhein-Westfalen, Beschluss vom 11. März 2011 – 12 B 1808/10 –, juris.).

So gibt es keinen formalen oder zeitlichen Rahmen für die Beratung. So *„...kann die* 882 *Beratung auch formlos (etwa im Rahmen von Besprechungen, telefonischen Erörterungen, durch die Übergabe von schriftlichen Hinweisen etc.) erfolgen* (Oberverwaltungsgericht für das Land Nordrhein-Westfalen, Beschluss vom 11. März 2011 – 12 B 1808/10 –, juris, Rn. 9). Die Beratung muss allerdings als solche erkennbar auf die Mängelbeseitigung gerichtet sein und kann nicht durch Erörterungen im Rahmen etwa eines Prüfgeschehens ersetzt werden.

883 Als Konsequenz aus der Tatsache, dass die wiederkehrenden Prüfungen unangemeldet stattfinden, hat die Leistungsanbieterin aber einen Anspruch darauf, die Beratung an einem gesonderten Termin stattfinden zu lassen, um eine Vertreterin oder einen Vertreter des Verbandes, dem die Leistungsanbieterin angehört, zur Beratung hinzuzuziehen. Dies gilt selbstverständlich auch für die Hinzuziehung eines Rechtsanwaltes. Dieser Anspruch auf einen gesonderten Termin besteht grundsätzlich auch, wenn die Leistungsanbieterin noch am Tag der Prüfung telefonisch einen Verbandsvertreter informiert und dieser daraufhin an der Prüfung teilnimmt. Kann auf einen gesonderten Termin zur Beratung verzichtet werden, weil ein Verbandsvertreter am selben Tag kurzfristig an der Prüfung teilnehmen kann, soll die zuständige Behörde, soweit die Prüfung nicht über Gebühr verzögert wird, ggf. das Eintreffen des Verbandsvertreters abwarten. Für die Anberaumung eines gesonderten Termins sind keine Fristen vorgeschrieben. Im Hinblick auf die erforderliche Mängelbeseitigung sollte die Frist nicht allzu lange sein.

884 Aus der Beratungspflicht der Behörde folgt kein allgemeiner Beratungsanspruch des Leistungsanbieters, der über die Mängelbeseitigung hinausgeht:

885 *„Die Beratungspflicht der Aufsichtsbehörde nach § 19 Abs. 1 Satz 1 WTG ist also auf die Mängelbeseitigung beschränkt. Sie erstreckt sich folglich nicht darauf, jenseits einer – wie hier nach – Seite 3 von 7 – den Erkenntnissen im einstweiligen Rechtsschutzverfahren – gebotenen Beseitigung heimbaurechtlicher Defizite dem Betreiber ein umsetzungsfähiges Alternativkonzept mit geeigneten Standorten/Gebäuden und ggf. auch noch mit einer tragbaren Finanzierung anzubieten oder eine solches Konzept aktiv zu unterstützen. Die Beschränkung der Beratungspflicht der Aufsichtsbehörde nach § 19 Abs. 1 Satz 1 WTG, Möglichkeiten zur Abstellung der festgestellten Mängel aufzuzeigen, korrespondiert mit ihrer rechtssystematischen Zuordnung zu den nach § 19 Abs. 2 WTG möglichen aufsichtsbehördlichen Maßnahmen zur Mängelbeseitigung; sie trägt ferner der ihr nach dem Gesetz zukommenden besonderen Sperrwirkung Rechnung, die die nach § 19 Abs. 2 WTG möglichen aufsichtsbehördlichen Maßnahmen zur Mängelbeseitigung erst nach der Erfüllung der Beratungspflicht zulässt („zunächst"), und ist schließlich gerade im Interesse der von der Mängellage nachteilig betroffenen Bewohner zwingend geboten. Will ein Betreiber statt der gebotenen Mängelbeseitigung im bisher genutzten Gebäude den Betrieb seines Heims in ein anderes oder neues Gebäude verlagern, handelt es sich der Sache nach um nichts anderes als um einen ordnungsrechtlichen Mittelaustausch zur Beseitigung der ordnungsrechtlichen Gefahrenlage. Für die (zeitnahe) Realisierung eines solchen Mittelaustauschs ist in erster Linie die Leistungsanbieterin als Verursacher der Gefahrenlage verantwortlich, die Aufsichtsbehörde treffen insoweit lediglich die allgemeine Beratungspflicht nach § 14 WTG und ggf. spezielle verfahrensrechtliche Verpflichtungen insbesondere im Baugenehmigungsverfahren. Würde die Beratungspflicht nach § 19 Abs. 1 Satz 1 WTG mit ihrer Sperrwirkung auf – ggf. wie hier wechselnde – Vorhaben des Mittelaustauschs erstreckt, wäre aufgrund des insoweit ggf. erforderlichen zusätzlichen Zeitbedarfs trotz der fortbestehenden Mängelsituation ein zeitnahes*

*Eingreifen im Interesse der betroffenen und in besonderer Weise schutzbedürftigen Bewohner nicht mehr möglich* (Oberverwaltungsgericht für das Land Nordrhein-Westfalen, Beschluss vom 11. März 2011 – 12 B 1808/10 –, juris, Rn. . 13).

Nach Auffassung des OVG NRW setzt die Initialisierung der Beratungspflicht der 886
Aufsichtsbehörde voraus, *„...dass entweder ein auf die Beseitigung der festgestellten Mängel gerichteter konkreter Beratungsbedarf herangetragen wird oder sich der Aufsichtsbehörde ein solcher Bedarf aus den Umständen des Einzelfalles offensichtlich aufdrängt."* Oberverwaltungsgericht für das Land Nordrhein-Westfalen, Beschluss vom 11. März 2011 – 12 B 1808/10 –, juris, Rn. 15). Das ist insofern kritisch zu sehen, als die Behörde grundsätzlich zur Beratung verpflichtet ist, bevor sie eine Anordnung erlässt – nur bei einer gegenwärtigen Gefahr ist eine sofortige Anordnung ohne Beratung zulässig. Die Behörde darf also nicht abwarten, bis ihr eine Beratung abgefordert wird, sondern muss diese zumindest anbieten. Richtig ist aber, dass es keine *„...allgemeine Beratungspflicht (gibt), die von einem konkreten, für die Aufsichtsbehörde objektiv erkennbaren und auf die Beseitigung festgestellter Mängel gerichteten Bedarf losgelöst ist, ...; eine solche voraussetzungslose und inhaltlich unbeschränkte Beratungspflicht wäre auch mit der Funktion einer Aufsichtsbehörde auf der einen Seite und der Verantwortung des Betreibers und der Einrichtungsleitung für den ordnungsgemäßen Betrieb der Einrichtung auf der anderen Seite nicht zu vereinbaren. Der Inhalt einer Beratung durch die Behörde ist zudem auf das nach dem erkennbaren Bedarf und den gesamten Umständen des Einzelfalles Erforderliche beschränkt. Je mehr Erfahrung, Fachkenntnisse und Informationsmöglichkeiten auf Seiten des Bedarfsträgers vorhanden sind, desto geringeren Umfang kann die Beratung durch die Aufsichtsbehörde erfordern; insoweit kann es je nach Fallkonstellation auch genügen, den Bedarfsträger zunächst lediglich auf vorhandene Mängel hinzuweisen."* (Oberverwaltungsgericht für das Land Nordrhein-Westfalen, Beschluss vom 11. März 2011 – 12 B 1808/10 –, juris, Rn. 15f.).

Die Grenze der Beratungspflicht ist erreicht, wenn die Leistungsanbieterin die Be- 887
ratung gar nicht annehmen will. Eine Zwangsberatung ist weder erforderlich noch wäre sie sinnvoll. Die Verweigerung der Annahme einer Beratung darf allerdings nicht mit dem Vorbringen einer abweichenden Auffassung zu inhaltlichen Positionen verwechselt werden. Dies kann dem Träger nicht verwehrt werden und sollte angesichts der größeren Sachverhaltsnähe des Trägers und seiner Beschäftigten von der zuständigen Behörde auch durchaus ernst genommen werden.

Auch der Gesetzgeber des WTG 2014 hat wie schon vorher der des WTG 2008 darauf 888
verzichtet, die Regelung aus dem Heimgesetz zu übernehmen, wonach die zuständige Behörde verpflichtet war, die Pflegekassen oder Sozialhilfeträger vor Erteilung einer Anordnung zu beteiligen und Einvernehmen mit ihnen anzustreben. Nach dem Schutzzweck des WTG kann das Leistungsrecht des Sozialgesetzbuches für Menschen, die in einer Einrichtung leben, sich dort in einem Abhängigkeitsverhältnis befinden und deren Betreuung gefährdet ist, keine Rolle spielen. Das WTG geht daher, wie bereits das Heimgesetz, vom Primat des Ordnungsrechtes aus. Die Möglichkeit, Vertreter der Pflegekassen oder Sozialhilfeträger hinzuzuziehen, bleibt jedoch

bestehen und ist im Rahmen der Zusammenarbeitsverpflichtung nach § 44 Abs. 1 WTG auch geboten.

889 Wie bisher auch, soll die zuständige Behörde Bewohner, denen auf Grund der festgestellten Mängel ein Verbleib in einer Einrichtung oder Wohngemeinschaft nicht zuzumuten ist, dabei unterstützen, eine angemessene anderweitige Unterkunft und Betreuung zu finden. Diese Verpflichtung ergibt sich aus dem allgemeinen Beratungsauftrag nach § 11 WTG dieses Gesetzes. Voraussetzung einer Beratung in diesem Sinne ist allerdings das Feststehen von Mängeln im „heimrechtlichen“ Sinne und der Wunsch des Bewohners, in dieser Form beraten zu werden.

## II. Anordnungen, Belegungsstopp

890 Nach § 15 Abs. 2 WTG sollen bei Mängeln gegenüber dem Betreiber Anordnungen erlassen werden, die zur Beseitigung einer eingetretenen oder Abwendung einer drohenden Beeinträchtigung des Wohls der Bewohner und zur Durchsetzung der dem Betreiber ihnen gegenüber obliegenden Pflichten erforderlich sind.

### 1. Eingeschränktes Ermessen

891 Der Gesetzgeber hat die bisherige Ermessensregelung verschärft. Nach dem bisherigen Recht konnten die WTG-Behörden Anordnungen erlassen; nunmehr sollen sie es. Das Ermessen wird daher eingeschränkt. Wenn Mängel trotz entsprechender Beratung fortbestehen, ist nach Auffassung des Gesetzgebers die Nutzung stärkerer Mittel zur Herstellung eines rechtskonformen Zustands kaum verzichtbar. Dennoch ist in besonderen Einzelfällen gleichwohl noch ein Ermessensspielraum vorhanden, der ein Abweichen von der Regel rechtfertigt (vgl. Gesetzentwurf der Landesregierung, LT-Drucksache 17/3777 S. 57).

892 Auch bei dieser eingeschränkten Ermessensregelung bleibt es jedoch dabei, dass die Behörde überhaupt ein Ermessen ausüben muss. Davon wird sie auch dann nicht befreit, wenn sie sich auf einen ministeriellen Erlass bezieht, denn ein ministerieller Erlass ist nicht in der Lage, gesetzliche Anforderungen aufzuheben, sondern allenfalls durch eine vorgelagerte generelle Ermessensausübung auszufüllen. Ein vollständiger Ausfall des der Behörde eingeräumten Ermessens macht eine Anordnung rechtswidrig (vgl. VG Aachen, Beschluss vom 24.01.2019 – 8 L 1173/18 – Rn. 9).

### 2. Vorliegender oder drohender Mangel

893 Voraussetzung ist zunächst das Vorliegen eines Mangels, also eines Zurückbleibens hinter den ordnungsrechtlichen Betriebsanforderungen, wie sie zum Beispiel in § 19 WTG niedergelegt sind. Überdies müssen der Mangel und die drohende Beeinträchtigung des Bewohnerwohls in einem ursächlichen Verhältnis zueinanderstehen, also aus dem Mangel tatsächlich eine drohende Beeinträchtigung folgen (vgl. Bayerischer

VGH vom 22.10.2008 – 12 B 07.383). Es ist also der festgestellte Mangel in jedem Falle auf sein Risikopotential hinsichtlich des Bewohnerwohls hin zu untersuchen. In diesem Sinne berechtigt jeder festgestellte und nach Beratung nicht abgestellte Mangel zu einer Anordnung. Weil der Erlass einer Anordnung im Ermessen der Behörde steht, ist weitere Voraussetzung die Einhaltung des Grundsatzes der Verhältnismäßigkeit. Hiernach ist die Behörde durchaus berechtigt, bei nur minimalen Verstößen von einer Anordnung Abstand zu nehmen. Konnte allerdings bereits eine drohende Beeinträchtigung des Bewohnerwohls festgestellt werden, so wird bereits dieser Umstand vielfach die Erforderlichkeit einer Anordnung begründen. Diese Regelung gibt der zuständigen Behörde das Instrument an die Hand, den Zweck des Gesetzes durch hoheitliche Anordnungen gegenüber dem Betreiber durchzusetzen. Damit soll sichergestellt werden, dass die Anordnungsbefugnis der zuständigen Behörde der Zweckbestimmung des Gesetzes entspricht.

Nicht nur bestehende Mängel, sondern auch drohende Mängel, die zur Beeinträchti- 894 gung des Wohls eines Bewohners führen können, können Grund für eine Anordnung sein. Bei drohenden Mängeln müssen jedoch die entsprechenden Anhaltspunkte vorhanden sein. So ist mit der Regelung des § 15 Abs. 2 Satz 1 WTG kein neuer Mangelbegriff verbunden, sondern nur die Möglichkeit eines zeitlich früheren Eingreifens der zuständigen Behörde. Da hier zu einem Zeitpunkt eingegriffen werden soll, in dem ein Mangel noch nicht vorliegt, muss an die von der Behörde zu beurteilende Wahrscheinlichkeit des späteren Eintritts eines Mangels ein hoher Maßstab angelegt werden; Vermutungen genügen insoweit nicht. Das Drohen einer Beeinträchtigung kann in naheliegender Weise darauf gestützt werden, dass der gleiche Mangel in der Vergangenheit bereits zu deren Eintritt geführt hat. Wenn also z. B. ein in der Vergangenheit schon defizitärer Personaleinsatz insbesondere zu Hygienemängeln geführt hat, kann angenommen werden, dass Defizite in der Personalausstattung auch zukünftig zu Hygienemängeln führen werden (vgl. OVG NRW Beschluss vom 14.06.2018 – 12 B 200/18 – Rn. 13).

Angeordnet werden kann etwa ein bestimmter Personalvorhalt, wobei hier zunächst 895 der Vorrang der Vereinbarungen mit den Kostenträger zu beachten ist (gesetzliche Vermutung, vgl. § 21 Abs. 2 Satz 2 WTG). Möglich sind in diesem Zusammenhang bei Vorliegen der weiteren Voraussetzungen Anordnungen zu einer bestimmten Personalmenge, -qualifikation und -verteilung (Bayerischer VGH, Beschluss vom 12.04.2000 – 22 Cs 99.3761; OVG NRW, Urteil vom 21.06.2004 – 4 A 151/01 – zur Indizwirkung der Pflegesatzvereinbarung und zur Berechnung der Fachkraftquote).

Durch Anordnung nach § 15 Abs. 2 Satz 1 WTG geregelt werden können darüber 896 hinaus auch Fragen der Pflegeplanung und -dokumentation (VGH Baden-Württemberg, Beschluss vom 08.06.2004 – 6 S 22/04); hierbei muss die zuständige Behörde im Spannungsfeld zwischen dem Erfordernis detaillierter Vorgaben auf der einen und der Wahrung der Leistungsanbieterverantwortung für die Einzelheiten des Leistungsgeschehen auf der anderen Seite agieren. Verbindliche Vorgaben für

Anordnungen sind hierbei den §§ 10 WTG, 24, 34, 37 und 44 WTG-DVO, aber auch den Qualitätsmaßstäben nach § 113 SGB XI zu entnehmen.

897 Als Spezialfall einer Anordnung ist nach § 15 Abs. 2 Satz 2 WTG ein Belegungsstopp zulässig. Dem Gesetzeswortlaut ist zu entnehmen, dass ein Belegungsstopp zulässig ist, wenn „aufgrund" festgestellter Mängel eine Betreuung „weiterer Nutzer" in Frage gestellt ist; hiernach muss ein innerer, ursächlicher Zusammenhang zwischen dem Mangel und der Belegungsquote vorliegen. Ein Belegungsstopp wird also bei Mängeln in Betracht kommen, die sich bei steigender Auslastung der Einrichtung noch verschärfen würden, also z. B. bei personeller oder sachlicher Minderausstattung. Hiernach ist der Belegungsstopp ein Mittel zur Abwehr solcher Gefahren, die auf eine Minderausstattung zurückgehen und kein eigenes Zwangsmittel zur Durchsetzung sonstiger „heimrechtlicher" Anordnungen durch den hiermit verbundenen wirtschaftlichen Druck. Derartige Maßnahmen sind dem Verwaltungsvollstreckungsrecht und dem hiernach durchzuführenden Verfahren vorbehalten. Der Belegungsstopp ist nach dem Gesetzeswortlaut nur bei festgestellten Mängeln zulässig; bei drohenden Mängeln kommen nur Maßnahmen nach § 15 Abs. 2 Satz 1 WTG in Betracht. Nach der Rechtsprechung zu § 17 Abs. 1 Heimgesetz (vgl. Bayerischer VGH, Beschluss vom 12.04.2000 – 22 Cs 99.3761) war freilich auch schon aufgrund der „heimrechtlichen Generalklausel" – jetzt § 15 Abs. 2 Satz 1 WTG – ein Belegungsstopp zulässig. Es müssen jedoch schon besonders gewichtige Gründe vorliegen, wenn nur drohende Mängel einen Belegungsstopp rechtfertigen sollen.

### 3. Maßgeblicher Zeitpunkt für eine Betriebsuntersagung

898 Schon dem Wortlaut des § 15 Abs. 2 Satz 3 WTG („Wenn Anordnungen zur Beseitigung der Mängel nicht ausreichen, ist der Betrieb des Wohn- und Betreuungsangebotes zu untersagen.") lässt sich entnehmen, dass es für die Frage, ob eine Anordnung zur Mängelbeseitigung noch ausreichend ist oder ob der Betrieb untersagt werden muss, auf den Zeitpunkt der Untersagung ankommt (vgl. OVG NRW, Beschluss vom 29.06.2018 – 12 A 2480/16 – Rn. 9). Wenn die zuständige Behörde zu der Ansicht gelangt, dass keine anderweitige Anordnung zur Mangelbeseitigung mehr ausreicht, muss sie den Betrieb untersagen. Das OVG NRW führt dazu aus: *„...Lässt in diesem Zeitpunkt keine der in Betracht kommenden Anordnungen eine ausreichende Beseitigung der Mängel (mehr) erwarten, hat die Heimaufsicht zur Wahrung des Schutzzwecks des § 15 Abs. 2 Satz 1 WTG keine andere Wahl als von der Betriebsuntersagung nach Satz 3 Gebrauch zu machen. Das gilt auch in dem unterstellten Fall, dass eine Untersagung durch einen frühzeitigen Einsatz milderer Mittel hätte abgewendet werden können. Hypothetische Kausalverläufe dieser Art mögen allenfalls für die Folgen einer (unterstellten) früheren Amtspflichtverletzung relevant sein, führen aber nicht dazu, dass die Heimaufsicht von einer aus Gründen des Schutzes der Heimbewohner alternativlos gewordenen Betriebsuntersagung Abstand zu nehmen hätte."* (vgl. OVG NRW aaO.)

## 4. Keine Befristung

Das Gesetz nennt keine Befristung für den Zeitraum einer Anordnung. Der Zeitraum ist abhängig vom Einzelfall und muss mit einer Prognose darüber verbunden werden, in welchem Zeitraum mit einer Beseitigung der Mängel vernünftigerweise gerechnet werden kann. Sinnvoll erscheint ein Zeitraum von zunächst einem Monat, der ggf. verlängert werden kann. 899

Der Belegungsstopp endet mit dem Erreichen seines Zwecks. Uneinheitlich sind die Auffassungen dazu, wie die Beendigung zu gestalten ist. So wird überwiegend davon ausgegangen, ein Belegungsstopp sei entweder zu befristen oder mit einer auflösenden Bedingung zu versehen. Der Auffassung, dass darauf verzichtet werden kann (vgl. Bayerischer VGH, Beschluss vom 12.04.2000 – 22 Cs 99.3761), ist entgegen zu halten, dass der Belegungsstopp seiner Natur nach eine vorübergehende Maßnahme darstellt und vor dem Hintergrund des Grundsatzes der Verhältnismäßigkeit nicht zeitlich unbegrenzt fortbestehen darf, sondern den Beendigungstatbestand bereits in sich tragen muss. 900

Anordnungen können, wie auch sonst im Verwaltungsrecht, mündlich oder schriftlich bzw. elektronisch erlassen werden. Sofern Anordnungen mündlich erteilt werden, müssen sie nur auf Verlangen der Leistungsanbieter schriftlich bestätigt werden, vgl. § 14 Absatz 9 Satz 1 WTG. 901

Für die Beurteilung der Rechtmäßigkeit von heimrechtlichen Ordnungsverfügungen ist auf den Zeitpunkt der letzten Behördenentscheidung abzustellen (vgl. OVG NRW, Beschluss vom 17. Februar 2011 – 12 A 241/10 –, juris). Wenn sich nach einer getroffenen Anordnung die Sach- und Rechtslage ändert, kann das unter dem Aspekt der Verhältnismäßigkeit dazu führen, dass ein Festhalten an der getroffenen Anordnung als unbillig erscheint, wenn aufgrund nachträglich geänderter Umstände die die Anordnung tragenden Gründe offensichtlich weggefallen oder soweit relativiert worden sind, dass mildere Mittel offensichtlich ausreichen (vgl. OVG NRW, Beschluss vom 17. Februar 2011 – 12 A 241/10). 902

## 5. Verschulden unerheblich

Wie auch sonst im Ordnungsrecht, setzt eine Anordnung nicht voraus, dass der Leistungsanbieter das (drohende) Vorliegen eines Mangels verschuldet hat. Mittel der behördlichen Qualitätssicherung können bzw. sollen im Interesse der Nutzer angeordnet werden, wenn objektiv Mängel festgestellt werden, aufgrund derer eine den gesetzlichen Qualitätsansprüchen entsprechende Betreuung nicht sichergestellt ist. Das Vorliegen schuldhaften Handelns braucht nicht festgestellt zu werden (vgl. VG Köln, Beschluss vom 20.12.2018 – 25 L 1862/18 – Rn. 13). 903

### 6. Trennung von Statusprüfung und Anordnung

904 Die Statusprüfung, etwa nach § 24 Abs. 2 WTG zur Frage der Selbstverantwortung oder Anbieterverantwortung in einer Wohngemeinschaft, ist als Verfahren von anderen Verfahren, etwa einer Anordnung, zu trennen. Werden bei der Prüfung einer bisher als selbstverantwortet qualifizierten Wohngemeinschaft Anhaltspunkte für eine Anbieterverantwortung und gleichzeitig Mängel in den – dann zu erfüllenden Anforderungen – deutlich, muss zunächst logischerweise das Statusprüfungsverfahren abgeschlossen werden. Das Oberverwaltungsgericht führt dazu aus: *„Unabhängig von Vorstehendem wäre die Änderung betriebsbezogener Umstände, die in etwaigen neuen vertraglichen Grundlagen der Einrichtung mit den Bewohnern jedenfalls zu sehen wäre, voraussichtlich nicht im vorliegenden Verfahren zu berücksichtigen. Vielmehr bedürfte diese jedenfalls einer umfassenden Statusprüfung, weil es sich um einen neuen Betrieb handeln würde, für den eine (erstmalige) Prüfung der Voraussetzungen des § 24 Abs. 2 WTG angezeigt wäre. Der materiell-rechtlichen Zweiteilung zwischen dem Untersagungsverfahren einerseits und dem an die Anzeige anknüpfenden Status-Prüfungsverfahren andererseits würde es widersprechen, die Prüfung geänderter Umstände bereits im Untersagungsverfahren zu berücksichtigen."* (vgl. Oberverwaltungsgericht für das Land Nordrhein-Westfalen, Beschluss vom 14. April 2021 – 12 B 2035/20 – Rn. 9, juris).

905 Sollte eine Gefährdung der Nutzerinnen vorliegen, muss sich eine entsprechende Anordnung unmittelbar anschließen.

906 Bei einer akuten Gefahr besteht unabhängig von der Statusfeststellung ohnehin die Kompetenz der WTG-Behörde nach § 43 Abs. 1 S. 3 WTG.

## III. Anordnungen zum Schutz von Ansprüchen aus Leistungsvereinbarungen

907 Leistungsanbieter sind nach § 4 Abs. 1 Satz 3 WTG verpflichtet, ihre Pflichten aus den Leistungsvereinbarungen zu erfüllen. Soweit – aber auch nur insoweit – die individuellen Verträge nach dem Wohn- und Betreuungsvertragsgesetz zur Konkretisierung der vertraglichen Verpflichtungen auf diese Leistungsvereinbarungen verweisen – das tun sie regelmäßig –, unterliegen diese vertraglichen Vereinbarungen auch der ordnungsrechtlichen Überwachung und kann ihre Einhaltung ordnungsrechtlich auch über eine Anordnung durchgesetzt werden. Im Übrigen richtet sich die Erfüllung der vertraglichen Verpflichtungen nach dem WBVG nach den einschlägigen zivilrechtlichen und zivilprozessrechtlichen Vorschriften, müssen also von den Nutzerinnen oder ihren rechtlichen Vertretern im Bedarfsfall vor den ordentlichen Gerichten geltend gemacht werden.

## IV. Beteiligung des MD bei Gefahren

Das WTG 2014 hat die Regelung des § 19 Abs. 3 WTG 2008 im Wesentlichen übernommen. § 15 Abs. 4 WTG ermächtigt die zuständige Behörde, sofern sie Mängel festgestellt hat, die eine gegenwärtige Gefahr für die Nutzer darstellen, bei denen also erhebliche Pflegemängel vorliegen, die Landesverbände der Pflegeversicherung aufzufordern, umgehend eine Qualitätsprüfung nach den Regelungen des SGB XI durch den Medizinischen Dienst (MD) oder den Prüfdienst der privaten Krankenversicherung sicherzustellen. Mit der Vorgängerreglung zum WTG 2008 hat der Gesetzgeber die politische Diskussion über die Notwendigkeit eines besonderen Pflege-TÜVs aufgegriffen. Die Begründung zum Entwurf des WTG 2008 führt dazu aus (LT-Ds. 14/6972 S. 65): *„Im Rahmen der landesrechtlichen Regelungskompetenz, die die bundesrechtliche Kompetenz zur Prüfung von Pflegequalität zu beachten hat, werden damit die rechtlichen Möglichkeiten des Wohn- und Teilhabegesetzes ausgeschöpft, um die Bedingungen für die Zusammenarbeit zwischen Medizinischen Diensten der Krankenkassen im Lande Nordrhein-Westfalen und der zuständigen Überwachungsbehörden nach diesem Gesetz verbindlich vorzugeben. Sinn der Vorschrift ist es, in den Fällen, in denen Pflegemängel zu einer gegenwärtigen Gefahr für die Bewohner geführt haben, eine umfassende Prüfung durchzuführen. Da es sich bei den Medizinischen Diensten der Krankenversicherung nach § 278 SGB V um Landesbehörden handelt, die Bundesrecht ausführen, ist der Landesgesetzgeber ermächtigt, das Verfahren insoweit zu regeln. Dies ergibt sich aus Artikel 84 Abs. 1 des Grundgesetzes. Mit dieser Bestimmung wird eine Regelung getroffen über das Verfahren bei Ausführung von Bundesrecht durch eine Landesbehörde. Um dabei jedoch der Selbstverwaltungsautonomie der Medizinischen Dienste der Krankenversicherung Rechnung zu tragen, sollen die Einzelheiten des Verfahrens durch eine Vereinbarung der Kommunen als zuständigen Überwachungsbehörden mit den Landesverbänden der Pflegekassen geregelt werden. ... Dabei muss insbesondere berücksichtigt werden, dass der Medizinische Dienst der Krankenversicherung die Qualitätsprüfungen grundsätzlich nach eigenen Regeln durchführt und somit Herr des Verfahrens bleibt, nur der Zeitpunkt der Prüfung wird durch das Ersuchen der für die Durchführung dieses Gesetzes zuständigen Behörde bestimmt. Da die Durchführung der Qualitätsprüfung nach dem SGB XI den Medizinischen Diensten der Krankenversicherung als eigene Aufgabe obliegt, handelt es sich somit nicht um ein Amtshilfeersuchen, so dass eine Erstattung von Kosten regelmäßig nicht in Betracht kommt“.* 908

Diese Ausführungen gelten uneingeschränkt auch für die jetzige Regelung. 909

Im Gegensatz zur Regelung im WTG 2008 geht das Ersuchen aber nicht mehr direkt an den MD, sondern an die zuständigen Landesverbände der Pflegeversicherung; da auch der Prüfdienst der privaten Krankenversicherung in die Prüfung einbezogen wird, ist das Ersuchen auch an den Verband der privaten Krankenversicherung e. V. zu richten (von dem es allerdings keine Landesverbände gibt). Aus der Formulierung „...eine umgehende Durchführung einer Qualitätsprüfung ...sicherzustellen.“ folgt, dass die Pflegeversicherung grundsätzlich kein Ermessen mehr hat, ob sie die Prüfung durchführen lässt. Die Prüfung ist kurzfristig in einer dem Ausmaß der Gefährdung der Nutzer angemessenen Frist durchzuführen. Nur wenn gleichzeitig 910 mehrere Ersuchen vorliegen, die die Personalkapazitäten überschreiten, entscheidet der MD bzw. der Prüfdienst über die Reihenfolge der Prüfungen.

911 Zum Inhalt der Prüfung kann die zuständige Behörde allerdings keine Vorschriften machen. Inhaltlich richtet sich die Prüfung nach den Regelungen des SGB XI und nach der nach § 44 Abs. 3 WTG abzuschließenden Vereinbarung.

912 Da § 14 Absatz 2 WTG das Verhältnis von Prüfungen nach dem WTG und Qualitätsprüfungen nach § 114 SGB XI neu geordnet und in diesem Zusammenhang auch die Zusammenarbeit der beiden Prüfinstitutionen neu geregelt hat, bleibt abzuwarten, ob der Regelung des § 15 Absatz 4 WTG künftig noch praktische Bedeutung zukommt.

## V. Beschäftigungsverbot

913 Die zuständige Behörde hat nach § 15 Abs. 5 WTG die Möglichkeit, Leistungsanbietern zu untersagen, Beschäftigte oder sonstige im Wohn- und Betreuungsangebot tätige Personen einzusetzen, wenn sie die für ihre Tätigkeit erforderliche Eignung nicht besitzen (Beschäftigungsverbot). Unter Eignung ist sowohl die fachliche Eignung nach § 21 Abs. 1 und 2 Satz 1, § 4 Abs. 9 bis 12 WTG, §§ 1 und 3 WTG-DVO als auch die persönliche Eignung nach § 21 Abs. 1 und 2 Satz 1 WTG, § 2 WTG-DVO zu verstehen.

914 Zu einem Beschäftigungsverbot wegen mangelnder persönlicher Eignung hat das Oberverwaltungsgericht entschieden, dass die Generalklausel des § 15 Abs. 5 WTG eine verfassungskonforme und ausreichende Rechtsgrundlage darstellt: *„Die Varianten mangelnder persönlicher Eignung eines Beschäftigten für seine jeweilige Tätigkeit sind so zahlreich, dass auf eine Umschreibung des Eingriffstatbestandes nach Art einer Generalklausel nicht verzichtet werden kann. Der Landesgesetzgeber hat hierbei an den hergebrachten Begriff der „persönlichen Eignung" (vgl. etwa § 4 Abs. 1 der Heimpersonalverordnung) angeknüpft, der sich auch unabhängig von weiteren normativen Vorgaben im Auslegungswege rechtsstaatlich konkretisieren lässt."* Oberverwaltungsgericht für das Land Nordrhein-Westfalen, Beschluss vom 08. Juli 2015 – 4 B 317/15, 4 E 257/15 –, juris, Rn. 9).

915 Die fachliche Eignung wird bei Fachkräften vermutet. Bei Nicht-Fachkräften muss durch das Konzept nach § 4 Abs. 10 WTG die fachliche Eignung dargelegt werden.

916 Aus dem Wortlaut des § 15 Abs. 5 WTG („…wenn Tatsachen die Annahme rechtfertigen…") wird deutlich, dass es ausreicht, wenn die Behörde Anhaltspunkte für eine mangelnde Eignung eines Beschäftigten hat. Es muss sich hierbei jedoch um tatsächliche, d.h. greifbare Anhaltspunkte handeln. Zudem ist es erforderlich, dass die zuständige Behörde nicht nur den Betreiber, sondern den gleichermaßen von der Entscheidung betroffenen Beschäftigten vor Erlass eines Beschäftigungsverbotes anhört. Andernfalls kann dieser mit Aussicht auf Erfolg das Beschäftigungsverbot anfechten.

Sollte die Behörde ein Beschäftigungsverbot aussprechen und sich der Verdacht der mangelnden Eignung später als unbegründet herausstellen, kommt ein Widerruf des Beschäftigungsverbotes nach § 49 VwVfG in Betracht, wobei das Ermessen dann regelmäßig auf Null reduziert sein wird.

Unter sonst im Wohn- und Betreuungsangebot tätigen Personen sind solche zu verstehen, die in der Einrichtung arbeiten, jedoch keine Beschäftigten sind. Das sind insbesondere ehrenamtlich Tätige, ggf. aber auch selbständig tätige Personen. Der Inhalt der Anordnung geht dann dahin, die weitere Tätigkeit zu untersagen, was bei den sonstigen Mitarbeitern bedeutet, dass dem Betreiber aufgegeben wird, deren weitere Tätigkeit zu unterbinden, also z. B. bei ehrenamtlich Tätigen ein Hausverbot auszusprechen. 917

Setzt die Leistungsanbieterin einen externen Dienstleister ein, so kommen Beschäftigungsverbote für dessen Mitarbeiter nicht in Betracht. Sie sind nicht seine Arbeitnehmer, so dass ein Beschäftigungsverbot, nämlich die Untersagung der Beschäftigung eines bestimmten Mitarbeiters, den Betreiber zu etwas ihm rechtlich nicht Möglichem verpflichten würde und folglich unwirksam wäre. Andererseits kann ein Beschäftigungsverbot auch nicht gegenüber dem Dienstleister verhängt werden, da dieser kein Betreiber und damit nicht ordnungspflichtig im Sinne des WTG ist. Da allerdings die Leistungsanbieterin für die Leistungserbringung in ihrer Einrichtung verantwortlich bleibt, wäre die richtige „heimaufsichtliche" Handlungsmöglichkeit eine Anordnung diesem gegenüber, Sorge dafür zu tragen, dass ein bestimmter Arbeitnehmer nicht mehr in der Einrichtung tätig wird. Eine solche Anordnung enthält keinen rechtlich unmöglichen oder den Betreiber unverhältnismäßig einschränkenden Inhalt, weil ihm überlassen bleibt, auf welchem Wege (Vertragsänderung, Vertragskündigung, Geltendmachen einer vertraglichen Nebenpflicht aus dem Dienstleistervertrag, notfalls auch Hausverbot) er die Anordnung umsetzen möchte. 918

Auch wenn das Gesetz nur von Weiterbeschäftigung spricht, kann für den Fall einer Neueinstellung erst recht nichts anderes gelten. Es kann von der Behörde nicht verlangt werden, die Beschäftigung einer fachlich oder persönlich ungeeigneten Person auch nur für einen Tag zu dulden. Es gilt allerdings auch hier, dass Tatsachen die Annahme der fehlenden Eignung rechtfertigen müssen und nicht lediglich Vermutungen. 919

Das Beschäftigungsverbot muss gegenüber dem Betreiber ausgesprochen werden. Unmittelbare arbeitsrechtliche Konsequenzen hat es nicht. Es ist Sache des Betreibers, zu entscheiden, ob und wie er den Beschäftigten ggf. anderweitig einsetzt oder ob er das Arbeitsverhältnis beendet. In der Regel wird bei Ergehen eines Beschäftigungsverbotes eine auch unter den Voraussetzungen des Kündigungsschutzgesetzes zulässige ordentliche personenbedingte Kündigung in Betracht kommen. Eine derartige Kündigung gehört in die Fallgruppe des Fortfalls von Erlaubnissen oder Lizenzen wie etwa eines Lkw-Führerscheins. Zu beachten ist aber immer, dass ein Beschäftigungsverbot zur ordentlichen Kündigung nur dann berechtigt, wenn die 920 zugrundeliegenden Tatsachen nicht dem Betreiber zuzurechnen sind. Überdies wird in der Regel der Ausspruch des Beschäftigungsverbotes und nicht lediglich dessen Androhung durch die zuständige Behörde erforderlich sein, um eine Kündigung zu rechtfertigen. Eine außerordentliche Kündigung wird sich auf dieser Grundlage nicht rechtfertigen lassen, sofern nicht weitere Gründe im Verhalten des Beschäftigten vorliegen. Ungeachtet dessen, dass Adressat des Beschäftigungsverbotes der Betreiber ist, stehen auch dem Beschäftigten als unmittelbar Betroffenem eigene Rechte, insbesondere das Klagerecht zu; der Bescheid ist ihm ebenfalls bekannt zu geben. Allerdings hilft in der Regel auch eine gegen das Beschäftigungsverbot gerichtete Klage nicht gegenüber einer ausgesprochenen personenbedingten Kündigung des Arbeitsverhältnisses.

921 In diesem Zusammenhang ist auf eine Neuregelung aufmerksam zu machen. Nach § 15 Abs. 6 WTG ist die zuständige Behörde berechtigt und verpflichtet, eine mangelnde persönliche oder fachliche Eignung von Einrichtungs- oder Pflegedienstleitung oder Beschäftigten allen anderen WTG-Behörden und den für die Durchführung der Berufszulassungsverfahren (für die Alten- und Krankenpflege also den Bezirksregierungen) mitzuteilen. Diese Mitteilungsverpflichtung bzw. -berechtigung bezieht sich zunächst nur auf Namen, Geburtsdatum und Anschrift und gilt nur, wenn die fehlende Eignung bereits zu einem Beschäftigungsverbot geführt hat oder ein solches bei Aufnahme einer Tätigkeit unmittelbar rechtfertigen würde. Im letztgenannten Fall müsste die WTG-Behörde also „fiktiv" prüfen, ob sie bei Kenntnis der Tatsachen und unter Nutzung ihres Ermessensspielraumes ein Beschäftigungsverbot aussprechen würde. Mit dieser landesweiten Mitteilung soll also allen anderen WTG-Behörden bzw. den Bezirksregierungen die Möglichkeit gegeben werden, die Verhängung eines Beschäftigungsverbotes bzw. die Notwendigkeit berufszulassungsrechtlicher Maßnahmen zu prüfen. Die landesweite Weitergabe ist erforderlich, da die WTG-Behörde nach Feststellung der mangelnden Eignung von einem eventuellen Wechsel des ungeeigneten Beschäftigten in den Zuständigkeitsbereich einer anderen WTG-Behörde sonst keine Kenntnis hätte. Sobald dieser ungeeignete Beschäftigte im Zuständigkeitsbereich einer anderen WTG-Behörde eine Beschäftigung aufzunehmen beabsichtigt, ist die Behörde, die die mangelnde Eignung festgestellt hat, berechtigt, der jetzt zuständigen Behörde alle personenbezogenen Daten, die Grundlage der Feststellung waren, mitzuteilen. Es dürfen also alle Sachverhalte, die zur Feststellung der mangelnden persönlichen oder fachlichen Eignung geführt haben, wie z. B. Straftaten, jetzt im konkreten Einzelfall der neu zuständigen Behörde mitgeteilt werden. Diese prüft dann die Verhängung eines Beschäftigungs- bzw. Einstellungsverbotes, wobei sie vor allem im Hinblick auf die Ermessensausübung eine eigene Entscheidung trifft.

922 § 15 Abs. 6 Satz 3 WTG erlaubt es der zuständigen WTG-Behörde auch, personenbezogene Daten einem Leistungsanbieter mitzuteilen, wenn Gründe für ein Beschäftigungsverbot vorliegen und dies zur Begründung eines erneuten Beschäftigungsverbotes erforderlich ist. Die Behörde kann damit zur Begründung auf einen Sachverhalt zurückgreifen, den der neue Leistungsanbieter gar nicht kennt, weil sich der Vorfall,

der zur Feststellung der mangelnden Eignung geführt hat, bei einer anderen Leistungsanbieterin ereignet hat. Diese Regelung ist z. B. sinnvoll für ein ein Beschäftigungsverbot rechtfertigendes Fehlverhalten unterhalb der Strafbarkeitsschwelle; sofern die Beschäftigte strafrechtlich verurteilt wurde, geht dies ohnehin aus dem Führungszeugnis hervor.

Wenn die Behörde ein Beschäftigungsverbot hinsichtlich der Einrichtungsleitung 923 ausgesprochen hat, hat die Leistungsanbieterin zunächst die Möglichkeit, eine neue geeignete Einrichtungsleitung einzusetzen. Erst wenn dies nicht geschieht, kann die zuständige Behörde auf Kosten des Betreibers eine kommissarische Einrichtungsleitung einsetzen. Die früher im Heimgesetz geregelte kumulative Voraussetzung, dass gleichzeitig die Voraussetzungen für eine Untersagung vorliegen müssen, besteht nicht mehr. Wenn gleichzeitig die Voraussetzungen für die Einsetzung einer kommissarischen Einrichtungsleitung und für eine Untersagung des Betriebes vorliegen, ist die Einsetzung einer kommissarischen Einrichtungsleitung grundsätzlich das mildere Mittel.

Die Einsetzung einer kommissarischen Leitung ist begrenzt. Sollte es dem Betrei- 924 ber jedoch nicht gelingen, eine geeignete Einrichtungsleitung zu finden, – wobei die Möglichkeit besteht, dass er die kommissarische Einrichtungsleitung als dauerhafte Besetzung akzeptiert – kommt letztlich nur noch eine Untersagung des Betriebes in Betracht, da die Einrichtung auf Dauer nicht ohne Leitung betrieben werden kann. Auch hier gilt, dass eine Untersagung nicht erst dann ausgesprochen werden kann, wenn die Leistungsanbieterin die Einrichtungsleitung bereits beschäftigt, sondern auch schon, wenn sie deren Neueinstellung beabsichtigt. Die Einsetzung einer kommissarischen Einrichtungsleitung setzt aber in jedem Fall ein vorhergehendes Beschäftigungsverbot voraus.

Wie jede andere Anordnung auch, hat eine Klage gegen ein Beschäftigungsverbot kei- 925 ne aufschiebende Wirkung. Diese kann im einstweiligen Rechtsschutzverfahren hergestellt werden, was voraussetzt, dass das Aussetzungsinteresse das Vollziehungsinteresse überwiegt. Dazu hat das Verwaltungsgericht Gelsenkirchen entschieden, dass *„...ein Beschäftigungsverbot, das unter Beachtung des Grundsatzes der Verhältnismäßigkeit auf den Einsatz des Antragstellers als verantwortlicher Heimleiter für Pflege und Personal beschränkt worden ist, (voraussichtlich) einer Kontrolle im Hauptsacheverfahren standhält, so setzt sich das öffentliche Interesse, Gesundheitsgefahren für die Heimbewohner soweit wie möglich zu vermeiden, gegenüber dem Interesse des Betroffenen an der Wiederherstellung der aufschiebenden Wirkung durch“.* (VG Gelsenkirchen, Beschluss vom 31. Juli 2012 – 10 L 828/12 –, juris, Rn. 38).

## VI. Mitteilung über mangelnde Zuverlässigkeit von Leistungsanbietern und Einrichtungsleitungen

926 § 15 Absatz 7 WTG ermöglicht den WTG-Behörden, ihnen vorliegende Erkenntnisse, aus denen sich eine mangelnde Zuverlässigkeit eines Leistungsanbieters oder einer Einrichtungsleitung ergibt (vgl. § 4 Abs. 2 Satz 1 WTG), an die Stellen weiterzuleiten, die für die Verwaltung von Ausbildungsfonds im Bereich der Pflege zuständig sind (vgl. Gesetzentwurf der Landesregierung, LT-Drucksache 17/3777 S. 58). Das ist ab dem 01.01.2020 die Bezirksregierung Münster als zuständige Stelle zur Verwaltung des Pflegeausgleichsfonds nach § 26 Abs. 2 des Pflegeberufegesetzes. Gleiches gilt für die Anerkennungsbehörden für Werkstätten für behinderte Menschen nach § 225 SGB IX. Zwar nennt § 4 Abs. 2 Satz 1 WTG die Zuverlässigkeit der Einrichtungsleitung nicht mehr als allgemeine ordnungsrechtliche Anforderung. Dennoch können die zuständigen Behörden im Rahmen ihrer Tätigkeit Kenntnisse über mangelnde Zuverlässigkeit und damit persönliche Eignungen über Einrichtungsleitungen erlangen.

927 Diese Erkenntnisse der WTG-Behörden können insbesondere auf den Mitteilungen in Strafsachen (MiStra) beruhen, jedoch auch anderweitig gewonnen worden sein. Durch die Meldung wird die Bezirksregierung Münster in die Lage gesetzt zu ermitteln, ob der unzuverlässige Leistungsanbieter oder die persönlich ungeeignete Einrichtungsleitung auch im Umlage- oder Erstattungsverfahren möglicherweise falsche Angaben gemacht hat (vgl. Gesetzentwurf der Landesregierung, LT-Drucksache 17/3777 S. 58).

## VII. Betriebsuntersagung

928 Die Untersagung des Betriebs einer Einrichtung ist die den Betreiber am stärksten belastende Maßnahme. Sie ist nach § 15 Abs. 3 WTG nach pflichtgemäßem Ermessen zulässig bei Verletzung einer Anzeigepflicht, nicht fristgerechter Befolgung einer Anordnung zur Mängelbeseitigung, Beschäftigung von Personen entgegen einem Beschäftigungsverbot und bei einem Verstoß gegen das Verbot zur Annahme zusätzlicher Leistungen. Die Untersagung ist unter Beachtung des Verhältnismäßigkeitsprinzips zulässig. Insbesondere bei einer Verletzung einer Anzeigepflicht wird aber nicht ohne Weiteres eine Untersagung in Betracht kommen. Hier kann der Zweck, den Betreiber zukünftig zu einem gesetzmäßigen Verhalten anzuhalten, häufig eher durch die Verhängung eines Bußgeldes erreicht werden. Verstößt die Leistungsanbieterin jedoch fortgesetzt und hartnäckig gegen ihre Anzeigepflicht, ist eine Untersagung zulässig. Außerdem fehlt es dann regelmäßig an der erforderlichen Zuverlässigkeit, § 4 Abs. 2 WTG.

929 Die Entscheidung über eine Anordnung und deren Inhalt stehen grundsätzlich im Ermessen der zuständigen Behörde. Nicht dem Ermessen, wohl aber dem

Verhältnismäßigkeitsgrundsatz unterliegt auch die Betriebsuntersagung nach § 15 Abs. 2 Satz 3 WTG. Unter der Voraussetzung, dass andere Anordnungen zur Beseitigung der Mängel nicht ausreichen, ist als letztes Mittel auch die Untersagung des Betriebs einer Einrichtung möglich.

930 Der Wortlaut, wonach eine Untersagung auszusprechen ist, wenn Anordnungen zur Beseitigung der Mängel nicht ausreichen, macht deutlich, dass die zuständige Behörde als letztes Mittel diese Möglichkeit ergreifen muss, ohne dass sie insoweit noch ein Ermessen hat, denn § 15 Absatz 2 Satz 3 WTG sieht ein behördliches Ermessen auf der Rechtsfolgenseite nicht vor (vgl. OVG NRW, Beschluss vom 06.12.2018 – 12 B 1102/18 – Rn. 5). Bedenken an der Verfassungsmäßigkeit des § 15 Absatz 2 Satz 3 WTG hat das OVG NRW zu Recht nicht gesehen (vgl. Oberverwaltungsgericht für das Land Nordrhein-Westfalen, Beschluss vom 29. Mai 2024 – 12 B 66/24 –, Rn. 12, juris): *„Der nicht näher begründete Einwand, es sei „mangels Härtefallregelung und mangels kompensatorischen Regelungen sowie im Blick auf Irreparabilität behördlicher Maßnahmen schon auf normativer Ebene die Grenze zum eigentumsrelevanten Eingriff in die Substanz des Gewerbebetriebs i. S. d. Art. 14 Abs. 1 GG überschritten“, kann Zweifel an der Verfassungsgemäßheit der Norm schon deshalb nicht wecken, weil in keiner Weise dargelegt wird (und auch sonst erkennbar ist), weshalb § 15 Abs. 2 Satz 3 WTG auf eine „Irreparabilität behördlicher Maßnahmen“ angelegt sein soll und warum der Gesetzgeber Veranlassung gehabt haben sollte, auf Härtefälle Rücksicht zu nehmen oder gar „kompensatorische Regelungen“ in Betracht zu ziehen.“*. Die insoweit von den Antragstellern des Verfahrens geforderte „Härtefallregelung“ kann und muss im Rahmen der Prüfung der Verhältnismäßigkeit erfolgen.

931 Anordnungen reichen dann nicht aus, wenn ihre Erteilung von vornherein keinen Erfolg verspricht oder aber, wenn sie zwar erlassen, jedoch nicht befolgt wurden und für die nähere Zukunft auch eine Befolgung nicht zu erwarten ist. Gründe für eine Untersagung können beispielsweise gravierende zu Gesundheitsgefährdungen führende Mängel in der Betreuung oder Straftaten des Betreibers, vor allem Freiheitsentziehungen, sein. Insbesondere hygienische Mängel, die zum Auftreten einer übertragbaren Krankheit führen können, rechtfertigen eine Betriebsuntersagung, wenn die Mängel trotz mehrfacher Beratungen durch die Behörde nicht beseitigt werden (vgl. VG Gelsenkirchen, Beschluss vom 06.08.2018 – 10 L 1281/18 – Rn. 27). Die vorherige erfolglose Vollstreckung der Anordnung ist allerdings nicht Voraussetzung für eine Schließung. In allen Fällen ist jedoch das Prinzip der Verhältnismäßigkeit zu beachten.

932 Aus dem Verhältnismäßigkeitsprinzip folgt, dass eine Untersagung nur als vorübergehende zulässig ist, wenn der Untersagungsgrund voraussichtlich in absehbarer Zeit beseitigt werden kann. Sobald die Gründe für die vorläufige Untersagung entfallen sind, hebt die zuständige Behörde diese wieder auf.

933 Auch hier gilt wieder, dass Anfechtungsklagen keine aufschiebende Wirkung haben. Im Rahmen eines einstweiligen Rechtsschutzverfahrens vor dem Verwaltungsgericht

müssen das öffentliche Vollziehungs- und das private Aussetzungsinteresse gegeneinander abgewogen und dabei die Erfolgsaussichten des Rechtsbehelfs berücksichtigen werden.

934 In einem konkreten Fall konnte das Verwaltungsgericht Köln eine offensichtliche Rechtswidrigkeit der angefochtenen Betriebsuntersagung nicht feststellen und lehnte den Antrag auf Herstellung der aufschiebenden Wirkung mit der folgenden Begründung ab: „*Vor diesem Hintergrund* (keine offensichtliche Rechtswidrigkeit der Anordnung, d. Verf.) *war auf der Grundlage einer Abwägung der Folgen, die im Falle der sofortigen Vollziehung der streitgegenständlichen Maßnahmen zu erwarten sind mit denen, die bei einer Fortführung des Betriebs der Einrichtung jedenfalls bis zu einer Entscheidung in der Hauptsache zu erwarten wären, zu entscheiden. Dabei war hinsichtlich einer sofortigen Durchführung der Betriebsschließung zum einen zu berücksichtigen, dass hiermit eine weitere Fortführung des eingerichteten und ausgeübten Gewerbebetriebs der Antragstellerin an dem Standort … zumindest in erheblichem Maße gefährdet, wenn nicht sogar ausgeschlossen würde. Zudem fließen insofern die Belange der noch verbliebenen pflegebedürftigen Bewohner, die sich die Einrichtung als Wohnstätte ausgesucht hatten und dortbleiben möchten, in die Abwägung mit ein. Auf der anderen Seite steht der der Antragsgegnerin obliegende behördliche Auftrag gemäß § 14 Abs. 1 S. 1 WTG, die Einhaltung der Vorschriften des Gesetzes zu überwachen und im Interesse der Nutzer die gebotene Qualität eines dem Gesetz unterliegenden Wohn- um Betreuungsangebots zu gewährleisten. Dabei ist selbstverständlich von einem besonders hohen Gewicht dieses öffentlichen Interesses auszugehen, wenn Qualitätsmängel sich sogar in einer Gesundheit oder Leben gefährdenden Form auszuwirken drohen. Die Kammer hatte zu berücksichtigen, dass es nach den Feststellungen der Antragsgegnerin in den letzten sechs Wochen vor der verfügten Betriebsuntersagung zu einer Vielzahl von erheblichen Mängeln bei der Versorgung der Pflegebedürftigen mit einem zum Teil gravierenden Gefährdungspotenzial für deren Leib und Leben gekommen war*". (VG Köln, Beschluss vom 03. Februar 2015 – 22 L 187/15 –, juris, Rn. 8 ff.).

935 In den seltenen Fällen eines statthaften Widerspruches muss geprüft werden, ob die sofortige Vollziehung angeordnet werden sollte. In den Fällen eines Beschäftigungsverbotes ist jedoch auch die unmittelbare Klage des Beschäftigten zulässig. Die Ausnahme des § 110 Abs. 1 Satz 3 Justizgesetz NW, wonach ein Widerspruchsverfahren stattfinden muss, wenn sich ein am Verfahren nicht beteiligter Dritter gegen einen Verwaltungsakt wendet, greift her nicht, da die Regelung einen begünstigenden Verwaltungsakt voraussetzt.

## VIII. Ordnungswidrigkeiten

936 Die Ordnungswidrigkeitentatbestände sind in § 42 WTG geregelt. Es sind nur die Verletzungen solcher Anforderungen bußgeldbewehrt, deren Erfüllung zur erfolgreichen Durchsetzung des Gesetzes- und Verordnungszieles geboten erscheint. Dabei handelt es sich um die Verletzung von Anzeige-, Auskunfts- und Duldungspflichten, Verstöße gegen vollziehbare Anordnungen der WTG-Behörden, Verstöße gegen das

Annahmeverbot nach § 7 Abs. 1 WTG, Verstöße gegen die Auslegungspflicht, bei fehlendem Personal oder bei fehlender Fachlichkeit, Verstöße gegen die Weisungsunabhängigkeit der verantwortlichen Fachkraft und Verstöße gegen Verpflichtungen aus der WTG-DVO, sofern sie dort bestimmt sind.

Dazu gehört auch der Tatbestand, dass eine Einrichtungsleitung oder eine verantwortliche Fachkraft in einer anbieterverantworteten Wohngemeinschaft es zulässt, dass einer Nutzerin ohne rechtfertigenden Grund die Freiheit entzogen wird, § 42 Abs. 1 Nr. 7 WTG. Ohne rechtfertigenden Grund bedeutet in diesem Zusammenhang, dass entweder eine wirksame Einwilligung der betroffenen Person oder eine betreuungsgerichtliche Genehmigung der Entscheidung einer rechtlichen Vertreterin (Bevollmächtigte oder Betreuerin) nicht vorliegt. 937

Sofern das Gesetz davon spricht, dass eine Anzeige nicht rechtzeitig erstattet wurde, ist damit gemeint, dass die Anzeige erfolgen muss, sobald der Anzeigepflichtige Kenntnis des anzuzeigenden Sachverhaltes hat und ihm die Erfüllung der Anzeigepflicht möglich ist. 938

Die Zuständigkeit der Behörde zur Verfolgung der Ordnungswidrigkeiten ergibt sich aus § 43 Abs. 1 Satz 1 WTG. 939

# 6. Abschnitt: Beratung, Information und Veröffentlichung von Ergebnisberichten

## I. Beratung

940 Nach § 11 Abs. 1 WTG informieren und beraten die zuständigen Behörden, die ein berechtigtes Interesse haben, über Einrichtungen und über die Rechte und Pflichten der Leistungsanbieter und der Nutzer solcher Einrichtungen. Die Vorschrift statuiert einen Beratungs- und Informationsanspruch einer Person, die ein berechtigtes Interesse daran hat, über Rechte und Pflichten im Rahmen des Wohn- und Teilhabegesetzes beraten zu werden. Die Vorschrift nennt beispielhaft Bewohner, deren Angehörige und rechtliche Betreuer, die Bewohnerinnen- und Bewohnerbeiräte, Mitglieder von Vertretungsgremien und Vertrauenspersonen sowie diejenigen, die bereits eine Einrichtung betreiben bzw. zu betreiben beabsichtigen. Der Beratungsauftrag bezieht sich zudem auf alle Personen, die ein berechtigtes Interesse haben; die Aufzählung in Absatz 1 Satz 2 ist beispielhaft. Der Begriff des berechtigten Interesses ist weit auszulegen, um dem Ziel eines möglichst umfassenden Schutzes der Nutzerinnen von Einrichtungen zu genügen. Zu beachten bleibt, dass ungeachtet des Schutzzwecks des Gesetzes die Mitarbeiterinnen und Mitarbeiter der zuständigen Behörde zur Neutralität im Rahmen ihrer Aufgabenerledigung verpflichtet sind. Überdies beschränkt sich der Beratungsauftrag auf heimrechtliche Themen.

941 Die Beratung bleibt eine zentrale Aufgabe der zuständigen Behörde und hängt nicht von einem Antrag ab.

942 Der Beratungsauftrag ist eine „Service-Tätigkeit" der öffentlichen Verwaltung. Daher haben die zuständigen Behörden grundsätzlich das Recht, Gebühren für ihre Beratungstätigkeit zu nehmen, im Übrigen nicht anders als privat organisierte Unternehmen dies tun. Von Nutzern und ihren Angehörigen werden jedoch keine Gebühren erhoben.

943 Die derzeit aktuelle Gebührenregelung ist im Anhang abgedruckt. Hier wie dort gilt jedoch, dass der Hinweis auf die Gebührenpflicht und die zu erwartende Gebührenhöhe ein Gebot der Fairness ist.

## II. Informationsanspruch nach dem Informationsfreiheitsgesetz

944 Die Regelung des § 11 Abs. 2 WTG ist im Wesentlichen der des § 14 Abs. 2 WTG 2008 entnommen und enthält eine Spezialvorschrift zu dem grundsätzlich gegebenen, voraussetzungslosen Anspruch auf Information nach dem Informationsfreiheitsgesetz

des Landes Nordrhein-Westfalen. Die auch für § 11 Abs. 2 WTG 2014 insoweit noch relevante Begründung zum Gesetzentwurf 2008 führt dazu aus (LT-Drs. 14/6972 S. 58 f.):

*„Danach besteht schon jetzt ein Anspruch auf Information über die bei der zuständigen Behörde vorhandenen Informationen, die sich aus der Prüfung der Einrichtungen ergeben. Nach dem geltenden Informationsfreiheitsgesetz kann ein Antrag auf Informationsgewährung jedoch abgelehnt werden, soweit damit Betriebs- und Geschäftsgeheimnisse offenbart würden. Ggf. müsste zunächst eine Abwägung der Interessen des Betreibers und des Informationssuchenden vorgenommen werden. Um diese Rechtsunsicherheit auszuräumen, bestimmt die Vorschrift, dass bei Mängeln, die zu einer Gefährdung der sehr wichtigen Rechtsgüter Leben, Gesundheit oder Freiheit geführt haben, eine Berufung auf Betriebs- oder Geschäftsgeheimnisse nicht zulässig ist. Insoweit wird ggf. in das Grundrecht der Betreiber aus Artikel 12 Grundgesetz eingegriffen. Dieser Eingriff ist jedoch verhältnismäßig und damit zulässig, da der Informationsanspruch auf die Verletzung weniger, herausragender Rechtsgüter beschränkt wird und dem Betreiber die Gelegenheit gegeben wird, zu dem Informationsbegehren Stellung zu nehmen. Dem Verhältnismäßigkeitsgesichtspunkt trägt auch die Regelung Rechnung, dass der Anspruch ausgeschlossen ist, wenn der festgestellte Rechtsverstoß zum Zeitpunkt des Antrages mindestens fünf Jahre zurückliegt. Die Regelung orientiert sich an der entsprechenden Regelung im Verbraucherinformationsgesetz des Bundes".* 945

Entscheidend ist also zumindest das Vorliegen einer Gefährdung, die sich einer Verletzung i. S. d. Gesetzesbegründung bereits angenähert hat. 946

Damit ist eine Erleichterung der Arbeit der zuständigen Behörden geschaffen worden, die bisher schon Anträge nach dem Informationsfreiheitsgesetz und nach dem WTG 2008 prüfen mussten. Rechte nach dem Informationsfreiheitsgesetz stehen nur Einzelpersonen, nicht aber Verbänden, Konkurrenten etc. zu. Auch die Weitergabe an in diesem Sinne unberechtigte Personen wird als Gesetzesumgehung unzulässig sein. Zudem bleibt es bei dem Erfordernis der Einzelfallprüfung, die nicht durch § 11 Abs. 2 WTG 2014 entbehrlich wird. Die weiteren Voraussetzungen und das Verfahren richten sich nach dem Informationsfreiheitsgesetz. 947

## III. Veröffentlichung der Ergebnisberichte

### 1. Veröffentlichung der wesentlichen Ergebnisse

Nach § 14 Abs. 10 WTG sind die Berichte über die wesentlichen Ergebnisse der Regelprüfungen zu veröffentlichen. Diese Ergebnisberichte sollen die wesentlichen Angaben zu Fragen der Personalausstattung, der Pflege und Betreuung, der Wohnqualität, der Mitwirkung und der Information enthalten. Die einzelnen Prüfgegenstände sind in der Anlage zur WTG-DVO benannt und im Anhang dieses Buches abgedruckt. 948

949 Im Ergebnisbericht wird zwischen Mangelfreiheit, geringfügigen Mängeln oder wesentlichen Mängeln differenziert. Die wesentlichen Mängel sind in § 23 Abs. 2 Satz 2 WTG definiert als solche, die eine ordnungsrechtliche Anordnung nach dem WTG erforderlich machen, vgl. Rn. 832. Außerdem wird dokumentiert, ob Prüfgegenstände nicht geprüft wurden, nicht angebotsrelevant waren und wann eine Mangelbeseitigung erfolgt ist.

950 Ergebnisberichte über die Regelprüfungen sind im Internet-Portal der zuständigen Behörde zu veröffentlichen. Die Einzelheiten des Verfahrens richten sich nach § 4 WTG-DVO, wobei die Ergebnisberichte grundsätzlich dem Muster der Anlage zur WTG-DVO folgen müssen, wenn auch geringfügige Abweichungen zulässig sein werden, wenn damit keine inhaltlichen oder sachlichen Veränderungen verbunden sind. Die Anbieter von Werkstätten für behinderte Menschen müssen zwar nach § 41a Abs. 2 WTG i. V. m. § 14 Abs. 10 WTG die Ergebnisberichte veröffentlichen, jedoch gibt es mangels Änderung der WTG-DVO dafür kein Muster wie für Einrichtungen mit umfassendem Leistungsangebot.

951 Pro Regelprüfung in einem Wohn- und Betreuungsangebot wird nur ein einziger Ergebnisbericht erstellt. Sind in einer anbieterverantworteten Wohngemeinschaft mehrere ambulante Pflege-/Betreuungsdienste tätig, so müssen die Ergebnisse für die Dienste einzeln in diesem Ergebnisbericht dargestellt werden, die Verantwortlichkeiten der einzelnen Dienste für die verschiedenen Bereiche müssen erkennbar sein.

952 Von den Ergebnisberichten sind die Prüfberichte nach § 14 Abs. 9 WTG zu unterscheiden. Dies sind die ausführlichen Berichte, die nach § 6 Abs. 1 Nr. 3 WTG in der Einrichtung ausgehängt werden müssen, vgl. Rn. 276.

## 2. Übersichtlichkeit und Verständlichkeit

953 Nach § 4 Abs. 2 Satz 1 WTG-DVO müssen die Ergebnisberichte für alle Interessierten übersichtlich und leicht verständlich sein.

954 Ergebnisberichte sollen u. a. alten Menschen, pflegedürftigen Menschen und Menschen mit Behinderungen ermöglichen, sich über das wesentliche Ergebnis der Prüfungen zu informieren. Bei dieser Zielgruppe sind nicht zwingend, aber doch öfter unterschiedlich ausgeprägte Einschränkungen der kognitiven Fähigkeiten vorhanden. Leicht verständlich sind Ergebnisberichte daher, wenn sie z. B. Abkürzungen, Konjunktiv-, Passiv- und Genitivkonstruktionen, abstrakte Begriffe und Fremdwörter vermeiden und stattdessen kurze Sätze mit klarer Satzgliederung, kurze, gebräuchliche Begriffe und Redewendungen verwenden. Begriffe sollten durchgängig in gleicher Weise gebraucht werden. Inhalte sollten durch Absätze und Überschriften nachvollziehbar strukturiert werden.

## 3. Verfahren der Veröffentlichung

Die Veröffentlichung des Ergebnisberichtes soll nach § 4 Abs. 3 WTG-DVO spätestens drei Monate nach der Prüfung erfolgen. Die Frist kann erst mit der Beendigung der Prüfung erfolgen, nicht schon am Tag einer Prüfung in der Einrichtung oder Wohngemeinschaft. Die Prüfung ist erst beendet, wenn die Behörde die Sachverhaltsfeststellung abgeschlossen, die Leistungsanbieterin beraten und ggf. über Maßnahmen entschieden hat. 955

Der Entwurf des Ergebnisberichtes wird dann der Leistungsanbieterin mit einer Frist von vier Wochen zur Stellungnahme übersandt. Es dürfte sich nicht um eine Ausschlussfrist handeln, so dass ggf. die Behörde bei schwierigen Fragen auch eine Fristverlängerung gewähren könnte. Wenn die Leistungsanbieterin Einwendungen macht und die Behörde sie für berechtigt hält, ändert sie den Bericht entsprechend ab. Hält sie die Einwendungen nicht für berechtigt und weicht auch die Leistungsanbieterin nicht von ihrer Einschätzung ab, so werden die Einwendungen und die Stellungnahme der Behörde dazu im Prüfbericht veröffentlicht. 956

Die Verfahrensregelungen stellen damit eine umfassende Anhörung der Leistungsanbieterin vor der Veröffentlichung sicher. 957

Die Veröffentlichung des Ergebnisberichtes wird jeweils zu dem auf den Zeitraum von zwei Jahren folgenden 1. Oktober beendet. Je nach dem Zeitpunkt der Veröffentlichung ist der Ergebnisbericht also zwischen mindestens zwei Jahren und knapp drei Jahren im Internet verfügbar. 958

Nach den allgemeinen Regeln ist der Sachverhalt zum Zeitpunkt der Behördenentscheidung maßgeblich. Wird ein Mangel festgestellt, auf den die Behörde ggf. mit einer Anordnung reagieren muss und wird der Mangel, etwa nach einer Beratung oder während der Anhörungsfrist beseitigt und ist eine Anordnung deshalb nicht mehr erforderlich, erscheint er nicht als wesentlicher Mangel im Ergebnisbericht. Das ist die Konsequenz aus dem formalen Begriff des wesentlichen Mangels, der nicht auf die Schwere eines Verstoßes gegen Anforderungen, sondern nur auf das formale Kriterium einer Anordnung abstellt. 959

Anders gilt aber auch: Wird der Mangel nach Veröffentlichung des Ergebnisberichtes beseitigt, wird nur die Mangelbeseitigung dokumentiert, nicht die ursprüngliche Mängelbeseitigung. Das gilt auch für geringfügige Mängel. 960

Ob die Veröffentlichung eines Ergebnisberichtes den Charakter eines Verwaltungsaktes hat, ist fraglich. Es dürfte an der Tatbestandsvoraussetzung einer Regelung fehlen, da die Veröffentlichung nicht auf die Setzung einer Rechtsfolge gerichtet ist. Eine Klage auf Beseitigung einer Feststellung im Ergebnisbericht wäre dann als allgemeine Leistungsklage zulässig. Gegen eventuelle Anordnungen, die Voraussetzung für die Feststellung eines wesentlichen Mangels sind, ist die Anfechtungsklage zulässig, 961 die aber nach § 15 Abs. 5 WTG keine aufschiebende Wirkung hat. § 14 Abs. 10 WTG enthält hier eine besondere verfahrensrechtliche Regelung. Danach soll die Veröffentlichung unterbleiben, wenn festgestellte Mängel und getroffene Anordnungen mit Rechtsbehelfen angefochten werden und die Behörde die Veröffentlichung nicht dennoch zur Verwirklichung des Gesetzeszwecks für geboten hält. Die Behörde hat in diesem Fall also zunächst ein Ermessen, ob sie den Ergebnisbericht veröffentlicht – das hat sie bei einem nicht oder nicht mehr angefochtenen Bericht nicht, da muss sie veröffentlichen (vgl. § 14 Abs. 9 Satz 1 WTG „...werden die wesentlichen Ergebnisse…veröffentlicht."). Andererseits ist dieses Ermessen eingeschränkt, denn die Veröffentlichung soll unterbleiben. Es müsste also ein gewichtiger Grund vorliegen, in solchen Fällen dennoch die Berichte zu veröffentlichen. Das könnte z. B. ein offensichtlich unbegründeter Rechtsbehelf sein, der nur zum Zwecke der Verhinderung der Veröffentlichung eingelegt wurde. Im Regelfall dürfte die Behörde jedoch – schon aus Gründen der Vermeidung von Amtshaftungsansprüchen – die Veröffentlichung unterlassen bzw. wiedereinstellen, wenn der Ergebnisbericht oder zugrundeliegende Anordnungen angefochten wurde.

962 Sofern ein Gericht die aufschiebende Wirkung einer Klage gegen eine Anordnung angeordnet hat, hat nach § 14 Abs. 10 Satz 2 WTG die Veröffentlichung zu unterbleiben. Die Entscheidung des Gerichts stellt zwar zunächst nur die aufschiebende Wirkung der Anfechtungsklage gegen die Anordnung her und bezieht sich nicht auf eine von dieser Anfechtungsklage unabhängige Klage gegen die Veröffentlichung des Prüfberichtes. Der Gesetzgeber hat hier jedoch einen so engen Zusammenhang gesehen, dass er eine Veröffentlichung des Ergebnisberichtes nicht zulässt, wenn auch nur die aufschiebende Wirkung einer Anfechtungsklage gegen eine einzige Anordnung angeordnet wurde.

963 Selbstverständlich besteht auch die Möglichkeit, dass ein Verwaltungsgericht im Wege des einstweiligen Rechtsschutzverfahrens nach § 123 Abs. 1 VwGO die Veröffentlichung des Ergebnisberichtes vollständig oder teilweise vorläufig untersagt.

964 Insgesamt zeigt sich, dass geraume Zeit nach der Einführung der Veröffentlichung der Prüfberichte der WTG-Behörden wie auch solcher des MD das Interesse nach anfänglich recht emotionalem Umgang hiermit doch erheblich nachgelassen hat. Gegenwehr durch die Einrichtungen erfolgt nurmehr sporadisch; soweit zu beobachten, interessieren sich Pflegebedürftige und ihre Angehörigen nur wenig für derartige Veröffentlichungen. Im Sinne einer Bürokratieentlastung könnte erwogen werden, den hiermit verbundenen Aufwand einzusparen.

# 7. Abschnitt: Übergangsregelungen, Bestandsschutz und Inkrafttreten des WTG

## I. Übergangsregelungen

Übergangsregelungen sind in § 47 Absatz 1, 2, 5 WTG getroffen worden. 965

### 1. Änderung des rechtlichen Status

§ 47 Abs. 1 WTG schafft eine Übergangsregelung für die Fälle, in denen sich der 966 rechtliche Status eines Wohn- und Betreuungsangebotes ändert. In der Praxis kann das in Betracht kommen bei ursprünglich selbstverantworteten Wohngemeinschaften, bei denen die Selbstverantwortung im Laufe der Zeit in die Anbieterverantwortung eines Leistungsanbieters übergeht und somit nicht mehr die Voraussetzungen des § 24 Abs. 2 WTG erfüllt sind. Es kann auch zutreffen auf anbieterverantwortete Wohngemeinschaften, deren Nutzerinnenzahl auf mehr als 12 Personen ansteigt und für die dann Einrichtungsrecht gilt, § 26 Abs. 6 Satz 1 WTG. In diesem Fall besteht grundsätzlich eine Übergangsfrist von drei Monaten zur Anpassung an die neuen Anforderungen, die von der Behörde aber nach ihrem Ermessen auf ein Jahr verlängert werden kann. Die Frist beginnt mit der Feststellung des neuen Status durch die Behörde. Die Bestandskraft dieser Feststellung ist nach dem Wortlaut nicht erforderlich. Da Rechtsmittel gegen Entscheidungen der WTG-Behörde keine aufschiebende Wirkung haben, müssten Leistungsanbieter ggf. im einstweiligen Rechtsschutzverfahren die aufschiebende Wirkung herstellen lassen, sofern nicht die Behörde von sich aus auf die Vollziehung bis zur Bestandskraft verzichtet. (Anmerkung: Absatz 1 Satz 3 n. F. enthält einen – jetzt ins Leere gehenden – Verweis auf Absatz 1 Satz 3. Die jetzige Regelung war bisher Gegenstand des Absatzes 2 a. F. und verwies auf Absatz 1 Satz 3 a. F. mit der Möglichkeit, Abweichungen von Anforderungen bei Statusänderungen zuzulassen. Diese Möglichkeit besteht jetzt noch nach § 13 WTG.)

### 2. Einzelzimmerquote und Kurzzeitpflegeplätze

Nach § 47 Abs. 3 WTG a. F. mussten bestehende Einrichtungen die Anforderungen 967 an die 80%-Einzelzimmerquote und an die Tandembäder (vgl. Rn. 509 ff. und 533 ff.) bis zum 31.07.2018 umsetzen (Zur Problematik, ob die Regelung des § 20 Absatz 3 Satz 2 WTG für Bestandseinrichtungen nicht nur förderrechtlich, sondern auch ordnungsrechtlich gilt, vgl. Rn. 510 ff.). Diese Übergangsregelung ist durch Fristablauf mittlerweile grundsätzlich obsolet. Dafür hat der Gesetzgeber auf die Problematik reagiert, dass einerseits viele Einrichtungen Probleme mit der (rechtzeitigen) Umsetzung der Einzelzimmerquote hatten und andererseits Kurzzeitpflegeplätze in nicht unerheblichem Ausmaß fehlten.

968 Nach bisherigem Recht war es so, dass es den Einrichtungen wegen des Mangels an Kurzzeitpflegeplätzen gestattet war, bis zum 31. Juli 2021 einen über 20 % hinausgehenden Doppelzimmeranteil ausschließlich für die Kurzzeitpflege zu nutzen. Diese Nutzung setzte eine Genehmigung voraus. Die Entscheidung darüber lag im Ermessen der WTG-Behörde. Es handelte sich aber um ein gebundenes Ermessen, da diese Genehmigung bis zum 31. Juli 2021 erteilt werden „sollte" und damit im Regelfall erteilt werden musste, vgl. § 47 Abs. 2 S. 1 WTG in der Fassung vom 11. April 2019 (GV. NRW. S. 210). Da der Gesetzgeber einen weiteren, dauerhaften Bedarf an Kurzzeitpflege sah, hat er diese Ausnahmemöglichkeit jetzt entfristet. Die Begründung führt dazu aus: *„...Auch weiterhin kann nicht von einem auskömmlichen Angebot von Kurzzeitpflegeplätzen ausgegangen werden. Es ist daher geplant, die Nutzungsmöglichkeit bis auf Weiteres zu entfristen, um dafür Sorge zu tragen, dass weiterhin überzählige Doppelzimmer für Kurzzeitpflege genutzt werden können. Dazu bedarf es einer Entfristung. Andernfalls dürfen überzählige Doppelzimmer für Kurzzeitpflege nach dem 31. Juli 2021 nicht mehr genutzt werden. Damit würden dringend benötigte Kapazitäten wegbrechen. Eine schlichte Verlängerung auf Erlass-Basis hat aktuell keine rechtliche Grundlage..."* (vgl. LT.-Ds. 17/15188 S. 75f.).

969 Im Gegensatz zum bisherigen Recht ist keine Genehmigung der Behörde mehr erforderlich, sondern die Leistungsanbieter können die überzähligen Doppelzimmer ausschließlich für die Kurzzeitpflege nutzen, ohne dass es vorher eines Verfahrens bei der WTG-Behörde bedarf; es bleibt aber dabei, dass diese Nutzung lückenlos zu dokumentieren ist.

970 In der Sache handelt es sich mangels Befristung damit nicht mehr um eine Übergangsregelung, sondern um eine Spezialregelung zu dem allgemeinen Grundsatz der Einzelzimmerquote in § 20 Abs. 3 S. 2 WTG. Das bedeutet, dass eine Belegung der überzähligen Doppelzimmer mit Nutzerinnen in der Dauerpflege – auch als sogenannte „eingestreute" Plätze – unzulässig ist, andererseits können die Zimmer ohne zeitliche Begrenzung mit Nutzern in der Kurzzeitpflege belegt werden.

971 Für durch Pflegewohngeld ursprünglich geförderte Pflegeeinrichtungen bestand bis zum 31. Juli 2023 die Möglichkeit, sich von der Anforderung der Einzelzimmerquote befreien zu lassen. Für Einrichtungen, die nach dem 31. Juli 2018 auf die Inanspruchnahme von Pflegewohngeld verzichtet haben, blieb es bei der bis längstens zum 31. Juli 2023 befristeten Befreiungsmöglichkeit. Diese Einrichtungen hatten seit 2003 Zeit, die baulichen Anforderungen, für die sie gefördert wurden, zunächst bis zum 31. Juli 2018 umzusetzen. Unter Verzicht auf die Investitionskostenförderung konnten sie bis zum 31. Juli 2023 eine Befreiung von der Einzelzimmerquote beantragen. Nach Ablauf dieser Zeit ist jedoch kein Raum mehr für Befreiungen.

972 Die vom OVG NRW insoweit aufgeworfene Problematik der möglicherweise nicht ausreichenden Umsetzungsfrist – vgl. Beschlüsse vom 01.04.2019 – 12 B 43/19 und 12 B 1435/18 und hier Rn. 461 f,- ist hiermit allerdings nach wie vor nicht als erledigt anzusehen, da es an der auch aktuell noch in Einzelfällen notwendigen Klarstellung

fehlt, was denn eine ausreichende Frist zur Umsetzung der Anforderungen nach § 20 Absatz 3 WTG gewesen wäre.

### 3. Übergangsregelungen für Beiräte, Vertretungsgremien, Vertrauenspersonen und Beratungsgremien

Für die Organe der Mitwirkung/Mitbestimmung trifft § 46 Satz 1 WTG-DVO die Regelung, dass sie bis zum Ablauf ihrer Amtszeit im Amt bleiben. 973

Für Beratungsgremien gab es nach dem WTG 2008 keine bestimmte Amtszeit. Nach § 20 Satz 6 WTG-DVO 2014 endet die Amtszeit der Beratungsgremien nun mit der Amtszeit der Beiräte. § 46 Satz 2 WTG-DVO bestimmt daher, dass auch die Mitglieder der bestehenden Beratungsgremien erst einmal im Amt bleiben und nach Ablauf der Amtszeit eines Beirates ein neues Beratungsgremium gebildet wird. 974

## II. Baulicher Bestandsschutz

Der bauliche Bestandsschutz – der Bestandsschutz im Hinblick auf die Anforderungen an die Wohnqualität – ist in § 47 Absatz 3 bis 8 WTG geregelt. 975

Der Gesetzgeber verfolgte mit der Bestandsschutzklausel das Ziel, die Betreiber bestehender Einrichtungen grundsätzlich davor zu schützen, die Einrichtung den neuen Vorschriften des WTG und der WTG-DVO anpassen zu müssen. Die Anforderungen sollten sich nur bei neuen und grundsätzlich modernisierten Einrichtungen nach dem WTG und der WTG-DVO richten. Die Betreiber bestehender und unveränderter Einrichtungen sollten damit – von den Fällen abgesehen, in denen eine Anpassung ausdrücklich unter Einräumung einer Übergangsfrist vorgeschrieben wurde (z.B. Einzelzimmerquote) – vor den Kosten für die Anpassung an die WTG-Vorschriften geschützt werden. 976

### 1. Beginn des Bestandsschutzes

Nach § 47 Absatz 7 Satz 1 WTG genießen bei Inkrafttreten des WTG am 16.10.2014 bestehende Wohn- und Betreuungsangebote im Hinblick auf die Anforderungen an die Wohnqualität grundsätzlich Bestandsschutz. Dies gilt nach Maßgabe der Regelungen des Satz 2 Nr. 1 und 2: 977

Für Gebäude, deren Bau bis zum Ablauf des 09.12.2008 (Tag vor dem Inkrafttreten des WTG 2008) genehmigt wurden und die – mindestens – bis zum Ablauf des 15.10.2014 (Tag vor dem Inkrafttreten des WTG 2014) genutzt wurden, gelten die baulichen Anforderungen aus dem Heimrecht (Heimgesetz und Heimmindestbauverordnung). Wurden die Gebäude ab dem 10.12.2008 genehmigt und mindestens bis zum 15.10.2014 genutzt, gelten die Anforderungen nach dem WTG 2008 und der 978

WTG-DVO 2008. Erst ab dem 16.10.2014 gelten die Anforderungen des WTG 2014 und der WTG-DVO.

979 Ein Problem stellt sich, wenn Gebäude noch zum Zeitpunkt der Geltung des WTG 2008 genehmigt wurden, jedoch nicht vor dem 16.10.2014 in Betrieb gehen konnten und damit auch nicht mehr „rechtzeitig“ genutzt wurden. Dann entfällt nach § 47 Abs. 6 Nr. 2 WTG der Bestandsschutz, so dass für diese bereits genehmigten Gebäude die Anforderungen aus dem WTG 2014 zu erfüllen sind. Dies wird sich bei zwei Anforderungen auswirken: Im Gegensatz zum bisherigen Recht sind in Neubauten nur noch Einzelzimmer statthaft und sogenannte Tandembäder nur noch ausnahmsweise zulässig. Hier besteht also die Möglichkeit und möglicherweise auch die Notwendigkeit, Abweichungen wegen wirtschaftlicher Unzumutbarkeit nach § 13 Abs. 2 WTG zuzulassen, was jedoch in jedem Einzelfall geprüft werden muss.

980 Dabei dürften an die Unzumutbarkeit umso geringere Anforderungen zu stellen sein, je kürzer der Zeitraum zwischen Inkrafttreten des WTG am 16.10.2014 und dem Zeitpunkt der Betriebsaufnahme war, wenn also die Einrichtung noch zum Zeitpunkt der Geltung des WTG 2008 im Wesentlichen schon „schlüsselfertig“ war.

981 Für Wohngemeinschaften gibt es eine Sonderregelung in § 47 Abs. 7 Satz 3 WTG. Sofern diese Wohngemeinschaften bereits in den Geltungsbereich des Heimgesetzes oder des WTG 2008 fielen, gelten für sie jetzt die Anforderungen nach dem WTG 2014, sofern diese Anforderungen günstiger sind. Bekanntlich war der Status von Wohngemeinschaften zumindest nach dem Heimgesetz, teilweise aber auch nach dem WTG 2008 umstritten. Anbieterverantwortete Wohngemeinschaften nach § 24 Abs. 3 WTG fielen nach zutreffender, wenngleich nicht unumstrittener Auffassung in den Geltungsbereich zumindest des WTG 2008. Das WTG 2014 enthält gerade im Hinblick auf Flächenvorgaben deutliche Erleichterungen gegenüber dem WTG 2008 (sofern von den Anforderungen nicht ohnehin nach § 7 Abs. 5 WTG 2008 befreit wurde). Nun gelten einheitlich auch für diese „Alt-Wohngemeinschaften“ die Regelungen des WTG 2014, sofern dies aus der Sicht der Leistungsanbieterin günstiger ist. Die Leistungsanbieterin hat hier also die Wahl des anzuwendenden Rechts.

## 2. Umfang des Bestandsschutzes

982 Der Vergleich muss zwischen den Anforderungen nach dem WTG 2014 und den bisher nach dem Heimgesetz, Heimmindestbauverordnung, dem WTG 2008 und der WTG-DVO 2008 gestellten Anforderungen erfolgen. Wenn die nach dem WTG 2014 gestellten Anforderungen für den Betreiber belastender sind, verbleibt es bei den bisherigen Anforderungen.

983 Da es Sinn der Bestandsschutzregelung ist, an bestehende Einrichtungen grundsätzlich keine neuen Anforderungen zu stellen als dies nach früherem Recht der Fall war, gilt der Bestandsschutz auch für Anforderungen, die nach späterem Recht erstmalig gestellt wurden. Beispiel: Nach § 2 Abs. 4 Satz 2 und 3 WTG-DVO 2008 müssen

bestimmte Flächengrößen erreicht werden. Zum Teil hat es diese in der Heimmindestbauverordnung nicht gegeben. Demnach gelten diese Flächenvorgaben für nach dem Heimgesetz geschützte Bestandsschutzbauten nicht.

## 3. Dauer des Bestandsschutzes

Der Bestandsschutz ist grundsätzlich zeitlich nicht beschränkt. Die Leistungsanbie- 984
terin soll nicht gezwungen werden, die gesamte Einrichtung den neuen Vorschriften anzupassen, wenn er nur geringfügige bauliche Maßnahmen durchführt, die im Erscheinungsbild der Einrichtung bereits angelegt sind oder die sich als sinnvolle Erhaltungsmaßnahmen anbieten.

Ein „Bestand" ist aber nicht zu schützen, wenn bestehende Gebäude wesentlich 985
umgebaut werden, § 47 Absatz 8 Satz 1 WTG. Wesentliche Umbauten sind solche, die nicht nur das äußere Erscheinungsbild deutlich oder die Art der Nutzung grundlegend verändern. Von einem wesentlichen Umbau ist mindestens immer dann auszugehen, wenn eine baurechtliche Genehmigung, insbesondere nach § 63 LandesbauO NRW, erforderlich ist. Nach Auffassung des Oberverwaltungsgerichtes ist jedoch anstelle einer baurechtlichen Betrachtung darauf abzustellen, inwieweit die Änderung nach den Maßgaben des WTG „wesentlich" ist (vgl. Oberverwaltungsgericht für das Land Nordrhein-Westfalen, Beschluss vom 1. Oktober 2021 – 12 B 1139/21 – Rn. 10f., juris). Das kann bedeuten, dass – aber eher ausnahmsweise – auch dann eine wesentliche Änderung vorliegt, wenn keine Baugenehmigung erforderlich ist.

Auch die Aufgabe einer Nutzung oder ein Ersatzbau führen nach § 47 Absatz 8 Satz 1 986
WTG zum Verlust des Bestandsschutzes. Ein Ersatzbau ist ein Gebäude, das an die Stelle eines anderen Gebäudes, dessen Nutzung völlig aufgegeben wurde, tritt und in dem die bisherige Nutzung fortgesetzt wird, vgl. § 3 Abs. 6 APG.

Unter Aufgabe der Nutzung ist die nicht nur vorübergehende Aufgabe der Betreu- 987
ung im Sinne des WTG zu verstehen. Diese führt zum Verlust des Bestandsschutzes, selbst wenn das Gebäude später wieder im Sinne des WTG genutzt wird oder werden soll. Ein Gebäude, das nach Maßgabe der Regelungen der Heimmindestbauverordnung oder der WTG-DVO 2008 zum Betrieb einer Einrichtung genutzt und dessen Nutzung aufgegeben wurde, genießt bei einer Wiederaufnahme des Betriebs somit keinen Bestandsschutz mehr, sondern muss die Anforderungen der WTG-DVO 2004 erfüllen. Fraglich ist in diesem Zusammenhang, wie eine durch Betriebsuntersagung erzwungene Betriebseinstellung zu bewerten ist. Man könnte einerseits auf die Entscheidung zur Nutzungsaufgabe, man kann aber auch andererseits auf die rein tatsächliche Nutzungsaufgabe abstellen. Es ist aber der Sinn des Bestandsschutzes, den aktuellen Leistungsanbieter, der das Gebäude unverändert nutzt, vor ggf. kostspieligen neuen Anforderungen zu schützen. Es ist nicht Sinn des Bestandsschutzes, die Nutzung eines nicht mehr aktuellen Anforderungen entsprechenden Gebäudes auf ewig zu ermöglichen und neue Leistungsanbieterinnen vor den aktuellen

Anforderungen zu „schützen". Daher muss auch eine Betriebsuntersagung als Nutzungsaufgabe verstanden werden; eine neue Leistungsanbieterin, die das Gebäude nutzen will, muss daher die Anforderungen nach dem WTG 2014 erfüllen.

988 Nach § 47 Absatz 8 Satz 2 WTG bleibt der Bestandsschutz erhalten, wenn Umbau- oder Ersatzbaumaßnahmen durchgeführt werden, um die Anforderungen an die Einzelzimmerquote und an die Tandembäder zu erfüllen. Dies geschieht in Umsetzung einer gesetzlichen Verpflichtung; die Erfüllung dieser Verpflichtung kann andererseits nicht zum Verlust des Bestandsschutzes führen. In diesem Fall müssen nur die umgebauten Zimmer die neuen Anforderungen erfüllen.

989 Fraglich ist, wie zu entscheiden ist, wenn ein Leistungsanbieter einen Umbau oder Ersatzbau nutzt, um über gesetzlich umzusetzende Anforderungen hinaus weitere wesentliche bauliche Änderungen vorzunehmen. Nach dem Wortlaut des § 47 Abs. 8 Satz 2 WTG lassen nur Maßnahmen, die zur Erfüllung der Anforderungen nach §§ 20 Abs. 2 Satz 1, 2, 4 und 5, 27 Abs. 1 WTG vorgenommen werden, den Bestandsschutz unberührt. Bei „gemischten" Maßnahmen, die sowohl die Einzelzimmerquote als auch andere Anforderungen erfüllen sollen, muss auf den Schwerpunkt der Maßnahmen abgestellt werden. Nur wenn die Umbau- oder Ersatzbaumaßnahme eindeutig von der Absicht geprägt ist, gesetzlich umzusetzende Anforderungen zu erfüllen und alle anderen baulichen Maßnahmen deutlich untergeordnet sind, bleibt der Bestandsschutz erhalten.

990 Ein Wechsel des Leistungsanbieters, ohne Aufgabe der Nutzung, lässt den Bestandsschutz jedoch unberührt. (Arbeitsrechtlich wird es sich regelmäßig um einen Betriebsübergang nach § 613a BGB handeln.)

## 4. Einrichtungen der Eingliederungshilfe

991 In Einrichtungen der Eingliederungshilfe, soweit sie vor Ablauf des 15. Oktober 2014 in Betrieb genommen worden sind, gilt die Besonderheit, dass diese nicht zwingend über Einzel- oder Tandembäder verfügen müssen, § 47 Absatz 3 WTG i. V. m. § 20 Absatz 3 Satz 4 und 5 WTG.

## 5. Gasteinrichtungen für Menschen mit Behinderungen

992 Auch Gasteinrichtungen für Menschen mit Behinderungen fallen in den Geltungsbereich des WTG. Da sie nur in seltenen Fällen die Anforderungen an die Wohnqualität erfüllen, diese Angebote aber erhalten bleiben sollen, hat der Gesetzgeber ihnen in § 47 Absatz 6 WTG einen unbefristeten Bestandsschutz eingeräumt. Nicht ausdrücklich geregelt ist das Verhältnis dieser Vorschrift zur Regelung in § 47 Absatz 8 WTG, wonach eine Aufgabe der Nutzung oder ein wesentlicher Umbau oder Ersatzbau zu einem Verlust des Bestandsschutzes führen. Bei einem Umbau oder Ersatzbau wird man im Hinblick auf die gesetzgeberische Intention, diese Angebote zu erhalten, davon ausgehen können, dass die Regelung in Absatz 6 als Spezialvorschrift

der Regelung in Absatz 8 vorgeht, so dass auch in diesen Fällen der Bestandsschutz erhalten bleibt. Eine Aufgabe der Nutzung hat demgegenüber sicher den Verlust des Bestandsschutzes zur Folge, da dann die Intention, die der Gesetzgeber mit der Regelung des Absatzes 6 verfolgte, nicht mehr erreicht werden kann.

## III. Bestandsschutz für Fachkräfte

Nach § 48 WTG gelten Beschäftigte, die nach bisherigem Recht als Fachkräfte berücksichtigt worden sind, weiterhin als Fachkräfte. Die Vorschrift berücksichtigt die Interessen der Beschäftigten, die nach bisher geltendem Recht als Fachkräfte berücksichtigt worden sind, nach neuem Recht jedoch nicht mehr als Fachkräfte gelten würden. Sie können weiterhin bei der Berechnung der Fachkraftquote berücksichtigt werden, soweit und solange ihre Tätigkeit nicht Anlass zur Beanstandung in Form von entsprechenden ordnungsbehördlichen Anordnungen gibt. Dies gilt auch beim Wechsel eines Beschäftigten in ein anderes Wohn- und Betreuungsangebot. Auch diese Bestandsschutzregelung ist zeitlich nicht befristet. Erst wenn ein Anlass zur Beanstandung der Tätigkeit der oder des Beschäftigten gegeben ist, kommt eine weitere Berücksichtigung als Fachkraft nicht mehr in Frage. Der Gesetzgeber anerkennt, dass diese Beschäftigten in der Vergangenheit ihren Aufgaben entsprochen haben. Der Verlust des Bestandsschutzes setzt erst ein, wenn eine entsprechende ordnungsbehördliche Anordnung erfolgt. Da einzelne Beschäftigte nicht Adressaten von Anordnungen der WTG-Behörde sind, sondern nur die Leistungsanbieterinnen, kann es sich nur um ordnungsbehördliche Anordnungen handeln, die ihren Grund im Verhalten der betreffenden Beschäftigten haben. In Betracht kommen z. B. Anordnungen, eine Beschäftigte nicht mit Aufgaben zu betrauen, die üblicherweise von Fachkräften wahrgenommen werden und für die sie erwiesenermaßen fachlich nicht geeignet ist oder auch Fälle, in denen ein Beschäftigungsverbot nach § 15 Abs. 5 WTG ausgesprochen würde. 993

Praktisch gilt diese Übergangsregelung für die staatlich anerkannten Altenpflegerinnen und Altenpfleger, die nach altem Recht zwischen 1971 und 1990 zwei Jahre lang ausgebildet wurden. Diese sind unter den o. g. Voraussetzungen weiterhin als Fachkräfte im Sinne von § 3 Abs. 5 WTG anzuerkennen. 994

Da es ferner nur um die Beantwortung der Frage geht, ob der Einrichtungsbetreiber mit den bei ihm beschäftigten Personen die Fachkraftquote erfüllt, ist der Beschäftigte selber in seiner Rechtsposition direkt nicht betroffen, wenn die nach dem WTG zuständige Behörde in den genannten Fällen ihn nicht mehr als Fachkraft anerkennen kann. Der Erlass eines entsprechenden Bescheides ist allenfalls gegenüber dem Einrichtungsträger, nicht jedoch der/ dem Beschäftigten möglich. 995

Ein formeller Feststellungsbescheid, dass jemand als Fachkraft anerkannt wird, ist und war bisher auch nicht erforderlich. Sollte im Einzelfall doch jemand durch einen Verwaltungsakt als Fachkraft im Sinne der Heimpersonalverordnung anerkannt 996 worden sein, könnte diese Entscheidung, unabhängig von ihrer materiell-rechtlichen Richtigkeit und unabhängig von Bestandsschutzregelungen, nur nach den Vorschriften des Verwaltungsverfahrensgesetzes wieder aufgehoben werden (vgl. insbesondere §§ 48, 49 VwVfG).

997 Wenn die/der Beschäftigte zwar keine Fachkraft nach dem WTG NRW ist, aber vorher in einem anderen Bundesland gearbeitet hat, kann die zuständige Behörde sie als Fachkraft anerkennen, wenn sie in dem betreffenden anderen Land nach landesrechtlichen Vorschriften als Fachkraft anerkannt worden war. Es handelt sich um eine Ermessensentscheidung der zuständigen Behörde; wenn diese aber einmal die Entscheidung zur Anerkennung getroffen und die Beschäftigte eine Zeitlang unbeanstandet als Fachkraft gearbeitet hat, sollte dies auch bei einem Wechsel in den räumlichen Zuständigkeitsbereich einer anderen Behörde von dieser bei ihrer Ermessensentscheidung berücksichtigt werden.

## IV. Inkrafttreten des WTG, Ersetzung des WTG 2008, des Heimgesetzes, der WTG-DVO 2008 und der Verordnungen zum Heimgesetz, Evaluation

### 1. Inkrafttreten

998 Das Gesetz ist am 15.10.2014 im Gesetz- und Verordnungsblatt verkündet worden und damit seit dem 16.10.2014 in Kraft (vgl. § 49 Abs. 1 Satz 1 WTG). Nach § 49 Abs. 1 Satz 2 WTG ist das WTG 2008 am selben Tag außer Kraft getreten. Das WTG ist zuletzt durch Artikel 1 des Gesetzes vom 13.4. 2022 (GV. NRW. S. 714) umfangreich geändert worden und in seiner aktuellen Fassung seit dem 1.1.2023 in Kraft. Wenige Änderungen erfolgten noch durch Artikel 7 des Gesetzes vom 30.6.2020 (GV. NRW. S. 650) mit Wirkung zum 31.1.2023.

999 Die WTG-DVO 2014 ist am 11.11.2014 in und die WTG-DVO 2008 am selben Tag außer Kraft getreten. Die WTG-DVO wurde zuletzt durch Verordnung vom 9.5.2019 geändert (GV. NRW. S. 235). Eine Anpassung an die Fassung des zum 1.1.2023 in Kraft getretenen WTG steht noch aus.

### 2. Ersetzung des WTG 2008, des Heimgesetzes, der WTG-DVO 2008 und der Verordnungen zum Heimgesetz

1000 Nach § 49 Abs. 2 WTG ersetzt das WTG 2014 weiterhin das Heimgesetz. Nach Artikel 125a Abs. 1 Satz 1 des Grundgesetzes gilt das bisherige Heimgesetz als Bundesrecht weiterhin fort, bis es durch Landesrecht ersetzt wird. Da das WTG 2014 auch das WTG 2008, das das Heimgesetz bisher ersetzt hat, aufgehoben hat, musste eine entsprechende Regelung zur Ersetzung des Heimgesetzes durch das WTG 2014 geschaffen werden.

Entsprechendes gilt für die Verordnungen aufgrund des Heimgesetzes, § 47 Abs. 2 WTG-DVO 2014. 1001

## 3. Evaluation

Die einzelnen Regelungen des Gesetzes sollen demnächst zum 31.12.2025 und danach alle fünf Jahre von dem für Pflege und Eingliederungshilfe zuständigen Ministerium im Einvernehmen mit den kommunalen Spitzenverbänden und den Ministerien für Kommunales und Finanzen auf Konnexitätsfolgen überprüft werden. Eine regelhafte Evaluation des Gesetzes ist – im Gegensatz zu der bis zum 31.12.2022 geltenden Fassung des WTG – nicht mehr vorgesehen. 1002

# 8. Abschnitt: Vertragsrecht

## Einleitung

1003 Am 29. Juli 2009 (BGBl. 2009 I Seite 2319ff.) ist das Gesetz zur Neuregelung der zivilrechtlichen Vorschriften des Heimgesetzes nach der Föderalismusreform erlassen worden. Neben Änderungen in einigen anderen Bereichen findet sich als dessen Artikel 1 das Gesetz zur Regelung von Verträgen über Wohnraum mit Pflege- oder Betreuungsleistungen (Wohn- und Betreuungsvertragsgesetz – WBVG). Dieses ist die Rechtsgrundlage für Fragen rund um das Heimvertragsrecht. Es darf allerdings nicht verkannt werden, dass ganz wesentliche Teile des Leistungsgeschehens in anderen Rechtsmaterien geregelt sind, die damit maßgeblichen Einfluss auch auf das Heimvertragsverhältnis haben. Beispielhaft sei auf die Landesrahmenverträge nach § 75 SGB XI oder aber die ausdrücklich vertragsrechtlichen Regelungen in § 87a SGB XI hingewiesen. Die Länderheimgesetze enthalten demgegenüber in der Regel nur noch rudimentäre Regelungen zu heimvertraglichen Fragen.

1004 Man erinnert sich – die Föderalismusreform im Jahre 2006 nahm den Bereich des Heimrechtes aus dem Katalog der konkurrierenden Gesetzgebung heraus mit der Folge, dass der Bund die Zuständigkeit für dieses Rechtsgebiet verlor und nunmehr jedes einzelne der 16 Bundesländer die Möglichkeit erhielt, eigenes Landesheimrecht zu schaffen (vgl. Art. 74 Abs. 1 Nr. 7 des Grundgesetzes (GG) a. F.).

1005 Zu diesem Zeitpunkt hatten die Bundesländer noch keine eigenen landesgesetzlichen Regelungen und es war nicht abzusehen, wann dies der Fall sein würde. Daher konnte der Verfassungsgesetzgeber diesen wesentlichen Bereich nicht ungeregelt lassen, denn mit der Herausnahme einer Ermächtigungsnorm wären grundsätzlich die aufgrund dieser Ermächtigungsnorm erlassenen Gesetze, wie insbesondere das Heimgesetz, zum Zeitpunkt des Inkrafttretens der Änderung des Grundgesetzes ebenfalls rechtsunwirksam geworden. Um diese Rechtsfolge zu vermeiden, wurde gleichzeitig Art. 125 a Abs. 1 GG geändert und bestimmt, dass das ursprünglich als Bundesrecht erlassene Recht – trotz der weggefallenen Ermächtigungsgrundlage – als Bundesrecht fortgilt, es aber durch Landesrecht ersetzt werden konnte.

1006 Obwohl diese Rechtslage seit dem 1. September 2006 bestand, dauerte es fast zwei Jahre, bis das Land Baden-Württemberg mit seinem *Landesheimgesetz* zum 1. Juli 2008 erstmalig nach der Grundgesetzänderung eigenes Landesheimrecht schuf. Der Freistaat Bayern erhielt nur einen Monat später zum 1. August 2008 sein Pflege- und Wohnqualitätsgesetz. Nordrhein-Westfalen folgte dieser Entwicklung zum Stichtag 10. Dezember 2008 durch das Wohn- und Teilhabegesetz. Weitere Bundesländer schlossen sich dieser Entwicklung an (Saarland – Landesheimgesetz Saarland zum 19.06.2009, Schleswig-Holstein – Selbstbestimmungsstärkungsgesetz zum 01.08.2009,

Brandenburg – Brandenburgisches Pflege- und Betreuungsgesetz zum 01.01.2010, Hamburg – Wohn- und Betreuungsqualitätsgesetz zum 01.01.2010, Rheinland-Pfalz – Landesgesetz über Wohnformen und Teilhabe zum 01.01.2010, Mecklenburg-Vorpommern – Einrichtungenqualitätsgesetz zum 29.05.2010, Berlin – Wohnteilhabegesetz zum 01.07.2010, Bremen – Bremisches Wohn- und Betreuungsgesetz zum 21.10.2010, Sachsen-Anhalt – Wohn- und Teilhabegesetz zum 26.02.2011, Niedersachsen – Niedersächsisches Gesetz über unterstützende Wohnformen vom 29.06.2011, Hessen – Hessisches Betreuungs- und Pflegegesetz zum 21.03.2012, Sachsen – Sächsisches Betreuungs- und Wohnqualitätsgesetz vom 12.07.2012, Thüringen – Thüringer Wohn- und Teilhabegesetz zum 24.06.2014). Während die Gesetzgeber der zunächst erlassenen Gesetze in Baden-Württemberg und Bayern es noch für notwendig hielten, neben den ordnungsrechtlichen Vorschriften weitgehend mit dem Heimgesetz übereinstimmende (Baden-Württemberg und ähnlich Bayern) heimvertragsrechtliche Regelungen mit zu erlassen, wurde in Nordrhein-Westfalen im Laufe des Gesetzgebungsverfahrens von der zunächst geplanten Aufnahme heimvertragsrechtlicher Regelungen abgesehen. Dies geschah u.a. mit Blick auf die seitens des zuständigen Bundesministeriums vertretene Auffassung, dass zwar das Ordnungsrecht des Heimrechtes in die Gesetzgebungskompetenz der Länder übergegangen sei, dies jedoch nicht für die zivilrechtlich geprägten heimvertragsrechtlichen Bestimmungen gelte. Da man allerdings die entsprechenden Regelungen des (Bundes-)Heimgesetzes nicht als ausreichend ansah und man darüber hinaus beabsichtigte, auch neue Wohnformen mit in den Geltungsbereich solcher Regelungen aufzunehmen, wurde auf Bundesebene ein entsprechendes Gesetzgebungsvorhaben initiiert, welches mit dem Erlass des Gesetzes zur Regelung von Verträgen über Wohnraum mit Pflege- oder Betreuungsleistungen (Wohn- und Betreuungsvertragsgesetz – WBVG) vom 29.07.2009 abgeschlossen wurde. Das WBVG trat am 01.10.2009 in Kraft. Es gilt nach § 17 WBVG für vor dem 01.10.2009 abgeschlossene Heimverträge ab dem 01.05.2010; bis dahin waren noch die heimvertragsrechtlichen Regelungen des (Bundes-)Heimgesetzes auf diese Verträge anzuwenden.

Eine Änderung ist mit dem Verbraucherstreitbeilegungsgesetz vom 19.02.2016 in 1007
das WBVG eingeführt worden. Tatbestandlich gegenüber den Normadressaten des genannten Gesetzes noch verschärft ist im Bereich des Heimvertragsrechtes auf die Möglichkeiten der alternativen Streitbeilegung hinzuweisen (vgl. hierzu unter V).

Unabhängig von nachstehenden Ausführungen, die einen Überblick über die gesetz- 1008
lichen Regelungen geben und zur Beantwortung üblicher Fragestellungen dienen sollen, verbleiben in der Praxis zahlreiche offene Fragen, die erst nach und nach insbesondere von der Rechtsprechung, sicher aber auch von zukünftiger Gesetzgebung beantwortet werden müssen. Wünschenswert wäre hierbei eine Harmonisierung der heimvertragsrechtlichen mit den leistungs- und heimrechtlichen Vorschriften, weniger eine Ausweitung der Regelungsmaterie auf tatsächliche oder vermutete neue Problemkreise.

1009 Dies allerdings ist unterblieben und das WBVG durch höchstrichterliche und obergerichtliche Rechtsprechung in wesentlichen Teilen für den Hauptanwendungsbereich, nämlich Verträge mit Bewohnern, die Leistungen nach dem SGB XI beziehen, nur noch sehr eingeschränkt relevant. Dies betrifft Kündigungsfristen und -gründe, Entgeltanpassungen und die Veränderung des Pflegebedarfs.

1010 Dem hieraus folgenden Änderungsbedarf soll ein Diskussionspapier zu einer möglichen Weiterentwicklung des WBVG vom 30.03.2023 aus dem Bundesministerium für Familie, Senioren, Frauen und Jugend Rechnung tragen. Bei Erscheinen des vorliegenden Werkes lag allerdings ein Entwurf noch nicht vor. Geplant ist die Einbeziehung ambulanter Pflegeverträge in das Gesetz, wobei zu hoffen steht, dass die Problematik vom Sozialgesetzbuch abweichender Regelungen im WBVG von vornherein vermieden wird. So existieren bereits Regelungen in § 120 SGB XI, mit denen die zivilrechtlichen Regularien des WBVG zu harmonisieren wären.

## I. Anwendungsbereich

### 1. Grundsatz

1011 Das Gesetz findet nach § 1 Abs. 1 WBVG zunächst Anwendung „...auf einen Vertrag zwischen einem Unternehmer und einem volljährigen Verbraucher, in dem sich der Unternehmer zur Überlassung von Wohnraum und zur Erbringung von Pflege- oder Betreuungsleistungen verpflichtet, die der Bewältigung eines ... Hilfebedarfs dienen.“. Abweichend vom Wohn- und Teilhabegesetz (WTG) und auch abweichend vom Heimgesetz spricht das WBVG nicht mehr von Trägern/Betreibern und Bewohnern, sondern von Unternehmern und Verbrauchern und übernimmt damit die zivilrechtliche Terminologie des Bürgerlichen Gesetzbuches (BGB). Nach § 13 BGB ist Verbraucher „...jede natürliche Person, die ein Rechtsgeschäft zu einem Zwecke abschließt, der weder ihrer gewerblichen noch ihrer selbständigen beruflichen Tätigkeit zugerechnet werden kann.“ Damit sind die Bewohner von Pflegeeinrichtungen und Einrichtungen der Eingliederungshilfe Verbraucher im Sinne des WBVG.

1012 Unternehmer ist nach § 14 BGB „...eine natürliche oder juristische Person oder eine rechtsfähige Personengesellschaft, die bei Abschluss eines Rechtsgeschäftes in Ausübung ihrer gewerblichen oder selbständigen beruflichen Tätigkeit handelt.“ Die Betreiber von Pflege- und Behinderteneinrichtungen, aber auch die Anbieter ambulanter Pflegedienste und Vermieter handeln in Ausübung ihrer gewerblichen Tätigkeit und sind damit Unternehmer. Angesichts dieser an sich klaren Rechtslage wäre die sperrige Terminologie des WBVG überflüssig gewesen, zumal sie gerade für nicht juristisch vorgebildete Leser das Verständnis einigermaßen erschwert.

1013 Das Gesetz gilt wegen des eindeutigen Wortlautes nur für volljährige Verbraucher und stimmt insoweit mit dem Anwendungsbereich des WTG überein.

Grundlegend ist die gleichzeitige Leistungserbringung hinsichtlich der Wohnraumüberlassung und der Pflege- oder Betreuungsleistungen. Das WBVG differenziert hier also zwischen diesen Leistungsarten, wohingegen nach dem WTG die Pflege eine Form der Betreuung ist. Wegen des Inhaltes der Leistungsarten kann man auf die Rahmenverträge, die nach §§ 75 SGB XI und 79 SGB XII angeschlossen werden, verweisen. Bedeutungslos ist, ob Leistungen aktuell erbracht oder Leistungen nur vorgehalten werden, also der Verbraucher nur die Möglichkeit haben soll, später bei Bedarf diese Leistungen in Anspruch zu nehmen. Das ist wichtig für Fälle des so genannten „Betreuten Wohnens" und Verträge über so genanntes „Servicewohnen", die dem Verbraucher durch ein umfassend vorgehaltenes Angebot eine Zukunftsperspektive bieten wollen. Auch hier kommt es allerdings darauf an, dass die über die Basisleistungen hinausgehenden Leistungen verpflichtend von einem bestimmten Anbieter, d. h. ohne Wahlfreiheit, abgenommen werden müssen – auch wenn sie aktuell (noch) nicht in Anspruch genommen werden. 1014

## 2. Ausnahmen

Das WBVG ist nicht anwendbar, wenn sich der Vertrag auf lediglich „allgemeine Unterstützungsleistungen" beschränkt. Damit wurde inhaltlich an die ehemalige Regelung des § 1 Abs. 2 Satz 2 HeimG angeknüpft; dies entspricht in etwa auch der Regelung zum „Servicewohnen" in § 31 WTG. 1015

Allgemeine Unterstützungsleistungen sind zum Beispiel die Vermittlung der eigentlichen Pflege- oder Betreuungsleistungen, Notrufleistungen, hausmeisterliche Dienste oder Fahr- und Begleitservice zum Arzt oder zu Behörden. 1016

Danach führt jede obligatorische Vereinbarung zu Pflege- oder Betreuungsleistungen, die der Bewältigung eines durch Alter, Pflegebedürftigkeit oder Behinderung bedingten Hilfebedarfes dient (z. B. Grund- oder Behandlungspflege nach dem SGB XI oder Eingliederungshilfe nach dem SGB XII), in die Anwendbarkeit des WBVG. 1017

Da aber Voraussetzung eines „Servicewohnens" im Sinne des § 31 WTG die Wahlfreiheit ist und die weit überwiegende Mehrzahl der Einrichtungen des Betreuten Wohnens in den Anwendungsbereich des § 31 WTG strebt, wird in aller Regel auf eine Einrichtung des Betreuten Wohnens das WBVG gar nicht anwendbar sein. Diese aus Trägersicht auf den ersten Blick wünschenswerte Rechtsfolge bringt allerdings weitere Probleme mit sich, vgl. hierzu I.6. Eine vergleichbare Problematik begegnet im Bereich der Wohngemeinschaften. Dort wird vielfach der Anwendungsbereich der selbstverantworteten Wohngemeinschaft nach § 24 Abs. 2 WTG angestrebt. Da dieser allerdings eine freie Wahl des Leistungsanbieters erfordert, wird auch insoweit das WBVG keine Anwendung finden. Selbst bei anbieterverantworteten Wohngemeinschaften verhält es sich vielfach so, dass die Auswahl insbesondere der pflegerischen Leistungserbringer unbeschränkt bleibt, da eine Neigung der Verwaltungsgerichtsbarkeit besteht, bei einer Einschränkung der Wahlfreiheit sogleich den Anwendungsbereich der Einrichtung mit umfassendem Leistungsangebot (Heim) zu eröffnen. 1018

Dies führt dazu, dass vielfach die Auswahl der Betreuungsleistungen frei bleibt und auch hier der Anwendungsbereich des WBVG demzufolge nicht eröffnet ist. Hieraus folgt insgesamt, dass für eine Vielzahl von Wohngemeinschaften und die Mehrzahl der Einrichtungen des Servicewohnens die Regelungen des § 1 Abs. 2 WBVG keine Anwendung finden.

1019 Weitere Ausnahmen vom Gesetz sind in § 2 WBVG geregelt. Danach gilt das Gesetz nicht in Krankenhäusern, Vorsorge- oder Rehabilitationseinrichtungen, Internaten der Berufsbildungs- und Berufsförderungswerke, Kur- und Erholungseinrichtungen sowie nicht für Leistungen, die für junge Volljährige nach § 41 SGB VIII erbracht werden. Der Anwendungsbereich stimmt insoweit weithin mit dem des WTG überein. In den ausgeklammerten Bereichen gilt für die Verträge dann nicht das WBVG, sondern es muss auf die allgemeinen Regelungen des BGB zurückgegriffen werden. Sehr zweifelhaft ist, ob das WBVG analogiefähig ist. Der Anwendungsbereich des Gesetzes ist derart hoch ausdifferenziert, dass hier wohl kaum von planwidrigen Regelungslücken ausgegangen werden kann, die wiederum Voraussetzungen für eine Analogiebildung wären.

### 3. Weitere Ausnahme: Leistungen der hauswirtschaftlichen Versorgung

1020 Für Leistungen der hauswirtschaftlichen Versorgung gilt Folgendes: In der ehemaligen (bundes-) heimgesetzlichen Fassung meinte „Betreuung und Verpflegung" den typischen „vollstationären" Versorgungsumfang. Das WBVG spricht jetzt einerseits von Pflege- und Betreuungsleistungen und andererseits von Leistungen der hauswirtschaftlichen Versorgung. Nach § 1 Abs. 1 Satz 3 WBVG sind „Leistungen der hauswirtschaftlichen Versorgung (z. B. Zubereitung oder Lieferung der Mahlzeiten, Zimmerreinigung etc.)" allgemeine Unterstützungsleistungen, die nicht zu den „Pflege- und Betreuungsleistungen" nach Absatz 1 Satz 1 gehören und daher auch nicht zur Anwendbarkeit des WBVG führen. Andererseits nennt der Wortlaut des § 3 Abs. 3 Satz 1 Nr. 1 WBVG Verpflegung jedoch als Teil der Betreuungsleistungen, so dass man annehmen könnte, dass in diesen Fällen der Anwendungsbereich des WBVG eröffnet wäre. Dies ist jedoch nicht so. Nach der Gesetzesbegründung sind zwar auch die allgemeinen Unterstützungsleistungen Teil der Pflege- und Betreuungsleistungen, jedoch führt die verpflichtende Abnahme allein der allgemeinen Unterstützungsleistungen und damit der Verpflegung nicht zur Anwendung des WBVG.

### 4. Rechtliche oder wirtschaftliche Verbindung

1021 Das WBVG gilt auch dann, wenn die von einem Unternehmer geschuldeten Leistungen „Wohnraum" und „Pflege- und Betreuungsleistungen" Gegenstand verschiedener Verträge sind oder auch von verschiedenen Unternehmern angeboten werden, § 1 Abs. 2 WBVG. Voraussetzung ist aber, dass die Verträge von vornherein oder durch Kündigungsausschlüsse voneinander abhängig gemacht werden oder der Abschluss eines Mietvertrages vom Abschluss eines Pflege- und Betreuungsvertrages tatsächlich abhängig gemacht wird. Die – mindestens zwei – Verträge müssen daher so voneinander abhängig sein, dass der Verbraucher sie nicht einzeln abschließen bzw. wieder kündigen kann. Wenn die Verträge daher so gestaltet sind, dass insbesondere der Verbraucher nicht seinen Pflege- oder Betreuungsdienst wechseln kann, ohne dass er seine Wohnung/sein Zimmer verliert, geht der Gesetzgeber von einem erhöhten Schutzbedürfnis aus, das die Anwendung des WBVG erforderlich macht.

Die in der Praxis vermehrt auftauchenden Fälle, in denen der Abschluss eines Miet- 1022
vertrages vom Abschluss eines Wohngemeinschaftsvertrages abhängig gemacht wird, der seinerseits den Abschluss eines Pflege-/Betreuungsvertrages erfordert oder die entsprechenden Leistungen bereits enthält und in dem dann nicht der einzelne Verbraucher, sondern die Mehrheit über die Wahl des Dienstes entscheidet, dürften daher auch dem WBVG unterfallen.

Das Gesetz gilt ferner auch dann, wenn die zwingend abzunehmenden Leistungen 1023
nicht nur in verschiedenen Verträgen, sondern auch von verschiedenen Unternehmern angeboten werden, sofern diese rechtlich oder wirtschaftlich miteinander verbunden sind.

Die rechtliche Verbindung besteht regelmäßig in einer Kooperationsvereinbarung 1024
oder einer Abrede über Gewinnbeteiligung. Auch eine allgemeine Vereinbarung zur Gewährleistung eines Leistungsangebotes (z.B. Sicherstellung eines Angebots für Pflegeleistungen durch Vereinbarung des Vermieters mit einem Pflegedienst) führt zur Anwendbarkeit des WBVG, vgl. § 1 Abs. 1 Satz 2 WBVG. Dies ist keine Änderung gegenüber der historischen heimrechtlichen Regelung nach § 1 Abs. 2 Satz 1 HeimG, korrespondiert aber auch mit der (neuen) ordnungsrechtlichen Regelung, da eine solche Kooperationsvereinbarung ebenfalls zur Geltung des WTG führt, vgl. §§ 2 Abs. 2, 4 Abs. 3 WTG.

Eine wirtschaftliche Verbindung ist gegeben, wenn die Unternehmer in unmittelba- 1025
rer wirtschaftlicher Beziehung zueinander stehen. Dies gilt insbesondere bei konzernrechtlichen Verbindungen oder einer Alleingesellschafterstellung des einen Unternehmers beim anderen. Nicht ausdrücklich geklärt sind die Fälle der Minderheitsbeteiligungen oder paritätischen Beteiligungen. Im Hinblick auf den Schutzzeck des Gesetzes wird man aber fordern müssen, dass eine wirtschaftliche Verbindung nur dann gegeben ist, wenn tatsächlich ein maßgeblicher Einfluss auf den jeweils anderen Unternehmer ausgeübt werden kann.

Aus der Gesetzesformulierung folgt die Beweislastregelung: Das Gesetz ist nach § 1 1026
Abs. 2 Satz 1 WBVG auch dann anwendbar, wenn die Leistungen von verschiedenen Unternehmern geschuldet werden, sofern nicht diese beweisen, dass eine rechtliche oder wirtschaftliche Verbindung nicht vorhanden ist (Beweislastumkehr).

## 5. Tages- oder Nachtpflegeeinrichtungen

1027 Das WBVG ist auf Tages- oder Nachtpflegeeinrichtungen entsprechend anwendbar, wenn es sich dabei um zugelassene stationäre Pflegeeinrichtungen nach § 71 Abs. 2 SGB XI handelt, vgl. § 119 SGB XI. Tages- und Nachtpflege sind teilstationäre Leistungsformen, die nach dem gesetzlichen Ausgangsbild neben ambulanter Pflege, also neben der Pflege in der eigenen Häuslichkeit, erbracht werden. Zwar setzt Tages- und Nachtpflege das Fortbestehen einer eigenen Wohnung voraus, so dass die Anwendbarkeit des WBVG zweifelhaft sein könnte, jedoch ordnet § 119 SGB XI die Geltung des WBVG für zugelassene Einrichtungen explizit an. In den Geltungsbereich des WTG sind Einrichtungen der Tages- und Nachtpflege ausdrücklich aufgenommen, vgl. §§ 36 ff. WTG.

## 6. Bewertung

1028 Die Grundkonzeption des WBVG erscheint aus der Perspektive des Anwendungsbereiches ein wenig problematisch. Das Gesetz ist als Verbraucherschutzgesetz angelegt und soll dem besonderen Schutzbedürfnis von Heimbewohnern und Bewohnern neuer Wohnformen, in denen sie pflegerisch versorgt werden, dienen. Sind diese Wohnformen, also Servicewohnen und zumindest die selbstverantwortete Wohngemeinschaft, vom Anwendungsbereich des Gesetzes bereits ausgenommen, so stellt sich im Weiteren die Frage, ob das Gesetz tatsächlich eine verbraucherschützende Funktion erfüllt. Problematisch im Hinblick auf die angesprochenen Wohnformen ist nämlich, dass diese vielfach den zivilrechtlichen Mietrechtsstandards nicht standhalten. Dies gilt insbesondere im Hinblick auf den von der ortsüblichen Vergleichsmiete gesteckten Rahmen. Mit anderen Worten: Nicht selten sind Angebote des Servicewohnens und die Aufnahme in eine Wohngemeinschaft vor dem Hintergrund der ortsüblichen Vergleichsmiete zu teuer. Überraschenderweise mag die Anwendbarkeit des die WBVG hier einen Ausweg bieten, lässt sich doch aus dem Urteil des Bundesgerichtshofs vom 26.09.2013 (IX ZR 3/13) ableiten, dass ein Gebrauchsüberlassungsverhältnis, das dem Heimvertragsrecht unterfällt, nicht mehr nach dem BGB beurteilt wird. Hiermit wären dann Regelungen über mietrechtliche Kündigungsfristen, Mieterhöhungen und insbesondere die Rechtsprechung zur ortsüblichen Vergleichsmiete nicht mehr anwendbar. Kann auch nicht mit Sicherheit prognostiziert werden, dass die Instanzgerichte diesen Ausweg akzeptieren werden, so zeigt sich doch, dass die Anwendbarkeit des WBVG keineswegs uneingeschränkt nachteilig aus Trägersicht ist und damit den Zweck des Schutzes der Bewohnerschaft tendenziell verfehlt.

## II. Informationspflichten

### 1. Zweck

Der Unternehmer muss den Verbraucher rechtzeitig vor Angabe von dessen Vertragserklärung über sein allgemeines Leistungsangebot und über den wesentlichen Inhalt der für ihn in Betracht kommenden Leistungen informieren, § 3 WBVG. 1029

Die Vorschrift dient dem effektiven Verbraucherschutz, indem sie eine transparente Übersicht über Angebot und Gegenleistung des einzelnen Unternehmers vermitteln und so dem Verbraucher die Grundlagen für eine selbstbestimmte Entscheidung verschaffen soll. Der Verbraucher soll somit die Möglichkeit haben, schon vor dem Einzug in eine Pflege- oder Betreuungseinrichtung die verschiedenen Angebote in ihrer gesamten Breite zu vergleichen. 1030

### 2. Form

Die Information muss vor Vertragsschluss in Textform erfolgen. Die Information muss daher in einer Urkunde oder auf andere zur dauerhaften Wiedergabe in Schriftzeichen geeignete Weise abgegeben werden und die Person des Erklärenden erkennen lassen, vgl. § 126 b BGB. Eine Unterschrift ist jedoch – im Gegensatz zur Schriftform – nicht erforderlich; sie kann auch bloß kopiert sein. Damit kann die Information grundsätzlich auch durch Prospekte, Flyer oder (ausdruckbare) E-Mails erfolgen. 1031

Außerdem muss die Information rechtzeitig und in „leicht verständlicher Sprache“ erfolgen. 1032

Was der Gesetzgeber unter „rechtzeitig“ versteht, ist nicht näher definiert. Im Hinblick auf den oben dargestellten Zweck der Vorschrift soll der Verbraucher Angebote vergleichen und die Abgabe seiner Vertragserklärung gründlich überlegen können. Da der Verbraucher vor dem Einzug in eine Pflege- oder Betreuungseinrichtung seinen eigenen Hausstand aufgibt und er daher ein Interesse an einem langfristigen Aufenthalt hat, sollte die Frist nicht zu kurz sein. Wegen der auch sonst im Gesetz genannten Überlegungsfristen erscheint ein Zeitraum von zwei Wochen vor Abgabe der Vertragserklärung regelmäßig angemessen zu sein; bei der Auslegung des Begriffes „rechtzeitig“ ist aber auch zu berücksichtigen, dass es der Verbraucher selbst in der Hand hat, durch eine schnell entschlossene Abgabe seiner Vertragserklärung die Frist zu verkürzen. Werden dem Verbraucher daher alle erheblichen Informationen zwei Wochen vor dem beabsichtigten Vertragsschluss ausgehändigt, entscheidet er sich aber dennoch binnen weniger Tage, das Angebot des Unternehmers anzunehmen, muss dies als „rechtzeitig“ im Sinne des § 3 Abs. 1 WBVG genügen. 1033

Folglich sollte der Unternehmer den Zeitpunkt und den Inhalt der Information dokumentieren, gegebenenfalls sich den Empfang – oder auch die Ablehnung – der 1034

Informationen durch den Verbraucher quittieren lassen. Die Erfahrungen seit Inkrafttreten des WBVG haben gezeigt, dass dieser Punkt wenig konfliktträchtig und letztlich auch wenig praxisrelevant ist.

1035 Da die Information in leicht verständlicher Sprache erfolgen muss, sollte auf nicht allgemein bekannte Fremdwörter oder Fachausdrücke verzichtet werden.

### 3. Inhalt

1036 Die in § 3 Abs. 1 WBVG genannten allgemeinen Informationspflichten werden in den Absätzen 2 und 3 konkretisiert.

1037 Nach § 3 Abs. 2 WBVG muss der Unternehmer über die bauliche Ausstattung der Einrichtung und die Bedingung ihrer Nutzung durch den Verbraucher informieren, er muss seine Leistungen nach Art, Inhalt und Umfang darstellen und er muss die Ergebnisse der Qualitätsprüfungen durch den MDK, soweit sie nach § 115 Abs. 1a Satz 1 SGB XI veröffentlicht werden, sowie die Ergebnisse der ordnungsrechtlichen Prüfung (vgl. § 14 Abs. 9 WTG) darstellen.

1038 Nach § 3 Abs. 3 WBVG muss er im Einzelnen darstellen: den Wohnraum, die Pflege- und Betreuungsleistungen, die Verpflegung und seine weiteren Leistungen, das zugrunde liegende Leistungskonzept (Anknüpfung an Leistungsformen nach dem SGB XI möglich), die aufgeschlüsselte Benennung des Entgeltes, die Voraussetzungen für Leistungs- und Entgeltänderungen und den Ausschluss der Angebots- und Anpassungspflichten nach § 8 Abs. 4 WBVG.

1039 Aus dem Leistungskonzept sollte sich insbesondere die zu betreuende Personengruppe (also z. B. auch bestimmte pflegefachliche Spezialisierungen oder Schwerpunkte in der Eingliederungshilfe) und die Qualifikation des Betreuungspersonals ergeben; dies ist auch wichtig für die Frage einer ggf. anzubietenden Vertragsanpassung bzw. eines vertraglichen Ausschlusses der Vertragsanpassung, vgl. § 8 WBVG, Rn. 1080 ff.

1040 Im Hinblick auf die Entgelte ist eine an den Vorgaben der jeweiligen Vergütungsvereinbarung orientierte Aufschlüsselung nach den Preisen für Pflege- und Betreuungsleistungen, Unterkunft, Verpflegung und gesondert berechenbaren Investitionskosten sowie zusätzlichen Leistungen erforderlich. In der Praxis wesentlich komplizierter ist die Gestaltung von Verträgen im Bereich des Servicewohnens und der Wohngemeinschaften. Hier gibt es preisliche Vorgaben letztlich nur für pflegerische Leistungen, da diese – egal, ob Grund- oder Behandlungspflege – Vergütungsvereinbarungen mit den Kostenträgern voraussetzen. Das weitere Leistungsgeschehen wird sich häufig an Marktgegebenheiten und der Leistungsbereitschaft der örtlichen Sozialhilfeträger orientieren. Im Interesse der Transparenz muss gerade in diesem Bereich den Bewohnern und ihren Angehörigen deutlich gemacht werden, welche Leistung zu welchem Preis zu erwarten ist und welche hinzutretenden Einzelleistungen gesondert zu vergüten sind. Eine klare vertragliche Regelung, die sich an den mietrechtlichen Vorgaben, Vereinbarungen mit den Kostenträgern und dem konkreten Angebot orientieren muss, ist in diesem Bereich beinahe wichtiger als im Bereich des „klassischen" Heimvertrages.

Sofern die Verpflichtung zur Vertragsanpassung zulässigerweise ausgeschlossen wurde, § 8 Abs. 4 WBVG, ist dies in hervorgehobener Form, also z. B. im Fettdruck, unterstrichen und/oder in einem eigenen Absatz in der vorvertraglichen Information darzustellen. 1041

Unabhängig von der Überlassung von Prospekten, Flyern etc. lässt sich die vorvertragliche Informationspflicht am sinnvollsten durch Übergabe einer Vertragsurkunde und Einräumung einer Bedenkzeit praktisch umsetzen. Zusätzlich ist auf bereits veröffentlichte Ergebnisse von MDK-Prüfungen und Prüfungen der nach dem WTG zuständigen Behörde hinzuweisen. 1042

Da die vorvertragliche Information nach § 6 Abs. 3 Nr. 3 WBVG als Vertragsgrundlage benannt werden muss, ist insbesondere darauf zu achten, dass bei einer Wiedergabe des Vertragsinhaltes in „verständlicher Sprache" keine Widersprüche entstehen. Es wird sich bei den verwendeten Vertragsmustern regelmäßig um allgemeine Geschäftsbedingungen im Sinne der §§ 305 ff. BGB handeln. Widersprüchliche Regelungen gehen zu Lasten des sie verwendenden Unternehmers, vgl. § 305 c Abs. 2 BGB. 1043

## 4. Rechtsfolgen der mangelhaften Erfüllung

Erfüllt der Unternehmer seine vorvertraglichen Informationspflichten nicht oder entsprechen sie nicht den Anforderungen nach § 3 Abs. 1 bis 3 WBVG, gelten nach § 3 Abs. 4 WBVG die Regelungen des § 6 Abs. 3 Satz 2 und 3 WBVG entsprechend. Danach kann der Verbraucher das Vertragsverhältnis jederzeit ohne Angabe von Gründen kündigen. Der Unternehmer kann jedoch seine vorvertraglichen Informationspflichten nachholen. Sobald er dies getan hat, ist es dem Verbraucher dann verwehrt, aus diesem Grund außerordentlich zu kündigen. Dem Verbraucher verbleibt jedoch das außerordentliche Kündigungsrecht nach § 11 Abs. 2 WBVG und das ordentliche, fristgebundene Kündigungsrecht nach § 11 Abs. 1 WBVG. 1044

Im Bereich der Verträge mit Leistungsbeziehern der sozialen Pflegeversicherung gilt allerdings nach dem Urteil des Bundesgerichtshofs vom 04.10.2018 (III ZR 292/17), dass die Vertragspflichten von Seiten des Verbrauchers jederzeit ohne Einhaltung einer Frist faktisch beendet werden können. Im Hauptanwendungsbereich der Vorschrift ist also die vom Gesetz ausgesprochene Folge der jederzeitigen Kündbarkeit des Vertrages ohne Belang. 1045

## III. Vertragsschluss und Vertragsdauer

### 1. Grundsatz

1046 Nach § 4 Abs. 1 Satz 1 WBVG gilt der Grundsatz, dass der Vertrag auf unbestimmte Zeit abgeschlossen wird. Ein befristeter Vertrag bis zur Dauer von drei Monaten ist nur möglich, wenn dies nicht den Interessen des Verbrauchers widerspricht, § 4 Abs. 1 Satz 2 WBVG. Der Formulierung muss man entnehmen, dass wohl der Unternehmer darlegen und ggf. beweisen muss, dass die Voraussetzungen für eine (wirksame) Befristung vorliegen. Erweist sich die Befristung aber als unzulässig, gilt der Vertrag auf unbestimmte Zeit. Möchte der Verbraucher dennoch an der eigentlich unzulässigen Befristung festhalten, kann er binnen zweier Wochen nach Ablauf der vereinbarten Frist seinen entgegenstehenden, auf die Befristung gerichteten, Willen erklären. Der Vertrag endet dann mit dem Zugang seiner Erklärung beim Unternehmer. Der Gesetzgeber wollte mit den engen Voraussetzungen für die Befristung den Verbraucher davor schützen, dass der Unternehmer die restriktiven Voraussetzungen einer Kündigung umgeht.

1047 Erklärt der Verbraucher nicht innerhalb der zwei Wochen, dass er an der Befristung festhalten möchte, gilt der Vertrag auf unbestimmte Zeit. Er kann dann vom Verbraucher nur noch ordentlich oder außerordentlich, vom Unternehmer nur noch außerordentlich (unter entsprechend engen Voraussetzungen) gekündigt werden, vgl. Rn. 1108 ff.

1048 Bei dem in der Praxis häufigsten Fall der Befristung, nämlich der Kurzzeitpflege, wird eine Befristung regelmäßig den Interessen des Verbrauchers entsprechen, da eine Kurzzeitpflege zeitlich begrenzt finanziert wird, vgl. § 42 SGB XI. Eine andere Befristung wird in der Praxis auch kaum vorkommen.

### 2. Geschäftsunfähigkeit des Verbrauchers

1049 Nach § 4 Abs. 2 WBVG hängt die Wirksamkeit des Vertrages bei einem geschäftsunfähigen Verbraucher von der Genehmigung seines Betreuers oder Bevollmächtigten ab. Für das Verfahren gilt die Regelung des § 108 Absatz 2 BGB: Danach kann der Unternehmer den Betreuer oder Bevollmächtigten des Verbrauchers zur Genehmigung auffordern. Wird die Genehmigung nicht binnen zwei Wochen erklärt, gilt sie als verweigert; der Vertrag ist damit nicht wirksam. Für bereits bewirkte Leistungen und Gegenleistungen wird der Vertrag aber als wirksam behandelt, so dass keine Leistungen zurückgefordert werden können („faktisches Vertragsverhältnis"). Der Unternehmer kann sich von diesem faktischen Vertragsverhältnis nur unter den Voraussetzungen, wie sie auch für eine außerordentliche Kündigung gelten, lösen. Der Verbraucher hingegen kann sich jederzeit durch tatsächliches Verhalten, insbesondere durch den Auszug aus der Einrichtung, vom Vertragsverhältnis lösen.

Einen anderen, wohl nicht ganz zutreffenden Weg hat das Landgericht Hagen (Urteil vom 22.08.2013 – 10 O 154/13) gewählt: Dort ist man von der in §§ 104 Nr. 2, 105 BGB geregelten Rechtsfolge der Nichtigkeit des Vertrages ausgegangen. Einen Vergütungsanspruch hat man dem Heimträger allerdings dennoch zugesprochen und hierzu auf Bereicherungsrecht, § 812 Abs.1 BGB, zurückgegriffen. Da eine Rückabwicklung der Leistungen nicht mehr möglich sei, müsse gem. § 818 Abs. 2 BGB Wertersatz geleistet werden. Es sei „mangels gegenteiliger Anhaltspunkte davon auszugehen, dass die Kosten, die die Klägerin (Heimträger) dem Beklagten (Bewohner) für Unterkunft und Pflegeleistungen berechnet hat, üblich und angemessen sind" (LG Hagen a. a. O.). Richtiger wäre hier die Lösung über § 4 Abs. 2 WBVG gewesen, wonach die in der Vergangenheit ausgetauschten Leistungen bei Geschäftsunfähigkeit eines Vertragspartners als aufgrund eines wirksamen Vertrages ausgetauscht gelten sollen. Im Ergebnis entsteht hierdurch kein Unterschied. Interessant ist die Entscheidung allerdings vor dem Hintergrund, dass hierüber wohl auch das Problem eines fehlenden wirksamen Vertragsschlusses geregelt werden kann: Für die erhaltenen Leistungen ist Wertersatz zu erbringen, der sich in aller Regel an den in dem Pflegeheim gültigen Vergütungen zu orientieren hat. 1050

## 3. Vertragsende

Der Vertrag endet zunächst einmal durch Kündigung einer der beiden Parteien, vgl. Kapitel X. und XI. Durch das Urteil des Bundesgerichtshofs über die jederzeit möglich faktische Beendigung des Heimvertrages durch den Bewohner (Urteil vom 04.10.2018 – III ZR 292/17) sind die gesetzlichen Vorschriften über die Einhaltung von Kündigungsfristen und das Vorliegen von Kündigungsgründen auf Seiten des Leistungen nach dem SGB XI beziehenden Bewohners überholt. 1051

Nach § 4 Abs. 3 WBVG endet der Vertrag mit dem Tod des Bewohners, so wie es auch bisher im Heimgesetz geregelt war. Es ist jedoch grundsätzlich zulässig, eine Fortgeltung von höchstens zwei Wochen über den Tod des Verbrauchers zu vereinbaren. Dies gilt – unter Abzug der ersparten Aufwendungen – für den auf die Wohnraumüberlassung entfallenden Entgeltbestandteil. Nicht zulässig ist eine solche Vereinbarung aber für Verbraucher, die Leistungen der sozialen Pflegeversicherung erhalten. Dies ergibt sich aus § 15 Abs. 1 WBVG und der Regelung des § 87 a Abs. 1 Satz 2 SGB XI, der eine solche Vereinbarung unwirksam macht. Die Frage des Verhältnisses des § 87 a Abs. 1 Satz 2 SGB XI zur Vorgängerregelung im Heimgesetz war umstritten, ist jetzt aber für die Praxis durch das Urteil des Bundesverwaltungsgerichtes vom 02.06.2010 – AZ 8 C 24.09 – entschieden, wonach § 87 a Abs. 1 Satz 2 SGB XI als Spezialvorschrift vorgeht. Eine Fortgeltung über den Tod hinaus kann damit nur mit den Verbrauchern vereinbart werden, die keine Leistungen nach dem SGB XI erhalten. 1052

Insgesamt ist im Hinblick auf die Beendigung von Verträgen festzuhalten, dass auch eine wirksame Kündigung durch den Träger oder sonstige Beendigung des Vertrages keineswegs ohne Weiteres dazu führt, dass der Platz unmittelbar an eine andere 1053

Person vergeben werden kann. Auch ist eine Räumung des Bewohnerzimmers durch den Träger nicht möglich. So kann einem Bewohner, der beispielsweise zwischenzeitlich in einem Krankenhaus oder anderweitig untergebracht gewesen ist, nicht einfach der Zutritt zu seinem bisherigen Zimmer verwehrt werden. Es handelt sich in derartigen Fällen um so genannte verbotene Eigenmacht gem. § 858 BGB mit der Folge, dass der so behandelte Bewohner äußerst kurzfristig im Wege der einstweiligen Anordnung wieder in sein bisheriges Zimmer eingewiesen werden kann. Tatsächlich muss – wie im Mietrecht auch – ein gerichtlicher Räumungstitel erstritten und später gegebenenfalls von einem Gerichtsvollzieher durchgesetzt werden.

### 4. Wechsel der Vertragsparteien

1054 Nach § 5 WBVG wird das Vertragsverhältnis über Wohnraum beim Tod eines Verbrauchers mit den anderen Personen, die mit ihm einen auf Dauer angelegten gemeinsamen Haushalt geführt haben und bisher nicht Vertragspartner waren, bis zum Ablauf des dritten Kalendermonates nach dem Tod des Verbrauchers fortgesetzt. Der Haushalt ist auf Dauer angelegt, wenn die darin lebenden Personen eine innere Bindung zueinander haben, wie es bei Ehegatten, Lebenspartnern, Kindern oder häufig auch Mitgliedern einer Wohngemeinschaft der Fall ist. Die Regelung soll verhindern, dass die Personen, die mit dem verstorbenen Verbraucher zusammen gelebt haben, unmittelbar nach dessen Tod die Wohnung verlassen müssen. Sie haben jedoch die Möglichkeit, der Fortsetzung des Vertrages innerhalb von vier Wochen nach dem Sterbetag zu widersprechen. Die Fortsetzung des Vertrages gilt nur hinsichtlich der Wohnraumüberlassung, in den Vertrag hinsichtlich der Pflege- und Betreuungsleistungen treten die Mitbewohner nicht ein.

1055 Umgekehrt kann die mietrechtliche Rechtsprechung, wonach es bei mehreren Mietern für die Kündigung des gesamten Mietvertrages genügt, wenn nur einer der Mieter sich vertragswidrig verhält, nicht auf den Bereich des Heimvertrages übertragen werden. Liegt also beim zur Verfügung Stellen eines Doppelzimmers an Eheleute der Kündigungsgrund nur bei einem der beiden Ehepartner vor, kann nicht der Heimvertrag beider, sondern immer nur der Heimvertrag des betroffenen Ehepartners gekündigt werden (LG Freiburg, Urteil vom 05.07.2012 – 3 S 48/12).

1056 Veräußert der Unternehmer den Wohnraum, tritt der Erwerber in den Vertrag ein und wird damit nicht nur Vermieter, sondern auch Unternehmer im Sinne des WBVG, vgl. § 5 Abs. 2 WBVG.

## IV. Schriftform

1057 Nach § 6 Abs. 1 WBVG ist der Vertrag schriftlich abzuschließen und dem Verbraucher eine Ausfertigung auszuhändigen. Der Vertrag muss also eigenhändig unterschrieben, notariell beurkundet oder die Unterschrift notariell beglaubigt werden, § 126 BGB. Ein Verstoß gegen das Schriftformerfordernis führt jedoch nicht gemäß

§ 125 BGB zur Nichtigkeit der Erklärung und damit des Vertrages, sondern nur zur Unwirksamkeit von Vereinbarungen, die – wenn auch im Einzelfall zulässig – zum Nachteil des Verbrauchers von den gesetzlichen Regelungen abweichen. Da abweichende Vereinbarungen zum Nachteil des Verbrauchers ohnehin ohne ausdrückliche Zulassung im Gesetz unwirksam sind, vgl. § 16 WBVG, ist diese Regelung praktisch wohl nur wichtig für den nach § 8 Abs. 4 WBVG grundsätzlich zulässigen Ausschluss der Anpassungspflicht, vgl. dazu Rn. 1067 f.

Angesichts der Entscheidung des Bundesgerichtshofs vom 12.05.2016 (III ZR 279/15) 1058
scheidet eine Berechtigung zur einseitigen Entgelterhöhung durch den Heimträger ohnehin aus, kann also nicht einmal vereinbart werden. In der Praxis werden die Rechtsfolgen eines Verstoßes gegen das Schriftformerfordernis also meist unbedeutend bleiben.

Der Verbraucher hat bei Nichteinhaltung der Schriftform das auf Dauer bestehen- 1059
bleibende Recht der außerordentlichen Kündigung ohne Einhaltung einer Frist.

Diese Möglichkeit ist angesichts der Rechtsprechung des Bundesgerichtshofs (Urteil 1060
vom 04.10.2018 – III ZR 292/17), die dem Bewohner die faktische fristlose Beendigung der Vertragspflichten gestattet, letztlich irrelevant geworden.

Sofern der schriftliche Vertragsschluss unterblieben ist, weil zum Zeitpunkt des 1061
mündlichen Vertragsschlusses der Verbraucher oder dessen Betreuer an der Unterschrift gehindert war, z. B. bei einer sehr plötzlich erforderlich werdenden Aufnahme in eine Pflegeeinrichtung und Nichterreichbarkeit des Betreuers, muss der schriftliche Vertragsschluss unverzüglich nachgeholt werden. Unverzüglich bedeutet ohne schuldhaftes Zögern. Weigert sich der Verbraucher oder dessen Betreuer/Bevollmächtigter, den Vertrag schriftlich abzuschließen, bleibt dieser nach der gesetzlichen Regelung zwar wirksam, jedoch wird eine später ausgesprochene außerordentliche Kündigung durch den Verbraucher unter Bezugnahme auf den fehlenden schriftlichen Vertragsschluss rechtsmissbräuchlich sein (§ 242 BGB).

Dies gilt explizit nur bei Verhinderung des Verbrauchers am schriftlichen Vertrags- 1062
schluss und nicht bei schlichtem Vergessen oder sonstigen Formmängeln.

## V. Vertragsinhalt

§ 6 Abs. 3 regelt den notwendigen Mindestinhalt des Heimvertrages. Erforderlich ist 1063
die Benennung der Leistungen nach Art, Inhalt und Umfang der hierfür zu zahlenden Entgelte, getrennt nach denjenigen für Wohnraum, Pflege- und Betreuungsleistungen sowie ggf. Verpflegung. Anzugeben sind im Bereich der Altenhilfe die gesondert berechenbaren investiven Aufwendungen nach § 82 SGB XI. In jedem Falle anzugeben ist das Gesamtentgelt. § 6 Abs. 3 Nr. 3 WBVG ordnet an, dass im Heimvertrag die Vorab-Informationen nach § 3 WBVG als Vertragsgrundlage zu benennen sind.

Zwischen den Informationen nach § 3 WBVG und dem Mindestinhalt des Heimvertrages nach § 6 Abs. 3 WBVG wird in der Praxis inhaltlich kaum ein Unterschied zu erkennen sein. Aus praktischen Gründen wird man für eine weitgehende Kongruenz zwischen den Vorab-Informationen und den später zu schließenden eigentlichen Heimvertrag zu sorgen haben, was in geeigneter Weise dadurch geschieht, dass das Heimvertragsformular im Rahmen der vorvertraglichen Informationsverpflichtungen ausgehändigt wird.

1064 Änderungen haben sich durch die §§ 36, 37 Verbraucherstreitbeilegungsgesetz (VSBG) ergeben. Bemerkenswert ist zunächst einmal, dass die genannten Vorschriften zwar für sämtliche anderen Unternehmen erst mit dem 01.02.2017 in Kraft traten, dies jedoch Kraft gesetzlicher Anordnung im Bereich des WBVG bereits ab dem 01.04.2016 der Fall war. Überdies sind im Bereich des WBVG die nach den genannten Vorschriften erforderlichen Hinweise auch dann zu geben, wenn der Heimträger weder eine eigene Homepage vorhält noch allgemeine Geschäftsbedingungen verwendet – was wiederum in anderen Bereichen die Anwendbarkeit des VSBG ausschließen würde. § 6 Abs. 3 Nr. 4 WBVG ordnet nunmehr also an, dass der Heimträger die entsprechenden Informationen „geben" müsse. Dies bedeutet, dass der Heimträger deutlich darauf hinweisen muss, ob er bereit ist, an einem Streitbeilegungsverfahren vor einer Verbraucherschlichtungsstelle teilzunehmen. Ist er hierzu bereit, so muss er nach § 36 Abs. 1 Nr. 2 VSBG weitere Informationen zur Verbraucherschlichtungsstelle geben. Es stellt sich nun die Frage, wie hier sinnvollerweise vorzugehen ist. Ein Heimträger mag sich einem derartigen Verfahren unterwerfen, weil er hierin angesichts einer erhöhten Verbraucherfreundlichkeit einen Marktvorteil erblickt. Zu beachten ist aber, dass beispielsweise das WTG in Nordrhein-Westfalen bereits eine mit vergleichbaren Funktionen ausgestattete Ombudsperson nach § 16 vorsieht, deren praktische Relevanz bislang eher eingeschränkt war. Aus Sicht des Heimträgers, dessen Teilnahme an dem Verfahren eine freiwillige ist, spricht hiergegen die nur ihn treffende Kostenlast (z. B. 600,00 Euro bei einem Streitwert von mehr als 5.000,00 Euro). Dem steht die Tatsache gegenüber, dass ein Verfahren nur vom Heimbewohner, nicht jedoch vom Heimträger eingeleitet werden kann. Schließlich geht dieses Verfahren mit einem Schlichtungsversuch aus, der für keine der beiden Seiten verbindlich ist, sondern – bei Nichtgefallen – den Weg zu den staatlichen Gerichten keineswegs verwehrt. Mit der gebotenen Zurückhaltung muss hier also von einer Teilnahme abgeraten werden.

1065 Hinzuweisen ist in diesem Zusammenhang weiterhin auf die Regelung des § 37 VSBG, wonach bei einer Streitigkeit im Einzelfall erneut auf das Schlichtungsverfahren hinzuweisen ist. Hierbei muss der Träger nochmals auf seine fehlende Bereitschaft zur Teilnahme hinweisen, nach dem kaum nachvollziehbaren Wortlaut der Vorschrift darüber hinaus aber auch die zuständige Verbraucherschlichtungsstelle benennen. Immerhin darf bezweifelt werden, dass ein Verstoß gegen diese Vorschrift im Einzelfall irgendeine Rechtsfolge nach sich zieht.

1066 Ausweislich des Diskussionspapiers zu einer möglichen Weiterentwicklung des WBVG aus dem Bundesministerium für Familie, Senioren, Frauen und Jugend lehnt der überwiegende Teil der Träger die Verbraucherschlichtung ab, während sich das verbraucherseitige Interesse an entsprechenden Verfahren ebenso zurückhaltend gestaltet. Als Reaktion hierauf soll die Teilnahme an der Verbraucherschlichtung zukünftig verbindlich ausgestaltet werden. Dies führt dann dazu, dass über die originär zuständigen Zivilgerichte, die mit ordnungsrechtlichen Befugnissen versehenen, nach dem WTG zuständigen Behörden (4. Abschnitt X.2.) und die Ombudsperson nach § 16 WTG hinaus eine vierte Stelle zur Regelung des Leistungsgeschehens im Heimvertragsbereich berufen werden soll.

## VI. Leistungspflichten

### 1. Grundsätzliches

§ 7 WBVG regelt die im Gegenseitigkeitsverhältnis stehenden Verpflichtungen der Parteien des Heimvertrages. § 7 Abs. 1 WBVG benennt die Pflichten des Heimträgers und kennzeichnet hiermit den Heimvertrag als einen schuldrechtlichen Vertrag eigener Art mit Elementen sowohl des Miet- wie auch des Dienst- und Werkvertrages. Dienstvertragliche Elemente sind insbesondere in den Pflege- und Betreuungsleistungen zu erkennen. Letztere weisen auch werkvertragliche Elemente dort auf, wo es um Leistungen der Hauswirtschaft und hierunter insbesondere der Verpflegung geht. Das Konzept des WBVG verwischt hierbei die Grenzen zwischen dem werkvertraglichen, auf ein bestimmtes Leistungsergebnis gerichteten Element und dem dienstvertraglichen Element, das lediglich die Erbringung von Diensten ohne Erzielung eines bestimmten Ergebnisses erfordern. Dies bewirkt § 10 WBVG, der den gesamten Vertrag einschließlich aller Leistungsbestandteile einem gemeinsamen Gewährleistungsrecht unterwirft. 1067

Zur Klarstellung sei an dieser Stelle ausdrücklich darauf hingewiesen, dass die in §§ 630 a ff. BGB enthaltenen Regelungen zum Behandlungsvertrag nicht den Bereich der WBVG-Verträge erfassen; das WBVG stellt insoweit eine speziellere Materie dar. Ungeachtet dessen bestehen allerdings durchaus Einsichtsrechte der Bewohnerschaft, ihrer Erben und schließlich auch der Sozialversicherungsträger in die Pflegedokumentation. Dem steht auch die Verschwiegenheitspflicht des Trägers dann nicht entgegen, wenn eine tatsächliche Einwilligung oder ein vermutetes Einverständnis des Bewohners vorliegt. Von letzterem ist bei Verstorbenen dann auszugehen, wenn beispielsweise die Verfolgung von Schadenersatzansprüchen durch eine Krankenkasse beabsichtigt ist, die diese Ansprüche nach § 116 SGB X auf sich übergeleitet hat (BGH vom 23.03.2010 – VI ZR 249/08). 1068

Häufiger Gegenstand der Auseinandersetzung ist die Frage, ob es zu den Leistungspflichten des Heims gehört, eine (kostenfreie) Begleitung der Bewohner zum Arzt durchzuführen. Hierzu existiert zunächst eine Entscheidung des Verwaltungsgerichts Stuttgart vom 13.01.2011 (4 K 3702/10). Nach der womöglich vom Ergebnis her zu verstehenden Begründung führt der im Landesrahmenvertrag verwendete 1069

Text („Planen und Organisieren von Arztbesuchen"; identischer Text im Landesrahmenvertrag Nordrhein-Westfalen) zu einer uneingeschränkten Leistungspflicht des Trägers. Diese Entscheidung wiederum hat der VGH Baden-Württemberg mit Urteil vom 09.07.2012 (6 S 773/11) aufgehoben und festgehalten, dass das Planen und Organisieren von Arztbesuchen eben gerade nicht die Begleitung meint. Demgegenüber hat der Hessische Verwaltungsgerichtshof (Urteil vom 24.03.2015 – 10 A 272/14) unter Rückgriff auf die – damals bereits aufgehobene – Entscheidung des Verwaltungsgerichts Stuttgart entschieden, es handele sich um eine Regelleistung. Hierbei hat der Hessische VGH ergänzend auf die Gesetzesbegründung zum Entwurf eines Hessischen Landes-Heimgesetzes (HGBP) zurückgegriffen, der allerdings in der hier relevanten Frage so nicht Gesetz geworden ist. Hieraus folgt zumindest für die Rechtslage in Nordrhein-Westfalen, dass der Entscheidung des VGH Baden-Württemberg der Vorzug zu geben ist. Hierfür spricht allein schon der Wortlaut des Landesrahmenvertrages: „Planen und Organisieren" ist nun einmal etwas anderes als Durchführen oder Begleiten.

## 2. Entgelt

1070 Die in § 7 Abs. 2 WBVG geregelte Entgeltzahlungspflicht besteht in dem Umfang, in dem das Entgelt „insgesamt und nach seinen Bestandteilen im Verhältnis zu den Leistungen angemessen" ist. Die Regelung dient nicht der Entgeltanpassung an das Qualitätsniveau im Einzelfall, also der Gewährleistung; diese ist in § 10 WBVG geregelt. Vielmehr geht es um die Regelung eines grundsätzlichen Entgeltmaßstabes, der eine Kontrolle der Angemessenheit verlangter Vergütungen bereits vor der Grenze des Sittenwidrigen oder Wucherischen ermöglichen soll. Eine vergleichbare Regelung war bereits im Heimgesetz enthalten und hat in der Praxis keine nennenswerte Bedeutung gehabt. Dies lag daran, dass die Vergütungen im Bereich der Heimunterbringung in aller Regel durch Verhandlungen mit Kostenträgern aus dem Bereich der Sozialversicherung ermittelt werden. Derartige Entgelte werden in aller Regel als angemessen angesehen werden können. Dem tragen nunmehr auch die Regelungen des § 10 Abs. 2 Sätze 2 und 3 WBVG Rechnung. Insbesondere in den Bereichen der sozialen Pflegeversicherung und der Behindertenhilfe gilt nunmehr die gesetzliche Festlegung, dass Entgelte, die nach den Regularien des SGB XI bzw. SGB XII zustande gekommen sind, als „vereinbart und angemessen" gelten. Diese Aussage ist allerdings, wie noch zu zeigen sein wird, nur eingeschränkt belastbar. Hintergrund ist das unter Beteiligung eines oder mehrerer Kostenträger durchgeführte Pflegesatz- oder sonstige Vergütungsverfahren, das eine hohe Gewähr für die Richtigkeit und Angemessenheit der Vergütungen bietet. Dieser Umstand und der Wortlaut der Vorschrift, wonach eine bestimmte Vergütungshöhe als vereinbart gilt, legen nahe, dass daneben kein Raum für ein weiteres, spezifisch heimvertragsrechtliches Vergütungsverfahren besteht. Der Gesetzgeber hat sich allerdings dennoch nicht von einem eigenen heimvertragsrechtlichen Verfahren zur Anpassung der Entgelte trennen wollen, wie die Regelung des § 9 WBVG belegt (vgl. Abschn. VIII Rn. 1082 ff.).

Letztlich ist auch dieses Verfahren im Bereich der sozialen Pflegeversicherung durch das Urteil des Bundesgerichtshofs vom 12.05.2016 (III ZR 279/15) dadurch entwertet, dass maßgeblich die Vereinbarungen mit dem Kostenträger auf der einen und die Zustimmung des Bewohners auf der anderen Seite sind. 1071

Wie bereits im historischen Heimgesetz ist eine Differenzierung der Entgelte nach Kostenträgern unzulässig. Ausnahmen gelten dort, wo eine öffentliche Förderung zu verminderten Entgelten lediglich in einem Teil einer Einrichtung führen. Zulässig sind darüber hinaus nach § 7 Abs. 3 Satz 3 WBVG auch eigene, regelmäßig niedrigere Vergütungssätze für investive Aufwendungen im Verhältnis zu Sozialhilfeträgern. 1072

Zu beachten ist, dass im Gegensatz zum Krankenversicherungsrecht der Status als privat Versicherter kaum nennenswerte Abweichungen vom Status des gesetzlich Versicherten mit sich bringt. Das Leistungsgeschehen im Bereich der privaten Pflegeversicherung wird vom SGB XI weitgehend mitgeregelt; das Verbot der Differenzierung nach Kostenträgern trifft also auch den Bereich der privat Versicherten. Ein wesentlicher Unterschied besteht nur darin, dass der privat Versicherte das Gesamtheimentgelt auch dann selbst schuldet, wenn seine private Pflegeversicherung die pauschalen Leistungsbeträge übernimmt. Es ist keineswegs die Regel, dass die privaten Pflegeversicherungen einem unmittelbaren Abrechnungsverfahren mit dem Heimträger zustimmen, wie dies im Bereich der gesetzlich Versicherten vorgesehen ist. 1073

Übernimmt ein Sozialleistungsträger einen Kostenanteil, so hat der Heimträger den Bewohner hierauf hinzuweisen. Bei pauschalen Leistungssätzen wie etwa im Bereich der Pflegeversicherung geschieht dies geeigneterweise bereits im Heimvertrag. Leistungen der Sozialhilfe sind demgegenüber in ihrer Höhe nur schwer zu prognostizieren, so dass eine Mitteilung erst bei Vorliegen eines Bescheides in Betracht kommen wird. 1074

Vielfach bestehen Zweifel darüber, wer als Schuldner des Heimentgeltes in Betracht kommt. Primär ist hier selbstverständlich der Heimbewohner zu nennen. Bei gesetzlich Pflegeversicherten ist der Anspruch auf die pauschalen Leistungsbeträge unmittelbar gegen die Pflegekasse zu richten, § 87 a Abs. 3 SGB XI. Schuldner des Heimentgeltes sind nicht die Rentenversicherungsträger, deren Zahlungen üblicherweise auf ein Konto des Heimträgers übergeleitet werden – ohne dass hierdurch ein Forderungsübergang einträte. Auch die Zahlung des Sozialhilfeträgers geschieht nur zum Zweck der Tilgung einer Heimentgeltforderung gegenüber dem Bewohner; nur nach einer Kostenzusage erwirbt der Träger gegen den Sozialhilfeträger einen eigenen Anspruch. Durch diesen Schuldbeitritt erwirbt der Heimträger einen Anspruch gegen Sozialhilfeträger (BSG, Urteil vom 28.10.2008 – B 8 SO 22/07 R) – zusätzlich zu dem weiterbestehenden Anspruch gegen den Bewohner. Vergleichbares gilt im Übrigen auch im Bereich der Übernahme ambulanter Pflegekosten (BSG, Urteil vom 18.11.2014 – B 8 SO 23/13 R). Immer ist aber zu beachten, dass der Träger der Sozialhilfe nur in dem Umfang einzustehen hat, in dem der Heimbewohner selbst haften 1075 würde. Dies bedeutet, dass Entgelterhöhungen wirksam vollzogen sein müssen. Mit Blick auf die Veränderung des Pflegebedarfs hat dieser Gesichtspunkt allerdings vor dem Hintergrund des einrichtungseinheitlichen Eigenanteils gem. § 84 Abs. 2 Satz 3 SGB XI an Bedeutung eingebüßt, da die Zuzahlungsbeträge, für die gegebenenfalls die Sozialhilfe einzutreten hat, sich bei Veränderung des Pflegebedarfs nicht mehr ändern.

1076 Das Einsetzen von Leistungen der Sozialhilfe findet im Übrigen rückwirkend nur dann statt, wenn der Sozialhilfeträger Kenntnis vom Vorliegen der Anspruchsvoraussetzungen hatte. Dies bedeutet für die Praxis, dass nicht nur die Tatsache eines Heimeinzuges dem Sozialhilfeträger mitzuteilen ist, sondern nach Möglichkeit auch Informationen zur Bedürftigkeit des zukünftigen Bewohners, was Auskünfte gegenüber dem Sozialhilfeträger zur Einkommens- und Vermögenslage erfordert (LSG NRW, Urteil vom 28.08.2014 – L 9 SO 28/14).

1077 Schließlich stellt sich immer wieder die Frage, ob Angehörige oder Betreuer bzw. Bevollmächtigte zur Zahlung des Heimentgeltes verpflichtet sind oder verpflichtet werden können. Hierzu ist grundsätzlich festzuhalten, dass bei einem Vertreter, der erkennbar im Rechtskreis eines Vertretenen (hier des Heimbewohners) handelt, eine tatsächliche Vermutung dafür besteht, dass er nur für diesen, nicht aber für sich selbst handeln will – sofern nicht besondere Anhaltspunkte für ein Handeln im eigenen Namen sprechen (OLG Düsseldorf, Urteil vom 23.02.2010 – I-24 U 99/08). Der Vertreter verpflichtet also in aller Regel nicht sich selbst, sondern nur den von ihm vertretenen Heimbewohner. Er haftet demnach also auch nicht selbst. Im vom OLG Düsseldorf (a. a. O.) entschiedenen Fall hatte der Vertreter sogar erklärt, er wolle „für die ungedeckten Heimkosten einstehen". Selbst diese Äußerung hat das OLG für eine eigene Haftung des Vertreters nicht genügen lassen. In ähnlicher Deutlichkeit führt das LG Duisburg (Urteil vom 16.12.2011 – 7 S 117/11) aus, der Betreuer hafte als Vertreter des Heimbewohners in der Regel nicht für die Heimentgelte. Etwas anderes gelte allenfalls dann, wenn der Betreuer späterhin selbst Erbe werde und – sofern er das Erbe nicht ausschlägt – dann für die Verbindlichkeiten des Erblassers einzustehen habe. Denkbar, aber in der Praxis mit erheblichem Aufwand verbunden, ist der Weg über die Titulierung der Heimentgeltforderung gegenüber dem Heimbewohner, um alsdann dessen potentiellen Schadenersatzanspruch gegenüber dem Betreuer wegen fehlerhafter Amtsführung pfänden zu können. Das LG Duisburg (a. a. O.) skizziert diesen Weg, weist aber darauf hin, dass ein „Durchgriffsanspruch" unmittelbar gegenüber dem Betreuer nicht in Betracht kommt.

1078 An dieser Stelle drängt sich die weitere Frage auf, ob nicht durch vertragliche Vereinbarungen mit dem Betreuer ein eigener Schuldgrund geschaffen werden könne, der dessen Inanspruchnahme ermöglicht. Der BGH (Urteil vom 21.05.2015 – III ZR 263/14) hat dem recht weitgehend eine Absage erteilt. Das Urteil ist bedauerlicherweise wenig eindeutig, untersagt aber in jedem Falle die zeitgleiche Vorlage einer Schuldbeitrittserklärung zusammen mit dem Heimvertragsformular. Der amtliche Leitsatz hierzu scheint eine derartige Vereinbarung dann für denkbar zu halten, wenn eine entsprechende Sicherungsabrede – um eine solche soll es sich im entschiedenen Fall handeln – bereits im Heimvertrag verankert wird. Dies aber ist wie soeben ausgeführt angesichts gleichzeitiger Vereinbarung ausgeschlossen; überdies kommt die Erhebung von Sicherheitsleistungen bei Leistungsempfängern nach dem SGB XI nicht in Betracht. Im Ergebnis bedeutet dies, dass Schuldbeitrittserklärungen allenfalls in erheblichem zeitlichem Abstand nach Abschluss des Heimvertrages geschlossen werden können. Dies kommt etwa bei häufigem Zahlungsverzug oder der Sorge um nicht weitergeleitete Rentenzahlungen in Betracht.

### 3. Abwesenheitsregelung

§ 7 Abs. 5 WBVG enthält eine Klausel zur Vergütungsberechnung in Fällen der Abwesenheit des Heimbewohners. Hier sind ersparte Aufwendungen in Abzug zu bringen. Für den Bereich der sozialen Pflegeversicherung nimmt das Gesetz eine Verweisung auf § 87 a Abs. 1 Satz 7 SGB XI und insbesondere auf die hierzu ergangenen rahmenvertraglichen Vereinbarungen mit ihren länderspezifischen Abwesenheitsklauseln vor. Ebenso wie im Bereich der Vergütungen sind also auch hier die Regelungen mit den Kostenträgern maßgeblich. 1079

## VII. Änderung des Pflege- und Betreuungsbedarfs als Fall der Vertragsanpassung

§ 8 WBVG regelt die Verpflichtung des Heimträgers, bei sich änderndem Pflege- oder Betreuungsbedarf (insbesondere Neueinstufung bzw. -eingruppierung und geänderte Hilfebedarfsgruppe) eine Leistungsanpassung anzubieten. Offenbar in Anlehnung an die Rechtsprechung des Bundesgerichtshofes (Urteil vom 02.10.2007 – III ZR 16/07 –), allerdings auch an die Regelung des ehemaligen § 6 HeimG soll der Wechsel des Pflege- und Betreuungsbedarfs als Fall der Vertragsänderung behandelt werden. Auf ein entsprechendes Änderungsangebot des Trägers hin ist der Bewohner berechtigt, dieses ggf. auch nur teilweise anzunehmen. Diese grundsätzliche Systematik ist allerdings mit den Leistungssystemen nach dem SGB XI und dem SGB XII praktisch nicht in Einklang zu bringen. Folgerichtig regelt § 8 Abs. 2 WBVG, dass der Träger bei Leistungsempfängern nach SGB XI und XII berechtigt ist, bei einer Änderung des Pflege- oder Betreuungsbedarfes des Verbrauchers den Vertrag nach Maßgabe des § 8 Abs. 1 Satz 3 WBVG durch einseitige Erklärung anzupassen. Ergänzend sei § 8 Abs. 3 WBVG anzuwenden. Diese Verweisung ist im Ergebnis wenig sinnvoll, weil sie die Leistungsveränderung wiederum ungeachtet bereits eingetretener sozialversicherungsrechtlicher Änderungen spezifisch heimvertragsrechtlichen Regelungen unterwirft. Die Verweisung auf § 8 Abs. 1 Satz 3 WBVG kann nur so verstanden werden, dass hier eine Entsprechung zwischen veränderter Leistungspflicht und erhöhter Vergütung vorliegen muss. Das nachträgliche Einführen eines Zustimmungserfordernisses für eine Leistungs- und Entgeltveränderung kann nicht gewollt sein. Demgegenüber führt die Verweisung auf § 8 Abs. 3 WBVG mit Blick auf Leistungsempfänger der Sozialversicherung dazu, dass auch diese einen Anspruch 1080 auf die Gegenüberstellung der bisherigen und der angebotenen Leistungen sowie der entsprechenden Entgelte in schriftlicher und begründeter Form haben. Sollen demgegenüber die Erleichterungen für den Träger nach § 8 Abs. 2 WBVG noch Raum finden, so wird man dem Träger gestatten müssen, sich im Rahmen der Begründung auf die Wiedergabe der Voraussetzungen und Folgen der Neueinstufung bzw. der Zuweisung zu einer neuen Hilfebedarfsgruppe zu beschränken. Hierbei muss der Träger die Möglichkeit haben, sich auf zugrunde liegende Bescheide der Kostenträger zu berufen, um seiner Begründungspflicht nachzukommen.

1081 Die vorangehenden Ausführungen gelten auch vor dem Hintergrund der ab dem 01.01.2017 eingeführten Pflegegrade. Unterdessen hat das Thema erheblich an praktischer Relevanz verloren: Das Bundessozialgericht hat zwar entschieden, dass bei der Erhöhung des Pflegegrades auch der Sozialhilfeträger diesen Umstand nachträglich auf den Zeitpunkt der Antragstellung zumindest dann nachzuvollziehen hat, wenn ihm der grundsätzliche Pflegebedarf wegen laufender Leistungen bekannt war (BSG, Urteil vom 02.02.2012 – B 8 SO 5/10 R), lässt aber erkennen, dass es für das Einsetzen der Sozialhilfe von Bedeutung sein kann, ob vertragsrechtlich, also im Rahmen des § 8 WBVG, die Erhöhung des Pflegebedarfs wirksam im Verhältnis zwischen Träger und Bewohner umgesetzt ist. Mit dem einrichtungseinheitlichen Eigenanteil nach § 84 Abs. 2 Satz 3 SGB XI lösen veränderte Pflegegrade aber keine veränderten Zuzahlungsbeträge mehr aus. Der Sozialhilfebedarf ändert sich also nicht mehr durch zunehmende Pflegebedürftigkeit. Das Urteil des BSG vom 02.02.2012 ist also ebenso wie die Vorschrift des § 8 WBVG im Bereich der sozialen Pflegeversicherung nicht mehr relevant.

## VIII. Entgelterhöhung im Heimvertragsrecht, § 9 WBVG

### 1. Erhöhungsvoraussetzungen

1082 Die Anpassung der Entgelte ist zulässig, wenn sich die bisherige Berechnungsgrundlage verändert hat und neben dem Ergebnis der Erhöhung auch die Erhöhung selbst, also die zugrunde liegenden Einzelaspekte, angemessen sind. Die darüber hinaus in § 7 Abs. 2 Satz 2 und 3 WBVG verankerte gesetzliche Fiktion lässt sich auf den ersten Blick so verstehen, als sei hiermit ein spezifisch heimvertragsrechtliches Entgeltanpassungsverfahren überflüssig geworden. Hiernach gelten die im Einklang mit den jeweils im SGB geregelten Vergütungsverfahren gefundenen Entgelte „als vereinbart und angemessen“. Nach dem Wortlaut ist hierneben für ein eigenes heimvertragsrechtliches Erhöhungsverfahren kein Raum mehr, da die Entgelte bereits „vereinbart“, also zivilrechtlich wirksam sind. Hierfür mag zunächst auch die Verweisung in § 9 Abs. 1 Satz 3 WBVG sprechen. Allerdings sollen zumindest nach dem Willen des Entwurfsverfassers, wie er in der Gesetzesbegründung zum Ausdruck gekommen ist, die weiteren Vorschriften des § 9 WBVG auch für Erhöhungen im Bereich des SGB XI und des SGB XII gelten. Ausweislich der Gesetzesbegründung sollen die in

§ 9 Abs. 2 WBVG enthaltenen weiteren Vorschriften Wirksamkeitsvoraussetzungen für die Entgelterhöhung sein.

Weiterhin regelt der seit Inkrafttreten des Pflegeversicherungsgesetzes im Wesentlichen unveränderte § 85 Abs. 6 Satz 1, zweiter Halbsatz SGB XI: „Pflegesatzvereinbarungen … treten zu dem darin unter angemessener Berücksichtigung der Interessen der Heimbewohner bestimmten Zeitpunkt in Kraft; sie sind für das Pflegeheim sowie für die in dem Heim versorgten Pflegebedürftigen und deren Kostenträger unmittelbar verbindlich.“ Die Rechtswirklichkeit sieht aber anders aus: 1083

Tatsächlich hat der Bundesgerichtshof mit Urteil vom 12.05.2016 (AZ: III ZR 279/15) eine Entscheidung des OLG Düsseldorf (Urteil vom 13.08.2015 – I-6 U 182714) aufgehoben und festgehalten, dass ungeachtet des Wortlautes des WBVG und des SGB XI die Erhöhung der Heimentgelte der Zustimmung des Bewohners bedarf. In diesem wie auch in Parallelverfahren war ausdrücklich darauf hingewiesen worden, dass es dem Heimträger keineswegs freisteht, in welcher Höhe er Vergütungen berechnet. Vielmehr ist der Träger an die Vereinbarungen mit der Kostenträgerseite sowie im investiven Bereich ggf. auch an Genehmigungen zwingend gebunden. Ungeachtet dessen soll eine mit den Kostenträgern vereinbarte Erhöhung erst durch Zustimmung des Bewohners wirksam werden. Dies entwertet die zum Teil außerordentlich komplizierten Verfahren insbesondere im Bereich investiver Aufwendungen, aber auch die Pflegesatzverhandlungen, da deren Ergebnisse allein noch nicht verbindlich sind. Möglicherweise handelt es sich hierbei um eine ursprünglich nicht gewünschte Folge, da noch das Bundesministerium für Familie, Senioren und Jugend im Rahmen einer Verbandsanfrage darauf hingewiesen hatte, man gehe von einer einseitigen Erhöhungsmöglichkeit auch vor dem Hintergrund der Gesetzeslage des WBVG aus (Schreiben des BMFSJ vom 30.03.2010). 1084

Immerhin entspricht es der Auffassung des BGH (a. a. O.), dass die Zustimmung zu einer derartigen Entgelterhöhung auch durch schlüssiges Verhalten, also einfaches Weiterzahlen der Vergütung, erteilt werden könne. Die Zustimmung mag hiernach auch im fehlenden Widerruf einer Einzugsermächtigung oder im Unterlassen der nach § 11 Abs. 1 Satz 2 WBVG zulässigen Kündigung wegen Entgelterhöhung liegen, auch wenn es nicht unproblematisch ist, dem Unterlassen rechtsgeschäftlichen Erklärungswert beizumessen. 1085

Das Erhöhungsverlangen ist aufgrund dieser Situation mit größter Sorgfalt zu fertigen. Es ist darzustellen, in welcher Weise sich die bisherige Berechnungsgrundlage geändert hat. Hierbei sind einzelne Positionen und auch einzelne Budgets zu benennen. Das Schreiben muss es also ermöglichen, die kalkulierten Kostenveränderungen in den einzelnen Bereichen nachzuvollziehen. Wichtig ist auch die Mitteilung des Umlagemaßstabes, also die Verteilung auf die einzelnen Bewohner und hierbei auch auf die einzelnen Pflegegrade. Schließlich müssen die sich prospektiv ändernden Entgelte einander gegenübergestellt werden. Dies alles begegnet dem weiteren Problem, dass im Normalfall bereits die Forderung, mit der der Träger die Verhandlungen mit 1086 der Kostenträgerseite aufnimmt, zum Gegenstand eines Ankündigungsschreibens gemacht wird. Diese Forderung dürfte sich in der Regel in Folge des Verhandlungsvorgangs gegenüber der ursprünglichen Forderung reduziert haben. Entsprechend muss der Träger auch einen bestimmten Ablauf einhalten:

1087 Er muss Entgelterhöhungen schriftlich ankündigen, begründen und den Erhöhungszeitpunkt benennen. Die Ankündigungsfrist beträgt vier Wochen. Gegenstand der Ankündigung ist die „beabsichtigte" Erhöhung der Entgelte, also die in den Pflegesatzverhandlungen verfolgte Forderung, nicht erst deren Ergebnis. Hiernach kann bereits im Vorfeld der Pflegesatzverhandlungen gegenüber den Bewohnern das erstrebte Ergebnis angekündigt werden. Gegenstand dieses Erhöhungsverlangens ist danach die Verhandlungsforderung, während im Nachgang selbstverständlich vom Bewohner nur der in der Verhandlung erzielte Betrag verlangt werden kann. Für die Praxis bedeutet dies, dass die Entgelterhöhung regelmäßig bereits mit der Aufforderung der Kostenträgerseite zu Vergütungsverhandlungen anzukündigen wäre. Danach liefe die zwischen der Ankündigung der Erhöhung einzuhaltende vierwöchige Frist parallel zu den Vergütungsverhandlungen, so dass eine Entgelterhöhung durchaus auch zeitlich unmittelbar nach Abschluss der Verhandlungen eintreten kann. In der Praxis können überdies Pflegesätze auch rückwirkend in Kraft treten, wenn die Pflegesatzparteien dies regeln. Häufig wird dies entgegen § 85 Abs. 6 Satz 2 SGB XI der Zeitpunkt sein, zu dem zu Verhandlungen aufgefordert worden ist.

1088 Das Sonderkündigungsrecht nach § 11 Abs. 1 WBVG auf den Zeitpunkt der Entgelterhöhung ist durch die Rechtsprechung des Bundesgerichtshofs, die eine jederzeitige Beendigung der heimvertraglichen Pflichten des Bewohners ohne Einhaltung einer Frist ermöglicht, praktisch bedeutungslos geworden (BGH vom 04.10.2018 – III ZR 292/17).

1089 Abschließend muss zur Einhaltung der in den vorangegangenen Ausführungen dargestellten Voraussetzungen einer Entgelterhöhung noch eine Zustimmungshandlung des jeweiligen Bewohners hinzutreten, die zumindest dann, wenn man nicht das Schriftformerfordernis nach § 6 WBVG auf derartige Sachverhalte erstrecken will, auch in der bloßen Weiterzahlung der erhöhten Entgelte liegen kann.

1090 Es mag im Hinblick auf Entgeltveränderungen vor dem Hintergrund der vom Träger einzuhaltenden Nachweis-, Vereinbarungs- und Genehmigungserfordernisse sowie der faktisch doch sehr begrenzten Entscheidungsfreiheit der Bewohnerschaft bei näherer Betrachtung nur weniges geben, das für eine zusätzliche heimvertragliche Umsetzung spricht; aus dem Diskussionspapier zu einer möglichen Weiterentwicklung des WBVG aus dem Bundesministerium für Familie, Senioren, Frauen und Jugend wird wohl dennoch keine Vereinfachung des Verfahrens folgen.

## 2. Einsichtnahmerecht

Schließlich hat der Heimträger die Verpflichtung, den Bewohnern „rechtzeitig Gelegenheit" einzuräumen, seine im Rahmen der Begründung gemachten Angaben durch „Einsichtnahme in die Kalkulationsunterlagen zu überprüfen". Hierbei bedeutet der Begriff „rechtzeitig" nicht zwingend einen Zeitraum von vier Wochen, aber auch nicht einen solchen von wenigen Tagen. Geeigneterweise wird man die Möglichkeit der Einsichtnahme in Kalkulationsunterlagen unmittelbar mit der Ankündigung der Entgelterhöhung selbst anbieten, so dass hier ein ausreichender Zeitraum von vier Wochen eingeräumt wird. Es genügt hier die Einräumung einer Gelegenheit zur Einsichtnahme; irgendwelche Erläuterungspflichten bestehen nicht. Die Beteiligung des Beirates (bisher: Heimbeirates) ist nicht mehr vorgesehen. Soweit die Vorlage einer Stellungnahme der Bewohnervertretung nach sozialversicherungsrechtlichen Vorschriften im Vergütungsverfahren erforderlich ist, knüpft diese Regelung nur an landesspezifische Regularien an. In NRW allerdings ist die spezifische Beteiligung des Heimbeirates bei der Entgelterhöhung nicht mehr erforderlich; es besteht insoweit nur ein Mitwirkungs-, letztlich also Informations- und Erörterungsrecht des Beirates. Sofern dieser eine Stellungnahme abgibt, ist sie allerdings gem. § 85 Abs. 3 Satz 2 SGB XI den Kostenträgern zugänglich zu machen. Dem gegenüber steht allerdings das Informationsrecht der gesamten Bewohnerschaft. 1091

Fraglich ist weiterhin, welche Unterlagen im Rahmen einer solchen Möglichkeit zur Einsichtnahme vorgelegt werden müssen. Es kann hierbei nur um diejenigen Unterlagen gehen, die das Pflegesatzverlangen konkret stützen. Hiernach sind also keine vollständigen Nachweisbögen oder gar Jahresabschlussunterlagen vorzulegen. Vielmehr sind nur diejenigen Unterlagen den Bewohnern zugänglich zu machen, die die konkrete Erhöhung – beispielsweise im Personalbereich – zu belegen geeignet sind. Problematisch wird dies bei den in vielen Bundesländern üblichen pauschalen, landeseinheitlichen Entgelterhöhungen. Kalkulationsunterlagen wird es hierzu nicht geben. 1092

Nicht entschieden hat der Gesetzgeber auch die Frage, ob die Gelegenheit zur Einsichtnahme ein Wirksamkeitserfordernis für die Erhöhung ist. Dafür spricht die Verankerung in § 9 Abs. 2 WBVG, der insgesamt die Erhöhungsvoraussetzungen regelt. Dagegen allerdings spricht der Gesichtspunkt, dass die bloße Möglichkeit zur Einsichtnahme in Kalkulationsunterlagen nichts an der materiellen Berechtigung – gegebenenfalls aber auch fehlenden Berechtigung – einer Entgelterhöhung zu ändern vermag, zumal die entsprechenden Unterlagen regelmäßig bereits im Pflegesatzverfahren von den Verhandlern der Kostenträgerseite eingesehen wurden. Hiernach spricht mehr dafür, dass es sich um eine bloße Ordnungsvorschrift handelt, die zwar den Bewohnern ein gegebenenfalls klagbares Recht auf Einsichtnahme in die Kalkulationsunterlagen gewährt, jedoch keine eigene Wirksamkeitsvoraussetzung normiert. 1093

# IX. Mängel bei der Leistungserbringung

## 1. Grundsätzliches

1094 § 10 WBVG enthält eine Gewährleistungsvorschrift, die dem Mischcharakter des Heimvertrages aus Miet-, Werk- und Dienstvertragselementen Rechnung trägt.

1095 Im Falle unterbleibender, lückenhafter oder mangelhafter Leistungserbringung kann vom Heimbewohner rückwirkend bis zu sechs Monaten eine angemessene Kürzung des Entgeltes verlangt werden. Für eine derartige angemessene Kürzung muss eine wertmäßige Relation zwischen der Nichtleistung bzw. der mit einem Mangel behafteten Leistung und dem ursprünglich vereinbarten Entgelt hergestellt werden. Ein Verschulden des Heimträgers ist nicht erforderlich, so dass Einwirkungen durch Dritte selbst dann zur Kürzung berechtigen, wenn diese im Einzelfall nicht Erfüllungs- oder Verrichtungsgehilfen des Heimträgers sind. Selbstverständlich gilt dies umso mehr bei Schlechtleistungen von externen Dienstleistern wie etwa Caterern, Reinigungsunternehmen oder Wäschereiunternehmen. Bei diesen wird es sich in aller Regel um Erfüllungsgehilfen handeln mit der Folge, dass deren Verschulden dem Heimträger selbst zugerechnet wird. Eine derartige Zurechnung hat allerdings nur Bedeutung für weitergehende Schadenersatzansprüche, nicht jedoch für die ohnehin verschuldensunabhängige Gewährleistungsregelung des § 10 WBVG.

1096 Kein zur Minderung des Heimentgeltes berechtigender Mangel liegt in den im Zuge der Corona-Pandemie verfügten Besuchs- und Ausgangsbeschränkungen. Der Bundesgerichtshof (Beschluss vom 28.04.2022 – III ZR 240/21) hat darauf hingewiesen, der Kern des Leistungsgeschehens bestehe in der Gewährung von Pflege- und Betreuungsleistungen sowie im zur Verfügung Stellen eines individuellen Wohnraums. Diese Leistungen seien ungeachtet der öffentlich-rechtlichen Beschränkungen mangelfrei und vollumfänglich erbracht worden. Auch liege keine zur Vertragsanpassung zwingende Störung der Geschäftsgrundlage, die der Bewohner nicht hinzunehmen hätte, vor. Der eigentliche Vertragszweck sei unberührt geblieben; die Beschränkungen hätten überdies das gesamte gesellschaftliche Zusammenleben und nicht allein den Bewohner betroffen. Auch wenn zu hoffen steht, dass vergleichbare Pandemien der Vergangenheit angehören, wird man diese Rechtsprechung doch auf behördliche Beschränkungen infolge eines lokal begrenzten Infektionsgeschehens anwenden können.

1097 Keinen Sachmangel, wohl aber einen Grund zur Minderung des Heimentgeltes bildet die Verabreichung von Sondenkost, sofern sie vollständig vom Kostenträger übernommen wird. In diesen Fällen galt bereits seit einiger Zeit, dass eine angemessene Kürzung der Verpflegungssätze vorzunehmen sei. Der Bundesgerichtshof hat entschieden, dass eine pauschale Kürzung der Verpflegungssätze um ein Drittel ausreichend sei (Urteil vom 06.02.2014 – III ZR 187/13). Der Träger, so der Bundesgerichtshof, habe ein nachvollziehbares Interesse an einer Pauschalierung der Kürzung. Überdies sei eine Kürzung auf null keineswegs zwingend, eine Kürzung um ein Drittel sei ausreichend. Hierbei allerdings wird man beachten müssen, dass die dortige Kürzung auf eine landesweite Vereinbarung mit den Kostenträgern zurückging. Immerhin wird die Größenordnung eine Richtschnur für zukünftige Vereinbarungen liefern.

## 2. Hinweispflicht des Bewohners

Eine Hinweispflicht des Bewohners mit Blick auf mangelhafte Leistungserbringung 1098
besteht nach dem Gesetzeswortlaut nur bei Mängeln des Wohnraums selbst oder bei drohender Gefahr für den Wohnraum (Rohrbrüche, Brände etc.). Unterbleibt in derartigen Fällen eine Anzeige, entfällt das Minderungsrecht nach § 10 Abs. 1 WBVG. Gegebenenfalls entsteht sogar ein Schadensersatzanspruch des Trägers gegenüber dem Bewohner, wobei dessen Voraussetzung in jedem Falle ein Verschulden ist. Schuldhaftes Verhalten wird allerdings zumindest im Bereich dementer oder sonst stark gesundheitlich eingeschränkter Bewohner zweifelhaft sein.

Die Mängelanzeige ist – anders im Mietrecht – Voraussetzung der Kürzung des 1099
Heimentgelts. Hierbei reicht es nicht, nur allgemein auf irgendwelche Mängel hinzuweisen. Diese sind vielmehr konkret zu benennen und mit einer Ankündigung der Minderung des Heimentgeltes zu verbinden (OLG Frankfurt am Main, Urteil vom 30.10.2013 – 1 U 153/12). In die gleiche Richtung geht eine Entscheidung des OLG Düsseldorf (Urteil vom 04.04.2011 – I-24 U 130/10): Das Minderungsverlangen muss konkret den Mangel benennen, Abhilfe verlangen und die Kürzung ankündigen. Hieran fehlt es regelmäßig in den Fällen, in denen etwa am Ende des Heimvertragsverhältnisses die Zahlungen unter Berufung auf Mängel schlichtweg eingestellt werden. Die Rechtsprechung scheint an die Benennung der Mängel recht hohe Anforderungen zu stellen. Das LG Bochum hatte in einem ähnlichen Fall zunächst auch Zweifel an der Konkretisierung der Mängelanzeige geäußert. Interessant in diesem Zusammenhang ist aber auch der Hinweis auf die allgemein im Gewährleistungsrecht zu beachtende „Erheblichkeitsschwelle". Hiernach kommen geringfügige oder mit den Abläufen in einem Pflegeheim zwingend einhergehende Beeinträchtigungen nicht als Mängel im Sinne des § 10 WBVG in Betracht. Es ging hier um Geruchsbelästigungen, nicht aufgeräumte Zimmer, herumliegende Wäsche etc. (LG Bochum Urteil vom 21.02.2013 – I-2 O 392/12).

Keine Anzeigepflicht sieht der Gesetzeswortlaut im Bereich pflegerischer oder sons- 1100
tiger Mängel aus dem Bereich der Betreuung, die von § 10 Abs. 1 WBVG ebenso erfasst sind, vor. Ob sich tatsächlich ohne Anzeige in jedem Fall eine Minderung wird durchsetzen lassen, erscheint vor dem Hintergrund zweifelhaft, dass sogar im Bereich des Dienstvertragsrechtes vielfach vor der Entgeltkürzung die Möglichkeit der Nachbesserung eingeräumt werden muss. Dies gilt insbesondere bei Dienstverträgen, die eine gewisse Annährung an das Werkvertragsrecht erkennen lassen (Steuerberaterverträge, Reiseverträge). Ob hier der Gesetzgeber bewusst eine Ausnahme von der Anzeigeverpflichtung vorgesehen hat, ist zweifelhaft. So hat das Oberlandesgericht Frankfurt am Main (Urteil vom 30.10.2013 – 1 U 153/12) eine Mängelanzeige

nebst Minderungsankündigung auch im Bereich pflegerischer Mängel als erforderlich für eine Kürzung des Heimentgeltes angesehen.

### 3. Ausschluss der Kürzung

1101 Eine Kürzung scheidet jedenfalls dann aus, wenn bereits nach § 115 Abs. 3 SGB XI im Verhältnis zur Kostenträgerseite eine Entgeltkürzung festgesetzt wurde. Die Vorschrift regelt, dass Kürzungsbeträge primär den Bewohnern zufließen. Allerdings ist insgesamt für die Entgeltminderung sowohl nach dem WBVG als auch nach dem SGB XI festzuhalten, dass Kürzungsbeträge immer nur insoweit den Bewohnern zustehen, als sie selbst von einer eigenen Zahlungsverpflichtung betroffen sind.

### 4. Schadensersatzansprüche

1102 Ausgangspunkt für die Beurteilung der Frage, ob ein Heimträger für eingetretene Schäden einzustehen hat, ist die Reichweite seiner Obhutspflicht zum Schutz der körperlichen Unversehrtheit der aufgenommenen Bewohner. Diese ist zum einen begrenzt durch dasjenige, was in einem Pflegeheim im Rahmen üblicher Maßnahmen mit einem „vernünftigen finanziellen und personellen Aufwand realisierbar" ist (Urteil vom 28.04.2005 – III ZR 399/04). Bei der Ermittlung erforderlicher Maßnahmen ist weiterhin die Wahrung von Würde und Selbstbestimmung der Bewohnerschaft zu beachten. Es sind diejenigen – möglichen und zulässigen – Maßnahmen zu ergreifen, die aus dem anerkannten Stand medizinisch-pflegerischer Erkenntnisse folgen.

1103 Mit Blick auf die Beweislast blieb es nach der zitierten Entscheidung dabei, dass die Geschädigte bzw. die Krankenkasse, die deren Ersatzansprüche auf sich übergeleitet hat, die schuldhafte Verursachung des Schadens zu beweisen hat. Allein das Vorliegen eines Sturzereignisses in den Räumen einem Pflegeheims führt nicht zu einer Beweislastumkehr. Eine solche tritt erst dann ein, wenn es sich um eine konkrete Gefahrensituation handelt, deren Beherrschung einer Pflegekraft anvertraut war. Gemeint sind hiermit insbesondere Bewegungs- und Transfermaßnahmen in Anwesenheit von Pflegekräften. Bestand allerdings in einem konkreten Einzelfall keine besondere Sicherungspflicht, so tritt eine Beweislastumkehr nicht ein.

1104 Im konkreten Einzelfall verhielt es sich so, dass ein Bettgitter (unabhängig von pflegefachlichen Zweifeln) schon deswegen nicht eingesetzt werden musste, weil ein medizinischer Vorgutachter keine besonderen Sicherungsmaßnahmen in dieser Richtung für notwendig gehalten hatte. Auch waren Gesichtspunkte der Würde und Selbstbestimmung des Bewohners zu berücksichtigen gewesen. Da eine Dauerüberwachung oder gar Fixierung hiernach weder angezeigt noch zulässig waren und das Sturzereignis auch nicht während einer von einer Pflegekraft begleiteten Maßnahme stattfand, trat auch keine Beweislastumkehr zu Lasten des Trägers ein. Im Ergebnis kam es nicht zu einer Haftung des Trägers bzw. seiner Betriebshaftpflichtversicherung.

Eine weitere Konkretisierung haben diese Grundsätze etwa durch eine Entscheidung des OLG Koblenz vom 17.06.2013 (3 U 240/13) erfahren. Danach ist der Träger ohne eine permanente krankheitsbedingte Sturzgefährdung nicht zur ständigen Beaufsichtigung eines Pflegebedürftigen verpflichtet. Ebenso wenig kann er insbesondere vor dem Hintergrund der Selbstbestimmung und Würde der Bewohnerschaft eine dauerhafte Fixierung durchführen. Er muss noch nicht einmal selbst einen Fixierungsbeschluss einholen (was rechtlich möglich wäre), sondern kann sich zunächst damit begnügen, den Vorsorgebevollmächtigten oder Betreuer zu informieren und dessen Entscheidung abzuwarten. Im übrigen billigt das OLG Koblenz mit der zitierten Entscheidung dem Pflegepersonal einen eigenen Beurteilungsspielraum hinsichtlich notwendiger Maßnahmen zu, wenn sich die „Entscheidung im Rahmen des Vertretbaren" bewegt. Dieser Grundsatz sollte ungeachtet seiner zivilrechtlichen Bedeutung durchaus auch im heim- oder pflegeversicherungsrechtlichen Prüfungsgeschehen Beachtung finden. 1105

Neben der Entgeltkürzung kommen Schadensersatzansprüche wegen Verletzung vertraglicher Pflichten in Betracht. So hat etwa das OLG Schleswig-Holstein mit Urteil vom 31.05.2013 – 4 U 85/12 – entschieden, dass ein Schadensersatzanspruch beim Verbrühen durch zu heißen Tee in Betracht kommen könne, wenn auch demente Bewohner auf die Behältnisse Zugriff haben und sich verletzen. Vergleichbares gilt mit Blick auf einen fehlenden Verbrühschutz beim Badewanneneinlauf. Der Bundesgerichtshof hat hier mit Urteil vom 22.08.2019 – III ZR 113/18 – festgehalten, dass zumindest dann, wenn besondere Schutzpflichten für eine bestimmte Bewohnerklientel bestehen, auch solche technischen Regelungen (DIN-Vorschriften) einzuhalten sind, die zeitlich erst nach Errichtung der Einrichtung in Kraft getreten sind. Der Bundesgerichtshof ist hier davon ausgegangen, dass es sich um allgemeingültige Festlegungen handele, die notwendig zum Schutz eines bestimmten Personenkreises seien. Hiernach müssen also gegebenenfalls bauliche Anforderungen nachträglich berücksichtigt werden, was hier konkret für einen Verbrühschutz gilt. 1106

Voraussetzung ist aber immer, dass ein Schadenseintritt vorhersehbar und abwendbar war, da es ansonsten an einem Verschulden des Heimträgers fehlen kann. So war etwa ein Schadensersatzanspruch verneint worden vom OLG Düsseldorf (Urteil vom 26.04.2016 – I – 24144/15). In dem entschiedenen Fall war ein Heimbewohner durch einen Fahrstuhl, der allerdings regelmäßig gewartet worden war und seit mehreren Jahrzehnten unfallfrei funktioniert hatte, zu Schaden gekommen. Ähnlich entschieden hatte das OLG Jena (Urteil vom 27.08.2015 – 1558/14). Dort war ein geistig behinderter Bewohner einer Einrichtung aus dem ersten Stock gestürzt, der sich jedoch seit einiger Zeit unauffällig verhalten hatte und bei dem auch nur ein geringer Verdacht einer Selbst- oder Fremdgefährdung vorlag. Insbesondere in Abwägung mit den Freiheitsrechten des Bewohners war das Gericht hier davon ausgegangen, dass weitere Sicherungsmaßnahmen oder gar die Unterbringung in einer geschlossenen Einrichtung nicht als erforderlich anzusehen gewesen seien, so dass hier nicht von einer Vertragsverletzung des Trägers ausgegangen wurde. Wiederum anders entschieden hat das OLG Hamm mit Urteil vom 17.01.2017 – 2630/16. Im 1107 dort entschiedenen Fall war eine desorientierte Patientin eines Krankenhauses bereits durch unberechenbares Verhalten und den mehrfachen Versuch, ihr Zimmer zu verlassen, aufgefallen. Das Gericht hat das Krankenhaus für die Folgen eines Sturzes aus einem Fenster als verantwortlich angesehen, da sowohl die Gefährdungslage erkennbar als auch Gegenmaßnahmen durch eine Verlegung ins Erdgeschoss ohne Weiteres möglich gewesen wären. Dass allerdings in diesem Zusammenhang nichts Unmögliches verlangt wird, zeigt eine Entscheidung ebenfalls des OLG Hamm vom 27.01.2014 – I-17 U 35/13. Eine sturzgefährdete Bewohnerin eines Pflegeheims war auf dem Weg zur Toilette trotz Begleitung gestürzt. Der Einrichtung wurde attestiert, hier den realistischen Aufwand einer Begleitung bei Toilettengängen durchaus betrieben zu haben; überdies sei die Bewohnerin in den letzten fünf Jahren vor dem Sturz nicht gefallen. Damit habe die Pflegeeinrichtung alles ihr Zumutbare und Mögliche getan, den Sturz abzuwenden. Auch eine Beweislastumkehr wurde in diesem Falle nicht vorgenommen, da die Bewohnerin über eine erhebliche Vorschädigung durch eine starke Osteoporose verfügte. In eine ähnliche Richtung geht auch ein wesentlich älteres Urteil des OLG Frankfurt vom 19.01.2006 – 1.1.2002/04. Hiernach führt ein Sturz in einer Pflegeeinrichtung nicht in jedem Falle zu einer Haftung der Einrichtung. Eine Beweislastumkehr trete insoweit auch nur dann ein, wenn aktuell eine Pflegemaßnahme mit zeitgleicher Anwesenheit einer Pflegekraft vorliege. In dem entschiedenen Fall war die Bewohnerin allerdings ohne Begleitung auf dem Flur gestürzt. Das Gericht hielt auch hier fest, dem Heimträger dürfe nichts Unzumutbares abverlangt werden wie etwa eine ununterbrochene Begleitung von Pflegebedürftigen.

## X. Kündigungsrecht des Verbrauchers

### 1. Ordentliche Kündigung

1108 Die Ausführungen zur Kündigung des Heimvertrages durch den Verbraucher sind vor dem Hintergrund des Urteils des Bundesgerichtshofes vom 04.10.2018 – III ZR 292/17 – dahingehend zu relativieren, dass Bezieher von Leistungen der sozialen Pflegeversicherung angesichts der Regelungen des § 87a Abs. 1 SGB XI faktisch nicht mehr gehalten sind, irgendwelche Kündigungsfristen einzuhalten. Für die überwiegende Anzahl der Heimvertragsverhältnisse kommt es also nicht mehr auf die Einhaltung von Fristen oder das Vorliegen von Gründen an, hierzu sogleich e). Die Ausführungen der nachfolgenden Absätze a) bis d) sind also im Wesentlichen nur für den Bereich der Behindertenhilfe relevant.

#### a) Frist und Form

1109 Der Verbraucher hat das nicht an inhaltliche Voraussetzungen geknüpfte Recht der ordentlichen Kündigung, das heißt, dass er keinen Grund für eine wirksame, fristgebundene Kündigung benötigt. Die Kündigungserklärung muss dem Unternehmer spätestens am dritten Werktag eines Monats zugegangen sein, damit die

Kündigung zum Ablauf desselben Monats wirksam wird. Für die Fristenberechnungen gelten die Vorschriften des Bürgerlichen Gesetzbuches (§§ 187 ff. BGB). Die Kündigungserklärung ist dem Unternehmer zugegangen, wenn er oder der von ihm Bevollmächtigte (das ist im Zweifel derjenige, der den Vertrag seitens des Unternehmers abgeschlossen hat, also regelmäßig der Einrichtungsleiter) die Möglichkeit der Kenntnisnahme haben. In „stationären" Einrichtungen reicht es daher aus, wenn das Kündigungsschreiben spätestens am dritten Werktag dem Einrichtungsleiter (Heimleiter) übersandt bzw. übergeben wird. Geht das Kündigungsschreiben später zu, ist die Kündigung nicht mehr fristgerecht; sie wird aber regelmäßig in eine Kündigung zum Ende des folgenden Monates umgedeutet werden können. Eine vertragliche Verlängerung dieser Frist ist wegen § 16 WBVG nicht möglich, wohl aber zugunsten des Verbrauchers eine Verkürzung.

Die Kündigung muss schriftlich erfolgen, also mindestens eigenhändig unterschrie- 1110
ben sein. Dies alles ist bei Leistungsbeziehern der sozialen Pflegeversicherung irrelevant, vgl. Einleitung vor a).

### b) Entgelterhöhungen

Bei Entgelterhöhungen gibt § 11 Abs. 1 Satz 2 WBVG dem Verbraucher ein Sonder- 1111
kündigungsrecht: Er kann jederzeit zu dem Zeitpunkt kündigen, zu dem die Erhöhung verlangt wird. Die Vorschrift bezieht sich zunächst auf Entgelterhöhungen nach § 9 WBVG. Auf Vertragsanpassungen bei Änderung des Pflege- oder Betreuungsbedarfes nach § 8 Abs. 1 WBVG findet die Vorschrift keine Anwendung. Bei einer Erhöhung der Pflege- oder Betreuungsleistungen erhöht sich zwar auch das dafür zu entrichtende Entgelt, jedoch ist die Vertragsanpassung von der Annahme des entsprechenden Angebotes durch den Verbraucher abhängig. Anders ist der Fall des § 8 Abs. 2 WBVG (Vertragsanpassung bei Änderung des Pflegebedarfes in SGB XI-Einrichtungen und des Betreuungsbedarfes in Einrichtungen nach SGB XII) zu beurteilen: Danach kann der Unternehmer einseitig die Vertragsanpassung mit der Folge einer Entgelterhöhung vornehmen, so dass dem Verbraucher, der damit nicht einverstanden ist, auch ein Sonderkündigungsrecht zustehen muss.

In Pflegeeinrichtungen ist dies ohne Bedeutung, da mit dem einrichtungseinheitli- 1112
chen Eigenanteil nach § 84 Abs. 2 Satz 3 SGB XI eine Vergütungsänderung durch Erhöhung des Pflegebedarfs nicht mehr eintritt.

### c) Probezeit, § 11 Abs. 2 WBVG

§ 11 Abs. 2 WBVG räumt dem Verbraucher eine zweiwöchige Probezeit ein. Inner- 1113
halb dieser ersten zwei Wochen nach Beginn des Vertragsverhältnisses kann der Verbraucher daher jederzeitig fristlos kündigen, ohne einen Grund angeben zu müssen. Bei Aushändigung der Vertragsurkunde erst nach Beginn des Vertragsverhältnisses beginnt die Zweiwochenfrist mit dem Zeitpunkt der Aushändigung.

### d) Rechtliche oder wirtschaftliche Verbundenheit

1114 In den Fällen der rechtlichen oder wirtschaftlichen Verbundenheit nach § 1 Abs. 2 WBVG (typischerweise beim „Betreuten Wohnen“) können die Wohn- und Betreuungsverträge nur gemeinsam und einheitlich gekündigt werden; dies dürfte Wirksamkeitserfordernis sein. Eine ausdrückliche Kündigung nur eines von mehreren Verträgen ist daher unwirksam und beendet keinen der abgeschlossenen Verträge. Der Verbraucher muss daher, wenn er sich zur Kündigung entschließt, alle Verträge kündigen. Bei Leistungserbringung durch mehrere Unternehmer (Vermieter/Pflegedienst) muss die Kündigung gegenüber allen Unternehmern erklärt werden, vgl. § 11 Abs. 1 Sätze 3 und 4 WBVG. Dies alles setzt allerdings die Anwendbarkeit des WBVG voraus, was in der Mehrzahl der Fälle des Betreuten oder Servicewohnens angesichts der den Bewohnern zustehenden Wahlfreiheit gerade nicht der Fall sein dürfte.

### e) Ende der Zahlungspflicht

1115 Außer dem WBVG enthält auch § 87a SGB XI vertragliche Regelungen. § 87 a Abs. 1 Sätze 1 bis 4 SGB XI bestimmt: *„Die Pflegesätze, die Entgelte für Unterkunft und Verpflegung sowie die gesondert berechenbaren Investitionskosten (Gesamtheimentgelt) werden für den Tag der Aufnahme des Pflegebedürftigen in das Pflegeheim sowie für jeden weiteren Tag des Heimaufenthaltes berechnet (Berechnungstag). Die Zahlungspflicht der Heimbewohner oder ihrer Kostenträger endet mit dem Tag, an dem der Heimbewohner aus dem Heim entlassen wird oder verstirbt. Zieht ein Pflegebedürftiger in ein anderes Heim um, darf nur das aufnehmende Pflegeheim ein Gesamtheimentgelt für den Verlegungstag berechnen. Von den Sätzen 1 bis 3 abweichende Vereinbarungen zwischen dem Pflegeheim und dem Heimbewohner oder dessen Kostenträger sind nichtig.“*

1116 Nach weit verbreiteter und akzeptierter Auffassung wurden diese Vorschriften so verstanden, dass die Begriffe „Entlassung“, „Verlegung“ und „Umzug“ nicht isoliert zu verstehen seien, sondern eine ordnungsgemäße Beendigung des Heimvertrages durch den Bewohner unter Einhaltung der Frist gemäß § 11 Abs. 1 Satz 1 WBVG erfordere. Dieser Sichtweise hat der Bundesgerichtshof mit Urteil vom 04.10.2018 – III ZR 292/17 – eine unmissverständliche Absage erteilt. Für Versicherte der sozialen Pflegeversicherung gilt § 87a Abs. 1 SGB XI vorrangig gegenüber den Kündigungsfristen aus dem WBVG. Hiernach endet die Zahlungspflicht des Bewohners mit Aus- oder Umzug, sofern hierin ein endgültiges Verlassen der Pflegeeinrichtungen zu erkennen ist. Lediglich der vorübergehende Aufenthalt etwa in einem Krankenhaus führt nicht die Beendigung der Pflichten aus dem Heimvertrag herbei. Offenbar ist das Urteil so zu verstehen, dass jedes Verhalten, das erkennen lässt, der Bewohner werde nicht in die Einrichtung zurückkehren, dessen Zahlungspflichten unmittelbar und ohne Kündigungserklärung entfallen lässt. Hiermit sind die Regelungen über die bewohnerseitige Kündigung im Rahmen des WBVG in der Praxis vollständig bedeutungslos geworden. Es bleibt zumindest theoretisch ein Anwendungsbereich für die fristlose Kündigung des Bewohners aus wichtigem Grund, da in einem solchen Falle nämlich der Träger verpflichtet ist, einen neuen Pflegeplatz zu vermitteln und gegebenenfalls auch die Umzugskosten zu tragen. Für den Regelfall darf also festgehalten werden, dass der Bewohner nicht dazu verpflichtet ist, eine Kündigungsfrist einzuhalten und für den Lauf dieser Frist über den Zeitpunkt seines Auszuges hinaus das Heimentgelt zu entrichten. Dies führt umgekehrt dazu, dass in der Vergangenheit in Einzelfällen Heimentgelte für den vermeintlichen Lauf einer Kündigungsfrist zu Unrecht gezahlt wurden. Diese Beträge können zwar zurückgefordert werden; der Anspruch unterliegt jedoch der Verjährung. Hier gilt im Verhältnis zwischen Heimbewohner und Heimträger die dreijährige Regelverjährungsfrist aus § 195 BGB. Diese beginnt mit dem Ende desjenigen Jahres, in dem der Anspruch entstanden und der Sachverhalt dem – ehemaligen – Heimbewohner bekannt geworden ist, § 199 Abs. 1 BGB. Entscheidend ist hierbei das Jahr, in dem die gegebenenfalls unberechtigte Zahlung erbracht wurde und nicht das Jahr des Bekanntwerdens der Entscheidung des Bundesgerichtshofes. Praktisch bedeutet dies, dass Ende des Jahres 2019 etwaige Erstattungsansprüche aus dem Jahr 2016 verjährt waren.

## 2. Außerordentliche Kündigung

Nach den vorangegangenen Ausführungen zeigt sich, dass für die außerordentliche 1117
Kündigung im Bereich der vollstationären Versorgung nach dem SGB XI praktisch kein Raum mehr bleibt – der Verbraucher kann ohnedies seine vertraglichen Verpflichtungen ohne Einhaltung einer Frist beenden.

### a) Kündigungsgrund

Bei einer außerordentlichen Kündigung muss keine Frist eingehalten werden („frist- 1118
lose Kündigung"), jedoch benötigt auch der Verbraucher dafür einen Grund. Eine außerordentliche Kündigung ist nach § 11 Abs. 3 WBVG bei Vorliegen eines wichtigen Grundes zulässig, der die Fortsetzung des Vertrages bis zum Ablauf der Kündigungsfrist aus Sicht des Verbrauchers unzumutbar erscheinen lässt. Im Gegensatz zur ordentlichen Kündigung ist die Schriftform nicht vorgeschrieben, so dass auch mündlich außerordentlich gekündigt werden kann. Es empfiehlt sich dennoch schon aus Beweisgründen die Schriftform. Ein wichtiger Grund für eine außerordentliche Kündigung liegt etwa bei schweren Vertragsverletzungen des Unternehmers vor. Das Verhalten seiner Beschäftigten, etwa der Pflegekräfte, muss er sich dabei zurechnen lassen, vgl. § 278 BGB. Da die Frage, ob ein Grund vorliegt, der so wichtig ist, dass er eine außerordentliche Kündigung rechtfertigt, in jedem Einzelfall geprüft (und im Streitfall vom Gericht beantwortet) werden muss, empfiehlt es sich für den Verbraucher, zusätzlich zu einer außerordentlichen Kündigung hilfsweise eine ordentliche Kündigung auszusprechen, für die dann die oben genannten Fristen einzuhalten sind. Im Zweifel umfasst die Erklärung der außerordentlichen Kündigung durch den Verbraucher auch die ordentliche Kündigung (als ein minderes Recht). Angesichts der ohnehin kurzen ordentlichen Kündigungsfrist ist die fristlose Kündigung durch den Bewohner in der Praxis wenig bedeutend.

### b) Rechtliche oder wirtschaftliche Verbundenheit

1119 In den Fällen der rechtlichen oder wirtschaftlichen Verbundenheit gelten die Sonderregelungen des § 11 Abs. 4 WBVG. Danach berechtigt eine außerordentliche Kündigung zur Kündigung auch der jeweils anderen Verträge – selbst wenn dort kein Kündigungsgrund vorliegt. Die Kündigung muss lediglich einheitlich und zu demselben Zeitpunkt erklärt werden, bei mehreren Unternehmern gegenüber allen. Im Gegensatz zur ordentlichen Kündigung muss der Verbraucher bei der außerordentlichen Kündigung jedoch nicht alle Verträge kündigen; er ist lediglich dazu berechtigt. Um auf Dauer ein Auseinanderfallen der rechtlichen oder wirtschaftlichen Verbundenheit zwischen den Vertragsverhältnissen zu vermeiden, ist in diesen Fällen wohl davon auszugehen, dass auch die anderen Vertragsverhältnisse zumindest nach Ablauf der ordentlichen Kündigungsfrist durch die Kündigung beendet werden. Etwas anderes kann allenfalls in den Fällen angenommen werden, in denen der ungekündigte Vertrag unproblematisch weiter durchgeführt werden kann.

## XI. Kündigungsrecht des Unternehmers

1120 Das Kündigungsrecht des Unternehmers ist in § 12 WBVG geregelt. Es entspricht im Wesentlichen den ehemaligen (bundes-) heimrechtlichen Regelungen.

1121 Kündigungen müssen schriftlich erklärt werden. Aus dem Wortlaut des § 12 Abs. 1 Satz 2 WBVG („Die Kündigung bedarf der Schriftform und ist zu begründen.“) geht zwar nicht eindeutig hervor, dass auch die Begründung schriftlich erfolgen muss. Dies ist jedoch nach dem Sinn der Vorschrift zu fordern, da der Verbraucher auch in der Lage sein muss, die Gründe für die Kündigung nachzuvollziehen und sich damit auseinanderzusetzen, was bei einer nur mündlichen Begründung schwierig ist. Aus Nachweisgründen dürfte es auch im Unternehmerinteresse liegen, die Begründung schriftlich abzufassen. Schriftform verlangt übrigens die eigenhändige Unterschrift unter der dem Bewohner zugehenden Kündigung – im Original. Im Betreuungsfalle ist eine Zustellung an den Bewohner und auch den Betreuer ratsam, bei Geschäftsunfähigen ist Letzteres sogar notwendig.

### 1. Ordentliche Kündigung

1122 Eine ordentliche Kündigung – also ohne (außerordentlichen) Kündigungsgrund – durch den Unternehmer ist weiterhin nicht zulässig, da der Verbraucher sich darauf verlassen können soll, dass er die vom Unternehmer angebotenen Leistungen bis an sein Lebensende beziehen kann.

## 2. Außerordentliche Kündigung

### a) Kündigungsgrund

Möglich ist eine außerordentliche Kündigung aus wichtigem Grund. Diese sind in § 12 Abs. 1 Satz 3 Nrn. 1 bis 5 WBVG aufgezählt. Aus der Formulierung „insbesondere" folgt, dass es sich nicht um eine abschließende Aufzählung handelt (so etwa OLG Frankfurt am Main, Beschluss vom 22.07.2016 – 8 W 38/16). 1123

#### aa) Betriebsschließung

Ein wichtiger Grund liegt zunächst vor, wenn der Unternehmer den Betrieb einstellt, wesentlich beschränkt oder in seiner Art verändert, etwa durch eine grundsätzliche Änderung seiner Konzeption; zusätzlich muss eine „unzumutbare Härte" vorliegen. 1124

Dies wird in der Regel nur der Fall sein, wenn eine weitere Versorgung des Verbrauchers schlichtweg ausgeschlossen ist, weil der Unternehmer überhaupt keine Pflege- oder Betreuungsleistungen mehr anbietet oder keinen Wohnraum mehr überlässt. Eine schlichte konzeptionelle Änderung reicht hingegen nicht aus, um einen außerordentlichen Kündigungsgrund zu generieren. 1125

#### bb) Unmöglichkeit weiterer Betreuung

Die Unmöglichkeit weiterer fachgerechter Versorgung bildet einen weiteren wichtigen Grund für eine außerordentliche Kündigung. Ansatzpunkt ist § 8 WBVG, so dass die außerordentliche Kündigung regelmäßig in zwei Fällen zulässig ist: 1126

- wenn der Verbraucher eine angebotene Vertragsänderung etwa wegen veränderten Betreuungsbedarfs ablehnt oder
- eine solche Vertragsänderung nach § 8 Abs. 4 WBVG vom Unternehmer von vornherein gar nicht angeboten werden muss. Voraussetzung für die außerordentliche Kündigung ist, dass der Ausschluss der Anpassungsverpflichtung wirksam erfolgt ist, was ein berechtigtes, in einem Leistungskonzept begründetes Interesse (Unmöglichkeit bestimmter Versorgungsformen) voraussetzt, vgl. Rn. 1080 f.

Weitere Kündigungsvoraussetzung ist in jedem Fall die Unzumutbarkeit der Vertragsfortsetzung für den Unternehmer. Im Gegensatz zum bisherigen Recht ist die Möglichkeit der Kündigung wegen Unmöglichkeit der weiteren Versorgung außerhalb dieser Voraussetzungen nicht mehr erwähnt. Es ist aber zu bedenken, dass die Aufzählung der Kündigungsgründe nicht abschließend ist; wenn der Unternehmer die Versorgung tatsächlich trotz aller gebotenen Anstrengung nicht mehr leisten kann, wird die Kündigung trotzdem möglich sein. Da der Gesetzgeber aber zu verstehen gegeben hat, dass er bei Änderung des Pflege- oder Betreuungsbedarfes regelmäßig nur in den beiden zitierten Fällen einen Grund für eine außerordentliche Kündigung sieht, sind in diesem Fall hohe Anforderungen an den Nachweis der Unmöglichkeit der Versorgung zu stellen. 1127

### cc) Schuldhafte Vertragsverletzung

1128 Eine schuldhafte gröbliche Verletzung der vertraglichen Pflichten durch den Verbraucher berechtigt den Unternehmer zur Kündigung, wenn ihm eine Fortsetzung des Vertrages nicht mehr zugemutet werden kann. Als eine gröbliche Verletzung der vertraglichen Pflichten kommen insbesondere erhebliche Belästigungen oder gar Gefährdungen anderer Verbraucher (Mitbewohner) oder des Pflege- oder Betreuungspersonals oder aber Sachbeschädigungen in Betracht. Ein Problem stellt sich bei nicht mehr schuldfähigen Personen, insbesondere bei demenziell erkrankten Menschen. Da demenzielle Erkrankungen bei Menschen in Pflegeeinrichtungen ein zunehmend häufiges Problem sind, muss der Unternehmer grundsätzlich mit herausforderndem Verhalten rechnen und sich darauf einstellen. Bevor über eine Kündigung nachgedacht wird, müssen daher alle pflegefachlich begründeten Alternativen geprüft werden. Als letztes Mittel muss jedoch auch dem Unternehmer die Kündigungsmöglichkeit eingeräumt werden, da den Unternehmer auch die Schutzpflicht gegenüber den Mitbewohnern, vgl. § 1 Abs. 2 Nr. 2 WTG, und auch gegenüber seinen Mitarbeitern trifft, vgl. § 618 BGB. Vor diesem Hintergrund besteht eine gewisse Neigung in der Rechtsprechung, das Verschuldenserfordernis aus § 12 Abs. 1 Satz 3 Nr. 3 WBVG in den Hintergrund treten zu lassen.

1129 Mit Urteil vom 22.07.2016 – 8 W 38/16 – hat das OLG Frankfurt a. M. festgehalten, die Auflistung des § 12 WBVG schließe das Vorliegen wichtiger Gründe bei fehlendem Verschulden nicht aus. Das OLG hat einen wichtigen Grund wegen Unzumutbarkeit der Vertragsfortsetzung durch den Träger bei einer Bewohnerin bejaht, die unter Echolalie litt und durch anhaltende Schreiattacken das Pflegepersonal wie auch die Bewohnerschaft an den Rand der Zerrüttung gebracht hatte. Hier lag zweifelsfrei keinerlei Verschulden der pflegebedürftigen Bewohnerin vor.

1130 Weitere Kündigungsgründe sind beispielsweise nachhaltige Verstöße gegen ein Rauchverbot (LG Freiburg, Urteil vom 05.07.2012 – 3 S 48/12). Hier hatte ein entgegen entsprechender Aufforderungen weiter fortgesetzter Verstoß gegen das Rauchverbot als Kündigungsgrund genügt. Interessant an der Entscheidung ist vor dem Hintergrund des Verschuldenserfordernisses der Umstand, dass dies auch bei eingeschränkter Steuerungs- und Einsichtsfähigkeit, also eingeschränkter Schuldfähigkeit des Heimbewohners möglich ist. Das Urteil hatte weiterhin festgehalten, dass andere, durchaus gravierende Beeinträchtigungen des Heimbetriebes keine Kündigungsgründe seien, so etwa das Ausspucken von Essen, das Werfen mit Essensresten und das Betteln in der Umgebung des Pflegeheims (LG Freiburg a. a. O.). Die Fürsorgeverpflichtung des Heimträgers auch für die weiteren Heimbewohner stellt in ähnlicher Weise das Amtsgericht Chemnitz (Urteil vom 19.03.2013 – 21 C 677/12) in den Vordergrund. Es ging dort um auch alkoholbedingte Übergriffe, Belästigungen und Gefährdungen gegenüber anderen Bewohnern. Interessant in diesem Zusammenhang ist auch die zeitliche Dimension des Kündigungssachverhaltes: Vergleichbar dem Arbeitsrecht kommt es auf die Situation zum Zeitpunkt des Ausspruchs der Kündigung an und nicht auf eine spätere Verhaltensänderung nach der Kündigung, wobei zu beachten ist, dass die Rechtslage beim Zahlungsverzug (hierzu sogleich) eine vollständig andere ist. Kein Kündigungsgrund übrigens ist eine Strafanzeige gegenüber dem Heimträger, auch wenn diese letztlich nicht zu einem Strafverfahren führt (OLG Karlsruhe, Urteil vom 13.05.2015 – 6 U 124/14). Obwohl hier der Vorwurf für eine Kündigung nicht gereicht hatte, hat das Gericht erkennen lassen, dass grundsätzlich das schuldhafte Verhalten eines Betreuers gem. § 278 BGB dem Betreuten zugerechnet werden könne, wenn eine Tätigkeit im konkreten Aufgabenkreis vorliege. Hierzu habe auch die – für eine Kündigung allerdings wie gesagt nicht genügende – Strafanzeige gehört. Einen Kündigungsgrund vermochte das OLG Karlsruhe (a. a. O.) auch nicht in tätlichen Übergriffen des Sohnes des Heimbewohners auf Pflegepersonal zu erkennen. Eine Verschuldenszurechnung kam hier ersichtlich nicht in Betracht. Allerdings hat das OLG Karlsruhe als milderes Mittel auf die in derartigen Fällen eigentlich immer in Betracht kommende Möglichkeit eines Hausverbotes hingewiesen.

Ein ähnlicher Sachverhalt lag dem Urteil des OLG Frankfurt a. M. vom 29.05.2019 – 1131
2 U 121/18 – zugrunde, wonach auch das Fehlverhalten eines Betreuers einen wichtigen Grund für die Kündigung des Heimvertrages darstellen kann. Auch hier kam zwar eine Verschuldenszurechnung nicht in Betracht. Es hatten die Betreuerin, die zugleich Mutter der betreuten schwerstbehinderten Person war, sowie deren Lebensgefährte im Rahmen eines Kritikgesprächs einen Streit eskalieren lassen, wobei es sogar zu übergriffigem Verhalten gegenüber dem Pflegepersonal kam. Da aber die Betreuerin nicht mäßigend auf ihren Lebensgefährten eingewirkt und auch sonst keine Kooperationsbereitschaft mit der Pflegeeinrichtung hatte erkennen lassen, war die Kündigung als zulässig angesehen worden, obwohl der Bewohner selbst sich beim besten Willen nichts hatte zuschulden kommen lassen.

### dd) Zahlungsverzug

Die Kündigung wegen eines Zahlungsverzuges ist in Anlehnung an die mietrechtli- 1132
chen Regelungen des BGB gestaltet. Der Verbraucher muss sich mit der Zahlung des Entgeltes im Verzug befinden und zwar entweder

- mit dem Entgelt für zwei aufeinander folgende Termine oder
- mit Teilen des Entgelts zweier aufeinander folgender Termine, die das Entgelt für einen Monat übersteigen oder
- mit Teilen des Entgelts, die über mehr als zwei Termine hinausreichen und das Entgelt für zwei Monate erreichen.

Zu beachten ist hierbei aber, dass Leistungen Dritter, also Leistungen von Kosten- 1133
oder Sozialhilfeträgern, anzurechnen sind. So ist beispielsweise die dritte Alternative des § 12 Abs. 1 Satz 3 Nr. 4b WBVG erst dann erfüllt, wenn sich aus nicht gezahlten Eigenanteilen in Summe das Gesamtentgelt für zwei Monate ergibt. Zu beachten sind darüber hinaus noch die weiteren Voraussetzungen, vgl. hierzu sogleich b) bb).

### b) Kündigungseinschränkungen

#### aa) Neues Angebot bei Verweigerung der Vertragsanpassung

1134 Bei der Verweigerung der Annahme eines Angebotes auf Vertragsanpassung wegen veränderten Betreuungsbedarfs nach § 8 Abs. 1 Satz 1 WBVG muss der Unternehmer sein Angebot erneuern, eine angemessene Frist zur Annahme bestimmen und darauf hinweisen, dass er bei erneuter Weigerung des Verbrauchers, das Angebot anzunehmen, außerordentlich kündigen werde, § 12 Abs. 2 WBVG. Der Verbraucher soll angesichts der drohenden Kündigung seine ursprüngliche Entscheidung nochmals überdenken können. Die Länge der Annahmefrist bemisst sich nach dem Einzelfall, insbesondere nach dem Umfang der angebotenen Vertragsänderung. Im Hinblick auf andere gesetzliche Überlegungsfristen (§§ 4 Abs. 1, 11 Abs. 2 WBVG) erscheinen zwei Wochen regelmäßig als angemessen.

#### bb) Befriedigung der Forderung

1135 Eine Kündigung wegen Zahlungsverzugs ist nur nach erfolgloser Setzung einer angemessenen Nachfrist für die Zahlung möglich. Dabei muss wieder auf die ansonsten erfolgende Kündigung hingewiesen werden. Auch hier muss die Angemessenheit der Frist wieder im Einzelfall, evtl. abhängig von der Höhe des Zahlungsrückstandes, bestimmt werden, vgl. § 12 Abs. 3 Satz 1 WBVG.

1136 Eine Kündigung wegen Zahlungsverzuges mit dem auf die Überlassung von Wohnraum entfallenden Entgeltanteil ist ausgeschlossen, wenn die Forderung vor Zugang der Kündigungserklärung befriedigt wird. Gleiches gilt nachträglich, wenn die Forderung bis zum Ablauf von zwei Monaten nach Eintritt der Rechtshängigkeit des Räumungsanspruches, also nach Erhebung der Räumungsklage (nicht der Zahlungsklage!), befriedigt wird oder eine öffentliche Stelle (regelmäßig der örtliche Sozialhilfeträger) sich zur Befriedigung verpflichtet, vgl. § 12 Abs. 3 Satz 2 und 3 WBVG.

1137 Nach dem Wortlaut ist die Kündigung schon dann ausgeschlossen, wenn der Verbraucher den Entgeltanteil für die Überlassung des Wohnraumes, mit dem er sich im Verzug befindet, bezahlt.

1138 Das ist unproblematisch, sofern mehrere Verträge nach § 1 Abs. 2 WBVG vorliegen. Befindet sich der Verbraucher mit den Entgelten für alle Verträge im Verzug, so hindert die Zahlung des Entgeltes dann nur die Wirksamkeit der Kündigung des Vertrages über die Wohnraumüberlassung; die Kündigung des Vertrages über Pflege- und Betreuungsleistungen oder allgemeine Unterstützungsleistungen bleibt wirksam.

1139 Im Fall eines einheitlichen Wohn- und Betreuungsvertrages nach § 1 Abs. 1 Satz 1 WBVG, also eines Vertrages über Wohnraumüberlassung, Pflege- und Betreuungsleistungen und ggf. weitere allgemeine Unterstützungsleistungen, kann der Verbraucher die Wirksamkeit der Kündigung nach dem Zweck der Vorschrift nur dadurch verhindern, dass er das vollständige Entgelt, mit dem er im Verzug ist, an den Unternehmer zahlt. Es kann dann nicht ausreichen, in diesem Fall nur den Entgeltanteil zu zahlen, der auf die Überlassung des Wohnraums entfällt, da der Verbraucher einen einheitlichen Vertrag mit dem Unternehmer abgeschlossen hat.

### c) Kündigungsfristen

Der Unternehmer kann bei fehlender fachgerechter Betreuungsmöglichkeit, bei 1140 schwerer Vertragsverletzung des Verbrauchers und bei Zahlungsverzug fristlos kündigen. Bei einer Betriebseinstellung oder wesentlichen Einschränkung oder Veränderung des Betriebs muss die Kündigungserklärung bis zum dritten Werktag eines Monats für den Ablauf des Folgemonats dem Verbraucher zugegangen sein. Auch hier kann eine nicht fristgerechte Kündigung regelmäßig in eine Kündigung zum nächsten fristgerechten Termin umgedeutet werden, vgl. § 12 Abs. 4 WBVG.

### d) Rechtliche oder wirtschaftliche Verbundenheit

Im Fall der rechtlichen oder wirtschaftlichen Verbundenheit (z. B. beim so genannten 1141 „Betreuten Wohnen") muss die Beurteilung des Vorliegens außerordentlicher Kündigungsgründe für alle Vertragsverhältnisse gesondert erfolgen, § 12 Abs. 5 Satz 1 WBVG. Im Normalfall werden die außerordentlichen Kündigungsgründe auf beide Vertragsverhältnisse durchschlagen: Betriebseinstellungen betreffen Wohnraum und Betreuung gleichermaßen bei Identität des Unternehmers; die Unmöglichkeit der Betreuung betrifft sowohl das weitere Wohnen als auch die weitere Betreuung in einer Wohnanlage; schwere schuldhafte Vertragsverletzungen beeinträchtigen regelmäßig das Vertragsverhältnis sowohl hinsichtlich des Wohnraumes als auch der Betreuung. Beim Zahlungsverzug ist besonders zu prüfen, ob sich dieser auf nur ein oder mehrere Vertragsverhältnisse bezieht und aus welchem Grunde es zum Zahlungsverzug gekommen ist.

Sofern im Rahmen der rechtlichen oder wirtschaftlichen Verbundenheit nach § 1 1142 Abs. 2 WBVG ein Vertrag durch den Unternehmer selbst, einen anderen Unternehmer oder den Verbraucher gekündigt wird, steht dem Unternehmer ein Anschlusskündigungsrecht zu, das er unverzüglich nach Kenntnis von der Kündigung des jeweils anderen Vertrages auszuüben hat. Voraussetzung ist in diesen Fällen immer die Unzumutbarkeit des Festhaltens an dem Vertragsverhältnis, § 12 Abs. 5 Sätze 2 bis 4 WBVG. Der Unternehmer muss die Kündigung ohne schuldhaftes Zögern aussprechen. Eine Frist, die bis zum Ablauf des Vertragsverhältnisses mindestens einzuhalten ist, sieht die Regelung des § 12 Abs. 5 WBVG nicht vor; sie verweist auf die Regelungen der Absätze 1 bis 4 des § 12 WBVG. Daher wird man annehmen müssen, dass sich die Frist nach der Kündigungsfrist richtet, die für die Beendigung des zunächst gekündigten Vertrages gilt, so dass alle Vertragsverhältnisse zum gleichen Zeitpunkt beendet werden. Sofern der erste Unternehmer also wegen Betriebseinstellung gekündigt hat, muss der andere Unternehmer sich unverzüglich zum Ablauf des Folgemonates erklären. Hat der Verbraucher ordentlich bis zum Ablauf des

Monates gekündigt, gilt für den Unternehmer die gleiche Frist; in den übrigen Fällen kann fristlos gekündigt werden.

#### e) Durchsetzung einer Kündigung

1143 Eine wirksame Kündigung führt nicht ohne Weiteres zum Auszug des Verbrauchers. Sofern dieser nicht von sich aus die Wohnung bzw. das Zimmer räumt, ist zur Durchsetzung der Räumung das Erstreiten eines Räumungstitels vor dem zuständigen ordentlichen Gericht (Amtsgericht; vgl. § 29 a ZPO) erforderlich. Sofern der Verbraucher zur Räumung verurteilt wurde und das Urteil vollstreckbar ist, er jedoch immer noch nicht zur Räumung bereit ist, muss diese im Wege der Zwangsvollstreckung durchgesetzt werden, wobei Gerichtsvollzieher hier in der Regel Vorschüsse für die anderweitige Unterbringung des Pflegebedürftigen verlangen.

1144 In Extremfällen kann unter Gesichtspunkten des Notstandes bzw. der Notwehr ein Hausverbot gegenüber dem Bewohner in Betracht kommen; wenn dieser etwa erhebliche Straftaten gegenüber Bewohnern oder Pflegepersonal begeht, kann sich der Träger nicht mehr anders behelfen.

1145 Man wird ihm zum Schutz der Rechtsgüter der Bewohner- und Mitarbeiterschaft als letztes Mittel dasjenige des Hausverbotes nicht verwehren können.

## XII. Pflichten des Unternehmers bei Vertragsbeendigung

### 1. Betriebseinstellung oder veranlasste Kündigung des Verbrauchers

1146 § 13 regelt Leistungspflichten des Unternehmers bei Vertragsbeendigung, sofern diese ihm in irgendeiner Form zuzurechnen ist, das heißt, wenn er selbst gekündigt oder aber durch sein Verhalten dem Verbraucher einen Kündigungsgrund gegeben hat. Die Regelungen sind folgerichtig vor dem Hintergrund, dass üblicherweise Heime oder betreute Wohneinrichtungen von den Verbrauchern in der Hoffnung bezogen werden, hier bis zum Lebensende wohnen zu können.

1147 Eine Kündigung wegen Betriebseinstellung löst die Verpflichtung des Unternehmers zur Vermittlung einer neuen Versorgungsmöglichkeit und ergänzend zur Übernahme der angemessenen Umzugskosten aus. Gleiches gilt aber auch bei einer vom Unternehmer zu verantwortenden außerordentlichen Kündigung durch den Bewohner, vgl. § 13 Abs. 1 und 2 WBVG. In diesem Fall kann der Bewohner auch schon vor Ausspruch der Kündigung den Nachweis einer anderweitigen Unterkunft und Betreuung verlangen.

### 2. Anschlusskündigung

Bei den so genannten Anschlusskündigungen des Unternehmers nach § 12 Abs. 5 WBVG ist dieser nur zum Nachweis einer anderweitigen Unterkunft und Betreuung zu zumutbaren Bedingungen verpflichtet; die Umzugskosten muss er nicht bezahlen, § 13 Abs. 2 Satz 1 WBVG. 1148

### 3. Rechtliche oder wirtschaftliche Verbundenheit

Nach § 13 Abs. 4 WBVG gelten die Regelungen der Absätze 1 bis 3 entsprechend, wenn ein Vertrag im Rahmen der rechtlichen oder wirtschaftlichen Verbundenheit nach § 1 Abs. 2 WBVG gekündigt wird. Die angemessenen Umzugskosten müssen jedoch nur getragen werden, wenn ein Vertrag über die Überlassung von Wohnraum gekündigt wurde. Werden mehrere Leistungsverträge gekündigt, so sind alle Unternehmer, deren Verträge gekündigt wurden, zum Nachweis einer anderweitigen Unterkunft und Betreuung verpflichtet. Sie haften als Gesamtschuldner, so dass der Verbraucher jeden von ihnen in vollem Umfang in Anspruch nehmen kann; die in Anspruch genommenen Unternehmer können ihre jeweiligen Verpflichtungen im Innenverhältnis untereinander wieder ausgleichen. Entsprechende Rechte und Pflichten der Unternehmer können sich aus den im Innenverhältnis geschlossenen Vereinbarungen ergeben. Eine Verpflichtung zur Übernahme der Umzugskosten durch alle Unternehmer besteht auch hier nur, wenn ein Vertrag über die Überlassung von Wohnraum gekündigt wurde. 1149

## XIII. Sicherheitsleistung durch den Verbraucher

Unverändert gegenüber der Rechtslage nach (Bundes-)Heimgesetz sind Sicherheitsleistungen von Verbrauchern unzulässig, die in zugelassenen Einrichtungen der Kurzzeitpflege und der vollstationären Pflege nach SGB XI oder Einrichtungen der Eingliederungshilfe nach SGB XII Leistungen erhalten (§ 14 Abs. 4 WBVG). In Einrichtungen der Tages- oder Nachtpflege nach SGB XI entfällt die Möglichkeit der Sicherheitsleistung bereits deswegen, weil diese nur für die Überlassung von Wohnraum verlangt werden kann (§ 14 Abs. 2 WBVG). Nach allgemeinem Verständnis liegt bei diesen Leistungsformen lediglich die Einräumung einer Nutzungsmöglichkeit vor, hingegen nicht die – auch nur vorübergehende – Überlassung von Wohnraum. 1150

Zur Frage eines denkbaren Schuldbeitrittes wird auf die Ausführungen unter VI 2. a.E. (Rn. 1078) verwiesen. 1151

In den anderen Anwendungsfällen des WBVG kann eine Sicherheitsleistung verlangt werden. Wenn die dem Verbraucher geschuldeten Leistungen Gegenstand mehrerer Verträge sind, beschränkt sich das Recht zur Sicherheitsleistung auf die Leistung der Überlassung von Wohnraum (§ 14 Abs. 2 i. V. m. § 1 Abs. 2 WBVG). Soweit allerdings Wohnraumüberlassung und Dienstleistungen Gegenstand eines einheitlichen 1152

Vertrages sind (i. S. v. § 1 Abs. 1 WBVG), kann die Sicherheitsleistung auch für die Erbringung von Dienstleistungen verlangt werden (§ 14 Abs. 1 WBVG).

1153 Die Sicherheitsleistung muss im Vertrag vereinbart sein (§ 14 Abs. 1 Satz 1 WBVG).

1154 Der Unternehmer kann (bei Erfüllung der übrigen Voraussetzungen) eine Sicherheitsleistung in Höhe von bis zu dem Doppelten des auf einen Monat entfallenden Entgelts verlangen (§ 14 Abs. 1 Satz 2 WBVG). Bei unterschiedlich hohen Monatsentgelten dürfte hier eine Durchschnittsberechnung möglich sein bei in die Zukunft gerichteter Einschätzung. Spätere Änderungen berühren die Höhe der zuvor berechtigt verlangten Sicherheitsleistung nicht.

1155 Die Sicherheitsleistung kann in Form einer Geldleistung (Kaution), einer (Zahlungs-)Garantie oder eines sonstigen Zahlungsversprechens geleistet werden. Der Verbraucher kann verlangen, dass an die Stelle einer Geldleistung eine der anderen Arten der Sicherheitsleistungen tritt, wenn das Zahlungsversprechen oder die (Zahlungs-)Garantie durch ein im Geltungsbereich dieses Gesetzes zum Geschäftsbetrieb befugtes Kreditinstitut oder einen Kreditversicherer oder einer öffentlichrechtlichen Körperschaft geleistet wird. Sind diese Voraussetzungen nicht erfüllt (z. B. Bürgschaftserklärung eines nahen Verwandten) ist der Unternehmer nicht verpflichtet, sich hierauf anstelle einer Geldleistung einzulassen; ein freiwilliges Eingehen ist selbstverständlich möglich.

1156 Eine Sicherheitsleistung in Form einer Geldleistung kann vom Verbraucher in drei gleichen monatlichen Teilbeträgen geleistet werden (§ 14 Abs. 3 Satz 1 WBVG). Da die erste Teilleistung zu Beginn des Vertragsverhältnisses fällig wird, kommt es auf den Zeitpunkt des Vertragsschlusses an, nicht den Beginn der Vertragsdurchführung.

1157 Der Unternehmer ist verpflichtet, als Kaution gezahlte Geldbeträge von seinem übrigen Vermögen für jeden einzelnen Verbraucher getrennt (kein Kautionssammelkonto) bei einem Kreditinstitut zu dem für Spareinlagen mit dreimonatiger Kündigungsfrist marktüblichen Zinssatz anzulegen (§ 14 Abs. 3 Satz 3 WBVG). Diese Konten werden banküblich als „Kautionskonten" ausgewiesen mit der Folge, dass Gläubiger des Unternehmers trotz der formal ihm zuzuordnenden Konten auf diese Vermögenswerte nicht zugreifen können. Unabhängig von der Höhe des tatsächlich erzielten Zinssatzes stehen die Zinsen dem Verbraucher zu und dienen der Erhöhung der Sicherheitsleistung (§ 14 Abs. 3 Satz 4 WBVG).

## XIV. Besondere Bestimmungen bei Bezug von Sozialleistungen

1158 Verträge mit Verbrauchern, die Leistungen nach SGB XI oder SGB XII in Anspruch nehmen, müssen sowohl diesen gesetzlichen Regelungen entsprechen, als auch den diesbezüglichen untergesetzlichen Regelungen. Dies betrifft nicht nur Rechtsverordnungen, sondern vor allem auch Rahmenverträge mit zum Teil verbindlichen

Regelungen auch im Verhältnis zu Verbrauchern – dort zum Teil auch als Kostenträger bezeichnet. Dementsprechend kann der Katalog der bei der Erstellung und Prüfung der Verbraucherverträge zu berücksichtigenden Regelungen einen erheblichen Umfang erreichen – und bedarf auch der nachfolgenden Überwachung infolge geänderter Gesetze und neu abgeschlossener/geänderter Rahmenverträge.

## XV. Verbot benachteiligender Regelungen

Das Verbot bezieht sich nur auf im Vertrag getroffene Regelungen, die den Verbraucher benachteiligen, also seine Ansprüche/Rechte verkürzen oder einschränken. Vertragsklauseln, die zugunsten des Verbrauchers von den gesetzlichen und insbesondere rahmenvertraglichen Regelungen abweichen, bleiben hingegen unangetastet. Hauptanwendungsbereich dieser Norm dürfte der Fall sein, dass zumindest der Unternehmer von der Nichtanwendbarkeit des WBVG ausging und folglich die Konformität seiner (gewünschten) Regelungen nicht zuvor anhand der zu beachtenden Regelungen (s. o. Punkt XIV. Rn. 1016) überprüft hat. 1159

## XVI. Übergangsregelung, § 17 WBVG

Auf bereits vor dem 01.10.2009 abgeschlossene Heimverträge („Alt-Verträge") waren bis zum 30.04.2010 die heimvertragsrechtlichen Vorschriften aus dem Heimgesetz, insbesondere die §§ 5 bis 9, anzuwenden. Ab dem 01.05.2010 gilt das WBVG auch für diese Verträge. Das Gesetz statuiert eine schriftliche Anpassungsnotwendigkeit, auf die die Regelung des § 3 WBVG (Information in „verständlicher Sprache") entsprechend anzuwenden ist. 1160

Die Übergangsregelungen sind durch Zeitablauf unterdessen weitgehend gegenstandslos geworden, seien aber der Vollständigkeit halber hier für etwaige Altfälle noch dargestellt. 1161

Auf Verträge, die bis zum 30.09.2009 abgeschlossen wurden und die keine Heimverträge im Sinne des § 5 HeimG sind, ist das WBVG auch weiterhin nicht anzuwenden. Das bedeutet, dass in diesen Fällen zunächst eine Prüfung erfolgen muss, ob es sich um einen Vertrag oder Verträge über Unterkunft und Betreuung zwischen einem Heimträger im Sinne des § 1 Heimgesetz und einem Bewohner handelt. Wenn das bejaht wird, ist das WVBG anwendbar. Dies dürfte auch einige Konstellationen des so genannten „Betreuten Wohnens" erfassen, auf die nach damaliger Rechtslage das HeimG anzuwenden war. Wird die Frage verneint, handelt es sich also nicht um „Heimverträge" nach § 5 Heimgesetz, dann gilt auch das WBVG für diese „Alt-Verträge" nicht. In diesen Fällen verbleibt es bei der Anwendung der Vorschriften des Bürgerlichen Gesetzbuches aus dem Miet-, Dienstvertrags- und Werkvertragsrecht. 1162

1163 Für Verträge, die ab dem 01.10.2009 abgeschlossen wurden bzw. werden („Neu-Verträge"), galt bzw. gilt das WBVG sofort.

1164 Die Rechtslage stellt sich zusammenfassend also wie folgt dar:

| | **Vertragsschluss bis zum 30.09.2009 („Alt-Verträge")** | **Vertragsschluss ab dem 01.10.2009 („Neu-Verträge")** |
|---|---|---|
| **Verträge nach § 1 WBVG und gleichzeitig Verträge nach § 5 HeimG** | Bis zum 30.04.2010 galten die §§ 5–9 HeimG; Ab dem 01.05.2010 gilt das WBVG. | Es gilt das WBVG. |
| **Verträge nur nach § 1 WBVG** | Es gelten die einschlägigen Regelungen des BGB. | Es gilt das WBVG. |

1165 Der Unternehmer kann die Vertragsanpassung an das WBVG nicht einseitig durchsetzen; diese bedarf der Zustimmung des Verbrauchers. Sofern der Verbraucher aber die Zustimmung verweigert, kann er sich nicht auf eine im Vergleich WBVG zum Heimgesetz für ihn günstigere Rechtsposition berufen. Der Unternehmer kann ihm in diesem Fall den Einwand der unzulässigen Rechtsausübung (vgl. § 242 BGB) entgegen halten.

# Anhang

## Wohn- und Teilhabegesetz
## (WTG)

### Vom 2. Oktober 2014 (GV. NRW. S. 625), das zuletzt durch Gesetz vom 11. April 2019 (GV. NRW. S. 210) geändert worden ist

### – Fassung ab 24. April 2019 –

**Inhaltsübersicht**

# TEIL 1
# Allgemeiner Teil

## Kapitel 1
## Allgemeine Vorschriften

### § 1
### Zweck des Gesetzes

(1) [1]Dieses Gesetz hat den Zweck, die Würde, die Rechte, die Interessen und Bedürfnisse der Menschen, die Wohn- und Betreuungsangebote für ältere oder pflegebedürftige Menschen und Menschen mit Behinderung sowie Angebote zur Teilhabe an Arbeit nutzen, vor Beeinträchtigungen zu schützen, die Rahmenbedingungen für Betreuungs- und Pflegekräfte positiv zu gestalten und die Einhaltung der den Leistungsanbieterinnen und Leistungsanbietern obliegenden Pflichten zu sichern. [2]Es soll älteren oder pflegebedürftigen Menschen und Menschen mit Behinderung ein selbstbestimmtes Leben gewährleisten, deren Mitwirkung und Mitbestimmung unterstützen, die Transparenz über Gestaltung und Qualität von Betreuungsangeboten fördern und zu einer besseren Zusammenarbeit aller zuständigen Behörden beitragen. [3]Dieses Gesetz ist unter Beachtung des Übereinkommens über die Rechte von Menschen mit Behinderungen vom 13. Dezember 2006 (BGBl. 2008 II S. 1419) und des § 1 des Inklusionsgrundsätzegesetzes Nordrhein-Westfalen vom 14. Juni 2016 (GV. NRW. S. 442), das zuletzt durch Artikel 1 des Gesetzes vom

23. März 2022 (GV. NRW. S. 414) geändert worden ist, anzuwenden.

(2) [1]Das Gesetz soll die angemessene Berücksichtigung der kulturellen und religiösen Belange der älteren oder pflegebedürftigen Menschen und der Menschen mit Behinderung und die unterschiedlichen Bedürfnisse von Männern und Frauen sowie von Menschen unterschiedlicher sexueller Orientierung und geschlechtlicher Identität sicherstellen. [2]Es soll ältere oder pflegebedürftige Menschen und Menschen mit Behinderung vor Gewalt, Ausbeutung und Missbrauch schützen.

(3) [1]Die Leistungsanbieterinnen und Leistungsanbieter haben ihre Leistungserbringung auch auf eine Förderung der Teilhabemöglichkeiten auszurichten. [2]Sie sollen den Menschen eine angemessene und individuelle Lebensgestaltung insbesondere durch die gleichberechtigte Teilhabe am gemeinschaftlichen und kulturellen Leben in der Gesellschaft ermöglichen.

(4) Die Menschen sollen insbesondere

1. ein möglichst selbstbestimmtes Leben führen können,
2. in der Wahrnehmung ihrer Selbstverantwortung unterstützt werden,
3. vor Gefahren für Leib und Seele geschützt werden,
4. in ihrer Privat- und Intimsphäre geschützt sowie in ihrer sexuellen Orientierung und geschlechtlichen Identität geachtet werden,
5. eine am persönlichen Bedarf ausgerichtete, gesundheitsfördernde und qualifizierte Betreuung erhalten,
6. umfassend über Möglichkeiten und Angebote der Beratung, der Hilfe, der Pflege und der Behandlung informiert werden,
7. Wertschätzung erfahren, sich mit anderen Menschen austauschen und am gesellschaftlichen Leben teilhaben,

7a. frei von Diskriminierung am Arbeitsleben teilnehmen und ihr Recht auf sichere und gesunde Arbeitsbedingungen ausüben, was auch den Schutz vor Gewalt und Belästigungen umfasst,

8. ihrer Kultur und Weltanschauung entsprechend leben und ihre Religion ausüben können und
9. in jeder Lebensphase in ihrer unverletzlichen Würde geachtet und am Ende ihres Lebens auch im Sterben respektvoll begleitet werden.

## § 2
## Geltungsbereich

(1) Dieses Gesetz gilt für Betreuungsleistungen sowie die Überlassung von Wohnraum, wenn diese Angebote entgeltlich sind und im Zusammenhang mit den durch Alter, Pflegebedürftigkeit oder Behinderung ausgelösten Unterstützungsbedarfen und darauf bezogenen Leistungen stehen.

(1a) Dieses Gesetz gilt auch für Angebote zur Teilhabe von Menschen mit Behinderungen am Arbeitsleben, die wegen Art oder Schwere der Behinderung nicht, noch nicht oder noch nicht wieder auf dem allgemeinen Arbeitsmarkt beschäftigt werden können.

(2) Angebote im Sinne dieses Gesetzes sind

1. Einrichtungen mit umfassendem Leistungsangebot,
2. Wohngemeinschaften mit Betreuungsleistungen,
3. Angebote des Servicewohnens,
4. ambulante Dienste,
5. Gasteinrichtungen und
6. Angebote in den anerkannten Werkstätten für behinderte Menschen im Sinne des § 219 Absatz 1 Satz 1 bis 4 des Neunten Buches Sozialgesetzbuch vom 23. Dezember 2016 (BGBl. I S. 3234) in der jeweils geltenden Fassung.

(3) Dieses Gesetz gilt nicht für Einrichtungen der Kinder- und Jugendhilfe, soweit diese der Erlaubnispflicht nach § 45 des Achten Buches Sozialgesetzbuch – Kinder und Jugendhilfe – in der Fassung der Bekanntmachung vom 11. September 2012 (BGBl. S. 2022) unterliegen, Krankenhäuser im Sinne des § 2 Nummer 1 des Krankenhausfinanzierungsgesetzes in der Fassung der Bekanntmachung vom 10. April 1991 (BGBl. S. 886), Internate der Berufsbildungs- und Berufsförderungswerke und Vorsorge- oder

Rehabilitationseinrichtungen im Sinne des § 107 des Fünften Buches Sozialgesetzbuch – Gesetzliche Krankenversicherung – (Artikel 1 des Gesetzes vom 20. Dezember 1988, BGBl. I S. 2477, 2482) und des § 15 des Sechsten Buches Sozialgesetzbuch – Gesetzliche Rentenversicherung – in der Fassung der Bekanntmachung vom 19. Februar 2002 (BGBl. I S. 754, 1404, 3384), jeweils in der jeweils geltenden Fassung.

(4) [1]Die Feststellung, ob ein Angebot dem Geltungsbereich dieses Gesetzes unterfällt, lässt dessen Einordnung nach anderen Rechtsvorschriften unberührt. [2]Dies gilt insbesondere auch für leistungsrechtliche Regelungen.

## § 3
## Begriffsbestimmungen

(1) [1]Betreuung und Betreuungsleistungen im Sinne dieses Gesetzes umfassen Pflege im Sinne des Elften Buches Sozialgesetzbuch – Soziale Pflegeversicherung – (Artikel 1 des Gesetzes vom 26. Mai 1994, BGBl. I S. 1014, 1015), zuletzt geändert durch Artikel 46 des Gesetzes vom 20. August 2021 (BGBl. I S. 3932) und soziale Betreuung. [2]Soziale Betreuung umfasst Tätigkeiten, die Menschen in einer selbstbestimmten Lebensführung und insbesondere der Erfüllung ihrer sozialen und kognitiven Bedürfnisse unterstützen sowie der Förderung einer unabhängigen Lebensführung und der vollen Teilhabe am Leben in der Gesellschaft dienen. [3]Hierzu gehören darüber hinaus die Hilfestellung bei der Gestaltung und Strukturierung des Alltagslebens, die Erhaltung oder Wiederherstellung der körperlichen Mobilität und Arbeitsfähigkeit zugleich mit der anleitenden Unterstützung bei der Ausübung einer Erwerbstätigkeit wie auch bei der Gestaltung der sozialen Beziehungen und der Freizeit. [4]Nicht umfasst sind allgemeine unterstützende Tätigkeiten, die nicht vorwiegend auf Grund eines durch hohes Alter, Pflegebedürftigkeit oder eine Behinderung begründeten Unterstützungsbedarfes erbracht werden.

(2) Leistungsanbieterin oder Leistungsanbieter ist, wer allein oder gemeinschaftlich mit einer anderen natürlichen oder juristischen Person älteren oder pflegebedürftigen Menschen oder Menschen mit Behinderungen Wohn- oder Betreuungsleistungen oder Leistungen zur Teilhabe an Arbeit als Werkstatt für behinderte Menschen nach diesem Gesetz anbietet.

(3) Nutzerinnen und Nutzer sind ältere oder pflegebedürftige Menschen oder Menschen mit Behinderungen, denen Wohn- oder Betreuungsleistungen nach diesem Gesetz angeboten werden oder die diese Leistungen tatsächlich in Anspruch nehmen.

(3a) [1]Werkstattbeschäftigte im Sinne dieses Gesetzes sind Menschen mit Behinderung, die in einer anerkannten Werkstatt für behinderte Menschen aufgenommen wurden und Leistungen zur Teilhabe am Arbeitsleben in Anspruch nehmen. [2]Das schließt Menschen mit Behinderungen mit sehr hohen oder sehr besonderen Unterstützungsbedarfen ein.

(4) [1]Beschäftigte sind Personen, die im Rahmen eines entgeltlichen Beschäftigungsverhältnisses in den Angeboten oder für die Angebote tätig sind, unabhängig davon, mit wem das Beschäftigungsverhältnis besteht. [2]Für Personen, die nicht in einem Beschäftigungsverhältnis zur Leistungsanbieterin oder zum Leistungsanbieter stehen, gilt dies nur, soweit sie betreuende Tätigkeiten im Sinne dieses Gesetzes erbringen.

(5) [1]Fachkräfte sind Beschäftigte, die in einer mindestens dreijährigen Ausbildung oder einem Studium die erforderlichen Fähigkeiten und Kenntnisse erworben haben, um Tätigkeiten auf dem Gebiet der Pflege oder sozialen Betreuung unter Beachtung des jeweils aktuellen Standes der fachlichen Erkenntnisse auszuüben. [2]Hauswirtschaftsfachkräfte sind Beschäftigte, die in einer dreijährigen Ausbildung oder einem Studium die erforderlichen Fähigkeiten und Kenntnisse erworben haben, um die hauswirtschaftliche Versorgung (Ernährung, Verpflegung, Reinigung, Wäscheversorgung) der Nutzerinnen und Nutzer zu organisieren, zu planen, durchzuführen sowie dabei durch Einhaltung der Hygieneanforderungen einen ausreichenden Schutz vor Infektionen zu gewährleisten.

(6) Mitwirkung der Nutzerinnen und Nutzer umfasst Informations-, Mitsprache- und

Beratungsrechte bei Entscheidungen der Leistungsanbieterin oder des Leistungsanbieters, wobei die Entscheidung nicht von der Zustimmung der Nutzerinnen und Nutzer abhängig ist.

(7) Mitbestimmung bezeichnet die Form der Mitwirkung, bei der Entscheidungen oder Maßnahmen der Leistungsanbieterinnen und Leistungsanbieter erst durch Zustimmung der Nutzerinnen und Nutzer wirksam werden.

## KAPITEL 2 Gemeinsame Anforderungen an alle Wohn- und Betreuungsangebote sowie Angebote zur Teilhabe an Arbeit

### § 4 Allgemeine Anforderungen

(1) [1]Angebote und Leistungen nach diesem Gesetz müssen dem jeweiligen Stand der fachlichen und wissenschaftlichen Erkenntnisse entsprechen und barrierefrei sein. [2]Den individuellen Bedürfnissen der Nutzerinnen und Nutzer ist, insbesondere wenn sie körperliche, seelische, geistige oder Sinnesbeeinträchtigungen haben, durch angemessene Vorkehrungen Rechnung zu tragen. [3]Die Leistungsanbieterinnen und Leistungsanbieter haben hierfür die angebotsbezogen erforderlichen personellen, sächlichen, baulichen und organisatorischen Voraussetzungen zu schaffen und zu unterhalten und ihre Verpflichtungen aus sämtlichen leistungsrechtlichen Vereinbarungen einschließlich der Vereinbarungen zu Wohnraumüberlassung und Betreuung zu erfüllen. [4]Die für die Leistungen verlangten Entgelte müssen angemessen sein. [5]Maßstab für Leistungserbringung und Angebotsgestaltung müssen im Rahmen der vertraglich vereinbarten Leistungen die individuellen Bedarfe der Nutzerinnen und Nutzer sein.

(2) [1]Leistungsanbieterinnen und Leistungsanbieter müssen die notwendige Zuverlässigkeit besitzen. [2]Sie müssen angebotsbezogen sicherstellen, dass der Zweck des Gesetzes in die Konzeption der Leistungserbringung eingeht und sich die Umsetzung daran ausrichtet.

(3) Leistungsanbieterinnen und Leistungsanbieter von Betreuungsleistungen müssen ein Qualitätsmanagement betreiben, das mindestens umfasst:

1. eine Beschreibung der Qualitätsziele,
2. eine verbindliche und dokumentierte Festlegung von Aufgaben, Verantwortlichkeiten und Maßnahmen für die Entwicklung und Sicherung von Qualität,
3. ein verbindliches Konzept für die Fort- und Weiterbildung der Beschäftigten,
4. eine Beschreibung der Kernprozesse des Betriebes
5. eine geeignete Dokumentation der Maßnahmen, die den zuständigen Prüfstellen sowie den Trägern der Eingliederungshilfe auf Verlangen vorzulegen ist.

(4) Sie haben zudem sicherzustellen, dass bei der Leistungserbringung ein ausreichender Schutz vor Infektionen gewährleistet ist und die Beschäftigten die Hygieneanforderungen nach dem anerkannten Stand der fachlichen Erkenntnisse einhalten.

(5) [1]Zur Gewährleistung einer angemessenen Palliativversorgung haben Leistungsanbieterinnen und Leistungsanbieter die Inanspruchnahme der Leistungen der spezialisierten ambulanten Palliativversorgung durch eine Kooperation mit den entsprechenden Angeboten zu ermöglichen. [2]Dies gilt nur, wenn auch Nutzerinnen und Nutzer mit nicht heilbaren, fortschreitenden und weit fortgeschrittenen Erkrankungen bei einer zugleich eng begrenzten Lebenserwartung betreut werden sollen und die Leistungsanbieterinnen und Leistungsanbieter sich nicht zur vollständigen Leistungserbringung durch eigene Beschäftigte entschieden haben. [3]Der Leistungsanspruch gegenüber der gesetzlichen Krankenversicherung nach den Vorschriften des Fünften Buches Sozialgesetzbuch bleibt unberührt.

(6) [1]Wohnangebote nach diesem Gesetz sollen in räumlicher Anbindung an Wohnsiedlungen errichtet werden und so gelegen sein, dass den Nutzerinnen und Nutzern eine

Teilhabe am Leben in der örtlichen Gemeinschaft möglich ist. [2]Der Entstehung entsprechender Angebote im ländlichen Raum steht diese Regelung nicht entgegen.

(7) Sofern in diesem Gesetz oder auf Grund dieses Gesetzes keine besonderen Anforderungen an die Ausführung baulicher Anlagen gestellt werden, gelten die Vorschriften der Landesbauordnung und der aufgrund dieser Vorschrift erlassenen Vorschriften.

(8) [1]Alle Beschäftigten müssen die erforderliche persönliche und fachliche Eignung für die von ihnen ausgeübte Tätigkeit besitzen. [2]Die Leistungsanbieterinnen und Leistungsanbieter überzeugen sich bei der Einstellung und in regelmäßigen Abständen von der persönlichen Eignung der Beschäftigten und stellen den Fortbestand der fachlichen Eignung durch Umsetzung des Fort- und Weiterbildungskonzeptes nach Absatz 3 Nummer 3 sicher.

(9) [1]Die Personaleinsatzplanung soll so gestaltet werden, dass die Beschäftigten regelmäßig nur im Rahmen ihrer vertraglich geregelten Arbeitszeit eingesetzt werden. [2]Die für die Pflege oder Betreuung verantwortliche Leitungskraft (verantwortliche Fachkraft und Pflegedienstleitung) muss Fachkraft sein und über eine mindestens zweijährige einschlägige hauptberufliche Berufstätigkeit verfügen. [3]Zeiten einer Teilzeitbeschäftigung mit mindestens der Hälfte der regelmäßigen Arbeitszeit zählen in vollem Umfang, Zeiten einer Teilzeitbeschäftigung mit weniger als der Hälfte zählen entsprechend ihrem Verhältnis zur hälftigen Beschäftigung.

(10) [1]Betreuende Tätigkeiten dürfen nur durch Fachkräfte oder unter deren angemessener Beteiligung wahrgenommen werden. [2]Die Leistungsanbieterin oder der Leistungsanbieter hat schriftlich mindestens festzulegen,

1. welche betreuenden Tätigkeiten im Einzelnen ausgeführt werden und welchen Beschäftigten dabei welche Aufgaben und Verantwortungen zuzuordnen sind,
2. welche fachlichen Standards es für die Ausübung der betreuenden Tätigkeiten gibt und wie deren Umsetzung gesichert wird,
3. wie die oder der Beschäftigte für die Ausübung der betreuenden Tätigkeiten qualifiziert wurde und
4. wie die Überwachung der Ausübung dieser betreuenden Tätigkeit organisiert ist.

[3]Die Beschäftigten sind von den Festlegungen in Kenntnis zu setzen und deren Umsetzung ist zu dokumentieren.

(11) Ausschließlich von Fachkräften wahrzunehmende Tätigkeiten sind:

1. die Steuerung und Überwachung von Pflege- und Betreuungsprozessen sowie die Zielfestlegung und Planung der Maßnahmen im Pflege- und Betreuungsprozess einschließlich der Kontrolle und Auswertung der Pflege- und Betreuungsqualität und der wesentlichen Abstimmungen mit anderen Leistungserbringern der medizinischen Versorgung,
2. die Beratung der Nutzerinnen und Nutzer über fachlich begründete Maßnahmen zur Sicherung der gesundheitlichen und psychosozialen Versorgung sowie die Mitwirkung bei Entscheidungen über deren Anwendung und
3. die Überprüfung der Erforderlichkeit und Angemessenheit sowie die Überwachung der Durchführung freiheitsbeschränkender und freiheitsentziehender Maßnahmen.

(12) Soweit die Tätigkeiten nach Absatz 11 auf pflegerische Prozesse bezogen sind, sind sie Fachkräften der Pflege vorbehalten, soweit sich die Tätigkeiten nach Absatz 11 auf Betreuungsprozesse beziehen, Fachkräften der sozialen Betreuung, die jeweils über die angebotsbezogene erforderliche Fachkunde verfügen.

(13) [1]Bei der Planung und Durchführung individueller Pflege- und Betreuungsprozesse sowie des Wohnens ist die Freiheit der Nutzerinnen und Nutzer, eigene Entscheidungen zu treffen, zu beachten und ihre Selbstbestimmung zu fördern. [2]Sie sind deshalb rechtzeitig zu beteiligen und ihre Wünsche sind zu berücksichtigen. [3]Die Durchführung von Pflege und Betreuung bedarf des Einverständnisses der Nutzerin oder des Nutzers.

## § 5
## Teilhabe am Leben in der Gesellschaft

(1) [1]Die Leistungsanbieterinnen und Leistungsanbieter haben im Rahmen der jeweiligen Leistungsvereinbarungen die gleichberechtigte Teilhabe der Nutzerinnen und Nutzer am Leben in der Gesellschaft zu unterstützen und zu fördern. [2]Zu diesem Zweck sollen sie mit Nutzerinnen und Nutzern, deren Mitwirkungsgremien und Vertrauenspersonen, Angehörigen, sonstigen Vertrauenspersonen der Nutzerinnen und Nutzer, bürgerschaftlich Engagierten und Institutionen der Gemeinde, des Sozialwesens, der Kultur und des Sports zusammenwirken und diese möglichst in die Gestaltung der Angebote einbeziehen.

(2) [1]Der Sicherung der Selbstbestimmung und gleichberechtigten Teilhabe der Nutzerinnen und Nutzer am Leben in der Gesellschaft dient unter anderem

1. die Einbeziehung von Angehörigen und anderen Bezugspersonen sowie bürgerschaftlich Engagierten in das von dem jeweiligen Angebot unterstützte Alltagsleben sowie die Öffnung der Angebote für Kooperationen und Veranstaltungen mit externen Institutionen, Vereinen und anderen Stellen,
2. zielgruppenbezogen Betätigungen anzubieten, die die Fertigkeiten der Nutzerinnen und Nutzer in alltagsnahen und gewohnten Handlungen zur Geltung bringen,
3. in Zusammenarbeit mit geeigneten Einrichtungen und Organisationen regelmäßig über Veranstaltungen und Aktivitäten im Quartier zu informieren und die Teilnahme daran zu unterstützen und zu fördern und
4. die Wahrnehmung auswärtiger Termine zu unterstützen und zu fördern.

[2]Die Leistungsanbieterinnen und Leistungsanbieter haben dies angebotsbezogen in Textform in einem Teilhabekonzept zu konkretisieren.

(3) Alle Individual- und Gemeinschaftsbereiche müssen über die technischen Voraussetzungen für die Nutzung eines Internetzugangs verfügen.

## § 6
## Informationspflichten, Beschwerdeverfahren

(1) Leistungsanbieterinnen und Leistungsanbieter sind vorbehaltlich weitergehender zivilrechtlicher Ansprüche der Nutzerinnen und Nutzer verpflichtet,

1. alle Interessierten über ihr Leistungsangebot nach Art, Umfang und Preis in geeigneter Weise zu informieren,
2. die Nutzerinnen und Nutzer schriftlich über vorhandene Beratungs- und Beschwerdestellen, einschließlich der zentralen Monitoring- und Beschwerdestelle und bestellter Ombudspersonen sowie weiterer auch externer und trägerneutraler Beschwerde- und Beratungsangebote in für die Nutzerinnen und Nutzer geeigneter und verständlicher Weise, zu informieren,
3. die aktuellen Prüfberichte über Regelprüfungen der Aufsichtsbehörde an gut sichtbarer Stelle auszuhängen oder auszulegen sowie die Prüfberichte über Regelprüfungen der letzten drei Jahre zur Einsichtnahme durch die gegenwärtigen oder künftigen Nutzerinnen und Nutzer oder von ihnen beauftragte Personen bereitzuhalten,
4. den aktuellen Prüfbericht über Regelprüfungen der Aufsichtsbehörde gegenwärtigen sowie künftigen Nutzerinnen und Nutzern, den Mitwirkungsgremien, Vertrauenspersonen und der zentralen Monitoring- und Beschwerdestelle und bestellten Ombudspersonen auf Wunsch in Kopie auszuhändigen und
5. Nutzerinnen und Nutzern oder ihren Vertreterinnen und Vertretern Einblick in die Dokumentation der Betreuungsleistungen zu gewähren und ihnen erforderliche Kopien der im Einzelfall erforderlichen Teile der Dokumentation unentgeltlich zu überlassen.

(2) [1]Leistungsanbieterinnen und Leistungsanbieter haben ein Beschwerdeverfahren

sicherzustellen. [2]Dieses muss mindestens beinhalten:
1. die Information der Nutzerinnen und Nutzer über ihr Beschwerderecht einschließlich eines Hinweises auf die Erreichbarkeit der zuständigen Behörde,
2. die Benennung der für die Bearbeitung der Beschwerden verantwortlichen Person,
3. die Bestimmung einer angemessenen Bearbeitungsfrist und
4. die geeignete Dokumentation und Auswertung der Beschwerden und der Art ihrer Erledigung.

## § 7
## Leistungen an Leistungsanbieterinnen und Leistungsanbieter und deren Beschäftigte

(1) Leistungsanbieterinnen und Leistungsanbietern und deren Beschäftigten ist es untersagt, sich von oder zugunsten von gegenwärtigen oder zukünftigen Nutzerinnen und Nutzern Geld- oder geldwerte Leistungen über das vertraglich vereinbarte Entgelt hinaus versprechen oder gewähren zu lassen, soweit es sich dabei nicht nur um geringwertige Aufmerksamkeiten handelt.
(2) Das Verbot gilt nicht für Leistungen, die im Zusammenhang mit der Überlassung eines Platzes in einem Wohn- und Betreuungsangebot von der Nutzerin oder dem Nutzer der Leistungsanbieterin oder dem Leistungsanbieter darlehensweise gewährt werden oder die im Zusammenhang mit dem Erwerb oder Besitz von Genossenschaftsanteilen oder mit dem Wohnangebot stehen und deren Rückzahlung angemessen abgesichert ist.
(3) [1]Spenden an gemeinnützige Leistungsanbieterinnen und Leistungsanbieter fallen nicht unter die Regelung des Absatzes 1. [2]Dies gilt auch für Spenden im zeitlichen Zusammenhang mit der Aufnahme in ein Wohn- und Betreuungsangebot. [3]Es ist sicherzustellen, dass den Spenderinnen oder Spendern oder ihren Angehörigen weder bei der Aufnahme in ein Angebot noch während der Nutzung eines Angebotes eine günstigere oder weniger günstige Behandlung zukommt als jeder anderen Person in einer vergleichbaren Situation. [4]Spenden umfassen sowohl Verfügungen zu Lebzeiten als auch Verfügungen von Todes wegen. [5]Die Leistungsanbieterin oder der Leistungsanbieter hat das Verfahren zur Spendenannahme der zuständigen Behörde vorher anzuzeigen und die Einnahme sowie ihre Verwendung zu dokumentieren.
(4) Die zuständige Behörde kann weitere Ausnahmen zulassen, wenn die Leistung noch nicht gewährt wurde und das Verbot zur Sicherung des Schutzes der Nutzerinnen und Nutzer nicht erforderlich ist.

## § 8
## Gewaltprävention, freiheitsbeschränkende und freiheitsentziehende Maßnahmen

(1) [1]Die Leistungsanbieterinnen und Leistungsanbieter treffen geeignete Maßnahmen zum Schutz aller Beteiligten vor jeder Form der Ausbeutung, Gewalt und Missbrauch, einschließlich ihrer geschlechtsspezifischen Aspekte. [2]Dazu haben sie Konzepte zur Gewaltprävention in Textform zu entwickeln. [3]Die Schutzkonzepte beinhalten mindestens Präventionsstrategien und Interventionskonzepte. [4]Die Inhalte und deren praktische Umsetzung sind den Beschäftigten regelmäßig zu vermitteln und dies zu dokumentieren. [5]Diese Dokumentationen sind bei Überprüfungen vorzulegen. [6]§ 37a des Neunten Buches Sozialgesetzbuch bleibt unberührt.
(2) [1]Leistungsanbieterinnen und Leistungsanbieter müssen zusätzlich ein Konzept zur Vermeidung von freiheitsentziehenden Unterbringungen oder freiheitsbeschränkenden und freiheitsentziehenden Maßnahmen vorlegen. [2]Darin ist auch die Trennung zwischen Anordnung, Durchführung und Überwachung der Maßnahmen zu regeln sowie eine verantwortliche Person für die Anordnung und Überwachung der Durchführung der Maßnahme zu benennen. [3]Die Beschäftigten sind mit Alternativen zu diesen Maßnahmen vertraut zu machen und regelmäßig zu schulen. [4]Die Nutzerinnen und Nutzer sind durch regelmäßige adressatengerechte

Informationsveranstaltungen zu sensibilisieren.

(3) [1]Die Konzepte sind unter Mitwirkung der Gremien, die die Interessen der Beteiligten vertreten, zu erstellen. [2]Sie sind regelmäßig von den Leistungsanbieterinnen und Leistungsanbietern unter Mitwirkung dieser Gremien zu evaluieren. [3]Hierbei sind im Einzelfall die erforderlichen und angemessenen Vorkehrungen zu treffen.

## § 8a
## Vermeidung, Durchführung und Dokumentation von freiheitsentziehenden Unterbringungen und freiheitsbeschränkenden und freiheitsentziehenden Maßnahmen

(1) [1]Freiheitsentziehende Unterbringungen sowie freiheitsbeschränkende und freiheitsentziehende Maßnahmen sind zu vermeiden. Werden sie im Einzelfall erforderlich, sind sie unter Berücksichtigung des besonderen Schutzbedürfnisses der Nutzerinnen, Nutzer oder Werkstattbeschäftigten auf das unbedingt notwendige Maß zu beschränken und nur zulässig

1. aufgrund rechtswirksamer Einwilligung der Nutzerin, des Nutzers oder der oder des Werkstattbeschäftigten,
2. bei einwilligungsunfähigen Nutzerinnen, Nutzern oder Werkstattbeschäftigten mit Einwilligung der rechtlichen Betreuerin oder des rechtlichen Betreuers oder der oder des Bevollmächtigten und nach vorheriger Genehmigung des Betreuungsgerichts,
3. nach einstweiliger Anordnung des Betreuungsgerichts oder
4. wenn bei einem Aufschub Gefahr im Verzug ist.

[2]Im Fall der Nummer 4 ist die gerichtliche Genehmigung durch die Betreuerin, den Betreuer oder Bevollmächtigten unverzüglich nachzuholen. [3]Ist keine Betreuerin, kein Betreuer oder Bevollmächtigter vorhanden oder erreichbar, ist das Betreuungsgericht unverzüglich zu informieren.

(2) [1]Maßnahmen nach Absatz 1 sind ferner nur zulässig, solange und soweit

1. sie den gerichtlich oder in der Einwilligung festgelegten Umfang nicht überschreiten,
2. die Nutzerin, der Nutzer oder die oder der Werkstattbeschäftigte vor Anwendung der Maßnahme über deren Notwendigkeit adressatengerecht aufgeklärt wurde,
3. eine weniger eingreifende Maßnahme aussichtslos ist und
4. aus Sicht der Nutzerin, des Nutzers oder der oder des Werkstattbeschäftigten der zu erwartende Nutzen die zu erwartenden Beeinträchtigungen deutlich überwiegt.

[2]Die Maßnahme ist sofort zu beenden, wenn ihre Voraussetzungen entfallen.

(3) [1]Bei Fixierungen in Form der vollständigen Aufhebung der Bewegungsfreiheit durch mechanische Hilfsmittel ist eine ärztliche Anordnung und eine regelmäßige ärztliche Überprüfung notwendig. [2]Zudem sind eine ständige persönliche Bezugsbegleitung sowie die Beobachtung mit kontinuierlicher Kontrolle der Vitalfunktionen sicherzustellen.

(4) [1]Jede freiheitsentziehende Unterbringung und jede Anwendung von freiheitsbeschränkenden und freiheitsentziehenden Maßnahmen ist zu dokumentieren. [2]Die Dokumentation muss Angaben zur Genehmigung des Betreuungsgerichts, zur Einwilligung der rechtlichen Betreuerin oder des rechtlichen Betreuers oder der oder des Bevollmächtigten beziehungsweise zur Einwilligung der Nutzerin oder des Nutzers oder der oder des Werkstattbeschäftigten sowie zu der oder dem für die Anordnung und Überwachung der Durchführung der Maßnahme Verantwortlichen enthalten. [3]Die Dokumentation ist von den zuständigen Behörden und Stellen im Rahmen ihrer Regelprüfungen zur Qualitätssicherung zu prüfen.

(5) [1]Nach Maßnahmen nach Absatz 1 Satz 1 ist der Nutzerin, dem Nutzer oder der oder dem Werkstattbeschäftigten unverzüglich ein geeignetes Angebot zur Nachbesprechung zu machen. [2]Dabei sind die Gründe für die Maßnahme zu erläutern, die Wahrnehmungen der Nutzerin oder des Nutzers zu erfragen und Alternativen zu besprechen.

(6) [1]Die Nutzerin oder der Nutzer oder die oder der Werkstattbeschäftigte können nach Durchführung einer Maßnahme nach Absatz 1 Satz 1 die Ombudsperson einschalten oder sich an das Betreuungsgericht wenden. [2]Auf diese Möglichkeit sind die Nutzerin, der Nutzer oder die oder der Werkstattbeschäftigte spätestens nach Beendigung der Maßnahmen hinzuweisen. [3]Die Einrichtung ist verpflichtet, der Ombudsperson einmal jährlich eine Aufstellung über Art, Anzahl und Dauer der Maßnahmen nach Absatz 1 Satz 1 vorzulegen.

(7) [1]Die Monitoring- und Beschwerdestelle ist durch die Leistungsanbieterinnen und Leistungsanbieter in anonymisierter Form über jede

1. gerichtliche Genehmigung einer freiheitsentziehenden oder freiheitsbeschränkenden Maßnahme,
2. Abgabe einer Einwilligungserklärung zu einer freiheitsentziehenden oder freiheitsbeschränkenden Maßnahme, die keinem gerichtlichen Genehmigungsvorbehalt unterliegt, und
3. einzelne durchgeführte Maßnahme zu den Nummern 1 und 2 zu informieren.

[2]Die Meldung hat jeweils zum letzten Werktag eines Quartals zu erfolgen.

(8) Für freiheitsbeschränkende Maßnahmen, die keinem gerichtlichen Genehmigungsvorbehalt unterliegen, gelten die Regelungen für Maßnahmen nach Absatz 1 Satz 1 entsprechend.

## § 8b
## Einwilligungen der Nutzerinnen, Nutzer und Werkstattbeschäftigten, Betreuerinnen und Betreuer

(1) [1]Eine freiheitsentziehende Unterbringung oder eine Maßnahme, die die Freiheit beschränkt oder entzieht und ausschließlich auf rechtswirksamer Einwilligung der Nutzerin, des Nutzers oder der oder des Werkstattbeschäftigten beruht, ist nur zulässig, wenn sie mit der Nutzerin oder dem Nutzer oder der oder dem Werkstattbeschäftigten vorab erarbeitet und schriftlich festgehalten wurde. [2]Hierbei sind mit der Nutzerin oder dem Nutzer oder der oder dem Werkstattbeschäftigten

1. die Maßnahme,
2. die Art der Anwendung,
3. der Nutzen der Maßnahme,
4. die Nachteile der Maßnahme und
5. die mögliche Dauer der Maßnahme mit dem nötigen Zeitaufwand

ohne Ausübung unzulässigen Drucks und missbräuchlicher Einflussnahme zu besprechen. [3]Bestehen nach der Besprechung mit der Nutzerin oder dem Nutzer oder der oder dem Werkstattbeschäftigten Anhaltspunkte für eine Einwilligungsunfähigkeit im Hinblick auf die konkrete Maßnahme, so ist durch die Hinzuziehung einer Ärztin oder eines Arztes festzustellen, dass keine Einwilligungsunfähigkeit im Hinblick auf die konkrete Maßnahme vorliegt.

(2) [1]Bei Umsetzung des Absatzes 1 sind rechtliche Betreuerinnen und Betreuer oder Bevollmächtigte zu beteiligen, sofern die Nutzerin oder der Nutzer oder die oder der Werkstattbeschäftigte nicht widersprechen. [2]Die Nutzerin oder der Nutzer oder die oder der Werkstattbeschäftigte sind darauf hinzuweisen, dass sie oder er die Einwilligung jederzeit widerrufen können. [3]Widerrufen Nutzerinnen, Nutzer oder Werkstattbeschäftigte ihre Einwilligung, dürfen eine freiheitsentziehende Unterbringung sowie freiheitsbeschränkende und freiheitsentziehende Maßnahmen nur mit der Einwilligung der rechtlichen Betreuung oder der oder des Bevollmächtigten und Genehmigung des Betreuungsgerichts erfolgen. [4]In regelmäßigen Abständen, spätestens nach Ablauf von drei Monaten ist zu überprüfen, ob die Vereinbarung nach Absatz 1 fortbestehen soll und keine Anhaltspunkte für eine Einwilligungsunfähigkeit im Hinblick auf die Maßnahmen vorliegen.

## § 9
## Anzeigepflichten

(1) [1]Wer Angebote nach diesem Gesetz betreiben will, hat seine Absicht spätestens zwei Monate vor der vorgesehenen Betriebsaufnahme der zuständigen Behörde anzuzeigen.

[2]Das Verfahren zur Anerkennung von Werkstätten für behinderte Menschen gemäß § 225 des Neunten Buches Sozialgesetzbuch bleibt hiervon unberührt. [3]Die Anzeige muss die für die behördliche Qualitätssicherung und für Gewaltprävention erforderlichen Angaben enthalten. [4]Die zuständige Behörde kann weitere Angaben verlangen, soweit sie zur zweckgerichteten Aufgabenerfüllung erforderlich sind.

(2) Soweit die zuständige Behörde den Einsatz einer internetgestützten, elektronischen Datenbank zur Verfügung stellt, haben die Leistungsanbieterinnen und Leistungsanbieter diese Datenbank zur Erfüllung ihrer Anzeigepflicht nach Absatz 1 zu nutzen.

(3) [1]Eine beabsichtigte vollständige oder teilweise Einstellung des Angebotes ist unverzüglich der zuständigen Behörde anzuzeigen. [2]Angaben über die zukünftige Unterkunft und Betreuung der Nutzerinnen und Nutzer und die geplante ordnungsgemäße Abwicklung der Vertragsverhältnisse mit den Nutzerinnen und Nutzern sind mit dieser Anzeige zu verbinden.

(4) Leistungsanbieterinnen und Leistungsanbieter haben eine bereits eingetretene Überschuldung oder eine eingetretene oder drohende Zahlungsunfähigkeit oder eine sonstige Unfähigkeit, die Verpflichtungen gegenüber den Nutzerinnen und Nutzern zu erfüllen, unverzüglich der zuständigen Behörde anzuzeigen.

(5) Die Leistungsanbieterinnen und Leistungsanbieter sind verpflichtet, in Leistungsangeboten begangene sexuelle Übergriffe und Gewalttaten unverzüglich der nach diesem Gesetz zuständigen Behörde mitzuteilen.

### § 10
### Dokumentationspflichten

(1) [1]Leistungsanbieterinnen und Leistungsanbieter haben zu dokumentieren, dass und wie sie die Anforderungen nach diesem Gesetz oder auf Grund dieses Gesetzes erfüllen. [2]Aufzeichnungen, die für andere Stellen als die zuständige Behörde angelegt worden sind, können seitens der Leistungsanbieterinnen und Leistungsanbieter zum Nachweis der Erfüllung der Anforderungen des Satzes 1 verwendet werden, wenn sie nicht älter als ein Jahr sind. [3]Die Dokumentation muss sich je nach Angebotstyp und Leistungsumfang erstrecken auf die tatsächliche Art der Nutzung, die Betreuung der Nutzerinnen und Nutzer einschließlich deren Versorgung mit Arzneimitteln und der Zusammenarbeit mit Ärztinnen und Ärzten, die Umsetzung von Konzepten, insbesondere zur Teilhabeförderung und Gewaltprävention, und die Verwaltung von Geldern. [4]Aus der Dokumentation müssen auch Angaben über die Beschäftigten und ihre Aufgaben ersichtlich sein.

(2) [1]Leistungsanbieterinnen und Leistungsanbieter haben die aktuellen und für die Leistungserbringung erforderlichen nutzerinnen- und nutzerbezogenen Teile der Dokumentation am Ort der Leistungserbringung zur Prüfung vorzuhalten. [2]Die anderen Teile der Dokumentation können auch am Ort der Verwaltung der Leistungsanbieterin oder des Leistungsanbieters vorgehalten werden.

## KAPITEL 3
## Qualitätssicherung

### § 11
### Anspruch auf Information und Beratung

(1) [1]Die zuständigen Behörden informieren und beraten Personen, die ein berechtigtes Interesse haben, über die Rechte und Pflichten der Leistungsanbieterinnen und Leistungsanbieter und der Nutzerinnen und Nutzer solcher Wohn- und Betreuungsangebote. [2]Ein berechtigtes Interesse haben insbesondere Nutzerinnen und Nutzer, deren Vertreterinnen und Vertreter, Nutzerinnen- und Nutzerbeiräte, Beschäftigte und ihre Vertretungen, Mitglieder von Vertretungsgremien, Vertrauenspersonen und diejenigen, die Leistungen nach diesem Gesetz erbringen oder erbringen wollen. [3]Die Behörde kann auf geeignete Informations- und Beratungsangebote Dritter verweisen.

(2) Einem Antrag nach dem Informationsfreiheitsgesetz Nordrhein-Westfalen steht der Schutz von Betriebs- und

Geschäftsgeheimnissen regelmäßig nicht entgegen, soweit sich die Informationen auf die Mitteilung von festgestellten Rechtsverstößen, die zu einer Gefährdung von Leben, Gesundheit oder Freiheit geführt haben, und die zu deren Beseitigung ergangenen Anordnungen beschränken.

## § 12
## Abwägungsgebot und einheitliche Rechtsanwendung

(1) [1]Ermessensentscheidungen der Behörden sollen so getroffen werden, dass die Teilhabe der Nutzerinnen und Nutzer am Leben in der Gesellschaft gefördert wird. [2]Maßstab für die Entscheidung soll das Alltagsleben in einer privaten Häuslichkeit sein. [3]Bei Verwaltungsentscheidungen ist darzulegen, wie der Gesichtspunkt der selbstbestimmten Teilhabe berücksichtigt wurde.

(2) [1]Beim Vollzug aller Rechtsvorschriften, die in Wohn- und Betreuungsangeboten angewandt werden, übernehmen die für die Durchführung dieses Gesetzes zuständigen Behörden die koordinierende Funktion. [2]Dies gilt nicht für das Baugenehmigungsverfahren und das Verfahren nach dem Gesetz zur Förderung und Nutzung von Wohnraum für das Land Nordrhein-Westfalen.

## § 13
## Möglichkeit begründeter Abweichung von Anforderungen

(1) [1]Von den Anforderungen nach diesem Gesetz oder auf Grund dieses Gesetzes kann mit Genehmigung der zuständigen Behörde abgewichen werden, wenn hierdurch der Zweck des Gesetzes nicht gefährdet wird und

1. ohne die Abweichung ein besonderes Betreuungskonzept nicht umgesetzt werden kann oder
2. die Abweichung im Sinne der Erprobung neuer Betreuungs- oder Wohnformen geboten ist oder
3. die Abweichung auf Grund einer geringen Größe des Wohn- und Betreuungsangebotes und einer geringen Zahl von Nutzerinnen und Nutzern geboten ist.

[2]Die mit Hilfe der Abweichung umzusetzenden Konzepte und Angebotsformen müssen auf eine bessere Umsetzung besonderer Bedarfe und Wünsche der Nutzerinnen und Nutzer ausgerichtet sein.

(2) Von den Anforderungen an die Wohnqualität kann auch dann abgewichen werden, wenn der Leistungsanbieterin oder dem Leistungsanbieter die Erfüllung einer Anforderung zur Wohnqualität im vorhandenen Gebäudebestand technisch oder aus denkmalschutzrechtlichen Gründen nicht möglich oder aus wirtschaftlichen Gründen nicht zumutbar ist und die Abweichung mit den Maßstäben des Alltags eines häuslichen Lebens, der Sicherung der Privatsphäre sowie den durch dieses Gesetz geschützten Interessen und Bedürfnissen der betroffenen Nutzerinnen und Nutzern vereinbar ist.

(3) Die zuständigen Behörden können in begründeten Einzelfällen im Einvernehmen mit den Aufsichtsbehörden Ausnahmen von den Anforderungen nach diesem Gesetz aus wichtigem Grund zulassen, soweit die Ausnahme unter Abwägung mit den Interessen und Bedürfnissen der Nutzerinnen und Nutzer vereinbar und geboten ist.

(4) [1] Die zuständige Behörde soll binnen sechs Wochen nach Eingang des Antrags über den Antrag entscheiden. [2]Ist binnen der in Satz 1 genannten Frist keine Entscheidung der zuständigen Behörde getroffen worden, ist die Antragstellerin oder der Antragsteller bis zur Entscheidung über den Antrag von der Verpflichtung zur Umsetzung der Anforderungen, für die eine Ausnahme beantragt wurde, vorläufig befreit. [3]Dies gilt nicht, soweit die zuständige Behörde innerhalb der in Satz 1 genannten Frist anordnet, dass die betroffenen Anforderungen bis zur abschließenden Entscheidung über den Antrag umzusetzen sind.

## § 13a
## Einrichtungsinterne Qualitätssicherung

[1]Die Leistungsanbieterinnen und Leistungsanbieter haben ihre Beschäftigten regelmäßig in den einrichtungsindividuellen Teilhabe-, Gewaltschutz-, Hygiene- und

Infektionsschutzkonzepten zu schulen. [2]Die Schulungen, die vermittelten Inhalte und die Teilnehmenden sind zu dokumentieren.

## § 14 Durchführung der behördlichen Qualitätssicherung

(1) [1]Die zuständigen Behörden prüfen die Wohn- und Betreuungsangebote daraufhin, ob sie in den Geltungsbereich dieses Gesetzes fallen und die Anforderungen nach diesem Gesetz und der auf Grund dieses Gesetzes erlassenen Rechtsverordnungen erfüllen. [2]Soweit in diesem Gesetz vorgesehen, prüfen die zuständigen Behörden die Wohn- und Betreuungsangebote regelmäßig in den in diesem Gesetz festgelegten Zeitabständen (Regelprüfungen).

(1a) [1]In Pflegeeinrichtungen, in denen innerhalb der letzten zwölf Monate eine Regelprüfung durch die Prüfinstitutionen nach § 114 des Elften Buches Sozialgesetzbuch ohne Feststellung von Mängeln erfolgt ist, umfassen die Regelprüfungen die Struktur- und Prozessqualität, grundsätzlich aber keine Überprüfung der Ergebnisqualität. [2]Stellen die Prüfinstitutionen nach § 114 des Elften Buches Sozialgesetzbuch während der Regel-, Anlass- oder Wiederholungsprüfungen nach den Vorschriften des Elften Buches Sozialgesetzbuch Mängel in der Ergebnisqualität fest, so können sie zu diesen Prüfungen die zuständige Behörde hinzuziehen. [3]Dies muss geschehen, wenn im Laufe dieser Prüfungen Gefahr für Leib und Leben von Nutzerinnen und Nutzern festgestellt wird. [4]In diesen Fällen sind die Feststellungen der Prüfinstitutionen nach § 114 des Elften Buches Sozialgesetzbuch Grundlage für die Maßnahmen und Entscheidungen der zuständigen Behörde.

(1b) [1]In Einrichtungen der Eingliederungshilfe, in denen innerhalb der letzten zwölf Monate eine Regelprüfung durch die Träger der Eingliederungshilfe ohne Feststellung von Mängeln erfolgt ist, umfassen die Regelprüfungen die Struktur- und Prozessqualität, grundsätzlich aber keine Überprüfung der Ergebnisqualität. [2]Für Qualitätsprüfungen durch die Träger der Eingliederungshilfe gilt Absatz 1a Satz 2 bis 4 entsprechend.

(2) Eine Prüfung erfolgt darüber hinaus, wenn Anhaltspunkte oder Beschwerden vorliegen, die darauf schließen lassen, dass die Anforderungen nach diesem Gesetz oder der auf Grund dieses Gesetzes erlassenen Rechtsverordnungen nicht erfüllt sind (anlassbezogene Prüfungen).

(3) [1]Die Prüfungen können unangemeldet und zu jeder Zeit erfolgen. [2]Prüfungen zur Nachtzeit sind nur zulässig, wenn und soweit das Überwachungsziel zu anderen Zeiten nicht erreicht werden kann. [3]Leistungsanbieterinnen und Leistungsanbieter sowie ihre verantwortlichen Beschäftigten haben den zuständigen Behörden die für die Durchführung dieses Gesetzes und den hierzu ergangenen Rechtsverordnungen erforderlichen mündlichen und schriftlichen Auskünfte auf Verlangen und unentgeltlich zu erteilen.

(4) [1]Prüfergebnisse anderer gesetzlich vorgesehener Prüfinstitutionen, die nicht älter als ein Jahr sind, sind der Prüfung hinsichtlich des jeweils festgestellten Sachverhaltes zugrunde zu legen. [2]Die erneute Prüfung eines bereits anderweitig geprüften Sachverhaltes ist zu vermeiden. [3]Ergeben sich jedoch Beanstandungen oder liegen unabhängig von der Prüfung Anhaltspunkte für eine Gefährdung der Interessen und Bedürfnisse der Nutzerinnen und Nutzer vor, kann die zuständige Behörde eine eigenständige Prüfung durchführen. [4]Bei der Prüfung ist in Bezug auf die bauliche Barrierefreiheit grundsätzlich die Baugenehmigung zugrunde zu legen. [5]Sofern Anhaltspunkte für eine Änderung der baulichen Anlage und für einen Verstoß gegen die baurechtlich geforderte Barrierefreiheit festgestellt werden, ist die zuständige Bauaufsichtsbehörde zu informieren.

(5) [1]Die von der zuständigen Behörde mit der Überwachung der Wohn- und Betreuungsangebote beauftragten Personen sind befugt,

1. die für die Wohn- und Betreuungsangebote genutzten Grundstücke und Räume – soweit diese einem Hausrecht der Nutzerinnen und Nutzer unterliegen, nur mit deren Zustimmung – sowie

Geschäftsräume der Leistungsanbieterinnen und Leistungsanbieter zu betreten,
2. Prüfungen und Besichtigungen vorzunehmen,
3. Einsicht in die Dokumentation über die Erfüllung der Anforderungen nach diesem Gesetz oder auf Grund dieses Gesetzes zu nehmen,
4. sich mit den Nutzerinnen und Nutzern sowie den Mitwirkungsgremien oder Vertrauenspersonen in Verbindung zu setzen,
5. bei pflegebedürftigen Nutzerinnen und Nutzern den Pflegezustand in Augenschein zu nehmen,
5a. die Qualität der Betreuung vor Ort und den Betreuungszustand der Nutzerinnen und Nutzer mit deren Einwilligung in Augenschein zu nehmen und
6. die Beschäftigten zu befragen.

[2]Leistungsanbieterinnen und Leistungsanbieter haben diese Maßnahmen zu dulden. [3]Es steht der zuständigen Behörde frei, zu ihren Prüfungen weitere fach- und sachkundige Personen, die in keinem Verhältnis zum Leistungsanbieter stehen, hinzuzuziehen. [4]Die Leistungsanbieterin oder der Leistungsanbieter kann eine Vertretung der Vereinigung, der sie oder er angehört, hinzuziehen, soweit dies die zeitgerechte Durchführung der Prüfung nicht behindert. [5]Die hinzugezogenen Personen sind zur Verschwiegenheit verpflichtet.

(6) [1]Zur Verhütung dringender Gefahren für die öffentliche Sicherheit oder Ordnung können Grundstücke und Räume, die einem Hausrecht der Nutzerinnen und Nutzer unterliegen oder Wohnzwecken des oder der Auskunftspflichtigen dienen, jederzeit betreten werden. [2]Der oder die Auskunftspflichtige und die Nutzerinnen und Nutzer haben die Maßnahmen nach Satz 1 zu dulden.

(7) [1]Das zuständige Ministerium kann die Erfüllung der Aufgaben nach diesem Gesetz durch den Einsatz eines Verfahrens zur elektronischen Datenverarbeitung unterstützen. [2]Es ist berechtigt, zum Zwecke einer landesweiten Planung Auswertungen vorzunehmen. [3]Personenbezogene Daten sind vorher zu anonymisieren.

(8) [1]Die Inaugenscheinnahme des Pflege- und Betreuungszustandes ist nur mit Einwilligung der Nutzerinnen und Nutzer zulässig. [2]Sofern die Nutzerinnen oder die Nutzer nicht mehr einwilligungsfähig sind, genügt abweichend von den allgemeinen datenschutzrechtlichen Vorschriften die Erteilung der Einwilligung in mündlicher Form durch die Vertreterinnen oder Vertreter der Nutzerinnen oder Nutzer, wenn die Einholung der Einwilligung in schriftlicher Form Zweck oder Durchführbarkeit der unangemeldeten Prüfung vereiteln würde. [3]Mündlich erteilte Einwilligungen dieser Art sind im Rahmen der Prüfungsunterlagen zu dokumentieren.

(9) Die Ergebnisse der Prüfungen werden von den zuständigen Behörden in einem schriftlichen oder elektronischen Prüfbericht festgehalten.

(10) [1]Um die Nutzerinnen und Nutzer, ihre Angehörigen und an der Nutzung des Wohn- und Betreuungsangebotes Interessierte zu informieren, werden die wesentlichen Ergebnisse der Regelprüfungen in einem Ergebnisbericht im Internet-Portal der zuständigen Behörde veröffentlicht. [2]Der Ergebnisbericht soll Angaben über die Feststellungen von Mangelfreiheit, geringfügigen Mängeln oder wesentlichen Mängeln zu den Prüfgegenständen Wohnqualität, hauswirtschaftliche Versorgung, Gemeinschaftsleben und Alltagsgestaltung, Information und Beratung, Mitwirkung und Mitbestimmung, personelle Ausstattung, Pflege und Betreuung, freiheitsentziehende Maßnahmen und Maßnahmen zur Qualitätssicherung und zum Schutz vor Gewalt enthalten. [3]Die Veröffentlichung der Ergebnisberichte wird jeweils zu dem auf den Zeitraum von zwei Jahren folgenden 1. Oktober beendet. [4]Der veröffentlichte Bericht darf keine personenbezogenen Daten enthalten.

(11) [1]Die Veröffentlichung des Ergebnisberichts soll bis zur rechtskräftigen gerichtlichen Entscheidung unterbleiben, wenn im Ergebnisbericht festgestellte Mängel und getroffene Anordnungen mit Rechtsbehelfen angegriffen werden und die Behörde die Veröffentlichung nicht dennoch zur Verwirklichung des Gesetzeszwecks für geboten hält. [2]Die Veröffentlichung hat zu unterbleiben

beziehungsweise ist einzustellen, wenn ein Gericht die aufschiebende Wirkung eines Rechtsbehelfs gegen die Mängelfeststellung oder die Anordnungen angeordnet hat.

(12) [1]Die zuständigen Behörden müssen die Durchführung der behördlichen Qualitätssicherung durch Personen mit der hierzu erforderlichen Fachkunde und persönlichen Eignung sicherstellen und alle zwei Jahre einen Tätigkeitsbericht über ihre Arbeit erstellen. [2]Dieser Bericht ist zu veröffentlichen und den kommunalen Vertretungsgremien sowie den Aufsichtsbehörden zur Verfügung zu stellen. [3]Absatz 10 Satz 4 gilt entsprechend.

## § 15 Mittel der behördlichen Qualitätssicherung

(1) [1]Wird festgestellt, dass die Anforderungen nach diesem Gesetz oder auf Grund dieses Gesetzes nicht erfüllt werden, soll die zuständige Behörde zunächst über die Möglichkeiten zur Abstellung dieser Mängel beraten. [2]Die Beratung findet auf Wunsch an einem gesonderten Termin statt, wenn die Leistungsanbieterin oder der Leistungsanbieter eine Vertreterin oder einen Vertreter der Vereinigung, der sie oder er angehört, hinzuziehen will.

(2) [1]Werden festgestellte oder die Ursachen für drohende Mängel nicht abgestellt, sollen gegenüber den Leistungsanbieterinnen und Leistungsanbietern Anordnungen erlassen werden, die zur Beseitigung einer eingetretenen oder Abwendung einer drohenden Beeinträchtigung des Wohls der Nutzerinnen und Nutzer und zur Durchsetzung der den Leistungsanbieterinnen und Leistungsanbietern obliegenden Pflichten erforderlich sind. [2]Kann auf Grund der festgestellten Mängel die Betreuung weiterer Nutzerinnen und Nutzer nicht sichergestellt werden, kann für einen bestimmten Zeitraum die Aufnahme weiterer Nutzerinnen und Nutzer untersagt werden. [3]Wenn Anordnungen zur Beseitigung der Mängel nicht ausreichen, ist der Betrieb des Wohn- und Betreuungsangebotes zu untersagen. [4]Die Befugnisse der nach § 225 des Neunten Buches Sozialgesetzbuch zuständigen Behörden bleiben hiervon unberührt.

(3) Der Betrieb eines Wohn- und Betreuungsangebotes kann ferner untersagt werden, wenn die Leistungsanbieterin oder der Leistungsanbieter

1. die Anzeige über die beabsichtigte Aufnahme des Wohn- und Betreuungsangebotes unterlassen oder unvollständige Angaben gemacht hat,
2. Anordnungen zur Mängelbeseitigung nicht innerhalb der gesetzten Frist befolgt oder
3. Personen entgegen einem Beschäftigungsverbot beschäftigt oder gegen § 7 Absatz 1 oder gegen eine nach § 45 Absatz 1 Nummer 2 erlassene Rechtsverordnung verstößt.

(4) [1]Sind in einem Wohn- und Betreuungsangebot mit pflegerischer Betreuung, das der leistungsrechtlichen Qualitätssicherung nach dem Elften Buch des Sozialgesetzbuches unterfällt, Mängel festgestellt worden, die eine gegenwärtige Gefahr für die Nutzerinnen und Nutzer darstellen, so fordert die zuständige Behörde die verantwortlichen Landesverbände der Pflegeversicherungen auf, eine umgehende Durchführung einer Qualitätsprüfung durch den Medizinischen Dienst der Krankenversicherung oder den Prüfdienst des Verbandes der Privaten Krankenversicherung e. V. nach den Vorschriften des Elften Buches des Sozialgesetzbuches sicherzustellen. [2]Die Einzelheiten des Verfahrens werden in einer Vereinbarung nach § 44 Absatz 3 geregelt.

(4a) Für Wohn- und Betreuungsangebote, die den Qualitätsprüfungen durch die Träger der Eingliederungshilfe unterfallen, gilt Absatz 4 Satz 1 und 2 entsprechend.

(5) Leistungsanbieterinnen und Leistungsanbietern kann der Einsatz einer oder eines Beschäftigten oder einer anderen im Wohn- und Betreuungsangebot tätigen Person ganz oder für bestimmte Funktionen oder Tätigkeiten untersagt werden, wenn Tatsachen die Annahme rechtfertigen, dass sie oder er die für ihre oder seine Tätigkeit erforderliche Eignung nicht besitzt.

(6) [1]Stellt die zuständige Behörde fest, dass eine Einrichtungsleitung, eine Pflegedienstleitung, eine verantwortliche Fachkraft oder eine Beschäftigte oder ein Beschäftigter nicht über die erforderliche persönliche oder fachliche Eignung verfügt, so ist sie berechtigt und verpflichtet, allen anderen für die Durchführung dieses Gesetzes sowie die Durchführung der Berufszulassungsverfahren zuständigen Behörden Namen, Geburtsdatum und Anschrift der betreffenden Person mitzuteilen, wenn die fehlende Eignung bereits zu einem Beschäftigungsverbot geführt hat oder ein solches im Fall der Aufnahme einer Beschäftigung unmittelbar rechtfertigen würde. [2]Satz 1 gilt bei Angeboten zur Teilhabe an Arbeit nur hinsichtlich der persönlichen Eignung. [3]Soweit bekannt wird, dass die betreffende Person beabsichtigt, eine Tätigkeit in einem Wohn- und Betreuungsangebot aufzunehmen, ist die Behörde, die die Feststellung der mangelnden Eignung getroffen hat, berechtigt und verpflichtet, alle personenbezogenen Daten, die Grundlage der Feststellung waren, im erforderlichen Umfang an die nunmehr örtlich zuständige Behörde zu übermitteln. [4]Liegen Gründe für ein Beschäftigungsverbot vor, ist die zuständige Behörde auch berechtigt, personenbezogene Daten einer Leistungsanbieterin oder einem Leistungsanbieter mitzuteilen, soweit dies zur Begründung eines erneuten Beschäftigungsverbotes erforderlich ist. [5]Die Behörden haben die genannten Daten streng vertraulich zu behandeln und nur für den Dienstgebrauch zu verwenden.

(7) [1]Sofern die zuständige Behörde Erkenntnisse über die mangelnde Zuverlässigkeit von Leistungsanbieterinnen und Leistungsanbietern oder die mangelnde persönliche Eignung von Einrichtungsleitungen hat, ist sie berechtigt und verpflichtet, Namen, Geburtsdatum und Anschrift der betreffenden Leistungsanbieterin, des betreffenden Leistungsanbieters oder der betreffenden Einrichtungsleitung sowie den Grund für die Annahme der Unzuverlässigkeit oder der mangelnden persönlichen Eignung an die für die Verwaltung von Pflegeausbildungsumlagen zuständigen Stellen sowie die Anerkennungsbehörden nach § 225 des Neunten Buches Sozialgesetzbuch weiterzugeben. [2]Solche Erkenntnisse liegen insbesondere dann vor, wenn gegen Leistungsanbieterinnen und Leistungsanbieter oder gegen Einrichtungsleitungen wegen eines hinreichenden Verdachts einer Vermögensstraftat Anklage erhoben wurde.

(8) [1]Wirken mehrere Leistungsanbieterinnen oder Leistungsanbieter zur Erbringung eines Angebotes nach diesem Gesetz zusammen, so soll eine behördliche Anordnung gegenüber demjenigen von ihnen erfolgen, der den Mangel zu vertreten hat oder in dessen Verantwortungsbereich die nicht erfüllte Anforderung fällt. [2]Die Anordnung und ihre Vollziehung sind von den anderen beteiligten Leistungsanbieterinnen und Leistungsanbietern zu dulden.

(9) [1]Mündliche Anordnungen im Sinne von Absatz 2 Satz 1 müssen auf Verlangen schriftlich durch die zuständige Behörde bestätigt werden. [2]Anfechtungsklagen gegen Maßnahmen zur Durchführung der behördlichen Qualitätssicherung und gegen Anordnungen haben keine aufschiebende Wirkung.

## § 16
## Monitoring- und Beschwerdestelle, Ombudsperson

(1) [1]Das für Pflege und Eingliederungshilfe zuständige Ministerium richtet eine zentrale Monitoring- und Beschwerdestelle zur Gewaltprävention, Beobachtung und Beratung im Zusammenhang mit der Durchführung von freiheitsentziehenden Unterbringungen und freiheitsbeschränkenden und freiheitsentziehenden Maßnahmen nach § 8a ein. [2]Die Monitoring- und Beschwerdestelle arbeitet unabhängig und ist fachlich nicht weisungsgebunden. [3]Zu den Aufgaben gehören insbesondere

1. die Bereitstellung geeigneter Informationen zur Vermeidung und Anwendung von Maßnahmen nach § 8a,
2. die Entgegennahme, Auswertung und Berichterstattung über Maßnahmen nach § 8a in Einrichtungen nach diesem Gesetz,

3. der Informationsaustausch, die Beratung und Unterstützung der kommunalen Ombudspersonen und
4. die Entgegennahme von Beschwerden im Zusammenhang mit freiheitsentziehenden sowie freiheitsbeschränkenden Maßnahmen nach § 8a.

(2) [1]Die Kreise und kreisfreien Städte sollen Ombudspersonen bestellen. [2]Bei der Wahl geeigneter Personen können örtlich tätige Organisationen zur Wahrnehmung der Interessen älterer oder pflegebedürftiger Menschen oder von Menschen mit Behinderungen sowie aus Selbsthilfeorganisationen von Menschen unterschiedlicher sexueller Orientierung und geschlechtlicher Identität um Vorschläge gebeten werden. [3]Die Ombudspersonen vermitteln auf Anfrage bei Streitigkeiten zwischen Leistungsanbieterinnen und Leistungsanbietern und Nutzerinnen und Nutzern beziehungsweise Angehörigen über alle Fragen im Zusammenhang mit der Nutzung der Angebote nach diesem Gesetz. [4]Die Leistungsanbieterinnen und Leistungsanbieter sind verpflichtet, die Wahrnehmung der Aufgaben der Ombudspersonen zu ermöglichen und ihnen zu den üblichen Geschäftszeiten den Zutritt zu den gemeinschaftlichen Räumen zu gewähren. [5]Ombudspersonen kann eine Aufwandsentschädigung gezahlt werden.

## § 17
## Arbeitsgemeinschaft zur Beratung der Landesregierung

(1) [1]Zur Beratung der Landesregierung wird eine Arbeitsgemeinschaft gebildet. [2]Ihr gehören an:

1. Vertreterinnen und Vertreter
   a) der kommunalen Spitzenverbände,
   b) der Landschaftsverbände,
   c) der Landesverbände der gesetzlichen Pflegeversicherungen und des Verbandes der Privaten Krankenversicherung e. V.,
   d) der Medizinischen Dienste der gesetzlichen Krankenversicherung sowie der Prüfdienst des Verbandes der Privaten Krankenversicherung e. V.,
   e) der nach diesem Gesetz zuständigen Beratungs- und Prüfbehörden sowie der Bezirksregierungen,
   f) der Arbeitsgemeinschaft der Spitzenverbände der freien Wohlfahrtspflege,
   g) der Verbände der privaten und kommunalen Anbieter von Betreuungs- und Pflegeleistungen,
   h) der Verbände und Institutionen zur Interessenvertretung von Nutzerinnen und Nutzern sowie ihren Angehörigen,
   i) der Behindertenverbände,
   j) der Verbände der Pflegeberufe, Beschäftigten und Gewerkschaften,
   k) des Hospiz- und Palliativverbandes,
   l) der Betreuungsbehörden,
   m) der Betreuungsvereine,
   n) der Verbraucherzentrale,
   o) der Landesseniorenvertretung und des Landesintegrationsrates,
   p) der Verbände der freien und genossenschaftlichen Wohnungswirtschaft,
   q) des Kuratoriums Deutsche Altershilfe,
   r) der Architektenkammer Nordrhein-Westfalen und
   s) der Pflegekammer Nordrhein-Westfalen,
   s)* der Landesarbeitsgemeinschaft der Werkstatträte NRW,
   t)* der Werkstätten (Leistungserbringer) und der Landesarbeitsgemeinschaft der Werkstätten für behinderte Menschen in Nordrhein-Westfalen,
   u)* der Interessenvertretung der Werkstattbeschäftigten und ihrer Angehörigen,
   v)* der Regionaldirektion der Bundesagentur für Arbeit in Nordrhein-Westfalen,
   w)* der Deutschen Gesetzlichen Rentenversicherung,
   x)* der Deutschen Gesetzlichen Unfallversicherung und

* Die Buchstaben s bis x sind durch Artikel 1 des Gesetzes vom 13. April 2022 (GV. NRW. S. 714) angefügt worden unter Dopplung des Buchstaben s. (d. Red.)

2. die oder der Beauftragte der Landesregierung für Menschen mit Behinderung sowie für Patientinnen und Patienten in Nordrhein-Westfalen.

(2) [1]Die Arbeitsgemeinschaft berät die Landesregierung bei der Umsetzung und Weiterentwicklung dieses Gesetzes. [2]Sie soll unter anderem beteiligt werden:
1. bei der Erarbeitung von Verfahrensregeln zur Koordination der Prüftätigkeit,
2. bei der inhaltlichen Ausgestaltung der Prüfungen im Rahmen der behördlichen Qualitätssicherung und des Gewaltschutzes,
3. bei der Erarbeitung von Vorgaben zur Anerkennung von Ausbildungsgängen als gleichwertige Ausbildung zur sozialen Betreuung,
4. vor Erlass von allgemeinen Verwaltungsvorschriften durch die oberste Landesbehörde.

(3) [1]Die Mitglieder der Arbeitsgemeinschaft werden auf Vorschlag der betreffenden Verbände durch das zuständige Ministerium berufen; dieses führt den Vorsitz und die Geschäfte. [2]Das Ministerium kann weitere Sachverständige hinzuziehen. [3]Eine geschlechtsparitätische Besetzung der Arbeitsgemeinschaft ist anzustreben. [4]Die Arbeitsgemeinschaft tagt mindestens zweimal jährlich.

(4) [1]Die Mitglieder der Arbeitsgemeinschaft tragen die ihnen durch die Zusammenarbeit entstehenden Kosten grundsätzlich selbst. [2]Mitgliedern, die in keinem Beschäftigungsverhältnis zu ihren Verbänden stehen und auch sonst keine Vergütung erhalten, können die notwendigen Fahrtkosten in entsprechender Anwendung der jeweils geltenden Fassung des Ausschussmitglieder-Entschädigungsgesetzes vom 13. Mai 1958 (GV. NRW. S. 193), zuletzt geändert durch Gesetz vom 9. Dezember 2008 (GV. NRW. S. 771), erstattet werden.

### § 17a
### Geltung für Angebote zur Teilhabe an Arbeit

Für Angebote zur Teilhabe an Arbeit nach diesem Gesetz gelten aus dem Allgemeinen Teil die § 4 Absätze 1 bis 8, §§ 6 bis 11, 13a und 16 entsprechend.

# TEIL 2
# Besonderer Teil

## Kapitel 1
## Einrichtungen mit umfassendem Leistungsangebot

### § 18
### Begriffsbestimmung

(1) [1]Einrichtungen mit umfassendem Leistungsangebot sind Einrichtungen,
1. die den Zweck haben, ältere oder pflegebedürftige Menschen oder Menschen mit Behinderungen aufzunehmen, ihnen Wohnraum zu überlassen, Betreuungsleistungen zur Verfügung zu stellen und die eine umfassende Gesamtversorgung zwingend gewährleisten,
2. die in ihrem Bestand vom Wechsel der Nutzerinnen und Nutzer unabhängig sind und
3. die entgeltlich betrieben werden.

[2]Eine Einrichtung ist eine organisatorisch selbständige, an einem Standort befindliche überschaubare Einheit mit einer einheitlichen Leitungsstruktur und einer einheitlichen Personaleinsatzplanung. [3]Es ist unerheblich, ob die Leistungen Gegenstand verschiedener Verträge sind oder von mehreren Leistungsanbieterinnen oder Leistungsanbietern erbracht werden.

(2) Einrichtungen der Eingliederungshilfe können sich auch auf mehrere Standorte verteilen und mehrere Außenwohngruppen umfassen, soweit der Grundsatz der Überschaubarkeit gewahrt ist.

### § 19
### Grundsätzliche Anforderungen

(1) [1]Die Leistungsanbieterinnen und Leistungsanbieter müssen
1. die haus-, zahn- und fachärztliche sowie die gesundheitliche Betreuung der Nutzerinnen und Nutzer organisieren und

die Wahrnehmung von hierzu erforderlichen auswärtigen Terminen unterstützen und fördern,
2. gewährleisten, dass Pflegeplanungen, Förder- und Hilfepläne aufgestellt, umgesetzt und ihre Umsetzung aufgezeichnet werden,
3. sicherstellen, dass die Arzneimittel nutzerbezogen und ordnungsgemäß aufbewahrt, alle im Umgang mit Arzneimitteln in der Pflege und Betreuung tätigen Beschäftigten mindestens alle zwei Jahre über den sachgerechten Umgang mit Arzneimitteln beraten und Qualitätsinstrumente implementiert werden, um Über-, Unter- oder Fehlversorgung vorbehaltlich der ärztlichen Anordnungsbefugnis zu vermeiden,
4. die soziale Betreuung sowie die hauswirtschaftliche Versorgung sicherstellen und
5. Maßnahmen zur Gewaltprävention und Zwangsvermeidung durchführen und die Beschäftigten zur Vermeidung von Gewalt und Zwang durch ihr Verhalten und Handeln schulen.

[2]Sie müssen zudem nach einer fachlichen Konzeption handeln, die gewährleistet, dass die Vorgaben der Nummern 1 bis 5 umgesetzt werden.

(2) [1]Besuche dürfen von den Leistungsanbieterinnen und Leistungsanbietern oder der Einrichtungsleitung ganz oder teilweise nur untersagt werden, wenn dies unerlässlich ist, um eine unzumutbare Beeinträchtigung der Interessen von Nutzerinnen und Nutzern oder des Betriebes der Einrichtung abzuwenden. [2]Das gleiche gilt, wenn mit der Nutzung eines Angebots nach § 18 ein besonderer therapeutischer Zweck verfolgt wird und dieser durch mögliche Besuche gefährdet würde. [3]Besuchsuntersagungen und -einschränkungen sind unverzüglich gegenüber der Nutzerin oder dem Nutzer sowie betroffenen Besucherinnen oder Besuchern schriftlich zu begründen und der zuständigen Behörde anzuzeigen.

(3) Wirken mehrere Leistungsanbieterinnen und Leistungsanbieter zusammen, so trägt jeder die Gesamtverantwortung für die Erfüllung der gesetzlichen Anforderungen.

## § 20
## Anforderungen an die Wohnqualität

(1) Die Gestaltung der Wohn- und Gemeinschaftsräume muss sich insbesondere im Hinblick auf Wohnlichkeit, Raumangebot, Sicherheit, Möglichkeiten der Orientierung und das Recht auf Privatsphäre an den Bedürfnissen von älteren Menschen, Menschen mit Behinderung und pflegebedürftigen Menschen auf gleichberechtigte gesellschaftliche Teilhabe ausrichten und soll ein an den Maßstäben des Alltags eines häuslichen Lebens orientiertes Zusammenleben in kleinen Gruppen erlauben und fördern.

(2) [1]Einrichtungen sollen nicht mehr als 80 Plätze umfassen. [2]Leistungsrechtliche Vereinbarungen, die geringere Platzzahlen vorschreiben, bleiben unberührt.

(3) [1]Den Nutzerinnen und Nutzern ist auf Wunsch bei Verfügbarkeit ein Einzelzimmer zur Verfügung zu stellen. [2]Um dies zu gewährleisten, muss der Anteil der Einzelzimmer bei mindestens 80 vom Hundert innerhalb eines Gebäudes oder eines räumlich verbundenen Gebäudekomplexes liegen. [3]In neu errichteten Einrichtungen sind nur Einzelzimmer zulässig, wobei Personen, die in einer Partnerschaft leben, auf Wunsch die Zusammenlegung von zwei Zimmern zu einer Nutzungseinheit ermöglicht werden kann. [4]Zur Sicherstellung des Rechts auf Privatsphäre müssen Sanitärräume in ausreichender Zahl in Form von Einzel- oder Tandembädern vorhanden sein. [5]Der Zugang zu den Sanitärräumen soll unmittelbar aus den Einzel- oder Doppelzimmern der Nutzerinnen und Nutzer möglich sein.

(4) Zimmer für mehr als zwei Nutzerinnen und Nutzer sind unzulässig.

(5) [1]Über die Gestaltung der Individualbereiche entscheiden die Nutzerinnen und Nutzer im Rahmen des gesetzlich Zulässigen selbst. [2]Eine gegen ihren Willen getätigte Veränderung ist nur zulässig, wenn diese auch nach zivilrechtlichen Vorschriften zu dulden wäre. [3]Die Nutzerinnen und Nutzer haben ein Mitspracherecht, soweit es um die Belegung eines Zweibettzimmers mit einer anderen Nutzerin oder einem anderen Nutzer geht.

## § 21
## Personelle Anforderungen

(1) [1]Die Einrichtung muss unter der Leitung einer persönlich geeigneten Person stehen (Einrichtungsleitung). [2]Sie soll in der Regel eine mindestens zweijährige Leitungserfahrung nachweisen können.

(2) [1]Einrichtungen, die vornehmlich auf die Erbringung von Pflegeleistungen ausgerichtet sind, müssen über eine verantwortliche Pflegefachkraft (Pflegedienstleitung), Einrichtungen der Eingliederungshilfe über eine verantwortliche Fachkraft verfügen. [2]Sie ist in pflege- und betreuungsfachlichen Entscheidungen im Sinne des § 3 Absatz 1 nicht weisungsgebunden und darf diesbezüglich nicht durch anderweitige vertragliche Anreize in der Unabhängigkeit beeinträchtigt werden. [3]Maßstab ihres Handelns sind die individuellen Bedürfnisse der Nutzerinnen und Nutzer. [4]Sie ist für die Pflege und Betreuung der Nutzerinnen und Nutzer nach diesem Gesetz verantwortlich. [5]Ihre Vertretung ist bei Abwesenheit zu gewährleisten.

(3) [1]Die Leistungsanbieterin oder der Leistungsanbieter und die Einrichtungsleitung haben sicherzustellen, dass die Gesamtzahl der Beschäftigten und ihre Qualifikation ausreichen, um den Pflege- beziehungsweise Betreuungsbedarf der Nutzerinnen und Nutzer zu erfüllen. [2]Dies ist der Fall, wenn Zahl und Qualifikation der Beschäftigten dem in einem allgemein anerkannten und wissenschaftlichen Anforderungen entsprechenden Personalbemessungssystem ermittelten Bedarf entsprechen. [3]Liegt ein solches nicht vor, wird vermutet, dass die Zahl der Beschäftigten und ihre Qualifikation ausreichen, wenn mindestens das Personal eingesetzt wird, das nach Zahl und Qualifikation der Beschäftigten in Verträgen nach dem Fünften, Neunten, Elften oder Zwölften Buch Sozialgesetzbuch vereinbart ist.

(4) [1]Sofern kein Personalbemessungssystem im Sinne von Absatz 3 Satz 2 vorliegt, müssen jeweils mindestens die Hälfte der mit sozialen beziehungsweise pflegerischen betreuenden Tätigkeiten beauftragten Beschäftigten Fachkräfte sein. [2]Die Berechnung erfolgt anhand der Vollzeitäquivalente und, soweit vorhanden, auf der Grundlage der in den Vereinbarungen nach Absatz 3 festgesetzten Personalmengen. [3]Sofern über diese Vereinbarungen hinaus Personal eingesetzt wird, ist gesondert darzulegen, wie die fachliche Anleitung, Beratung und Aufsicht der durch dieses Personal ausgeübten Tätigkeiten gewährleistet wird. [4]Im Übrigen bleibt dieses zusätzliche Personal bei der Berechnung der Fachkraftquote außer Betracht. [5]Die zuständige Behörde kann für einen Zeitraum von drei Monaten geringfügige Unterschreitungen der Quote nach Satz 1 dulden, solange keine Mängel auftreten, die auf eine unzureichende Fachkraftpräsenz zurückzuführen sein könnten und die fachliche Anleitung, Beratung und Aufsicht der Beschäftigten gewährleistet ist.

(5) [1]Zusätzlich muss mindestens eine Hauswirtschaftsfachkraft vorhanden sein. [2]Darüber hinaus muss jederzeit, auch nachts und an Wochenenden, mindestens eine zur Leistung des konkreten Betreuungsbedarfes der Nutzerinnen und Nutzer geeignete Fachkraft anwesend sein. [3]Die zuständige Behörde kann bei entsprechendem Bedarf höhere Anforderungen festlegen. [4]Die konkrete Besetzung hat sich nach der Zahl der pflegebedürftigen Menschen und deren Pflege- und Betreuungsbedarf in der jeweiligen Einrichtung unter Berücksichtigung der Größe der Einrichtung, ihrer baulichen Struktur und Überschaubarkeit zu richten. [5]In jedem Einzelfall ist durch ein Betreuungskonzept unter Einbeziehung weiterer Kräfte sicherzustellen, dass Bereiche, die aus baulichen Gründen nicht gleichzeitig von einer Person betreut werden können, so überwacht werden, dass Notsituationen umgehend erkannt und eine Fachkraft schnell hinzugezogen werden kann. [6]Dabei kann das Betreuungskonzept technische Möglichkeiten unter strikter Beachtung der Persönlichkeitsrechte der betreuten Menschen einschließen.

## § 22 Mitwirkung und Mitbestimmung der Nutzerinnen und Nutzer

(1) [1]Die Nutzerinnen und Nutzer vertreten ihre Interessen im Rahmen von Mitwirkung und Mitbestimmung. [2]Hierzu wird in jeder Einrichtung ein Beirat der Nutzerinnen und Nutzer gewählt. [3]Ein Beirat kann für einen Teil einer Einrichtung, aber auch für mehrere Einrichtungen zusammen gebildet werden, wenn dadurch die Mitwirkung und Mitbestimmung der Nutzerinnen und Nutzer besser gewährleistet wird.

(2) [1]Der Beirat vertritt die Interessen der Nutzerinnen und Nutzer. [2]Seiner Mitwirkung unterliegen Fragen der Unterkunft, Betreuung und der Aufenthaltsbedingungen. [3]Der Mitbestimmung unterliegen die Grundsätze der Verpflegungsplanung, die Freizeitgestaltung und die Hausordnung in der Einrichtung. [4]Der Beirat ist auf Verlangen in geeigneter Weise über Beschwerdeverfahren nach § 6 Absatz 2 zu unterrichten.

(3) [1]Wahlberechtigt bei den Wahlen zum Beirat sind Nutzerinnen und Nutzer, die am Wahltag in der Einrichtung wohnen (Wahlberechtigte). [2]Neben den Wahlberechtigten dürfen auch Angehörige und sonstige Vertrauenspersonen, etwa Mitglieder von örtlichen Seniorenvertretungen oder Behindertenorganisationen, zu Mitgliedern eines Beirates gewählt werden. [3]Der Beirat kann aus seiner Mitte eine Frauenbeauftragte bestellen. [4]Die Frauenbeauftragte ist Ansprechpartnerin und berät die Nutzerinnen insbesondere bei psychischer und körperlicher Gewalterfahrung oder sexueller Belästigung. [4]Sie kann zur Wahrnehmung ihrer Aufgaben fachkundige Personen ihres Vertrauens hinzuziehen. [5]Diese sind zur Verschwiegenheit verpflichtet. [6]Nicht gewählt werden kann, wer mit der Leistungsanbieterin oder dem Leistungsanbieter, mit denjenigen, die die Einrichtung auf sozialrechtlicher Grundlage finanzieren, oder mit einer für die Prüfung der Einrichtung zuständigen Behörde in einem entgeltlichen Beschäftigungsverhältnis steht oder mit einer dort in verantwortlicher Funktion tätigen Person verwandt oder verschwägert ist.

(4) [1]Der Beirat soll mindestens einmal im Jahr die Nutzerinnen und Nutzer zu einer Versammlung einladen, zu der jede Nutzerin oder jeder Nutzer eine andere Person beiziehen kann. [2]Im Rahmen der Versammlung erstattet der Beirat Bericht über seine Tätigkeit. [3]Auf Verlangen des Beirats muss auch die Einrichtungsleitung an der gesamten Sitzung teilnehmen und auf einzelne Fragen der Nutzerinnen und Nutzer Antwort geben.

(5) [1]Auf Wunsch des Beirates soll in der Einrichtung neben dem Beirat ein Beratungsgremium gebildet werden, das den Beirat bei seinen Aufgaben unterstützt und dem Vertreterinnen und Vertreter sowie sonstige Vertrauenspersonen der Nutzerinnen und Nutzer angehören können. [2]Absatz 1 Satz 3 und Absatz 3 Satz 3 gelten entsprechend. [3]Das Beratungsgremium berät die Einrichtungsleitung und den Beirat bei ihrer Arbeit und unterstützt sie durch Vorschläge und Stellungnahmen. [4]Die Senioren- und Behindertenvertretungen können ebenfalls beraten.

(6) [1]Die zuständige Behörde fördert die Unterrichtung der Nutzerinnen und Nutzer und ihrer gemeinschaftlichen Interessenvertretungen über die Wahl, die Zusammensetzung und die Befugnisse der Interessenvertretung. [2]Sie kann in Einzelfällen auf Antrag der Mehrheit der Nutzerinnen und Nutzer einer Einrichtung Abweichungen von den Bestimmungen zur Mitwirkung, insbesondere zur Zahl der Mitglieder eines Beirates und zum Wahlverfahren zulassen, wenn dadurch eine wirksame Interessenvertretung im Sinne dieses Gesetzes unterstützt wird. [3]Vor der Entscheidung der Behörde ist die Leistungsanbieterin oder der Leistungsanbieter zu hören.

(7) [1]Kann ein Beirat nicht gebildet werden, werden seine Aufgaben durch ein Vertretungsgremium aus Angehörigen oder Vertreterinnen und Vertretern wahrgenommen. [2]Gibt es kein Vertretungsgremium, das die Interessen der Nutzerinnen und Nutzer wie ein Beirat wahrnehmen kann, bestellt die zuständige Behörde nach Beratung mit den Nutzerinnen und Nutzern mindestens eine Vertrauensperson. [3]In Einrichtungen, die von rechtsfähigen Religionsgemeinschaften betrieben werden, ist hierbei zusätzlich das

Einvernehmen mit der Leistungsanbieterin oder dem Leistungsanbieter herzustellen.

(8) [1]Die Tätigkeit als Beiratsmitglied, als Mitglied des Beratungs- oder Vertrauensgremiums oder als Vertrauensperson ist unentgeltlich und ehrenamtlich. [2]Keine Nutzerin oder kein Nutzer darf auf Grund ihrer oder seiner Tätigkeit oder der Tätigkeit eines Angehörigen oder einer Vertrauensperson im Beirat, im Vertretungsgremium oder im Beratungsgremium Vorteile oder Nachteile haben.

(9) [1]Die Leistungsanbieterin oder der Leistungsanbieter stellt dem Beirat unentgeltlich Räume zur Verfügung und trägt die angemessenen Kosten für den Beirat. [2]Hierzu gehören auch die Kosten für die Teilnahme an Schulungsveranstaltungen für den Beirat.

(10) [1]Die Leistungsanbieterin oder der Leistungsanbieter hat den Mitgliedern der genannten Gremien und der Vertrauensperson Zutritt zur Einrichtung zu gewähren.

[2]Auf Verlangen ist einer Vertretung der genannten Gremien und der Vertrauensperson Gelegenheit zu geben, die jeweiligen Standpunkte in den Gremien der Leistungsanbieterin oder des Leistungsanbieters darzulegen.

### § 23
### Behördliche Qualitätssicherung

(1) [1]Die Erfüllung der Pflichten der Leistungsanbieterinnen und Leistungsanbieter werden von den zuständigen Behörden durch Regelprüfungen und anlassbezogene Prüfungen überwacht. [2]Die Prüfungen finden unangemeldet statt.

(2) [1]Die zuständige Behörde nimmt bei jeder Einrichtung mindestens eine Regelprüfung im Jahr vor. [2]Abweichend von Satz 1 können Regelprüfungen in größeren Abständen bis zu höchstens zwei Jahren stattfinden, wenn bei der letzten Prüfung durch die zuständige Behörde keine Mängel festgestellt wurden, zu deren Beseitigung eine Anordnung erforderlich wurde (wesentliche Mängel) oder die Prüfungsfrist nach § 114c Absatz 1 des Elften Buches Sozialgesetzbuch für die Einrichtung Anwendung findet.

(3) Die zuständigen Behörden haben den Aufsichtsbehörden die Prüfberichte spätestens drei Monate nach Abschluss der Prüfung zu übersenden.

## KAPITEL 2
## Wohngemeinschaften mit Betreuungsleistungen

### § 24
### Begriffsbestimmung

(1) [1]Wohngemeinschaften mit Betreuungsleistungen sind Wohn- und Betreuungsangebote, in denen mehrere ältere oder pflegebedürftige Menschen oder Menschen mit Behinderungen in einer Wohnung mit einem gemeinsamen Hausstand leben und ihnen von einem oder mehreren Leistungsanbieterinnen und Leistungsanbietern Betreuungsleistungen angeboten werden. [2]Dies gilt nicht für Personen, die in einer Partnerschaft leben oder verwandt sind und in einem gemeinsamen Haushalt leben. [3]Können oder wollen die Nutzerinnen und Nutzer einen gemeinsamen Hausstand nicht führen, so können für sie die Vertreterinnen und Vertreter handeln. [4]Wohngemeinschaften mit Betreuungsleistungen können selbstverantwortet oder anbieterverantwortet sein.

(2) [1]Eine Wohngemeinschaft ist selbstverantwortet, wenn

1. die Ansprüche auf Wohnraumüberlassung und Betreuungsleistungen rechtlich voneinander unabhängig sind und
2. die Nutzerinnen und Nutzer oder ihre Vertreterinnen und Vertreter mindestens
   a) bei der Wahl und dem Wechsel der Leistungsanbieterinnen und Leistungsanbieter frei sind,
   b) das Hausrecht ausüben,
   c) die Gemeinschaftsräume selbst gestalten,
   d) die gemeinschaftlichen Finanzmittel selbst verwalten und
   e) die Lebens- und Haushaltsführung sowie das Alltagsleben selbstbestimmt gemeinschaftlich gestalten.

[2]Zudem dürfen neue Nutzerinnen und Nutzer unbeschadet der zivilrechtlichen Befugnisse der Vermieterin oder des Vermieters

nicht gegen den Willen der bereits in der Wohngemeinschaft lebenden Nutzerinnen und Nutzer aufgenommen werden. [3]Entscheidungen, die die Nutzerinnen und Nutzer oder ihre rechtlichen Vertreterinnen und Vertreter mehrheitlich treffen, schließen die Annahme einer selbstverantworteten Wohngemeinschaft nicht aus. [4]Leistungsanbieterinnen und Leistungsanbieter dürfen auf einzelne oder gemeinschaftliche Entscheidungen keinen bestimmenden Einfluss haben. [5]Sofern Leistungsanbieterinnen oder Leistungsanbieter bei der Gründung einer Wohngemeinschaft bestimmend mitwirken, ist eine selbstverantwortete Wohngemeinschaft nur dann gegeben, wenn nach Abschluss der Gründungsphase die unter Nummern 1 und 2 genannten Voraussetzungen vorliegen.

(3) Eine Wohngemeinschaft ist anbieterverantwortet

1. bei fehlender rechtlicher und tatsächlicher Unabhängigkeit von Wohnraumüberlassung und Betreuungsleistungen im Sinne des Absatzes 2 Nummer 1 oder
2. wenn die Kriterien der Selbstverantwortung nach Absatz 2 Nummer 2 nicht erfüllt sind.

(4) [1]Bei der Bewertung, ob eine Wohngemeinschaft anbieterverantwortet oder selbstverantwortet ist, sind die konzeptionelle Ausrichtung der Wohngemeinschaft, die tatsächliche Nutzerstruktur bei Einzug der Nutzerinnen und Nutzer sowie die Aussagen der Nutzerinnen und Nutzer sowie ihrer Vertreterinnen und Vertreter zu berücksichtigen. [2]Das Konzept einer Wohngemeinschaft und die Gestaltung der Vereinbarungen müssen die Lebenswirklichkeit, den Hilfebedarf und die Bedürfnisse der Nutzerinnen und Nutzer widerspiegeln und realistisch umsetzbar sein. [3]Sind die Nutzerinnen und Nutzer aufgrund einer Verschlechterung ihres Gesundheitszustandes nicht mehr in der Lage, das Gemeinschaftsleben aufrecht zu erhalten, so bleibt diese Tatsache bei der Bewertung der Angebotsform unberücksichtigt, sofern die notwendigen Entscheidungen weiterhin von den Vertreterinnen und Vertretern gemeinschaftlich getroffen werden.

(5) Leistungsangebote, die nicht über einen Versorgungsvertrag nach § 72 des Elften Buches Sozialgesetzbuch verfügen und nach ihrem Konzept darauf ausgerichtet sind, ausschließlich oder weit überwiegend ältere oder pflegebedürftige Menschen oder Menschen mit Behinderung zu betreuen, die nicht in der Lage sind, gemeinschaftlich zu interagieren, müssen die Anforderungen an anbieterverantwortete Wohngemeinschaften nach diesem Kapitel erfüllen.

## § 25
## Selbstverantwortete Wohngemeinschaften

(1) [1]Selbstverantwortete Wohngemeinschaften sind vorbehaltlich anderer gesetzlicher Regelungen frei in der Gestaltung des Zusammenlebens, der Auswahl und der Gestaltung der Räumlichkeiten für die Wohngemeinschaft und der Organisation der Betreuung. [2]Sie unterfallen nicht den Anforderungen nach diesem Gesetz oder den aufgrund dieses Gesetzes erlassenen Rechtsverordnungen.

(2) Für Angebote ambulanter Dienste, die in selbstverantworteten Wohngemeinschaften tätig werden, gelten die Anforderungen nach Teil 2 Kapitel 4.

## § 26
## Grundsätzliche Anforderungen an anbieterverantwortete Wohngemeinschaften

(1) Wohngemeinschaften sollen in den Sozialraum integriert werden, um eine umfassende Teilhabe der Nutzerinnen und Nutzer am Leben in der örtlichen Gemeinschaft zu ermöglichen.

(2) [1]Wirken mehrere Leistungsanbieterinnen und Leistungsanbieter im Rahmen einer Wohngemeinschaft zusammen, so haben sie schriftlich festzuhalten, wer die Verantwortung und Abstimmung für welche Unterstützungsleistungen und Abläufe in der Wohngemeinschaft übernimmt. [2]Die Regelung muss den Nutzerinnen und Nutzern oder Vertreterinnen und Vertretern bekannt sein. [3]Erbringt eine Leistungsanbieterin oder ein

Leistungsanbieter in der Wohngemeinschaft lediglich einzelvertraglich vereinbarte Leistungen für einzelne Nutzerinnen und Nutzer, so sollen diese sich mit den für die Wohngemeinschaft verantwortlichen Leistungsanbieterinnen und Leistungsanbietern abstimmen.

(3) [1]Im Rahmen der Regelung nach Absatz 2 ist insbesondere festzulegen, dass und durch wen

1. die haus-, zahn- und fachärztliche sowie die gesundheitliche Betreuung der Nutzerinnen und Nutzer organisiert und die Wahrnehmung von hierzu erforderlichen auswärtigen Terminen unterstützt und gefördert werden,
2. die Aufstellung und Umsetzung von Pflegeplanungen, Förder- und Hilfeplänen gewährleistet werden,
3. die nutzerbezogene und ordnungsgemäße Aufbewahrung der Arzneimittel und die regelmäßige Beratung der in der Pflege und Betreuung tätigen Beschäftigten über den sachgerechten Umgang mit Arzneimitteln sichergestellt werden sowie die Implementierung von Qualitätsinstrumenten erfolgt, um vorbehaltlich der ärztlichen Anordnungsbefugnis Über-, Unter- oder Fehlversorgung zu vermeiden und
4. die soziale Betreuung sichergestellt wird.

[2]Gleiches gilt für die hauswirtschaftliche Versorgung, sofern die Leistungsanbieterinnen und Leistungsanbieter sich zu deren Übernahme vertraglich verpflichtet haben. [3]Auf Wunsch der Nutzerinnen und Nutzer können diese die Regelungen nach Satz 1 Nummern 1 und 4 auch eigenverantwortlich treffen.

(4) Wird das Angebot insgesamt nur von einer Leistungsanbieterin oder einem Leistungsanbieter alleine erbracht, müssen sich die Festlegungen nach Absatz 3 aus einer den Nutzerinnen und Nutzern bekannten schriftlichen Konzeption erkennen lassen.

(5) [1]Besuche dürfen von den Leistungsanbieterinnen und Leistungsanbietern ganz oder teilweise nur untersagt werden, wenn dies unerlässlich ist, um eine unzumutbare Beeinträchtigung der Interessen von Nutzerinnen und Nutzern abzuwenden, und mietrechtliche Regelungen nicht entgegenstehen. [2]Das Gleiche gilt, wenn mit der Nutzung eines Angebots nach § 24 Absatz 3 ein besonderer therapeutischer Zweck verfolgt wird und dieser durch mögliche Besuche gefährdet würde. [3]Besuchsuntersagungen und -einschränkungen sind gegenüber der Nutzerin oder dem Nutzer sowie betroffenen Besucherinnen oder Besuchern schriftlich zu begründen und der zuständigen Behörde anzuzeigen.

(6) [1]Für Wohngemeinschaften mit Wohnraum für mehr als zwölf Nutzerinnen und Nutzer gelten insgesamt die Regelungen für Einrichtungen mit umfassendem Leistungsangebot (§§ 18 bis 23) entsprechend. [2]Das Gleiche gilt, wenn eine Leistungsanbieterin oder ein Leistungsanbieter in einem Gebäude Wohnraum für mehr als 24 Nutzerinnen und Nutzer in Wohngemeinschaften bereitstellt.

## § 27
## Anforderungen an die Wohnqualität

(1) [1]In den Wohngemeinschaften sind nur Einzelzimmer zulässig. [2]Auf Wunsch kann Personen, die miteinander in einer Partnerschaft leben, die Zusammenlegung von zwei Zimmern zu einer Nutzungseinheit ermöglicht werden.

(2) Größe, Anzahl und Gestaltung der Räume haben eine Erfüllung der gesetzlichen Vorgaben aus anderen Rechtsnormen sicherzustellen und sowohl dem Recht auf Privatsphäre als auch den Erfordernissen einer funktionierenden Hausgemeinschaft zu entsprechen.

(3) [1]Über die Gestaltung der Individualbereiche entscheiden die Nutzerinnen und Nutzer im Rahmen des gesetzlich Zulässigen selbst. [2]Eine gegen ihren Willen vorgenommene Veränderung ist nur zulässig, wenn diese auch nach zivilrechtlichen Vorschriften zu dulden wäre oder aus Gründen der Betreuung oder medizinischen Versorgung zwingend erforderlich ist.

## § 28
## Personelle Anforderungen

(1) Die Betreuung in der Wohngemeinschaft muss unter der Verantwortung einer fachlich und persönlich geeigneten Fachkraft stehen (verantwortliche Fachkraft).
(2) [1]Sofern es der Betreuungsbedarf mindestens einer Nutzerin oder eines Nutzers erfordert, kann die zuständige Behörde die ständige Anwesenheit einer Fachkraft oder einer anderen geeigneten Betreuungskraft anordnen. [2]Erfordert der konkrete Betreuungsbedarf der Nutzerinnen und Nutzer nicht die ständige Anwesenheit einer Fachkraft, ist durch organisatorische Vorkehrungen sicherzustellen, dass im Bedarfsfall in angemessener Zeit eine zur Leistung des konkreten Betreuungsbedarfes geeignete Fachkraft zur Verfügung steht.
(3) [1]Soweit sich die Leistungsanbieterinnen oder Leistungsanbieter zur Erbringung hauswirtschaftlicher Leistungen verpflichtet haben, muss diese Leistungserbringung unter Beteiligung einer Hauswirtschaftsfachkraft erfolgen. [2]Hierzu genügt deren verantwortliche Einbindung in die Konzeption und Überwachung der hauswirtschaftlichen Leistungserbringung.

## § 29
## Mitwirkung und Mitbestimmung der Nutzerinnen und Nutzer

(1) [1]Die Mitwirkungs- und Mitbestimmungsrechte insbesondere in Fragen der Unterkunft, Betreuung, Aufenthaltsbedingungen, Ordnung des Zusammenlebens, Verpflegung und Freizeitgestaltung werden durch eine mindestens jährlich stattfindende Versammlung aller Nutzerinnen und Nutzer wahrgenommen. [2]Soweit diese Mitwirkungs- und Mitbestimmungsrechte durch die Vertreterinnen und Vertreter wahrgenommen werden, ist diesen Personen Zutritt zu den gemeinschaftlich genutzten Räumen der Wohngemeinschaft zu gewähren.
(2) [1]Der Mitwirkung unterliegen alle für das Leben in der Wohngemeinschaft wesentlichen Entscheidungen. [2]Der Mitbestimmung unterliegen die Grundsätze der Verpflegungsplanung sowie der Unterkunft und Betreuung, die Freizeitgestaltung und die Hausordnung in der Wohngemeinschaft.

## § 30
## Behördliche Qualitätssicherung

(1) [1]In selbstverantworteten Wohngemeinschaften prüft die zuständige Behörde bei Bekanntwerden der Wohngemeinschaft und in regelmäßigen Abständen das Vorliegen der Voraussetzungen des § 24 Absatz 2. [2]Dabei ist die Selbsteinschätzung der Nutzerinnen und Nutzer vorrangig zu berücksichtigen. [3]Im Übrigen bezieht sich die behördliche Qualitätssicherung nur auf die in der Wohngemeinschaft erbrachten Leistungen ambulanter Dienste nach § 33.
(2) In anbieterverantworteten Wohngemeinschaften wird die Erfüllung der Pflichten der Leistungsanbieterinnen und Leistungsanbieter von den zuständigen Behörden durch Regelprüfungen und anlassbezogene Prüfungen überwacht.
(3) [1]Die zuständige Behörde nimmt bei jeder anbieterverantworteten Wohngemeinschaft mindestens eine Regelprüfung im Jahr vor. [2]Abweichend von Satz 1 können Regelprüfungen in größeren Abständen bis zu höchstens zwei Jahren stattfinden, wenn bei der letzten Prüfung durch die zuständige Behörde keine wesentlichen Mängel festgestellt wurden.
(4) Die zuständigen Behörden haben den Aufsichtsbehörden die Prüfberichte spätestens drei Monate nach Abschluss der Prüfung zu übersenden.

# KAPITEL 3
# Servicewohnen

## § 31
## Begriffsbestimmung

[1]Angebote des Servicewohnens sind Angebote, in denen die Überlassung einer Wohnung rechtlich verpflichtend mit der Zahlung eines Entgelts für allgemeine

Unterstützungsleistungen wie Leistungen der hauswirtschaftlichen Versorgung, die Vermittlung von Betreuungsleistungen oder Notrufdienste (Grundleistungen) verbunden ist. [2]Über die Grundleistungen hinausgehende Leistungen sind von den Nutzerinnen und Nutzern hinsichtlich des Umfangs und der Person der Leistungsanbieterin oder des Leistungsanbieters frei wählbar.

### § 32
### Anforderungen und Qualitätssicherung

(1) Angebote des Servicewohnens unterfallen mit Ausnahme des § 7 sowie der Anzeigepflicht nach § 9 Absatz 1 Satz 1 nicht den Anforderungen nach diesem Gesetz oder aufgrund dieses Gesetzes.
(2) Die zuständigen Behörden können an Stelle der nach dem Ordnungsbehördengesetz in der Fassung der Bekanntmachung vom 13. Mai 1980 (GV. NRW. S. 528) zuständigen örtlichen Ordnungsbehörde die notwendigen Maßnahmen treffen, um eine im einzelnen Falle bestehende Gefahr für eine Nutzerin oder einen Nutzer abzuwehren.

## KAPITEL 4
## Ambulante Dienste

### § 33
### Begriffsbestimmung

Ambulante Dienste sind mobile Pflege- und Betreuungsdienste, die entgeltlich Betreuungsleistungen im Sinne dieses Gesetzes erbringen.

### § 34
### Grundsätzliche Anforderungen

[1]Die Regelungen des Kapitels 2 des Allgemeinen Teils dieses Gesetzes gelten für ambulante Dienste nur insoweit, als sie ihre Leistungen in Angeboten nach § 24 Absatz 1 erbringen. [2]Die Anzeigepflicht nach § 9 gilt für alle ambulanten Dienste.

### § 35
### Behördliche Qualitätssicherung

(1) [1]Soweit ambulante Dienste ihre Leistungen in Angeboten nach § 24 Absatz 2 erbringen, wird die Erfüllung der Pflichten der Leistungsanbieterinnen und Leistungsanbieter von den zuständigen Behörden durch anlassbezogene Prüfungen überwacht. [2]Vor einer Prüfung durch die zuständige Behörde hat diese die Landesverbände der Pflegekassen, den Verband der privaten Krankenversicherungen, den Medizinischen Dienst der Krankenversicherung oder den Prüfdienst des Verbandes der privaten Krankenversicherung e. V. zu informieren und ihm Gelegenheit zur vorrangigen Prüfung zu geben, soweit die Leistungserbringung in deren gesetzlichen Zuständigkeitsbereich fällt. [3]Eine eigene Prüfung durch die zuständige Behörde erfolgt in diesen Fällen nur, sofern eine umgehende eigene Prüfung wegen einer akuten Gefahr für die Nutzerinnen und Nutzer ausnahmsweise geboten ist, die Prüfung des Medizinischen Dienstes der Krankenversicherung oder des Prüfdienstes des Verbandes der privaten Krankenversicherung e. V. nicht zeitnah erfolgt oder keine hinreichende Entscheidungsgrundlage erbringt. [4]Soweit ein anlassbezogenes Prüfergebnis des Medizinischen Dienstes der Krankenversicherung oder des Prüfdienstes des Verbandes der privaten Krankenversicherung e. V. vorliegt, ist dieses den weiteren Entscheidungen der zuständigen Behörde zugrunde zulegen.
(2) Werden die Leistungen in Angeboten nach § 24 Absatz 3 erbracht, erfolgt die behördliche Qualitätssicherung im Rahmen der Prüfungen nach § 30 Absatz 2 und 3.
(3) Soweit ambulante Dienste ihre Leistungen außerhalb der Angebote nach § 24 erbringen, können die zuständigen Behörden an Stelle der nach dem Ordnungsbehördengesetz in der Fassung der Bekanntmachung vom 13. Mai 1980 (GV. NRW. 528) zuständigen örtlichen Ordnungsbehörde die notwendigen Maßnahmen treffen, um eine im einzelnen Falle bestehende Gefahr für eine Nutzerin oder einen Nutzer abzuwehren.

## KAPITEL 5
## Gasteinrichtungen

### § 36
### Begriffsbestimmung

[1]Gasteinrichtungen sind entgeltlich betriebene Einrichtungen, die dem Zweck dienen, ältere oder pflegebedürftige Menschen oder Menschen mit Behinderungen nur vorübergehend aufzunehmen und ihnen Betreuungsleistungen anzubieten. [2]Gasteinrichtungen sind insbesondere Hospize, Einrichtungen der Tages- und Nachtpflege sowie Kurzzeitpflegeeinrichtungen.

### § 37
### Grundsätzliche Anforderungen

[1]Leistungsanbieterinnen und Leistungsanbieter in Gasteinrichtungen haben eine an der entsprechenden Zielgruppe orientierte personelle, bauliche und sonstige Ausstattung vorzuhalten. [2]Unter Beachtung dieses Grundsatzes richten sich die Anforderungen an Einrichtungen der Tages- und Nachtpflege nach den Regelungen des Teils 1 Kapitel 2 und an Hospize und Kurzzeitpflegeeinrichtungen zusätzlich nach Teil 2 Kapitel 1 dieses Gesetzes, soweit nachfolgend nichts anderes bestimmt ist.

### § 38
### Anforderungen an die Wohnqualität

(1) In Hospizen sind nur Einzelzimmer zulässig.
(2) In Hospizen müssen Grundriss, Gebäudeausstattung und räumliche Gestaltung geeignet sein, um eine palliativ-medizinische und palliativ-pflegerische Versorgung sowie eine psychosoziale und spirituelle Betreuung zu gewährleisten und den besonderen Bedürfnissen schwer kranker, sterbender Menschen angemessen Rechnung zu tragen.
(3) Die Räumlichkeiten in Einrichtungen der Tages- und Nachtpflege müssen sich insbesondere im Hinblick auf Wohnlichkeit, Raumangebot, Sicherheit, Möglichkeiten der Orientierung und Rückzugsmöglichkeiten (Recht auf Privatsphäre) an den Bedürfnissen von älteren Menschen, Menschen mit Behinderung und pflegebedürftigen Menschen ausrichten.
(4) Einrichtungen der Kurzzeitpflege im Sinne des § 42 des Elften Buches Sozialgesetzbuch, die zum 1. Juni 2018 bereits in Betrieb genommen wurden, sind von den Anforderungen des § 20 Absatz 3 Satz 1, 2, 4 und 5 befreit.

### § 39
### Personelle Anforderungen

Bei der fachlichen Eignung der Beschäftigten in Hospizen sind die für die Palliativversorgung erforderlichen Kenntnisse besonders zu berücksichtigen.

### § 40
### Mitwirkung und Mitbestimmung der Nutzerinnen und Nutzer

[1]Für Gasteinrichtungen bestellt die zuständige Behörde eine Vertrauensperson. [2]In Einrichtungen, die von rechtsfähigen Religionsgemeinschaften betrieben werden, ist hierbei das Einvernehmen mit der Leistungsanbieterin oder dem Leistungsanbieter herzustellen. [3]Die Vertrauensperson vertritt die Interessen der Nutzerinnen und Nutzer in Angelegenheiten wie Unterkunft, Betreuung, Aufenthaltsbedingungen, Ordnung des Zusammenlebens, Verpflegung und Freizeitgestaltung im Rahmen von Mitwirkung und Mitbestimmung und setzt sich für ein Miteinander in der Einrichtung ein.

### § 41
### Qualitätssicherung

(1) [1]Die Erfüllung der Pflichten der Leistungsanbieterinnen und Leistungsanbieter in Gasteinrichtungen werden von den zuständigen Behörden durch Regelprüfungen und anlassbezogene Prüfungen überwacht. [2]Die Prüfungen finden unangemeldet statt.
(2) [1]Die zuständige Behörde nimmt bei jeder Einrichtung mindestens eine Regelprüfung im Jahr vor. [2]Abweichend von Satz 1 können

Regelprüfungen in größeren Abständen bis zu höchstens drei Jahren stattfinden, wenn bei der letzten Prüfung durch die zuständige Behörde keine Mängel festgestellt wurden, zu deren Beseitigung eine Anordnung erforderlich wurde (wesentliche Mängel).
(3) Die zuständigen Behörden haben den Aufsichtsbehörden die Prüfberichte spätestens drei Monate nach Abschluss der Prüfung zu übersenden.

## KAPITEL 6
## Angebote zur Teilhabe am Arbeitsleben in Werkstätten für behinderte Menschen

### § 41a
### Durchführung der behördlichen Qualitätssicherung

(1) [1]Die zuständigen Behörden prüfen die Angebote zur Teilhabe an Arbeit daraufhin, ob sie die Anforderungen nach diesem Gesetz erfüllen. [2]Die Regelprüfungen sind in jährlichen Abständen durchzuführen. [3]Abweichend von Satz 2 können Regelprüfungen in größeren Abständen bis zu höchstens zwei Jahren stattfinden, wenn bei der letzten Prüfung keine wesentlichen Mängel festgestellt wurden. [4]Eine Prüfung erfolgt darüber hinaus, wenn Anhaltspunkte oder Beschwerden vorliegen, die darauf schließen lassen, dass die Anforderungen nach diesem Gesetz nicht erfüllt sind (anlassbezogene Prüfungen).
(2) § 14 Absatz 2 bis 5, 7 und 9 bis 12 gilt entsprechend.
(3) Die zuständigen Behörden haben den Aufsichtsbehörden die Prüfberichte spätestens drei Monate nach Abschluss der Prüfung zu übersenden.

### § 41b
### Mittel der behördlichen Prüfung

(1) [1]Wird festgestellt, dass die Anforderungen nach diesem Gesetz oder auf Grund dieses Gesetzes nicht erfüllt werden, soll die zuständige Behörde zunächst über die Möglichkeiten zur Abstellung dieser Mängel beraten. [2]Die Beratung findet auf Wunsch an einem gesonderten Termin statt, wenn die Leistungsanbieterin oder der Leistungsanbieter eine Vertreterin oder einen Vertreter der Vereinigung, der sie oder er angehört, hinzuziehen will.
(2) [1]Werden festgestellte oder die Ursachen für drohende Mängel nicht abgestellt, sollen gegenüber den Leistungsanbieterinnen und Leistungsanbietern Anordnungen erlassen werden, die zur Beseitigung einer eingetretenen oder Abwendung einer drohenden Beeinträchtigung des Wohls der Werkstattbeschäftigten, Beschäftigten und Leitungskräfte und zur Durchsetzung der den Leistungsanbieterinnen und Leistungsanbietern obliegenden Pflichten erforderlich sind. [2]Die Befugnisse der nach § 225 des Neunten Buches Sozialgesetzbuch zuständigen Behörden bleiben hiervon unberührt.
(3) § 15 Absatz 6 bis 9 gilt entsprechend.

## TEIL 3
## Ordnungswidrigkeit, Zuständigkeit, Zusammenarbeit, Verordnungsermächtigung

### § 42
### Ordnungswidrigkeiten

(1) Ordnungswidrig handelt, wer vorsätzlich oder fahrlässig
1. entgegen §§ 7 Absatz 3 Satz 5, 9, 19 Absatz 2 Satz 3 Halbsatz 2 oder 26 Absatz 5 Satz 3 eine Anzeige nicht oder nicht rechtzeitig erstattet,
2. entgegen § 14 Absatz 3 Satz 3 eine Auskunft nicht oder nicht rechtzeitig erteilt,
3. einer vollziehbaren Anordnung nach § 15 Absatz 2 Satz 1, 2 oder 3 oder Absatz 3 Nummer 1, 2 oder 3 zuwiderhandelt,
4. als Leistungsanbieterin oder Leistungsanbieter entgegen § 14 Absatz 4 Satz 2, Absatz 5 Satz 2 oder Absatz 6 Satz 2 eine Maßnahme nicht duldet,

5. entgegen § 7 Absatz 1 sich Geld- oder geldwerte Leistungen versprechen oder gewähren lässt,
6. entgegen § 22 Absatz 8 Satz 2 Nutzerinnen und Nutzer wegen ihrer Tätigkeit im Beirat oder wegen der Tätigkeit eines Angehörigen oder einer rechtlichen Vertreterin oder eines rechtlichen Vertreters im Beirat, im Vertretungsgremium oder im Beratungsgremium benachteiligt oder begünstigt,
7. es als Leiterin oder Leiter einer Einrichtung oder als verantwortliche Fachkraft einer anbieterverantworteten Wohngemeinschaft oder Werkstatt zulässt, dass einer Nutzerin oder einem Nutzer oder einer oder einem Werkstattbeschäftigten ohne rechtfertigenden Grund die Freiheit entzogen wird,
8. einer Rechtsverordnung nach § 45 Absatz 1 oder Absatz 2 zuwiderhandelt, soweit sie für einen bestimmten Tatbestand auf diese Bußgeldvorschrift verweist,
9. entgegen § 6 Absatz 1 Nummer 3 die aktuellen Prüfberichte über Regelprüfungen nicht an gut sichtbarer Stelle aushängt oder auslegt oder die Prüfberichte der Regelprüfungen der letzten drei Jahre nicht bereithält,
10. Personen beschäftigt, die die fachlichen Anforderungen nach § 3 Absatz 5 oder § 4 Absatz 8 nicht erfüllen; im Zusammenhang mit Angeboten zur Teilhabe an Arbeit gilt dies nur, soweit Personen beschäftigt werden, die die persönlichen Anforderungen nach § 4 Absatz 8 nicht erfüllen,
11. Tätigkeiten der sozialen oder pflegerischen Betreuung nicht durch Fachkräfte im Sinne § 3 Absatz 5 oder unter deren angemessener Beteiligung durchführen lässt oder
12. entgegen § 21 Absatz 2 die verantwortliche Pflegefachkraft oder die verantwortliche Fachkraft in pflege- oder betreuungsfachlichen Entscheidungen anweist oder durch anderweitige vertragliche Anreize in ihrer Unabhängigkeit beeinflusst oder
13. entgegen § 8 Absatz 1 Satz 2 und 3 kein Gewaltschutzkonzept erstellt oder bei einer Prüfung gemäß § 14 entgegen § 8 Absatz 1 Satz 5 keine Dokumentation vorlegt.

(2) Die Ordnungswidrigkeit kann mit einer Geldbuße bis zu zwanzigtausend Euro geahndet werden.

## § 43
## Zuständigkeit

(1) [1]Sachlich zuständig für die Durchführung dieses Gesetzes und die Verfolgung von Ordnungswidrigkeiten sind die Kreise und kreisfreien Städte als Beratungs- und Prüfbehörden. [2]Sie nehmen diese Aufgabe als Pflichtaufgabe zur Erfüllung nach Weisung wahr. [3]Bei Gefahr im Verzug können sie an Stelle der örtlichen Ordnungsbehörde die Befugnisse nach dem Ordnungsbehördengesetz in der Fassung der Bekanntmachung vom 13. Mai 1980 (GV. NRW. S. 528) wahrnehmen.

(2) Örtlich zuständig ist die Beratungs- und Prüfbehörde, in deren Bezirk das Leistungsangebot nach diesem Gesetz erbracht wird.

(3) [1]Aufsichtsbehörden über die Kreise und kreisfreien Städte sind die Bezirksregierungen. [2]Diese stellen insbesondere sicher, dass es bei zuständigen Behörden, die zugleich rechtlich oder wirtschaftlich an Leistungsanbieterinnen oder Leistungsanbietern von Angeboten nach diesem Gesetz beteiligt sind, nicht zu Interessenkollisionen kommt.

(4) Oberste Aufsichtsbehörde ist das für Pflege und Eingliederungshilfe zuständige Ministerium.

(5) [1]Die Aufsichtsbehörden können sich jederzeit über die Aufgabenwahrnehmung durch die Kreise und kreisfreien Städte unterrichten. [2]Sie können allgemeine oder besondere Weisungen erteilen, um die rechtmäßige Erfüllung der Aufgaben zu sichern.

(6) Zur zweckmäßigen Erfüllung der Aufgaben dürfen die Aufsichtsbehörden

1. allgemeine Weisungen erteilen, um die gleichmäßige Durchführung der Aufgaben zu sichern,

2. besondere Weisungen erteilen, wenn dies im Einzelfall zur Sicherung des Zwecks dieses Gesetzes geboten erscheint.

## § 43a
## Rechte und Pflichten der Aufsichtsbehörden

(1) [1]Die Aufsichtsbehörden haben jährlich stichprobenweise 5 Prozent der Einrichtungen in ihrem jeweiligen Zuständigkeitsbereich, für die Regelprüfungen durchzuführen sind, zu prüfen. [2]1 weiteres Prozent der Einrichtungen, für die Regelprüfungen durchzuführen sind, sind in Absprache mit der obersten Aufsichtsbehörde im Zuständigkeitsbereich einer anderen Aufsichtsbehörde im Umfang einer Regelprüfung durchzuführen. [3]Die Prüfungen sollten gemeinsam mit den zuständigen Behörden erfolgen.
(2) [1]Die Aufsichtsbehörden werten sämtliche Prüfberichte aus und informieren das für Pflege und Eingliederungshilfe zuständige Ministerium einmal jährlich. [2]Werden wesentliche Mängel festgestellt, ist unverzüglich zu berichten.

## § 44
## Zusammenarbeit der Behörden

(1) [1]Bei der Wahrnehmung ihrer Aufgaben und zur Weiterentwicklung einer angemessenen Betreuungsqualität sind die nach diesem Gesetz zuständigen Behörden, die Träger der Eingliederungshilfe, die Landesverbände der Pflegekassen, die Medizinischen Dienste der Krankenversicherung und der Prüfdienst des Verbandes der privaten Krankenversicherung e. V. sowie die zuständigen Träger der Sozialhilfe und die Pflegekammer Nordrhein-Westfalen verpflichtet, unter Berücksichtigung der Vorschriften zum Datenschutz zusammenzuarbeiten und sich gegenseitig zu informieren. [2]Satz 1 gilt entsprechend für die in § 63 des Neunten Buches Sozialgesetzbuch genannten Leistungsträger im Bereich der Teilhabe an Arbeit. [3]Soweit Leistungsanbieterinnen und Leistungsanbieter nach anderen Rechtsvorschriften verpflichtet sind, gegenüber anderen als den nach diesem Gesetz zuständigen Behörden Anzeigen oder Mitteilungen zu machen, sind diese Behörden verpflichtet, die für die Durchführung dieses Gesetzes relevanten Informationen den nach diesem Gesetz zuständigen Behörden zuzuleiten. [4]§ 67d des Zehnten Buchs Sozialgesetzbuch bleibt unberührt.
(1a) [1]Das für Pflege und Eingliederungshilfe zuständige Ministerium führt mit den Aufsichtsbehörden sowie allen zuständigen Behörden nach diesem Gesetz Dienstbesprechungen mit dem Ziel der Vereinheitlichung der Rechtsanwendung und der Optimierung der Qualitätssicherung durch. [2]Die Aufsichtsbehörden vereinbaren mit den zuständigen Behörden einen regelmäßigen Austausch über aktuelle Umsetzungsfragen, insbesondere auch zu Schulungs- und Weiterbildungsbedarfen. [3]Die Aufsichtsbehörden haben mindestens zwei gemeinsame Dienstbesprechungen im Jahr sowie aus besonderen Anlässen weitere gemeinsame Dienstbesprechungen mit den zuständigen Behörden durchzuführen. [4]Das für Pflege und Eingliederungshilfe zuständige Ministerium ist über die Ergebnisse zu unterrichten.
(2) [1]Die in Absatz 1 genannten Behörden, Sozialversicherungsträger und Prüfinstitutionen sind berechtigt und verpflichtet, die bei der Durchführung ihrer Prüfungen gewonnenen Erkenntnisse über die Erfüllung der fachlichen Anforderungen an Pflege und Betreuung sowie die personelle Ausstattung der Wohn- und Betreuungsangebote untereinander auszutauschen, soweit dies für ihre Zusammenarbeit und für die Wahrnehmung ihrer gesetzlichen Aufgaben erforderlich ist. [2]Satz 1 gilt auch für Feststellungen und Erkenntnisse nach § 15 Absatz 6 und 7. [3]§ 67d des Zehnten Buchs Sozialgesetzbuch bleibt unberührt.
(3) [1]Die für die Durchführung dieses Gesetzes zuständigen Behörden schließen mit den zuständigen Verbänden der Kranken- und Pflegeversicherungen unter Beteiligung insbesondere der Aufsichtsbehörden, der Medizinischen Dienste der Krankenversicherung und des Prüfdienstes der Privaten Krankenversicherung e. V., der Träger der Eingliederungshilfe und der kommunalen

Spitzenverbände sowie der Leistungsträger für die Werkstätten für behinderte Menschen sowie der Pflegekammer Nordrhein-Westfalen eine Vereinbarung über die Koordination ihrer jeweiligen Prüftätigkeiten. [2]Diese Vereinbarungen müssen insbesondere Regelungen zum Informationsaustausch, zur Vermeidung inhaltlicher Doppelprüfungen, zur zeitlichen Abstimmung der Prüftätigkeiten und zur wechselseitigen Beteiligung vor dem Erlass von Anordnungen und sonstigen Maßnahmen enthalten.

(4) [1]Im Rahmen der Vereinbarung nach Absatz 3 können die genannten Stellen mit Zustimmung des zuständigen Ministeriums vereinbaren, dass gesetzliche Aufgaben befristet von anderen als den eigentlich zuständigen Stellen oder gemeinsam wahrgenommen werden. [2]Zur Ermöglichung solcher Modellvorhaben im Bereich der Qualitätssicherung kann das zuständige Ministerium die zuständige Behörde von ihren Verpflichtungen nach diesem Gesetz teilweise entbinden.

(5) [1]Die nach diesem Gesetz zuständigen Behörden stellen den örtlich zuständigen Gemeinden und Kreisen als Aufgabenträger für den Brandschutz, die Hilfeleistung und den Katastrophenschutz sowie den Kreisen und kreisfreien Städten als Trägern des Rettungsdienstes anonymisierte Daten über Angebote nach § 2 Absatz 2 Nummern 1, 2, 3 und 5 zur Verfügung. [2]Die Daten umfassen insbesondere die Anschrift der Einrichtung, die Angebotsform und die Zahl der in den Angeboten maximal betreuten Personen und dürfen ausschließlich zur Aufgabenwahrnehmung nach dem Gesetz über den Brandschutz, die Hilfeleistung und den Katastrophenschutz vom 17. Dezember 2015 (GV. NRW. S. 886) und dem Rettungsgesetz NRW vom 24. November 1992 (GV. NRW. S. 458) jeweils in der jeweils geltenden Fassung verwendet werden.

## § 45
## Rechtsverordnungen

(1) Das zuständige Ministerium wird ermächtigt, zur Durchführung dieses Gesetzes Rechtsverordnungen zu erlassen

1. über die Anforderungen an die persönliche Eignung der Einrichtungsleitungen sowie die persönliche und fachliche Eignung der Pflegedienstleitungen, der Fachkräfte im Sinne des § 3 Absatz 5, § 4 Absatz 9 und der Beschäftigten im Sinne des § 3 Absatz 4 und deren Fort- und Weiterbildung,
2. über die Zahl und Qualifikation der Beschäftigten im Verhältnis zur Anzahl und zum Pflege- und Betreuungsbedarf der zu betreuenden Nutzerinnen und Nutzer,
3. über die Voraussetzungen, Absicherungen und sonstigen Anforderungen bezüglich der Leistungen nach § 7 Absatz 1,
4. zur Regelung der Einzelheiten zu den Informationspflichten der Leistungsanbieterinnen und Leistungsanbieter in Einrichtungen mit umfassendem Leistungsangebot,
5. zur Regelung der Einzelheiten zu den Anzeige- und Dokumentationspflichten nach den §§ 9 und 10; dabei kann sie abweichend von § 9 angebotsbezogen auch längere Anzeigefristen festsetzen,
6. über die Wahl oder Einsetzung, die Amtszeit, das Verfahren und die Zusammensetzung der Mitwirkungsgremien nach §§ 22 Absatz 1, Absatz 7 Satz 1 und 29 sowie die Bestellung einer Vertrauensperson nach §§ 22 Absatz 7 Satz 2 und 40 und über Art, Umfang und Form ihrer Mitwirkung und Mitbestimmung,
7. im Einvernehmen mit dem für Bauen und Wohnungsbau zuständigen Ministerium über die Anforderungen an die Wohnqualität, insbesondere die Anforderungen an Wohn-, Aufenthalts-, Therapie- und Wirtschaftsräume sowie die Verkehrsflächen, sanitären Anlagen und die technischen Einrichtungen,
8. über hygienerechtliche Anforderungen für Wohn- und Betreuungsangebote, um einen ausreichenden und dem Konzept angepassten Schutz der Nutzerinnen und Nutzer vor Infektionen sowie die Einhaltung der für ihren Aufgabenbereich einschlägigen Anforderungen der Hygiene durch die Beschäftigten zu gewährleisten.

(2) Das zuständige Ministerium wird zudem ermächtigt, durch Rechtsverordnung Vorschriften über das Verfahren bei Prüfungen und die Kriterien der Veröffentlichung von Prüfergebnissen nach § 14 Absatz 9 zu erlassen.
(3) Das zuständige Ministerium wird ermächtigt, durch Rechtsverordnung das Nähere zur Ausgestaltung des Verfahrens zur elektronischen Datenverarbeitung zu bestimmen, insbesondere die Nutzung des Verfahrens für die zuständigen Stellen und die Anbieterinnen und Anbieter verbindlich vorzugeben sowie Art und Umfang der Daten und die Verantwortlichen festzulegen.
(3a) [1]Für Angebote zur Teilhabe am Arbeitsleben nach diesem Gesetz gelten nur die Absätze 2 und 3. [2]Bundesrechtliche Regelungen bleiben unberührt.
(4) Soweit dieses Gesetz das zuständige Ministerium ermächtigt, nähere Regelungen durch Rechtsverordnung zu treffen, so setzt deren Erlass eine vorherige Anhörung des zuständigen Ausschusses des Landtages voraus.

## TEIL 4
## Schlussvorschriften

### § 46
### Einschränkung von Grundrechten

Durch §§ 14 Absatz 4 und 5, 16, 22 Absatz 9 und 29 wird das Grundrecht der Unverletzlichkeit der Wohnung (Artikel 13 Absatz 1 des Grundgesetzes für die Bundesrepublik Deutschland in der im Bundesgesetzblatt Teil III, Gliederungsnummer 100-1, veröffentlichten bereinigten Fassung, das zuletzt durch Artikel 1 und 2 Satz 2 des Gesetzes vom 29. September 2020 (BGBl. I S. 2048) geändert worden ist) eingeschränkt.

### § 47
### Übergangsregelungen

(1) [1]Soweit auf Grund einer Änderung der rechtlichen oder tatsächlichen Verhältnisse ein Wohn- und Betreuungsangebot die Merkmale eines anderen Wohn- und Betreuungsangebotes erfüllt, sind spätestens drei Monate nach Feststellung dieser Tatsache durch die zuständige Behörde die Anforderungen an das neue Wohn- und Betreuungsangebot zu erfüllen. [2]Die zuständige Behörde kann im Einzelfall diese Frist im Rahmen ihres pflichtgemäßen Ermessens auf bis zu ein Jahr verlängern. [3]Absatz 1 Satz 3 gilt entsprechend.
(2) [1]Einrichtungen, die vor Ablauf des 15. Oktober 2014 in Betrieb genommen worden sind, können Doppelzimmer, die oberhalb der gemäß § 20 Absatz 3 Satz 2 vorgeschriebenen Quote liegen, ausschließlich für die Kurzzeitpflege im Sinne des § 42 des Elften Buches Sozialgesetzbuch nutzen. [2]Die Nutzung nach Satz 1 ist vollständig und nachprüfbar zu dokumentieren. [3]Einrichtungen, die vor Ablauf des 15. Oktober 2014 in Betrieb genommen worden sind und auf die Regelung des § 17 Absatz 3 des Landespflegegesetzes Nordrhein-Westfalen vom 19. März 1996 (GV. NRW. S. 137) in der bis zum 15. Oktober 2014 geltenden Fassung vertraut haben und ab dem 31. Juli 2018 auf die Inanspruchnahme von Pflegewohngeld verzichten, können von den Anforderungen des § 20 Absatz 3 Satz 1, 2, 4 und 5 bis längstens zum 31. Juli 2023 befreit werden. [4]In Rechtsverordnungen nach § 45 Absatz 1 Nummer 7 dieses Gesetzes kann bestimmt werden, dass dort näher bezeichnete Anforderungen bis zum Ablauf einer Übergangsfrist erfüllt werden müssen.
(3) Die Regelung des § 20 Absatz 3 Satz 4 und 5 gilt nicht für Einrichtungen der Eingliederungshilfe, die vor Ablauf des 15. Oktober 2014 in Betrieb genommen worden sind.
(4) Die Regelung des § 20 Absatz 2 gilt für ab dem 16. Oktober 2014 in Betrieb genommene Einrichtungen ausnahmsweise nicht, wenn diese Einrichtungen bereits vor dem 1. Juni 2013 über eine Abstimmungsbescheinigung verfügten beziehungsweise sämtliche zur Erteilung einer solchen Bescheinigung wesentlichen Unterlagen bei der zuständigen Behörde eingereicht hatten und den Bau des Vorhabens innerhalb von anderthalb Jahren nach dem Erhalt der Abstimmungsbescheinigung tatsächlich begonnen haben.

(5) Die Anforderung nach § 27 Absatz 1 Satz 1 ist für anbieterverantwortete Wohngemeinschaften, die vor Ablauf des 15. Oktober 2014 in Betrieb genommen worden sind, spätestens bis zum 31. Dezember 2023 umzusetzen.

(6) Gasteinrichtungen für Menschen mit Behinderung, die vor Ablauf des 24. April 2019 in Betrieb genommen wurden, genießen im Hinblick auf die Anforderungen an die Wohnqualität Bestandsschutz.

(7) [1]Im Übrigen genießen Wohn- und Betreuungsangebote, die vor Ablauf des 15. Oktober 2014 bestanden haben, im Hinblick auf die Anforderungen an die Wohnqualität Bestandsschutz nach Maßgabe der folgenden Regelungen:

1. Für Gebäude, deren Bau bis zum Ablauf des 9. Dezember 2008 genehmigt wurde und die bis vor Ablauf des 15. Oktober 2014 genutzt wurden, gelten für die Anforderungen an die Wohnqualität das Heimgesetz vom 7. August 1974 in der Fassung der Bekanntmachung vom 5. November 2001 (BGBl. I S. 2970) und die Heimmindestbauverordnung in der Fassung der Bekanntmachung vom 3. Mai 1983 (BGBL. I S. 550),
2. Für Gebäude, deren Bau in der Zeit vom 10. Dezember 2008 bis vor Ablauf des 15. Oktober 2014 genehmigt wurde und die bis vor Ablauf des 15. Oktober 2014 genutzt wurden, gelten die Anforderungen an die Wohnqualität nach dem Wohn- und Teilhabegesetz und der Durchführungsverordnung zum Wohn- und Teilhabegesetz in der bis vor Ablauf des 15. Oktober 2014 geltenden Fassung.

[2]Für Wohngemeinschaften im Sinne des § 24 dieses Gesetzes, die bereits nach Maßgabe der Regelungen des Heimgesetzes oder des Wohn- und Teilhabegesetzes in der bis vor Ablauf des 15. Oktober 2014 geltenden Fassung betrieben wurden, gelten die Anforderungen nach diesem Gesetz und der Durchführungsverordnung in der ab dem 16. Oktober 2014 geltenden Fassung, sofern dies aus der Sicht der Leistungsanbieterin oder des Leistungsanbieters günstiger ist. [3]Hiervon ausgenommen sind die Regelungen des § 8 Absatz 8 der Wohn- und Teilhabegesetz-Durchführungsverordnung.

(8) [1]Die Aufgabe einer Nutzung, ein wesentlicher Umbau oder Ersatzbau führen zum Verlust des Bestandsschutzes. [2]Bei Umbau- oder Ersatzbaumaßnahmen, die zur Erfüllung der Anforderungen nach § 20 Absatz 3 Sätze 1, 2, 4 und 5 oder § 27 Absatz 1 vorgenommen werden, müssen die umgebauten Zimmer den Anforderungen dieses Gesetzes entsprechen; im Übrigen lassen diese Maßnahmen den Bestandsschutz ebenso unberührt wie der Wechsel einer Leistungsanbieterin oder eines Leistungsanbieters.

(9) Abweichend von § 41a Absatz 1 Satz 3 sind im Jahr 2023 Regelprüfungen in 50 Prozent der Einrichtungen durchzuführen, im Jahr 2024 Regelprüfungen in den noch nicht geprüften Einrichtungen.

## § 48
## Bestandsschutzregelung für personelle Anforderungen

Beschäftigte, die keine Fachkräfte sind, aber nach dem Heimgesetz, der Heimpersonalverordnung oder diesem Gesetz in den bis vor Ablauf des 24. April 2019 geltenden Fassungen als Fachkräfte bei der Ermittlung der Fachkraftquote berücksichtigt worden sind, werden auch weiterhin berücksichtigt, soweit und solange ihre Tätigkeit nicht Anlass zur Beanstandung in Form von entsprechenden ordnungsbehördlichen Anordnungen gibt.

## § 49
## Inkrafttreten, Außerkrafttreten, Ersetzung von Bundesrecht, Berichtspflicht

(1) [1]Dieses Gesetz tritt am Tag nach der Verkündung in Kraft. [2]Gleichzeitig tritt das Gesetz über das Wohnen mit Assistenz und Pflege in Einrichtungen (Wohn- und Teilhabegesetz) vom 18. November 2008 (GV. NRW. S. 738) außer Kraft.

(2) Dieses Gesetz ersetzt im Land Nordrhein-Westfalen gemäß Artikel 125a Absatz 1 Satz 2 des Grundgesetzes für die Bundesrepublik Deutschland das Heimgesetz vom 7. August

1974 in der Fassung der Bekanntmachung vom 5. November 2001 (BGBl. I S. 2970).

(3) [1]Das für Pflege und Eingliederungshilfe zuständige Ministerium überprüft in Abstimmung mit den kommunalen Spitzenverbänden und im Einvernehmen mit den für Kommunales und Finanzen zuständigen Ministerien zum 1. Januar 2023, zum 31. Dezember 2025 und danach alle fünf Jahre, ob das Gesetz bei den betroffenen Gemeinden und Gemeindeverbänden zu einer wesentlichen Belastung im Sinne des Konnexitätsausführungsgesetzes (KonnexAG) führt. [2]Maßstab ist ein Vergleich mit dem Gesetz über das Wohnen mit Assistenz und Pflege in Einrichtungen (Wohn- und Teilhabegesetz) vom 18. November 2008 (GV. NRW. S. 738). [3]Im Falle der Feststellung einer wesentlichen Belastung, ist das Gesetz so anzupassen, dass bei den betroffenen Gemeinden und Gemeindeverbänden zukünftig keine konnexitätsrelevante wesentliche Belastung mehr entsteht.

# Verordnung zur Durchführung des Wohn- und Teilhabegesetzes (Wohn- und Teilhabegesetz-Durchführungsverordnung – WTG DVO)

## Vom 23. Oktober 2014 (GV. NRW. S. 686), die durch Verordnung vom 9. Mai 2019 (GV. NRW. S. 235) geändert worden ist

## – Fassung ab 1. Juni 2019 –

Auf Grund des § 45 Absatz 1 Nummer 1, Nummer 4 bis 7 und Absatz 2 des Wohn- und Teilhabegesetzes (Artikel 2 des Gesetzes zur Entwicklung und Stärkung einer demographiefesten, teilhabeorientierten Infrastruktur und zur Weiterentwicklung und Sicherung der Qualität von Wohn- und Betreuungsangeboten für ältere Menschen, pflegebedürftige Menschen, Menschen mit Behinderung und ihre Angehörigen vom 2. Oktober 2014 (GV. NRW. S. 625)) verordnet das Ministerium für Gesundheit, Emanzipation, Pflege und Alter im Benehmen mit dem Ausschuss für Arbeit, Gesundheit und Soziales des Landtags sowie – hinsichtlich des § 45 Absatz 1 Nummer 7 des Wohn- und Teilhabegesetzes – im Einvernehmen mit dem Ministerium für Bauen, Wohnen, Stadtentwicklung und Verkehr:

**Inhaltsübersicht**

# TEIL 1 Allgemeiner Teil

## Kapitel 1 Personelle Anforderungen an alle Wohn- und Betreuungsangebote

### § 1 Fachkräfte

(1) Als Fachkraft in der Pflege und in der sozialen Betreuung nach § 3 Absatz 5 des Wohn- und Teilhabegesetzes ist anerkannt, wer gemäß § 71 Absatz 3 des Elften Buches Sozialgesetzbuch – Soziale Pflegeversicherung – (Artikel 1 des Gesetzes vom 26. Mai 1994, BGBl. I S. 1014, 1015), das zuletzt durch Artikel 9 des Gesetzes vom 18. Juli 2017 (BGBl. I S. 2757) geändert worden ist über einen der folgenden Berufsabschlüsse verfügt:

1. Altenpflegerin oder Altenpfleger,
2. Gesundheits- oder Krankenpflegerin oder Gesundheits- oder Krankenpfleger,

3. Kinderkrankenschwester oder Kinderkrankenpfleger,
4. in der Eingliederungshilfe auch Heilerziehungspflegerin oder Heilerziehungspfleger.

(2) Fachkraft für soziale Betreuung ist auch, wer

1. über ein staatlich anerkanntes, abgeschlossenes Studium in Sozialer Arbeit, Sozialpädagogik, Heilpädagogik, Erziehungswissenschaften, Psychologie oder Gesundheits-, Pflege- oder Sozialmanagement,
2. über einen staatlich anerkannten Berufsabschluss als Erzieherin oder Erzieher, Sozialpädagogin oder Sozialpädagoge, Heilerziehungspflegerin oder Heilerziehungspfleger, Heilpädagogin oder Heilpädagoge, Ergo-, Physio- oder Sprachtherapeutin oder -therapeut,
3. über eine gleichwertige staatlich anerkannte Berufsqualifikation verfügt und nach dem Konzept der Einrichtung ausschließlich entsprechend ihrer oder seiner Berufsqualifikation tatsächlich in der sozialen Betreuung eingesetzt ist.

(3) Fachkräfte, die die Aufgaben nach § 4 Absatz 11 des Wohn- und Teilhabegesetzes für die Pflege beatmungspflichtiger Personen wahrnehmen, sollen über eine Fachweiterbildung Anästhesie oder Intensivpflege verfügen oder mindestens geeignete Fortbildungen über die besonderen fachlichen Anforderungen der Pflege beatmungspflichtiger Patientinnen und Patienten besucht haben.

## § 2
## Persönliche Ausschlussgründe

(1) [1]Bei Einrichtungsleitung, Pflegedienstleitung, verantwortlicher Fachkraft und Beschäftigten im Sinne des § 3 Absatz 4 des Wohn- und Teilhabegesetzes dürfen keine Tatsachen vorliegen, die die Annahme rechtfertigen, dass sie für die Ausübung ihrer Tätigkeit persönlich ungeeignet sind. [2]Ungeeignet ist insbesondere,

1. wer wegen einer Straftat gegen das Leben, die sexuelle Selbstbestimmung oder die persönliche Freiheit oder wegen vorsätzlicher Körperverletzung, wegen Diebstahls, wegen einer gemeingefährlichen Straftat, wegen einer Straftat nach den §§ 29 bis 30b des Betäubungsmittelgesetzes,
2. wer als Einrichtungsleitung wegen Erpressung, Urkundenfälschung, Untreue, Unterschlagung, Betrugs, Hehlerei oder einer Insolvenzstraftat

*zu einer Freiheitsstrafe oder Ersatzfreiheitsstrafe von mindestens drei Monaten verurteilt worden ist, sofern die Tilgung im Zentralregister noch nicht erledigt ist.*[1]

(2) Eine Einrichtungsleitung, Pflegedienstleitung oder eine verantwortliche Fachkraft ist auch dann ungeeignet, wenn gegen sie wegen einer Ordnungswidrigkeit nach § 42 des Wohn- und Teilhabegesetzes mehr als zweimal eine Geldbuße rechtskräftig festgesetzt worden ist, soweit nicht fünf Jahre seit Rechtskraft des letzten Bußgeldbescheides vergangen sind.

(3) [1]Die Feststellung der persönlichen Eignung der Beschäftigten liegt in der Verantwortung der Leistungsanbieterinnen und Leistungsanbieter. [2]Um ihr gerecht zu werden, müssen sie sich bei der Einstellung ein amtliches Führungszeugnis vorlegen lassen. [3]Während der Dauer des Beschäftigungsverhältnisses ist für Einrichtungsleitungen und Leitungskräfte gemäß § 4 Absatz 9 des Wohn- und Teilhabegesetzes vom 2. Oktober 2014

1 In § 2 Absatz 1 Satz 2 sind die kursiven Wörter abweichend zur Verkündung dargestellt. Im GV. NRW. 2014 S. 686, 687 sind sie innerhalb Nummer 2 gesetzt:
„2. wer als Einrichtungsleitung wegen Erpressung, Urkundenfälschung, Untreue, Unterschlagung, Betrugs, Hehlerei oder einer Insolvenzstraftat *zu einer Freiheitsstrafe oder Ersatzfreiheitsstrafe von mindestens drei Monaten verurteilt worden ist, sofern die Tilgung im Zentralregister noch nicht erledigt ist.*"
Diese Berichtigung der Darstellung ergibt sich aus dem Sinnzusammenhang. Wie hier: *Ministerium für Gesundheit, Emanzipation, Pflege und Alter des Landes Nordrhein-Westfalen* (Hrsg.): Das Landespflegerecht Nordrhein-Westfalen, Gesetzes- und Verordnungstexte mit Begründungen, MGEPA 161 (2015), S. 230.

(GV. NRW. S. 625), das zuletzt durch Gesetz vom 19. April 2019 (GV. NRW. S. 210) geändert worden ist, in regelmäßigen Abständen die Vorlage eines amtlichen Führungszeugnisses verpflichtend zu fordern. [4]Für andere Beschäftigte sind andere begründete Verfahrensweisen zur Sicherstellung der Beschäftigteneignung möglich und der Behörde auf Verlangen darzulegen.

### § 3
### Fort- und Weiterbildung

(1) Einrichtungsleitung, Pflegedienstleitung und verantwortliche Fachkraft sind verpflichtet, sich entsprechend ihres Aufgabenspektrums auch in Fragen der Personalführung, Organisationsentwicklung, Qualitätssicherung einschließlich der Erlangung und Fortentwicklung interkultureller, kultur- und geschlechtersensibler Kompetenz sowie Möglichkeiten der Vermeidung von Gewalt, Zwang und freiheitsentziehender Maßnahmen regelmäßig fortzubilden.

(2) [1]Zur Umsetzung der Vorgaben des Absatz 1 ist die Leistungsanbieterin oder der Leistungsanbieter verpflichtet, der Einrichtungsleitung, Pflegedienstleitung und verantwortlichen Fachkraft Gelegenheit zur Teilnahme an Veranstaltungen berufsbegleitender Fort- und Weiterbildung zu geben. [2]Die Leistungsanbieterin oder der Leistungsanbieter ist zudem verpflichtet, den Beschäftigten im Sinne des § 3 Absatz 4 des Wohn- und Teilhabegesetzes den Besuch von Fort- und Weiterbildungsmaßnahmen, die sie zur Erfüllung der ihnen übertragenen Aufgaben nach dem jeweiligen Stand der fachlichen und wissenschaftlichen Erkenntnisse benötigen, zu ermöglichen. [3]Zu den Inhalten der Fortbildung sollen auch Kenntnisse über die Grundsätze der Umsetzung des Gesetzes zu dem Übereinkommen der Vereinten Nationen vom 13. Dezember 2006 über die Rechte von Menschen mit Behinderungen sowie zu dem Fakultativprotokoll vom 13. Dezember 2006 zum Übereinkommen der Vereinten Nationen über die Rechte von Menschen mit Behinderungen vom 21. Dezember 2008 (BGBl. II S. 1419) gehören.

(3) Die Leistungsanbieterinnen und Leistungsanbieter haben zudem sicherzustellen, dass Beschäftigte, die ältere pflegebedürftige Menschen oder Menschen mit demenzbedingten Einschränkungen betreuen, in angemessenem Umfang über palliativpflegerische sowie geriatrische oder gerontopsychiatrische Kenntnisse verfügen.

(4) Mehrjährig Beschäftigten, die keine Fachkräfte im Sinne des § 3 Absatz 5 des Wohn- und Teilhabegesetzes sind, soll Gelegenheit zur Nachqualifizierung gegeben werden.

## KAPITEL 2
## Qualitätssicherung

### § 4
### Veröffentlichung der wesentlichen Ergebnisse der Prüfungen

(1) Die wesentlichen Ergebnisse der wiederkehrenden ordnungsbehördlichen Prüfungen der Einrichtungen mit umfassendem Leistungsangebot, Gasteinrichtungen und der anbieterverantworteten Wohngemeinschaften werden nach dem Muster der Anlage 1 (Ergebnisbericht) im Internet-Portal des Kreises oder der kreisfreien Stadt, der oder die die Prüfung vorgenommen hat, veröffentlicht.

(2) [1]Die zuständige Behörde stellt sicher, dass die Ergebnisberichte für alle Interessierten übersichtlich und leicht verständlich formuliert sind. [2]Personenbezogene und personenbeziehbare Daten sind zu anonymisieren.

(3) [1]Die Veröffentlichung soll spätestens drei Monate nach der Prüfung der Einrichtung oder der anbieterverantworteten Wohngemeinschaft erfolgen. [2]Vor der Veröffentlichung übersendet die zuständige Behörde der Leistungsanbieterin oder dem Leistungsanbieter den Entwurf des zu veröffentlichenden Ergebnisberichtes und gibt ihr oder ihm Gelegenheit zur Stellungnahme innerhalb einer Frist von vier Wochen. [3]Hält die zuständige Behörde Einwendungen der Leistungsanbieterin oder des Leistungsanbieters für berechtigt, so ändert sie den zu veröffentlichenden Ergebnisbericht entsprechend ab. [4]Hält sie die Einwendungen der Leistungsanbieterin

oder des Leistungsanbieters nicht für berechtigt, so teilt sie dies der Leistungsanbieterin oder dem Leistungsanbieter mit. [5]Hält die Leistungsanbieterin oder der Leistungsanbieter dennoch an den Einwendungen fest, veröffentlicht die zuständige Behörde den Ergebnisbericht mit den Einwendungen der Leistungsanbieterin oder des Leistungsanbieters und einer eigenen Stellungnahme zu den Einwendungen.

(4) Enthält der Ergebnisbericht Feststellungen zu Mängeln in der Erfüllung der Anforderungen nach dem Wohn- und Teilhabegesetz oder nach den auf der Grundlage dieses Gesetzes erlassenen Rechtsverordnungen und werden diese Mängel von der Leistungsanbieterin oder dem Leistungsanbieter beseitigt, so wird die Mängelbeseitigung auf Antrag der Leistungsanbieterin oder des Leistungsanbieters im Zusammenhang mit dem veröffentlichten Ergebnisbericht dokumentiert.

### § 5 Verfahren zur elektronischen Datenverarbeitung

(1) [1]Die nach dem Wohn- und Teilhabegesetz zur Anzeige verpflichteten Leistungsanbieterinnen und Leistungsanbieter nutzen zur Erfüllung ihrer Anzeigepflicht die elektronische Datenbank PfAD.wtg. [2]Die Anzeigepflicht umfasst die Registrierung und Meldung der für die behördliche Qualitätssicherung erforderlichen Angaben und Änderungen.

(2) [1]Die zuständigen Behörden sind zur Nutzung der elektronischen Datenbank PfAD. wtg verpflichtet. [2]Die zuständigen Behörden prüfen die von Leistungsanbieterinnen und Leistungsanbietern in der Datenbank gemachten Angaben auf Plausibilität und Richtigkeit, korrigieren sie bei Bedarf und geben diese in der Datenbank frei. [3]Die Leistungsanbieterinnen und Leistungsanbieter erhalten eine Mitteilung über die Freigabe. [4]Mit der Freigabe durch die zuständige Behörde ist keine Statusfeststellung darüber verbunden, wie das Angebot nach dem Wohn- und Teilhabegesetz einzuordnen ist.

(3) [1]Die zuständigen Behörden nutzen die gespeicherten Daten ausschließlich für ihre Aufgaben nach dem Wohn- und Teilhabegesetz sowie für die örtliche Planung gemäß § 7 des Alten- und Pflegegesetzes Nordrhein-Westfalen vom 2. Oktober 2014 (GV. NRW. S. 625), das zuletzt durch Artikel 10 des Gesetzes vom 22. März 2018 (GV. NRW. S. 172) geändert worden ist. [2]Namen, Anschriften und Kontaktdaten der Leistungsangebote sowie der Leistungsanbieterinnen und Leistungsanbieter dürfen veröffentlicht werden.

(4) Die zuständigen Behörden sind berechtigt, die erhobenen und gespeicherten Daten an die Sozialversicherungsträger und Prüfinstitutionen gemäß § 44 Absatz 1 und 2 sowie den örtlich zuständigen Gemeinden und Kreisen als Aufgabenträger für den Brandschutz, die Hilfeleistung und den Katastrophenschutz sowie den Kreisen und kreisfreien Städten als Trägern des Rettungsdienstes gemäß § 44 Absatz 5 des Wohn- und Teilhabegesetzes weiterzugeben, soweit dies für die Wahrnehmung von deren gesetzlichen Aufgaben und für die Zusammenarbeit mit ihnen erforderlich ist.

(5) [1]Das zuständige Ministerium ist berechtigt, zum Zwecke der landesweiten Planung Auswertungen vorzunehmen und zu veröffentlichen. [2]Die Aufsichtsbehörden gemäß § 43 Absatz 3 des Wohn- und Teilhabegesetzes sind berechtigt, zum Zwecke der Planung in ihrem Bezirk, Auswertungen vorzunehmen. [3]Personenbezogene Daten sind zu anonymisieren.

# TEIL 2 Besonderer Teil

## Kapitel 1 Einrichtungen mit umfassendem Leistungsangebot

### Abschnitt 1 Anforderungen an die Wohnqualität

### § 6 Allgemeine Anforderungen

(1) [1]Unter Berücksichtigung besonderer konzeptioneller, betriebsorganisatorischer und

wirtschaftlicher Bedingungen kann mit Zustimmung der zuständigen Behörde von der Vorgabe nach § 20 Absatz 2 des Wohn- und Teilhabegesetzes abgewichen werden, sofern die Grundsätze der Überschaubarkeit, Wohnortnähe und Dezentralität gewahrt bleiben. [2]Von der Vorgabe des § 20 Absatz 2 des Wohn- und Teilhabegesetzes darf auch dann abgewichen werden, wenn mit jedem die 80 Plätze überschreitenden Platz ein weiterer gesonderter separater Kurzzeitpflegeplatz im selben Gebäude oder im selben räumlich verbundenen Gebäudekomplex errichtet wird, soweit die Gesamtplatzzahl 120 Plätze nicht überschreitet. [3]Eine Abweichung nach Satz 2 setzt voraus, dass ein besonderes, auf Dauer angelegtes Kurzzeitpflegekonzept vorhanden ist und die Kurzzeitpflegeplätze ausschließlich für die Kurzzeitpflege genutzt werden. [4]Die Belegung der Plätze ist zu dokumentieren. [5]Eine Umwandlung der Plätze führt zum Widerruf der Ausnahmegenehmigung.

(2) [1]Es ist auf eine für die Nutzerinnen und Nutzer überschaubare baulich-räumliche Struktur hinzuwirken. [2]In den Einrichtungen sollen Wohnbereiche so errichtet werden, dass nicht mehr als 36 Personen – unterteilt in Gruppen – betreut werden können. [3]Lange Flure sind zu vermeiden.

(3) Bei der baulich-räumlichen Gestaltung darf eine Nettogrundfläche von 45 qm je Nutzerin oder Nutzer nicht unterschritten werden.

(4) Die Leistungsanbieterin oder der Leistungsanbieter hat für eine den klimatischen Verhältnissen angepasste Innentemperatur in den Individual- und Gemeinschaftsbereichen zu sorgen.

## § 7
## Individualbereich

(1) Grundsätzlich soll jedem Zimmer ein eigenes Duschbad mit WC zugeordnet sein; so genannte Tandemlösungen, bei denen ein Bad für zwei Nutzerinnen oder Nutzer errichtet wird, sind ausnahmsweise zulässig.

(2) [1]Die Wohnfläche der Zimmer der Nutzerinnen und Nutzer muss ohne Bad bei Einzelzimmern mindestens 14 qm und bei Doppelzimmern mindestens 24 qm betragen. [2]Der Zuschnitt von Doppelzimmern ist so zu gestalten, dass zwei räumlich gleichwertige Bereiche entstehen.

(3) [1]Der Zugang zu den Zimmern der Nutzerinnen und Nutzer muss unmittelbar von den Verkehrsflächen oder aus Gemeinschaftsräumen möglich sein. [2]Die Zimmer dürfen nicht als Durchgangszimmer ausgelegt sein.

(4) [1]Die Zimmer der Nutzerinnen und Nutzer müssen über die baulich-technischen Voraussetzungen für Rundfunk- und Fernsehempfang sowie die Nutzung von Telefon und Internet verfügen. [2]Die Fenster und Fassaden sind so zu gestalten, dass auch bei Bettlägerigkeit Blickbezüge zum Außenbereich ermöglicht werden. [3]Eine reine Nordlage soll bei den Zimmern der Nutzerinnen und Nutzer vermieden werden. [4]Auf Wunsch oder wenn der konkrete Pflege- oder Betreuungsbedarf der Nutzerinnen und Nutzer es erfordert, muss eine Rufanlage vorhanden sein.

## § 8
## Gemeinschaftsbereiche

(1) [1]Gemeinschaftsflächen sind mit mindestens fünf qm je Nutzerin und Nutzer bei den Planungen zu berücksichtigen. [2]Davon sind in der Regel mindestens drei qm je Nutzerin und Nutzer als Wohngruppenraum vorzusehen. [3]Je Wohngruppe soll ein Wohngruppenraum geschaffen werden. [4]Werden Küche und hauswirtschaftliche Funktionen in den Wohngruppenraum integriert, muss dieser eine entsprechend größere Fläche haben.

(2) Die verbleibende Gemeinschaftsfläche soll innerhalb der Einrichtung entsprechend der fachlichen Konzeption für die Organisation der Betreuung der Nutzerinnen oder der Nutzer vorgesehen werden.

(3) [1]In Einrichtungen, die konzeptionell auf die Betreuung pflegebedürftiger Menschen ausgerichtet sind, muss mindestens ein Pflegebad vorhanden sein, soweit nicht in allen Individualbereichen entsprechend geeignete Dusch- oder Bademöglichkeiten bestehen. [2]Soweit der konkrete Pflege- oder Betreuungsbedarf der Nutzerinnen und Nutzer es erfordert, kann die zuständige Behörde auch

das Vorhalten weiterer Pflegebäder – maximal eines für jeweils 20 Nutzerinnen und Nutzer – verlangen.
(4) In jeder Einrichtung muss für je bis zu 30 Nutzerinnen und Nutzer, die in Doppelzimmern leben, mindestens ein freizuhaltendes Einzelzimmer vorhanden sein, um auf Krisenfälle angemessen reagieren zu können und im Bedarfsfall auch für eine würdevolle Sterbebegleitung und Abschiednahme durch Angehörige die nötigen Rahmenbedingungen bieten zu können.
(5) [1]In jedem Wohnbereich ist mindestens ein WC vorzuhalten. [2]Für jeweils bis zu vierzig Nutzerinnen und Nutzern ist ein rollstuhlgerechtes Gäste-WC vorzuhalten.
(6) Für Küchen, Küchenausstattung und Lagerräume sind entsprechend dem Bedarf der Einrichtung angemessene Flächen im Raumangebot zu berücksichtigen.
(7) In jeder Einrichtung soll ein ausreichend großer, geschützter und von mobilen Nutzerinnen und Nutzern selbständig nutzbarer Außenbereich (Garten, Terrasse oder Gemeinschaftsbalkon) vorgehalten werden.
(8) [1]Sofern in der Einrichtung das Rauchen in den Individualbereichen nicht gestattet wird, ist den Nutzerinnen und Nutzern ein geeigneter Gemeinschaftsraum zur Verfügung zu stellen, in dem das Rauchen erlaubt ist. [2]Die Leistungsanbieterinnen und Leistungsanbieter müssen geeignete Vorkehrungen treffen, um die Rauchfreiheit und den gesundheitlichen Schutz der übrigen sich in der Einrichtung aufhaltenden Personen so weit wie möglich zu gewährleisten.

## ABSCHNITT 2
## *(weggefallen)*

### § 9
### *(weggefallen)*

## ABSCHNITT 3
## Mitwirkung und Mitbestimmung der Nutzerinnen und Nutzer

### § 10
### Aufgaben des Nutzerinnen- und Nutzerbeirates

Der Beirat hat folgende Aufgaben:
1. Maßnahmen bei der Einrichtungsleitung, der Leistungsanbieterin oder dem Leistungsanbieter zu beantragen, die den Nutzerinnen und Nutzern dienen,
2. Beschwerden und Anregungen an die Einrichtungsleitung weiterzugeben und mit ihr darüber zu verhandeln,
3. neuen Nutzerinnen und Nutzern zu helfen, sich in der Einrichtung zurechtzufinden,
4. vor Ablauf der Amtszeit einen Wahlausschuss zu bilden und eine neue Wahl vorzubereiten,
5. mindestens einmal jährlich eine Nutzerinnen- und Nutzerversammlung durchzuführen und dort einen Bericht über die Tätigkeiten abzugeben,
6. bei Maßnahmen mitzuwirken, bei denen es um die Förderung der Qualität der Betreuung geht,
7. mit der Einrichtungsleitung und den Leistungsanbieterinnen und Leistungsanbietern in allen Fragen zusammenzuarbeiten, die die Selbstbestimmung der Nutzerinnen und Nutzer und ihre Teilhabe am Leben in der Gesellschaft betreffen.

### § 11
### Mitbestimmung des Beirates

[1]Der Beirat bestimmt mit bei Entscheidungen der Einrichtungsleitung
1. zur Aufstellung der Grundsätze der Verpflegungsplanung,
2. zur Planung und Durchführung von Veranstaltungen zur Freizeitgestaltung und
3. zur Gestaltung der Hausordnung.

[2]Zur Umsetzung der Mitbestimmung informiert die Einrichtungsleitung den Beiratsvorsitz schriftlich über die mitbestimmungspflichtige Fragestellung. [3]Der oder die

Vorsitzende führt eine Befassung des Beirates mit der Fragestellung herbei. [4]Sofern der Beirat nicht binnen vier Wochen nach der Information durch die Einrichtungsleitung eine Rückmeldung gibt oder Gründe für eine Verzögerung der Entscheidung mitteilt, gilt seine Zustimmung zur Entscheidung als erteilt.

## § 12
## Mitwirkung des Beirates

(1) Der Beirat wirkt insbesondere mit bei Entscheidungen über:
1. Maßnahmen zum Verhindern von Unfällen,
2. eine Änderung der Kostensätze,
3. die Gestaltung der Grundsätze von Unterkunft und Betreuung,
4. Ausstattung und Gestaltung der Gemeinschaftsräume und – einrichtungen,
5. wesentliche Veränderungen des Angebotes,
6. einen Zusammenschluss mit einer anderen Einrichtung,
7. umfassende Baumaßnahmen und Instandsetzungsarbeiten,
8. Maßnahmen der sozialen Betreuung und Teilhabe am Leben in der Gemeinschaft,
9. die Einstellung der Einrichtungsleitung und der Pflegedienstleitung
10. die Planung und Durchführung von Maßnahmen zur Vermeidung von Gewalt.

(2) Die Einrichtungsleitung ist verpflichtet, dem Beirat auf Nachfrage mitzuteilen, wie Finanzierungsbeiträge einer Nutzerin oder eines Nutzers nach § 7 Absatz 2 des Wohn- und Teilhabegesetzes verwendet werden.
(3) Über personenbezogene Kenntnisse aus einer Mitwirkung nach Absatz 1 Nummer 9 und Absatz 2 sind die Mitglieder des Beirates zur Verschwiegenheit verpflichtet.

## § 13
## Grundsätze der Zusammenarbeit

(1) [1]Beirat und Einrichtungsleitung sollen vertrauensvoll zusammenarbeiten. [2]Der Beirat soll rechtzeitig und umfassend von der Leistungsanbieterin oder dem Leistungsanbieter und der Einrichtungsleitung über seine Rechte und alle Dinge, die der Mitbestimmung und Mitwirkung unterliegen, informiert und auch fachlich beraten werden.
(2) [1]Die Anträge und Beschwerden des Beirats müssen von der Einrichtungsleitung spätestens nach zwei Wochen beantwortet werden. [2]Wird dem Anliegen nicht entsprochen, muss die Einrichtungsleitung dies bei der Beantwortung schriftlich begründen.
(3) Der Beirat kann die zuständige Behörde in Angelegenheiten, die seiner Mitwirkung unterliegen, um eine Beratung bitten, wenn die beabsichtigten Maßnahmen der Einrichtungsleitung nicht mit geltenden rechtlichen Bestimmungen oder mit den Belangen der Nutzerinnen und Nutzer vereinbar sind.
(4) [1]Wenn der Beirat in den Angelegenheiten, die seiner Mitbestimmung unterliegen, seine Zustimmung nicht erteilt und auch nach einer Besprechung zwischen Einrichtungsleitung und Beirat keine Einigung zustande kommt, wird die zuständige Behörde versuchen, zu vermitteln. [2]Kommt immer noch keine Einigung zustande, entscheidet sie unter Abwägung der Interessen der Nutzerinnen und Nutzer und der Leistungsanbieterin oder dem Leistungsanbieter nach billigem Ermessen.
(5) Der Beirat bekommt einen Platz für einen Schaukasten oder ein schwarzes Brett und erhält die Möglichkeit, kostenfrei Mitteilungen an die Nutzerinnen und Nutzer zu versenden.

## § 14
## Anzahl der Mitglieder

Die Zahl der Mitglieder des Beirates bestimmt sich wie folgt:
a) drei bei bis zu 50 Nutzerinnen und Nutzern,
b) jeweils zwei je angefangene weitere 50 Nutzerinnen und Nutzer.

## § 15
## Wahlgrundsätze

(1) [1]Der Beirat wird in geheimer Wahl gewählt. [2]Wahlvorschläge können von den

Nutzerinnen und Nutzern, ihren gesetzlichen oder rechtsgeschäftlichen Vertreterinnen und Vertretern sowie – soweit vorhanden – von der gewählten Vertretung der Seniorinnen und Senioren der Kommunen unterbreitet werden.

(2) [1]Jede Nutzerin und jeder Nutzer hat so viele Stimmen, wie Beiratsmitglieder zu wählen sind. [2]Gewählt sind die Personen, auf die die meisten Stimmen entfallen.

(3) [1]Lebt bei Stimmengleichheit nur eine der Personen mit gleicher Stimmzahl in der Einrichtung, so ist diese gewählt. [2]In allen anderen Fällen einer Stimmengleichheit entscheidet das Los.

(4) [1]Die Kandidatinnen und Kandidaten, die nicht gewählt wurden, kommen auf eine Ersatzliste. [2]Wenn Mitglieder aus dem Beirat ausscheiden oder verhindert sind, rückt von ihnen in den Beirat nach, wer bei der letzten Wahl die meisten Stimmen erhalten hat.

## § 16
## Wahlverfahren

(1) [1]Spätestens acht Wochen vor Ablauf seiner Amtszeit wählt der Beirat einen Wahlausschuss aus drei Nutzerinnen oder Nutzern aus, der die neue Wahl eines Beirats organisiert. [2]Der Wahlausschuss wird bei seiner Aufgabe von der Einrichtungsleitung und vom Beratungsgremium unterstützt.

(2) [1]Der Wahlausschuss bestimmt darüber, ob in einer Wahlversammlung oder im schriftlichen Verfahren gewählt werden soll. [2]Er teilt allen Nutzerinnen und Nutzern rechtzeitig (spätestens vier Wochen vorher) den Ort und den Zeitpunkt der Wahl sowie die Namen aller Kandidatinnen und Kandidaten mit.

(3) Gibt es keinen Beirat oder wählt der Beirat nicht spätestens acht Wochen vor Ablauf seiner Amtszeit drei Nutzerinnen und Nutzer für den Wahlausschuss aus oder steht keine Nutzerin oder kein Nutzer für den Wahlausschuss zur Verfügung, muss die Einrichtungsleitung die Wahl nach den Grundsätzen dieser Verordnung durchführen.

(4) [1]Die Einrichtungsleitung hält bei einer Wahl die Namen der Kandidatinnen und Kandidaten, den Ablauf des Wahlverfahrens und das Wahlergebnis schriftlich fest und teilt dies der zuständigen Behörde mit. [2]Kann kein Beirat gewählt werden, hat sie auch das unter Angabe der Gründe der zuständigen Behörde bekannt zu geben.

(5) Der Wahlausschuss informiert die Nutzerinnen und Nutzer durch einen Aushang am schwarzen Brett oder andere geeignete Mittel über das Ergebnis der Wahl und lädt den Beirat innerhalb von 14 Tagen nach der Wahl zur ersten Sitzung ein.

## § 17
## Amtszeit des Beirates

(1) [1]Die Amtszeit beträgt in Einrichtungen der Eingliederungshilfe vier Jahre, in anderen Einrichtungen zwei Jahre. [2]Bestehen Zweifel über die Zuordnung einer Einrichtung, legt die zuständige Behörde die Wahlzeit auf Antrag der Leistungsanbieterinnen und Leistungsanbieter oder mindestens einer Nutzerin oder eines Nutzers fest. [3]Sie kann die Wahlzeit auch in Einrichtungen der Eingliederungshilfe auf zwei Jahre verkürzen, wenn sich die längere Wahlzeit einrichtungsbezogen nicht als umsetzbar erwiesen hat.

(2) Die Amtszeit endet bereits vor Ablauf dieser Frist, wenn die Anzahl der Mitglieder im Beirat um mehr als die Hälfte gesunken ist, ohne dass Ersatzmitglieder zur Verfügung stehen.

## § 18
## Ende der Mitgliedschaft, Nachrücken von Ersatzmitgliedern

(1) Die Mitgliedschaft im Beirat endet durch

1. Ablauf der Amtszeit,
2. Rücktritt vom Amt oder
3. Ausscheiden aus der Einrichtung.

(2) Sind Angehörige oder gesetzliche oder rechtsgeschäftliche Vertretungen einer Nutzerin oder eines Nutzers in den Beirat gewählt, so verbleiben sie bis zum Ablauf der Amtszeit auch dann im Beirat, wenn die Nutzerin oder der Nutzer aus der Einrichtung ausscheidet.

## § 19
## Verfahrensregelungen zur Beiratsarbeit

(1) [1]Der Beirat wählt mit einfacher Mehrheit eine Vorsitzende oder einen Vorsitzenden. [2]Der oder die Vorsitzende vertritt die Interessen des Beirats und der Nutzerinnen und Nutzer gegenüber der Einrichtungsleitung.
(2) [1]Die oder der Vorsitzende des Beirats lädt zu den Sitzungen ein und legt die Tagesordnung fest. [2]Die Einrichtungsleitung muss von dem Zeitpunkt der Sitzung rechtzeitig erfahren und teilnehmen, wenn sie eingeladen wird.
(3) [1]Der Beirat kann bei der Wahrnehmung seiner Aufgaben und Rechte weitere unabhängige fach- und sachkundige Personen seines Vertrauens hinzuziehen. [2]Sie sind zur Verschwiegenheit verpflichtet. [3]Ist die Hinzuziehung zur Aufgabenwahrnehmung nach diesem Gesetz erforderlich, sind Fahrtkosten und andere Auslagen (einschließlich angemessenen Honorars) für hinzugezogene Fachleute von der Leistungsanbieterin oder dem Leistungsanbieter zu zahlen. [4]Der Beirat kann sich mit seinen Fragen zur Mitwirkung und Mitbestimmung auch an die zuständige Behörde wenden.
(4) [1]Beschlüsse trifft der Beirat mit einfacher Mehrheit der anwesenden Mitglieder, wenn mindestens die Hälfte seiner Mitglieder an der Sitzung teilnimmt. [2]Sollte die Anzahl an Stimmen gleich sein, entscheidet die Stimme der oder des Vorsitzenden.
(5) [1]Von jeder Sitzung des Beirates muss ein Bericht über die wesentlichen Ergebnisse der Sitzung angefertigt werden. [2]Die Einrichtungsleitung unterstützt hierbei in geeigneter Weise.

## § 20
## Bildung und Amtszeit des Beratungsgremiums

[1]Das Beratungsgremium nach § 22 Absatz 5 Satz 1 des Wohn- und Teilhabegesetzes wird auf Wunsch des Beirates gebildet. [2]Das Beratungsgremium soll nicht mehr Mitglieder als der Beirat haben. [3]Die Einrichtungsleitung fordert Interessentinnen und Interessenten durch einen öffentlichen Aushang in der Einrichtung auf, ihre Bereitschaft an einer Mitarbeit im Beratungsgremium zu bekunden. [4]Der Beirat bestimmt die Mitglieder des Beratungsgremiums und informiert die Einrichtungsleitung. [5]Diese hat die Nutzerinnen und Nutzer in geeigneter Weise von der Bestellung zu unterrichten. [6]Die Amtszeit des Beratungsgremiums entspricht der Amtszeit des Beirates.

## § 21
## Vertretungsgremium

(1) [1]Die zuständige Behörde fordert die Angehörigen sowie die rechtsgeschäftlichen und gesetzlichen Vertreterinnen und Vertreter der Nutzerinnen und Nutzer durch einen öffentlichen Aushang in der Einrichtung auf, sich bei Bereitschaft an einer Mitarbeit im Vertretungsgremium zu melden. [2]Aus den Interessierten bestimmt die zuständige Behörde nach pflichtgemäßem Ermessen die Mitglieder des Vertretungsgremiums. [3]Das Vertretungsgremium hat so viele Mitglieder, die gleiche Amtszeit und die gleichen Rechte und Pflichten wie der Beirat. [4]Die Bestellung ist den Mitgliedern des Vertretungsgremiums und der Leistungsanbieterin bzw. dem Leistungsanbieter schriftlich mitzuteilen. [5]Die Einrichtungsleitung hat die Nutzerinnen und Nutzer in geeigneter Weise von der Bestellung zu unterrichten.
(2) Sobald ein Beirat gewählt werden kann, erlischt die Funktion des Vertretungsgremiums.

## § 22
## Bestellung einer Vertrauensperson

(1) [1]Bestellt die zuständige Behörde eine Vertrauensperson, so beträgt die regelmäßige Amtszeit der Vertrauensperson zwei Jahre. [2]Eine Wiederbestellung ist zulässig.
(2) [1]Zur Vertrauensperson kann nur eine Person bestellt werden, die nach ihrer Persönlichkeit und ihren Fähigkeiten zur Ausübung dieses Amts geeignet ist. [2]Sie muss von der zuständigen Behörde und von der Leistungsanbieterin oder dem Leistungsanbieter, von

denen, die den Aufenthalt in der Einrichtung bezahlen und von denen, die die Interessen der Leistungsanbieterin oder des Leistungsanbieters vertreten, unabhängig sein. [3]Ausgeschlossen als Vertrauensperson ist auch, wer als Angehörige oder Angehöriger den Aufenthalt einer Nutzerin oder eines Nutzers bezahlt. [4]Die Vertrauensperson muss mit der Bestellung einverstanden sein.

(3) Die zuständige Behörde hat die Bestellung aufzuheben, wenn

1. die Vertrauensperson die Voraussetzungen für das Amt nicht mehr erfüllt,
2. die Vertrauensperson gegen ihre Amtspflichten verstößt,
3. sie ihr Amt niederlegt,
4. ein Beirat oder ein Vertretungsgremium gebildet worden ist,
5. eine vertrauensvolle Zusammenarbeit zwischen der Vertrauensperson und den Nutzerinnen und Nutzern nicht mehr möglich ist.

(4) § 21 Absatz 1 Sätze 4 und 5 und Absatz 2 gilt entsprechend.

(5) [1]Die Vertrauensperson hat die gleichen Rechte und Pflichten wie der Beirat. [2]Die Leistungsanbieterin oder der Leistungsanbieter hat der Vertrauensperson zur Ausübung ihres Amtes Zutritt zur Einrichtung zu gewähren und ihr zu ermöglichen, sich mit den Nutzerinnen und Nutzern in Verbindung zu setzen.

## ABSCHNITT 4
## Anzeige- und Dokumentationspflichten

### § 23
### Anzeigepflichten

(1) Die Anzeige gemäß § 9 Absatz 1 des Wohn- und Teilhabegesetzes muss folgende Angaben enthalten:

1. den vorgesehenen Zeitpunkt der Betriebsaufnahme,
2. die Namen und die Anschriften der Leistungsanbieterinnen und Leistungsanbieter sowie der Einrichtung,
3. die Nutzungsart, die allgemeine Leistungsbeschreibung, die Konzeption der Einrichtung sowie das vorgesehene Qualitäts- und Beschwerdeverfahren,
4. die Zahl der Nutzerinnen und Nutzer, deren Aufnahme beabsichtigt ist,
5. die Zahl der Beschäftigten sowie deren Stellenumfang und Qualifikation,
6. den Namen und die berufliche Ausbildung der Einrichtungsleitung,
7. den Namen, die berufliche Ausbildung und die Angaben, die für die Beurteilung der fachlichen Eignung der Pflegedienstleitung sowie bei Einrichtungen der Eingliederungshilfe der verantwortlichen Fachkraft wesentlich sind,
8. die Versorgungs- und Vergütungsvereinbarungen nach dem Sozialgesetzbuch, sofern vorhanden; gegebenenfalls sind diese unverzüglich nachzureichen.

(2) Stehen die Einrichtungsleitung oder die Pflegedienstleitung beziehungsweise in Einrichtungen der Eingliederungshilfe die verantwortliche Fachkraft zum Zeitpunkt der Anzeige noch nicht fest, ist die Mitteilung spätestens vor Wohnraumüberlassung und Aufnahme der Betreuung nachzuholen.

(3) [1]Der zuständigen Behörde sind Änderungen, die Angaben gemäß Absatz 1 betreffen, unverzüglich anzuzeigen. [2]Dies gilt für Angaben nach Absatz 1 Nummer 4 und 5 nur, wenn sich die Zahl der Nutzerinnen und Nutzer oder der Beschäftigten um mehr als 10 Prozent gegenüber der letzten Anzeige ändert. [3]Hinsichtlich Absatz 1 Nummer 4 beziehen sich die anzeigepflichtigen Änderungen auf die tatsächlich aufgenommenen Nutzerinnen und Nutzer gegenüber den bisher als beabsichtigt oder tatsächlich aufgenommen gemeldeten. [4]Eine quartalsweise Meldung ist ausreichend.

(4) [1]Die Leistungsanbieterinnen und Leistungsanbieter haben der zuständigen Behörde die Zahl freier und belegbarer Plätze tagesaktuell über die Datenbank nach § 5 zu übermitteln. [2]Einrichtungen der Eingliederungshilfe sind von dieser Pflicht ausgenommen. [3]Die Zahl der freien und belegbaren Plätze darf unter Angabe des Namens, der Anschrift und der Kontaktdaten der

Einrichtung sowie der Leistungsanbieterin oder des Leistungsanbieters im Internet veröffentlicht werden.

### § 24
### Dokumentationspflichten

Aus der Dokumentation nach § 10 Absatz 1 des Wohn- und Teilhabegesetzes muss ersichtlich werden:

1. die Nutzungsart, die Lage, die Zahl und die Größe der Räume sowie die Belegung der Wohnräume,
2. der Name und der Vorname der Beschäftigten, deren Ausbildung und ausgeübte Tätigkeit sowie die anhand der Dienstpläne jeweils für den Vormonat und den laufenden Monat ermittelbare und die für den kommenden Monat geplante Arbeitszeit aller Beschäftigten,
3. der Name und der Vorname der Nutzerinnen und Nutzer sowie der quartalsweise ermittelbare differenzierte Betreuungs- und Pflegebedarf aller Nutzerinnen und Nutzer,
4. die Umsetzung der individuellen Pflegeplanungen und der Förder- und Hilfepläne für die Nutzerinnen und Nutzer,
5. die freiheitsbeschränkenden und die freiheitsentziehenden Maßnahmen bei Nutzerinnen und Nutzern sowie die Angabe der oder des für die Anordnung und die Dauer der Maßnahme verantwortlichen Beschäftigten,
6. der Erhalt, die Aufbewahrung und die Verabreichung von Arzneimitteln einschließlich der pharmazeutischen Überprüfung der Arzneimittelvorräte und der Unterweisung der Mitarbeiterinnen und Mitarbeiter über den sachgerechten Umgang mit Arzneimitteln,
7. die Vollmachten der Nutzerinnen und Nutzer und die Abrechnung der für sie verwalteten Gelder oder Wertsachen,
8. bestehende Vereinbarungen mit Haus-, Fach- und Zahnärzten,
9. bestehende Kooperationen mit den besonderen Angeboten der ambulanten Palliativversorgung,
10. die Konzepte zur Sicherung der Betreuungsqualität und der Teilhabe und zur Gewaltprävention.

## KAPITEL 2
## Anbieterverantwortete Wohngemeinschaften

### Abschnitt 1
### Anforderungen an die Wohnqualität

### § 25
### Allgemeine Anforderungen

(1) Die Leistungsanbieterin oder der Leistungsanbieter hat, soweit die Versorgung von Nutzerinnen und Nutzern mit intensiv-pflegerischem Betreuungsbedarf es erfordert, jederzeit eine Notstromversorgung zu gewährleisten.

(2) Die Leistungsanbieterin oder der Leistungsanbieter hat für eine den klimatischen Verhältnissen angepasste Innentemperatur in den Individual- und Gemeinschaftsbereichen zu sorgen.

### § 26
### Individualbereich

(1) [1]Für jeweils höchstens vier Nutzerinnen und Nutzer muss ein Duschbad mit WC vorhanden sein. [2]Bei Wohngemeinschaften in Neubauten sind mindestens Tandembäder vorzusehen.

(2) [1]Die Wohnfläche der Zimmer der Nutzerinnen und Nutzer muss ohne Bad mindestens 14 qm betragen. [2]Bei Wohngemeinschaften im Gebäudebestand kann die zuständige Behörde Abweichungen von dieser Anforderung zulassen, wenn dies durch eine über die Anforderungen des § 27 Absatz 1 hinausgehende Gemeinschaftsfläche ausgeglichen wird und die verbleibende Fläche so groß ist, dass der Zweck des Gesetzes insbesondere im Hinblick auf Selbstbestimmung und Achtung der Privatsphäre nicht gefährdet wird.

(3) [1]Der Zugang zu den Zimmern der Nutzerinnen und Nutzer muss unmittelbar von den Verkehrsflächen oder Gemeinschaftsräumen

möglich sein. [2]Die Zimmer dürfen nicht als Durchgangszimmer ausgelegt sein.

(4) [1]Die Zimmer der Nutzerinnen und Nutzer müssen über die baulich-technischen Voraussetzungen für Rundfunk- und Fernsehempfang sowie die Nutzung von Telefon und Internet verfügen. [2]Die Fenster und Fassaden sind so zu gestalten, dass auch bei Bettlägerigkeit Blickbezüge zum Außenbereich ermöglicht werden. [3]Auf Wunsch oder auf Grund des konkreten Pflege- oder Betreuungsbedarfs der Nutzerinnen und Nutzer müssen die technischen Voraussetzungen zur Inbetriebnahme einer Notrufanlage vorgehalten werden.

## § 27
## Gemeinschaftsbereiche

(1) [1]In der Wohngemeinschaft muss mindestens ein Raum für die gemeinschaftliche Nutzung vorhanden sein. [2]Dafür sind mindestens drei qm je Nutzerin und Nutzer vorzusehen. [3]Wird die Küche in den Raum für die gemeinschaftliche Nutzung integriert (Wohnküche), muss dieser eine entsprechend größere Fläche haben. [4]Sofern die Wohngemeinschaft nach ihrer Konzeption auf die Betreuung durch mindestens eine ständig anwesende Betreuungskraft ausgerichtet ist, muss durch bauliche oder organisatorische Maßnahmen sichergestellt sein, dass die Nutzerinnen und Nutzer in ihrer Lebensgestaltung nicht eingeschränkt werden. [5]Davon ist auszugehen, wenn zusätzlich ein Dienstzimmer vorgehalten wird.

(2) Bei Wohngemeinschaften im Gebäudebestand kann die zuständige Behörde Abweichungen von den Anforderungen des Absatz 1 zulassen, wenn dies durch eine über die Anforderungen des § 26 Absatz 2 hinausgehende Wohnfläche der Einzelzimmer ausgeglichen wird.

(3) Die Wohngemeinschaft muss über mindestens eine Küche oder Wohnküche mit einer dem Bedarf der Nutzerinnen und Nutzer entsprechenden Küchenausstattung verfügen.

# ABSCHNITT 2
# Mitwirkung und Mitbestimmung der Nutzerinnen und Nutzer

## § 28
## Aufgaben der Nutzerinnen- und Nutzerversammlung

Die Nutzerinnen- und Nutzerversammlung hat folgende Aufgaben:

1. Maßnahmen bei der Leistungsanbieterin oder dem Leistungsanbieter zu beantragen, die den Nutzerinnen und Nutzern dienen,
2. Beschwerden und Anregungen an die Leistungsanbieterin oder den Leistungsanbieter weiterzugeben und mit ihr oder ihm darüber zu verhandeln,
3. neuen Nutzerinnen und Nutzern zu helfen, sich in der Wohngemeinschaft zurechtzufinden und
4. bei Maßnahmen mitzuwirken, bei denen es um die Förderung der Qualität der Betreuung geht,
5. mit den Leistungsanbieterinnen und Leistungsanbietern in allen Fragen zusammenzuarbeiten, die die Selbstbestimmung der Nutzerinnen und Nutzer und ihre Teilhabe am Leben in der Gesellschaft betreffen.

## § 29
## Mitbestimmung der Nutzerinnen- und Nutzerversammlung

[1]Die Nutzerinnen- und Nutzerversammlung bestimmt mit bei Entscheidungen zur

1. Aufstellung der Grundsätze der Verpflegungsplanung,
2. Planung und Durchführung von Veranstaltungen zur Freizeitgestaltung,
3. Gestaltung der Grundsätze von Unterkunft und Betreuung,
4. Ausstattung und Gestaltung der Gemeinschaftsräume und – einrichtungen,
5. sozialen Betreuung und Teilhabe am Leben in der Gemeinschaft,
6. Gestaltung der Hausordnung in der Wohngemeinschaft,

7. Verwendung gemeinsamer Mittel für die Haushaltsführung in der Wohngemeinschaft vorbehaltlich vorrangiger vertraglicher Regelungen.

[2]Zur Umsetzung der Mitbestimmung informiert die verantwortliche Fachkraft die Nutzerinnen und Nutzer schriftlich oder durch Aushang über die mitbestimmungspflichtige Fragestellung. [3]Sofern die Nutzerinnen- und Nutzerversammlung nicht binnen vier Wochen nach der Information eine Rückmeldung gibt oder Gründe für eine Verzögerung der Entscheidung mitteilt, gilt ihre Zustimmung zur Entscheidung als erteilt.

## § 30
## Mitwirkung der Nutzerinnen- und Nutzerversammlung

(1) Die Nutzerinnen- und Nutzerversammlung wirkt insbesondere mit bei:

1. Maßnahmen zum Verhindern von Unfällen,
2. einer Änderung der Kostensätze,
3. wesentlichen Veränderungen des Angebotes,
4. einem Zusammenschluss mit einer anderen Wohngemeinschaft,
5. Entscheidungen über umfassende Baumaßnahmen und Instandsetzungsarbeiten,
6. der Einstellung der verantwortlichen Fachkraft,
7. der Aufnahme neuer Nutzerinnen und Nutzer.

(2) [1]Die Leistungsanbieterin oder der Leistungsanbieter ist verpflichtet, der Nutzerinnen- und Nutzerversammlung auf Nachfrage mitzuteilen, wie Finanzierungsbeiträge einer Nutzerin oder eines Nutzers nach § 7 Absatz 2 des Wohn- und Teilhabegesetzes verwendet werden. [2]In diesem Fall müssen die Mitglieder der Nutzerinnen- und Nutzerversammlung über das, was sie erfahren, schweigen.

## § 31
## Grundsätze der Zusammenarbeit

(1) [1]Die Nutzerinnen- und Nutzerversammlung und die Leistungsanbieterin oder der Leistungsanbieter sollen vertrauensvoll zusammenarbeiten. [2]Die Nutzerinnen- und Nutzerversammlung soll rechtzeitig und umfassend von der Leistungsanbieterin oder dem Leistungsanbieter über ihre Rechte und alle Dinge, die der Mitbestimmung und Mitwirkung unterliegen, informiert und auch fachlich beraten werden.

(2) [1]Die Anträge und Beschwerden der Nutzerinnen- und Nutzerversammlung müssen von der Leistungsanbieterin oder dem Leistungsanbieter spätestens nach zwei Wochen beantwortet werden. [2]Wird dem Anliegen nicht entsprochen, muss die Leistungsanbieterin oder der Leistungsanbieter dies schriftlich begründen.

(3) Die Nutzerinnen- und Nutzerversammlung kann die zuständige Behörde in Angelegenheiten, die ihrer Mitwirkung unterliegen, um eine Beratung bitten, wenn die beabsichtigten Maßnahmen der Leistungsanbieterinnen oder der Leistungsanbieter nach ihrer Auffassung nicht mit geltenden rechtlichen Bestimmungen vereinbar oder für die Nutzerinnen und Nutzer nicht zumutbar sind.

(4) [1]Wenn die Nutzerinnen- und Nutzerversammlung in den Angelegenheiten, die ihrer Mitbestimmung unterliegen, ihre Zustimmung nicht erteilt und auch nach einer Besprechung mit den Leistungsanbieterinnen oder Leistungsanbietern keine Einigung zustande kommt, wird die zuständige Behörde versuchen, zu vermitteln. [2]Kommt auch dadurch keine Einigung zustande, entscheidet sie unter Abwägung der Interessen der Nutzerinnen und Nutzer und der Leistungsanbieterin oder dem Leistungsanbieter nach billigem Ermessen.

(5) Die Nutzerinnen- und Nutzerversammlung bekommt einen Platz für einen Schaukasten oder ein schwarzes Brett.

## § 32
## Verfahrensregelungen zur Arbeit der Nutzerinnen- und Nutzerversammlung

(1) [1]Die Nutzerinnen- und Nutzerversammlung wählt mit einfacher Mehrheit eine Vorsitzende oder einen Vorsitzenden. [2]Der oder die Vorsitzende vertritt die Interessen der Nutzerinnen- und Nutzerversammlung gegenüber den Leistungsanbieterinnen oder Leistungsanbietern und regelt das Verfahren der Beratungen.
(2) [1]Die Nutzerinnen- und Nutzerversammlung kann bei der Wahrnehmung ihrer Aufgaben und Rechte weitere unabhängige fach- und sachkundige Personen ihres Vertrauens hinzuziehen. [2]Sie sind zur Verschwiegenheit verpflichtet. [3]Die Nutzerinnen- und Nutzerversammlung kann sich mit ihren Fragen zur Mitwirkung und Mitbestimmung auch an die zuständige Behörde wenden.
(3) [1]Beschlüsse trifft die Nutzerinnen- und Nutzerversammlung mit einfacher Mehrheit der anwesenden Mitglieder, wenn mindestens die Hälfte ihrer Mitglieder an der Sitzung teilnimmt. [2]Sollte die Anzahl an Stimmen gleich sein, entscheidet die Stimme der oder des Vorsitzenden.
(4) [1]Von jeder Sitzung der Nutzerinnen- und Nutzerversammlung muss ein Bericht über die wesentlichen Ergebnisse der Sitzung angefertigt werden. [2]Die Leistungsanbieterinnen oder Leistungsanbieter unterstützen das in geeigneter Weise.

# ABSCHNITT 3
# Anzeige- und Dokumentationspflichten

## § 33
## Anzeigepflichten

(1) [1]Zur Anzeige gemäß § 9 Absatz 1 des Wohn- und Teilhabegesetzes ist die Leistungsanbieterin oder der Leistungsanbieter verpflichtet, die oder der die Nutzerinnen und Nutzer in der Wohngemeinschaft betreut. [2]Die Anzeige muss folgende Angaben enthalten:

1. den vorgesehenen Zeitpunkt der Betriebsaufnahme,
2. die Namen und die Anschriften der Leistungsanbieterinnen und Leistungsanbieter sowie der Wohngemeinschaft,
3. die Nutzungsart, die allgemeine Leistungsbeschreibung, die Konzeption der Wohngemeinschaft sowie das vorgesehene Qualitäts- und Beschwerdeverfahren,
4. die Zahl der Nutzerinnen und Nutzer, deren Aufnahme beabsichtigt ist, und der Beschäftigten sowie deren Stellenumfang und Qualifikation,
5. den Namen, die berufliche Ausbildung und die Angaben, die für die Beurteilung der fachlichen Eignung der verantwortlichen Fachkraft wesentlich sind,
6. ein Muster der mit den Nutzerinnen und Nutzern abgeschlossenen Verträge,
7. die Regelungen in der vorgesehenen Hausordnung in der Wohngemeinschaft und
8. die Versorgungs- und Vergütungsvereinbarungen nach dem Sozialgesetzbuch, sofern vorhanden; gegebenenfalls sind diese unverzüglich nachzureichen.

(2) Steht die verantwortliche Fachkraft zum Zeitpunkt der Anzeige noch nicht fest, ist die Mitteilung spätestens vor Wohnraumüberlassung und Aufnahme der Betreuung nachzuholen.
(3) Übernimmt ein ambulanter Dienst kurzfristig die Betreuung einer bereits bestehenden Wohngemeinschaft, sind die erforderlichen Anzeigen umgehend nachzuholen.
(4) [1]Der zuständigen Behörde sind Änderungen, die Angaben gemäß Absatz 1 betreffen, unverzüglich anzuzeigen. [2]Dies gilt für Angaben nach Absatz 1 Nummer 4 nur, wenn sich die Zahl der Nutzerinnen und Nutzer um mindestens zwei Personen oder die Zahl der Beschäftigten um ein Vollzeitäquivalent oder mehr gegenüber der letzten Anzeige ändert. [3]Eine quartalsweise Meldung ist ausreichend.

## § 34
## Dokumentationspflichten

Die Bestimmungen des § 24 gelten entsprechend.

# KAPITEL 3
# Servicewohnen

## § 35
## Anzeigepflichten

[1]Zur Anzeige gemäß § 9 Absatz 1 des Wohn- und Teilhabegesetzes ist die Leistungsanbieterin oder der Leistungsanbieter verpflichtet, die oder der die Leistung des Wohnens erbringt und die Grundleistungen selbst anbietet oder bestimmt, von wem sie abzunehmen sind. [2]Die Anzeige muss folgende Angaben enthalten:

1. den vorgesehenen Zeitpunkt der Betriebsaufnahme,
2. die Namen und die Anschriften der Leistungsanbieterinnen und Leistungsanbieter sowie der Servicewohnanlage und
3. ein Muster der mit den Nutzerinnen und Nutzern abgeschlossenen Verträge.

[3]Die zuständige Behörde kann weitere Angaben verlangen, soweit sie zur zweckgerichteten Aufgabenerfüllung erforderlich sind.

# KAPITEL 4
# Ambulante Dienste

## § 36
## Anzeigepflichten

(1) [1]Die Anzeige gemäß § 9 Absatz 1 des Wohn- und Teilhabegesetzes muss folgende Angaben enthalten:

1. den vorgesehenen Zeitpunkt der Betriebsaufnahme,
2. die Namen und die Anschriften der Leistungsanbieterinnen und Leistungsanbieter,
3. die pflegerische Konzeption des ambulanten Dienstes und
4. den Namen, die berufliche Ausbildung und die Angaben, die für die Beurteilung der fachlichen Eignung der Unternehmens- und Pflegedienstleitung wesentlich sind.

[2]Von der Anzeigepflicht ausgenommen sind ambulante Dienste, die ausschließlich Angebote zur Unterstützung im Alltag im Sinne der Anerkennungs- und Förderungsverordnung vom 6. Dezember 2016 (GV. NRW. S. 1042), die durch Verordnung vom 12. Dezember 2017 (GV. NRW. S. 949) geändert worden ist, erbringen.

(2) [1]Soweit für eine Nutzerin oder einen Nutzer in einer Wohngemeinschaft Betreuungsleistungen erbracht werden, muss die Anzeige auch die Anschrift der Wohnung enthalten. [2]Die Namen der betreuten Personen sind nicht mitzuteilen. [3]Die Mitteilungspflicht nach diesem Absatz gilt nicht, wenn die betreuten Personen miteinander verwandt sind oder in einer Partnerschaft leben und dies den Leistungsanbieterinnen und Leistungsanbietern bekannt ist.

## § 37
## Dokumentationspflichten

Für die Leistungsanbieterinnen und Leistungsanbieter in ambulanten Diensten gelten die Bestimmungen des § 24 Nummer 4 bis 6 entsprechend.

# KAPITEL 5
# Gasteinrichtungen

## Abschnitt 1
## Anforderungen an die Wohnqualität

## § 38
## Einrichtungen der Tages- und Nachtpflege

(1) Einrichtungen der Tages- und Nachtpflege müssen über einen angemessen großen Gemeinschaftsraum sowie ausreichende Rückzugsmöglichkeiten für die Tagesgäste (Ruheräume, Liegesessel) und sanitäre Anlagen (Waschbecken, Dusche, separates WC) verfügen.

(2) Bei der baulich räumlichen Gestaltung ist eine Nettogrundfläche von 18 qm je vorgesehenem Betreuungsplatz vorzusehen.

(3) Die Leistungsanbieterin oder der Leistungsanbieter hat für eine den klimatischen Verhältnissen angepasste Innentemperatur zu sorgen.

### § 39
### Hospize

(1) In Hospizen soll ein Angebot von höchstens 16 Plätzen vorgehalten werden.
(2) [1]Die Zimmer sind in ihrer Größe und Ausstattung so zu gestalten, dass dort die Aufnahme von mindestens einer Besucherin oder einem Besucher möglich ist. [2]Für Besucherinnen und Besucher soll zudem die Übernachtung in einem Gastzimmer ermöglicht werden.
(3) Im Übrigen finden die §§ 6 bis 8 Anwendung.

### § 40
### Einrichtungen der Kurzzeitbetreuung

Die Anforderungen an die Wohnqualität richten sich nach §§ 6 bis 8.

## ABSCHNITT 2
## Personelle Anforderungen

### § 41
### Besondere Fachkraft

In Hospizen muss mindestens eine Pflegefachkraft eine Fortbildung im Bereich Palliativpflege abgeschlossen haben.

## ABSCHNITT 3
## Mitwirkung und Mitbestimmung der Nutzerinnen und Nutzer

### § 42
### Vertrauenspersonen

[1]Für die Bestellung von Vertrauenspersonen in Gasteinrichtungen gilt § 22. [2]Für deren Arbeit gelten die Regelungen der §§ 10 bis 13 und 19 Absatz 3 entsprechend.

## ABSCHNITT 4
## Anzeige- und Dokumentationspflichten

### § 43
### Anzeigepflichten

(1) [1]Bei Einrichtungen der Tages- und Nachtpflege muss die Anzeige gemäß § 9 Absatz 1 des Wohn- und Teilhabegesetzes folgende Angaben enthalten:
1. den vorgesehenen Zeitpunkt der Betriebsaufnahme,
2. die Namen und die Anschriften der Leistungsanbieterinnen und Leistungsanbieter sowie der Einrichtung und
3. die Nutzungsart, die allgemeine Leistungsbeschreibung und die Konzeption

der Einrichtung.
[2]Die zuständige Behörde kann weitere Angaben verlangen, soweit sie zur zweckgerichteten Aufgabenerfüllung erforderlich sind.
(2) Für Kurzzeiteinrichtungen und Hospize gelten die Bestimmungen des § 23 entsprechend.

### § 44
### Dokumentationspflichten

(1) Für Kurzzeiteinrichtungen und Hospize gelten die Bestimmungen des § 24 entsprechend.
(2) Für die Einrichtungen der Tages- und Nachtpflege gelten die Bestimmungen des § 24 Nummer 4 bis 6 entsprechend.

## TEIL 3
## Schlussbestimmungen

### § 45
### Ordnungswidrigkeiten

(1) Ordnungswidrig im Sinne des § 42 Absatz 1 Nummer 8 des Wohn- und Teilhabegesetzes handelt, wer als Leistungsanbieterin oder als Leistungsanbieter einer Einrichtung mit umfassendem Leistungsangebot, einer Gasteinrichtung oder einer

anbieterverantworteten Wohngemeinschaft vorsätzlich oder fahrlässig

1. entgegen § 13 Absatz 1 Satz 2 den Beirat, das Vertretungsgremium oder die Vertrauensperson oder entgegen § 31 Absatz 1 Satz 2 die Nutzerinnen -und Nutzerversammlung nicht über beabsichtigte Maßnahmen, die der Mitwirkung unterliegen, informiert,
2. entgegen § 13 Absatz 4 oder § 31 Absatz 4 Entscheidungen trifft oder Maßnahmen durchführt, ohne dass die Zustimmung des Beirates, des Vertretungsgremiums oder der Vertrauensperson oder nach einer Erörterung die Zustimmung der zuständigen Behörde vorliegt,
3. die Anzeige nach § 23 oder § 33 nicht oder nicht rechtzeitig erstattet,
4. entgegen § 13 Absatz 2 oder § 31 Absatz 2 Anträge oder Beschwerden nicht oder nicht rechtzeitig beantwortet oder die Ablehnung nicht schriftlich begründet oder
5. der Dokumentationspflicht nach §§ 24, 34, 37 und 44 nicht oder nicht rechtzeitig nachkommt.

(2) Ordnungswidrig im Sinne des § 42 Absatz 1 Nummer 8 des Wohn- und Teilhabegesetzes handelt auch, wer als Leistungsanbieterin oder als Leistungsanbieter einer Einrichtung mit umfassendem Leistungsangebot vorsätzlich oder fahrlässig

1. entgegen § 16 Absatz 3 keine Wahl zum Beirat durchführt,
2. entgegen § 16 Absatz 4 Sätze 2 und 3 der zuständigen Behörde die Wahl oder die Unmöglichkeit der Wahl eines Beirates nicht mitteilt.

## § 46
## Übergangsvorschrift

[1]Bei Inkrafttreten dieser Durchführungsverordnung im Amt befindliche Beiräte, Vertretungsgremien und Vertrauenspersonen bleiben bis zum Ablauf ihrer Amtszeit im Amt. [2]Nach Ablauf der Amtszeit eines Beirates wird ein neues Beratungsgremium nach den Vorschriften dieser Verordnung gebildet.

## § 47
## Inkrafttreten, Außerkrafttreten, Ersetzung von Bundesrecht

(1) [1]Diese Verordnung tritt am Tag nach der Verkündung in Kraft. [2]Gleichzeitig tritt die Durchführungsverordnung zum Gesetz über das Wohnen mit Assistenz und Pflege in Einrichtungen (Wohn- und Teilhabegesetz – WTG) vom 18. November 2008 (GV. NRW. S. 738) außer Kraft.

(2) Diese Verordnung ersetzt im Land Nordrhein-Westfalen gemäß Artikel 125a Absatz 1 Satz 2 des Grundgesetzes, neugefasst durch Gesetz vom 28. August 2006 (BGBl. I S. 2034), die Heimmindestbauverordnung in der Fassung der Bekanntmachung vom 3. Mai 1983 (BGBl. I S. 550), die Verordnung über personelle Anforderungen für Heime vom 19. Juli 1993 (BGBl. I S. 1205), die Verordnung über die Pflichten der Träger von Altenheimen, Altenwohnheimen und Pflegeheimen für Volljährige im Falle der Entgegennahme von Leistungen zum Zweck der Unterbringung eines Bewohners oder Bewerbers vom 24. April 1978 (BGBl. I S. 553) und die Heimmitwirkungsverordnung in der Fassung der Bekanntmachung vom 25. Juli 2002 (BGBl. I S. 2896).

(3) [1]Das zuständige Ministerium überprüft unter Mitwirkung der Arbeitsgemeinschaft nach § 17 des Wohn- und Teilhabegesetzes die Wirksamkeit dieser Verordnung. [2]Die Landesregierung unterrichtet den Landtag über das Ergebnis bis zum 31. Dezember 2019.

Platzhalter Logo der Kommunen

**Anlage zu §§ 4, 5 WTG DVO**

**Beratung und Prüfung nach dem Wohn- und Teilhabegesetz**

**Ergebnisbericht: Einrichtung mit umfassendem Leistungsangebot / Hospiz / Kurzzeitbetreuung**

Nach §§ 23, 41 WTG werden Einrichtungen mit umfassendem Leistungsangebot und Gasteinrichtungen regelmäßig überprüft. Werden Mängel in der Erfüllung gesetzlicher Anforderungen - als Mangel gilt jede Nichterfüllung der gesetzlichen Anforderungen - festgestellt, werden die Einrichtungen zur Abstellung dieser Mängel beraten. Ihnen kann insoweit auch eine Frist zur Mangelbeseitigung gesetzt werden. Sofern es die Art des Mangels erfordert, wird die Einrichtung aufgefordert, den Mangel sofort zu beseitigen.

Bei der Feststellung von Mängeln wird zwischen geringfügigen und wesentlichen Mängeln differenziert. Geringfügig sind Mängel, wenn im Rahmen der Ermessensausübung von einer Anordnung abgesehen wird. Wesentliche Mängel liegen vor, wenn zu ihrer Beseitigung eine Anordnung (z. B. Anordnung einer bestimmten Personalbesetzung, Aufnahmestopp, Betriebsuntersagung etc.) erlassen wird.

Manche Anforderungen werden auch nicht geprüft, z: B. weil sie zu einem früheren Zeitpunkt geprüft wurden und keine Anhaltspunkte für eine Veränderung bestehen.

Das wesentliche Ergebnis der Prüfung wird nach §§ 14 Abs. 10 WTG, 4, 5 WTG DVO nachfolgend veröffentlicht:

**Allgemeine Angaben**

Einrichtung:

Name, Anschrift, Telefonnummer, ggf. Email-Adresse und Homepage der Leistungsanbieterin oder des Leistungsanbieters sowie der Einrichtung:

Leistungsangebot (Pflege, Eingliederungshilfe, ggf. fachliche Schwerpunkte)

Kapazität:

Die Prüfung der zuständigen Behörde zur Bewertung der Qualität erfolgte am

| Anforderung | nicht geprüft | nicht angebotsrelevant | keine Mängel | geringfügige Mängel | wesentliche Mängel | Mangel behoben am: |
|---|---|---|---|---|---|---|
| **Wohnqualität** | | | | | | |
| 1. Privatbereich (Badezimmer/Zimmergrößen) | ☐ | ☐ | ☐ | ☐ | ☐ | ☐ |
| 2. Ausreichendes Angebot von Einzelzimmern | ☐ | ☐ | ☐ | ☐ | ☐ | ☐ |
| 3. Gemeinschaftsräume (Raumgrößen/Unterteilung in Wohngruppen) | ☐ | ☐ | ☐ | ☐ | ☐ | ☐ |
| 4. Technische Installationen (Radio, Fernsehen, Telefon, Internet) | ☐ | ☐ | ☐ | ☐ | ☐ | ☐ |
| 5. Notrufanlagen | ☐ | ☐ | ☐ | ☐ | ☐ | ☐ |

| Anforderung | nicht geprüft | nicht angebotsrelevant | keine Mängel | geringfügige Mängel | wesentliche Mängel | Mangel behoben am: |
|---|---|---|---|---|---|---|
| **Hauswirtschaftliche Versorgung** | | | | | | |
| 6. Speisen- und Getränkeversorgung | ☐ | ☐ | ☐ | ☐ | ☐ | ☐ |
| 7. Wäsche- und Hausreinigung | ☐ | ☐ | ☐ | ☐ | ☐ | ☐ |
| **Gemeinschaftsleben und Alltagsgestaltung** | | | | | | |
| 8. Anbindung an das Leben in der Stadt/im Dorf | ☐ | ☐ | ☐ | ☐ | ☐ | ☐ |
| 9. Erhalt und Förderung der Selbständigkeit und Mobilität | ☐ | ☐ | ☐ | ☐ | ☐ | ☐ |
| 10. Achtung und Gestaltung der Privatsphäre | ☐ | ☐ | ☐ | ☐ | ☐ | ☐ |
| **Information und Beratung** | | | | | | |
| 11. Information über Leistungsangebot | ☐ | ☐ | ☐ | ☐ | ☐ | ☐ |
| 12. Beschwerdemanagement | ☐ | ☐ | ☐ | ☐ | ☐ | ☐ |

| Anforderung | nicht geprüft | nicht angebotsrelevant | keine Mängel | geringfügige Mängel | wesentliche Mängel | Mangel behoben am: |
|---|---|---|---|---|---|---|
| **Mitwirkung und Mitbestimmung** | | | | | | |
| 13. Beachtung der Mitwirkungs- und Mitbestimmungsrechte | ☐ | ☐ | ☐ | ☐ | ☐ | ☐ |
| **Personelle Ausstattung** | | | | | | |
| 14. Persönliche und fachliche Eignung der Beschäftigten | ☐ | ☐ | ☐ | ☐ | ☐ | ☐ |
| 15. Ausreichende Personalausstattung | ☐ | ☐ | ☐ | ☐ | ☐ | ☐ |
| 16. Fachkraftquote | ☐ | ☐ | ☐ | ☐ | ☐ | ☐ |
| 17. Fort- und Weiterbildung | ☐ | ☐ | ☐ | ☐ | ☐ | ☐ |
| **Pflege und Betreuung** | | | | | | |
| 18. Pflege- und Betreuungsqualität | ☐ | ☐ | ☐ | ☐ | ☐ | ☐ |
| 19. Pflegeplanung/Förderplanung | ☐ | ☐ | ☐ | ☐ | ☐ | ☐ |

| Anforderung | nicht geprüft | nicht angebotsrelevant | keine Mängel | geringfügige Mängel | wesentliche Mängel | Mangel behoben am: |
|---|---|---|---|---|---|---|
| 20. Umgang mit Arzneimitteln | ☐ | ☐ | ☐ | ☐ | ☐ | |
| 21. Dokumentation | ☐ | ☐ | ☐ | ☐ | ☐ | |
| 22. Hygieneforderungen | ☐ | ☐ | ☐ | ☐ | ☐ | |
| 23. Organisation der ärztlichen Betreuung | ☐ | ☐ | ☐ | ☐ | ☐ | |
| **Freiheitsentziehende Maßnahmen** | | | | | | |
| (Fixierungen/Sedierungen) | | | | | | |
| 24. Rechtmäßigkeit | ☐ | ☐ | ☐ | ☐ | ☐ | |
| 25. Konzept zur Vermeidung | ☐ | ☐ | ☐ | ☐ | ☐ | |
| 26. Dokumentation | ☐ | ☐ | ☐ | ☐ | ☐ | |
| **Gewaltschutz** | | | | | | |
| 27. Konzept zum Gewaltschutz | ☐ | ☐ | ☐ | ☐ | ☐ | |
| 28. Dokumentation | ☐ | ☐ | ☐ | ☐ | ☐ | |

**Einwendungen und Stellungnahmen**

Leistungsanbieterinnen und Leistungsanbieter haben das Recht, Einwände gegen das Ergebnis der Prüfungen zu erheben. Wenn die Behörde den Einwand für berechtigt hält, ändert sie die obige Bewertung. Hält sie den Einwand nicht für berechtigt, bleibt sie bei ihrer Bewertung und gibt dazu eine Stellungnahme ab.

Ziffer ☐ Einwand der Leistungsanbieterin/des Leistungsanbieters ☐

Ziffer ☐ Die Beratungs- und Prüfbehörde hält an der Bewertung fest, wie ☐

Ziffer ☐ Einwendung der Leistungsanbieterin/des Leistungsanbieters ☐

Ziffer ☐ Die Beratungs- und Prüfbehörde hält an der Bewertung fest, weil ☐

Ziffer ☐ Einwendung der Leistungsanbieterin/des Leistungsanbieters ☐

Ziffer ☐ Die Beratungs- und Prüfbehörde hält an der Bewertung fest, weil ☐

**Zusammenfassung der wesentlichen Ergebnisse in leicht verständlicher Sprache**

Platzhalter Logo der Kommunen

**<u>Anlage zu §§ 4, 5 WTG DVO</u>**

**<u>Beratung und Prüfung nach dem Wohn- und Teilhabegesetz</u>**

**<u>Ergebnisbericht: Anbieterverantwortete Wohngemeinschaft</u>**

Nach § 30 WTG werden anbieterverantwortete Wohngemeinschaften regelmäßig überprüft. Werden Mängel in der Erfüllung gesetzlicher Anforderungen - als Mangel gilt jede Nichterfüllung der gesetzlichen Anforderungen - festgestellt, werden die Leistungsanbieterinnen und Leistungsanbieter zur Abstellung dieser Mängel beraten. Ihnen kann insoweit auch eine Frist zur Mangelbeseitigung gesetzt werden. Sofern es die Art des Mangels erfordert, werden die Leistungsanbieterinnen und Leistungsanbieter aufgefordert, den Mangel sofort zu beseitigen.

Bei der Feststellung von Mängeln wird zwischen geringfügigen und wesentlichen Mängeln differenziert. Geringfügig sind Mängel, wenn im Rahmen der Ermessensausübung von einer Anordnung abgesehen wird. Wesentliche Mängel liegen vor, wenn zu ihrer Beseitigung eine Anordnung (z. B. Anordnung einer bestimmten Personalbesetzung, Aufnahmestopp, Betriebsuntersagung etc.) erlassen wird.

Manche Anforderungen werden auch nicht geprüft, z: B. weil sie zu einem früheren Zeitpunkt geprüft wurden und keine Anhaltspunkte für eine Veränderung bestehen.

Das wesentliche Ergebnis der Prüfung wird nach §§ 14 Abs. 10 WTG, 4, 5 WTG-DVO nachfolgend veröffentlicht:

**Allgemeine Angaben**

Wohngemeinschaft:

Name, Anschrift, Telefonnummer, ggf. Email-Adresse und Homepage der Leistungsanbieterin oder des Leistungsanbieters sowie der Wohngemeinschaft:

Leistungsangebot (Pflege, Eingliederungshilfe, ggf. fachliche Schwerpunkte)

Kapazität:

Die Prüfung der zuständigen Behörde zur Bewertung der Qualität erfolgte am

| Anforderung | nicht geprüft | nicht angebotsrelevant | keine Mängel | geringfügige Mängel | wesentliche Mängel | Mangel behoben am: |
|---|---|---|---|---|---|---|
| **Wohnqualität** | | | | | | |
| 1. Privatbereich (Einzelzimmer/ Badezimmer/Zimmergrößen) | ☐ | ☐ | ☐ | ☐ | ☐ | ☐ |
| 2. Gemeinschaftsräume (Raumgrößen) | ☐ | ☐ | ☐ | ☐ | ☐ | ☐ |
| 3. Technische Installationen (Radio, Fernsehen, Telefon, Internet) | ☐ | ☐ | ☐ | ☐ | ☐ | ☐ |
| **Hauswirtschaftliche Versorgung** | | | | | | |
| 4. Speisen- und Getränkeversorgung <u>(nur zu prüfen, wenn vereinbart)</u> | ☐ | ☐ | ☐ | ☐ | ☐ | ☐ |

| Anforderung | nicht geprüft | nicht angebotsrelevant | keine Mängel | geringfügige Mängel | wesentliche Mängel | Mangel behoben am: |
|---|---|---|---|---|---|---|
| 5. Wäsche- und Hausreinigung | ☐ | ☐ | ☐ | ☐ | ☐ | |
| **Gemeinschaftsleben und Alltagsgestaltung** | | | | | | |
| 6. Anbindung an das Leben in der Stadt/im Dorf | ☐ | ☐ | ☐ | ☐ | ☐ | |
| 7. Erhalt und Förderung der Selbständigkeit und Mobilität | ☐ | ☐ | ☐ | ☐ | ☐ | |
| 8. Achtung und Gestaltung der Privatsphäre | ☐ | ☐ | ☐ | ☐ | ☐ | |
| **Information und Beratung** | | | | | | |
| 9. Information über Leistungsangebot | ☐ | ☐ | ☐ | ☐ | ☐ | |
| 10. Beschwerdemanagement | ☐ | ☐ | ☐ | ☐ | ☐ | |
| **Mitwirkung und Mitbestimmung** | | | | | | |
| 11. Beachtung der Mitwirkungs- und Mitbestimmungsrechte | ☐ | ☐ | ☐ | ☐ | ☐ | |

| Anforderung | nicht geprüft | nicht angebotsrelevant | keine Mängel | geringfügige Mängel | wesentliche Mängel | Mangel behoben am: |
|---|---|---|---|---|---|---|
| **Personelle Ausstattung** | | | | | | |
| 12. Persönliche und fachliche Eignung der Beschäftigten | ☐ | ☐ | ☐ | ☐ | ☐ | ☐ |
| 13. Fort- und Weiterbildung | ☐ | ☐ | ☐ | ☐ | ☐ | ☐ |
| **Pflege und Betreuung** | | | | | | |
| 14. Pflege- und Betreuungsqualität | ☐ | ☐ | ☐ | ☐ | ☐ | ☐ |
| 15. Pflegeplanung/Förderplanung | ☐ | ☐ | ☐ | ☐ | ☐ | ☐ |
| 16. Umgang mit Arzneimitteln | ☐ | ☐ | ☐ | ☐ | ☐ | ☐ |
| 17. Dokumentation | ☐ | ☐ | ☐ | ☐ | ☐ | ☐ |
| 18. Hygieneforderungen | ☐ | ☐ | ☐ | ☐ | ☐ | ☐ |
| 19. Organisation der ärztlichen Betreuung | ☐ | ☐ | ☐ | ☐ | ☐ | ☐ |

| Anforderung | nicht geprüft | nicht angebotsrelevant | keine Mängel | geringfügige Mängel | wesentliche Mängel | Mangel behoben am: |
|---|---|---|---|---|---|---|
| **Freiheitsentziehende Maßnahmen** | | | | | | |
| (Fixierungen/Sedierungen) | | | | | | |
| 20. Rechtmäßigkeit | ☐ | ☐ | ☐ | ☐ | ☐ | ☐ |
| 21. Konzept zur Vermeidung | ☐ | ☐ | ☐ | ☐ | ☐ | ☐ |
| 22. Dokumentation | ☐ | ☐ | ☐ | ☐ | ☐ | ☐ |
| **Gewaltschutz** | | | | | | |
| 23. Konzept zum Gewaltschutz | ☐ | ☐ | ☐ | ☐ | ☐ | ☐ |
| 24. Dokumentation | ☐ | ☐ | ☐ | ☐ | ☐ | ☐ |

## Einwendungen und Stellungnahmen

Leistungsanbieterinnen und Leistungsanbieter haben das Recht, Einwände gegen das Ergebnis der Prüfungen zu erheben. Wenn die Behörde den Einwand für berechtigt hält, ändert sie die obige Bewertung. Hält sie den Einwand nicht für berechtigt, bleibt sie bei ihrer Bewertung und gibt dazu eine Stellungnahme ab.

Ziffer ☐ Einwand der Leistungsanbieterin/des Leistungsanbieters ☐

Ziffer ☐ Die Beratungs- und Prüfbehörde hält an der Bewertung fest, wie ☐

Ziffer ☐ Einwendung der Leistungsanbieterin/des Leistungsanbieters ☐

Ziffer ☐ Die Beratungs- und Prüfbehörde hält an der Bewertung fest, weil ☐

Ziffer ☐ Einwendung der Leistungsanbieterin/des Leistungsanbieters ☐

Ziffer ☐ Die Beratungs- und Prüfbehörde hält an der Bewertung fest, weil ☐

**Zusammenfassung der wesentlichen Ergebnisse in leicht verständlicher Sprache**

# Tarifstelle 12.3 der Allgemeinen Verwaltungsgebührenordnung für das Land Nordrhein-Westfalen

## (Allgemeine Verwaltungsgebührenordnung NRW – AVwGebO NRW)

**Vom 8. August 2023 (GV. NRW. S. 490), die zuletzt durch Artikel 2 der Verordnung vom 14. Mai 2024 (GV. NRW. S. 262, 494) geändert worden ist**

**– Fassung ab 1. Juli 2024 –**

**12.3**
**Wohn- und Teilhabegesetz**
Amtshandlungen nach dem Wohn- und Teilhabegesetz vom 2. Oktober 2014 (GV. NRW. S. 625), im Folgenden WTG, und der Wohn- und Teilhabegesetz-Durchführungsverordnung vom 23. Oktober 2014 (GV. NRW. S. 686), im Folgenden WTG DVO, jeweils in der jeweils geltenden Fassung

Hinweise:
1. Die nachfolgenden Amtshandlungen der Tarifstelle 12.3 fallen in den Anwendungsbereich der Richtlinie 2006/123/EG des Europäischen Parlaments und des Rates vom 12. Dezember 2006 über Dienstleistungen im Binnenmarkt (ABl. L 376 vom 27.12.2006, S. 36). Die Gebührenfestsetzung ist daher auf den Verwaltungsaufwand begrenzt.
2. Die im Zusammenhang mit der Behördentätigkeit anfallenden Vorbereitungs-, Fahr-, Warte- und Nachbereitungszeiten werden als Zeitaufwand mitberechnet. Auslagen, wie zum Beispiel Reisekosten, Materialkosten, werden, soweit diese nicht bereits in die Berechnung der Stundensätze eingeflossen sind, gesondert berechnet.

12.3.1
Allgemeine Amtshandlungen nach dem WTG für alle Leistungsangebote

12.3.1.1
Anzeigeprüfungen

12.3.1.1.1
Beabsichtigte Inbetriebnahme eines Angebots einschließlich Statusprüfung und Feststellungsbescheid bei Statusänderung nach § 9 Absatz 1 WTG, § 23 Absatz 1, § 33 Absatz 1, §§ 35, 36 und 43 WTG DVO

12.3.1.1.1.1
für Einrichtungen
*Gebühr:* Euro 25 je Platz

12.3.1.1.1.2
für Servicewohnen
*Gebühr:* Euro 25 je Wohneinheit

12.3.1.1.1.3
für Ambulante Dienste
*Gebühr:* Euro 25

12.3.1.1.1.4
für Angebote zur Teilhabe an Arbeit
*Gebühr:* Euro 350

12.3.1.1.2
Übernahme einer bestehenden Einrichtung nach § 9 Absatz 1 WTG, § 23 Absatz 1, § 33 Absatz 1, §§ 35, 36 und 43 WTG DVO

12.3.1.1.2.1
für Einrichtungen
*Gebühr:* Euro 12,50 je Platz

12.3.1.1.2.2
für Servicewohnen
*Gebühr:* Euro 12,50 je Wohneinheit

12.3.1.1.2.3
für Ambulante Dienste
*Gebühr:* Euro 25

12.3.1.1.2.4
für Angebote zur Teilhabe an Arbeit
*Gebühr:* Euro 175

12.3.1.1.3
Anzeige der Einstellung oder wesentlichen Betriebsänderung einer Einrichtung nach § 9 Absatz 3 WTG, § 23 Absatz 3, § 33 Absatz 4 WTG DVO

12.3.1.1.3.1
für Einrichtungen
*Gebühr:* Euro 12,50 je Platz

12.3.1.1.3.2
für Ambulante Dienste
*Gebühr:* Euro 25

12.3.1.1.3.3
für Angebote zur Teilhabe an Arbeit
*Gebühr:* Euro 175

12.3.1.1.4
Anzeige eines Wechsels der Einrichtungs-, Pflegedienstleitung oder verantwortlichen Fachkraft nach § 23 Absatz 1 Nummer 6 und 7 in Verbindung mit Absatz 3, § 33 Absatz 1 Nummer 5 in Verbindung mit Absatz 4, § 43 Absatz 2 WTG DVO
*Gebühr:* Euro 100

12.3.1.2
Auskünfte und Beratung
Qualifizierte mündliche und schriftliche Beratung der Einrichtung oder des Leistungsanbieters, unter anderem im Rahmen von Planungs- und Bauvorhaben, im Rahmen von Mitwirkung und Mitbestimmung, zur Pflegedokumentation, zum Qualitätsmanagement oder zu einrichtungsspezifischen Konzepten, die mehr als 15 Minuten Zeitaufwand verursacht
*Gebühr:* je nach Zeitaufwand nach den Tarifstellen 12.0.1 bis 12.0.3

12.3.1.3
Entscheidungen über Abweichungen von Anforderungen nach § 13 WTG
*Gebühr:* Euro 35 bis 700

12.3.1.4
Entscheidungen nach § 15, § 41b Absatz 2 WTG, zum Beispiel Untersagungen, Belegungsverbote und sonstige Anordnungen
*Gebühr:* Euro 150 bis 550

12.3.1.5
Anlassbezogene Überprüfung, sofern sich ein Anlass als begründet erweist, nach § 14 Absatz 1 Satz 1 und Absatz 2, § 23 Absatz 1, § 30 Absatz 2, § 35 Absatz 1, § 41, § 41a Absatz 1 Satz 4 WTG, sowie Nachprüfungen zur Feststellung der Mängelbeseitigung
*Gebühr:* je nach Zeitaufwand nach den Tarifstellen 12.0.1 bis 12.0.3

12.3.1.6
Bestellung von Vertretungsgremien und Vertrauenspersonen
*Gebühr:* Euro 25 bis 100

12.3.2
Wiederkehrende Prüfungen

12.3.2.1
Einrichtungen mit umfassendem Leistungsangebot nach § 14 Absatz 1 Satz 1 und 2, § 23 WTG

12.3.2.1.1
für Prüfungen in Einrichtungen mit bis zu 60 Plätzen
*Gebühr:* Euro 700 bis 2 500

12.3.2.1.2
für Prüfungen in Einrichtungen mit mehr als 60 Plätzen
*Gebühr:* Euro 1 000 bis 4 000

12.3.2.2
Anbieterverantwortete Wohngemeinschaften nach § 30 Absatz 2 und 3 WTG
*Gebühr:* Euro 500 bis 2 000

12.3.2.3
Gasteinrichtungen nach § 41 WTG
*Gebühr:* Euro 350 bis 1 300

12.3.2.4
Angebote zur Teilhabe an Arbeit nach § 41a WTG

12.3.2.4.1
für Prüfungen in Hauptwerkstätten
*Gebühr:* Euro 2 625 bis 10 050

12.3.2.4.2
für Prüfungen in Zweigwerkstätten
*Gebühr:* Euro 1 575 bis 6 030

# Gesetz
## zur Regelung von Verträgen über Wohnraum mit Pflege- oder Betreuungsleistungen (Wohn- und Betreuungsvertragsgesetz – WBVG)
### Vom 29. Juli 2009 (BGBl. I S. 2319), das zuletzt durch Artikel 12 des Gesetzes vom 30. November 2019 (BGBl. I S. 1948) geändert worden ist

### – Fassung ab 1. Januar 2020 –

**Inhaltsübersicht**



### § 1
### Anwendungsbereich

(1) [1]Dieses Gesetz ist anzuwenden auf einen Vertrag zwischen einem Unternehmer und einem volljährigen Verbraucher, in dem sich der Unternehmer zur Überlassung von Wohnraum und zur Erbringung von Pflege- oder Betreuungsleistungen verpflichtet, die der Bewältigung eines durch Alter, Pflegebedürftigkeit oder Behinderung bedingten Hilfebedarfs dienen. [2]Unerheblich ist, ob die Pflege- oder Betreuungsleistungen nach den vertraglichen Vereinbarungen vom Unternehmer zur Verfügung gestellt oder vorgehalten werden. [3]Das Gesetz ist nicht anzuwenden, wenn der Vertrag neben der Überlassung von Wohnraum ausschließlich die Erbringung von allgemeinen Unterstützungsleistungen wie die Vermittlung von Pflege- oder Betreuungsleistungen, Leistungen der hauswirtschaftlichen Versorgung oder Notrufdienste zum Gegenstand hat.

(2) [1]Dieses Gesetz ist entsprechend anzuwenden, wenn die vom Unternehmer geschuldeten Leistungen Gegenstand verschiedener Verträge sind und

1. der Bestand des Vertrags über die Überlassung von Wohnraum von dem Bestand des Vertrags über die Erbringung von Pflege- oder Betreuungsleistungen abhängig ist,
2. der Verbraucher an dem Vertrag über die Überlassung von Wohnraum nach den vertraglichen Vereinbarungen nicht unabhängig von dem Vertrag über die Erbringung von Pflege- oder Betreuungsleistungen festhalten kann oder
3. der Unternehmer den Abschluss des Vertrags über die Überlassung von Wohnraum von dem Abschluss des Vertrags über die Erbringung von Pflege- oder Betreuungsleistungen tatsächlich abhängig macht.

[2]Dies gilt auch, wenn in den Fällen des Satzes 1 die Leistungen von verschiedenen Unternehmern geschuldet werden, es sei denn,

diese sind nicht rechtlich oder wirtschaftlich miteinander verbunden.

## § 2
## Ausnahmen vom Anwendungsbereich

Dieses Gesetz ist nicht anzuwenden auf Verträge über

1. Leistungen der Krankenhäuser, Vorsorge- oder Rehabilitationseinrichtungen im Sinne des § 107 des Fünften Buches Sozialgesetzbuch,
2. Leistungen der Internate der Berufsbildungs- und Berufsförderungswerke,
3. Leistungen im Sinne des § 41 des Achten Buches Sozialgesetzbuch,
4. Leistungen, die im Rahmen von Kur- oder Erholungsaufenthalten erbracht werden.

## § 3
## Informationspflichten vor Vertragsschluss

(1) Der Unternehmer hat den Verbraucher rechtzeitig vor Abgabe von dessen Vertragserklärung in Textform und in leicht verständlicher Sprache über sein allgemeines Leistungsangebot und über den wesentlichen Inhalt seiner für den Verbraucher in Betracht kommenden Leistungen zu informieren.

(2) Zur Information des Unternehmers über sein allgemeines Leistungsangebot gehört die Darstellung

1. der Ausstattung und Lage des Gebäudes, in dem sich der Wohnraum befindet, sowie der dem gemeinschaftlichen Gebrauch dienenden Anlagen und Einrichtungen, zu denen der Verbraucher Zugang hat, und gegebenenfalls ihrer Nutzungsbedingungen,
2. der darin enthaltenen Leistungen nach Art, Inhalt und Umfang,
3. der Ergebnisse der Qualitätsprüfungen, soweit sie nach § 115 Absatz 1a Satz 1 des Elften Buches Sozialgesetzbuch oder nach landesrechtlichen Vorschriften zu veröffentlichen sind.

(3) [1]Zur Information über die für den Verbraucher in Betracht kommenden Leistungen gehört die Darstellung

1. des Wohnraums, der Pflege- oder Betreuungsleistungen, gegebenenfalls der Verpflegung als Teil der Betreuungsleistungen sowie der einzelnen weiteren Leistungen nach Art, Inhalt und Umfang,
2. des den Pflege- oder Betreuungsleistungen zugrunde liegenden Leistungskonzepts,
3. der für die in Nummer 1 benannten Leistungen jeweils zu zahlenden Entgelte, der nach § 82 Absatz 3 und 4 des Elften Buches Sozialgesetzbuch gesondert berechenbaren Investitionskosten sowie des Gesamtentgelts,
4. der Voraussetzungen für mögliche Leistungs- und Entgeltveränderungen,
5. des Umfangs und der Folgen eines Ausschlusses der Angebotspflicht nach § 8 Absatz 4, wenn ein solcher Ausschluss vereinbart werden soll.

[2]Die Darstellung nach Satz 1 Nummer 5 muss in hervorgehobener Form erfolgen.

(4) [1]Erfüllt der Unternehmer seine Informationspflichten nach den Absätzen 1 bis 3 nicht, ist § 6 Absatz 2 Satz 2 und 3 entsprechend anzuwenden. [2]Weitergehende zivilrechtliche Ansprüche des Verbrauchers bleiben unberührt.

(5) Die sich aus anderen Gesetzen ergebenden Informationspflichten bleiben unberührt.

## § 4
## Vertragsschluss und Vertragsdauer

(1) [1]Der Vertrag wird auf unbestimmte Zeit geschlossen. [2]Die Vereinbarung einer Befristung ist zulässig, wenn die Befristung den Interessen des Verbrauchers nicht widerspricht. [3]Ist die vereinbarte Befristung nach Satz 2 unzulässig, gilt der Vertrag für unbestimmte Zeit, sofern nicht der Verbraucher seinen entgegenstehenden Willen innerhalb von zwei Wochen nach Ende der vereinbarten Vertragsdauer dem Unternehmer erklärt.

(2) [1]War der Verbraucher bei Abschluss des Vertrags geschäftsunfähig, so hängt die Wirksamkeit des Vertrags von der Genehmigung eines Bevollmächtigten oder Betreuers ab.

[2]§ 108 Absatz 2 des Bürgerlichen Gesetzbuchs ist entsprechend anzuwenden. [3]In Ansehung einer bereits bewirkten Leistung und deren Gegenleistung gilt der Vertrag als wirksam geschlossen. [4]Solange der Vertrag nicht wirksam geschlossen worden ist, kann der Unternehmer das Vertragsverhältnis nur aus wichtigem Grund für gelöst erklären; die §§ 12 und 13 Absatz 2 und 4 sind entsprechend anzuwenden.

(3) [1]Mit dem Tod des Verbrauchers endet das Vertragsverhältnis zwischen ihm und dem Unternehmer. [2]Die vertraglichen Bestimmungen hinsichtlich der Behandlung des in den Räumen oder in Verwahrung des Unternehmers befindlichen Nachlasses des Verbrauchers bleiben wirksam. [3]Eine Fortgeltung des Vertrags kann für die Überlassung des Wohnraums gegen Fortzahlung der darauf entfallenden Entgeltbestandteile vereinbart werden, soweit ein Zeitraum von zwei Wochen nach dem Sterbetag des Verbrauchers nicht überschritten wird. [4]In diesen Fällen ermäßigt sich das geschuldete Entgelt um den Wert der ersparten Aufwendungen des Unternehmers.

## § 5
## Wechsel der Vertragsparteien

(1) [1]Mit Personen, die mit dem Verbraucher einen auf Dauer angelegten gemeinsamen Haushalt führen und nicht Vertragspartner des Unternehmers hinsichtlich der Überlassung des Wohnraums sind, wird das Vertragsverhältnis beim Tod des Verbrauchers hinsichtlich der Überlassung des Wohnraums gegen Zahlung der darauf entfallenden Entgeltbestandteile bis zum Ablauf des dritten Kalendermonats nach dem Sterbetag des Verbrauchers fortgesetzt. [2]Erklären Personen, mit denen das Vertragsverhältnis fortgesetzt wurde, innerhalb von vier Wochen nach dem Sterbetag des Verbrauchers dem Unternehmer, dass sie das Vertragsverhältnis nicht fortsetzen wollen, gilt die Fortsetzung des Vertragsverhältnisses als nicht erfolgt. [3]Ist das Vertragsverhältnis mit mehreren Personen fortgesetzt worden, so kann jeder die Erklärung für sich abgeben.

(2) Wird der überlassene Wohnraum nach Beginn des Vertragsverhältnisses von dem Unternehmer an einen Dritten veräußert, gelten für die Rechte und Pflichten des Erwerbers hinsichtlich der Überlassung des Wohnraums die §§ 566 bis 567b des Bürgerlichen Gesetzbuchs entsprechend.

## § 6
## Schriftform und Vertragsinhalt

(1) [1]Der Vertrag ist schriftlich abzuschließen. [2]Der Abschluss des Vertrags in elektronischer Form ist ausgeschlossen. [3]Der Unternehmer hat dem Verbraucher eine Ausfertigung des Vertrags auszuhändigen.

(2) [1]Wird der Vertrag nicht in schriftlicher Form geschlossen, sind zu Lasten des Verbrauchers von den gesetzlichen Regelungen abweichende Vereinbarungen unwirksam, auch wenn sie durch andere Vorschriften dieses Gesetzes zugelassen werden; im Übrigen bleibt der Vertrag wirksam. [2]Der Verbraucher kann den Vertrag jederzeit ohne Einhaltung einer Frist kündigen. [3]Ist der schriftliche Vertragsschluss im Interesse des Verbrauchers unterblieben, insbesondere weil zum Zeitpunkt des Vertragsschlusses beim Verbraucher Gründe vorlagen, die ihn an der schriftlichen Abgabe seiner Vertragserklärung hinderten, muss der schriftliche Vertragsschluss unverzüglich nachgeholt werden.

(3) Der Vertrag muss mindestens

1. die Leistungen des Unternehmers nach Art, Inhalt und Umfang einzeln beschreiben,
2. die für diese Leistungen jeweils zu zahlenden Entgelte, getrennt nach Überlassung des Wohnraums, Pflege- oder Betreuungsleistungen, gegebenenfalls Verpflegung als Teil der Betreuungsleistungen sowie den einzelnen weiteren Leistungen, die nach § 82 Absatz 3 und 4 des Elften Buches Sozialgesetzbuch gesondert berechenbaren Investitionskosten und das Gesamtentgelt angeben,
3. die Informationen des Unternehmers nach § 3 als Vertragsgrundlage benennen und mögliche Abweichungen von den vorvertraglichen Informationen gesondert kenntlich machen,

4. die Informationen nach § 36 Absatz 1 des Verbraucherstreitbeilegungsgesetzes vom 19. Februar 2016 (BGBl. I S. 254) geben; dies gilt auch, wenn der Unternehmer keine Webseite unterhält oder keine Allgemeinen Geschäftsbedingungen verwendet.

## § 7
## Leistungspflichten

(1) Der Unternehmer ist verpflichtet, dem Verbraucher den Wohnraum in einem zum vertragsgemäßen Gebrauch geeigneten Zustand zu überlassen und während der vereinbarten Vertragsdauer in diesem Zustand zu erhalten sowie die vertraglich vereinbarten Pflege- oder Betreuungsleistungen nach dem allgemein anerkannten Stand fachlicher Erkenntnisse zu erbringen.

(2) [1]Der Verbraucher hat das vereinbarte Entgelt zu zahlen, soweit dieses insgesamt und nach seinen Bestandteilen im Verhältnis zu den Leistungen angemessen ist. [2]In Verträgen mit Verbrauchern, die Leistungen nach dem Elften Buch Sozialgesetzbuch in Anspruch nehmen, gilt die aufgrund der Bestimmungen des Siebten und Achten Kapitels des Elften Buches Sozialgesetzbuch festgelegte Höhe des Entgelts als vereinbart und angemessen. [3]In Verträgen mit Verbrauchern, denen Hilfe in Einrichtungen nach dem Zwölften Buch Sozialgesetzbuch gewährt wird, gilt die aufgrund des Zehnten Kapitels des Zwölften Buches Sozialgesetzbuch festgelegte Höhe des Entgelts als vereinbart und angemessen.

(3) [1]Der Unternehmer hat das Entgelt sowie die Entgeltbestandteile für die Verbraucher nach einheitlichen Grundsätzen zu bemessen. [2]Eine Differenzierung ist zulässig, soweit eine öffentliche Förderung von betriebsnotwendigen Investitionsaufwendungen nur für einen Teil der Einrichtung erfolgt ist. [3]Sie ist auch insofern zulässig, als Vergütungsvereinbarungen nach dem Zehnten Kapitel des Zwölften Buches Sozialgesetzbuch über Investitionsbeträge oder gesondert berechenbare Investitionskosten getroffen worden sind.

(4) Werden Leistungen unmittelbar zu Lasten eines Sozialleistungsträgers erbracht, ist der Unternehmer verpflichtet, den Verbraucher unverzüglich schriftlich unter Mitteilung des Kostenanteils hierauf hinzuweisen.

(5) [1]Soweit der Verbraucher länger als drei Tage abwesend ist, muss sich der Unternehmer den Wert der dadurch ersparten Aufwendungen auf seinen Entgeltanspruch anrechnen lassen. [2]Im Vertrag kann eine Pauschalierung des Anrechnungsbetrags vereinbart werden. [3]In Verträgen mit Verbrauchern, die Leistungen nach dem Elften Buch Sozialgesetzbuch in Anspruch nehmen, ergibt sich die Höhe des Anrechnungsbetrags aus den in § 87a Absatz 1 Satz 7 des Elften Buches Sozialgesetzbuch genannten Vereinbarungen.

## § 8
## Vertragsanpassung bei Änderung des Pflege- oder Betreuungsbedarfs

(1) [1]Ändert sich der Pflege- oder Betreuungsbedarf des Verbrauchers, muss der Unternehmer eine entsprechende Anpassung der Leistungen anbieten. [2]Der Verbraucher kann das Angebot auch teilweise annehmen. [3]Die Leistungspflicht des Unternehmers und das vom Verbraucher zu zahlende angemessene Entgelt erhöhen oder verringern sich in dem Umfang, in dem der Verbraucher das Angebot angenommen hat.

(2) [1]In Verträgen mit Verbrauchern, die Leistungen nach dem Elften Buch Sozialgesetzbuch in Anspruch nehmen oder denen Hilfe in Einrichtungen nach dem Zwölften Buch Sozialgesetzbuch gewährt wird, ist der Unternehmer berechtigt, bei einer Änderung des Pflege- oder Betreuungsbedarfs des Verbrauchers den Vertrag nach Maßgabe des Absatzes 1 Satz 3 durch einseitige Erklärung anzupassen. [2]Absatz 3 ist entsprechend anzuwenden.

(3) Der Unternehmer hat das Angebot zur Anpassung des Vertrags dem Verbraucher durch Gegenüberstellung der bisherigen und der angebotenen Leistungen sowie der dafür jeweils zu entrichtenden Entgelte schriftlich darzustellen und zu begründen.

(4) [1]Der Unternehmer kann die Pflicht, eine Anpassung anzubieten, durch gesonderte Vereinbarung mit dem Verbraucher bei

Vertragsschluss ganz oder teilweise ausschließen. [2]Der Ausschluss ist nur wirksam, soweit der Unternehmer unter Berücksichtigung des dem Vertrag zugrunde gelegten Leistungskonzepts daran ein berechtigtes Interesse hat und dieses in der Vereinbarung begründet. [3]Die Belange behinderter Menschen sind besonders zu berücksichtigen. [4]Die Vereinbarung bedarf zu ihrer Wirksamkeit der Schriftform; die elektronische Form ist ausgeschlossen.

## § 9
## Entgelterhöhung bei Änderung der Berechnungsgrundlage

(1) [1]Der Unternehmer kann eine Erhöhung des Entgelts verlangen, wenn sich die bisherige Berechnungsgrundlage verändert. [2]Neben dem erhöhten Entgelt muss auch die Erhöhung selbst angemessen sein. [3]Satz 2 gilt nicht für die in § 7 Absatz 2 Satz 2 und 3 genannten Fälle. [4]Entgelterhöhungen aufgrund von Investitionsaufwendungen sind nur zulässig, soweit sie nach der Art des Betriebs notwendig sind und nicht durch öffentliche Förderung gedeckt werden.

(2) [1]Der Unternehmer hat dem Verbraucher die beabsichtigte Erhöhung des Entgelts schriftlich mitzuteilen und zu begründen. [2]Aus der Mitteilung muss der Zeitpunkt hervorgehen, zu dem der Unternehmer die Erhöhung des Entgelts verlangt. [3]In der Begründung muss er unter Angabe des Umlagemaßstabs die Positionen benennen, für die sich durch die veränderte Berechnungsgrundlage Kostensteigerungen ergeben, und die bisherigen Entgeltbestandteile den vorgesehenen neuen Entgeltbestandteilen gegenüberstellen. [4]Der Verbraucher schuldet das erhöhte Entgelt frühestens vier Wochen nach Zugang des hinreichend begründeten Erhöhungsverlangens. [5]Der Verbraucher muss rechtzeitig Gelegenheit erhalten, die Angaben des Unternehmers durch Einsichtnahme in die Kalkulationsunterlagen zu überprüfen.

## § 10
## Nichtleistung oder Schlechtleistung

(1) Erbringt der Unternehmer die vertraglichen Leistungen ganz oder teilweise nicht oder weisen sie nicht unerhebliche Mängel auf, kann der Verbraucher unbeschadet weitergehender zivilrechtlicher Ansprüche bis zu sechs Monate rückwirkend eine angemessene Kürzung des vereinbarten Entgelts verlangen.

(2) Zeigt sich während der Vertragsdauer ein Mangel des Wohnraums oder wird eine Maßnahme zum Schutz des Wohnraums gegen eine nicht vorhergesehene Gefahr erforderlich, so hat der Verbraucher dies dem Unternehmer unverzüglich anzuzeigen.

(3) Soweit der Unternehmer infolge einer schuldhaften Unterlassung der Anzeige nach Absatz 2 nicht Abhilfe schaffen konnte, ist der Verbraucher nicht berechtigt, sein Kürzungsrecht nach Absatz 1 geltend zu machen.

(4) Absatz 1 ist nicht anzuwenden, soweit nach § 115 Absatz 3 des Elften Buches Sozialgesetzbuch wegen desselben Sachverhalts ein Kürzungsbetrag vereinbart oder festgesetzt worden ist.

(5) [1]Bei Verbrauchern, denen Hilfe in Einrichtungen nach dem Zwölften Buch Sozialgesetzbuch gewährt wird, steht der Kürzungsbetrag nach Absatz 1 bis zur Höhe der erbrachten Leistungen vorrangig dem Träger der Sozialhilfe zu. [2]Verbrauchern, die Leistungen nach dem Elften Buch Sozialgesetzbuch in Anspruch nehmen, steht der Kürzungsbetrag bis zur Höhe ihres Eigenanteils selbst zu; ein überschießender Betrag ist an die Pflegekasse auszuzahlen.

## § 11
## Kündigung durch den Verbraucher

(1) [1]Der Verbraucher kann den Vertrag spätestens am dritten Werktag eines Kalendermonats zum Ablauf desselben Monats schriftlich kündigen. [2]Bei einer Erhöhung des Entgelts ist eine Kündigung jederzeit zu dem Zeitpunkt möglich, zu dem der Unternehmer die Erhöhung des Entgelts verlangt. [3]In den Fällen des § 1 Absatz 2 Satz 1 Nummer 1 und 2

kann der Verbraucher nur alle Verträge einheitlich kündigen. [4]Bei Verträgen im Sinne des § 1 Absatz 2 Satz 2 hat der Verbraucher die Kündigung dann gegenüber allen Unternehmern zu erklären.

(2) [1]Innerhalb von zwei Wochen nach Beginn des Vertragsverhältnisses kann der Verbraucher jederzeit ohne Einhaltung einer Frist kündigen. [2]Wird dem Verbraucher erst nach Beginn des Vertragsverhältnisses eine Ausfertigung des Vertrags ausgehändigt, kann der Verbraucher auch noch bis zum Ablauf von zwei Wochen nach der Aushändigung kündigen.

(3) Der Verbraucher kann den Vertrag aus wichtigem Grund jederzeit ohne Einhaltung einer Kündigungsfrist kündigen, wenn ihm die Fortsetzung des Vertrags bis zum Ablauf der Kündigungsfrist nicht zuzumuten ist.

(4) [1]Die Absätze 2 und 3 sind in den Fällen des § 1 Absatz 2 auf jeden der Verträge gesondert anzuwenden. [2]Kann der Verbraucher hiernach einen Vertrag kündigen, ist er auch zur Kündigung der anderen Verträge berechtigt. [3]Er hat dann die Kündigung einheitlich für alle Verträge und zu demselben Zeitpunkt zu erklären. [4]Bei Verträgen im Sinne des § 1 Absatz 2 Satz 2 hat der Verbraucher die Kündigung gegenüber allen Unternehmern zu erklären.

(5) [1]Kündigt der Unternehmer in den Fällen des § 1 Absatz 2 einen Vertrag, kann der Verbraucher zu demselben Zeitpunkt alle anderen Verträge kündigen. [2]Die Kündigung muss unverzüglich nach Zugang der Kündigungserklärung des Unternehmers erfolgen. [3]Absatz 4 Satz 3 und 4 ist entsprechend anzuwenden.

## § 12
## Kündigung durch den Unternehmer

(1) [1]Der Unternehmer kann den Vertrag nur aus wichtigem Grund kündigen. [2]Die Kündigung bedarf der Schriftform und ist zu begründen. [3]Ein wichtiger Grund liegt insbesondere vor, wenn

1. der Unternehmer den Betrieb einstellt, wesentlich einschränkt oder in seiner Art verändert und die Fortsetzung des Vertrags für den Unternehmer eine unzumutbare Härte bedeuten würde,
2. der Unternehmer eine fachgerechte Pflege- oder Betreuungsleistung nicht erbringen kann, weil
   a) der Verbraucher eine vom Unternehmer angebotene Anpassung der Leistungen nach § 8 Absatz 1 nicht annimmt oder
   b) der Unternehmer eine Anpassung der Leistungen aufgrund eines Ausschlusses nach § 8 Absatz 4 nicht anbietet

   und dem Unternehmer deshalb ein Festhalten an dem Vertrag nicht zumutbar ist,
3. der Verbraucher seine vertraglichen Pflichten schuldhaft so gröblich verletzt, dass dem Unternehmer die Fortsetzung des Vertrags nicht mehr zugemutet werden kann, oder
4. der Verbraucher
   a) für zwei aufeinander folgende Termine mit der Entrichtung des Entgelts oder eines Teils des Entgelts, der das Entgelt für einen Monat übersteigt, im Verzug ist oder
   b) in einem Zeitraum, der sich über mehr als zwei Termine erstreckt, mit der Entrichtung des Entgelts in Höhe eines Betrags in Verzug gekommen ist, der das Entgelt für zwei Monate erreicht.

[4]Eine Kündigung des Vertrags zum Zwecke der Erhöhung des Entgelts ist ausgeschlossen.

(2) Der Unternehmer kann aus dem Grund des Absatzes 1 Satz 3 Nummer 2 Buchstabe a nur kündigen, wenn er zuvor dem Verbraucher gegenüber sein Angebot nach § 8 Absatz 1 Satz 1 unter Bestimmung einer angemessenen Annahmefrist und unter Hinweis auf die beabsichtigte Kündigung erneuert hat und der Kündigungsgrund durch eine Annahme des Verbrauchers im Sinne des § 8 Absatz 1 Satz 2 nicht entfallen ist.

(3) [1]Der Unternehmer kann aus dem Grund des Absatzes 1 Satz 3 Nummer 4 nur kündigen, wenn er zuvor dem Verbraucher unter Hinweis auf die beabsichtigte Kündigung erfolglos eine angemessene Zahlungsfrist gesetzt hat. [2]Ist der Verbraucher in den Fällen

des Absatzes 1 Satz 3 Nummer 4 mit der Entrichtung des Entgelts für die Überlassung von Wohnraum in Rückstand geraten, ist die Kündigung ausgeschlossen, wenn der Unternehmer vorher befriedigt wird. [3]Die Kündigung wird unwirksam, wenn der Unternehmer bis zum Ablauf von zwei Monaten nach Eintritt der Rechtshängigkeit des Räumungsanspruchs hinsichtlich des fälligen Entgelts befriedigt wird oder eine öffentliche Stelle sich zur Befriedigung verpflichtet.

(4) [1]In den Fällen des Absatzes 1 Satz 3 Nummer 2 bis 4 kann der Unternehmer den Vertrag ohne Einhaltung einer Frist kündigen. [2]Im Übrigen ist eine Kündigung bis zum dritten Werktag eines Kalendermonats zum Ablauf des nächsten Monats zulässig.

(5) [1]Die Absätze 1 bis 4 sind in den Fällen des § 1 Absatz 2 auf jeden der Verträge gesondert anzuwenden. [2]Der Unternehmer kann in den Fällen des § 1 Absatz 2 einen Vertrag auch dann kündigen, wenn ein anderer Vertrag gekündigt wird und ihm deshalb ein Festhalten an dem Vertrag unter Berücksichtigung der berechtigten Interessen des Verbrauchers nicht zumutbar ist. [3]Er kann sein Kündigungsrecht nur unverzüglich nach Kenntnis von der Kündigung des anderen Vertrags ausüben. [4]Dies gilt unabhängig davon, ob die Kündigung des anderen Vertrags durch ihn, einen anderen Unternehmer oder durch den Verbraucher erfolgt ist.

## § 13
## Nachweis von Leistungsersatz und Übernahme von Umzugskosten

(1) [1]Hat der Verbraucher nach § 11 Absatz 3 Satz 1 aufgrund eines vom Unternehmer zu vertretenden Kündigungsgrundes gekündigt, ist der Unternehmer dem Verbraucher auf dessen Verlangen zum Nachweis eines angemessenen Leistungsersatzes zu zumutbaren Bedingungen und zur Übernahme der Umzugskosten in angemessenem Umfang verpflichtet. [2]§ 115 Absatz 4 des Elften Buches Sozialgesetzbuch bleibt unberührt.

(2) [1]Hat der Unternehmer nach § 12 Absatz 1 Satz 1 aus den Gründen des § 12 Absatz 1 Satz 3 Nummer 1 oder nach § 12 Absatz 5 gekündigt, so hat er dem Verbraucher auf dessen Verlangen einen angemessenen Leistungsersatz zu zumutbaren Bedingungen nachzuweisen. [2]In den Fällen des § 12 Absatz 1 Satz 3 Nummer 1 hat der Unternehmer auch die Kosten des Umzugs in angemessenem Umfang zu tragen.

(3) Der Verbraucher kann den Nachweis eines angemessenen Leistungsersatzes zu zumutbaren Bedingungen nach Absatz 1 auch dann verlangen, wenn er noch nicht gekündigt hat.

(4) [1]Wird in den Fällen des § 1 Absatz 2 ein Vertrag gekündigt, gelten die Absätze 1 bis 3 entsprechend. [2]Der Unternehmer hat die Kosten des Umzugs in angemessenem Umfang nur zu tragen, wenn ein Vertrag über die Überlassung von Wohnraum gekündigt wird. [3]Werden mehrere Verträge gekündigt, kann der Verbraucher den Nachweis eines angemessenen Leistungsersatzes zu zumutbaren Bedingungen und unter der Voraussetzung des Satzes 2 auch die Übernahme der Umzugskosten von jedem Unternehmer fordern, dessen Vertrag gekündigt ist. [4]Die Unternehmer haften als Gesamtschuldner.

## § 14
## Sicherheitsleistungen

(1) [1]Der Unternehmer kann von dem Verbraucher Sicherheiten für die Erfüllung seiner Pflichten aus dem Vertrag verlangen, wenn dies im Vertrag vereinbart ist. [2]Die Sicherheiten dürfen das Doppelte des auf einen Monat entfallenden Entgelts nicht übersteigen. [3]Auf Verlangen des Verbrauchers können die Sicherheiten auch durch eine Garantie oder ein sonstiges Zahlungsversprechen eines im Geltungsbereich dieses Gesetzes zum Geschäftsbetrieb befugten Kreditinstituts oder Kreditversicherers oder einer öffentlich-rechtlichen Körperschaft geleistet werden.

(2) In den Fällen des § 1 Absatz 2 gilt Absatz 1 mit der Maßgabe, dass der Unternehmer von dem Verbraucher für die Erfüllung seiner Pflichten aus dem Vertrag nur Sicherheiten verlangen kann, soweit der Vertrag die Überlassung von Wohnraum betrifft.

(3) [1]Ist als Sicherheit eine Geldsumme bereitzustellen, so kann diese in drei gleichen monatlichen Teilleistungen erbracht werden. [2]Die erste Teilleistung ist zu Beginn des Vertragsverhältnisses fällig. [3]Der Unternehmer hat die Geldsumme von seinem Vermögen getrennt für jeden Verbraucher einzeln bei einem Kreditinstitut zu dem für Spareinlagen mit dreimonatiger Kündigungsfrist marktüblichen Zinssatz anzulegen. [4]Die Zinsen stehen, auch soweit ein höherer Zinssatz erzielt wird, dem Verbraucher zu und erhöhen die Sicherheit.

(4) [1]Von Verbrauchern, die Leistungen nach den §§ 42 und 43 des Elften Buches Sozialgesetzbuch in Anspruch nehmen, oder Verbrauchern, denen Hilfe in Einrichtungen nach dem Zwölften Buch Sozialgesetzbuch gewährt wird, kann der Unternehmer keine Sicherheiten nach Absatz 1 verlangen. [2]Von Verbrauchern, die Leistungen im Sinne des § 36 Absatz 1 Satz 1 des Elften Buches Sozialgesetzbuch in Anspruch nehmen, kann der Unternehmer nur für die Erfüllung der die Überlassung von Wohnraum betreffenden Pflichten aus dem Vertrag Sicherheiten verlangen.

## § 15
## Besondere Bestimmungen bei Bezug von Sozialleistungen

(1) [1]In Verträgen mit Verbrauchern, die Leistungen nach dem Elften Buch Sozialgesetzbuch in Anspruch nehmen, müssen die Vereinbarungen den Regelungen des Siebten und Achten Kapitels des Elften Buches Sozialgesetzbuch sowie den aufgrund des Siebten und Achten Kapitels des Elften Buches Sozialgesetzbuch getroffenen Regelungen entsprechen. [2]Vereinbarungen, die diesen Regelungen nicht entsprechen, sind unwirksam.

(2) [1]In Verträgen mit Verbrauchern, die Leistungen nach dem Zwölften Buch Sozialgesetzbuch in Anspruch nehmen, müssen die Vereinbarungen den aufgrund des Zehnten Kapitels des Zwölften Buches Sozialgesetzbuch getroffenen Regelungen entsprechen. [2]Absatz 1 Satz 2 ist entsprechend anzuwenden.

(3) [1]In Verträgen mit Verbrauchern, die Leistungen nach Teil 2 des Neunten Buches Sozialgesetzbuch in Anspruch nehmen, müssen die Vereinbarungen den aufgrund des Teils 2 Kapitel 8 des Neunten Buches Sozialgesetzbuch getroffenen Regelungen entsprechen. [2]Absatz 1 Satz 2 ist entsprechend anzuwenden.

## § 16
## Unwirksamkeit abweichender Vereinbarungen

Von den Vorschriften dieses Gesetzes zum Nachteil des Verbrauchers abweichende Vereinbarungen sind unwirksam.

## § 17
## Übergangsvorschriften

(1) [1]Auf Heimverträge im Sinne des § 5 Absatz 1 Satz 1 des Heimgesetzes, die vor dem 1. Oktober 2009 geschlossenen worden sind, sind bis zum 30. April 2010 die §§ 5 bis 9 und 14 Absatz 2 Nummer 4, Absatz 4, 7 und 8 des Heimgesetzes in ihrer bis zum 30. September 2009 geltenden Fassung anzuwenden. [2]Ab dem 1. Mai 2010 richten sich die Rechte und Pflichten aus den in Satz 1 genannten Verträgen nach diesem Gesetz. [3]Der Unternehmer hat den Verbraucher vor der erforderlichen schriftlichen Anpassung eines Vertrags in entsprechender Anwendung des § 3 zu informieren.

(2) Auf die bis zum 30. September 2009 geschlossenen Verträge, die keine Heimverträge im Sinne des § 5 Absatz 1 Satz 1 des Heimgesetzes sind, ist dieses Gesetz nicht anzuwenden.

(3) § 6 Absatz 3 Nummer 4 gilt nur für nach dem 31. März 2016 geschlossene Verträge.

# Stichwortverzeichnis

Die Stichwörter verweisen auf die Randnummern im Buch.